Alexandra Strohmaier
Poetischer Pragmatismus: Goethe und William James

Textologie

—

Herausgegeben von Martin Endres,
Axel Pichler und Claus Zittel

Band 6

Alexandra Strohmaier

Poetischer Pragmatismus: Goethe und William James

—

DE GRUYTER

Publiziert mit Unterstützung durch die Universität Graz sowie das Amt der Steiermärkischen Landesregierung, Referat Wissenschaft und Forschung.

UNIVERSITÄT GRAZ
UNIVERSITY OF GRAZ

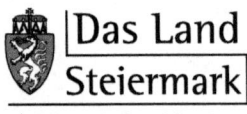

ISBN 978-3-11-063856-1
e-ISBN (PDF) 978-3-11-063915-5
e-ISBN (EPUB) 978-3-11-063867-7

Bibliografische Information der Deutschen Nationalbibliothek
Die Deutsche Nationalbibliothek verzeichnet diese Publikation in der Deutschen Nationalbibliografie; detaillierte bibliografische Angaben sind im Internet über http://dnb.dnb.de abrufbar.

Druck und Bindung: CPI books GmbH, Leck

www.degruyter.com

Dank

Bei dem vorliegenden Buch handelt es sich um meine für die Publikation geringfügig überarbeitete Habilitationsschrift, die im Januar 2018 von der Universität Graz angenommen wurde. Mein besonderer Dank gilt Anne-Kathrin Reulecke für zahlreiche literaturwissenschaftliche Impulse und ihre vielseitige Unterstützung. Ansgar Nünning danke ich für den langjährigen fachlichen und kollegialen Austausch und seine umfassende Förderung. Hans Ulrich Gumbrecht, Stephan Moebius und Uwe Wirth danke ich für Stellungnahmen zu Entwürfen meines Habilitationsprojekts. Anke Bosse, Elisabeth Herrmann und Dirk Oschmann gebührt mein Dank für ihre Fachgutachten. Helga Mitterbauer danke ich – neben vielem anderen – für die genaue Lektüre und Kommentierung meines Manuskripts, Elisabeth Stadler für das sorgfältige Lektorat. Werner Wolf hat als akademischer Lehrer mein Interesse für narratologische Fragestellungen geweckt, wofür ich ihm sehr dankbar bin. Bei Susanne Knaller bedanke ich mich für den Forschungskontext zur Allgemeinen und Vergleichenden Literaturwissenschaft, den sie installiert hat. Günther Höfler und Robert Vellusig danke ich für Gespräche und Literaturhinweise zu Goethe. Für die Möglichkeit, meine Arbeit in philosophische Fachdiskurse einzubringen, bin ich Volker Munz sehr dankbar. Irmtraud Fischer verdanke ich unter anderem institutionelle Unterstützung. Für inspirierende Dialoge und ihre Einsatzbereitschaft bin ich Liliane Weissberg zu Dank verpflichtet. Regina Brunnhofer sei dafür gedankt, dass sie immer wieder als Anlaufstelle bei administrativen Fragen für mich da war. Heta Pyrhönen und Elisabeth Wåghäll Nivre haben nicht nur ihr Fach- und Institutionenwissen, sondern auch ihr lebensweltliches Wissen mit mir geteilt, wofür ich ihnen danken möchte. Petra Ernst verkörperte mit ihrer intellektuellen Verve und ihrem wissenschaftlichen Ethos eine akademische Praxis, die in vieler Hinsicht singulär war. Für die langjährige fachliche Zusammenarbeit und persönliche Verbundenheit möchte ich ihr auch posthum danken. Ute Riedler gilt es, für freundschaftliche Unterstützung auf allen Ebenen Dank zu sagen, ihrem Sinn für die Handlungsspielräume im Konkreten verdanke ich viel. Friederike Mayröcker und Edith Schreiber danke ich für ihre feste Gegenwart in den Wechselfällen des Lebens, intellektuelle Grenzgänge und ihren Humor.

Über alle Maßen danke ich schließlich meiner Familie: meinen Eltern, meinen Geschwistern und ganz besonders meinem Mann. Ihm und unserem Sohn ist dieses Buch gewidmet.

Inhalt

1 Einleitung

Die Literatur Goethes fungiert im klassischen Pragmatismus nicht nur als eine Quelle für literarische Zitate im philosophischen Diskurs, sondern sie bildet auch einen eigenen Gegenstand pragmatistischer Forschung, die sich in Vorträgen, Publikationen und unpublizierten Manuskripten zur Literatur Goethes manifestiert.[1] Das Faust'sche Diktum vom Primat der Tat kann gleichsam als implizite Parole des Pragmatismus gelten.[2] Der deutsch-britische Philosoph und Mitbegründer des Pragmatismus F. C. S. Schiller charakterisiert Goethe als »a good deal of a pragmatist«[3]; die von Goethe formulierte Konzeption von Wahrheit erscheint Schiller gar als »technically ultra-pragmatic«[4]. Für Charles S. Peirce zählt Goethe zu den »major figures in the history of Western philosophy«[5]. John Dewey reiht ihn unter »our great ›philosophic poets‹«[6]. William James beschreibt die Lektüre Goethes als »one of the important experiences of my [...] mind.«[7]

Trotz dieser offensichtlichen Bedeutung Goethes für den Pragmatismus liegt bislang keine Studie vor, die den Beziehungen zwischen dem Werk Goethes und dem klassischen Pragmatismus genauer nachgeht.[8] Diesem Forschungsdesiderat

---

1 John Dewey hält im September 1899 einen Vortrag über »Goethe and Schiller«, 1931 nimmt er die Ehrenmitgliedschaft in der »Goethean Literary Society« an (vgl. Dewey, To L[aurence] M[inter] Helsel. Oct 27, 31 NY City; Clopton, To Jo Ann Boydston. University of Hawaii, March 22, 1971). Schiller, einer der Gründerväter des Pragmatismus, publiziert zwei Aufsätze zu Goethes *Faust* (vgl. F. C. S. Schiller, Concerning Mephistopheles; F. C. S. Schiller, Goethe and the Faustian Way). Die Vorlesungen des dem Pragmatismus nahestehenden Philosophen George Santayana zu »Goethe's Faust« konstituieren das gleichnamige Kapitel seiner Studie *Three Philosophical Poets* (vgl. Santayana, Three Philosophical Poets). Die intensiven Goethe-Studien von William James äußern sich nicht nur in seinen publizierten Schriften und Briefen in einer Vielzahl von Originalzitaten, sondern sind auch in unveröffentlichten Tage- und Notizbuchaufzeichnungen umfassend dokumentiert (vgl. dazu ausführlicher Kapitel 3).
2 Vgl. etwa Thayer, Meaning and Action, S. 49; Luban, What's Pragmatic about Legal Pragmatism, S. 288.
3 F. C. S. Schiller, Goethe and the Faustian Way, S. 125.
4 F. C. S. Schiller, Goethe and the Faustian Way, S. 125.
5 McDermott, Charles Sanders Peirce, S. 65.
6 Dewey, Art as Experience, S. 323.
7 James, To Thomas Wren Ward. Dresden, May 24 1868. In: Corr 4, S. 307.
8 In der Forschung zum Pragmatismus wird zwar immer wieder auf Goethe verwiesen, dessen konkrete Relevanz für den Pragmatismus wurde aber bislang noch nicht aufgezeigt. So wird Goethe etwa von Andreas Hetzel in die Reihe der Vorläufer des amerikanischen Pragmatismus gestellt (vgl. Hetzel, Zum Vorrang der Praxis, S. 29). Zu Referenzen auf Goethe in der Forschung zum Pragmatismus vgl. weiterhin etwa Thayer, Meaning and Action, S. 48 f.; H. Pape, Der dramatische Reichtum der konkreten Welt, S. 8 f. Im Bereich der Goethe-Forschung ist auf einen

https://doi.org/10.1515/9783110639155-001

widmet sich die vorliegende Arbeit durch eine diachrone und synchrone Untersuchung der Beziehungen zwischen Werken Goethes und William James'.[9]

Bereits die Geschichte des Begriffs ›pragmatisch‹ verweist als möglichen kulturellen Bezugsrahmen für den angloamerikanischen Pragmatismus auf die deutschsprachige philosophische und literarische Tradition der Goethezeit.[10] Hervorgegangen aus dem griechischen πρᾶγματικός, tritt das Adjektiv mit der allgemeinen Bedeutung von »handlungsorientiert, lebenspraxisbezogen«[11] bereits im 17. Jahrhundert im Deutschen auf und erfährt in der Theorie zur Historiografie und zum Roman sowie in der Philosophie in der zweiten Hälfte des 18. Jahrhunderts eine erste Konjunktur, während es im englischen Sprachraum erst am Ende des 19. Jahrhunderts – nicht zuletzt einhergehend mit der Formation und Konsolidierung des Pragmatismus – geläufig wird.[12]

Aufsatz von Franz Schmidt zu verweisen, der »bei Goethe dem späteren Pragmatismus (von Charles Peirce und William James) verwandte Gedanken« (F. Schmidt, Goethes Kantianismus und Pragmatismus, S. 56) vermutet, eine vergleichende Untersuchung aber unterlässt. Zu »Goethes Pragmatismus« (allerdings ohne Referenz auf die angloamerikanische Philosophie) vgl. auch das gleichnamige Kapitel in Rehbock, Goethe und die »Rettung der Phänomene«, S. 130–140.

9 Auf die Bedeutung Goethes für James, wie sie aus dessen Korrespondenz und Tagebuchaufzeichnungen hervorgeht, wird insbesondere in biografischen Darstellungen hingewiesen (vgl. Perry, The Thought and Character of William James, S. 278; Richardson, William James, insbes. S. 91 f.). Eine Untersuchung der Beziehung zwischen Goethe und William James bleibt aber selbst in einem Sammelband, der sich den transatlantischen Beziehungen in James' Leben und Werk widmet, ausgespart (vgl. Halliwell/Rasmussen (Ed.), William James and the Transatlantic Conversation). Selbst in einer *Studie zur werkgenetischen Relevanz der Ästhetik im Denken von William James*, die in einer detaillierten Auswertung der von James in Deutschland angefertigten Tagebuchaufzeichnungen den Umfang seiner Auseinandersetzung mit Goethe (und Schiller) herausstellt, wird die Frage nach der Bedeutung der Ästhetik Goethes für James nicht weiter verfolgt. Festgehalten wird lediglich der »Eindruck, dass James' Goethe-Rezeption weitaus stärker an der Konfiguration seines Denkens beteiligt ist als Schillers ästhetische Schriften.« (Loerzer, »An Arch Built Only on One Side«, S. 312.)

10 Zur Begriffsgeschichte vgl. Kühne-Bertram, Aspekte der Geschichte und der Bedeutungen des Begriffs »pragmatisch«; Stein, Der Pragmatismus.

11 Kühne-Bertram, Aspekte der Geschichte und der Bedeutungen des Begriffs »pragmatisch«, S. 158.

12 Zur verzögerten Aufnahme des Adjektivs im Englischen vgl. Kühne-Bertram, Aspekte der Geschichte und der Bedeutungen des Begriffs »pragmatisch«, S. 159. Kühne-Bertram betont, »daß die Begriffe ›pragmatisch‹ und ›Pragmatismus‹ im deutschen Sprachraum Verwendung fanden, lange bevor Ch. S. Peirce das Wort ›Pragmatismus‹ geprägt zu haben glaubte und der Pragmatismus als philosophische Richtung entstand, der mit dem Namen W. James, J. Dewey und F. C. S. Schiller u. a. verknüpft ist.« (Kühne-Bertram, Aspekte der Geschichte und der Bedeutungen des Begriffs »pragmatisch«, S. 186.)

Die durch eine »pragmatische Wende«[13] gekennzeichnete Synthese von Literatur und Philosophie in der deutschsprachigen Tradition des späten 18. und frühen 19. Jahrhunderts hat, wie gezeigt werden wird, insbesondere durch William James' umfassenden Rekurs auf Goethe teil an der Ausformulierung des Pragmatismus. James' Goethe-Rezeption lässt sich bereits für die Zeit seiner Schulausbildung in Europa nachweisen, wo er zwischen 1855 und 1860 Lehranstalten in London, Paris und Genf besucht,[14] bevor er sich im Rahmen seines Studienaufenthalts in Deutschland von April 1867 bis November 1868 neben seinem Studium der Physiologie intensiv der Lektüre der literarischen und kunsttheoretischen Schriften Goethes (und Schillers) widmet.[15] Als früher Vermittler der Literatur Goethes kann neben Ralph Waldo Emerson insbesondere Thomas Carlyle, Dialogpartner von Goethe wie von Henry James Sr., gelten. James' Vater, den eine persönliche Bekanntschaft mit Thomas Carlyle verbindet, hält in den 1860er Jahren Vorträge zu Carlyle im privaten Kreis und publiziert 1881 einen Nachruf, in dem er Carlyles wichtigste intellektuelle Positionen rekapituliert.[16]

Neben der direkten Begegnung mit der Literatur Goethes ist es der Austausch mit zeitgenössischen Naturwissenschaftlern in der Tradition Goethes, der James' Philosophie nachhaltig prägt. Zahlreiche Mitglieder seines wissenschaftlichen Netzwerks in Deutschland (und darüber hinaus) agieren nicht nur, wie James selbst, als Grenzgänger zwischen Naturforschung und Philosophie,[17] sondern profilieren ihren eigenen naturwissenschaftlichen bzw. philosophischen Ansatz in der Auseinandersetzung mit Goethe – einer Auseinandersetzung, die sich auch, wie etwa bei dem mit James befreundeten Chemiker und Nobelpreisträger Wilhelm Ostwald oder dem von James rezipierten Philosophen und Mediziner Rudolf Hermann Lotze, in Studien und Publikationen zu Goethe niederschlägt.[18] Darüber hinaus haben auch James' akademische Lehrer im Feld der Naturwissenschaften, wie etwa Hermann von Helmholtz, Rudolf Virchow oder Emil Heinrich Du Bois-

---

13 Ulrichs, Die andere Vernunft, S. 29 passim.
14 Bezüglich der *Leiden des jungen Werther* etwa schreibt James in einem Brief aus Bonn vom Juli 1860 an seinen Schweizer Freund Charles Ritter: »C'est un livre extraordinaire bien plus digne d'attention que je n'avais été porté à le croire. Le style est admirable. Lis le si tu ne l'as pas lu, & en allemand.« (James, To Charles Ritter. Bonn sur le Rhin, 31 Juillet '60. In: Corr 4, S. 31.)
15 Zu James' Goethe-Studien vgl. ausführlicher Kapitel 3.
16 Der Nachruf erscheint 1881 in der Zeitschrift *Atlantic Monthly*. Er findet sich wiederabgedruckt in H. James Sr., Some Personal Recollections of Carlyle. Vgl. dazu auch Gravett, James, Henry, Sr.
17 Zu einigen dieser Grenzgänger zwischen Physiologie und Philosophie und ihrer Bedeutung für die Philosophiekonzeption von James vgl. Bordogna, William James at the Boundaries, S. 74 ff.
18 Zu Ostwalds Goethe-Studien vgl. etwa Ostwald, Goethe der Prophete; Ostwald, »Goethe als Naturforscher«; Ostwald, Goethe, Schopenhauer und die Farbenlehre. Zu Lotzes Auseinandersetzung mit Goethe vgl. etwa Lotze, Nachgelassener Aufsatz über Göthe.

Reymond, selbst Schüler eines von Goethe inspirierten Lehrers, des Physiologen Johannes Müller,[19] Beiträge zur Naturforschung Goethes vorgelegt.[20] Mit einem von James vielfach eingesetzten Kunstwort aus den *Voyages en Zigzag* des von Goethe sehr geschätzten Schweizer Schriftstellers und Zeichners Rodolphe Töpffer ließe sich der James'sche Pragmatismus als Produkt eines »transatlantic zigzag«[21] konturieren.[22]

Mit James' *Pragmatism. A New Name for Some Old Ways of Thinking* erscheint im Juni 1907 »das für die europäische Rezeption der amerikanischen Philosophie des Pragmatismus bis heute einflußreichste Werk«[23]. Es gründet auf einer Ende 1906 am Bostoner Lowell Institute und Anfang 1907 an der Columbia Universität in New York gehaltenen, populärphilosophisch ausgerichteten Vorlesungsreihe.[24]

---

19 Zum Einfluss (des physiologischen Teils) der Goethe'schen *Farbenlehre* auf Johannes Müllers 1826 publizierte Dissertation *Zur vergleichenden Physiologie des Gesichtssinnes des Menschen und der Thiere* sowie zu Müllers Bedeutung als Lehrer von Virchow, Helmholtz und Du Bois-Reymond und deren Ausrichtung an der Naturforschung und Methodik Goethes vgl. P. Huber, »Was wär' ein Gott«, S. 68 ff.

20 Vgl. Helmholtz, Goethe's naturwissenschaftliche Arbeiten, S. 1–30; Virchow, Goethe als Naturforscher; Du Bois-Reymond, Goethe und kein Ende. Vor dem Hintergrund von Du Bois-Reymonds früher Wertschätzung der naturwissenschaftlichen Methodik Goethes unternimmt Peter Huber eine Re-Evaluierung seiner berühmten Rektoratsrede, in der diese weniger als Kritik an Goethe erscheint denn als Versuch, Goethe vor der Vereinnahmung durch Vertreter des psychophysischen Monismus zu retten (vgl. dazu P. Huber, »Was wär' ein Gott«, S. 75 ff.). Goethes Präsenz in den Naturwissenschaften des 19. Jahrhunderts beschränkt sich nicht nur auf Deutschland, wo Goethe als zentrale Instanz gilt, auf den sich die im Aufstieg begriffenen Naturwissenschaften berufen und durch den sie sich legitimieren. Goethes internationales Standing in diesem Bereich manifestiert sich auch in dem bis heute wohl prominentesten Organ der Biologie, der Zeitschrift *Nature*, die ihre erste Ausgabe 1869 mit dem Abdruck des Goethe zugeschriebenen Fragments *Die Natur* eröffnet (vgl. Huxley, Aphorisms on Nature by Goethe; vgl. dazu auch Cremer/Borchmeyer, Einleitung. In: Vom Menschen zum Kristall, S. 15).

21 Carrette, Growing up Zig-Zag, S. 207. Zu Goethes Wertschätzung für Töpffer vgl. Goethe/Eckermann, Gespräche, S. 701 f.

22 Dass es sich hierbei keineswegs um einen unidirektionalen Transfer, sondern vielmehr um eine transdisziplinäre und -kulturelle Zirkulation und Produktion von Ideen handelt, die in der James folgenden Generation von Wissenschaftlern eine Fortsetzung findet, legt etwa ein von Werner Heisenberg 1967 gehaltener Vortrag zur Naturforschung Goethes nahe, in dem er an Goethes Konzeption wissenschaftlicher Wahrheit die Bedeutung des Wertbegriffs herausstellt und diese Konzeption damit indirekt in den Kontext der pragmatistischen Wissenschaftstheorie stellt: »Wahrheit war für Goethe vom Wertbegriff nicht zu trennen.« (Heisenberg, Das Naturbild Goethes, S. 34.) Zu den Analogien in der Konzeption wissenschaftlicher Wahrheit bei Goethe und James vgl. ausführlicher Kapitel 7.4.

23 Oehler, Vorwort. In: William James, S. IX.

24 Von der Popularität des James'schen Pragmatismus zeugt die hohe Teilnehmerzahl seiner Vorlesungen. In einem Tagebucheintrag vom 8. Februar 1907 hält James über seine Pragmatis-

Nachdem die in den 70er Jahren im »Metaphysical Club«[25] in Boston und Cambridge dialogisch konzipierte Bewegung des Pragmatismus spätestens 1902 in der Scientific Community Fuß gefasst hat – die Publikation eines von James und Peirce gemeinsam verfassten Lexikonartikels in Baldwins *Dictionary of Philosophy and Psychology* kann als Endpunkt der formativen Phase des Pragmatismus gelten –,[26] gibt ihm James in einer Serie öffentlichkeitswirksamer Vorträge sein spezifisches und, wie gezeigt werden wird, nicht zuletzt von seiner Goethe-Lektüre geprägtes Profil.

Bereits kurz nach dem Erscheinen von *Pragmatism* vermerkt James in seinem Tagebuch das Angebot des an der Universität Wien lehrenden Philosophen Wilhelm Jerusalem, *Pragmatism* ins Deutsche zu übersetzen.[27] Jerusalem, dessen Erkenntnistheorie mit ihrer Kritik am Apriorismus von F. C. S. Schiller in die Nähe des Pragmatismus gerückt worden ist, und der bereits seit Längerem im brieflichen Dialog mit James gestanden hat,[28] intendiert mit der Übersetzung, wie er in der Korrespondenz mit James herausstellt, den als »philosophy of the future«[29] verstandenen Pragmatismus in der deutschsprachigen Philosophie bekannt zu machen. Jerusalem fertigt in nur wenigen Wochen im brieflichen Austausch mit James die deutsche Übertragung an. Diese stellt, wie Klaus Oehler, der Herausgeber der 1977 erschienenen Neuausgabe der Übersetzung, ausführt, »ein Sprachdenkmal von eigenem Rang«[30] dar: »Sie hat eine historische Würde, die ihr nicht durch etwaige andere, zukünftige Übersetzungen [...] genommen werden kann.«[31]

---

mus-Vorlesung an der Columbia University fest: »Lectured―1150 people at least«. (James, Diary 7, S. 39.)

25 Vgl. dazu Menand, The Metaphysical Club.

26 J[ames]/P[eirce], Pragmatic and Pragmatism. Zu dieser Markierung in der Chronologie des Pragmatismus vgl. H. Pape, Der dramatische Reichtum der konkreten Welt, S. 38.

27 Der Tagebucheintrag ist mit 5. Juli 1907 datiert (vgl. James, Diary 7, S. 186).

28 Vgl. Jerusalem, Meine Wege und Ziele, S. 60.

29 Jerusalem, To William James. Vienna, 22th of June 07, S. 381.

30 Oehler, Vorwort. In: William James, S. IX.

31 Oehler, Vorwort. In: William James, S. X. Ihr wird in der vorliegenden Arbeit denn auch gegenüber jüngeren Übertragungen der Vorzug gegeben. Die Übersetzung von Jerusalem konstituiert nicht nur das Medium, durch das der amerikanische Pragmatismus im deutschen Sprachraum bekannt wurde (vgl. dazu Oehler, Vorwort. In: William James, S. IX), sondern indiziert auch die marginale Bedeutung des als Begründer des Pragmatismus geltenden Charles S. Peirce in der deutschsprachigen Rezeption des frühen 20. Jahrhunderts. Die Ignoranz gegenüber Peirce schlägt sich dabei gleichsam buchstäblich – als »Pierce« – nieder. Diese Schreibweise wurde auch in der von Klaus Oehler besorgten Neuausgabe von *Pragmatismus* nicht korrigiert (vgl. James, Der Pragmatismus, S. 28).

Richard Rortys vielfach kritisiertes Diktum von »Peirces unverdienter Apotheose«[32] zum Protagonisten des Pragmatismus im 20. Jahrhundert erscheint mit
Blick auf die frühe Rezeption des Pragmatismus im deutschen Sprachraum als
gerechtfertigt. In den frühen deutschsprachigen Publikationen zum Pragmatismus ist es James, nicht Peirce, der als prominentester Exponent der neuen amerikanischen Philosophie diskutiert wird,[33] wobei dieser Status von James, wie
etwa bereits Ludwig Stein in seiner 1908 publizierten Monografie *Philosophische
Strömungen der Gegenwart* andeutet, durch die Resonanz bedingt ist, die James'
Pragmatism, auch und gerade in der Übersetzung von Jerusalem, erfahren hat:
»James' Buch schlug ein. Mit einem geradezu amerikanischen Tempo griff dieses
Buch in die Alte Welt hinüber.«[34] Dabei war, wie Stein betont, am Ende des Jahres,
in dem James seine Vorlesungen an der Columbia Universität gehalten hatte,
»nicht nur der englische Text, sondern die deutsche Übersetzung von Jerusalem in
den Händen aller«[35]. Es ist der »Jamessche[n] Darstellungsweise«[36] zu verdanken,
dass, so Stein, »William James, wenn auch nicht [als] der zeitlich erste Begründer,
so doch [als] der weitaus wirksamste Verkünder«[37] des Pragmatismus gelten kann.
Als »Künstler und Darsteller von packender Gewalt«[38] belebt er den philosophischen Diskurs:

> Das [...] hätten weder John Dewey in Chicago, noch der Logiker C. S. Peirce von der John
> Hopkins Universität, noch endlich der Vertreter des »Humanism« in Oxford, F. C. S. Schiller,
> die William James selbst als die Väter oder Paten des Pragmatismus anspricht, zuwege ge-
> bracht, wenn ihnen nicht die propagatorische Kraft eines ebenso lebensvollen wie ge-
> mütstiefen und geistesstarken Schriftstellers wie William James zu Hilfe gekommen wäre.[39]

---

32 Im Original: »Peirce's undeserved apotheosis« (Rorty, Pragmatism, Relativism, and Irrationalism, S. 161). Zur Kritik an dieser Einschätzung Rortys vgl. etwa Colapietro, Immediacy, Opposition, and Mediation, S. 23 ff.
33 In der von Günther Jacoby 1909 publizierten Studie wird James »als bekanntester und be-
deutendster Vertreter« (Jacoby, Der Pragmatismus, S. 6) des Pragmatismus dargestellt, während
Peirce keine Erwähnung findet. In der 1909 veröffentlichten Studie von Theodor Lorenz über die
Beziehung des Pragmatismus zur Kant'schen Philosophie wird ebenfalls James als Hauptvertreter
des amerikanischen Pragmatismus ausgewiesen, Peirce wird nur in zwei Fußnoten angeführt (vgl.
Lorenz, Das Verhältnis des Pragmatismus zu Kant, S. 9 f., S. 15). In Richard Müller-Freienfels 1911
erschienener Abhandlung *Studien zum Pragmatismus* wird Peirce nicht erwähnt.
34 Stein, Philosophische Strömungen, S. 38.
35 Stein, Philosophische Strömungen, S. 38.
36 Stein, Philosophische Strömungen, S. 36.
37 Stein, Philosophische Strömungen, S. 35.
38 Stein, Philosophische Strömungen, S. 36.
39 Stein, Philosophische Strömungen, S. 36 f.

Mit der Fokussierung auf James in den frühen deutschsprachigen Publikationen zum Pragmatismus setzt sich fort, was sich bereits bei dem im September 1908 in Heidelberg stattfindenden III. Internationalen Kongress für Philosophie, der als der »offizielle Beginn der Wirkungsgeschichte des Pragmatismus in Deutschland«[40] gelten kann, abzeichnet. Auch wenn Josiah Royce, langjähriger kritischer Diskussionspartner von William James an der Harvard University, in seinem Eröffnungsvortrag Peirce als »founder«[41] des Pragmatismus anführt, ist es, wie der Kongressbericht belegt, insbesondere James, der die Diskussionen zum Pragmatismus dominiert.[42] Lediglich in dem Redebeitrag des deutsch-amerikanischen Herausgebers der philosophischen Fachzeitschrift *The Monist*, Paul Carus, scheint Peirce auf. Peirces Konformität mit den Normen der akademischen Philosophie wird die mangelnde Fachdisziplin seiner ›literarisch‹ orientierten Kollegen gegenübergestellt: »Pierce [sic] ist der einzige unter den Pragmatikern, der wirklich wissenschaftlich und scharf logisch denken kann, die anderen, besonders James, sind recht geniale Leute, Literateure und Feuilletonisten, die wie Novellenschriftsteller schreiben, aber nicht wie wirkliche Philosophen.«[43] Mit diesem Verdikt bestätigt der als Philosoph in der deutschen Wissenschaftskultur sozialisierte, in den frühen 1880ern in die USA emigrierte Carus die von James antizipierte kritische Reaktion auf seinen philosophischen Diskurs aus der Alten Welt.[44] In einem Schreiben an Jerusalem vom September 1907 zu Details der deutschen Übersetzung weist James seinen Stil als dezidierte Absage an die fachsprachlichen Konventionen der Zeit aus und bringt angesichts der Differenz zwischen der deutschen und amerikanischen Wissenschaftskultur Bedenken zum Ausdruck. Sein Stil sei nicht nur nicht ›technisch‹, vielmehr sei er ›*anti*-technisch‹, was gerade in deutschen intellektuellen und akademischen Kreisen eine Disqualifizierung provoziere: »I fear that its [= the book's] untechnicality of style—or rather its deliberate *anti*-technicality—will make the German *Gelehrtes Publikum*, as well as the professors, consider it *oberflächliches Zeug*«[45].

Die frühe Rezeption des Pragmatismus von William James im deutschsprachigen Raum erfährt historisch mit dem Beginn des Ersten Weltkriegs eine Zäsur, die kulturhistorisch durch den nach dem Zweiten Weltkrieg einsetzenden Antiamerikanismus sowie wissenschaftsgeschichtlich durch den Aufstieg der analy-

---

40 Oehler, Der Pragmatismus des William James, S. 51.
41 Royce, The Problem of Truth, S. 71.
42 Vgl. dazu insbesondere den Abschnitt »Diskussion [zum Pragmatismus]« in Elsenhans (Hrsg.), Bericht über den III. Internationalen Kongreß für Philosophie, S. 726–740.
43 Elsenhans (Hrsg.), Bericht über den III. Internationalen Kongreß für Philosophie, S. 737.
44 Zu den biografischen Daten von Paul Carus vgl. etwa Bates, Paul Carus.
45 James, To Wilhelm Jerusalem. St. Hubert's, N. Y. Sept. 15, 1907. In: Corr 11, S. 448. [Herv. i. O.]

tischen Philosophie prolongiert wird. Erst 1996 erscheint die erste deutschsprachige Monografie zu Leben und Werk von William James.[46] Noch 2012 nimmt die deutsche Wissenschaftskultur James als »Außenseiter der Philosophie«[47] wahr, wie ein Beitrag zu ihm in einem gleichnamigen Sammelband dokumentiert. Die vorliegende Arbeit schließt an die Rehabilitierung James' an, wie sie im anglo-amerikanischen Kontext insbesondere durch die Schriften Rortys initiiert wurde.[48]

Mit *Pragmatism. A New Name for Some Old Ways of Thinking* sucht James nach der ersten Konsolidierungsphase der als Pragmatismus installierten Philosophie deren Stellenwert historisch zu fundieren. Dabei ist es gerade die Perspektive auf die Tradition pragmatischen Denkens, die nach James zur Anerkennung des Pragmatismus beitragen soll. James beansprucht für den Pragmatismus weniger Originalität denn historische Kontinuität. Es gilt, wie der Untertitel der Vorlesungsreihe programmatisch ankündigt, aufzuzeigen, dass es sich beim Pragmatismus lediglich um einen »neuen Namen für einige alte Denkweisen« handelt: »There is absolutely nothing new in the pragmatic method.«[49] James reiht den Pragmatismus in eine Tradition, als deren Protagonisten Philosophen und Dichter

---

46 Diaz-Bone/Schubert, William James. Auch wenn es sich bei dieser Publikation, wie explizit herausgestellt wird, um die erste deutschsprachige Monografie zum Gesamtwerk James' handelt (vgl. Diaz-Bone/Schubert, William James, S. 7), liegen zu seiner Religions- sowie seiner Rechtsphilosophie und seiner Psychologie monografische Darstellungen älteren Datums in deutscher Sprache vor (vgl. etwa Busch, William James als Religionsphilosoph; Harberts, William James' Religionsphilosophie; Nassauer, Die Rechtsphilosophie William James'; Linschoten, Auf dem Wege zu einer phänomenologischen Psychologie).

47 Vgl. Hetzel, William James.

48 Vgl. insbesondere Rorty, Consequences of Pragmatism; Rorty, Philosophy and the Mirror of Nature; Rorty, Contingency, Irony, and Solidarity.

49 James, Pragmatism, S. 30. Wie Kai-Michael Hingst herausstellt, muss man den »Pragmatismus mißverstehen, wenn man in ihm eine Originalität sucht, die er nicht beansprucht und auch nicht hat. Gerade *daß* der Pragmatismus nichts eigentlich Neues ist, bestärkt James in der Überzeugung vom Gewicht seiner Entdeckung, deren Bedeutsamkeit gerade darin liegt, etwas lange Verschüttetes, aber immer schon Gültiges aufgedeckt zu haben.« (Hingst, James' Transformation der Pragmatischen Maxime, S. 41. [Herv. i. O.]) James folgt dabei indirekt Goethes – durch seine Aphorismen hinlänglich popularisierte – Auffassung von der gleichsam ›derivaten‹ Natur epistemischer Positionen, deren Originalität in ihrer Bedeutung hinter dem Imperativ ihrer (Re-)Aktualisierung zurückbleibt. So heißt es in den *Maximen und Reflexionen*: »Was heißt auch erfinden und wer kann sagen, daß er dies oder jenes erfunden habe? Wie es denn überhaupt, auf Priorität zu pochen, wahre Narrheit ist; denn es ist nur bewußtloser Dünkel, wenn man sich nicht redlich als Plagiarier bekennen will.« Und weiter: »Alles Gescheite ist schon gedacht worden, man muß nur versuchen, es noch einmal zu denken.« (Goethe, Maximen und Reflexionen, S. 239, Nr. 1146; S. 93, Nr. 441.) Zu der dieser Ansicht konträren Auffassung Goethes von der Bedeutung der Priorität als definitorisches Merkmal wissenschaftlicher Autorschaft vgl. Reulecke, Die Emergenz von Wissen, S. 46 ff.

von der Antike bis zur Gegenwart – von Sokrates bis Ernst Mach – angeführt werden. Auch wenn Goethe in dieser Reihe nicht explizit aufscheint, ist er, wie gezeigt werden wird, von der ersten Vorlesung an in James' *Pragmatism* präsent. Diese Präsenz kann als Effekt einer Vorwegnahme pragmatistischer Positionen im Werk Goethes, die ihrerseits in der Tradition protopragmatistischer Zugänge der Antike (Protagoras, Sokrates, Aristoteles) und Frühen Neuzeit (Francis Bacon, Giambattista Vico) stehen, wie auch als Ergebnis expliziter und impliziter Rekurse auf Goethes Werk in der James'schen Vorlesungsreihe gefasst werden. Dass diese eine *poetische* Philosophie formuliert – eine Ansicht, die bislang mit Hinweis auf ihren als ›poetisch‹ (dis-)qualifizierten Stil und die in ihr namentlich genannten Dichter argumentiert wurde –,[50] gilt, wie deutlich werden wird, gerade auch aufgrund ihres Anschlusses an Goethe.

Durch den Rekurs auf Goethe im James'schen Pragmatismus findet die mit der Literatur des *American Transcendentalism* einsetzende intensive US-amerikanische Rezeption Goethes ihren Niederschlag auch im Bereich der angloamerikanischen Philosophie des späten 19. und frühen 20. Jahrhunderts.[51] Die Situierung der Vorgeschichte des Pragmatismus im Kontext der Literatur Goethes liefert aber nicht nur einen Beitrag zur angloamerikanischen Wirkungsgeschichte Goethes, sondern auch zur Profilierung der spezifisch philosophischen Dimension seines Werks, dessen Aktualität vor dem Hintergrund der sich gegenwärtig abzeichnenden »Renaissance des Pragmatismus«[52] neue Konturen gewinnt. Goethe soll dabei allerdings nicht einfach als (Proto-)Pragmatist reklamiert werden; es geht darum, an seinen literarischen, kunsttheoretischen und naturwissenschaftlichen Arbeiten epistemische Orientierungen aufzuzeigen, die in mehr oder weniger augenfälliger Weise mit dem James'schen Pragmatismus kongruieren.

Die Analogien zwischen Goethe und James lassen sich allgemein, jenseits expliziter und impliziter Rekurse des Letzteren auf die Schriften Goethes, in der für die Zeit ›um 1800‹ wie ›um 1900‹ charakteristischen – Diskursgrenzen über-

---

50 Zum ›literarischen Stil‹ von James vgl. etwa Richardson, William James, S. 486; F. C. S. Schiller, William James, S. 146. Vgl. dazu ausführlicher Kapitel 4.2 sowie Kapitel 6.3 der vorliegenden Arbeit.
51 Zur Goethe-Rezeption im *American Transcendentalism* vgl. etwa Wahr, Emerson and Goethe; Braun, Margaret Fuller and Goethe.
52 Vgl. den gleichnamigen Sammelband von Sandbothe (Hrsg.), Die Renaissance des Pragmatismus. Zur Aktualität des Pragmatismus vgl. weiterhin etwa Bernstein, The Resurgence of Pragmatism; Hartmann/Liptow/Willaschek (Hrsg.), Die Gegenwart des Pragmatismus.

schreitenden – Konjunktur des ›Lebens‹ verorten,[53] an der beide Autoren partizipieren und die eine weitgehend analoge epistemische Orientierung zu bedingen scheint.[54] Die transdisziplinäre »Hinwendung zum Lebendigen«[55] konvergiert mit Tendenzen, die sich im Zuge einer Privilegierung der Praxis abzeichnen, wie sie sowohl im historischen Pragmatismus um 1900 als auch für die »pragmatische Wende«[56] in der deutschsprachigen Tradition um 1800 charakteristisch ist. Es handelt sich hierbei um Tendenzen, die sich, wie etwa die Kritik am Absolutheitsanspruch der Theorie und am Szientismus, der Respekt vor der Vielgestaltigkeit, Subjektgebundenheit und Kontingenz der Wirklichkeit oder das Setzen auf Erfahrung und sinnliche Erkenntnis, paradigmatisch in der/durch die Literatur entfalten. Die Konvergenzen zwischen Ansätzen, die ›Leben‹, und jenen, die ›Praxis‹ (re-)zentrieren, können allgemein in einer epistemologischen Aufwertung der Dynamik und Prozessualität, Materialität, Pluralität und Perspektivität empirischer Erscheinungen sowie einer holistischen Konzeption von Wissen gesehen werden – Aspekte, die gerade auch das Wissen (in) der Literatur auszeichnen.[57]

Literatur wird dabei in der vorliegenden Arbeit nicht einfach als Medium verstanden, in dem sich ein spezifisches philosophisches Paradigma manifestiert,[58] sondern als eines, das an der Ausbildung dieses (pragmatischen) Para-

---

53 Zur Konjunktur des Lebendigen um 1800 und dessen Transformationen im wissenschaftlichen Diskurs um 1900 vgl. etwa Gehring, Wert, Wirklichkeit, Macht.

54 Zur Bedeutung des Konzepts ›Leben‹ im Werk Goethes vgl. etwa Schilling, Goethes Lebensbegriff; zum ›Lebendigen‹ als Gegenstand der Naturforschung bei Goethe vgl. Kranich, Goethe und die Wissenschaft vom Lebendigen. Zur Bedeutung des Konzepts ›Leben‹ für James' (Lebens-) Philosophie vgl. etwa Fellmann, Lebensphilosophie, S. 89 – 107.

55 So Michael Bies über die biologische Wende um 1800 als Kontext für Goethes Darstellung des Wissens vom Lebendigen (Bies, Im Grunde ein Bild, S. 7 passim).

56 Ulrichs, Die andere Vernunft, S. 29 passim.

57 Das Thema ›Wissen (in) der Literatur‹ hat sich in der letzten Dekade zu einem besonders prominenten Forschungsfeld der Literaturwissenschaft herausgebildet. Zu einer wissenschaftsgeschichtlichen Kartierung dieses Forschungsfeldes vgl. Wübben, Forschungsskizze.

58 Eine derartige Auffassung von der Relation zwischen Literatur und Philosophie bestimmt etwa Lars-Thade Ulrichs Studie zum »pragmatische[n] Paradigma« (Ulrichs, Die andere Vernunft, S. 29) in der Literatur und Philosophie der Goethezeit. Nach Ulrichs vollzog sich dieser pragmatische »Paradigmenwechsel [...] *innerhalb* der Philosophie« (Ulrichs, Die andere Vernunft, S. 63 [Herv. i. O.]) und fand seine (nachträgliche) Manifestation im pragmatischen Roman der Spätaufklärung und dem Transzendentalroman der Frühromantik. Im philosophischen Roman wird »der *außerhalb* der Literatur, nämlich in der avancierten Philosophie[,] stattfindende Paradigmenwechsel nachvollzogen« (Ulrichs, Die andere Vernunft, S. 247 [Herv. i. O.]). Die Philosophie fungiert als Voraussetzung von Literatur. Betont wird, dass »der moderne Roman [...] ohne die pragmatische Wende in der Handlungs- und Moraltheorie undenkbar wäre« (Ulrichs, Die andere Vernunft, S. 128). Die philosophische Leistung des Romans wird dabei lediglich in den »formalen, diskurslogischen Konsequenzen, die aus dem neuen Paradigma gezogen werden« (Ulrichs, Die

digmas konstitutiv teilhat.[59] Diese gleichsam performative Konzeption von Literatur, in der diese nicht lediglich auf die Repräsentation bzw. Transformation von (philosophischem) Wissen reduziert wird, sondern in der der Literatur ein wissenserzeugendes Potenzial *sui generis* zugestanden wird, legitimiert sich auch aus rezeptionsgeschichtlicher Perspektive. Wie gezeigt werden wird, ging James' Auseinandersetzung mit der Literatur der Goethezeit seiner Philosophie nicht nur (zeitlich) voraus, sondern diese wird auch als Ergebnis seiner Goethe-Lektüre fassbar.[60]

Durch den hier verfolgten – dezidiert literaturwissenschaftlichen – Zugang zum Pragmatismus von William James wird an dessen Philosophie das profiliert, was zwar James selbst als deren definitorische Implikationen versteht, was aber in jenen Zugängen, in denen der Pragmatismus von James auf den Ansatz von Charles S. Peirce bezogen bleibt, tendenziell marginalisiert wird. In den Arbeiten, die James' Ansatz in einer von Peirce begründeten, der Logik verpflichteten Tradition verorten, wird primär auf die von James popularisierte pragmatische Methode zur Klärung metaphysischer Dispute sowie auf dessen antirepräsentatio-

---

andere Vernunft, S. 247), gesehen. Auch wenn sich dadurch »von einer »*Radikalisierung* der pragmatischen Wende innerhalb des philosophischen Romans« (Ulrichs, Die andere Vernunft, S. 249 [Herv. i. O.]) sprechen lässt und dieser dadurch einen »»Beitrag zur geheimen Philosophiegeschichte der Menschheit«« (Ulrichs, Die andere Vernunft, S. 248) leistet, steht er in Abhängigkeit zur Philosophie, der das (genea-)logische Primat zukommt.

59 Wiewohl Ulrichs die Umstellung von Mimesis auf Poiesis als zentrale Implikation der dem »pragmatischen Paradigma verpflichtete[n] *Tradition der anderen Vernunft*« in der Goethezeit (Ulrichs, Die andere Vernunft, S. 28 [Herv. i. O.]) auffasst, operiert er selbst implizit mit einem mimetischen Konzept von Literatur. Damit einher geht bei Ulrichs eine intentionale und instrumentelle Konzeption von Literatur, in der diese als Ergebnis einer bewussten Diskurswahl aufgefasst wird. Nach Ulrichs besteht die Leistung der literarischen Spätaufklärer in der bewussten »Wahl des Romans als der diesem [= pragmatischen] Paradigma adäquaten Diskursform« (Ulrichs, Die andere Vernunft, S. 65; vgl. S. 100, S. 125, S. 248). Diese Wahl erfolgt aus »einer rational rekonstruierbaren Intentionalität heraus« (Ulrichs, Die andere Vernunft, S. 249). In der Tradition der literaturwissenschaftlichen Auseinandersetzung mit dem Verhältnis von Literatur und Wissen folgt Ulrichs mithin weitgehend dem klassischen Modell innerhalb der bisherigen Forschungsgeschichte, wonach Wissen in der Literatur gleichsam *a posteriori* dargestellt (und gegebenenfalls transformiert) wird (zu diesem Modell vom »Wissen in der Literatur« vgl. Wübben, Forschungsskizze, S. 5 ff.). Demgegenüber wird in der vorliegenden Arbeit nicht vom Primat einer historisch und kulturell spezifischen Weltanschauung bzw. Philosophie ausgegangen, die sich in der Literatur lediglich sedimentiert oder in ihr intentional repräsentiert wird. Der Literatur wird vielmehr eine philosophische Dimension *sui generis* zuerkannt (vgl. dazu ausführlicher Kapitel 2). Diesbezüglich partizipiert die vorliegende Arbeit an dem in der Forschungsgeschichte aktuellsten Untersuchungsbereich, der auf das »Wissen der Literatur« fokussiert (vgl. dazu Wübben, Forschungsskizze, S. 14 f.).

60 Vgl. dazu insbesondere Kapitel 3.

nalistische Wahrheitstheorie abgezielt. Demgegenüber fokussiert die vorliegende Arbeit auf James' Definition des Pragmatismus als »a mediating system«[61] zwischen Empirismus und Rationalismus. In dieser Konzeption erscheint »Pragmatism«, so wird gezeigt, auch als »new name« für den von Goethe geprägten und von Friedrich Schiller als »rationelle[r] Empirism«[62] bezeichneten Ansatz der (Natur-)Forschung.[63] Es handelt sich dabei um einen Ansatz, der in seinem Bemühen um Vermittlung rationalistischer und empiristischer Positionen nicht nur mit analogen Bestrebungen der deutschen Philosophie, sondern insbesondere auch der deutschsprachigen Literatur um 1800 korrespondiert.[64]

Darüber hinaus bekräftigt der literaturwissenschaftliche Zugang der vorliegenden Untersuchung die bereits von Peirce am Pragmatismus von James ausgemachte Idiosynkrasie. Peirce distanziert sich 1905 von den als literarisch denunzierten Versionen des Pragmatismus, wie sie in Rekurs auf James und insbesondere F. C. S. Schiller propagiert werden. Den Pragmatismus als sein »Kind«[65], dessen Popularität er William James verdankt – dieser hat den Begriff ›Pragmatismus‹ in seinem 1898 gehaltenen, als ein Gründungsdokument des Pragmatismus geltenden Vortrag *Philosophical Conceptions and Practical Results* unter Berufung auf Peirce in die öffentliche Diskussion eingeführt –,[66] will Peirce nicht länger den »literary clutches«[67] von Autoren überlassen, die in Anlehnung an die literarischen Exponenten des Pragmatismus dessen originäre, der Logik verpflichtete Konzeption entstellen. Fortan soll sein »Kind« den Namen »Pragmaticism«[68] tragen, eine Bezeichnung, »which is ugly enough to be safe from kidnappers.«[69] Peirce übersieht dabei das epistemische Potenzial, das dem Pragmatismus von James gerade aufgrund seiner Poetizität immanent ist.[70]

Der von James praktizierte, in der kritischen Rezeption immer wieder dem logischen Denken entgegengesetzte wissenschaftliche Zugang lässt sich in der

---

61 James, Pragmatism, S. 7.
62 F. Schiller, An Goethe. Jena, 19. Januar 1798. In: BW, S. 548. [Herv. i. O.]
63 Vgl. dazu Kapitel 7.
64 Vgl. dazu Kapitel 2.2.1 und 2.3.1.
65 Peirce, What Pragmatism is, S. 165.
66 Vgl. James, Philosophical Conceptions, S. 290.
67 Peirce, What Pragmatism is, S. 165.
68 Peirce, What Pragmatism is, S. 166.
69 Peirce, What Pragmatism is, S. 166.
70 James übt seinerseits (implizite) Kritik an den Peirce'schen Vorlesungen zum Pragmatismus. Er kritisiert die Opazität des Peirce'schen Pragmatismus als »Cimmerian darkness« (James, Pragmatism, S. 10). Ähnlich spricht Goethe in einem Brief an Wilhelm von Humboldt von den »cimmerischen Nächten der Spekulation« (WA IV, 14, S. 180) als Charakteristikum des zeitgenössischen Idealismus.

Tradition Goethes als ›analogisches Denken‹ charakterisieren. Wie Gottfried Ga-
briel ausgehend von Goethes Logikkritik in *Faust* darstellt, vollzieht sich logisches
Denken durch Differenzierung anhand von abstrakten Begriffen, analogisches
Denken, »das sich der *Übergänge* bedient und die begrifflichen Grenzen durch-
lässig oder ›porös‹ hält«[71], operiert durch Herstellung von Analogien: »Logisches
Denken drängt auf Unterscheidung des Ähnlichen, analogisches Denken sucht
Ähnlichkeit im Verschiedenen. Logisches Denken drückt sich aus in Definitionen,
analogisches Denken in Vergleichen.«[72] Die Analogie als rhetorische Figur realisiert dabei auf der sprachlichen Ebene die für das analogische Denken kennzeichnende Berücksichtigung des Transitorischen. Das analogische Denken bildet
sowohl bei Goethe als auch bei James ein grundlegendes Verfahren der Forschung, das seinen sprachlichen Niederschlag in der für beide charakteristischen
Operationalisierung des literarischen Vergleichs findet und hinsichtlich seiner
epistemischen Potenziale erkenntnistheoretisch reflektiert wird.[73]

Die vorliegende Arbeit orientiert sich an der von Goethe und James privilegierten Methode des Vergleichs, zumal dieser, wie der von Goethes naturwissenschaftlicher Praxis inspirierte akademische Lehrer von William James, der
deutsch-amerikanische Naturforscher Louis Agassiz, in seinen 1863 publizierten
Methods of Study in Natural History bemerkt, eine gleichsam transdisziplinäre
Methode darstellt; er bestimmt nicht nur die empirische Naturforschung, sondern
erweist sich als »equally important in every other branch of knowledge«[74]. In
diesem Sinn erlaubt er »the most mature results of scientific research in Philology,
Ethnology, and in Physical Science«[75]. Der durch den Vergleich bestimmte Forschungsprozess ist »a slow and laborious one, and the results [...] very small«[76], er
ermöglicht aber, wie sich mit Blick auf das von Goethe und James in ihren Arbeiten
umgesetzte wissenschaftliche Ethos zeigt, eine Nähe zum konkreten Objekt der
Untersuchung. In diesem Sinn fokussiert die vorliegende Arbeit über weite Stre-
cken auf die Konstellation von Analogien, die anhand eines *close reading* her-

---

71 Gabriel, Logik und Rhetorik der Erkenntnis, S. 25. [Herv. i. O.]

72 Gabriel, Logik und Rhetorik der Erkenntnis, S. 25. Mit der Unterscheidung von ›logischem‹
und ›analogischem Denken‹ soll keine Dichotomisierung von Literatur und Philosophie erfolgen,
es geht dabei lediglich darum, prävalente Tendenzen (in) der Literatur bzw. Philosophie heuris-
tisch zu erfassen.

73 Zum Verfahren der Analogie bei Goethe und James vgl. ausführlicher Kapitel 6.2.3 sowie
Kapitel 6.3.3. Zur Analogie bei Goethe vgl. etwa Rehbock, Goethe und die »Rettung der Phäno-
mene«, S. 166 ff. Zur epistemologischen Bedeutung der Analogie bei James vgl. etwa Seigfried,
William James's Radical Reconstruction of Philosophy, S. 209 – 219.

74 L. Agassiz, Methods of Study in Natural History, S. 24.

75 L. Agassiz, Methods of Study in Natural History, S. 24.

76 L. Agassiz, Methods of Study in Natural History, S. 23.

ausgearbeitet werden. Unter Berücksichtigung von Goethes und James' Kritik an den reduktiven Implikationen des Kausalitätsprinzips wird dabei auf einfache Kausalerklärungen vielfach verzichtet.[77] Die Nähe zum wissenschaftlichen Objekt bedingt dabei auch eine Darstellungsweise, die – in Übereinstimmung mit der Epistemologie von Goethe und James – die Systematizität und Metareflexivität (in) der Argumentation zugunsten einer möglichst engen Orientierung am Untersuchungsgegenstand gelegentlich suspendiert. Bei allem Respekt vor dem Eigensinn des Untersuchungsobjekts wird aber, Goethes und James' Konzeption von (wissenschaftlicher) Wahrnehmung als einer immer schon kulturell und symbolisch strukturierten epistemischen Aktivität entsprechend,[78] auch dessen irreduzible Heteronomie aufgezeigt. Neben den propositional vorliegenden Analogien zwischen Goethe und James gilt das Interesse in der vorliegenden Arbeit immer auch der Frage nach der Bedeutung spezifischer literarischer Verfahren – die als nicht-propositionale Erkenntnisformen zu verstehen sind – für eine poetische Philosophie der Praxis und ihre Vermittlung.[79]

Das folgende Kapitel situiert James' Pragmatismus im Kontext der durch eine »pragmatische Wende«[80] gekennzeichneten Verschränkung von Literatur und Philosophie in der Goethezeit. Im Fokus stehen dabei literarische Verfahren und Theoreme, durch die sich das »*pragmatische Paradigma*«[81] in der (philosophischen) Literatur und der (literarischen) Philosophie der Goethezeit implizit, auf der nicht-propositionalen Ebene der Texte, niederschlägt. Angesichts von James' intensiver Lektüre literarischer Texte (nicht nur) der Goethezeit können diese Theoreme und Verfahren als Erkenntnisformen verstanden werden, die James' Philosophie indirekt strukturieren.

Das dritte Kapitel widmet sich James' Goethe-Aneignung, wie sie im Zuge naturwissenschaftlicher Forschung im Feld der vergleichenden Morphologie sowie im Rahmen seiner in Deutschland unternommenen Goethe-Studien, die in seiner Korrespondenz und in unveröffentlichten Tage- und Notizbuchaufzeichnungen umfassend dokumentiert sind, erfolgt. Es handelt sich dabei um eine gleichsam performative Aneignung Goethes, die durch konkrete Wiederholung der von Goethe praktizierten Strategien naturwissenschaftlicher und künstlerischer Wahrnehmung

---

77 Zu Goethes und James' Kritik am Kausalitätsprinzip vgl. Kapitel 7.2.

78 Vgl. dazu Kapitel 7.5.

79 Zu literarischen Verfahren als Formen nicht-propositionalen Wissens vgl. etwa Schildknecht, »Ein seltsam wunderbarer Anstrich«; zur Bedeutung literarischer Verfahren – als nicht-propositionale Erkenntnisformen – für die Philosophie vgl. etwa Gabriel, Zwischen Wissenschaft und Dichtung.

80 Ulrichs, Die andere Vernunft, S. 29 passim.

81 Ulrichs, Die andere Vernunft, S. 29. [Herv. i. O.]

sowie durch literarische Zitation vollzogen wird. Durch die in seiner naturwissen-schaftlichen Sozialisation in der Tradition Goethes kultivierte Praxis des Sammelns und Beobachtens sowie durch die Rezeption und Reproduktion von Texten Goethes übt sich James in eine epistemische Haltung ein, die die erkenntnistheoretischen und ethischen Positionen seines späteren Pragmatismus prägt.

Die Funktion von Goethes *Faust* für James' metaphilosophische Revision der zeitgenössischen Fachphilosophie wird im vierten Kapitel dargestellt. Mit den expliziten und impliziten Referenzen auf *Faust* re-aktualisiert James die von Goethe in/mit diesem Drama poetisch vorgenommene Wissenschaftskritik. Neben der Bedeutung des *Faust* als zentralen Prä- und Intertext für den James'schen Pragmatismus wird die Zitation selbst als genuin literarische Praxis exponiert, durch die das diachrone und systematische Verhältnis von Literatur und Philo-sophie in den Schriften James' auf der performativen Ebene – im Modus des Zeigens – verhandelt wird.[82]

Das fünfte Kapitel untersucht die für Goethe und James charakteristische Konzeption des Erkenntnissubjekts, die als Rehabilitierung des ›ganzen Men-schen‹ in der Tradition des Commercium mentis et corporis gelten kann und die mit ihrem Anthropologismus bzw. Perspektivismus an die Homo-mensura-Tra-dition des Protagoras anschließt. Nach der Konstellation analoger Positionen zur Konzeption des Erkenntnissubjekts und damit konvergierender Konzeptionen philosophischen Wissens konturiert das Kapitel die literarischen Strategien, durch die das holistische Erkenntnissubjekt mit seiner epistemischen Perspekti-vität in den Texten Goethes und James' diskursiv, auf der Ebene des ›Wie‹ der Darstellung, inszeniert wird.[83] Mit ihrer Berücksichtigung des ›ganzen Menschen‹ als Faktor der Wissensproduktion in ihren wissenshistorischen und philosophi-schen Schriften nehmen Goethe und James pragmatistisch orientierte Ansätze in der (Meta-)Historiografie des 20. Jahrhunderts vorweg.

Der Konzeption der pluralistischen Wirklichkeit als Erkenntnisobjekt bei Goethe und James wird im sechsten Kapitel nachgegangen. Die ontologischen und epistemologischen Implikationen von James' Konzeption von Wirklichkeit als Sammlung treten, wie gezeigt wird, gerade auch an der von Goethe kultivierten Praxis des Sammelns und seinem spezifischen Umgang mit den Dingen zutage,

---

82 Zur Differenzierung von Sagen und Zeigen und deren Analogisierung mit propositionalem und nicht-propositionalem Wissen vgl. Gabriel, Zwischen Logik und Literatur, S. 45; Demmerling, Literatur als Experiment, S. 144 f.
83 Zu dieser narratologischen Definition von ›Diskurs‹ in Opposition zu ›Histoire‹ in Analogie zur Distinktion von ›Signifikant‹ und ›Signifikat‹ vgl. Genette, Die Erzählung, S. 16 f. ›Diskursiv‹ wird in der vorliegenden Arbeit primär in diesem erzähltheoretischen Sinn – als Bezeichnung für das ›Wie‹ des Erzählens bzw. der textuellen Darstellung – verwendet.

die ihre theoretische Reflexion in Goethes literarisch verfasster Lehre vom Sammeln erfahren. Dem epistemischen Modell der Sammlung entspricht auch die Archivästhetik in den Schriften Goethes und James'. Darüber hinaus sind es neben der spezifischen Metaphorik insbesondere Strategien der Polyphonie und Performanz, durch die James in seinen Schriften (in Anlehnung an Goethe) der Materialität, Partikularität und Pluralität der von ihm konzipierten Wirklichkeit mit literarischen Mitteln Geltung verschafft.

Im siebenten Kapitel wird eine vergleichende Analyse der erkenntnistheoretischen Positionen des – als vermittelndes System zwischen Rationalismus und Empirismus konfigurierten – Pragmatismus von James und des »rationellen Empirismus« Goethes unternommen. In ihrem Versuch der Vermittlung von Rationalismus und Empirismus formulieren Goethe und James augenfällig analoge Konzeptionen von Common Sense, von wissenschaftlicher Theoriebildung und Wahrheit, von (naturwissenschaftlicher) Wahrnehmung sowie experimenteller Praxis – Konzeptionen, an denen sich das für Goethe und James charakteristische Primat der Praxis, die für beide Autoren kennzeichnende Akzentuierung der Materialität und Oberfläche der Phänomene sowie die – auch für ihre (literarische) Ontologie zentrale – Perspektive der Immanenz abzeichnen.

Reflexionen Goethes und James' zur (Meta-)Ethik werden im achten Kapitel skizziert. Gegen die deduktive, absolutistische und aprioristische Ethik entwirft James in indirektem Anschluss an Goethe eine pluralistische Ethik, deren Logik sich am naturwissenschaftlichen und literarischen Experiment orientiert. Dabei findet die – durch Goethes *Faust* vermittelte – Kant'sche Konzeption des pragmatischen Glaubens eine signifikante Transformation, mit der die bereits von Kant vorgenommene Umkehrung der traditionellen Dichotomie von Religion und Moral befestigt wird. Die von James akzentuierte Interrelation von Ethik und Ästhetik sowie die für James' Ethik charakteristische Aushandlung zwischen absolutistisch-objektivistischen und relativistisch-subjektivistischen Ansätzen der Morallehre werden von Goethe in den *Wanderjahren* literarisch präfiguriert. Goethes *Wahlverwandtschaften* nehmen James' ›ethischen Experimentalismus‹ vorweg und inszenieren – als zentrale Position von James' Meta-Ethik – die irreduzible Situiertheit des Ethikers in dem von ihm behandelten moralischen System. Mit ihrer Anerkennung der ethischen Implikationen des Ästhetischen, wie sie sich insbesondere an der Pluralität, Heterogenität und Partikularität literarischer Ordnungen zeigen, lassen sich Goethes und James' Positionen zur Ethik darüber hinaus als Vorläufer einer postmodernen »Ästhet/hik«[84] im Sinne Wolfgang Welschs verstehen.

---

84 Welsch, Ästhet/hik.

Das neunte Kapitel schließlich unternimmt einen ersten Schritt zur narratologischen bzw. literaturtheoretischen Operationalisierung des ›poetischen Pragmatismus‹[85]. Nach einer kritischen Revision der Prämissen und Implikationen der sogenannten pragmatischen Narratologie plädiert das Kapitel für eine Rekonzeptualisierung des für die pragmatische Narratologie charakteristischen Modells von Kommunikation durch Rekurs auf Positionen des poetischen Pragmatismus von Goethe und James, der in wesentlichen Aspekten mit Ansätzen der aktuellen Performativitätsforschung kongruiert. Mit der Skizzierung der dem poetischen Pragmatismus und der Performativitätstheorie gemeinsamen Tendenzen wird die aktuelle Theoriebildung zum Performativen historisch perspektiviert. Das Potenzial eines am poetischen Pragmatismus bzw. am Theorem des Performativen ausgerichteten narratologischen Kommunikationsmodells wird am Beispiel der Rahmenzyklen Goethes aufgezeigt. Dabei geht es nicht einfach darum, den entworfenen Ansatz zur Anwendung zu bringen. Die Rahmenzyklen Goethes werden – entsprechend der in der vorliegenden Arbeit fokussierten Frage nach dem Wissen der Literatur – auch als eigenständiger (literarischer) Beitrag zur Kommunikationstheorie sichtbar gemacht.

Mit der diachronen und systematischen Untersuchung der Verschränkung literarischer und philosophischer Wissensordnungen leistet die Arbeit einen Beitrag zum interdisziplinären Forschungsfeld ›Literatur und Philosophie‹, das im deutschsprachigen Kontext, wie sich symptomatisch an einem gleichnamigen Handbuch zeigt, noch immer von einer augenfälligen Vernachlässigung des Pragmatismus gekennzeichnet ist.[86] Aufgezeigt wird die literarische Genealogie und Literarizität des James'schen Pragmatismus, wobei die Bedeutung literarischer Diskurse für die Philosophie sowohl auf der inhaltlichen (propositionalen) als auch der formalen (nicht-propositionalen) Ebene dargelegt wird. Neben der Rolle literarisch verfasster Philosopheme für die Konstitution des James'schen Pragmatismus wird die epistemische Funktion literarischer Verfahren – als Formen nicht-propositionalen Wissens – herausgestellt. Die intertextuelle Referenz auf (Goethes) literarische Texte, das in Anlehnung an Goethe als Archivpoetik charakterisierbare Prinzip der Textorganisation, die Verfahren der Performanz

---

85 Mit der Wendung ›poetischer Pragmatismus‹ wird im Folgenden sowohl auf die poetische Philosophie von James als auch auf die philosophische Poesie bzw. poetische Theorie Goethes referiert. Auf die Distanzierung von möglichen essenzialisierenden Implikationen dieser Wendung durch Anführungszeichen wird verzichtet.
86 Das Handbuch erwähnt weder William James noch John Dewey, obwohl Letzterer als Begründer der pragmatistischen Ästhetik gelten kann. Charles S. Peirce findet nur aufgrund seiner Semiotik Berücksichtigung (vgl. Feger (Hrsg.), Handbuch Literatur und Philosophie, S. 247). Zur Bedeutung Deweys für die pragmatistische Ästhetik vgl. Shusterman, Pragmatist Aesthetics.

und Polyphonie und James' Operationalisierung spezifischer Metaphern werden als textuelle Praktiken gefasst, durch die James' Texte das auf der propositionalen Ebene formulierte Primat der Praxis und seine Implikationen auf der nicht-propositionalen Ebene – performativ – (in die Tat) umsetzen. Generell bedeutet die Poetizität des James'schen Diskurses keine Deformation eines als originär gedachten philosophischen Pragmatismus, sondern sie negiert vielmehr die Vorstellung der Möglichkeit einer nicht durch Poesie affizierten Philosophie. Mit der Akzentuierung der spezifischen (philosophischen) Erkenntnisleistungen des Literarischen situiert sich die Arbeit in jenem Bereich innerhalb des Forschungsfeldes ›Literatur und Philosophie‹, der auf »Literatur *als* Philosophie«[87] fokussiert. Die für diesen Bereich forschungsleitende Auffassung, dass »bestimmte literarische Texte philosophisch Bedeutsames ermöglichen, [...] dass also Literatur als Philosophie auftreten kann«[88], bestätigt sich an Goethes Texten.

Der klassische Pragmatismus erscheint unter der hier eingenommenen Perspektive, wie sie durch die Erkenntnisinteressen einer wissensgeschichtlich und wissenspoetisch orientierten literaturwissenschaftlichen Komparatistik nahegelegt wird,[89] als ein ›transgressiver‹ Diskurs im doppelten Sinn: Zum einen zeigt er sich als (interdiskursive) Verschränkung von literarisch und philosophisch generiertem Wissen, zum anderen als ein die nationalen Wissenskulturen überschreitendes (inter- und transkulturelles) Projekt. Mit der Konturierung der diskursiven Relationen zwischen literarischen und philosophischen Wissensordnungen der Goethezeit und jenen der US-amerikanischen Kultur des späten 19. und beginnenden 20. Jahrhunderts gewinnt der Pragmatismus als transatlantische Denkbewegung Profil. Unterminiert wird der Topos vom »Pragmatismus als krassem ›Amerikanismus‹«[90], der die deutsche Philosophiegeschichtsschreibung prägt.[91] Das klassische Narrativ vom Pragmatismus als Ausdruck eines – der deutschen Kultur vermeintlich fundamental entgegengesetzten – ›American Way of Life‹ wird vielmehr als diskursive Konstruktion sichtbar, die im Dienste der – in Deutschland bis ans Ende des 20. Jahrhunderts vorherrschenden – Marginalisierung des Pragmatismus steht. Diese war nicht nur philosophiehistorisch durch die Dominanz des Marxismus (im Osten) und des deutschen

---

87 Schildknecht, Literatur und Philosophie, S. 47. [Herv. i. O.]
88 Schildknecht, Literatur und Philosophie, S. 55.
89 Vgl. dazu Malinowski/Ostheimer, Komparatistik als Wissenspoetik.
90 Joas, Amerikanischer Pragmatismus und deutsches Denken, S. 120.
91 Zum Narrativ von »James's pragmatic philosophy [...] as the embodiment of American competitiveness, aggressiveness, and materialism« in der Philosophiegeschichte und dessen Kritik vgl. etwa auch Suckiel, The Pragmatic Philosophy of William James, S. 7.

Idealismus (im Westen) bedingt,[92] sondern auch durch einen »ideologisch motivierten Antiamerikanismus älteren Ursprungs, der sich aus einem konstruierten absoluten Gegensatz des amerikanischen Denkens zur Geistesverfassung in Deutschland herleitete«[93]. Die Dichotomie zwischen einer als primär ästhetisch orientierten ›deutschen‹ Kultur und einer als ›zweckrationell-instrumentell‹ ausgerichteten ›angloamerikanischen‹ Kultur, die die negative Aufnahme des Pragmatismus in Deutschland bestimmt(e), erweist sich allerdings als unhaltbar, wenn es – wie in der vorliegenden Arbeit gezeigt werden kann – unter anderem die (pragmatische Dimension der) Ästhetik und Epistemologie Goethes ist, die dem angloamerikanischen Pragmatismus mit zugrunde liegt.[94]

---

92 Vgl. Oehler, Einleitung. In: William James, S. 1.

93 Oehler, Einleitung. In: William James, S. 2. Vgl. dazu auch Joas, Amerikanischer Pragmatismus und deutsches Denken.

94 Gleichzeitig werden damit die als »chauvinistic« charakterisierten Auffassungen vom James'schen Pragmatismus in der US-amerikanischen Rezeption relativiert. Fragwürdig werden die der Philosophie James' zugeschriebenen Stereotype, dessen »New-Wordly practicality« oder »the restless frontiers-manship of his Yankee style«, die in Opposition zu den Gepflogenheiten der deutschen Wissenskultur gestellt und als Affirmation des von James inszenierten Selbstbildes als »the very antithesis of a systematic German *Gelehrter*« gelesen werden. (Edie, William James and Phenomenology, S. 481.)

2 Der poetische Pragmatismus im Kontext der Goethezeit

Der Pragmatismus von James lässt sich diskurshistorisch im Kontext der durch eine pragmatische Orientierung gekennzeichneten Dialogisierung von Literatur und Philosophie in der Goethezeit verorten. Das »*pragmatische Paradigma*«[1], wie es nach Ulrichs die (philosophische) Literatur und die (literarische) Philosophie der Goethezeit prägt, umfasst eine Serie von erkenntnistheoretischen und ontologischen Implikationen, die auch James' späteren Pragmatismus charakterisieren. Dazu zählen neben dem Primat der Praxis, der – für den Roman der Spätaufklärung charakteristischen – Orientierung an der lebensweltlichen Empirie und der holistischen Konzeption des Erkenntnissubjekts, die mit einer Aufwertung der Affektivität gegenüber der Rationalität und der Einsicht in die unhintergehbare Perspektivität, Relativität und ›Gemachtheit‹ von Wissen und Wahrheit einhergeht, insbesondere die Kritik an der Apriorizität und Systematizität der rationalistischen bzw. idealistischen Fachphilosophie.[2] Für James' Erkenntnistheorie erweist sich darüber hinaus die für die Philosophie wie die Literatur der Goethezeit charakteristische Vermittlung von Idealismus und Realismus, die von James als definitorisches Merkmal seines Pragmatismus verstanden wird, als zentral. Hinsichtlich der prozessualen und pluralistischen Ontologie von William James kann das im späten 18. Jahrhundert in den Wissenschaften und Künsten sich durchsetzende »organismische[] Paradigma«[3], das eine »Rehabilitierung des Konkreten«[4] involviert, als zentrale Denkvoraussetzung verstanden werden.

Bevor die erkenntnistheoretischen und ontologischen Implikationen des James'schen Pragmatismus im Detail herausgearbeitet und in die Tradition Goethes gestellt werden, wird in diesem Kapitel James' Pragmatismus in Zusammenhang mit der für die Goethezeit allgemein kennzeichnenden pragmatischen Orientierung gebracht. Dabei geht es weniger um explizite (propositional vorliegende) Philosopheme denn um literarische Theoreme und Verfahren, durch die sich das »pragmatische Paradigma«, so die These, indirekt, auf der nicht-propositionalen Ebene der Literatur und Philosophie, Geltung verschafft.

---

1 Ulrichs, Die andere Vernunft, S. 29 passim. [Herv. i. O.]
2 Vgl. dazu insbesondere Ulrichs, Die andere Vernunft, S. 29 ff.
3 Metzger, Die Konjektur des Organismus, S. 15.
4 Metzger, Die Konjektur des Organismus, S. 24.

https://doi.org/10.1515/9783110639155-002

Die sich in der deutschsprachigen Literatur und Philosophie der Goethezeit abzeichnende »pragmatische Wende«[5] verdichtet sich in der Theoriebildung jener Zeit in der Konjunktur des Begriffs ›pragmatisch‹, dessen semantische Dimensionen in ihrer Relevanz für den James'schen Pragmatismus einführend konturiert werden. Die beiden darauf folgenden Teile widmen sich der Realisierung des »pragmatischen Paradigmas« in der (philosophischen) Literatur sowie der (literarischen) Philosophie der Goethezeit und dem Erkenntniswert ihrer zentralen Theoreme und Verfahren. Während in den weiteren Kapiteln die oben angeführten epistemologischen und ontologischen Implikationen ausführlich dargelegt und dabei die propositionalen Aspekte – als intertextuelle Effekte – fokussiert werden, behandelt dieses Kapitel primär nicht-propositionale Aspekte des »pragmatischen Paradigmas« in ihrer möglichen Bedeutung für James' Pragmatismus. Unter diachroner Perspektive wird dabei dessen spezifische (literatur-)historische Dimension angedeutet; unter synchroner Perspektive geht es um die Frage nach der epistemischen Relevanz genuin literarischer Erkenntnisformen für die Konstitution von philosophischem Wissen. Die philosophische Literatur und die literarische Philosophie der Goethezeit disponieren, so scheint es, gerade auch in ihrem ›Wie‹, in der Art und Weise der Darstellung, die pragmatistische Orientierung von William James. Einige der im Folgenden indizierten Bezüge zwischen dem Pragmatismus von James und der Literatur der Goethezeit mögen aufgrund der knappen Zusammenstellung zunächst assoziativ anmuten, sie werden aber in den folgenden Kapiteln durch eingehende Analysen plausibilisiert.

2.1 Zum Terminus ›pragmatisch‹

Als symptomatisch für die sich in der Goethezeit vollziehende Hinwendung zur Praxis erscheint die Karriere des Begriffs ›pragmatisch‹, der zunächst als Terminus technicus in der Historiografie der Aufklärung fungiert, bevor er 1774 von Johann Jakob Engel in die Theorie zum Roman eingeführt wird und in der Philosophie durch Kants Erkenntnistheorie und Anthropologie Anerkennung erfährt. Die Karriere des Terminus erscheint dabei gleichsam als wissenschaftssprachliches Analogon zu der sich in der Literatur und Philosophie der Zeit abzeichnenden Proliferation des Begriffs der Tat und seiner Komposita. Die emphatische Affirmation der Tat reicht von einer Serie von poetischen Neologismen, die – wie

---

5 Ulrichs, Die andere Vernunft, S. 29 passim. Zur »pragmatische[n] Wende« in der Philosophie vgl. Brandt, Einleitung. In: Kritischer Kommentar zu Kants Anthropologie, S. 11.

etwa Kosegartens »Thatbegier«[6], Körners »Thaten-Glut«[7], Hölderlins »Thaten-
wonne«[8], Goethes »thatenschwanger«[9] und Schillers »tatenlechzend[]«[10] – das
Begehren nach und die Lust an der Tat artikulieren, über Komposita, die – wie
etwa Goethes »Thatensturm«[11], Schillers »Tatenberge[]«[12], Voß' »Thatentumult«[13],
Herders »Thatenheer«[14] oder Platens »Thatenwirrwarr«[15] – die Akkumulation und
Steigerung der Praxis indizieren, bis hin zu nahezu tautologisch anmutenden
Fügungen wie etwa Herders und Immermanns »Thatenthäter«[16] oder der »That-
handlung«[17], die unter anderem bei Goethe, Schiller und August Wilhelm Schlegel
erscheint und von Fichte zu einem philosophischen Fachausdruck nobilitiert
wird.[18]

Dem in der Theorie zur Historiografie und zum Roman der Goethezeit eingesetzten Epitheton ›pragmatisch‹ ist ein zweifacher Bezug auf Praxis immanent.
Zum einen referiert es auf die »Darstellung einer *Handlung*«[19], zum anderen auf
»die daraus zu ziehende *praktische* Lehre«[20]. Im Allgemeinen wird dabei ›Handlung‹ (in der ganzen semantischen Breite des Begriffs) als konstitutives Strukturprinzip der (fiktiven oder realen) Geschichte verstanden.[21] Das Attribut ›pragmatisch‹ dient hier, wie etwa in der Korrespondenz zwischen Goethe und Schiller,
wo von »pragmatischen Dichtungs-Arten«[22] die Rede ist, zur transgenerischen

---

6 Kosegarten, Elisium, S. 171.

7 Körner, Weinlied, S. 86.

8 Hölderlin, Hyperion, S. 105.

9 Goethe, Neueste Italiänische Literatur, S. 260.

10 F. Schiller, Monument Moors des Räubers, S. 99.

11 FA I, 7.1, S. 37, V. 501.

12 F. Schiller, Elegie auf den Tod eines Jünglings, S. 45.

13 Voß (Übers.), Des Quintus Horatius Flaccus Werke, S. 337.

14 Herder, An sein Tagewerk, S. 359.

15 Platen, Der künftige Held, S. 199.

16 Herder, An den Genius von Deutschland, S. 330; Immermann, Tulifäntchen, S. 241.

17 FA I, 4, S. 375; F. Schiller, Über die ästhetische Erziehung des Menschen, S. 76; A. W. Schlegel,
Vorlesungen über dramatische Kunst und Literatur, S. 32; Fichte, Grundlage der gesamten Wissenschaftslehre, S. 255 passim.

18 Vgl. dazu auch die entsprechenden Lemmata in: Grimm/Grimm, Deutsches Wörterbuch, 11.
Bd., Sp. 312 ff.

19 Hahl, Reflexion und Erzählung, S. 52. [Herv. i. O.]

20 Hahl, Reflexion und Erzählung, S. 52. [Herv. i. O.] Zur analogen Doppelbedeutung des Epitheton ›pragmatisch‹ in der sich als philosophisch verstehenden pragmatischen Historiografie
vgl. Ulrichs, Die andere Vernunft, S. 232.

21 Zur Karriere des Konzepts der Handlung und zu seiner komplexen Semantik in der Literatur
bzw. Literaturtheorie der Goethezeit vgl. Oschmann, Ästhetik und Anthropologie.

22 F. Schiller, An Goethe. Jena, 25. April 1797. In: BW, S. 379.

Bezeichnung von Texten, die eine Handlung darstellen.[23] In einem analogen Sinn erscheint das Attribut auch in Goethes und Schillers Entwürfen *Über den Dilettantismus,* wo der (nicht näher explizierte) Begriff der »pragmatisch[en]«[24] Poesie, der sowohl die epische als auch die dramatische Dichtung impliziert, in Abgrenzung zur lyrischen Poesie zum Einsatz kommt.[25] Zumal Johann Jakob Engel bei seiner Einführung des Terminus in die Dichtungstheorie das Epitheton zur Differenzierung zwischen »bloß *beschreibenden* und *pragmatischen* Werken«[26] einsetzt – ›pragmatisch‹ mithin als Antonym zu ›deskriptiv‹ Verwendung findet –, lässt es sich auch mit ›narrativ‹, dem mit der Erzähltheorie des 20. Jahrhunderts zentral gewordenen alternativen Oppositionsbegriff zu ›deskriptiv‹, gleichsetzen. Mit den ›pragmatischen Werken‹ teilen die als ›narrativ‹ bezeichneten Texte eine (zeitlich organisierte) Handlungsstruktur als definitorisches Merkmal.[27]

Im Besonderen bezeichnet das Epitheton ›pragmatisch‹ in Bezug auf die dargestellte Handlung den in der Geschichtsschreibung der Aufklärung akzentuierten Kausalzusammenhang als strukturelles Organisationsprinzip der erzählten Geschichte, mit dem sich die Geschichtsschreibung der Aufklärung von der chronologischen Reihung der historiografischen Tradition absetzt und sich am Vorbild der mathematischen Naturwissenschaften als systematische Wissenschaft zu legitimieren sucht.[28] Diese Bedeutungsdimension von ›pragmatisch‹ wird allerdings bereits im Roman der Spätaufklärung und dann vor allem von Goethe nicht nur affirmativ, sondern gerade auch kritisch reflektiert.[29] Goethes Kritik an der Kausalität als Strukturprinzip der historiografischen und literarischen Erzählung äußert sich prominent in Fausts ironischer Absage an die »trefflichen pragmatischen Maximen«[30] der zeitgenössischen Geschichtsschrei-

---

23 Vgl. dazu auch Hahl, Reflexion und Erzählung, S. 31.
24 WA I, 47, S. 300.
25 Vgl. dazu auch Kühne-Bertram, Aspekte der Geschichte und der Bedeutungen des Begriffs »pragmatisch«, S. 171 f.
26 Engel, Fragmente über Handlung, S. 114. [Herv. i. O.]
27 Zu diesem definitorischen Merkmal von ›Narrativität‹ vgl. etwa A. Nünning, Narrativität, S. 483 f.
28 Vgl. Fulda, Wissenschaft aus Kunst, S. 61 ff.
29 So wird etwa in Johann Carl Wezels *Lebensgeschichte Tobias Knauts* »das Problem der kausalen Verknüpfung immer wieder in autoreflexiver Weise thematisiert« (Ulrichs, Die andere Vernunft, S. 238). Und in Bezug auf Wielands *Agathon* konstatiert Thomé: »Es geht nicht so sehr um eine dargestellte Kausalität im Geschehen selbst [...], sondern um eine Reflexion der Kausalität durch den Erzähler.« (Thomé, Roman und Naturwissenschaft, S. 211.) Zur Parodie der kausaldeterministischen Implikationen des pragmatischen Romans im Roman der Spätaufklärung vgl. Ulrichs, Die andere Vernunft, S. 207–245.
30 FA I, 7.1, S. 40, V. 584.

bung. In der erzählenden Literatur können *Wilhelm Meisters Lehrjahre* als Ausdruck einer ambivalenten Haltung zum pragmatischen Kausalitätsprinzip verstanden werden, wobei der Roman zum einen, insofern er sich an das Kausalitätsprinzip hält, an die Konventionen des pragmatischen Romans, sowie zum anderen, insofern er dagegen verstößt, an die Konventionen des Transzendentalromans anschließt.[31]

Schließlich referiert ›pragmatisch‹ in der Theoriebildung der Goethezeit auf die dem pragmatischen Roman wie dem Transzendentalroman als *organon* zugeschriebene Handlungsdimension. Diese impliziert, dass die Texte nicht nur beanspruchen, ›Handlung‹ darzustellen, mit diskursiven Strategien zu realisieren und selbstreferenziell zu reflektieren, sondern auch zu *sein*. Indem sie in die Wirklichkeit einzugreifen suchen, und zwar in einer Form, die über eine schlichte Wirkungsästhetik hinausgeht,[32] erheben die Texte den Anspruch auf praktische Relevanz und werden derart zu einem »Faktor der empirischen Realität.«[33] Es geht weniger um Abbildung als um Gestaltung der Wirklichkeit nicht nur *im*, sondern auch und gerade *durch* den Roman. Das literarische Werk will nicht nur fiktionale, sondern auch reale Wirklichkeit (mit-)gestalten, intendiert werden »›Rückkoppelungseffekte‹ zum Urbild der abgebildeten Realität.«[34] Dieser vom Roman erhobene Anspruch, in die Wirklichkeit einzugreifen, erhält eine sprachphilosophische Begründung in der für die Theoriebildung der Zeit zwischen 1785 und 1835 charakteristischen Konzeption von »language as a form of action«[35], die sozialpolitisch durch die Französische Revolution, deren Deklarationen die Wirkmächtigkeit des Wortes vor Augen führen,[36] mit auf den Weg gebracht wird.[37]

In der zeitgenössischen Philosophie ist es Kant, der ›pragmatisch‹ als einen Terminus technicus der Philosophie installiert, wobei diesem Begriff aber im Vergleich zu dem von Kant zum Zentralbegriff seiner Ethik erhobenen ›praktisch‹

---

31 Vgl. Engel, Der Roman der Goethezeit, S. 244, S. 316. Zu dem von Engel in die Literaturwissenschaft eingeführten Begriff »Transzendentalroman« vgl. ausführlicher Engel, Der Roman der Goethezeit, S. 4.

32 Zur Wirkungsästhetik des Romans der Aufklärung vgl. Ulrichs, Die andere Vernunft, S. 34.

33 Schönert, Roman und Satire im 18. Jahrhundert, S. 87.

34 Schönert, Roman und Satire im 18. Jahrhundert, S. 87.

35 Esterhammer, The Romantic Performative, S. XI.

36 Vgl. dazu das Kapitel »The French Revolution and Linguistic Acts« in Esterhammer, The Romantic Performative, S. 24–29.

37 Vgl. Esterhammer, The Romantic Performative, S. 3. Der Bedeutung dieser gleichsam pragmatistischen Konzeption von Sprache für die zweite Hälfte der Goethezeit wird in der Geschichte der Linguistik dadurch Rechnung getragen, dass diese als Frühphase der sprachwissenschaftlichen Pragmatik verstanden wird (vgl. dazu Nerlich/Clarke, Language, Action, and Context).

geringere philosophische Dignität zukommt.[38] Von besonderer Relevanz in Hinblick auf eine aus der Kritik am Apriorismus und den Letztbegründungsansprüchen der Kant'schen Epistemologie hervorgegangene literarische Philosophie sowie für den Pragmatismus von James scheint sich dabei das Konzept des »pragmatischen Glauben[s]«[39] in Kants Erkenntnistheorie zu erweisen. Als solchen definiert Kant im Abschnitt »Vom Meinen, Wissen und Glauben« der *Kritik der reinen Vernunft* den zwar »zufälligen Glauben, der aber dem wirklichen Gebrauche der Mittel zu gewissen Handlungen zum Grunde liegt«[40]. Es handelt sich bei diesem Glauben um ein »theoretisch unzureichende[s] Fürwahrhalten«[41], das aber in »practische[r] Beziehung«[42] Bedeutung hat. Kant erläutert den pragmatischen Glauben am Beispiel der ärztlichen Praxis, die sich, in Fällen, wo keine eindeutige Diagnose vorliegt, nicht auf begründetes Wissen stützen kann. Der Arzt orientiert sich an den Symptomen und wählt die Mittel zur Kur aufgrund seines nur subjektiv zureichenden Fürwahrhaltens, das, so lange sich die Diagnose nicht durch Heilung bestätigt hat, der Ungewissheit ausgesetzt ist. Im Unterschied zur absoluten Gewissheit apriorischer Erkenntnis kann der pragmatische Glaube nur nachträgliche Gewissheit – durch Bewährung einer auf diesem ungesicherten Glauben gründenden Handlung – beanspruchen.[43] Auch wenn er sich gegenüber dem Wissen als defizitär erweist und nur in praktischer Hinsicht als zulässig gelten kann, erfährt der pragmatische Glaube als mögliche Grundlage des Handelns in Kants Epistemologie eine epistemische Aufwertung, welche die seit Platon und Parmenides gültige Dichotomie zwischen Wissen (*episteme*) und Meinen (*doxa*) aufhebt.[44]

Neben der Erkenntnistheorie Kants ist es dessen Anthropologie, in der ›pragmatisch‹ als fachsprachlicher Terminus eine Rolle spielt. Er fungiert als Attribut zur Distinktion einer Wissenschaft vom Menschen, die den Menschen nicht als Produkt der Natur, sondern als Produkt der Praxis erforscht. In der Vorrede zu seiner – von James in Deutschland rezipierten[45] – *Anthropologie in pragmatischer Hinsicht* spezifiziert Kant das Ziel des mit diesem Titel über-

---

38 Vgl. dazu Stachowiak, Einleitung. In: Pragmatik, S. XXVf.

39 Kant, Critik der reinen Vernunft, S. 852.

40 Kant, Critik der reinen Vernunft, S. 848.

41 Kant, Critik der reinen Vernunft, S. 851.

42 Kant, Critik der reinen Vernunft, S. 851.

43 Zur Bedeutung dieser Konzeption für den James'schen Pragmatismus vgl. ausführlicher Kapitel 8.2.

44 Vgl. Höffe, Kants *Kritik der reinen Vernunft*, S. 299.

45 James charakterisiert Kants *Anthropologie in pragmatischer Hinsicht* als »a marvellous biting little work« (James, To Oliver Wendell Holmes, Jr. 2 Dohna Platz, May 15, 1868. In: Corr 4, S. 298).

schriebenen Unternehmens: »Die physiologische Menschenkenntnis geht auf die Erforschung dessen, was die Natur aus dem Menschen macht, die pragmatische auf das, was er, als freihandelndes Wesen, aus sich selber macht oder machen kann und soll.«[46] Der Problematik einer derartigen Untersuchung, die sich daraus ergibt, dass Subjekt und Objekt der Untersuchung zusammenfallen, dass der Mensch, »wenn die Triebfedern in Action sind, [...] sich nicht beobachtet; und wenn er sich beobachtet, die Triebfedern ruhen«[47], kann durch Rückgriff auf literarisch verfasste Handlungen begegnet werden. Kant erklärt als »Hülfsmittel zur Anthropologie: Weltgeschichte, Biographien, [...] Schauspiele und Romane«[48], wobei Letztere insofern als Erkenntnisquellen der Anthropologie dienen, als sie »aus der Beobachtung des wirklichen Thuns und Lassens der Menschen genommen«[49] sind.

Die hier skizzierten Verwendungsweisen und semantischen Dimensionen des Begriffs ›pragmatisch‹ in der Theoriebildung des 18. Jahrhunderts schlagen sich, wie im Rahmen der vorliegenden Arbeit deutlich werden wird, in mehrfacher Hinsicht in James' Konzeption des Pragmatismus nieder. Bei seiner Definition der pragmatischen Methode – die gemeinhin als Kernstück des Pragmatismus gilt – definiert James in Anlehnung an Peirce »beliefs«[50] als »rules for action«[51] und rekurriert damit indirekt auf Kants Konzeption des »pragmatischen Glauben[s]«[52], der (auch wenn er nicht Gewissheit beanspruchen kann) »dem wirklichen Gebrauche der Mittel zu gewissen Handlungen zum Grunde liegt«[53]. In seinem wohl bekanntesten Essay, dem populärphilosophischen Beitrag *The Will to Believe*, der 1897 in James' gleichnamiger Aufsatzsammlung erscheint, demonstriert James

---

46 Kant, Anthropologie in pragmatischer Hinsicht, S. Xf.
47 Kant, Anthropologie in pragmatischer Hinsicht, S. XIV.
48 Kant, Anthropologie in pragmatischer Hinsicht, S. XV.
49 Kant, Anthropologie in pragmatischer Hinsicht, S. XV.
50 James, Pragmatism, S. 28.
51 James, Pragmatism, S. 28 f. In den Worten Peirces: »[B]elief is a rule for action« (Peirce, How to Make Our Ideas Clear, S. 255, CP 5.397).
52 Kant, Critik der reinen Vernunft, S. 852.
53 Kant, Critik der reinen Vernunft, S. 852. Hier scheint eine Beziehung zur Kant'schen Erkenntnistheorie vorzuliegen, die in der bisherigen Forschung zum Pragmatismus noch nicht ausreichend gewürdigt worden ist. Selbst in dem von Peirce und James gemeinsam verfassten Lexikonartikel zum Pragmatismus, in dem dessen Beziehungen zu Kant angeführt werden, wird diese nicht erwähnt (vgl. J[ames]/P[eirce], Pragmatic and Pragmatism). Oehler referiert zwar auf Kants Abschnitt »Vom Meinen, Wissen und Glauben« in seiner Darstellung des James'schen Pragmatismus, betont aber, dass es Kants Lehre von den Postulaten der praktischen Vernunft ist, durch die Kant dem späteren Pragmatismus von James am nächsten kommt (vgl. Oehler, Die pragmatistische Konzeption der Philosophie, S. 29 f.). Zur Bedeutung des Abschnitts »Vom Meinen, Wissen und Glauben« für Goethes *Faust* vgl. Kapitel 8.2.

unter – implizitem – Rekurs auf Kants Konzept des pragmatischen Glaubens die Bedeutung der subjektiven Überzeugung als konstitutives Prinzip der Praxis und des alltagspraktischen wie naturwissenschaftlichen Wissens. Auch wenn sich James in diesem Aufsatz kritisch gegen den Rationalismus ausspricht, wie er sich in Kants Konzept synthetischer Urteile a priori niederschlägt,[54] bleibt er mit seiner epistemologischen Rehabilitierung des Glaubens der Kant'schen Erkenntnistheorie verpflichtet.[55] So wie Kant am Beispiel der ärztlichen Praxis die Unabdingbarkeit des Glaubens für die Herstellung von Evidenz betont, verweist James auf »Fälle, wo eine Thatsache nicht eintreten kann, wenn nicht im voraus ein Glaube an ihr Eintreten vorhanden ist«[56], sodass »*der Glaube an eine Thatsache bei der Hervorbringung dieser Thatsache mitzuwirken vermag*«[57]. Der subjektive Glaube fungiert, wie James – in indirekter Affirmation von Kants Konzept des pragmatischen Glaubens – zeigt, als Voraussetzung objektiver Evidenz und Gewissheit.

Neben der Bedeutung, die Kants erkenntnistheoretischer Operationalisierung des Begriffs ›pragmatisch‹ für James' Epistemologie zukommt, erweist sich die semantische Komponente der ›Praxisbezogenheit‹, wie sie insbesondere in der Romantheorie bei der Verwendung des Begriffs ›pragmatisch‹ stark gemacht wird, für den James'schen Pragmatismus als zentral. Die pragmatische Methode von James (und Peirce) operiert auf der Grundlage der Herstellung eines Praxisbezugs: Um den Sinn eines Gedankens bzw. Begriffs (»notion«) festzulegen, gilt es, die praktischen Konsequenzen zu bestimmen, die dieser impliziert, wobei es allein die konkreten Unterschiede in der Praxis sind, die für die Bestimmung der Bedeutung von Relevanz sind: »The pragmatic method [...] is to try to interpret each notion by tracing its respective practical consequences. What difference would it practically make to anyone if this notion rather than that notion were true? If no practical difference whatever can be traced, then the alternatives mean practically the same thing«[58]. Nicht nur der Aspekt der ›Praxisbezogenheit‹, auch der Stellenwert, der der Imagination in der pragmatischen Methode zugestanden wird, lässt vermuten, dass bei der Konzeption dieser Methode der Begriff ›pragmatisch‹ aus der historischen Dichtungstheorie eine implizite Rolle spielt. Bei der prag-

---

54 Vgl. James, Der Wille zum Glauben, S. 16.
55 Vgl. dazu auch Oehler, Die pragmatistische Konzeption der Philosophie, S. 29 f.
56 James, Der Wille zum Glauben, S. 26.
57 James, Der Wille zum Glauben, S. 26. [Herv. i. O.] Zu James' Revision der Dichotomie von *doxa* und *episteme* in The Will to Believe vgl. allgemein Hetzel, William James, S. 239 ff. Zum Primat des Glaubens vor dem Wissen bei James vgl. auch Oehler, Die pragmatistische Konzeption der Philosophie, S. 26.
58 James, Pragmatism, S. 28.

matischen Methode gilt es – wie bei der Produktion und Rezeption von (narrativer) Literatur als paradigmatischer Manifestation möglicher Welten –, die mögliche Welt durch die praktischen und mithin konstitutiven Effekte von Sprache zu imaginieren. Die »imaginative Vergegenwärtigung«[59], die sich, wie İngrid Vendrell Ferran darlegt, als »die genuine epistemische Funktion der Literatur«[60] erweist, bildet auch eine der pragmatischen Methode integrale Prozedur:

> Um also vollkommene Klarheit in unsere Gedanken zu bringen, müssen wir erwägen, welche praktischen Wirkungen dieser Gegenstand in sich enthält, was für Wahrnehmungen wir zu erwarten und was für Reaktionen wir vorzubereiten haben. Unsere Vorstellung von diesen Wirkungen, mögen sie unmittelbare oder mittelbare sein, macht dann für uns die ganze Vorstellung des Gegenstandes aus, insofern diese Vorstellung überhaupt eine positive Bedeutung hat.[61]

Die Vorstellung eines bestimmten Falls als immanente Strategie der pragmatischen Methode lässt sich als »propositionales Imaginieren«[62] spezifizieren, das für die Konstitution des semantischen Gehalts von Literatur verantwortlich ist. Es handelt sich dabei um eine Form der Imagination, die auch die Nähe der literarischen Fiktion zum (philosophischen) Gedankenexperiment auszumachen scheint, dessen Funktion unter anderem darin besteht, »den Inhalt eines Begriffs zu klären«[63]. In diesem Sinn kann das Gedankenexperiment als integraler Bestandteil der pragmatischen Methode verstanden werden, die derart eine signifikante Beziehung zur Literatur unterhält.[64] Diese hier sichtbar werdende Relation zwischen Literatur und Philosophie im James'schen Pragmatismus wird, wie sich in den folgenden Unterkapiteln zeigen wird, durch weitere – historisch in der Tradition der Goethezeit wurzelnde – Bezüge zwischen beiden Wissenssystemen ergänzt.

---

59 Vendrell Ferran, Das Wissen der Literatur, S. 127.
60 Vendrell Ferran, Das Wissen der Literatur, S. 127.
61 James, Der Pragmatismus, S. 29.
62 Vendrell Ferran, Das Wissen der Literatur, S. 132.
63 Demmerling, Literatur als Experiment, S. 150.
64 Zu einer der früheren Auseinandersetzungen mit der Frage nach den Beziehungen zwischen Literatur und Gedankenexperiment vgl. etwa Davenport, Literature as Thought Experiment.

2.2 Philosophische Literatur

Der bekanntlich bereits in der *Politeia* als »alt« charakterisierte »Streit [...] zwischen der Philosophie und Dichtkunst«[65], der im Kontext der durch die Ausdifferenzierung und Autonomisierung des Wissens und der Künste geprägten ›kulturellen Moderne‹ eine Reaktualisierung erfährt und als Signatur der Goethezeit gelten kann,[66] bringt im letzten Drittel des 18. Jahrhunderts als Alternative zur dominanten Systemphilosophie eine literarisch formulierte Philosophie hervor, die eine »einem pragmatischen Paradigma verpflichtete *Tradition der anderen Vernunft*«[67] begründet. Gegen den von der professionellen Philosophie reklamierten Status einer »Fundamentaldisziplin«, die auf die »Krise der Metaphysik« mit dem Anspruch der Letztbegründung der Erkenntnis reagiert, setzen die Autoren der Spätaufklärung und der Frühromantik auf die Konvergenz von Philosophie und Poesie im philosophischen Roman.[68]

Der Unterschied zwischen dem Roman der Spätaufklärung und der Poesie der Frühromantik liegt in ihrer spezifischen Ausrichtung. Während der Roman der Spätaufklärung die fiktionale Welt an der »Realität des gelebten Lebens«[69] ausrichtet und derart die »Erzählung als Organon induktiver Erkenntnis«[70] fungiert, kommt der Transzendentalpoesie die Funktion der Philosophie insofern zu, als sie nun den Anspruch erhebt, den Zugang zu dem mittels der begrifflichen Metaphysik nicht mehr als erschließbar gedachten ›Absoluten‹ zu ermöglichen.[71]

Die literarischen Vertreter der Spätaufklärung führen das kritische Unternehmen Kants weiter, indem sie auf dessen Revision der dogmatischen Metaphysik mit einem konsequenten Skeptizismus und Agnostizismus reagieren.[72] Das die Empirie überschreitende Erkenntnisbegehren wird in seine Grenzen verwiesen. Akzentuiert wird die – paradigmatisch in *Faust* dramatisierte – Diskrepanz zwischen »der Unendlichkeit des metaphysischen *Bedürfnisses* und der Endlichkeit des metaphysischen *Vermögens* des Menschen.«[73] Aus der Kant'schen

---

65 Platon, Der Staat, S. 404 (607b). Zum »alten Streit zwischen der Philosophie und Dichtkunst« vgl. etwa auch Schlaffer, Poesie und Wissen, S. 11 ff.
66 Vgl. dazu etwa Ulrichs, Die andere Vernunft, S. 454. Zur Formation und Divergenz wissenschaftlicher und künstlerischer Disziplinen um 1800 vgl. etwa Fulda/Prüfer, Das Wissen der Moderne, S. 1 ff.
67 Ulrichs, Die andere Vernunft, S. 454. [Herv. i. O.]
68 Vgl. Ulrichs, Die andere Vernunft, S. 32.
69 Schönert, Roman und Satire im 18. Jahrhundert, S. 87.
70 Hahl, Reflexion und Erzählung, S. 52.
71 Vgl. Ulrichs, Die andere Vernunft, S. 467.
72 Vgl. Ulrichs, Die andere Vernunft, S. 29.
73 Ulrichs, Die andere Vernunft, S. 29. [Herv. i. O.]

Kritik an den spekulativen Bestrebungen der dogmatischen Metaphysik Leibniz' und Wolffs ziehen die literarischen Spätaufklärer die Konsequenz, dass »allein eine radikal skeptische, ja agnostische Haltung, die sich auf die Probleme der alltäglichen Lebenswelt beschränkt und die unbeantwortbaren metaphysischen Fragen zugunsten des *common sense* verabschiedet, die angemessene Weiterentwicklung des kritischen Unternehmens darstellt.«[74] Dabei erscheint den literarischen Spätaufklärern »das *pragmatische Paradigma* als die einzige konsequente Radikalisierungsform der kritischen Philosophie: nur eine pragmatische Wende, so ihre Überzeugung, vollendet die kopernikanische.«[75] Der Roman der Spätaufklärung übernimmt die Funktion der Philosophie, indem er auf die Simulation einer an der empirischen Realität orientierten Wirklichkeit festgelegt wird, deren Logik es im Akt der identifikatorischen Rezeption performativ nachzuvollziehen gilt. Dabei scheint dem philosophischen Roman der Spätaufklärung, als dessen Modell – bei aller Kritik am Kausalitätsprinzip – der pragmatische Roman fungiert, ein spezifisch epistemischer Wert auch insofern zuzukommen, als Simulation als konstitutives Prinzip wissenschaftlicher Modellbildung verstanden werden kann, das auf die Produktion und Rezeption fiktiver Welten übertragen wird.[76]

Die Frühromantiker reagieren auf die Kant'sche Metaphysikkritik mit einer spezifischen Restituierung der Metaphysik, als deren privilegiertes Medium nun nicht länger die Philosophie, sondern die Poesie positioniert wird: »Das künstlerische Werk bietet für sie den einzig möglichen epistemischen Zugang zum ›Absoluten‹.«[77] An die Stelle begrifflicher Spekulation tritt die poetische Reflexion. Die Kunst macht dabei qua Selbstreferenzialität das Absolute ex negativo sichtbar: Die frühromantische Poesie eröffnet »einen Zugang zum Absoluten [...] im spezifischen Modus der Darstellung des Entzugs des Absoluten mit den ästhetischen Mitteln einer unendlichen Verweisung.«[78] Das »pragmatische Paradigma« erfährt in der Literatur(theorie) der Frühromantik insofern eine Transformation, als das Primat der Praxis, das sich im Roman der Spätaufklärung an der lebenspraktischen Orientierung, also am Gegenstand der Darstellung und ihrer außerliterarischen Funktion, manifestiert, auf die Konzeption des Kunstwerks selbst übertragen wird. Das Kunstwerk selbst wird als Tätigkeit bestimmt,

---

74 Ulrichs, Die andere Vernunft, S. 29.

75 Ulrichs, Die andere Vernunft, S. 29. [Herv. i. O.]

76 »Writing and reading are undoubtedly a ›simulation‹ of life, so are scientific models (and simulation is intrinsically the closest poets ever get to scientists).« (Locatelli, Introduction: The Common Desire of Representation, S. 22.)

77 Ulrichs, Die andere Vernunft, S. 265.

78 Ulrichs, Die andere Vernunft, S. 467.

indem es die – für die organizistische Ontologie der frühromantischen Philosophie charakteristische – Konzeption der Natur als Produktivität im Sinne der *natura naturans* paradigmatisch realisiert. Das Objekt der künstlerischen Mimesis verschiebt sich von der Natur als *natura naturata* zur Natur als *natura naturans*, eine Verschiebung, die das Kunstwerk nicht nur in seinem Verweisungssystem, sondern seiner poetischen Verfasstheit selbst betrifft.[79] Die frühromantische Transzendentalpoesie erhebt den Anspruch, Tätigkeit nicht nur zu schildern, sondern – aufgrund ihrer spezifischen ästhetischen Realisierung – auch zu sein.

2.2.1 Vermittlung von Idealismus und Realismus

Auch wenn der gemeinsame Ausgangspunkt in der Kant'schen Metaphysikkritik in der Literatur der Spätaufklärung und der Frühromantik zu unterschiedlichen Zielen führt[80] – die Einsicht in die Grenzen des metaphysischen Vermögens führt im ersten Fall zu einer Suspendierung der Transzendenz zugunsten eines Fokus auf die Immanenz, im zweiten Fall zu einer poetischen »Ersatzmetaphysik«[81] –, zeichnen sich der Roman der Spätaufklärung wie die Literatur und Philosophie der Frühromantik durch das ihnen gemeinsame Projekt einer an der Kant'schen Kritik orientierten Vermittlung von Idealismus und Realismus aus.[82] Die für Kants Erkenntnistheorie kennzeichnende Vermittlung von Idealismus und Realismus erweist sich, wie im Laufe der vorliegenden Arbeit deutlich werden wird, auch als spezifisches Merkmal von Goethes »rationellem Empirismus« und James' Pragmatismus. Der erkenntnistheoretische Anspruch des Pragmatismus besteht, wie auch John Dewey in einem Lexikonartikel zu »Pragmatism« betont, darin, »to mediate between realistic and idealistic theories of knowledge«[83]. In »Kant's and James's integration of a kind of realism with a kind of idealism or constructivism«[84] sieht Sami Pihlström denn auch eine der zentralen Gemeinsamkeiten zwischen der Kant'schen und James'schen Philosophie. James verwirft zwar den Kant'schen Apriorismus und dessen transzendentale Methode, hält aber (ebenso

---

79 Vgl. dazu Ulrichs, Die andere Vernunft, S. 269 f.
80 Vgl. Ulrichs, Die andere Vernunft, S. 467.
81 Ulrichs, Die andere Vernunft, S. 37.
82 Vgl. dazu in Bezug auf die Philosophie des späten 18. und frühen 19. Jahrhunderts Pluder, Die Vermittlung von Idealismus und Realismus.
83 Dewey, Contributions to *A Cyclopedia of Education*, S. 328.
84 Pihlström, Jamesian Pragmatic Pluralism, S. 185.

wie Goethe) am Kant'schen Prinzip der Vermittlung von Anschauung und Begriff bzw. von Erfahrung und Idee fest.[85]

Die Kant'sche Vermittlung von Idealismus und Realismus wird im philosophischen Roman der Spätaufklärung insbesondere anhand einer spezifischen Figurenkonstellation vor- bzw. vorweggenommen, wobei das Phänomen der Schwärmerei als literarisches Analogon der idealistischen Metaphysik behandelt wird.[86] Der von Wieland im philosophischen Roman angestrebte »Versuch, einen gangbaren Weg zwischen Idealität und Realität zu finden«[87], wird im *Agathon* anhand der Konstellation zwischen dem »Materialisten Hippias und dem Idealisten Agathon«[88] ausgeführt,[89] im *Don Sylvio* anhand der Konstellation zwischen dem das Schwärmertum bzw. die idealistische Metaphysik repräsentierenden Protagonisten des Titels und dem das Realitätsprinzip verkörpernden Pedrillo.[90] Bei aller Kritik an einer übersteigerten Einbildungskraft und der Forderung nach dem Triumph eines pragmatischen Realismus über die idealistische Gefühlskultur »streben die Spätaufklärer [...] eine Synthese von Vernünftigkeit und Schwärmerei an: Nicht das Scheitern, sondern die Versöhnung des schwärmerischen Subjekts mit der Welt soll dargestellt werden.«[91] Fortgesetzt wird das Thema der notwendigen Überwindung eines einseitigen Schwärmertums in den *Lehrjahren*, dem *Hyperion*, der *Lucinde* und dem *Ofterdingen*.[92] Im Drama ist es bekanntlich »Mephisto, der Exponent eines [...] radikal aufklärerischen Materialismus«[93], der paradigmatisch im »Gegensatz zu Faust als dem Exponenten des ›Schwärmertums‹«[94] positioniert wird.

Die Forderung nach der Vermittlung von Idealem und Realem kann als »Grundüberzeugung«[95] der Romantik verstanden werden. Im *Gespräch über die Poesie* räsoniert Friedrich Schlegel, dass er »das Organ«[96] einer derartigen Vermittlung »nur in der Poesie finden kann«[97], zumal diese auf der »Harmonie des

---

85 Zu Goethes diesbezüglicher Anlehnung an Kant vgl. etwa Maatsch, Ideen mit den Augen sehen, S. 68; Schieren, Anschauende Urteilskraft, S. 65 f.

86 Vgl. Ulrichs, Die andere Vernunft, S. 79 f.

87 Schönert, Roman und Satire im 18. Jahrhundert, S. 89.

88 Ulrichs, Die andere Vernunft, S. 96.

89 Vgl. dazu auch Thomé, Roman und Naturwissenschaft, S. 165.

90 Vgl. dazu Ulrichs, Die andere Vernunft, S. 79 ff.

91 Ulrichs, Die andere Vernunft, S. 116.

92 Vgl. dazu Engel, Die Rehabilitation des Schwärmers, S. 487 ff.

93 J. Schmidt, Goethes *Faust*, S. 124.

94 J. Schmidt, Goethes *Faust*, S. 124.

95 Wanning, Friedrich Schlegel, S. 89.

96 F. Schlegel, Gespräch über die Poesie, S. 315.

97 F. Schlegel, Gespräch über die Poesie, S. 315.

Ideellen und Reellen beruhen soll.«[98] Deren Relationierung fungiert – in Analogie zur Kant'schen Philosophie – als definitorisches Merkmal der Transzendentalpoesie. Im prominenten *Athenäums*-Fragment 238 proklamiert Schlegel bekanntlich »eine Poesie, deren eins und alles das Verhältnis des Idealen und des Realen ist, und die also nach der Analogie der philosophischen Kunstsprache Transzendentalpoesie heißen müßte.«[99] Auch Novalis vertritt eine »[n]eue Ansicht v[on] Ideal[ismus] und Real[ismus]«[100], die sich aus der Forderung nach der dialektischen Operation einer Versinnlichung des Abstrakten und einer Abstraktion vom Sinnlichen in der/durch die Kunst ergibt.[101] Sie impliziert die Position, dass »die Kunst [...] eine *synthetische* Leistung darstellt, in der die Antinomie von Idealismus und Realismus aufgelöst wird.«[102] Entsprechend seiner integrativen Funktion ist dabei »vor allem der Roman [...] der geeignete Ort einer Synthese von Realismus und Idealismus«[103]. Mit der ihr zuerkannten epistemischen Leistung der Vermittlung bzw. Synthese von Idealem und Realem, Abstraktem und Sinnlichem qualifiziert sich die poetische bzw. narrative auch als philosophische Praxis: Für Novalis sind »Denken und Dichten [...] einerley«[104]. In den poetologischen Programmen der Frühromantik »erscheinen Poesie und Philosophie als Tätigkeiten, die [...] synthetische Leistungen darstellen und denselben Zielpunkt des ›Ideal-Realismus‹ haben.«[105]

Von besonderer Relevanz für Schlegels Transzendentalpoesie wie für den James'schen Pragmatismus mit seiner ästhetischen Dimension erscheint dabei Schellings Nobilitierung der Kunst bzw. Literatur als das »einzige wahre und ewige Organon zugleich und Document der Philosophie«[106]. Es ist die der ästhetischen Anschauung vorbehaltene Reflexion der Vereinigung des Idealen und Realen, was Kunst und Literatur zum bevorzugten epistemischen Medium der Philosophie erhebt[107]: »Die Kunst ist eben deßwegen dem Philosophen das Höchste, weil sie ihm das Allerheiligste gleichsam öffnet, wo in ewiger und ursprünglicher Vereinigung gleichsam in Einer Flamme brennt, was in der Natur

---

98 F. Schlegel, Gespräch über die Poesie, S. 315.
99 F. Schlegel, Athenäums-Fragmente, S. 204. [Nr. 238]
100 Novalis, Das Allgemeine Brouillon, S. 299. Vgl. dazu auch Ulrichs, Die andere Vernunft, S. 320.
101 Vgl. Novalis, Das Allgemeine Brouillon, S. 299.
102 Ulrichs, Die andere Vernunft, S. 320. [Herv. i. O.]
103 Ulrichs, Die andere Vernunft, S. 428.
104 Novalis, Fragmente und Studien, S. 563. Vgl. dazu auch Ulrichs, Die andere Vernunft, S. 320.
105 Ulrichs, Die andere Vernunft, S. 320 f.
106 Schelling, System des transzendentalen Idealismus, S. 627.
107 Vgl. dazu auch Knatz, Schellings Philosophie der Kunst, S. 307.

und Geschichte gesondert ist«[108]. Während die intellektuelle Anschauung die Trennung von Idealem und Realem nicht zu überwinden vermag, gelingt es der Kunst bzw. Literatur, »einen unendlichen Gegensatz in einem endlichen Produkt aufzuheben«[109]. Das epistemische Primat der Kunst bzw. Literatur gründet darin, »daß die unsichtbare Scheidewand aufgehoben wird, welche die wirkliche und idealische Welt trennt«[110].

Die Problematisierung des Verhältnisses von Idealem und Realem erfolgt im Roman der Goethezeit paradigmatisch durch die Inszenierung der Subjektgebundenheit von Wirklichkeit. Bereits im *Don Sylvio* geht es nicht lediglich um die Kritik eines übersteigerten Subjektivismus, sondern »um das philosophische Problem der Realität und unseres Verhältnisses zu ihr«[111]. Auf der propositionalen Ebene wird die subjektive Aneignung der Wirklichkeit als Norm und Imperativ in Wielands prominentem Diktum statuiert: »[W]ir können und sollen nicht alle durch ein und dasselbe Schlüsselloch in die Welt gucken.«[112] Der moderne Roman leistet, wie sich mit einer Wendung von Wolfgang Preisendanz zur Charakterisierung der Jean Paul'schen Romankunst allgemein für die literarische Erzählung der Moderne behaupten lässt, die »Darstellung der Aneignung von Welt durch Subjektivität«[113]. Die für die Vermittlung von Idealismus und Realismus in der deutschen Philosophie um 1800 kennzeichnende Position, »dass die Wirklichkeit untrennbar mit dem sie erkennenden Subjekt verbunden ist«[114], kann dabei als eine Einsicht verstanden werden, die sich insbesondere durch den narrativen Perspektivismus, wie er im literarischen Roman seit der Spätaufklärung unter anderem durch dialogische Strukturen bzw. gattungsspezifisch durch den Dialog- und Briefroman entfaltet wird, Geltung verschafft.[115] Es scheint mitunter diese spezifische epistemische Leistung des – in der Erzähltheorie des 20. Jahrhunderts neben der Dimension der erzählerischen Vermittlung als genuines Merkmal der narrativen Fiktion verstandenen – Perspektivismus zu sein,[116] durch die etwa Friedrich Schlegel den Roman zur privilegierten Gattung einer antisystematisch verfahrenden Philosophie erklärt: »Der *Roman* war von jeher das beste Organ

---

108 Schelling, System des transzendentalen Idealismus, S. 628.
109 Schelling, System des transzendentalen Idealismus, S. 626.
110 Schelling, System des transzendentalen Idealismus, S. 628.
111 Ulrichs, Die andere Vernunft, S. 78.
112 Wieland, Geschichte des Weisen Danischmed, S. 377. Vgl. dazu auch Ulrichs, Die andere Vernunft, S. 97.
113 Preisendanz, Zur Poetik der deutschen Romantik, S. 60. Vgl. dazu auch Ulrichs, Die andere Vernunft, S. 349.
114 Pluder, Die Vermittlung von Idealismus und Realismus, S. 27.
115 Vgl. Ulrichs, Die andere Vernunft, S. 97f.
116 Vgl. dazu etwa V. Nünning, Reading Fictions, S. 51, Anm. 47.

d[er] besten Ekl.[ektischen] φ [Philosophen] d[er] Modernen.«[117] Die Annäherung an das Erkenntnissystem der Narration wird von Schlegel an anderer Stelle bekanntlich gar als universales Desiderat formuliert: »Alle Geisteswerke sollen romantisiren, dem Roman sich möglichst approximiren.«[118]

Die Ausdifferenzierung der auktorialen Erzählperspektive durch die Multiperspektivität des modernen Romans, durch die sich die philosophische Position von der Subjektgebundenheit von Wirklichkeit im Erkenntnissystem der Narration entfaltet, kann vor dem Hintergrund der James'schen Rezeption von Romanen (nicht nur) der Goethezeit auch als literaturhistorische Voraussetzung für James' Absage an die von der szientistisch ausgerichteten Fachphilosophie prätendierte »God's-Eye View«[119] verstanden werden. Mit seinem philosophischen Pluralismus dezentriert James die auktoriale Perspektive: Er geht davon aus, »daß es keinen Standpunkt, keinen Brennpunkt der Erkenntnis gibt, von dem aus der gesamte Inhalt der Welt mit einem Blick zu überschauen wäre«[120]. Seiner Kritik an »the notion of *the one Knower*«[121] im philosophischen Monismus stellt James ein Plädoyer für Perspektivenvielfalt gegenüber, das sich auch als Beschreibung der Multiperspektivität und Unzuverlässigkeit modernen Erzählens lesen lässt: »Everything gets known by *some* knower along with something else; but the knowers may in the end be irreducibly many, and the greatest knower of them all may yet not know the whole of everything, or even know what he does know at one single stroke:—he may be liable to forget.«[122] James' Forderung nach einer Pluralisierung und Partikularisierung philosophischen Wissens, wie sie auf der diskursiven Ebene seiner Texte unter anderem durch die von ihm in impliziter Anlehnung an Goethe operationalisierten Strategien der Dialogizität und Polyphonie realisiert wird,[123] korrespondiert mit einer Konzeption des philosophischen Erkenntnissubjekts, an dem – in der Tradition der ästhetischen Anthropologie der Goethezeit – dessen unhintergehbare epistemische Perspektivität herausgestellt wird.[124] Die im multiperspektivischen Erzählen des späten 18. und frühen 19. Jahrhunderts sich abzeichnende, durch die Konjunktur der personalen

---

117 F. Schlegel, Philosophische Lehrjahre, S. 12. [Nr. 88] [Herv. i. O.]
118 F. Schlegel, Literary Notebooks, S. 74. [Nr. 602]
119 Pihlström, Jamesian Pragmatic Pluralism, S. 189. Die Wendung »God's-Eye View« stammt ursprünglich von Putnam, Realism with a Human Face, S. 5 passim. Zu James' Kritik an der »God's-Eye view« vgl. außerdem etwa Hollinger, James, S. 69; Nagl, Pragmatismus, S. 77.
120 James, Der Pragmatismus, S. 92.
121 James, Pragmatism, S. 71. [Herv. i. O.]
122 James, Pragmatism, S. 72. [Herv. i. O.]
123 Vgl. dazu Kapitel 6.3.
124 Vgl. dazu Kapitel 5.3.

Erzählsituation im Roman um 1900 radikalisierte – genuin literarische – Einsicht in die Unhintergehbarkeit der Ersten-Person-Perspektive erfährt derart eine propositionale Ausformulierung im Bereich der Erkenntnistheorie.

2.2.2 Poiesis und Performanz

Sowohl der philosophische Roman der Spätaufklärung als auch der Transzendentalroman sind nicht länger der statischen Repräsentation im Sinne der Mimesis, sondern der prozessual gedachten Poiesis verpflichtet. Das als Poiesis konzipierte schöpferische Prinzip der Natur im Sinne der *natura naturans* gilt es in der Dichtung zu simulieren. Poesie, so konstatiert bereits Baumgarten, erweist sich als Imitation der Natur, die als das »innere[] Prinzip der Veränderung in der Welt«[125] verstanden wird: »[N]atura [...] et poeta producunt similia. [...] *poema* est *imitamen naturae et actionum inde pendentium*«[126]. Nach Blanckenburg geht es in der poetischen Komposition darum, die Verfahrensweise der *natura naturans* nachzuahmen, wie er in einem entsprechenden Imperativ formuliert: »[V]erfahret in der Verbindung, der Anordnung eurer Werke so, wie die Natur in der Hervorbringung der ihrigen verfährt.«[127] Die Nachahmung der Produktivität der Natur fasst Goethe in seiner Rezension von Karl Philipp Moritz' Schrift *Über die bildende Nachahmung des Schönen* – mit Zitation von Worten des rezensierten Textes – als genuine Aufgabe der Kunst bzw. Literatur: »Der geborne Künstler begnügt sich nicht, die Natur anzuschauen, er muß ihr nachahmen, ihr nachstreben.«[128] Der Künstler habe, so Goethe in der *Einleitung in die Propyläen*, »in seinen Werken nicht bloß etwas leicht- und oberflächlich Wirkendes, sondern wetteifernd mit der Natur, etwas geistig Organisches hervorzubringen«[129]. Für Schelling kommt der Nachahmung nur insofern Bedeutung zu, als sich diese Nachahmung auf das produktive Vermögen der Natur bezieht: »Eine hohe Bedeutung hatte jener Grundsatz [= der Naturnachahmung] wohl, wenn er die Kunst dieser schaffenden

---

125 Baumgarten, Meditationes philosophicae, § 110, S. 81.
126 Baumgarten, Meditationes philosophicae, § 110, S. 80. [Herv. i. O.] Vgl. dazu auch Ulrichs, Die andere Vernunft, S. 214.
127 Blanckenburg, Versuch über den Roman, S. 313. Vgl. dazu auch Ulrichs, Die andere Vernunft, S. 214 f.
128 WA I, 47, S. 86. Bei Moritz heißt es: »Wem also von der Natur selbst, der Sinn für ihre Schöpfungskraft in sein ganzes Wesen, und das Maaß des Schönen in Aug' und Seele gedrückt ward, der begnügt sich nicht, sie anzuschauen; er muß ihr nachahmen, ihr nachstreben.« (Moritz, Über die bildende Nachahmung des Schönen, S. 19; vgl. dazu Ulrichs, Die andere Vernunft, S. 348.)
129 WA I, 47, S. 12. Vgl. dazu Ulrichs, Die andere Vernunft, S. 348.

Kraft nacheifern lehrte.«[130] Dass es die *natura naturans* und nicht die *natura naturata* ist, an der sich die als Poiesis verstandene Mimesis zu orientieren habe, präzisiert auch August Wilhelm Schlegel: »[D]ie Kunst soll die Natur nachahmen. Das heißt nämlich, sie soll wie die Natur selbständig schaffend, organisirt und organisirend, lebendige Werke bilden«[131].

Die dem schöpferischen Prinzip der Natur immanente Prozessualität hat sich durch eine spezifische Form der Erkenntnisvermittlung auch auf der Ebene des ›Wie‹ des Erzählens zu realisieren, wie bereits die Romantheoretiker der Aufklärung – noch primär mit Bezug auf die Darstellung der menschlichen Natur – argumentieren. Es geht in der Erzählung, so Johann Jakob Engel, darum, dass die Rezipienten die »Naturerscheinungen *werden* sehen«[132]. Es gilt, das »*Werden*«[133] der (Natur-)Erscheinungen unter Anwendung dialogischer bzw. dramatischer Verfahren der Darstellung zu *zeigen*. Wie der von Blanckenburg in seinem *Versuch über den Roman* (mit diesen Worten zitierte) schottische Philosoph Henry Home Kames vom zeitgenössischen Dichter fordert,[134] sind die Rezipienten »from readers or hearers [...] into spectators«[135] zu transformieren: »[I]n a word: every thing becomes dramatic as much as possible.«[136] Der zu diesem Zweck einzusetzende Dialog – paradigmatisch funktionalisiert in der innovativen Gattung des dramatischen Romans – präsentiert das Geschehen in seinem Vollzug und generiert Präsenzeffekte.[137] Der Transfer dramatischer Verfahren in die Epik, der sich zu einem »Prinzip des theatralen Erzählens«[138] verdichtet, und der gattungshistorisch im Zusammenhang mit der »Verschiebung vom Theater zum Roman als Leitgattung«[139] steht, dient dabei – gerade auch in Texten Goethes – der Suggestion einer dem Theater analogen Unmittelbarkeit, indem der »Text zur Bühne«[140] transformiert wird.

---

130 Schelling, Über das Verhältnis der bildenden Künste zu der Natur, S. 5.
131 A. W. Schlegel, Vorlesungen über Ästhetik, S. 258. Vgl. dazu Ulrichs, Die andere Vernunft, S. 351.
132 Engel, Fragmente über Handlung, S. 123. [Herv. i. O.]
133 Engel, Fragmente über Handlung, S. 130. [Herv. i. O.]
134 Vgl. Blanckenburg, Versuch über den Roman, S. 499.
135 Kames, Elements of Criticism, S. 223.
136 Kames, Elements of Criticism, S. 223.
137 Vgl. dazu auch die Studie von Winter, Dialog und Dialogroman. Medienhistorisch kann die »Performanz des Literarischen um 1800«, wie sie aus dem Rekurs auf Verfahren der oralen Tradition resultiert, als Reaktion auf die im 18. Jahrhundert aufkommende »Schriftvermehrung« verstanden werden. (Jaeger/Willer, Einleitung. In: Das Denken der Sprache, S. 22.)
138 M. Huber, Der Text als Bühne, S. 9.
139 M. Huber, Der Text als Bühne, S. 86.
140 M. Huber, Der Text als Bühne, S. 87.

Während sich im Roman der Spätaufklärung das Werden primär auf die – durch Einsatz dramatischer Verfahren simultan mit dem Erzählen sich vollziehende – Konstitution der Geschichte bezieht,[141] wird die Prozessualität in der Literatur der Frühromantik bekanntlich zur Essenz erklärt: »Die romantische Dichtart ist noch im Werden; ja das ist ihr eigentliches Wesen, daß sie ewig nur werden, nie vollendet sein kann.«[142] In der poetischen Simulation der Produktivität der Natur gilt es, »die Techniken der Repräsentation so umzustellen, daß die Repräsentation selbst Prozeßcharakter erhält.«[143] Als maßgeblich für das Prozessuale (in) der Dichtung der Frühromantik lässt sich dabei die für die »progressive Universalpoesie« charakteristische, durch die romantische Ironie gleichsam methodisch praktizierte Selbstreferenz verstehen, die als eine Performanz bzw. Performativität generierende Strategie *par excellence* gelten kann.[144] Dabei wird die bereits für den philosophischen Roman der Spätaufklärung charakteristische Selbstreferenz, wie sie durch Strategien der (Fiktions-)Ironie und durch Spiegelungen narrativer Ebenen generiert wird, zu einem autoreflexiven System radikalisiert, in dem »Erzählen und Erzähltes gleichursprünglich präsentiert werden«[145]. Es ist die selbstreferenzielle Auseinandersetzung mit den Ermöglichungsbedingungen der Poesie, wodurch diese auch – in Analogie zur Kant'schen Frage nach den Bedingungen der Möglichkeit von Erkenntnis – als *Transzendental*poesie definiert wird. Diese reflektiert die poetische Praxis als das sie konstituierende Prinzip und bringt (als »Produkt«) das sie »Produzierende« zur Darstellung.[146] Als ihr zeitgenössischer Repräsentant gilt bekanntlich Goethe.[147]

---

141 Die für die zweite Hälfte des 18. Jahrhunderts charakteristische dramatische Narration manifestiert sich paradigmatisch in epischen Gattungen, die – wie etwa der Briefroman, der Dialogroman oder die Rahmenerzählung – Formen und Verfahren des Dramas funktionalisieren.

142 F. Schlegel, Athenäums-Fragmente, S. 183. [Nr. 116]

143 Pethes, »In jenem elastischen Medium«, S. 138.

144 Zur Selbstreflexion bzw. -referenz als Prinzip textueller Performativität vgl. Häsner et al., Text und Performativität, S. 83 f.

145 Ulrichs, Die andere Vernunft, S. 271.

146 Vgl. dazu etwa auch V. Waibel, Transzendentalpoesie, S. 50.

147 »So wie man aber wenig Wert auf eine Transzendentalphilosophie legen würde, die nicht kritisch wäre, nicht auch das Produzierende mit dem Produkt darstellte, und im System der transzendentalen Gedanken zugleich eine Charakteristik des transzendentalen Denkens enthielte: so sollte wohl auch jene Poesie die in modernen Dichtern nicht seltnen transzendentalen Materialien und Vorübungen zu einer poetischen Theorie des Dichtungsvermögens mit der künstlerischen Reflexion und schönen Selbstbespiegelung, die sich im Pindar, den lyrischen Fragmenten der Griechen, und der alten Elegie, unter den Neuern aber in Goethe findet, vereinigen, und in jeder ihrer Darstellungen sich selbst mit darstellen, und überall zugleich Poesie und Poesie der Poesie sein.« (F. Schlegel, Athenäums-Fragmente, S. 204. [Nr. 238])

Der Nachvollzug des produktiven Potenzials der Natur bzw. des Lebendigen, den die narrative Literatur erlaubt, macht diese zu einem epistemisch privilegierten Medium für die Konstitution von Lebenswissen. Dabei geht es nicht nur um die »Entdeckung der Lebenswelt durch die Literatur im 18. Jahrhundert«[148], sondern gerade auch um die durch die Narration eröffnete Möglichkeit der Produktion und Rezeption der Vollzugshaftigkeit des Lebens in dem bzw. durch das Erzählen. Was die narrative Literatur auszeichnet, ist, dass sie die für die Lebensphilosophie »eigentümliche Doppelseitigkeit«[149] zu veranschaulichen vermag. Analog zu der aus der Literatur der Goethezeit hervorgegangenen Lebensphilosophie,[150] in der das Prinzip und das Objekt des Philosophierens zusammenfallen – »Leben erfaßt hier Leben«[151], wie Dilthey in Bezug auf die Geisteswissenschaften formuliert –, führt die narrative Literatur der Spätaufklärung und der Frühromantik, die es wie die Lebensphilosophie mit dem Werden zu tun hat, die Koinzidenz von Erzählen und Erzähltem, von Narration und (Lebens-) Geschichte vor Augen, indem mit dramatischen und dialogischen Verfahren und autoreflexiven Strukturen operiert wird. Zeichen- und medientheoretisch wird dieses spezifische epistemische Potenzial der Literatur bekanntlich durch Lessings zentrale Bestimmung der Bewegung als Gegenstand und Medium der Literatur begründet.[152]

Das sich genuin in der Narration vollziehende Wissen vom Leben lässt die narrative Literatur nicht nur als Erkenntnisquelle für (propositional formulierbares) Wissen über das Leben erscheinen. Durch die für sie kennzeichnende »Kongruenz von Leben und Erzählung«[153] vermittelt die fiktionale Narration ein

---

148 Oschmann, Bewegliche Dichtung, S. 31.
149 Bollnow, Die Lebensphilosophie, S. 12.
150 Zur Rolle von Karl Philipp Moritz für die Lebensphilosophie vgl. Košenina, Pfropfreiser der Moral. Zur Bedeutung von u. a. Friedrich Heinrich Jacobi, Johann Georg Hamann, Johann Gottfried Herder und Friedrich Schlegel als literarische Vorläufer der Lebensphilosophie vgl. Kozljanič, Einleitung. In: Lebensphilosophische Vordenker des 18. und 19. Jahrhunderts, S. 14–19. Zur Bedeutung von Goethes *Werther* für die Lebensphilosophie vgl. etwa Bollnow, Die Lebensphilosophie, S. 48. Zur Bedeutung des Sturm und Drang für die Lebensphilosophie vgl. Klug, Grundlagen und Probleme moderner Lebensphilosophie, S. 19 ff. Zur Bedeutung der Romantik für die Lebensphilosophie vgl. Fellmann, Lebensphilosophie, S. 27 f.
151 Dilthey, Der Aufbau der geschichtlichen Welt, S. 164. Vgl. dazu auch Bollnow, Die Lebensphilosophie, S. 12.
152 Vgl. dazu auch Oschmann, Ästhetik und Anthropologie, S. 98 f. Es ist die spezifische Verfasstheit der literarischen Darstellungsmittel, der »auf einander folgende[n] Zeichen«, die Lessing bekanntlich die Literatur auf »Gegenstände [...], die auf einander [...] folgen«, auf »Handlungen«, festlegen und den Paragone für sich entscheiden lässt. (Lessing, Laokoon, S. 116.)
153 Valdivia Orozco, Lebensform und Narrative Form, S. 115.

spezifisches »*Vollzugswissen*«[154], wobei »das Leben und sein Wissen als *produktive Praxis*«[155] fassbar werden. Insofern narrative Literatur als ein Medium fungiert, in dem die Prozessualität von (Lebens-)Wissen und dessen unabdingbare Materialisierung vor Augen geführt werden, kann die dabei zutage tretende »*Epistemologie des Vollzugs*«[156] als das gelten, was – insbesondere vor dem Hintergrund seiner intensiven Lektüre von Erzählliteratur (Goethes) – James' als Prozessphilosophie konfigurierten Pragmatismus mitbedingt.[157]

Die in der Literatur der Goethezeit auch nicht-propositional, auf der Ebene des Wie, realisierte ›Lebendigkeit‹ erfährt dabei eine – annäherungsweise – Übersetzung in eine Philosophie, die ihren inhaltlichen Fokus auf das Leben in seiner Prozessualität und Variabilität legt. James' Pragmatismus impliziert eine Ontologie, als deren charakteristisches Prinzip (neben der Pluralität) das der Prozessualität gelten kann. Sie fokussiert auf die Vielfalt der Dinge in ihrem Werden, wie James in seiner 1908 am Manchester College in Oxford gehaltenen Vorlesungsreihe *A Pluralistic Universe* akzentuiert: »What really exists is not things made, but things in the making.«[158] Prozessualität bestimmt die Essenz der von James konzipierten Welt: »Unsere Welt ist ganz und gar Prozeß.«[159]

Neben der Prozessualität, die durch Rekurs auf spezifische literarische Verfahren auch auf der nicht-propositionalen Ebene der James'schen Texte inszeniert wird,[160] erweist sich die für das Lebendige kennzeichnende Variabilität, wie sie die narrative Literatur der Goethezeit gerade auch auf der Ebene des Erzählens vor Augen führt, als zentrale Implikation der James'schen Wirklichkeit. Die von Goethe auch durch die narrative Organisation der Geschichte gestaltete Einsicht in die Veränderlichkeit als Prinzip des Lebendigen wird in James' Theorie eines pluralistischen Universums profiliert. Die in den *Wanderjahren* auf der Ebene des Erzählens, insbesondere durch Verfahren der Archivpoetik, implizit thematisierte Variabilität wird auf der propositionalen Ebene als Merkmal des Lebendigen bestimmt: »Das Leben gehört den Lebendigen an, und wer lebt, muß auf Wechsel gefaßt sein.«[161] Analog dazu definiert James das Lebendige durch das Veränder-

---

154 Valdivia Orozco, Lebensform und Narrative Form, S. 115. [Herv. i. O.]

155 Valdivia Orozco, Lebensform und Narrative Form, S. 115. [Herv. i. O.]

156 Valdivia Orozco, Lebensform und Narrative Form, S. 115. [Herv. i. O.]

157 Zu James' Pragmatismus als Prozessphilosophie vgl. Sölch, Prozessphilosophien, S. 115– 192.

158 James, A Pluralistic Universe, S. 4.

159 James, Der Pragmatismus, S. 170.

160 Vgl. dazu ausführlicher Kapitel 6.3.

161 FA I, 10, S. 285. Zur Archivpoetik der *Wanderjahre* und deren Bedeutung für die Makrostruktur von James' Texten vgl. Kapitel 6.3.1.

liche: »Das Wesen des Lebens besteht darin, sich ununterbrochen zu ändern.«[162] Im Unterschied zum statischen *óntos ón* – dem wahrhaft Seienden – in der platonischen Tradition, das sich nur unter Ausschluss des Veränderlichen als solches konstituieren kann,[163] fokussiert James eine dynamische Wirklichkeit, die in steter Transformation begriffen ist.[164] Sein Pragmatismus impliziert eine Ontologie, die als Übersetzung der die fiktionale Narration der Goethezeit kennzeichnenden Prozessualität und Variabilität in die Philosophie verstanden werden kann.

2.2.3 Wahrheit und Erkenntnis

Die Poiesis eröffnet, wie Manfred Frank an der Ästhetik um 1800 aufzeigt, eine Perspektive, in der Wahrheit als schöpferische Tätigkeit Wahrheit als Summe wahrer Propositionen überhaupt erst ermöglicht.[165] In der daraus hervorgehenden Konzeption von Wahrheit steht diese nicht länger in einem statischen Korrespondenzverhältnis zur Wirklichkeit, sondern sie tritt in ihrem prozessualen und schöpferischen (poetischen) Charakter in Erscheinung.[166] Diese – genuin literarische – Konzeption von Wahrheit kann als möglicher (unreflektierter) Referenzrahmen für James' prozessuale Konzeption von Wahrheit verstanden werden. Wahrheit wird bei James nicht als (statische) »Kopie der Wirklichkeit«[167] definiert, sondern als »ein Geschehen, ein Vorgang«[168], als etwas, das sich *ereignet*.[169]

Von Signifikanz für James' Konzeption von Wahrheit als »Verifikationsprozess«[170], der auf eine »Übereinstimmung«[171] zielt, die nicht in der Korrespondenz mit einer Wirklichkeit, sondern vielmehr in der Herstellung einer Konsistenz

---

162 James, Das pluralistische Universum, S. 161. Ähnlich heißt es bei Dewey: »Veränderung *definiert* das Natürliche.« (Dewey, Die Suche nach Gewißheit, S. 24. [Herv. i. O.])
163 Vgl. James, Der Pragmatismus, S. 143; James, Das pluralistische Universum, S. 150.
164 Vgl. dazu ausführlicher Kapitel 6.2.
165 »Die Wahrheit im Sinne der Adäquation erweist sich [...] als abkünftiges und sekundäres Phänomen gegenüber Wahrheit als Sinnerschließung, zu deren ursprünglichstem Ausdruck die Kunst sich macht.« (Frank, Einführung in die frühromantische Ästhetik, S. 18; vgl. dazu auch Schildknecht, »Ein seltsam wunderbarer Anstrich«, S. 42.)
166 In der Zeit um 1800 setzt sich, wie auch Richard Rorty darstellt, die Vorstellung durch, »daß die Wahrheit gemacht, nicht gefunden wird.« (Rorty, Kontingenz, Ironie und Solidarität, S. 21.)
167 James, Der Pragmatismus, S. 36.
168 James, Der Pragmatismus, S. 126.
169 Vgl. dazu ausführlicher Kapitel 7.4.
170 James, Der Pragmatismus, S. 137.
171 James, Der Pragmatismus, S. 137.

zwischen (alten und neuen) Überzeugungen besteht,[172] erweist sich die mit der Umstellung von Mimesis auf Poiesis einhergehende Transformation der literarischen Konzeption von Wahrheit im 18. Jahrhundert insbesondere insofern, als es dabei nicht länger primär um die inhaltliche Korrespondenz mit einer außersprachlichen Wirklichkeit, sondern um die formale Konsistenz der fiktionalen Welt geht.[173] Die Verschränkung des Mimesis- und des Poiesis-Prinzips in der Romanliteratur seit der Spätaufklärung, die eine Mimesis der *natura naturata* und eine Mimesis der *natura naturans* (als Poiesis) vorsieht, führt dazu, dass »die Auffassung von Wahrheit als *Korrespondenz* zugunsten eines Begriffs von Wahrheit als interne *Konsistenz* der fiktionalen Welt verabschiedet [...] wird.«[174] Dabei wird, wie Ulrichs betont, »zur Zeit der Spätaufklärung *in nuce* entwickelt [...], was späterhin zu einer pragmatistischen Wahrheitstheorie ausgebaut wird.«[175]

Die bereits mit der Konzeption des Romans als Simulation von Wirklichkeit in der Spätaufklärung einsetzende Transformation des literarischen Wahrheitsbegriffs kulminiert in der konstruktivistischen und relativistischen Konzeption von Wahrheit, wie sie die Frühromantik nicht nur für die Literatur, sondern insbesondere auch die Wissenschaft als relevant erklärt – und damit auch, wie etwa Bärbel Frischmann vermutet, die pragmatistische Erkenntnistheorie antizipiert.[176] Philosophischen Niederschlag findet diese frühromantische Konzeption von Wahrheit in Schlegels prominentem Axiom seiner *Transzendentalphilosophie*: »*Alle Wahrheit ist relativ.*«[177] Mit seiner Auffassung, »daß wir die Wahrheit produzieren«[178], substituiert Schlegel, wie Manfred Frank darstellt, »die Korrespondenz-Theorie der Wahrheit durch eine Produktionstheorie derselben«[179]. Ohne diese mögliche literaturhistorische Genealogie seiner Wahrheitstheorie zu reflektieren, formuliert James eine analoge Konzeption. Er kritisiert »[t]he vulgar notion of correspondence [...] that the thoughts must *copy* the reality«[180] als Implikation von Wahrheit und fokussiert auf deren Gemachtheit sowie die Weise ihrer Herstellung: »Die Wahrheit wird im Laufe der Erfahrungen erzeugt.«[181]

---

172 Vgl. James, Der Pragmatismus, S. 38 f. Zu Konsistenz als zentraler Implikation der James'schen Wahrheitstheorie vgl. auch Hingst, James' pragmatistische Deutung der Korrespondenztheorie der Wahrheit, S. 142.

173 Vgl. dazu Ulrichs, Die andere Vernunft, S. 216.

174 Ulrichs, Die andere Vernunft, S. 228. [Herv. i. O.]

175 Ulrichs, Die andere Vernunft, S. 91.

176 Vgl. Frischmann, Der philosophische Beitrag der deutschen Frühromantik, S. 352.

177 F. Schlegel, Transzendentalphilosophie, S. 9. [Herv. i. O.]

178 F. Schlegel, Transzendentalphilosophie, S. 92.

179 Frank, Einführung in die frühromantische Ästhetik, S. 43.

180 James, The Meaning of Truth, S. 50. [Herv. i. O.]

181 James, Der Pragmatismus, S. 137.

Die Abkehr von der korrespondenztheoretischen Auffassung von Wahrheit in der zweiten Hälfte des 18. Jahrhunderts, die eine Kritik am rationalistischen Konzept der Repräsentation involviert, geht mit einer gleichsam performativen Auffassung von Sprache einher, wie sie insbesondere in Klopstocks Konzept der »*fastwirkliche[n]*«[182] Dinge, Herders Theorie von Sprache als »*lebendige[r] Form*«[183] und Wilhelm von Humboldts Konzeption von Sprache als »Thätigkeit (Energeia)«[184] zum Ausdruck kommt. Mit seiner Kategorie der »fastwirklichen« Dinge zur Bezeichnung von Vorstellungen, die derart lebendig sind, dass sie »beinah die Dinge selbst zu sein scheinen«[185], erweitert Klopstock, wie Claudia Albes aufzeigt, das bis dahin gültige binäre Modell des sprachlichen Zeichens und erweitert dessen Funktionsspektrum.[186] Es geht nun nicht länger um Repräsentation, sondern um die Wirkmächtigkeit des Zeichens, um dessen Kraft, die ›Seele‹ der Rezipienten zu affizieren: »Klopstock hebt [...] vor allem den performativen Charakter der poetischen Sprache hervor; dichterische Darstellung bedeutet für ihn nicht mehr die Repräsentation eines (der Sprache vorgängigen) Sachverhalts, sondern steht in der rhythmischen Bewegung der Worte selbst als ›Handlung‹ im Vordergrund.«[187] Eine Abkehr vom rationalistischen Repräsentationsmodell zugunsten einer performativen Konzeption von Sprache legt, wie Angela Esterhammer darstellt, auch Herder vor. In seiner 1799 publizierten *Metakritik zur Kritik der reinen Vernunft* geht Herder mit Kant über diesen hinaus, indem er die 1772 in seiner *Abhandlung über den Ursprung der Sprache* formulierte Hypothese vom entwicklungsgeschichtlichen Primat des Dialogs und Kants erkenntnistheoretische Einsicht in die Konstitutionsleistungen des Subjekts zu einer ›performativen‹ Sprachphilosophie weiter entwickelt – einer Philosophie, »in which language plays a performative role in shaping the speaker, the speaker's environment, and the relation between the two.«[188] Mit seiner Re-Interpretation von Kants Kategorien a priori als ›Kraft‹ und ›Energie‹ und deren Konzeptualisierung als essenzielle Eigenschaften von Sprache erweist sich Humboldt nach Esterhammer als prominentester Repräsentant der um 1800 als Gemeinplatz

---

182 Klopstock, Von der Darstellung, S. 166. [Herv. i. O.]
183 Herder, Verstand und Erfahrung, S. 306. [Herv. i. O.] Vgl. dazu auch Esterhammer, The Romantic Performative, S. 79.
184 Humboldt, Ueber die Verschiedenheit des menschlichen Sprachbaues, S. 418.
185 Klopstock, Von der Darstellung, S. 166.
186 Vgl. Albes, Darstellbarkeit, S. 11 f.
187 Albes, Darstellbarkeit, S. 12.
188 Esterhammer, The Romantic Performative, S. 79. Zu »Herder's claim for the primacy of dialogue« in seiner *Abhandlung über den Ursprung der Sprache* vgl. Esterhammer, The Romantic Performative, S. 8.

geltenden Auffassung von Sprache als ›wirkender Kraft‹.[189] Mit der Anwendung dieser Sprachkonzeption in seiner – von William James rezipierten[190] – Schrift zu Goethes *Hermann und Dorothea* konturiert Humboldt sogar »a pragmatic aesthetics«[191].

Im Zuge der Dekonstruktion des korrespondenztheoretischen Wahrheitsbegriffs erfahren nicht-propositionale Formen der Erkenntnis um 1800 eine erkenntnistheoretische Aufwertung.[192] Dabei wächst der Literatur insbesondere durch Kants Konzept der ästhetischen Idee ein spezifischer epistemischer Status zu. Kant versteht »unter einer ästhetischen Idee [...] diejenige Vorstellung der Einbildungskraft, die viel zu denken veranlaßt, ohne daß ihr doch irgend ein bestimmter Gedanke, d. i. Begriff adäquat sein kann, die folglich keine Sprache völlig erreicht und verständlich machen kann.«[193] Mit dieser Eigentümlichkeit der ästhetischen Idee – dass sie »viel Unnennbares zu einem Begriffe hinzu denken läßt«[194] – treibt der Dichter nach Kant ein dem Philosophieren vergleichbares »Geschäft«, die Poesie qualifiziert sich als philosophische Praxis: »Der Dichter kündigt bloß ein unterhaltendes *Spiel* mit Ideen an, und es kommt doch so viel für den Verstand heraus, als ob er bloß dessen Geschäft zu treiben die Absicht gehabt hätte.«[195] Das epistemische Potenzial der ästhetischen Idee, mit dem es die reflektierende Urteilskraft zu tun hat, wird dabei insofern in Analogie zur Vernunftidee gesetzt, als der »Nicht-Ausfüllbarkeit (Indemonstrabilität) der Vernunftidee die hermeneutische Nicht-Ausdeutbarkeit (Inexponibilität) der ästhetischen Idee entspricht.«[196]

Goethe akzentuiert neben dem Aspekt der Nicht-Ausdeutbarkeit den – bereits bei Kant angelegten – Aspekt der Unaussprechlichkeit (und nicht nur jenen der Unausschöpfbarkeit) der ästhetischen Idee und sensibilisiert damit, wie Gottfried Gabriel herausstellt, für »das Paradox interpretierender Analyse«[197], das darin besteht, »sagen zu wollen, was sich zeigt«[198]. Das epistemische Potenzial der ästhetischen Idee entfaltet sich gerade dadurch, dass sich diese einer vollständigen Übersetzung in propositionales Wissen (als Wissen, das sich in Aussage-

189 Vgl. Esterhammer, The Romantic Performative, S. 108 f.
190 Vgl. dazu James' Leseliste in James, Diary 1, o. S.
191 Esterhammer, The Romantic Performative, S. 111.
192 Vgl. etwa Schildknecht, »Ein seltsam wunderbarer Anstrich«, S. 42.
193 Kant, Critik der Urtheilskraft, S. 190.
194 Kant, Critik der Urtheilskraft, S. 195.
195 Kant, Critik der Urtheilskraft, S. 203. [Herv. i. O.]
196 Ulrichs, Die andere Vernunft, S. 31 f.
197 Gabriel, Zwischen Logik und Literatur, S. 13.
198 Gabriel, Zwischen Logik und Literatur, S. 13.

sätzen ›ausdrücken‹, ›aussagen‹ lässt) widersetzt. Der Versuch, Kunst bzw. Poesie in aussageförmiges Wissen transformieren zu wollen, erweist sich nach Goethe als widersinnig: »Die Kunst ist eine Vermittlerin des Unaussprechlichen; darum scheint es eine Thorheit, sie wieder durch Worte vermitteln zu wollen.«[199] In Rekurs auf Kants differenzierende Definition zwischen der bestimmenden und reflektierenden Urteilskraft, wonach jene eine Bewegung »vom *Allgemeinen zum Besondern*«[200], diese »vom *Besondern zum Allgemeinen*«[201] vollzieht, unterscheidet Goethe zwischen Allegorie und Symbolik bzw. Poesie – und verpflichtet diese bekanntlich auf das (propositional nicht vollständig erfassbare) Besondere:

> Es ist ein großer Unterschied, ob der Dichter zum Allgemeinen das Besondere sucht oder im Besondern das Allgemeine schaut. Aus jener Art entsteht Allegorie, wo das Besondere nur als Beispiel, als Exempel des Allgemeinen gilt; die letztere aber ist eigentlich die Natur der Poesie, sie spricht ein Besonderes aus, ohne an's Allgemeine zu denken oder darauf hinzuweisen. Wer nun dieses Besondere lebendig faßt, erhält zugleich das Allgemeine mit, ohne es gewahr zu werden, oder erst spät.[202]

Wie Christiane Schildknecht an dem hier angeführten Goethe-Zitat herausstellt, unterscheiden sich reflektierende Urteilskraft und Poesie, obwohl beide das Allgemeine anvisieren, aufgrund ihres »spezifischen Zugriffs: Die reflektierende Urteilskraft sucht zu einem gegebenen Besonderen das Allgemeine vermittels der Reflexion; die Dichtung hingegen reflektiert nicht auf das Allgemeine, sondern liefert es direkt *im* Besonderen selbst.«[203] Das Allgemeine verkörpert sich gleichsam im Besonderen. Hier deutet sich auch die für Goethe und James charakteristische Perspektive der Immanenz an,[204] wobei das Konkrete gleichsam als Inkarnation des Abstrakten (bzw. Allgemeinen) gedacht und diese Verkörperung buchstäblich – durch einen spezifischen (als poetisch charakterisierbaren) Umgang mit der Sprache – realisiert wird.

Dabei kommt der für die Dichtung um 1800 zentrale Faktor der »Versinnlichung«[205] ins Spiel, wie er aus der »Rehabilitation der Sinnlichkeit«[206] seit der Aufklärung erwächst. Das gegen die Abstraktion gerichtete Moment der »Ver-

---

199 Goethe, Maximen und Reflexionen, S. 73, Nr. 384.
200 Kant, Logik, S. 205. [Herv. i. O.]
201 Kant, Logik, S. 205. [Herv. i. O.]
202 Goethe, Maximen und Reflexionen, S. 53, Nr. 279.
203 Schildknecht, Literatur und Philosophie, S. 45 f. [Herv. i. O.]
204 Vgl. dazu ausführlicher Kapitel 7.6.
205 Oschmann, Bewegliche Dichtung, S. 23.
206 Kondylis, Die Aufklärung, S. 19.

sinnlichung« beinhaltet nicht nur »ein sinnliches Vergegenwärtigen«[207], in dem die Gegenstände in ihren sinnlichen Einzelheiten vorgeführt werden, sondern es schließt sozusagen ein tatsächliches Sinnlich-Werden ein: Für das aus dem Sensualismus hervorgegangene literarische Prinzip der Versinnlichung erweist es sich als charakteristisch, »daß sich der Sinn gleichsam sinnlich manifestiert und daß die Sprache selbst als unmittelbar sinnliches Phänomen, und näherhin als Substanz und Bewegung vor Augen tritt.«[208] Vorgeführt wird, was Sybille Krämer als Implikation einer performativitätstheoretischen Perspektive auf »Sinnlichkeit als Erkenntnisform« expliziert: »Sinn [...] ist immer sinnlich verkörperter Sinn.«[209]

Dem entspricht die für die Goethezeit charakteristische, im oben angeführten Goethe-Zitat zur Differenz zwischen Allegorie und Symbolik sich manifestierende Auf- und Umwertung des Symbols, das bekanntlich in Rekurs auf die ursprüngliche Bedeutung und Funktion des griechischen *symbolon* als gegenständliches und ›natürliches‹ Zeichen akzentuiert wird. Als Substantivbildung zu *symbollein* (›Zusammenwerfen‹) bezeichnet ›Symbol‹ zunächst ein materielles, aus dem Zerbrechen eines Gegenstandes hervorgegangenes Zeichen, das durch Zusammenfügung als Beleg eingegangener Beziehungen fungiert, und, wie im geläufigsten Beispiel der ›tessera hospitalis‹, Gast und Gastgeber aneinander bindet.[210] Das Symbol referiert nicht auf Realität, sondern konkretisiert sie: »Als natürliches Element einer umfassenden Einheit bezeichnet das Symbol nicht etwas, sondern es verkörpert seine Bedeutung, weil es an einem bedeutungsvollen Ganzen aufgrund seines eigenen Seins organisch teilhat.«[211] Das Symbol bezeichnet nicht qua Repräsentation, sondern qua Präsenz. Diese spezifische Symbolkonzeption kann dabei auch als Manifestation einer »tiefgreifende[n] Krise des rationalistischen Zeichenmodells der Repräsentation«[212] verstanden werden. Die Zeichen fungieren nicht länger als transparente Vermittler zwischen den bezeichneten Objekten und deren mentalen Abbildern, sondern treten in ihrer Sinnlichkeit in

---

207 Oschmann, Bewegliche Dichtung, S. 23.
208 Oschmann, Bewegliche Dichtung, S. 24.
209 S. Krämer, Sinnlichkeit, Denken, Medien, S. 34. Hier zeigt sich abermals die augenfällige Konvergenz der Sprachkonzeption um 1800 mit Implikationen des Performativen in der gegenwärtigen Theoriebildung. (Zur Vorwegnahme performativitätstheoretischer Positionen durch u. a. die (sprach-)philosophischen Ansätze Kants, Herders und Humboldts vgl. Kapitel 2 und 3 in Esterhammer, The Romantic Performative, S. 68–143.) Dass sich der *performative turn* der Gegenwart ansatzweise bereits in der um 1800 beobachtbaren Konjunktur des (mit seiner Aufwertung von Sinnlichkeit und Präsenz dem Goethe'schen Symbolkonzept verwandten) Darstellungsbegriffs abzeichnet, stellt Albes heraus (vgl. Albes, Darstellbarkeit, S. 20).
210 Vgl. hierzu Hamm, Symbol, S. 808 f.; Stockhammer, Symbol, S. 1030.
211 Berndt/Drügh, Einleitung. In: Symbol, S. 226.
212 Albes, Darstellbarkeit, S. 10.

den Vordergrund: »Der Fokus semiotischer Reflexion verschiebt sich [...] vom Interesse an den zu repräsentierenden Vorstellungen hin zum Interesse an den Zeichen in ihrer sinnlichen Präsenz.«[213]

Goethes Festlegung der Poesie auf das Besondere und Konkrete scheint ein gleichsam epistemisches Bezugssystem für die – das Konkrete der Wirklichkeit fokussierende – Philosophie des James'schen Pragmatismus zu konstituieren. Gegen den absoluten Idealismus fordert James eine (Re-)Orientierung der Philosophie, die ihren Ausgangs- und Fluchtpunkt in der konkreten Wirklichkeit als »a turbid, muddled, gothic sort of an affair«[214] hat. Dabei ist es auch der spezifische Modus der Vermittlung des Konkreten, der für James' poetischen Pragmatismus signifikant zu sein scheint. Die Schriften James' greifen, wie gezeigt werden wird, literarische Verfahren (Goethes) auf, durch die sich das Sinnliche in der Sprache Geltung zu verschaffen sucht. In Abrede gestellt wird damit indirekt auch eine Konzeption von Philosophie, in der diese allein auf den propositionalen Gehalt beschränkt wird. Vielmehr zeigt sich an den Texten von James, dass das Was nicht vom Wie seiner Philosophie zu trennen ist, Inhalt und Form einander bedingen.

2.3 Literarische Philosophie

Die philosophische Literatur um 1800 konvergiert mit einer – sich insbesondere bei Friedrich Schlegel äußernden – Konzeption von Philosophie als Literatur, die zentrale Aspekte des James'schen Pragmatismus vorwegnimmt.[215] Als Vorläufer einer derartig ›modernen‹ Konzeption von Philosophie als Literatur kann die dialogisch strukturierte, literarisch-philosophische Praxis gelten, die Wieland in/ mit seinem literarischen Spätwerk erprobt. Deren Kongruenz mit der frühro-

---

213 Albes, Darstellbarkeit, S. 10. Die Strategien der Versinnlichung erscheinen diesbezüglich auch als Äußerung der von Hans Ulrich Gumbrecht an der Literatur und Kultur um 1800 ausgemachten »Sehnsucht nach ›Realpräsenz‹«. (Gumbrecht, Die Macht der Philologie, S. 25 f.; vgl. dazu auch Oschmann, Bewegliche Dichtung, S. 24.)

214 James, A Pluralistic Universe, S. 26.

215 Mit dem Fokus auf Friedrich Schlegel mögen die folgenden Ausführungen wie ein Exkurs anmuten, der nicht nur vom zentralen Thema der Untersuchung wegführt, sondern auch dazu tendiert, die Differenzen zwischen verschiedenen Konzeptionen von (›literarischer‹) Philosophie in der Goethezeit generell einzuebnen. Es geht im Folgenden allerdings weniger um propositional vorliegende Philosopheme als darum, aufzuzeigen, wie eine mit der (philosophischen) Literatur im Zeichen des »pragmatischen Paradigmas« konvergierende (literarische) Philosophie bestimmte – den Systemanspruch rationalistischer Philosophie irritierende – epistemische Orientierungen und Verfahren bedingt, die – bei aller inhaltlichen Unterschiedenheit im Detail – auch als Charakteristika des James'schen Pragmatismus gelten können.

mantischen Konzeption von Philosophie als Poesie stellt Lothar van Laak heraus: »›Modern‹, den Romantikern ›zeitgemäß‹ daran ist, dass die (philosophische) Wissenschaft, ja ›Wissen‹ generell, in der ästhetischen Performanz zur Darstellung kommt.«[216]

Zu den der literarischen Philosophie Schlegels und dem Pragmatismus von James gemeinsamen Tendenzen zählt neben der Vermittlung von Theorie und Empirie und der damit einhergehenden Extension des Gegenstands philosophischer Forschung auf das Leben insbesondere die Installation einer metaphilosophischen Perspektive, die eine Reflexion über die literarische Verfasstheit der Philosophie sowie das diachrone und synchrone Verhältnis von Philosophie und Poesie involviert. Die reflexive Auseinandersetzung mit dem Verhältnis von Poesie und Philosophie bedingt einerseits eine erkenntnistheoretische Aufwertung der Literatur sowie andererseits eine Relativierung, Kontextualisierung und Historisierung philosophischer Erkenntnisansprüche.[217] Die von Schlegel vorgenommene Kritik am rigorosen Systemanspruch der idealistischen Fachphilosophie nimmt zentrale Argumente des James'schen Pragmatismus gegen den absoluten Idealismus des 19. und frühen 20. Jahrhunderts vorweg. Gegen die Statik, Invarianz und Geschlossenheit philosophischer Systeme werden von James genuin literarische Verfahren ins Spiel gebracht, die die Prozessualität, Offenheit, Polyphonie und Multiperspektivität philosophischer Praxis performativ realisieren.[218] Mit seiner Operationalisierung von Verfahren der literarischen Performativität schließt James an die literarische Philosophie im Zeichen des »pragmatischen Paradigmas« des 18. Jahrhunderts an.

2.3.1 Verbindung von Theorie und Empirie

In der Verbindung von Theorie und Empirie besteht für Schlegel die Quintessenz der Philosophie, wie er in seiner 1800/01 gehaltenen Jenaer Vorlesung *Transzendentalphilosophie* konstatiert: »Alle Resultate der Philosophie sind enthalten in dem einen: *daß Theorie und Empirie eins ist*, daß sie nicht absolut getrennt werden können.«[219] Die Verbindung von Theorie und Empirie fällt mit wahrer Erkenntnis zusammen: »In der innigsten Verbindung von Theorie und Empirie,

---

216 Laak, Christoph Martin Wielands Konzeption aufklärerischen Philosophierens, S. 88.
217 Zu diesen Implikationen der frühromantischen Dialogisierung von Poesie und Philosophie vgl. auch Frischmann, Der philosophische Beitrag der deutschen Frühromantik, S. 336 f. Zu diesen Implikationen in der James'schen Dialogisierung von Philosophie und Poesie vgl. Kapitel 4.2.
218 Vgl. dazu ausführlicher Kapitel 6.3.
219 F. Schlegel, Transzendentalphilosophie, S. 98. [Herv. i. O.]

Vernunft und Sinn giebt es nur ein *Wissen,* giebt es *Verstand* und *Wahrheit.*«[220] Für Schlegel muss auf »die natürliche Realität [...] die idealistische Einstellung treffen. Philosophieren kann nur in der Vereinigung von ›Idealismus‹ und ›Realismus‹ gelingen, muß also ›Theorie‹ und ›Empirie‹ zugleich sein.«[221] Dass er mit der angestrebten Synthese von Theorie und Empirie an dem für die deutsche Fachphilosophie des ausgehenden 18. Jahrhunderts kennzeichnenden Projekt der Vermittlung von Idealismus und Realismus zu partizipieren beansprucht, lässt an anderer Stelle die Verwendung des Kompositums »Id[eal-]Re[alismus]«[222] erkennen, das als Terminus technicus in Fichtes *Grundlage der gesamten Wissenschaftslehre* sowie in Schellings *System des transzendentalen Idealismus* erscheint und in beiden Fällen die angestrebte Synthese realistischer und idealistischer Ansätze sprachlich zu konkretisieren sucht.[223]

Die Mediation zwischen Theorie und Empirie erscheint auch als strukturelles Prinzip der von Schlegel formulierten *Philosophie des Lebens,*[224] wobei Schlegel, wie später James, ausgehend von einer Kritik am absoluten Idealismus (Hegels) und in indirektem Anschluss an Kant argumentiert. Schlegels der »Philosophie der Schule«[225] entgegengesetzte »Philosophie des Lebens«[226] wendet sich gegen die Rückkehr »in den leeren Raum des absoluten Denkens«[227], gegen die »Ver-

---

220 F. Schlegel, Transzendentalphilosophie, S. 59. [Herv. i. O.]

221 Elsässer, Einleitung. In: Friedrich Schlegel: Transzendentalphilosophie, S. XXX. Zu einer analogen Konzeption bei Goethe vgl. Kapitel 7.3. Die hier vorgenommene Identifikation von Idealem und Theoretischem bzw. Realem und Empirischem kennzeichnet auch den James'schen Diskurs (vgl. dazu insbesondere die antinomische Auflistung der mit dem Rationalismus respektive dem Empirismus identifizierten Attribute in James, Der Pragmatismus, S. 7). Dem weitgehend synonymen Gebrauch von Idealismus und Rationalismus oder Intellektualismus bzw. Realismus und Empirismus in den (literarischen) Schriften der Goethezeit und jenen von James folgt auch die vorliegende Arbeit.

222 F. Schlegel, Literary Notebooks, S. 113. [Nr. 1045]

223 »Die Wissenschaftslehre hält zwischen beiden Systemen die Mitte, und ist ein kritischer Idealismus, den man auch einen Real-Idealismus oder einen Ideal-Realismus nennen könnte.« (Fichte, Grundlage der gesamten Wissenschaftslehre, S. 412.) Nach Schelling entsteht aus der gleichzeitigen Reflexion auf die ideelle und reelle Tätigkeit des Ichs »ein drittes aus beiden, was man *Ideal-Realismus* nennen kann.« (Schelling, System des transzendentalen Idealismus, S. 386. [Herv. i. O.])

224 Zur Bedeutung von Friedrich Schlegel für die Lebensphilosophie vgl. ausführlicher Kozljanič, Lebensphilosophie, S. 29–40; Albert, Lebensphilosophie, S. 17–29. Dass die angestrebte Verbindung von Theorie und Empirie als gemeinsames Merkmal der Transzendentalphilosophie und der Lebensphilosophie Schlegels gelten kann, betont unter anderem auch Wanning, Friedrich Schlegel, S. 119.

225 F. Schlegel, Philosophie des Lebens, S. 8.

226 F. Schlegel, Philosophie des Lebens, S. 8.

227 F. Schlegel, Philosophie des Lebens, S. 21.

steigung in das Unverständliche der leeren Abstraction.«[228] Während sich diese rationalistische Tradition der Schulphilosophie »in den Himmel versteigt«[229], ist die empiristische Philosophie dadurch gekennzeichnet, dass sie »sich in die Erde verirrt«[230]. Schlegel setzt – wie später James – auf die Vermittlung der beiden Ausrichtungen: »Zwischen diesen beyden Abwegen würde der rechte Weg in der Mitte liegen«[231]. Wie Schlegel mit seiner Philosophie des Lebens den »Irrthümern des Materialismus und des Idealismus«[232] beizukommen sucht, strebt James mit seinem Pragmatismus die Überwindung des Dualismus von Rationalismus bzw. Idealismus und Empirismus bzw. Materialismus an. Mit der spezifischen metaphorisch-topologischen Kodierung dieser antagonistischen Konstellation rekurriert James – wie Schlegel – auf Fausts gegenläufiges Streben seiner Erkenntnistriebe, deren Divergenz zwischen den Niederungen der Materie und den Höhen der Abstraktion, »zwischen Erd' und Himmel«[233]. Gegen den weltfernen Idealismus, assoziiert mit »the glories of the upper ether«[234], und den entspiritualisierten Materialismus, assoziiert mit »the earth of things«[235], proponiert James den Pragmatismus als »mediator and reconciler«[236].

Der Gegenstand von Schlegels Philosophie wird in seiner Vorlesung zur *Transzendentalphilosophie* als »Leben«[237] ausgewiesen und in seinen späten Vorlesungen zur *Philosophie des Lebens* profiliert (und theistisch fundiert). Bei aller Differenz zwischen Schlegels Früh- und Spätphilosophie ist es die Identifikation von Sein und/als Werden, die – neben der Vermittlung von Theorie und Empirie bzw. Idealismus und Realismus – als gemeinsames Merkmal seiner Transzendental- wie seiner Lebensphilosophie gelten kann. Wie Jean-Jacques Anstett in seiner Einleitung zu Schlegels *Philosophischen Vorlesungen* festhält, kann die »Realisierung des Idealen und die Idealisierung des Realen [...] allein in einer Philosophie erdacht werden, die dem Werden eine prädominierende Bedeutung zuerkennt [...]. Anders gesagt: der Realidealismus darf und soll als eine Philosophie des Lebens bezeichnet werden.«[238]

---

228 F. Schlegel, Philosophie des Lebens, S. 8.
229 F. Schlegel, Philosophie des Lebens, S. 1.
230 F. Schlegel, Philosophie des Lebens, S. 1.
231 F. Schlegel, Philosophie des Lebens, S. 1 f.
232 F. Schlegel, Philosophie des Lebens, S. 84.
233 FA I, 7.1, S. 57, V. 1119.
234 James, Pragmatism, S. 62.
235 James, Pragmatism, S. 62.
236 James, Pragmatism, S. 43.
237 F. Schlegel, Transzendentalphilosophie, S. 48.
238 Anstett, Einleitung. In: Kritische Friedrich-Schlegel-Ausgabe, Abt. II, Bd. 12, S. XV.

Ähnlich wie Schlegel das Leben als philosophischen Gegenstand bestimmt, so ergänzt auch James mit seinem Projekt des Pragmatismus die Logik durch das ›Leben‹ als Objekt philosophischer Praxis. Der Objektbereich der Philosophie soll sich nach James auf das erstrecken, was in der idealistischen Tradition rationalistischer Provenienz als Objekt der Erkenntnis kategorisch ausgeschlossen wird, sich aber, wie man auch mit Goethe konstatieren kann, als Ursprung und genuiner Gegenstand des (philosophischen wie naturwissenschaftlichen) Wissens erweist: »Überhaupt aber entsprang die Wissenschaft für die Griechen aus dem Leben.«[239] Die von James anvisierte Philosophie hat es, wie er in seinem als Gründungsdokument des Pragmatismus geltenden Beitrag *Philosophical Conceptions and Practical Results* indiziert, »with life rather than with logic«[240] zu tun. Dementsprechend verwirft er auch in *A Pluralistic Universe* die Logik als Modus der Wirklichkeitserkenntnis: »Ich für mein Teil habe mich [...] gezwungen gesehen, die *Logik aufzugeben* [...]. Sie hat einen unvergänglichen Nutzen im menschlichen Leben; aber dieser Nutzen besteht nicht darin, uns mit der Natur und dem Wesen der Realität theoretisch bekannt zu machen [...]. Realität, Leben, Erfahrung, Konkretheit, Unmittelbarkeit – brauchen Sie, welches Wort Sie wollen – übersteigt unsere Logik, überflutet sie nach allen Seiten.«[241]

Mit seiner Konzeption der Lebensphilosophie orientiert sich Schlegel, wie später James, allgemein am Paradigma der Romankunst (Goethes), wobei es insbesondere die gattungsspezifische Pluralität und Partikularität zu sein scheinen, die die (fiktionale) Narration gegenüber anderen Wissenssystemen auszeichnen. Als Manifestation einer »eklektischen Philosophie« fungiert *Wilhelm Meister* für Schlegel auch als Inbegriff einer Philosophie des Lebens: »Ekl.[ektische] φ [Philosophie] im W[ilhelm] *Meister.*– Die Eklektische φ [Philosophie] = *Lebensphilosophie.*«[242] In einem allgemeineren Sinn empfiehlt James der Fachphilosophie die Orientierung an einer als ›realistisch‹ qualifizierten Romanliteratur, zumal die pluralistische Ontologie von James von einer »episch verlaufenden Welt«[243] ausgeht. Die Ordnung der Welt gleicht dabei aber nicht einer ›großen Erzählung‹: »Die Welt ist voll von [...] Teilgeschichten, die miteinander parallel laufen, aber zu verschiedenen Zeiten anfangen und enden. Sie sind an einzelnen Punkten untereinander verwoben und verbunden, aber wir können sie

---

239 LA I, 6, S. 74.
240 James, Philosophical Conceptions, S. 287.
241 James, Das pluralistische Universum, S. 135. [Herv. i. O.]
242 F. Schlegel, Philosophische Lehrjahre, S. 12. [Nr. 88] [Herv. i. O.] Vgl. dazu auch Ulrichs, Die andere Vernunft, S. 335.
243 James, Der Pragmatismus, S. 190.

in unserem Geiste doch nicht vollständig vereinheitlichen.«[244] Das epische Netz der Welt lässt sich nicht auf einen linearen Erzählstrang reduzieren, die Annahme einer narrativen Einheit erweist sich vielmehr als rationalistische Simplifizierung im Dienste des Monismus: »Wer [...] behauptet, die ganze Welt erzähle nur eine einzige Geschichte«[245], spricht nach James »eines jener monistischen Dogmen aus«[246], die zwar Kohärenz und Einheit stiften, der Komplexität und Konkretheit des Wirklichen aber nicht gerecht werden. Die traditionelle Philosophie positioniert sich nach James in Distanz zum Konkreten: »Philosophy is out of touch with real life, for which it substitutes abstractions.«[247] Die Philosophie gilt es am Modell der experimentellen Romanliteratur neu auszurichten. Die philosophischen Diskurse müssen sich nach James, »sofern sie das [...] Leben wirklich berühren wollen, immer mehr mit einer Litteratur verbünden, welche mehr experimentell und suggestiv sein will als dogmatisch.«[248] Am Ende der von James angedachten Entwicklung konvergiert die Philosophie mit der Romanliteratur, insofern sie mit dem Konkreten in Berührung kommt: »In the end philosophers may get into as close contact as realistic novelists with the facts of life.«[249]

2.3.2 Philosophie und Poesie der Philosophie

Im Sinne der von Schlegel für die (Transzendental-)Poesie geforderten »Selbstbespiegelung«[250], die er in seiner Vorlesung zur *Transzendentalphilosophie* auch für die Philosophie einfordert, die es als »Philosophie der Philosophie«[251] zu installieren gilt, entwirft James eine metaphilosophische Perspektive. Am Beginn von *Pragmatism* setzt sich James selbstreflexiv mit der Konzeption philosophischen Wissens auseinander und rehabilitiert dabei – in impliziter Anlehnung an Goethes und Schillers ästhetische Anthropologie – den ›ganzen Menschen‹ als Subjekt der Philosophie. Darüber hinaus reflektiert er über die Gemachtheit philosophischer Systeme und dekonstruiert die Apriorizität des absoluten Idea-

---

244 James, Der Pragmatismus, S. 90.
245 James, Der Pragmatismus, S. 90.
246 James, Der Pragmatismus, S. 90.
247 James, Some Problems of Philosophy, S. 19.
248 James, Der Moralphilosoph und das sittliche Leben, S. 191.
249 James, Some Problems of Philosophy, S. 19. Das Attribut ›realistisch‹ zur Qualifizierung der für die Philosophie richtungsgebenden Literatur impliziert keine literaturhistorische Kategorisierung, sondern akzentuiert die von James allgemein der (Roman-)Literatur zugeschriebene Orientierung am ›Wirklichen‹.
250 F. Schlegel, Athenäums-Fragmente, S. 204. [Nr. 238]
251 F. Schlegel, Transzendentalphilosophie, S. 91.

lismus mit seinem Anspruch auf Universalität und Totalität als Konstruktion.[252] In Analogie zu Schlegel thematisiert James dabei auch die poetische Verfasstheit der Philosophie.

Sowohl bei Schlegel als auch bei James impliziert die philosophische Neuausrichtung nicht nur eine Ausweitung des Objekts der Philosophie (auf das ›Leben‹ in seiner Partikularität und Vielfalt), sondern auch das selbstreflexive – und performativ eingelöste – Plädoyer für eine Transformation der Sprache als Organon der Philosophie. Für Schlegel erweist sich »die Philosophie des Lebens als eine Art von Übersetzung in eine populäre Darstellung«[253], wobei der »Vortrag [...] klar, leicht und lebendig«[254] zu sein hat. Der dezidiert populärwissenschaftlich angelegte James'sche Diskurs wird mit analogen Attributen versehen. James setzt auf die Dramatizität bzw. ›Lebendigkeit‹ seiner Texte, was insbesondere in den Paratexten zu den deutschen Übersetzungen thematisiert wird. So geht es, wie etwa Theodor Lorenz, der Übersetzer des Bandes *The Will to Believe*, in einer Vorbemerkung festhält, in der Übertragung darum, »dem deutschen Leser wenigstens etwas von der Wirkung zu vermitteln, die das in ebenso lebendiger wie origineller Form gesprochene Wort auf den amerikanischen Zuhörer ausüben mußte.«[255] Der Philosoph Friedrich Paulsen akzentuiert in seinem Geleitwort zur Übersetzung »die sprudelnde Lebhaftigkeit der Sprache«[256] des Originals. Wie bei Schlegel erlauben die von James eingesetzten literarischen Strategien dabei nicht nur die Darstellung der ›Lebendigkeit‹ des Gegenstands der (Lebens-)Philosophie, sondern auch die der Materialität und Vollzugshaftigkeit des Lebens.[257]

Im Sinne Schlegels stellt James auch das »Produzierende mit dem Produkt«[258] aus. Er setzt mit seinem durch Operationalisierung literarischer Zitate und Verfahren der Performativität gekennzeichneten Diskurs einen Dialog zwischen Poesie und Philosophie in Szene, der selbstreferenziell auf die Sprache als Bedingung der Möglichkeit von Philosophie verweist und als praktizierte Wissenschaft im Sinne Schlegels verstanden werden kann: »Es gibt eine materiale, enthusiastische Rhetorik [...]. Ihre Bestimmung ist, die Philosophie praktisch zu realisieren«[259]. Wo nach Schlegel »Poesie und Praxis«[260] einander »ganz durch-

---

252 Vgl. dazu Kapitel 5.3.
253 F. Schlegel, Philosophie des Lebens, S. 8.
254 F. Schlegel, Philosophie des Lebens, S. 8.
255 Lorenz, Vorbemerkung des Übersetzers, S. XVII.
256 Paulsen, Geleitwort, S. IX.
257 Vgl. dazu Kapitel 6.3.
258 F. Schlegel, Athenäums-Fragmente, S. 204. [Nr. 238]
259 F. Schlegel, Athenäums-Fragmente, S. 187. [Nr. 137]
260 F. Schlegel, Athenäums-Fragmente, S. 216. [Nr. 304]

dringen und in Eins schmelzen, da entsteht Philosophie.«[261] Mit seinem literarischen Stil – als idiosynkratischem Kennzeichen seiner Philosophie – knüpft James nicht nur an die mit der Autonomisierung des Stils in der Romantik einhergehende Reflexion auf die materielle Bedingtheit (je)der Darstellung an,[262] sondern setzt sich auch selbst(bewusst) als Subjekt des Diskurses in Szene.[263] Mit dieser Zentrierung des philosophischen Subjekts auf der nicht-propositionalen (performativen) Ebene seiner Texte löst James gleichsam ein weiteres Postulat Schlegels ein: »Ein Philosoph muß von sich selbst reden so gut wie ein lyrischer Dichter.«[264]

Die von James primär implizit – auf der performativen Ebene seiner Texte – thematisierte Relation von Poesie und Philosophie[265] wird in Friedrich Schlegels Werken bekanntlich auch explizit reflektiert. Dabei wird das Verhältnis unterschiedlich konfiguriert, indem Philosophie und Poesie sowohl als identisch und als analog wie auch als komplementär gedacht werden. In seiner Vorlesung zur *Transzendentalphilosophie* setzt Schlegel Poesie und Philosophie gleich, allerdings nur insofern Letztere eine heteroreferenzielle (nicht-selbstbezügliche) Dimension, eine Orientierung am ›Außen‹, aufweist: »Die Philosophie, indem sie aus sich selbst herausgeht, und Philosophie des Lebens wird, kommt mit der Poesie überein.«[266] In Schlegels Vorlesung zur *Geschichte der europäischen Literatur* von 1803/04 werden Poesie und Philosophie sowohl in ein analoges als auch ein komplementäres Verhältnis gesetzt. Beiden kommt aufgrund ihrer Relation zum Unendlichen eine privilegierte Stellung im System der Wissenschaften zu, wobei die Philosophie gleichsam als Meta-Wissenschaft, die Poesie als integrativer Interdiskurs bestimmt wird: »In allen Künsten und Wissenschaften ist zwar die Tendenz nach dem Höchsten, Unendlichen sichtbar, aber in keiner so vorherrschend wie in der Philosophie und Poesie. [...] Poesie und Philosophie sind die allgemeinsten aller Wissenschaften und Künste. Die Poesie vereinigt alle Kunst, die Philosophie ist Wissenschaft aller Wissenschaften.«[267] Was als gemeinsame Eigenschaft von Poesie und Philosophie diese vor anderen Künsten und Wissenschaften auszeichnet, ist deren rhetorische Verfasstheit, deren damit einhergehende Relation zur Wirklichkeit, die als Werden gefasst wird, sowie de-

---

261 F. Schlegel, Athenäums-Fragmente, S. 216. [Nr. 304]
262 Zur Bedeutung des Stils in der Romantik im Kontext (einer Geschichte) der Kulturtheorie vgl. Hetzel, Zwischen Poiesis und Praxis, S. 108.
263 Vgl. dazu ausführlicher Kapitel 5.4.1.
264 F. Schlegel, Athenäums-Fragmente, S. 243. [Nr. 413]
265 Vgl. dazu Kapitel 4.
266 F. Schlegel, Transzendentalphilosophie, S. 61.
267 F. Schlegel, Geschichte der europäischen Literatur, S. 10.

ren Orientierung am ›ganzen Menschen‹. Die Priorität und Universalität von Poesie und Philosophie begründet Schlegel damit, »daß sie beide durch Rede wirken, dem gemeinsamen Organ aller Menschen, wodurch sie in naher Beziehung auf das Leben stehen.«[268] Dieses ist, wie Natur und Geschichte, als »Werden«[269] zu denken. Beide, sowohl Poesie als auch Philosophie, haben es darüber hinaus mit dem »*Menschen im ganzen, in seiner ungeteilten Einheit*«[270], zu tun. Die Komplementarität von Philosophie und Poesie wird in semantischer und syntaktischer Anlehnung an Kants Konzeption von Erkenntnis als Ergebnis eines Zusammenspiels von Anschauung und Begriff sowie an Schillers Verbindung einseitiger Vernunftausrichtung mit dem ›Barbarischen‹ gefordert.[271] Wie die Begriffe nach Kant der Anschauung bedürfen, um nicht »leer« zu sein, bedarf diese der Begriffe, um nicht »blind« zu sein.[272] Parallel dazu fordert Schlegel das Zusammenspiel von Poesie und Philosophie: »Poesie ohne Philosophie wird leer und oberflächlich, Philosophie ohne Poesie bleibt ohne Einfluß und wird barbarisch.«[273] Poesie und Philosophie sind aufeinander verwiesen wie Signifikant und Signifikat: »Der Buchstabe jedes Werks ist *Poesie*, der Geist Philos[ophie].«[274] Die Komplementarität bedingt die Synthese: »Poesie und Philosophie sollen vereinigt sein.«[275]

Für die Philosophie Schlegels wie James' impliziert die Orientierung an der Poesie insbesondere auch die Kritik an der (Ab-)Geschlossenheit philosophischer Systeme rationalistischer Provenienz, die mit der Betonung der Historizität der Philosophie einhergeht. Das sich in der zweiten Hälfte des 18. Jahrhunderts durchsetzende historische Denken, wie es im Bereich der Literatur zur Karriere des Romans beiträgt, bedingt in der Philosophie eine Distanzierung von der

---

268 F. Schlegel, Geschichte der europäischen Literatur, S. 10 f.
269 F. Schlegel, Transzendentalphilosophie, S. 58. [Herv. i. O.] Philosophie erweist sich in dieser Hinsicht als »ein Wissen von einem Werden« (F. Schlegel, Transzendentalphilosophie, S. 103).
270 F. Schlegel, Geschichte der europäischen Literatur, S. 11. [Herv. i. O.] Vgl. dazu auch F. Schlegel, Transzendentalphilosophie, S. 3: Philosophie ist »ein Wissen, das sich auf den ganzen Menschen beziehen soll.«
271 Vgl. dazu F. Schiller, Über die ästhetische Erziehung, S. 19. Im Kommentar betont Matuschek, »daß der Ausdruck ›Barbar‹ als Schmähwort für die [...] einseitige Vernunftorientierung steht: eine scharfe, fast polemische Neuinterpretation des alten Ausdrucks, den man vor Schiller wohl kaum mit der Vernunft assoziiert hat.« (Matuschek, Kommentar, S. 161.)
272 »Gedanken ohne Inhalt sind leer, Anschauungen ohne Begriffe sind blind.« (Kant, Critik der reinen Vernunft, S. 75.)
273 F. Schlegel, Geschichte der europäischen Literatur, S. 10.
274 F. Schlegel, Literary Notebooks, S. 107. [Nr. 975] [Herv. i. O.]
275 F. Schlegel, Lyceums-Fragmente, S. 161. [Nr. 115]

Systematizität des formalwissenschaftlichen Szientismus.[276] Die Systematizität der Philosophie wird dabei nicht generell verworfen, sondern vielmehr an jener der historiografischen bzw. fiktionalen Narration ausgerichtet: »Ein φ [philosophisches] System hat mehr Aehnlichkeit mit einem π [poetischen] und Hist[orischen] System, als mit einem *mathematischen*, was man immer *ausschließend* für systematisch hielt.«[277] Dementsprechend sind es auch literarische bzw. narrative Gattungen, in denen sich die frühromantische Philosophie Ausdruck verschafft: »Die Formen der modernen φ [Philosophie] sind ganz individuell – Briefe, Autobiogr.[aphien] Romane, Fragmente.«[278]

Schlegel dekonstruiert die Systematizität der rationalistischen Philosophie, indem er, wie später James, unter anderem mit Strategien der Dialogizität und Fragmentarizität operiert.[279] Dabei kann vor allem die »Fragmentästhetik«[280] als Manifestation der »antisystematisierende[n] Wende der Epistemologie des 18. Jahrhunderts«[281] gelten. Wie Dorrit Messlin insbesondere für die *Athenäums*-Fragmente Schlegels festhält, leisten diese »durch ihre fragmentarische Form die performative Repräsentation frühromantischer Systemkritik.«[282] Eine analoge Funktion erfüllt bei Schlegel der Einsatz dialogischer Verfahren, durch die eine »performative Philosophie des Dialogs«[283] realisiert wird: »In Schlegels Philosophiekonzept erscheint das Gespräch als Modell eines Denkens, bei dem sich Rationalität nicht als starres System verwirklicht, sondern im besten Fall zusammenfällt mit der lebendigen Bewegtheit poetischer Dialogizität.«[284] Ähnlich argumentiert Miriam Strube, dass die Dialogizität des James'schen Diskurses »the pluralist, relational, procedural character of pragmatism«[285] performativ insze-

---

276 Vgl. dazu Frischmann, Der philosophische Beitrag der deutschen Frühromantik, S. 341–344.
277 F. Schlegel, Philosophische Lehrjahre, S. 84. [Nr. 650] [Herv. i. O.]
278 F. Schlegel, Philosophische Lehrjahre, S. 92. [Nr. 754] Vgl. dazu auch Frischmann, Der philosophische Beitrag der deutschen Frühromantik, S. 343. Die von Schlegel für die Philosophie geforderte Narrativität, Dialogizität, Polyperspektivität und Prozessualität sowie die für sie postulierte anti-systematische Orientierung manifestieren sich auch – nahezu paradigmatisch – in Goethes Brieferzählung *Der Sammler und die Seinigen*, mit der Goethe eine gleichsam narrativ formulierte Philosophie der Kunst(-Sammlung) vorlegt (vgl. dazu Kapitel 6.1.3; zu der an der Operationalisierung des Gesprächs als Medium der Kunstkritik ausgemachten Nähe dieses Textes zur frühromantischen Kunstreflexion vgl. L. Müller, Der Sammler und die Seinigen, S. 367).
279 Zu James' Funktionalisierung analoger Verfahren in Anlehnung an Goethe vgl. Kapitel 6.3.
280 Benne, Die Erfindung des Manuskripts, S. 386.
281 Benne, Die Erfindung des Manuskripts, S. 386.
282 Messlin, Antike und Moderne, S. 292.
283 Messlin, Antike und Moderne, S. 297.
284 Messlin, Antike und Moderne· S. 289.
285 Strube, In the End was ... »A Dialogue«, S. 221.

niert und damit auch der Dynamik und Offenheit dieser Philosophie Rechnung trägt.[286]

Es gilt nach Schlegel Philosophie nicht als System bzw. Produkt, sondern als Prozess des Denkens zu inszenieren und sich hierbei der Mittel der Kunst zu bedienen[287]:

> In der höchsten aller Wissenschaften aber, die nicht irgend etwas einzelnes Bestimmtes lehren soll, sondern das Bestimmen selbst überhaupt zu bestimmen hat, ist es eben deswegen nicht hinreichend, das Gedachte schon fertig zu geben. Es will diese Wissenschaft nicht dieses oder jenes Gedachte, sondern das Denken selbst lehren; darum sind ihre Mitteilungen notwendigerweise auch Darstellungen, denn man kann das Denken nicht lehren, außer durch die Tat und das Beispiel, indem man vor jemanden denkt, nicht etwas Gedachtes mitteilt, sondern das Denken in seinem Werden und Entstehen ihm darstellt. Eben darum aber kann der Geist dieser Wissenschaft nur in einem Werke der Kunst vollständig deutlich gemacht werden.[288]

Philosophie als Prozess impliziert nach Schlegel eine irreduzible Offenheit und Unabgeschlossenheit, das Wesen der Philosophie besteht nicht darin, Wissenschaft zu *sein*, sondern sich der Wissenschaft – entsprechend der etymologischen Bedeutung von ›Philosophie‹ als ›Liebe zum Wissen‹ – in einem prinzipiell unendlichen Streben zu nähern[289]:

> Ist die Erkenntnis des Unendlichen selbst *unendlich*, also immer nur unvollendet, unvollkommen, so kann auch die Philosophie als Wissenschaft nie geendigt, geschlossen und vollkommen sein, sie kann immer nur nach diesem hohen Ziele streben, und alle möglichen Wege versuchen, sich ihm mehr und mehr zu nähern. Sie ist überhaupt mehr ein *Suchen, Streben* nach Wissenschaft, als selbst eine Wissenschaft.[290]

Schlegel konzipiert Philosophie »als Suche oder Streben nach Wissen, aber nicht als eine abgeschlossene Wissenschaft«[291]. Eine analoge Auffassung von Philosophie als Liebe zum Wissen bringt James gleichsam indirekt vor, wenn er als

---

286 Vgl. Strube, In the End was … »A Dialogue«, S. 221.

287 Vgl. dazu auch Messlin, Antike und Moderne, S. 295 f.

288 F. Schlegel, Lessings Gedanken und Meinungen, S. 48. Schlegel trifft diesen Befund im Kontext seiner Ausführungen zu den Schriften Lessings, wobei er deren Wirkmächtigkeit gerade auch ihrer spezifischen diskursiven Vermittlung zuschreibt: Ihre »ganz spezifische Kraft, das Selbstdenken zu erregen, haben die Lessingschen Schriften und Gedanken nicht durch ihren Inhalt allein, sondern auch durch ihre Form«. (F. Schlegel, Lessings Gedanken und Meinungen, S. 47 f.)

289 Vgl. dazu Frischmann, Der philosophische Beitrag der deutschen Frühromantik, S. 341.

290 F. Schlegel, Transzendentalphilosophie, S. 166. [Herv. i. O.]

291 Wanning, Friedrich Schlegel, S. 88.

Adressaten seiner Vorlesungen zum Pragmatismus nicht primär die Fachphilosophen bestimmt, sondern die philosophischen »Amateure«[292] im Publikum. Auch er zählt sich zu den Letzteren: »Wir verdienen den Namen von Liebhabern.«[293]

Die Differenz zwischen Philosophie als System und Philosophie als Prozess wird von James als Unterschied zwischen Rationalismus und Pragmatismus konzeptualisiert: Für jenen erscheinen Philosophie wie Wirklichkeit als geschlossene Systeme: »[R]ationalism makes systems, and systems must be closed.«[294] Der Unterschied zum Pragmatismus besteht darin, »that *for rationalism reality is ready-made and complete from all eternity, while for pragmatism it is still in the making*«[295]. Mit ihrem Apriorismus und Absolutismus, ihrer Insistenz auf der Statik, Invarianz und Vollkommenheit vermeintlich universaler Prinzipien als Bedingung der Möglichkeit einer in ihrer Pluralität, Partikularität, Materialität und Historizität als defizitär gedachten Wirklichkeit liefern die rationalistischen Systeme des absoluten Idealismus nach James keine Erklärung der verwirrenden Komplexität der Wirklichkeit, sondern betreiben eine unzulässige Reduktion der sie kennzeichnenden Unbestimmtheit und Kontingenz. Wie Schlegel geht es James dabei aber nicht um eine grundsätzliche Suspendierung der Systematizität von Philosophie, sondern lediglich um die Kritik an einer Konzeption von Philosophie szientistischer Provenienz. Der sie kennzeichnenden Ordnung der deduktiven Logik stellt James, auch hierbei indirekt Schlegel folgend, die Ordnung der Narration als epistemisches Modell gegenüber: Die »*ästhetische Einheit*«[296] der Wirklichkeit, wie sie sich dem Pragmatisten darstellt, kategorisiert James, wie erwähnt, als »episch«[297].

Die metaphilosophische Auseinandersetzung mit der Systematizität der Philosophie impliziert sowohl bei Schlegel als auch bei James die Kritik an der Ahistorizität der rationalistischen Fachphilosophie. Die vermeintliche Universalität und Geschichtslosigkeit deduktiver Logik wird von Schlegel als Ergebnis einer Konstruktion ausgewiesen: »Die jetzigen φσ [Philosophen] *construiren* nur das logische Universum.«[298] Auf ähnliche Weise akzentuiert James die ›Gemachtheit‹ der Philosophie, wobei er in der Tradition Goethes auch die psychologische Genese philosophischer Ansätze, deren Abhängigkeit von der psychischen Dispo-

---

292 James, Pragmatism, S. 15.
293 James, Der Pragmatismus, S. 8.
294 James, Pragmatism, S. 20.
295 James, Pragmatism, S. 123. [Herv. i. O.]
296 James, Der Pragmatismus, S. 90. [Herv. i. O.]
297 James, Der Pragmatismus, S. 91.
298 F. Schlegel, Philosophische Lehrjahre, S. 137. [Nr. 182] [Herv. A. S.]

sition des philosophierenden Subjekts, herausstellt.[299] In beiden Fällen bewirkt die Orientierung an der Ordnung der Narration eine historische Perspektive. Die »Philosophie der Philosophie«, die Schlegel und James betreiben, schließt derart auch eine »Geschichte der Philosophie«[300] mit ein.

---

299 Vgl. dazu Kapitel 5.3.

300 »Die Philosophie ist wohl [...] nichts als *Geschichte d[er] Philosophie*, wenn man Geschichte recht versteht.« (F. Schlegel, Philosophische Lehrjahre, S. 137. [Nr. 187] [Herv. i. O.]) An der »Verendlichung und Historisierung unseres Wissens« sowie der »Verabschiedung von Letztbegründungsansprüchen, wie sie sich in der Systemkritik manifestiert«, sieht auch Frischmann in der Frühromantik einen »Entwicklungsweg der Philosophie« vorgezeichnet, der dann unter anderem im »amerikanischen Pragmatismus [...] weiter gegangen wird« (Frischmann, Der philosophische Beitrag der deutschen Frühromantik, S. 344).

3 William James' Goethe-Aneignung

William James' Goethe-Aneignung erfolgt zunächst indirekt auf dem Weg natur-
wissenschaftlicher Praxis unter Anleitung seines akademischen Lehrers Louis
Agassiz, der nach seiner Forschungs- und Lehrtätigkeit in der Schweiz seit 1847
als Professor für Geologie und Zoologie an der Universität Harvard lehrt.[1] James
orientiert sich im Bereich der empirischen Feldforschung, Agassiz folgend, an
Goethes Ideal der Beobachtung, geht aber im Bereich der Theoriebildung mit
Goethe über Agassiz hinaus, indem er sich – gegen Agassiz – in die Tradition der
Goethe'schen Auffassung von der Genese und Variation der Arten stellt. Die von
James im Zuge naturwissenschaftlichen Tuns ausgebildete epistemische Haltung
wird durch seine intensiven Goethe-Studien, die er während seines Aufenthalts in
Deutschland von April 1867 bis November 1868 unternimmt und die in seiner
Korrespondenz sowie in unveröffentlichten Tage- und Notizbuchaufzeichnungen
umfangreich dokumentiert sind, vertieft und entscheidend modifiziert.

3.1 Im Anfang war die Tat

Mit der Teilnahme an der von Agassiz geleiteten Thayer-Expedition in Brasilien im
Jahr 1865 betätigt sich James, der 1861 das Studium der Chemie, Anatomie und
Physiologie sowie 1864 das der Medizin an der Universität Harvard aufgenommen
hat, in dem von Goethe (mit-)begründeten Feld der vergleichenden Morphologie.
James assistiert Agassiz bei der Sammlung zoologischen Materials, insbesondere
tropischer Fischarten, für Agassiz' – als Widerlegung Darwins intendierte – Studie
über die geografische Verbreitung zoologischer Arten am Beispiel Brasiliens.[2] Bei
diesem Unternehmen kam, wie James in einer 1896 an der Universität Harvard
gehaltenen Rede in Erinnerung an seinen Lehrer rekapituliert, eine Methode zur
Anwendung, die mit ihrer Ausrichtung auf das konkrete Objekt von Agassiz anhand folgender handlungsleitender Maxime vorgegeben wurde: »More than once
have I heard him [= Agassiz] quote with deep feeling the lines from Faust: ›Grau,
theurer Freund, ist alle Theorie, / Und grün des Lebens goldner Baum.‹«[3] Mit
Zitation von Agassiz' eigenen Worten konkretisiert James den mit dieser Maxime
aufgegebenen Imperativ: »›Go to Nature; take the facts into your own hands; look

---

1 Zu Agassiz' Biografie und seiner Bedeutung für die US-amerikanische Naturwissenschaft vgl.
etwa Irmscher, Louis Agassiz.
2 Vgl. dazu L. Agassiz/E. C. Agassiz, A Journey in Brazil; James, Brazil.
3 James, Louis Agassiz, S. 50.

https://doi.org/10.1515/9783110639155-003

and see for yourself!‹—these were the maxims which Agassiz preached wherever he went«[4]. Die Fakten selbst in die Hand zu nehmen, zu schauen und zu sehen erweist sich als die für Agassiz' Forschung und Lehre zentrale Handlungsanweisung. Die gesammelten Tat-Sachen werden einer Praxis des Beobachtens und Vergleichens unterzogen, die zunächst einer Lektion im Schauen bedarf: »Observation and comparison being in his [= Agassiz's] opinion the intellectual tools most indispensable to the naturalist, his first lesson was one in *looking*.«[5]

Auf der Fahrt von New York nach Rio de Janeiro gibt Agassiz für die Kollegen und Assistenten seiner Expedition zur Vorbereitung eine Serie von Vorlesungen. Bereits in der ersten dieser Vorlesungen wird, wie Agassiz' Frau und Co-Autorin des voluminösen Expeditionsberichts, Elizabeth Cabot Cary Agassiz, festhält, theoretisches Wissen über »the various inhabitants of the branch of sea-weed«[6] durch konkrete Handhabe der Arten vermittelt: »The lecture was given, of course, specimen in hand«[7]. Es handelt sich dabei um ein pädagogisches Prinzip, das ein Agassiz zugeschriebenes Diktum expliziert: »Train your pupils to be observers, and have them provided with the specimens about which you speak. [...] let each hold a specimen and examine it as you talk.«[8] Agassiz lehrt, wie es ein ehemaliger Teilnehmer seiner »summer school of observation«[9] auf Penikese Island, der US-amerikanische Professor für Zoologie und erste Präsident der Stanford University, David Starr Jordan, herausstellt, »through contact with real things.«[10] Wie sich dieser Kontakt mit den wirklichen Dingen im Zuge der wissenschaftlichen Sammelpraxis zu gestalten hat, zeigt Agassiz auf dem Weg nach Brasilien durch eine weitere Vorlesung: »The lecture on Saturday was rather practical than scientific, on the best modes of collecting and preserving specimens, the instruments to be used, &c.«[11] Die Assistenten der Expedition werden dazu angehalten, sich die Praktiken des Sammelns, Präparierens und Konservierens anzueignen. Damit werden sie Agassiz unentbehrlich, wie eine Feststellung von James in seiner Rede über den Lehrer suggeriert: »The only man he really loved and had use for was the man who could bring him facts. To see facts, not to argue or *raisonniren* [sic], was

---

4 James, Louis Agassiz, S. 49.
5 E. C. Agassiz, Louis Agassiz, S. 566. [Herv. i. O.]
6 L. Agassiz/E. C. Agassiz, A Journey in Brazil, S. 5.
7 L. Agassiz/E. C. Agassiz, A Journey in Brazil, S. 5.
8 Das Diktum wird überliefert von Jordan, Agassiz at Penikese, S. 727. Vgl. dazu auch Cooper (Ed.), Louis Agassiz as a Teacher, S. 65.
9 Jordan, Agassiz at Penikese, S. 722.
10 Jordan, Agassiz at Penikese, S. 721.
11 L. Agassiz/E. C. Agassiz, A Journey in Brazil, S. 35.

what life meant for him.«[12] Der dem Räsonnement vorgezogene Blick auf die Tat-Sachen lässt sich auch mit einer für die Charakterisierung von Goethes Wissen-schaftspraxis herangezogenen (selbst durch Goethes Morphologie geprägten) Parole Wittgensteins fassen: »[D]enk nicht, schau!«[13] Dem Blick eröffnen sich, wie Wittgenstein in implizitem Anschluss an Goethe und die von ihm praktizierte Methode des morphologischen Vergleichs weiter ausführt, zwar keine Einsichten in universelle Eigenschaften der Phänomene, aber »Ähnlichkeiten, Verwandt-schaften [...], und zwar eine ganze Reihe.«[14]

Auch wenn Agassiz in seinen Arbeiten zur vergleichenden Anatomie mit seiner Methode der genauen Beobachtung im Bereich der wissenschaftlichen Praxis Goethe folgt, so bleibt er (auf diesem Gebiet) im Bereich der Theorie hinter Goethe zurück.[15] Die von Agassiz – in Opposition zur Evolutionstheorie Darwins – favorisierte Theorie von der Konstanz der Arten des französischen Paläontologen Georges Cuvier wird bereits von Goethe kritisiert.[16] In seinen ersten Stellung-nahmen zum sogenannten Pariser Akademiestreit im Jahr 1830 zwischen George Cuvier und Étienne Geoffroy Saint-Hilaire bezieht Goethe emphatisch Position für die »progressive[] Naturbetrachtung«[17] des Letzteren, der sich in seiner Theorie der morphologischen Varianz der Arten selbst in die Nachfolge Goethes gestellt hat.[18] Gegenüber Kanzler Müller betont Goethe seine Sympathie für die von Geoffroy Saint-Hilaire (in Anlehnung an Goethe) vertretene Konzeption eines sich durch Variation in allen Erscheinungen manifestierenden universalen Grundty-pus: »Geoffroy de St. Hilaire hat mit seinem Urtypus aller Organisationen und mit seinem Système d'analogies ganz recht gegen Cuvier, der doch nur ein Philister

---

12 James, Louis Agassiz, S. 50.
13 Wittgenstein, Philosophische Untersuchungen, S. 277 (PU § 66). Zu diesem Diktum in seiner Bedeutung für die Wissenschaftspraxis Goethes vgl. O. Müller, Mehr Licht, S. 29. Zu den metho-dischen Parallelen zwischen Goethe und Wittgenstein vgl. Schulte, Chor und Gesetz. Zur »phä-nomenologischen Methode Goethes und Wittgensteins« vgl. auch Rehbock, Goethe und die »Rettung der Phänomene«, S. 244.
14 Wittgenstein, Philosophische Untersuchungen, S. 277 (PU § 66).
15 Demgegenüber war Agassiz' theoretische Orientierung an Goethe auf dem Gebiet der Gletscherforschung von größerem Erfolg gekennzeichnet. Sie führte ihn, wie Agassiz selbst be-kennt, zur Theorie des Eiszeitalters (vgl. dazu Cameron, Goethe—Discoverer of the Ice Age, S. 751).
16 Zu Agassiz' Situierung in der Tradition Cuviers vgl. L. Agassiz, Methods of Study in Natural History, S. 7 f.
17 So Goethe in einem Tagebucheintrag vom 7. Mai 1830 (WA III, 12, S. 238).
18 Zu Geoffroy Saint-Hilaires Berufung auf Goethe vgl. Goethes diesbezügliche Referenz in seiner Rezension der aus dem Pariser Disput hervorgegangenen Publikation Geoffroy Saint-Hilaires in LA I, 10, S. 382. Gegenüber Friedrich Soret reklamiert Goethe in einer von Eckermann überlieferten Anekdote »Geoffroy de Saint-Hilaire [als] einen mächtigen Alliierten auf die Dauer« (Goethe/Eckermann, Gespräche, S. 697 f.).

ist.«[19] Der »stationären [...] Naturbetrachtung«[20] Cuviers hält Goethe in seiner Rezension der aus dem Pariser Disput hervorgegangenen Publikation Geoffroy Saint-Hilaires »die genetische Denkweise«[21] entgegen, die die Vorstellung von der Metamorphose der Formen gegenüber jener von ihrer vermeintlichen Invarianz privilegiert.[22] Gegen die ausschließlich analytische Vorgehensweise Cuviers plädiert Goethe für die – auch von ihm selbst praktizierte – »synthetische Behandlungsweise der Natur«[23] von Geoffroy Saint-Hilaire.

In seiner ersten Publikation, der im Januar 1865 erschienenen Rezension von Thomas Huxleys *Lectures on the Elements of Comparative Anatomy*, positioniert sich James – entgegen Agassiz – in der Tradition der von Goethe und Geoffroy Saint-Hilaire vertretenen Theorie der morphologischen Varianz der Arten. Mit dem Autor der von ihm rezensierten Studie stellt James die wissenschaftshistorische Bedeutung Goethes für die Wirbeltheorie des Schädels (»vertebrate theory of the skull«[24]) heraus,[25] die er insgesamt als Ergebnis einer synthetischen Betrachtungsweise der Natur (»the creation of synthetic minds«[26]) deklariert, und plädiert im Sinne dieser Theorie und der mit ihr einhergehenden Methode für Darwins »doctrine [...] of Transmutation of Species«[27]. Dabei operiert James mit Argumenten und Vokabular, die bereits Goethe in seiner Gegenüberstellung der Ansätze von Cuvier und Geoffroy Saint-Hilaire zur Anwendung gebracht hat. Wie Goethe, der an den Arbeiten der beiden Naturforscher, den »immerfortwährende[n] Konflikt zwischen den zwei Denkweisen, in die sich die wissenschaftliche Welt schon lange trennt«[28], festhält, diagnostiziert James in der Wissenschaftsgeschichte der vergleichenden Anatomie »two great intellectual tendencies, which since men began to speculate have shared the world between them«[29], und die er in wörtlicher Anlehnung an Goethe als »synthetic tendency and [...] analytic

19 Goethe, Unterhaltungen mit dem Kanzler Friedrich von Müller, S. 141.
20 WA III, 12, S. 238.
21 LA I, 10, S. 403.
22 In der Forschung herrscht bezüglich der Frage, ob Goethe mit seiner Ablehnung der Theorie von der Konstanz der Arten als Vorläufer Darwins gelten kann, eine ambivalente Einschätzung vor (vgl. dazu Wenzel/Zaharia, Schriften zur Morphologie, S. 75). Zu Goethe und Darwin vgl. Wenzel, Goethe und Darwin; Wenzel, Goethes Morphologie in ihrer Beziehung zum darwinistischen Evolutionsdenken; Wenzel, Goethes Naturforschung und die Evolutionstheorie Darwins.
23 Goethe/Eckermann, Gespräche, S. 698.
24 James, [Rez.] Lectures on the Elements of Comparative Anatomy, S. 200.
25 Vgl. Huxley, Lectures on the Elements of Comparative Anatomy, S. 279–281.
26 James, [Rez.] Lectures on the Elements of Comparative Anatomy, S. 200.
27 James, [Rez.] Lectures on the Elements of Comparative Anatomy, S. 198.
28 LA I, 10, S. 373.
29 James, [Rez.] Lectures on the Elements of Comparative Anatomy, S. 198.

tendency«[30] bezeichnet. Nach Goethe erweist sich »Cuvier [...] als Unterscheidender«[31], er »geht aus dem Einzelnen in ein Ganzes«[32]; demgegenüber ist »Geoffroy de Saint Hilaire [...] um die Analogien der Geschöpfe und ihre geheimnisvollen Verwandtschaften bemüht«[33], er »hegt das Ganze im innern Sinne und lebt in der Überzeugung fort: das Einzelne könne daraus nach und nach entwickelt werden.«[34] Wie Goethe charakterisiert James den Ansatz Cuviers als den eines – auf Differenzen insistierenden – empirischen Analysten: »The analysts are actualists, who are quite contended to know things as isolated and individual, who see differences better than resemblances.«[35] Dem stellt James den von Geoffroy Saint-Hilaire repräsentierten synthetischen Ansatz gegenüber: »The synthesists are theorists, who require their knowledge to be organized into some sort of a unity. They see resemblances better than differences.«[36]

James erkennt – wohl auch in Rücksicht auf Agassiz – Cuviers Leistungen im Bereich der Naturforschung durchaus an, spekuliert aber über das größere Potenzial einer – durch die Verfahren des synthetischen Zugangs komplementierten – analytischen Praxis: »[W]hile admitting that Cuvier has done more than any one man for natural history, [...] we cannot help thinking that if his imagination had been bolder, his stupendous analytical powers would have carried him farther than they did.«[37] James argumentiert dabei wie Goethe, der an der Methode des Vorläufers von Geoffroy, Georges-Louis Leclerc Buffon, herausstellt, dass dieser »die Hülfe der Einbildungskraft nicht verschmähte.«[38] Über dreißig Jahre nach dem Erscheinen der Schrift Goethes zum Pariser Akademiestreit kann James konstatieren, dass »[t]he important part [that] intuition or imagination plays in Science has of late been so fully recognized and so ably vindicated that no more need be said about it.«[39] Wie Goethe, für den »*Sondern* und *Verknüpfen* zwei unzertrennliche Lebensakte sind«[40], betont James dabei die notwendige Kontrolle des synthetischen Verfahrens durch die Analyse, zumal »the imaginative temperament if left unchecked to deal with science would run into endless exces-

---

30 James, [Rez.] Lectures on the Elements of Comparative Anatomy, S. 198 f.
31 LA I, 10, S. 373.
32 LA I, 10, S. 374.
33 LA I, 10, S. 373 f.
34 LA I, 10, S. 374.
35 James, [Rez.] Lectures on the Elements of Comparative Anatomy, S. 199.
36 James, [Rez.] Lectures on the Elements of Comparative Anatomy, S. 199.
37 James, [Rez.] Lectures on the Elements of Comparative Anatomy, S. 201.
38 LA I, 10, S. 384.
39 James, [Rez.] Lectures on the Elements of Comparative Anatomy, S. 199.
40 LA I, 10, S. 386. [Herv. i. O.]

ses.«[41] Im Vertrauen auf das Prinzip einer – durch Analyse kontrollierten – Synthese, das sich in der zeitgenössischen Biologie zunehmend durchsetzt, prognostiziert James in der vergleichenden Anatomie der Wirbeltiere die Überführung der morphologischen Analogien in materiell bedingte (genetische) Affinitäten und mithin die Durchsetzung der (von Agassiz abgelehnten) »Doktrin der Transmutation«[42]. Als damit einhergehend sieht James, auch hierbei Goethe folgend, die Emanzipation der Naturforschung von teleologischen Erklärungsmodellen. Wie man nach Goethe durch eine Naturforschung in der Tradition Geoffroys »den traurigen Behelf der Endursachen völlig beseitigen«[43] kann, reflektiert James über die Möglichkeit der Suspendierung der »idea of a final cause.«[44] Es geht dabei darum, sich zufrieden zu geben »with an answer to *How*, when the question we asked was *Why?*«[45] In den Worten Goethes: »Die Frage nach dem Zweck, die Frage *Warum?* ist durchaus nicht wissenschaftlich. Etwas weiter aber kommt man mit der Frage *Wie?*«[46] Diese Veränderung in der Fragestellung bedingt sowohl bei Goethe als auch bei James nicht nur eine Kritik am Kausalitätsprinzip,[47] sondern auch eine Verschiebung des naturwissenschaftlichen Fokus von universalen Gesetzen, die vermeintlich hinter den Erscheinungen liegen, auf diese selbst in ihrer konkreten Phänomenalität.[48]

Für James erweist sich die Expedition mit Agassiz als eine praktische Übung im Sammeln und (An-)Schauen der Dinge. In einem seiner ersten Briefe aus Brasilien an seine Familie fasst er seine Tätigkeit zusammen: »[M]y life [...] has been one of mere physical exercise & sensuality.«[49] Die Theoreme der Evoluti-

---

41 James, [Rez.] Lectures on the Elements of Comparative Anatomy, S. 199.
42 James, [Rez.] Lectures on the Elements of Comparative Anatomy, S. 197. Zur Unterscheidung von Analogie und Affinität in der vergleichenden Anatomie vgl. auch Agassiz: »We must carefully distinguish between affinity and analogy among animals. The former is founded on identity of plan; the latter only upon external resemblance.« (L. Agassiz, Methods of Study in Natural History, S. 51.) Auch in der von Ernst Haeckel erzählten Wissenschaftsgeschichte wird die Transmutationstheorie auf das synthetische Verfahren zurückgeführt. Nach Haeckel ist es »die außerordentlich geistvolle Verbindung, die synthetische Zusammenfassung und denkende Vergleichung einer Anzahl längst bekannter Thatsachen, durch welche Darwin das ›heilige Rätsel‹ der lebendigen Formenwelt löst.« (Haeckel, Wissenschaftliche Berechtigung der Deszendenztheorie, S. 23.)
43 LA I, 10, S. 397.
44 James, [Rez.] Lectures on the Elements of Comparative Anatomy, S. 203.
45 James, [Rez.] Lectures on the Elements of Comparative Anatomy, S. 203.
46 Goethe/Eckermann, Gespräche, S. 429.
47 Vgl. dazu Kapitel 7.2.
48 Vgl. dazu Kapitel 7.6.
49 James, To Henry James, Sr. Rio de Janeiro, June 3rd '65. In: Corr 4, S. 109.

onsbiologie gilt es im Auftrag von Agassiz aufzugeben zugunsten eines unvoreingenommenen Blicks auf die Phänomene: »We must give up our pet theories of transmutation, spontaneous generation &c, and seek in nature what God has put there rather than try to put there some system wh. our imagination has devised &c &c.«[50] Bei aller Kritik an Agassiz' unzeitgemäßer Ablehnung der Evolutionstheorie hebt James in seiner Korrespondenz die praktische Ausrichtung hervor, die er von seinem Lehrer mitbekommt: »I have profited a great deal by hearing Agassiz talk, not so much by what he says, for never did a man utter a greater amount of humbug, but by learning the way of feeling of such a vast practical engine as he is.«[51]

3.2 James' Goethe-Lektüren

Dieser gleichsam indirekten Annäherung an Positionen der Erkenntnislehre Goethes auf dem Weg der Naturforschung folgt ein intensives Studium der autobiografischen, literarischen und kunsttheoretischen Schriften Goethes, das James in den Monaten seines (mehrmals durch Badekuren in Teplitz unterbrochenen) Studienaufenthalts in Deutschland von April 1867 bis November 1868 unternimmt. Bereits in seinem ersten Brief aus Deutschland an seine Familie vom 27. Mai 1867 aus Dresden, wo James in Vorbereitung auf die ab dem Wintersemester geplante Studienzeit in Berlin an der Verbesserung seiner Sprachkenntnisse arbeitet, berichtet er von seiner Rezeption literarischer Werke der Goethezeit und nennt als die zentralen Werke seines Lesepensums neben den Dramen Lessings jene der beiden Protagonisten der Weimarer Klassik, »[t]he enthusiastic, oratorical & eloquent Schiller«[52] und »the wise and exquisite Goëthe [sic]«[53]. Er

---

50 James, To Henry James, Sr., and Mary Robertson Walsh James. At Sea, April 21st [1865]. In: Corr 4, S. 101.

51 James, To Henry James, Sr. Steamer Icamiaba, River Solimoes, Sept. 12 '65. In: Corr 4, S. 122.

52 James, To Henry James, Sr., and Mary Robertson Walsh James. Dresden May 27 '67. In: Corr 4, S. 163.

53 James, To Henry James, Sr., and Mary Robertson Walsh James. Dresden May 27 '67. In: Corr 4, S. 163 f. Die Lektüre literarischer Texte wird damit argumentiert, dass sie als Sprachstudium ausgewiesen wird. James spricht von einer »Verführung« durch die Literatur, um den spezifischen Fokus seiner Lektüre, die Bevorzugung literarischer Werke vor medizinischer Fachliteratur, zu rechtfertigen (vgl. James, To Henry James, Sr., and Mary Robertson Walsh James. Dresden May 27 '67. In: Corr 4, S. 163). Thomas Wren Ward, seinem Studienkollegen aus Harvard und Gefährten auf der Thayer-Expedition, gegenüber bekennt James den primären Wert seiner Erfahrung der deutschen Kultur: »the main value of a german culture is in its giving you command of German literature« (James, To Thomas Wren Ward. Berlin Sept [10] 1867. In: Corr 4, S. 198).

berichtet von der Lektüre »of Goethe's Italiänische [sic] Reise«[54] und kündigt sogar die Publikation eines »grand article sur Goethe«[55] an. Als Vorstudien dazu können die Notizen gelten, die in einem unveröffentlichten, mit »Notes on Goethe's Italienische Reise« betitelten Manuskript überliefert sind. Es umfasst von James (in englischer Sprache und Schreibschrift) kommentierte Stellen aus Goethes Reisedarstellung (im deutschen Original und Kurrentschrift) sowie Zitate aus Friedrich Theodor Vischers Abhandlung über »Goethe's Faust«[56] (in deutscher Sprache und Kurrentschrift). *Faust* liest James, wie er seiner Familie am 24. Juli 1867 schreibt, »with enjoyment«[57], auch wenn es ihm nicht gelingt, »a *consistent* ›philosophy‹«[58] darin auszumachen. Eine Theateraufführung des *Faust* sieht James am 8. Juli 1867 in Dresden.[59]

Noch in Berlin, wo er ab Herbst 1867 Vorlesungen zur Physiologie belegt und primär fachwissenschaftliche Literatur rezipiert, spricht er in einem Brief an seinen Freund Oliver Wendell Holmes von seiner Lektüre des *Faust*, der es wert sei, die deutsche Sprache zu erlernen.[60] Neben der Teilnahme an Vorlesungen und Seminaren von unter anderen Emil Heinrich Du Bois-Reymond, Isidor Rosenthal und Rudolf Virchow setzt sich James in Berlin insbesondere mit den physiologischen Arbeiten von Hermann von Helmholtz auseinander. In seiner Korrespondenz schreibt er von seinem (schließlich gescheiterten) Plan, im Sommer 1868 bei Helmholtz und dessen Assistenten Wilhelm Wundt an der Universität Heidelberg Laborstudien durchzuführen.[61] Gesellschaftlich verkehrt James in Berlin im Kreis des Germanisten und Kunsthistorikers Herman Friedrich Grimm, Sohn von Wilhelm Grimm und Ehemann von Gisela von Armin, dem jüngsten Kind von Bettina und Achim von Arnim. Zugang zum Hause Grimm, in dem James unter anderem mit Wilhelm Dilthey disputiert,[62] hat er durch ein Empfehlungsschreiben von Ralph Waldo Emerson erhalten.[63]

---

54 James, To Henry James, Sr., and Mary Robertson Walsh James. Dresden May 27 '67. In: Corr 4, S. 164.

55 James, To Henry James, Sr., and Mary Robertson Walsh James. Dresden May 27 '67. In: Corr 4, S. 164.

56 James, [Notes on Goethe], o. S. Vgl. Vischer, Die Litteratur über Goethes Faust. Von der Lektüre Vischers berichtet James in einem Brief an seine Mutter: »Tell Harry I have been reading some essays by Fr. Theod. Vischer, the *bedeutende Esthetiker* [sic], on [...] Goethe's Faust & its critics«. (James, To Mary Robertson Walsh James. Dresden [...], June 12 '67. In: Corr 4, S. 177. [Herv. i. O.])

57 James, To the James Family. July 24 '67, Dresden. In: Corr 4, S. 185.

58 James, To the James Family. July 24 '67, Dresden. In: Corr 4, S. 185. [Herv. i. O.]

59 James, To Alice James. Dresden July 10 1867. In: Corr 4, S. 180.

60 Vgl. James, To Oliver Wendell Holmes, Jr. Berlin, Sept. 17. 67. In: Corr 4, S. 201.

61 Vgl. James, To Henry James Sr., Berlin Dec. 26. 67. In: Corr 4, S. 243.

62 Vgl. dazu James, To Alice James. Berlin Oct. 17. 67. In: Corr 4, S. 213.

Nach dem krankheitsbedingten Abbruch seines Studienaufenthalts in Berlin zieht sich James im Januar 1868 zu einem weiteren Kuraufenthalt nach Teplitz und anschließend wieder nach Dresden, der ersten Station seines im April 1867 angetretenen Deutschland-Aufenthalts, zurück. Die Phase der Rekonvaleszenz im Frühjahr 1868 geht einher mit intensiven Goethe-Studien.

James' Tagebuch vermerkt unter anderem die Lektüre von »Goethe's Roman Elegies«[64] (14. April 1868), von »Goethe on Winckelmann and on the Laokoon«[65] (22. April 1868), von »Goethe's Annalen«[66] (1. Mai 1868), das Studium des »Essay of Goethe's Shakespeare und kein Ende«[67] (2. Mai 1868) sowie die Rezeption von »Goethe's Wm. Meister«[68] (10. Mai 1868). Im Brief an seinen Bruder, den Schriftsteller Henry James, vom 4. Juni 1868 erwähnt er darüber hinaus die Lektüre folgender Werke: »Eckermann's conversations [with Goethe]«[69], »his [= Goethe's] and Schiller's corrrespondence«[70], »Hermann & Dorothy«[71], »Wahrheit & Dichtg«[72], »Egmont«[73], »Faust«[74]. Er empfiehlt seinem Bruder nachdrücklich die Lektüre von Goethes »Novelle«[75] im deutschen Original sowie »[all of] his poems [...] in Elegiac meter.«[76] In James' Leseliste, die den zweiten Teil seines *Diary 1* (1868–1873) ausmacht, finden sich außerdem folgende Titel: »Goethe: Torq. Tasso«[77], »F. v. Müller: Unterhaltungen mit Goethe«[78], »Goethe: Iphigenie«[79], »Goethe: Wahlverwandtschaften«[80], »Goethe: Leiden d. j. Werther«[81]. Neben den Goethe-Studien widmet sich James den Schriften Schillers zur Ästhetik – James' Tagebuch enthält Lesenotizen zu »Schiller's magnificent Essay [...] on naive +

---

63 Vgl. dazu James, To Ralph Waldo Emerson. Cambridge, April 6 '67. In: Corr 4, S. 156 f.
64 James, Diary 1, S. 24.
65 James, Diary 1, S. 41 f.
66 James, Diary 1, S. 47.
67 James, Diary 1, S. 52.
68 James, Diary 1, S. 53.
69 James, To Henry James. Dresden June 4. 68. In: Corr 1, S. 50.
70 James, To Henry James. Dresden June 4. 68. In: Corr 1, S. 50.
71 James, To Henry James. Dresden June 4. 68. In: Corr 1, S. 50.
72 James, To Henry James. Dresden June 4. 68. In: Corr 1, S. 50.
73 James, To Henry James. Dresden June 4. 68. In: Corr 1, S. 50.
74 James, To Henry James. Dresden June 4. 68. In: Corr 1, S. 50.
75 James, To Henry James. Dresden June 4. 68. In: Corr 1, S. 51.
76 James, To Henry James. Dresden June 4. 68. In: Corr 1, S. 51.
77 James, Diary 1, o. S.
78 James, Diary 1, o. S.
79 James, Diary 1, o. S.
80 James, Diary 1, o. S.
81 James, Diary 1, o. S.

sentimental Poetry«[82] (20. April 1868), zu »Schiller's Essay on Grace + Dignity«[83] (21. April 1868), zu »Schiller on the Pathetic«[84] (22. April 1868), zu »Schiller's 2 Papers on Tragedy«[85], zu »Zerstreute Betrachtungen«[86] (23. April 1868), zu »Schiller's Essay über das Erhabene«[87], zu Gedanken über den Gebrauch des »Gemein[en] und Niedrig[en] in d[er] Kunst«[88] sowie zu »[M]oralischer Nutzen esthetischer [sic] Sitten«[89] (27. April 1868).

Die von James zu diesen Texten angefertigten Notate erscheinen gleichsam als Spuren zu einem poetisch-philosophischen Archiv, das – Goethes Konzeption des literarischen Archivs entsprechend[90] – unter anderem durch Fragmentarizität, Heterogenität und Offenheit geprägt ist und James' Pragmatismus präfiguriert. Die von James rezipierten Schriften Goethes und Schillers, insbesondere jene in der Tradition der *Querelles des Anciens et des Modernes,* implizieren Positionen, die in James' späterer Theoriebildung zur pragmatistischen Erkenntnistheorie und Ethik eine Ausformulierung erfahren. Die Notate zu diesen Texten lassen sich dabei als Materialisierung einer Rezeption verstehen, die man mit Michel de Certeau als eine genuin unsystematische und nicht bloß reproduktive Aneignung, sondern als eine auch kreative ›Ausbeute‹ charakterisieren könnte. James' Lesenotizen veranschaulichen in dieser Hinsicht, was de Certeau in seiner *Kunst des Handelns* unter Lektüre versteht: »Lesen heißt Wildern«[91]. Es handelt sich dabei um eine Aneignungspraxis, wie sie Michael Bies für Goethes Kant-Rezeption als kennzeichnend ausweist.[92] In seinem Aufsatz zur *Einwirkung der neueren Philosophie* beschreibt Goethe seine Aneignung Kants aus der Perspektive der zeitgenössischen Kantianer als »freilich ein Analogon Kantischer Vorstellungsart, aber ein seltsames«[93]. Goethes selbstironische Charakterisierung seiner Kant-Rezeption, die den transformativen Prozess (in) der Lektüre betont, lässt sich als Affirmation seiner (indirekt auf Kant rekurrierenden) Konzeption von Aneignung

---

82 James, Diary 1, S. 30.
83 James, Diary 1, S. 32.
84 James, Diary 1, S. 38.
85 James, Diary 1, S. 42.
86 James, Diary 1, S. 42.
87 James, Diary 1, S. 43.
88 James, Diary 1, S. 43.
89 James, Diary 1, S. 43.
90 Zu Goethes – für das 18. Jahrhundert unzeitgemäßen – Konzeption des literarischen Archivs vgl. Kapitel 6.3.1.
91 de Certeau, Kunst des Handelns, S. 293.
92 Vgl. Bies, Im Grunde ein Bild, S. 127.
93 LA I, 9, S. 92.

verstehen, an der Hermann Schmitz den »produktiven [...] und nicht bloß nehmenden Charakter«[94] herausstellt.

Der produktive Charakter in James' Goethe-Lektüre schlägt sich nicht nur in der modifizierenden Wiederholung Goethe'scher Positionen nieder, sondern auch in deren gleichsam praktischer Konkretisierung. Von den Lektüren der Werke Goethes gehen, wie sich an James' Aufzeichnungen rekonstruieren lässt, zwei zentrale Impulse aus: Sie halten zu einer Übung des Auges an (und vertiefen damit die durch die Vermittlung von Agassiz eingeübte Methode der Goethe'schen Naturforschung), und sie bedingen eine Verlagerung von der theoretischen Spekulation auf die Praxis, die von James, wie aus seinem Tagebuch hervorgeht, biografisch erprobt wird. Ließen sich diese Tendenzen als eine Aufwertung der Empirie zugunsten der Theorie, des Objekts zugunsten des Subjekts, charakterisieren, so erfolgt durch die Goethe-Lektüre aber auch eine Sensibilisierung für die unhintergehbare theoretische Verfasstheit (je)der Wahrnehmung sowie die Einsicht in die Partizipation des Subjekts an der perzeptiven Konstitution der Dinge.

3.2.1 Aisthesis

Im Kontext der von James in Deutschland angestellten Studien zur *aisthesis* mutiert Goethes literarischer und naturwissenschaftlicher Zugang zur Welt – Goethes Fokus auf das Objekt in seiner Materialität, sein Respekt vor dem Sinnlichen, Partikularen und Akzidentiellen der Erscheinungen – zum erkenntnistheoretischen Paradigma. Die an Goethe beobachtete Detailversessenheit, dessen – sich auch auf das Partikulare und Akzidentielle erstreckende – Obsession mit den Dingen, erscheint James nicht länger als Mangel, sondern als Auszeichnung seines Werks. Vor dem Hintergrund der Theoriebildung Schillers und Goethes tritt, wie James in seinem Tagebuch registriert, Goethes spezifische Hingabe an das ›Faktische‹ als Ausdruck einer dem ›Naiven‹ zugeschriebenen Orientierung zutage:

> Have been in a [...] sort of inward serenity + joy in living derived from reading Goethe + Schiller. Today I [...] feel as if at last I were beginning to feel a little at home in his [= Goethe's] character. The uncomfortable mistrust I have always felt [...] has somehow dissolved of its own accord, and his endless delight in facts + details seems to me no longer the painstaking literalness of a mind which, having no inspiration or intuition of its own, and yet fearing to lose the valuable in anything, gathers the accidental + arbitrary up with

---

94 Schmitz, Goethes Altersdenken, S. 384.

the essential in one sheaf; but rather the naïf delight of an incessantly active mind + healthy sense in their own operations.[95]

Die von ihm vorgenommene (Re-)Evaluierung von Goethes Zugang zur Wirklichkeit kommentiert James auch in einem Brief an seinen Bruder Henry James vom 4. Juni 1868. Wie Schiller in seiner Schrift *Über naive und sentimentalische Dichtung* den ›naiven Geist‹ dadurch gekennzeichnet sieht, dass dieser »in seiner Liebe für das Objekt keinen Unterschied zwischen demjenigen zu machen [scheint], was durch sich selbst, und dem, was durch die Kunst und durch den menschlichen Willen ist«[96], stellt James am Werk Goethes dessen unterschiedslose Aufmerksamkeit für das Essenzielle wie das Akzidentielle der Erscheinungen heraus:

> He [= Goethe] used to bother me by that incessant cataloguing of individual details, which you must have noticed in whatever you have read of his; by his pitiless manner of taking seriously *every thing* that came along, as if the world for the time contained nothing else; by his noticing the binding of a copy of Othello for instance with the same gravity as the poem itself [...]. Now [...] this foolish impression of mine is dissipated I know not exactly how. [...] his objectivity or literalness is to me now a merit in itself (altho it may be at times tedious to me to read), and does not offend me as it did in my raw youth.[97]

Die erkenntnistheoretischen Implikationen von Goethes »tedious clinging to minute details of apparently no essential importance«[98] akzentuiert James in einem Brief an seinen Gefährten auf der Thayer-Expedition, Thomas Wren Ward, vom 24. Mai 1868 aus Dresden. An Goethes Passion für das Partikulare und dessen Praxis des Sammelns wird die Analogie zu den vom gemeinsamen Lehrer verkörperten methodischen Idealen herausgestellt: »He [= Goethe] *is* a perfect natural born *collector*, as much as Agassiz, and he does hate to lose *anything* in creation«[99]. Die dabei notwendige theoretische (Zurück-)Haltung in der Herangehensweise, die Achtung vor dem (Eigensinn des) Objekt(s), zählt, wie James herausstellt, zu den wichtigsten erkenntnistheoretischen Ergebnissen seiner Goethe-Studien:

> [...] I have drawn from Goethe a special lesson lately wh. is not easy for me to define in black and white but which may be called a lesson of theoretical patience and respect to-

---

95 Die Aufzeichnungen finden sich unter dem 1. Mai 1868 in James, Diary 1, S. 47.
96 F. Schiller, Über naive und sentimentalische Dichtung, S. 709.
97 James, To Henry James. Dresden June 4. 68. In: Corr 1, S. 50f. [Herv. i. O.]
98 James, To Thomas Wren Ward. Dresden, May 24 1868. In: Corr 4, S. 306.
99 James, To Thomas Wren Ward. Dresden, May 24 1868. In: Corr 4, S. 306. [Herv. i. O.]

wards the Objective. Contrasted with the attention he vouchsaved to every phenomenon that impinged upon his senses, with the deep and worthy stillness in wh. every voice of Nature seemed to be listened to by his soul, *our* petulance and worry, our love of taking short cuts to the truth, making quick generalizations, our resorting to »summary« views of the great outspread Universe seem trivial and frivolous, to say the least, and the partiality & disrespect wh. almost all of us show towards *some* department of Experience, our rooted habit of not being able to raise *x* in our estimation except by lowering *y*, of »setting off« one thing *against* another in our judgments seem low traits. [...] he had a deep belief in the reality of Nature as she lies developed and a contempt for bodyless formulas. Through every individual fact he came in contact with the world & he strove and fought without ceasing ever to lay his mind more & more wide open to Nature's teaching—more & more to efface those subjective wrinkles in which we all force the objective matter Nature gives us to lie in our minds.[100]

James' Goethe-Studien im Frühjahr 1868 erfolgen parallel zu einer ästhetischen Erziehung des Auges an Kunstwerken der Antike und Renaissance, wie sie durch seine Stationierung in Dresden ermöglicht wird. Der Ort der Augenschulung wird von James – in metaphorischer Analogie zu Goethe – sakralisiert. Die Dresdner Gemäldegalerie, die Goethe zum »Heiligtum«[101] und »Gotteshaus«[102] stilisiert, eröffnet James gleichsam divinatorische Einblicke. James, der sich zunächst – wie Goethe – im Zeichnen und Malen ausbilden ließ und eine Karriere als Maler anstrebte,[103] berichtet in einem Brief an seinen Bruder Henry James vom 5. April 1868: »I have been a number of times in the Gallery, you may imagine with what pleasure—like a bath from heaven.«[104] Die Exponate der Dresdner Gemäldegalerie und der Skulpturensammlung bilden für James die Objekte einer Augenschulung, in der er die in Goethes *Italienischer Reise* ausgemachte Sehhaltung performativ (nach-)vollzieht.

Der visuelle Kontext, wie er durch die Skulpturensammlung und die Gemäldegalerie konstituiert wird, schafft dabei die Voraussetzung für die von Goethe geforderte Kunstbetrachtung *in concreto*. Als Fazit seiner in Italien kultivierten Praxis des Sehens fasst Goethe den Vorsatz, »[n]icht von der Kunst in abstracto«[105]

---

100 James, To Thomas Wren Ward. Dresden, May 24 1868. In: Corr 4, S. 307. [Herv. i. O.]

101 FA I, 14, S. 350; WA I, 47, S. 144.

102 FA I, 14, S. 350.

103 Vor seinem Eintritt in die Lawrence Scientific School an der Universität Harvard im Jahr 1861 studierte William James Malerei, zunächst im Alter von 15 Jahren, während seines ersten Europa-Aufenthalts, bei Léon Cogniet in Paris, dann bei William Morris Hunt in Newport (vgl. Richardson, William James, S. 22 u. S. 38 f.).

104 James, To Henry James. Dresden Apl. 5. 68. In: Corr 1, S. 39. Für James sind, wie sich mit den schwärmerischen Worten von Goethes Sammler konstatieren ließe, »die Dresdener Sammlungen [...] eine ewige Quelle echter Kenntnis für den Jüngling.« (WA I, 47, S. 124.)

105 WA I, 32, S. 460. Vgl. dazu auch Dönike, Antike(n) aus zweiter Hand, S. 127.

zu räsonieren, den er in der Einleitung zu seiner kunstpädagogischen Zeitschrift *Propyläen* zur Maxime ausformuliert: »Um von Kunstwerken eigentlich und mit wahrem Nutzen für sich und andere zu sprechen, sollte es freilich nur in Gegenwart derselben geschehen. Alles kommt auf's Anschauen an«[106]. Neben diesem dezidiert empirischen Zugang zur Kunst(theorie) bringt James die von Goethe praktizierte Strategie des wiederholten Sehens zur Anwendung und erfährt dabei auch die (bei Goethe durch die gezielte Bewegung des Blicks provozierte) Verlebendigung des Bildes.[107] Goethes Kommentar zu seiner in Italien geübten Praxis des wiederholten Sehens kann auch für den von James in Dresden kultivierten Augengebrauch gelten: »Mein Auge bildet sich gut aus, mit der Zeit könnte ich Kenner werden.«[108] Die von Goethe unternommene und von James nachvollzogene Ausbildung des Auges erscheint in James' späterer Psychologie als entwicklungspsychologische Voraussetzung der Wahrnehmung von Wirklichkeit(en): »Infants must go through a long education of the eye [...] before they can perceive the realities which adults perceive.«[109] Wie Goethe in der *Italienischen Reise* konstatiert, dass insbesondere in der kunsthistorischen Betrachtung eine »vieljährige entschiedene Übung des Auges [...] nötig«[110] ist, betont James den habituellen Aspekt des perzeptiven Akts – Wahrnehmung geht aus Übung hervor, sie wird durch wiederholte Praxis gebildet: »*Every perception is an acquired perception.*«[111]

Im Schauen übt sich James in der von Goethe propagierten visuellen Hingabe an die konkreten Objekte und der dabei geforderten, wenn auch unmöglich realisierbaren Resistenz gegenüber der ›Selbsttätigkeit‹ des Auges. Bereits im ersten Brief aus Dresden an seine Familie vom Mai 1867 berichtet James von einem Gespräch mit Wilhelm Kaulbach, dem Illustrator von Werken Schillers und Goethes, über Exponate der Gemäldegalerie. Während Kaulbach aber, wie er schreibt, nichts über sie auszusagen wusste als Gemeinplätze, liefert James eine emphatische Schilderung seines – angesichts seiner Lektüre der *Italienischen Reise* wohl auch durch Goethe provozierten – veränderten Blicks auf Correggio.[112] An der

---

106 WA I, 47, S. 26. Vgl. dazu Dönike, Antike(n) aus zweiter Hand, S. 127 f.; Grave, Schule des Sehens, S. 96.

107 Zu diesen visuellen Praktiken vgl. insbesondere Grave, Schule des Sehens, S. 96–98.

108 FA I, 15.1, S. 395. James zitiert die Stelle in seinen Notizen (vgl. James, [Notes on Goethe], o. S.).

109 James, The Principles of Psychology, Vol. II, S. 78.

110 FA I, 15.1, S. 179.

111 James, The Principles of Psychology, Vol. II, S. 78. [Herv. i. O.] Vgl. ausführlicher dazu Kapitel 7.5.

112 Zu Goethes Beurteilung eines Correggio zugeschriebenen Bildes vgl. etwa FA I, 15.1, S. 234 f.

Verbalisierung des Eindrucks, den Correggios »Heilige Nacht« auf ihn machte, lässt sich eine Haltung zum Kunstwerk ausmachen, wie sie Goethe im Zuge der Schilderung seines Besuchs der Galerie Colonna in Rom als Vorsatz seiner künftigen Bildbetrachtung und -besprechung vorschreibt. James hält ihn in seinen Goethe-Notizen fest: »Ich will [...] nicht mehr ruhen, bis mir nichts mehr Wort und Tradition, sondern lebendiger Begriff ist.«[113] Die Verlebendigung des Bildes im Auge des Betrachters, wie sie Goethes Kunsterfahrung in Italien, insbesondere in Neapel kennzeichnet,[114] und in seinem *Laokoon* am Beispiel der Skulptur – als »Marmor in Bewegung«[115] – theoretisiert wird, stellt sich auch bei James ein. Dabei vollzieht James die – aus der für die Literatur und Kunst um 1800 charakteristischen »Identifikation des Beweglichen mit dem Lebendigen«[116] hervorgegangene – Strategie nach, »die Kunstwerke selbst nicht nur zum Anschauungsort von Bewegung zu machen, sondern sie auch als ›in sich bewegliche‹ Kunstwerke erscheinen zu lassen«[117] bzw. zu erfahren. James' veränderter Blick auf Correggios Gemälde hält fest, dass dieses (aus-)atmet: »I have always had, I don't know why, a prejudice agst. Corregio [sic], but I never saw a painting before that breathed out so easily such a moral poetry.«[118] Dieser Eindruck entsteht, wenn man die Handlungsmacht an die Bilder delegiert, sie auf sich ›wirken‹ lässt.

Die von Goethe angesichts eines Tizian-Bildes geforderte intellektuelle Enthaltsamkeit, die Zurückhaltung des Subjekts gegenüber dem Objekt, wird von James bereits bei seinen ersten Besuchen in der Dresdner Galerie geübt. James überträgt Goethes Forderung in seine Notizen: »Wir fragen nicht nach Wie und Warum, wir lassen es geschehen und bewundern die unschätzbare Kunst.«[119] Es geht darum, sich den Bildern auszusetzen. Dadurch werden sie sich, wie James an seine Familie schreibt, selbst Geltung verschaffen. Sie verhelfen sich gleichsam selbst zu ihrem Recht: »I find myself in the Gallery much too disposed to exalt one thing at the expense of its neighbors, wh. is very unjust to them, but by taking it easily and letting the pictures do their own work I think it will all come right.«[120]

---

113 FA I, 15.1, S. 378. Vgl. James, [Notes on Goethe], o. S.

114 Vgl. dazu Egger, »Aus Wahrheit und Lüge ein Drittes«, S. 89.

115 FA I, 18, S. 493.

116 Oschmann, Bewegliche Dichtung, S. 55.

117 Oschmann, Bewegliche Dichtung, S. 67.

118 James, To Henry James, Sr., and Mary Robertson Walsh James. Dresden May 27 '67. In: Corr 4, S. 163.

119 FA I, 15.1, S. 138. Vgl. dazu James, [Notes on Goethe], o. S.

120 James, To Henry James, Sr., and Mary Robertson Walsh James. Dresden May 27 '67. In: Corr 4, S. 163.

James zitiert das von Goethe in Italien verfolgte Sehprogramm in seinen Notizen: »Ich halte die Augen nur immer offen, und drücke mir die Gegenstände recht ein. Urteilen möchte ich gar nicht, wenn es nur möglich wäre.«[121] Er versieht das Zitat mit einem Kommentar, der die Bedeutung dieses Programms für seine spätere Theorie und Praxis der Wahrnehmung in der Naturforschung indiziert: »Just like a ›scientific man‹ of today.«[122] Goethes von James zitiertes Bekenntnis zum Objekt in der visuellen Aneignung wird allerdings durch eine Einschränkung relativiert, die den Anspruch, das Ding in seiner ›Objektivität‹ erfassen zu können, als illusionär erweist. Bei aller Hingabe und Anhänglichkeit an die Dinge ist sich Goethe der Unmöglichkeit ihrer rein rezeptiven Erfassung bewusst. Der Askese im Augengebrauch arbeitet die Aktivität jenes Organs, das Goethe in seinen Ausführungen zur visuellen Praxis in der Naturforschung als »Geistes-Augen«[123] bezeichnet, entgegen. Diese haben, wie er in seinen *Morphologischen Heften* betont, »mit den Augen des Leibes in stetem lebendigen Bund zu wirken.«[124]

In seinen in Deutschland unternommenen Goethe-Studien tendiert James noch dazu, das von Goethe herausgestellte Zusammenspiel der »Augen des Leibes« und der »Augen des Geistes«, das im Laufe seiner Italienreise zunehmend durch Letztere geprägt wird,[125] als determinative Struktur der visuellen Praxis auszublenden und diese auf Rezeptivität festzulegen. James präferiert, wie er in seinen Notizen zum Werk festhält, den ersten Teil von Goethes *Italienischer Reise* – hier »he was all receptive«[126]. Dass Goethes Anerkennung der Aktivität des Subjekts im Prozess der Wahrnehmung, wie sie auch James' spätere Konzeption der visuellen Wahrnehmung kennzeichnet,[127] in James' Goethe-Studien aber bereits registriert (und indirekt affirmiert) wird, lässt ein Zitat erkennen, das James in seine Notizen aufgenommen hat[128]: »Lebhaft vordringende Geister begnügen sich nicht mit dem Genusse, sie verlangen Kenntnis. Diese treibt sie zur Selbsttätigkeit, und wie es ihr nun auch gelingen möge, so fühlt man zuletzt, daß man

---

121 FA I, 15.1, S. 130. James notiert den zweiten Teil des angeführten Zitats (vgl. James, [Notes on Goethe], o. S.)

122 James, [Notes on Goethe], o. S.

123 LA I, 9, S. 78.

124 LA I, 9, S. 78. Das Zusammenspiel der »geistigen« und »leiblichen Augen« macht auch, wie aus einem von Goethe 1816 publizierten Text zu Gemälden der Dresdner Galerie, dreier Landschaftsbilder von Jakob Ruisdael, hervorgeht, den idealen Künstlerblick aus (vgl. WA I, 48, S. 166; vgl. dazu auch W. Pape, »Die Sinne triegen nicht«, S. 110).

125 Vgl. Egger, »Aus Wahrheit und Lüge ein Drittes«, S. 73.

126 James, [Notes on Goethe], o. S.

127 Vgl. dazu auch Kapitel 7.5.

128 Vgl. James, [Notes on Goethe], o. S.

nichts richtig beurteilt, als was man selbst hervorbringen kann.«[129] Die Aufnahme des Zitats lässt eine durch seine Goethe-Studien initiierte Annäherung an die als Voraussetzung für (Er-)Kenntnis verstandene Konzeption eines aktiven Auges vermuten. Sie manifestiert sich in James' späterer Konzeption von physiologischer Wahrnehmung, wie er sie in *The Principles of Psychology* formuliert. Analog zu Goethes Berücksichtigung der Zutat des Subjekts im Wahrnehmungsgeschehen akzentuiert James dabei den Anteil des Subjekts am sensorischen Akt. James definiert es als »das allgemeine Gesetz der Wahrnehmung [...], *daß nur ein Teil von dem, was wir wahrnehmen, von dem Objekt vor uns durch unsere Sinne uns geliefert wird, während ein anderer Teil (und wohl der größere) immer aus unserem Innern hinzugefügt wird.*«[130]

3.2.2 Die Antike (in) der Moderne

Beim Studium der Objekte in der Dresdner Gipsabguss-Sammlung drängen sich James, wie aus seinem Tagebuch hervorgeht, zwei zentrale Fragen auf – die Einträge der Monate April und Mai 1868 zirkulieren um die Frage nach der Übersetzbarkeit von Plastik in Poesie (und vice versa) sowie nach der Differenz zwischen ›antiker‹ und ›moderner‹ Kunst und Kultur. Der am 11. April 1868 im Tagebuch vermerkten Vermutung, dass sich der Versuch der ›Übersetzung‹ bildender Kunst in Poesie als sinnlos (»absurd«) erweisen könne, was James mit Verweis auf die von Goethe herausgestellten Distinktionskriterien poetischer Qualität zu untermauern scheint – notiert wird Goethes Diktum (in James'scher Schreibweise) »je incommensurabler und für den Verstand unfässlicher [sic] eine poetische Production, je besser«[131] –, geht James am 19. April anhand einer Lektüre von »Lessing's Laocoon«[132] nach. Er kritisiert Lessings Generalisierung der »distinction of poetry as representing actions in time, + plastic art bodies in space«[133] und die Idealisierung »of those two languages«[134] als vermeintlich universale semiotische Systeme. In Anbetracht der Kopien antiker Skulpturen in der Dresdner Sammlung wird James laut Eintrag vom 11. April darüber hinaus dazu bewogen, sich mit der wahrgenommenen Differenz zwischen antiker und moderner Kunst auseinanderzusetzen: »I feel myself forced to inquire while standing before these Greek things what the X is that makes the dif-

---

129 FA I, 15.1, S. 439.
130 James, Psychologie, S. 330. [Herv. i. O.]
131 James, Diary 1, S. 14. Die zitierte Stelle findet sich in Goethe/Eckermann, Gespräche, S. 591.
132 James, Diary 1, S. 28.
133 James, Diary 1, S. 29.
134 James, Diary 1, S. 29.

ference between them and all the modern things«[135]. Bei der damit einhergehenden
Rezeption der kunsttheoretischen Debatten der Goethezeit in der Tradition der
Querelles des Anciens et des Modernes reagiert James einerseits kritisch auf die den
Konstruktionen der Antike immanenten Projektionen bzw. Präsuppositionen. So
kritisiert James an Lessing die Verabsolutierung der »classical idea of man's harmony with nature«[136] und plädiert für die Anerkennung des ›Un(verhältnis)mäßi-
gen‹ als mögliche Denkvoraussetzung der Kulturphilosophie und potenzieller Dar-
stellungsgegenstand der Kunst: »Man's disproportion is also a respectable ›parti-
pris‹ to adopt, and worthy of expression.«[137] Andererseits eignet sich James dominante Paradigmen der kultur- und kunstphilosophischen Debatten im Zeichen der
differenzierenden Konstruktion von Antike und Moderne an, die in seinem späteren
Pragmatismus eine erkenntnistheoretische Reformulierung erfahren.

James' Lektüre der Schriften Goethes und Schillers zur Antike gilt der zunächst kulturgeschichtlich motivierten Frage nach den Unterschieden im antiken
und modernen Zugang zur Wirklichkeit, wie sie in den Schriften Schillers und
Goethes nicht nur tendenziell dichotomisch konzipiert, sondern auch mit poetischen wie erkenntnistheoretischen Verfahrensweisen verbunden und psycholo-
gisch typisiert werden. In Schillers *Über naive und sentimentalische Dichtung* wird
das zunächst psychologisch-anthropologisch – zur synchronen Deskription von
(poetischen) Empfindungsweisen – eingesetzte Begriffspaar des Titels in eine
geschichtsphilosophische Perspektive eingebunden, indem das Naive bekanntlich mit der Antike, das Sentimentalische mit der Moderne assoziiert wird.[138] Als
privilegiertes Objekt der Poesie wie des naturphilosophischen Wissens werden
dem Naiven bzw. Antiken die Empirie, dem Sentimentalischen bzw. Modernen die
Idee zugeschrieben – mit den diesen jeweils zukommenden spezifischen Eigenschaften, der Beschränktheit und Notwendigkeit der Natur einerseits, wie der
Selbsttätigkeit und Autonomie der Vernunft andererseits. Dem entspricht in der
Poesie die von Schiller herausgestellte Differenz zwischen alten (naiven) und
modernen (sentimentalischen) Dichtern: »Jene rühren uns durch Natur, durch
sinnliche Wahrheit; diese rühren durch Ideen.«[139] Entsprechend der Privilegie-

---

135 James, Diary 1, S. 14 f.
136 James, Diary 1, S. 29.
137 James, Diary 1, S. 29.
138 Zu dieser Verschränkung von systematischen und diachronen Verwendungsweisen in
Schillers Konzeption des Naiven bzw. des Sentimentalischen vgl. etwa Hermand, Schillers Abhandlung »Über Naive und sentimentalische Dichtung«, S. 431; Schmitt, ›Antik‹ und ›modern‹ in
Schillers *Über naive und sentimentalische Dichtung*; Zelle, *Über naive und sentimentalische
Dichtung*, S. 453 f.
139 F. Schiller, Über naive und sentimentalische Dichtung, S. 717.

rung der sinnlichen Realität einerseits und der ideellen Bedingungen dieser Realität andererseits entspricht dieser Differenz nach Schiller in der Epistemologie jene zwischen Realismus und Idealismus.[140] Bei aller Profilierung eines Gegensatzes zwischen den als antik bzw. modern konzeptualisierten (Wissens-) Kulturen ist es sowohl bei den Weimarer Klassikern als auch bei James gerade deren Synthese bzw. Mediation, die es anzustreben gilt. James, dessen Pragmatismus die Vermittlung zwischen dem (von ihm mit dem Antiken oder Klassischen) assoziierten Empirismus und dem (mit der Moderne assoziierten) Idealismus intendiert, betont die notwendige Verschränkung empirischer Fakten und idealistischer Prinzipien: »No one can live an hour without both facts and principles, so it is a difference rather of emphasis«[141]. Auf ähnliche Weise kritisiert Schiller »die Einseitigkeit beider Systeme«[142] und hält fest, »daß weder der naive noch der sentimentalische Charakter, für sich allein betrachtet, das Ideal schöner Menschlichkeit ganz erschöpfen [kann], das nur aus der innigen Verbindung beider hervorgehen kann.«[143] Als Inbegriff eines diese Synthese verkörpernden Dichters fungiert für Schiller bekanntlich Goethe.

Schiller stilisiert in *Über naive und sentimentalische Dichtung* Goethe als »naive[n] Dichtergeist«[144] der Moderne, der »sich unter modernen Dichtern vielleicht am wenigsten von der sinnlichen Wahrheit der Dinge entfernt.«[145] Goethe, der – »als griechischer Geist in diese nordische Schöpfung geworfen«[146] – die Wirklichkeit durch Imagination supplementiere, gelinge es, wie Schiller in seinem berühmten Brief an Goethe vom 23. August 1794 formuliert, »gleichsam von innen heraus und auf einem rationalen Wege ein Griechenland zu gebären«[147]. Es ist die – von der Mannigfaltigkeit der Erscheinungen ausgehende, durch ›Selbsttätigkeit‹ geprägte – Suche nach der Notwendigkeit im Empirischen, was, so Schiller an Goethe, »die schöne Übereinstimmung Ihres philosophischen Instinktes mit den reinsten Resultaten der spekulierenden Vernunft«[148] garantiere. Goethes »beob-

---

140 Vgl. F. Schiller, Über naive und sentimentalische Dichtung, S. 770–780.

141 James, Pragmatism, S. 12.

142 F. Schiller, Über naive und sentimentalische Dichtung, S. 777.

143 F. Schiller, Über naive und sentimentalische Dichtung, S. 768 f.

144 F. Schiller, Über naive und sentimentalische Dichtung, S. 738.

145 F. Schiller, Über naive und sentimentalische Dichtung, S. 738.

146 F. Schiller, An Goethe. Jena, 23. August 1794. In: BW, S. 34.

147 F. Schiller, An Goethe. Jena, 23. August 1794. In: BW, S. 34. Die Charakterisierung Goethes durch Schiller im berühmten Geburtstagsbrief erweist sich dabei als signifikante Modifikation der von Schiller ursprünglich vertretenen Auffassung von Goethes eigentümlichem (in dieser Form noch als defizitär verstandenem) »Attachement an die Natur«, das mit einer »Verachtung aller Speculation« einhergehe. (F. Schiller, An Körner. Weimar, d. 12. [und 13.] Aug. 1787, S. 129.)

148 F. Schiller, An Goethe. Jena, 23. August 1794. In: BW, S. 35.

achtender Blick, der so still und rein auf den Dingen ruht«[149], hat Schiller denn auch, wie er konzediert, zu den Erscheinungen der materiellen Wirklichkeit geführt: »Mir fehlte das Objekt, der Körper, zu mehreren spekulativischen Ideen, und Sie brachten mich auf die Spur davon.«[150] Schillers Apotheose Goethes zur Leitfigur philosophischer Praxis – »Geister Ihrer Art wissen [...] selten, wie [...] wenig Ursache sie haben, von der Philosophie zu borgen, die nur von Ihnen lernen kann«[151] – fungiert, wie es scheint, für James als konkreter Impuls; sie gibt die Perspektive vor, durch die Goethes spezifischer Umgang mit der Empirie in James' späterem Pragmatismus eine erkenntnistheoretische Rehabilitierung erfährt.

3.2.3 Homers Erben

Die Auseinandersetzung mit der Antike präfiguriert nicht nur erkenntnistheoretische, sondern auch ethische Positionen von James' späterem Pragmatismus. Der Goethe'sche Zugang zur Welt, dessen Hingabe an die Dinge und dessen Plädoyer für mehr Geduld in der theoretischen Praxis,[152] lässt sich mit James in einer auf das Gegebene fokussierten, als optimistisch qualifizierten antiken Grundhaltung situieren, die ihren Ursprung in der homerischen Welt hat. Deren Eigenart erschließt sich James, wie sich mit einer Formel zur Kennzeichnung von Goethes enthusiastischer Homer-Aneignung in Sizilien konstatieren lässt, gleichsam als eine »Epiphanie Homers«[153]. An dessen Epen präpariert James eine – als antik verstandene – Haltung zur Welt heraus, die sich als zentrale Implikation seiner die Kontingenz der Wirklichkeit affirmierenden Ethik erweisen wird.[154]

James' emphatische Lektüre der *Odyssee* (in der Voß'schen Übersetzung), von der Aufzeichnungen in seinem Tagebuch und seiner Korrespondenz zeugen, akzentuiert an den Griechen Homers die Anerkennung der Welt in ihrer Gegebenheit und mithin Kontingenz. Wie James in einem Tagebucheintrag vom 3. April 1868 festhält, ist es die Akzeptanz ›des Bösen‹ als zwar unvermeidliches und unhin-

---

149 F. Schiller, An Goethe. Jena, 23. August 1794. In: BW, S. 33.
150 F. Schiller, An Goethe. Jena, 23. August 1794. In: BW, S. 33.
151 F. Schiller, An Goethe. Jena, 23. August 1794. In: BW, S. 33.
152 Stellvertretend für eine Serie von Äußerungen in diesem Sinn: »Man erkundige sich um's Phänomen, nehme es so genau damit als möglich und sehe, wie weit man in der Einsicht und in praktischer Anwendung damit kommen kann, und lasse das Problem ruhig liegen.« (Goethe, Maximen und Reflexionen, S. 251, Nr. 1211.) »In der Geschichte der Naturforschung bemerkt man durchaus, daß die Beobachter von der Erscheinung zu schnell zur Theorie hineilen und dadurch unzulänglich, hypothetisch werden.« (WA IV, 45, S. 10.)
153 Schadewaldt, Goethestudien, S. 142.
154 Vgl. dazu Kapitel 8.1.

tergehbares, aber nur vorübergehendes Schicksal, was die Heroen Homers auszeichnet: »A given evil to the Homeric Greeks [...] seems to me to have been
thought of as evil only transiently & to those whose lot it was to suffer by it; and
they accepted it as part of their inevitable bad luck.«[155] Was James fasziniert, ist,
wie es im Brief an seinen Bruder vom 5. April 1868 heißt, »[t]he cool acceptance of
the bloody old heathens of every thing that happened around them«[156]. Dem
Bösen wird das Recht abgesprochen, Einfluss zu haben auf die Einstellung zur
Welt, es erscheint nur temporär. Die an den Griechen Homers herausgestellte
Weigerung, das Böse *an sich* zu denken und ihm ein Existenzrecht zuzugestehen –
deren »denial of its right to darken the world«[157], deren »indifference to evil in the
abstract«[158] –, konkretisiert James an Odysseus: »As long as Ulysses is in the
hands of the Cyclop, he abhors him, but when he is once out of danger, the chronic
feeling of admiration or at least indifferent tolerance gains the upper hand.«[159]

Das, was ist, wird qua seines Daseins als ›gut‹ erachtet, als Abstraktum erscheint ›das Böse‹ in dieser auf das Diesseits gerichteten Ordnung lediglich in
Form der Begrenzung des Daseins. Mit einer Phrase Margaret Fullers, Goethes
»most intelligent disciple in the new world«[160], erläutert James die an den antiken
Griechen ausgemachte Haltung im Schreiben an seinen Bruder: »The Homeric
Greeks ›accepted the Universe‹—their only notion of evil was its perishability—We
say the world in its very existence is evil—they say the only evil is that every thing
in it in turn ceases to exist. To them existence was its own justification«[161]. Das,
was ist, verlangt qua Existenz, die ihm zukommt, Anerkennung. Dieser ›naiven‹
Affirmation des Gegebenen stellt James die ›moderne‹ Suche nach Transzendenz
entgegen: »The trouble with the modern man wd. be intellectual; he wd. always be
trying to get behind Fate, and discover some point of view fm wh. to reconcile his
reason to it—either by denying the good of the world,—or inventing a better one on
t'other side,—or something else.«[162] Bereits hier zeichnen sich die für James
charakteristische Suspendierung einer »Zwei-Welten-Ontologie«[163] – der »Einstellung, daß das, worauf es ankomme, ›hinter den sinnlich wahrnehmbaren

155 James, Diary 1, S. 7 f.
156 James, To Henry James. Dresden Apl. 5. 68. In: Corr 1, S. 42.
157 James, Diary 1, S. 8.
158 James, To Henry James. Dresden Apl. 5. 68. In: Corr 1, S. 42.
159 James, To Henry James. Dresden Apl. 5. 68. In: Corr 1, S. 42.
160 Wahr, Emerson and Goethe, S. 58. Vgl. dazu auch Braun, Margaret Fuller and Goethe.
161 James, To Henry James. Dresden Apl. 5. 68. In: Corr 1, S. 42.
162 James, To Henry James. Dresden Apl. 5. 68. In: Corr 1, S. 43.
163 S. Krämer, Sprache – Stimme – Schrift, S. 324. Zur Suspendierung der »Zwei-Welten-Ontologie« bei Goethe und James vgl. ausführlicher Kapitel 7.6.

Phänomenen liege‹«[164] – und die Fokussierung auf Immanenz als zentrale Implikationen seiner pragmatistischen Ethik (und Erkenntnistheorie) ab.

James' Homer-Lektüre weist augenfällige Analogien zu jener Goethes auf. Dieser schreibt aus Neapel an Herder: »Was den Homer betrifft, ist mir wie eine Decke von den Augen gefallen. [...] *Sie* [= die Griechen] stellten die Existenz dar, *wir* gewöhnlich den Effekt; *sie* schilderten das Fürchterliche, *wir* schildern fürchterlich; *sie* das Angenehme, *wir* angenehm, u.s.w.«[165] Goethe würdigt an der homerischen Welt die Anerkennung des Gegebenen, die alles Wirkliche einschließt, ohne auf etwas zu insistieren, das jenseits des Daseins liegt. Diesen die »Existenz« affirmierenden Zugang zur Welt projiziert Goethe, wie Schadewaldt hervorhebt,[166] unter anderem in seine Betrachtung spätgriechischer Grabreliefs im Museum Maffeianum in Verona:

> Die Grabmäler sind herzlich und rührend und stellen immer das Leben her. Da ist ein Mann, der neben seiner Frau aus einer Nische, wie zu einem Fenster heraussieht. Da stehen Vater und Mutter, den Sohn in der Mitte, einander mit unaussprechlicher Natürlichkeit anblickend. Hier reicht sich ein Paar die Hände. Hier scheint ein Vater, auf seinem Sopha ruhend, von der Familie unterhalten zu werden. Mir war die unmittelbare Gegenwart dieser Steine höchst rührend. Von späterer Kunst sind sie, aber einfach, natürlich und allgemein ansprechend. Hier ist kein geharnischter Mann auf den Knieen der eine fröhliche Auferstehung erwartet. Der Künstler hat mit mehr oder weniger Geschick nur die einfache Gegenwart der Menschen hingestellt, ihre Existenz dadurch fortgesetzt und bleibend gemacht. Sie falten nicht die Hände, schauen nicht in den Himmel, sondern sie sind hienieden was sie waren und was sie sind.[167]

Im Zuge der Homer-Lektüre gewinnt, wie Schadewaldt festhält, »das Wort ›Existenz‹ in Goethes Sprachgebrauch [...] eine neue große Bedeutung.«[168]

James weist die an den Griechen ausgemachte Haltung der deutschen Kultur zu – mit einem signifikanten (nicht ausgewiesenen) Goethe-Zitat, das er als deutsche Redensart universalisiert. Im Brief an seine Familie vom 24. Juli 1867 aus Dresden schreibt er davon, dass ihm die Dinge, wie sie ihm aus einem »Boston paper«[169] entgegentreten, fremd geworden seien. Sie unterscheiden sich von »the tone of things here«[170], deren »as the Germans wd. say, [...] ›Existenz so völlig

---

164 S. Krämer, Sprache – Stimme – Schrift, S. 325.
165 FA I, 15.1, S. 345. [Herv. i. O.]
166 Vgl. Schadewaldt, Goethestudien, S. 142.
167 FA I, 15.1, S. 46 f.
168 Schadewaldt, Goethestudien, S. 144.
169 James, To the James Family. July 24 '67, Dresden. In: Corr 4, S. 184.
170 James, To the James Family. July 24 '67, Dresden. In: Corr 4, S. 184.

dasteht‹«[171]. Die von James an Homer ausgemachte Haltung, die bedingungslose Anerkennung des Ganzen der Existenz als Daseinsgrund per se – »to the Greek existence was its own justification«[172] –, perspektiviert James' Wahrnehmung der deutschen Kultur. An den (nicht näher spezifizierten) Exponaten alter Meister der ›deutschen Schule‹ in der Dresdner Gemälde-Galerie erkennt James eine signifikante Parallele zur antiken »Weltanschauung«[173]: »[T]here is [...] in the old Germans a repose, wh. is analogous in some measure to that of the Greeks &c, inasmuch as both seem to have conceived their subjects as simply *being*«[174]. Paradigmatisch äußert sich diese der Antike analogisierte Affirmation des Daseins wohl in Goethes berühmtem Diktum »Wie es auch sei das Leben es ist gut«[175], das seinerseits Popes Position aus dem *Essay on Man* – »whatever is, is right« – sowie Leibniz' Formel »Alles ist gut« (»tout est bien«) aufnimmt.[176] In seinem Tagebuch präzisiert James diese den Dingen gegenüber eingenommene Haltung »à la Goethe: ›cling to the good through thick and thin; such as it is it is positive: the bad that it is associated with does not subtract from it. Thus will nothing be wasted in the world‹.«[177] Diese sich hier im letzten Satz des Zitats in der Syntax gleichsam sprachlich äußernde Annäherung an die ›naive‹ (antike) Orientierung Goethes findet im Brief an Thomas Ward emphatischen Ausdruck: »[T]he sturdy realism of G[oethe] & the obdurate beauty and charm of the Greeks have shaken my complexion more than anything else.«[178] James akzentuiert die Bedeutung seiner Einsicht in Goethes – von (›naivem‹) Optimismus gekennzeichneten – Weltzugang und verweist auf dessen praktische Relevanz: Seine Auseinandersetzung mit dem Werk Goethes bedeutet für ihn, wie er Ward gegenüber bekennt, »one of the important experiences of my own mind.—Of course, an optimistic faith lies at the bottom of it; but if one can set out with the supposition of Harmony among phenomena as the *summum bonum* and look upon the world as a progressive development, I don't know whether such a faith be not the best. It seems to be so practically at any rate.«[179]

---

171 James, To the James Family. July 24 '67, Dresden. In: Corr 4, S. 184. Zum nicht ausgewiesenen Goethe-Zitat vgl. FA I, 15.1, S. 110.

172 James, Diary 1, S. 8. Der Eintrag findet sich unter dem 3. April 1868.

173 James, To Henry James. Dresden Apl. 5. 68. In: Corr 1, S. 41.

174 James, To Henry James. Dresden Apl. 5. 68. In: Corr 1, S. 41. [Herv. i. O.]

175 HA 1, S. 386.

176 Zur Bedeutung der Pope'schen und Leibniz'schen Formel für die Konzeption des Negativen in Gestalt Mephistos vgl. J. Schmidt, Goethes *Faust*, S. 65.

177 James, Diary 1, S. 58. Der Eintrag findet sich unter dem 27. Mai 1868.

178 James, To Thomas Wren Ward. Dresden, May 24 1868. In: Corr 4, S. 308 f.

179 James, To Thomas Wren Ward. Dresden, May 24 1868. In: Corr 4, S. 307.

Der hier angesprochene Glaube (»faith«) und dessen praktische Implikationen erfahren eine Ausarbeitung in James' Konzeption einer – dem »pluralistisch-melioristischen«[180] Universum seiner Philosophie angemessenen – pragmatistischen Ethik.[181] Der Meliorismus geht von der These der prinzipiellen Verbesserbarkeit der Welt aus,[182] der Pluralismus impliziert die Anerkennung der Vielgestaltigkeit der Welt in ihrer Arbitrarität und Kontingenz. James erteilt dem Monismus des zeitgenössischen Rationalismus eine Absage und negiert ein »absolutes Einheitsprinzip«[183] als »Grund [...] für die Möglichkeit der vielen Tatsachen«[184], wie es das rationalistische System des absoluten Idealismus fundiert. Dieses gewährt zwar »Sicherheit vor den auf uns einstürmenden Zufällen der endlichen Erfahrung«[185], indem es eine hinter der realen Welt liegende ideale Welt postuliert, deren Vollkommenheit für die Existenz des Übels in der realen Welt aufkommt, es wird aber der »Welt der persönlichen Erfahrungen«[186], die »kompliziert und schmutzig, voll Schmerz und Verwirrung«[187] ist, nicht gerecht: »Die Widersprüche des wirklichen Lebens sind darin nicht zu finden.«[188] James zitiert zwei zeitgenössische Vertreter dieses absoluten Idealismus: »›Gerade die Gegenwart des Übels im zeitlichen Leben ist die Bedingung der Vollkommenheit im ewigen Leben‹, schreibt Professor *Royce*. [...]. ›Das Absolute ist um so reicher, je größere Dissonanzen und je größere Verschiedenheiten es umfaßt‹, sagt *Bradley*.«[189] Was diese Denker annehmen, sei, so James, dass das Übel der Welt (das er anhand einer Serie von Fällen sozialer Not mit Todesfolgen aus dem Buch des »anarchistischen Schriftstellers Morrison J. Swift«[190] vorführt) in einem Absoluten aufgehoben wäre: Sie denken, »daß diese hingeschlachteten Menschen die Welt reicher machen, und das ist Philosophie.«[191] Demgegenüber weigert sich James »Übel und Schmerz weg[zu]erklären.«[192] Er bekennt sich zu einer Welt, in der

---

180 James, Pragmatism, S. 134.
181 Vgl. Kapitel 8.2.
182 Vgl. dazu ausführlicher etwa Koopman, Pragmatism as a Philosophy of Hope, S. 107.
183 James, Der Pragmatismus, S. 180.
184 James, Der Pragmatismus, S. 180.
185 James, Der Pragmatismus, S. 187.
186 James, Der Pragmatismus, S. 13.
187 James, Der Pragmatismus, S. 13.
188 James, Der Pragmatismus, S. 13. Das rationalistische System des absoluten Idealismus erweist sich als »utterly alien to the temperament of existence in the concrete.« (James, Pragmatism, S. 18.)
189 James, Der Pragmatismus, S. 18. [Herv. i. O.]
190 James, Der Pragmatismus, S. 17.
191 James, Der Pragmatismus, S. 17.
192 James, Der Pragmatismus, S. 18.

Unvollkommenheit regiert und in der das Ideal der Vollkommenheit nur als mögliches (durch reale Kooperation endlicher Wesen zu erreichendes und nicht notwendiges) Ziel zu denken ist:

> Ich bin dazu entschlossen, die Welt zu nehmen wie sie ist, voll wirklicher Gefahren und Abenteuer [...]. Ich bin entschlossen es hinzunehmen, daß es wirkliche Verluste und wirkliche Verlustträger gebe, und daß nicht alles, was ist, erhalten bleibe. Ich kann an das Ideal glauben, aber als ein Letztes, nicht als den Ursprung. Als eine Quintessenz, aber nicht als das Ganze.[193]

Dass diese Entschlossenheit von seiner (durch den Blick Goethes geprägten) Konzeption der homerischen Welt herrührt, lässt auch das Zitat vermuten, das James anführt, um die von ihm proklamierte – die Existenz auch in ihrer Negativität bejahende – Haltung zur Welt zu veranschaulichen. Die von ihm vertretene »Vorstellung einer [...] episch verlaufenden Welt«[194] äußert sich nach James paradigmatisch in einem griechischen Epigramm als Grabinschrift, das er in seiner Pragmatismus-Vorlesung zitiert:

> Auf dem Grabe eines Schiffbrüchigen:
> Mein Schiff zerbrach, und ich bin hier begraben,
> Nur weiter segle Du!
> Die Schiffe auch, die scheitern mich gesehen haben,
> Sie fuhren ruhig zu.[195]

Auch wenn das Epigramm aus der nachhomerischen Zeit, von Theodoridas von Syrakus, stammt,[196] artikuliert es die von James (mit Goethe) an Homers Welt ausgemachte Haltung. Es ist, wie James als Erklärung dem Zitat voranstellt, eine Haltung, die »einen ersatzlosen Verlust auch dann ruhig hinnimmt, wenn das, was verloren wurde, das eigene Leben war.«[197] Die Worte des Schiffbrüchigen in *Pragmatism* konkretisieren, was James an den Helden Homers im Schreiben vom 5. April 1868 an seinen Bruder herausstellt. Der griechische Held akzeptiert den Tod »with sober sadness, and without making a fuss, for it is *ultimate*. There is no ›reason‹ behind it, as our modern consciousness restlessly insists«[198]. Neben Odysseus ist es Achilles, der für James diese Haltung verkörpert: »This [...] heroic acceptance (sans arrière pensée) of death seems to me the great tragic wind that

---

193 James, Der Pragmatismus, S. 190.
194 James, Der Pragmatismus, S. 190.
195 James, Der Pragmatismus, S. 190.
196 Vgl. dazu die Anmerkung in James, Pragmatism, S. 174.
197 James, Der Pragmatismus, S. 190.
198 James, To Henry James. Dresden Apl. 5. 68. In: Corr 1, S. 42. [Herv. i. O.]

blows through the Iliad, and comes out especially strong in Achilles.«[199] Für James empfiehlt sich diese Haltung gerade auch für die Moderne:

> Take a modern man of vigorous will & great pride, and *give him the same conception of the world as Achilles had,*—a warm earth where every thing is good, a brazen Fate wh. is *really* inscrutable, and wh. is ever striking her big licks into the pleasant earth and finally cutting us off from it,—and I have no doubt he wd. live like Achilles (firmly enjoying his earth & as firmly looking at the face of Fate,) without needing the introduction of any new & peculiar moral element of strength into his character.[200]

Die von James hier angesprochene Aufgabe, der Moderne eine der homerischen Welt analoge Konzeption (und Ethik) zu geben, kann, wie deutlich werden wird, gerade auch als ein Anspruch seines Pragmatismus verstanden werden.

3.2.4 (Selbst-)Erkenntnis als Praxis

Die von James in Dresden unter Rekurs auf (Goethes) Homer für die Philosophie anvisierte (Re-)Orientierung – »Perhaps a new simple & classical era may [...] be inaugurated for us after the fever of the Christian and barbarous period«[201] – wird zunächst auf individuellem Weg erprobt, wie die Einträge seines Tagebuchs suggerieren. Sie veranschaulichen James' »conversion to the Homeric worldview of action«[202], die in der biografischen James-Forschung als persönliche Reaktion auf eine im Frühjahr 1868 erlebte existenzielle Krise verstanden wird,[203] als einen entlang der Lektüre und Abschrift von Texten Goethes sich vollziehenden Prozess. James' Praxis der Rezeption und handschriftlichen Reproduktion von Texten Goethes lässt sich unter dieser Perspektive auch als Selbstübung im Sinne der antiken Lebenskunst verstehen. Seit der römischen Kaiserzeit geht, wie Foucault darstellt, die »Praxis des Selbst mit dem Schreiben«[204] einher. Insbesondere Epiktet, dessen *Enchiridion* sowohl Goethe als auch James als gleichsam diskursiv praktizierten Stoizismus rezipieren (und exzerpieren),[205] betont »die Bedeutung

---

199 James, To Henry James. Dresden Apl. 5. 68. In: Corr 1, S. 42.

200 James, To Henry James. Dresden Apl. 5. 68. In: Corr 1, S. 43. [Herv. i. O.]

201 James, To Thomas Wren Ward. Dresden, May 24 1868. In: Corr 4, S. 308.

202 Richardson, William James, S. 91.

203 Vgl. dazu Richardson, William James, S. 85 ff.

204 Foucault, Über sich selbst schreiben, S. 51.

205 Zur Bedeutung von Epiktet für Goethe vgl. etwa folgende Stelle aus *Dichtung und Wahrheit:* »Weder die Schärfe des Aristoteles, noch die Fülle des Plato fruchteten bei mir im mindesten. Zu den Stoikern hingegen hatte ich schon früher einige Neigung gefaßt, und schaffte nun den *Epictet*

des Schreibens als persönliche Übung.«[206] Das Schreiben steht im Dienste der als Übung des Selbst verstandenen *askêsis:* »[E]s bildet stets eine entscheidende Phase in dem Prozeß, dem jede *askêsis* zustrebt, nämlich der Entwicklung rationaler Handlungsanweisungen aus gehörten oder gelesenen und als wahr erkannten Aussagen«[207]. Zumal nach Goethe Selbsterkenntnis (wie Welterkenntnis) nur auf dem Wege der Praxis erfolgen kann, scheint auch dem Prozess des Schreibens selbst eine epistemische Funktion zuzukommen.

Unter dem 1. Mai 1868 notiert James einen von Schiller in einem Brief an Goethe formulierten Kommentar zu *Wilhelm Meister,* der James gleichsam als Motto zu dienen scheint: »Schiller sums up Wm. Meister (8 July '96): ›er tritt von einem leeren und unbestimmten Ideal in ein bestimmtes thätiges Leben, aber ohne die idealisierende Kraft dabei einzubüssen.‹«[208] Die Wende von dem, was James in einem Tagebucheintrag vom 30. April 1870 nachträglich als seinen Hang zur Spekulation charakterisiert – »the mere speculation & contemplative Grübelei in which my nature takes most delight«[209] –, hin zur Einsicht in die praktischen Implikationen von (Denk-)*Handlungen* – »[n]ot in maxims, not in Anschauungen, but in accumulated <u>acts</u> of thoughts lies salvation«[210] – erfolgt, wie ein Tagebucheintrag vom 15. Mai 1868 nahelegt, ebenfalls über James' Auseinandersetzung mit Goethe und Schiller. James notiert ein Zitat aus Goethes Korrespondenz mit Schiller, in dem Goethe dem Streben nach Totalität (in der Idee) jenes nach der Empirie (in ihrer Pluralität und Intensität) gegenüberstellt: »›Nicht eher will ich wiederkommen als bis ich wenigstens eine Sattheit der Empirie empfinde, da wir an eine Totalität nicht denken dürfen.‹ Goethe to Schiller fm Fkft. 14 Aug. 97.«[211]

James' Bildungsbiografie erscheint vor dem Hintergrund seiner Goethe-Studien als Umsetzung des von Goethe der Introspektion des *Gnothi seauton* entgegengesetzten Modus der Selbst- und Weltkenntnis qua Praxis. Die »große und so bedeutend klingende Aufgabe: *erkenne dich selbst*«[212] erscheint Goethe, wie er bekennt, »verdächtig«[213], zumal sie »von der Tätigkeit gegen die Außenwelt zu einer innern

---

herbei, den ich mit vieler Teilnahme studierte.« (FA I, 14, S. 244.) Zu James' Epiktet-Studien vgl. Richardson, William James, S. 53; Stroud, William James and the Impetus of Stoic Rhetoric, S. 247.

206 Foucault, Über sich selbst schreiben, S. 51.

207 Foucault, Über sich selbst schreiben, S. 52.

208 James, Diary 1, S. 51. Zum Schiller-Zitat vgl. F. Schiller, An Goethe. Jena, 8. Juli 1796. In: BW, S. 239.

209 James, Diary 1, o. S.

210 James, Diary 1, o. S. [Herv. i. O.]

211 James, Diary 1, S. 54. Zum Goethe-Zitat vgl. Goethe, An Schiller. Frankfurt, 14. August 1797. In: BW, S. 438.

212 LA I, 9, S. 307. [Herv. i. O.]

213 LA I, 9, S. 307.

falschen Beschaulichkeit verleiten«²¹⁴ will, wobei Goethe zur Orientierung für die von ihm favorisierte Form der Heautognosie auf die sokratische Tradition verweist: »Nehmen wir sodann das bedeutende Wort vor: *Erkenne dich selbst*, so müssen wir es nicht im ascetischen Sinne auslegen. [...] Man denke sich das Große der Alten, vorzüglich der Sokratischen Schule, daß sie Quelle und Richtschnur alles Lebens und Thuns vor Augen stellt, nicht zu leerer Speculation, sondern zu Leben und That auffordert.«²¹⁵ Der hermetischen Selbstreflexion hält Goethe die (Inter-)Aktion entgegen, wie sie Wilhelm Meister von der Turmgesellschaft durch Jarno als Imperativ aufgegeben wird: »Lassen Sie den Vorsatz nicht fahren, in ein tätiges Leben überzugehen«²¹⁶. Als Ergebnis dieser sich für James als handlungsleitend erweisenden Maxime kann seine Version des Pragmatismus gelten. Diese lässt sich, wie deutlich werden wird, als Variante der von Goethe an Wilhelm Meister demonstrierten Versöhnung zwischen der praktischen Ausrichtung eines »tätigen Lebens«, wie es nach James das »empiristische Temperament«²¹⁷ zu verwirklichen sucht, und der »idealisierenden Kraft« in der Spekulation des »rationalistischen Temperaments«²¹⁸ verstehen. Wilhelm Meister wird die Richtung in den *Wanderjahren* abermals durch Jarno (der in den *Wanderjahren* bekanntlich unter dem Namen »Montan« reist) gewiesen, dieser insistiert auf dem in Analogie zur Diastole und Systole gedachten Zusammenspiel von Spekulation und Praxis: »Denken und Tun, Tun und Denken, das ist die Summe aller Weisheit, von jeher anerkannt, von jeher geübt, nicht eingesehen von einem jeden. Beides muß wie Aus- und Einatmen sich im Leben ewig fort hin und wider bewegen«²¹⁹.

James wird der Weg nicht nur durch *Wilhelm Meister*, sondern auch durch *Faust* gezeigt. Die Zitate, die James aus Friedrich Theodor Vischers *Faust*-Studie in sein Manuskript überträgt, lassen sich als Zeichen lesen, die James' Wende von der Spekulation zur Praxis sowie deren Mediation materialisieren. Notiert wird zunächst Vischers Befund über Fausts fehlgeleitetes theoretisches Erkenntnisstreben: »[I]n *Faust* kommt der alle Schranken überspringende Geist zu Fall«²²⁰. Es ist die Kapitulation des spekulativen Idealismus vor den Herausforderungen des konkreten Daseins, die – in Vischers, von James transkribierten Worten –

---

214 LA I, 9, S. 307.
215 Goethe, Maximen und Reflexionen, S. 145, Nr. 657 u. 658. [Herv. i. O.]
216 FA I, 9, S. 553.
217 James, Der Pragmatismus, S. 6.
218 James, Der Pragmatismus, S. 6.
219 FA I, 10, S. 535 f.
220 James, [Notes on Goethe], o. S. Die zitierte Stelle findet sich in Vischer, Die Litteratur über Goethes Faust, S. 162.

Fausts »Übergang vom unbefriedigten Denken in's [...] Thun und Genießen als wohlbegründet«[221] erweist.

Das Konzept vom ›ganzen Menschen‹ aufgreifend, dessen Bedeutung sich später auch an der Konzeption des philosophischen Subjekts in James' Pragmatismus abzeichnen wird, akzentuiert Vischer Faust als Repräsentanten des Idealismus, Mephistopheles als Verkörperung des Sensualismus bzw. Realismus. Die dramatische Handlung konfrontiert das sich über die Dinge hinwegsetzende ideelle Streben mit der realen Beschränktheit des Subjekts. James notiert aus Vischers Studie: »Faust mit Mephistopheles zusammen ist der Mensch. Sein ideelles Selbst will über alle Schranken hinaus, sein reelles (Sinnlichkeit und Verstand), in Mephistopheles culminierend [...]) mahnt an die *Schranke*.«[222] Dabei ist es gerade die irreduzible Ambivalenz in dieser polaren Konstellation, die nach Vischer den Dreh- und Angelpunkt des Dramas ausmacht. James scheint sich dieser Lesart anzuschließen, wenn er in seinem Manuskript zitiert: »Dies ist ein Hauptpunkt in unserer Tragödie (ohne den namentlich der zweite Theil gar nicht verstanden werden kann): *daß die Glieder des in Faust sich bekämpfenden Gegensatzes ihre Stelle wechseln.* Das Einemal erscheint Faust's Überschwenglichkeit als das Gute und die Beschränkung als das Geistlose und Unrechte, dann umgekehrt die Beschränkung (der realistische Verstand, die Kräfte der Sinnlichkeit) als das Heilsame.«[223] Der von Vischer aus dieser Beobachtung gezogene Schluss, dass »daß das Wahre nur [...] ein Drittes«[224] ist, erweist sich als Grundlage des James'schen – als Vermittlung zwischen Idealismus und Realismus bzw. Empirismus konfigurierten – Pragmatismus. Dieser löst im philosophischen Diskurs das ein, was Vischers Literaturkritik als Forderung des *Faust* abgeleitet hat: »*Einheit des Idealismus* (Faust) *und Realismus* (Mephistopheles).«[225] Dass James diese Forderung als Auftrag an seine Philosophie versteht, deutet sich im paraphrasierenden Zitat dieser Stelle an, das sich in seinem Manuskript findet: »This realism (M) + Idealism (F.) are to be reconciled in a third.«[226] Es kann als Imperativ verstanden werden, der mit seinem Pragmatismus umgesetzt wird.

---

221 James, [Notes on Goethe], o. S.; Vischer, Die Litteratur über Goethes Faust, S. 163.
222 James, [Notes on Goethe], o. S.; Vischer, Die Litteratur über Goethes Faust, S. 208. [Herv. i. O.]
223 James, [Notes on Goethe], o. S.; Vischer, Die Litteratur über Goethes Faust, S. 208 f. [Herv. i. O.]
224 Vischer, Die Litteratur über Goethes Faust, S. 209.
225 Vischer, Die Litteratur über Goethes Faust, S. 209. [Herv. i. O.]
226 James, [Notes on Goethe], o. S.

4 Philosophieren mit *Faust*

In der aktuellen Forschung werden primär die Protagonisten des *American Transcendentalism* bzw. der britischen Romantik als literarische Bezugsgrößen des James'schen Pragmatismus ausgewiesen. James kann, wie etwa Ulf Schulenberg unter Rekurs auf Richard Rorty konstatiert, »together with Emerson and Whitman, as a strong poet«[1] gelten.[2] Richard Poirier situiert James' Poetizität in der Tradition eines »Emersonian linguistic skepticism«[3]. Russell Goodman akzentuiert darüber hinaus die Rolle von William Wordsworth für James' (poetische) Philosophie.[4]

Demgegenüber wird in der frühen Rezeption die James'sche Philosophie in ihrer Poetizität (auch) mit der deutschsprachigen literarischen Tradition um 1800 assoziiert. So konstatiert der Herausgeber der philosophischen Fachzeitschrift *The Monist*, der deutsch-amerikanische Philosoph und Schriftsteller Paul Carus, im April-Heft des Jahres 1911 in einem Kommentar: »Pragmatism [...] is not a movement belonging properly in the realm of philosophy, but an outburst of literary enthusiasm sprinkled over with psychology and philosophy.«[5] Die Poetizität des James'schen Diskurses wird dabei allerdings in ihrem epistemischen Potenzial nicht prinzipiell verworfen, sondern mit Referenz auf »Homer, Shakespeare, Goethe«[6] als eine mögliche Variante philosophischer Artikulationsformen anerkannt: »It would be wrong therefore to say [...] our philosophical literature should be limited to strictly scientific works. [...] The poet too has a right to enter into the field of philosophy.«[7] Als paradigmatisches Beispiel für »philosophical poetry«[8] gilt Carus – neben »Shakespeare's Hamlet«[9] und »quite a number of poems of Goethe, of Schiller, of Herder and of Lessing«[10] – »Goethe's Faust«[11].

---

1 Schulenberg, Poets, Partial Stories, and the Earth of Things, S. 115.
2 Zu Rortys Adaption von Harald Blooms Formel des »strong poet« vgl. Rorty, Kontingenz, Ironie und Solidarität, S. 48. Vgl. dazu auch Poirier, Why Do Pragmatists Want to Be Like Poets, S. 351.
3 Poirier, Poetry and Pragmatism, S. 5.
4 Goodman, American Philosophy and the Romantic Tradition, S. 58 ff.
5 C[arus], Editorial Comment, S. 294.
6 C[arus], Editorial Comment, S. 294.
7 C[arus], Editorial Comment, S. 294. Hier liegt eine Diskrepanz zu Carus' früher James-Rezeption vor, wie sie im 1909 publizierten *Bericht über den III. Internationalen Kongreß für Philosophie zu Heidelberg* dokumentiert ist. Aufgrund der Literarizität wird James dabei die Qualifikation eines Philosophen abgesprochen (vgl. dazu Kapitel 1 der vorliegenden Arbeit).
8 So Paul Carus in seinem Kommentar zu dem von ihm übersetzten und in diesem Heft abgedruckten Gedicht *Das Ideal und das Leben* von Friedrich Schiller. (C[arus], Translator's Comments, S. 282.)
9 C[arus], Translator's Comments, S. 283.

https://doi.org/10.1515/9783110639155-004

Goethes *Faust* fungiert als zentraler Prä- und Intertext in James' metaphilosophischer Revision der zeitgenössischen Fachphilosophie. Im ersten Teil dieses Kapitels wird insbesondere die Rolle des *Faust* für die Erkenntnistheorie des James'schen Pragmatismus konturiert, während die intertextuelle Relevanz des *Faust* für James' Ontologie und Ethik in den Kapiteln 6 und 8 dieser Arbeit thematisiert wird. Durch die Zitation des *Faust* in den Schriften James' erfolgt eine erkenntnistheoretische Operationalisierung dieses poetischen Textes im Modus des (propositionalen) Sagens wie des (nicht-propositionalen) Zeigens. Die intertextuelle Referenz auf *Faust* lässt an die Seite philosophischer Quellen den poetischen Text als epistemische Autorität treten. Insofern der Akt des Zitierens das hervorbringt, was er voraussetzt,[12] wird das *Faust*-Drama, das derart in einen philosophischen Kontext versetzt wird, als philosophischer Text etabliert.

4.1 Zur Philosophie (in) der Poesie: Mit *Faust* gegen die philosophische Tradition

James' impliziter und expliziter Rekurs auf *Faust* im Rahmen seiner metaphilosophischen und erkenntnistheoretischen Ausführungen erweist sich als zentrale Strategie in der von ihm vorgenommenen Psychologisierung und Historisierung von (philosophischem) Wissen. Dabei erfolgt eine kritische Dekonstruktion der Dichotomie von Rationalismus und Empirismus bzw. Idealismus und Materialismus, wie sie Goethe in poetischer Form in *Faust* vorwegnimmt. Wie Goethe den zeitgenössischen Idealismus und den radikalen Materialismus der Aufklärung (unter anderem durch Reaktualisierung und Perspektivierung wissenschaftskritischer Positionen der Renaissance) kritisiert, wendet sich James gegen die Dogmen »der Hegelianer und anderer ›absoluten‹ Philosophen einerseits«[13] und jene »der wissenschaftlichen Evolutionisten und Agnostiker andererseits«[14]. James geht es dabei darum, die Metaphysik der Idealisten mit dem Materialismus des darwinistischen Szientismus zu versöhnen, im Sinne einer Philosophie, die den Bedürfnissen sowohl des »zartfühlende[n]«[15] Temperaments des idealistischen

---

10 C[arus], Translator's Comments, S. 283.
11 C[arus], Translator's Comments, S. 283. 1915 publiziert Carus eine Monografie zu Goethe, in der er auf dessen Philosophie eingeht (vgl. Carus, Goethe: With Special Consideration of His Philosophy).
12 Vgl. dazu etwa Menke, Zitat, S. 675.
13 James, Der Pragmatismus, S. 11.
14 James, Der Pragmatismus, S. 11.
15 James, Der Pragmatismus, S. 7 passim.

»Gefühlsmenschen«[16] wie des »grobkörnige[n]«[17] Temperaments des empiristischen »Tatsachenmensch[en]«[18] – den »zwei Seelen«, die Fausts gegenläufiges Erkenntnisstreben bedingen – gerecht wird.

Mit dem Rekurs auf *Faust* im Kontext der Charakterisierung dieses Dualismus in der Philosophie und Wissenschaft um 1900 folgt James der von Goethe in *Faust* eingesetzten Strategie, die aktuelle Situation der Philosophie und Wissenschaft mit analogen Konstellationen der Vergangenheit zu konfrontieren. James schließt damit an die geistesgeschichtliche Analogisierung an, die Goethe vornimmt, indem er den zeitgenössischen Idealismus mit der Esoterik und dem Okkultismus der deutschen Pansophie neuplatonistischer Provenienz und den Materialismus mit dem Physikalismus des antiken Atomismus assoziiert.[19] Die »komplexe[] Gesamtstruktur einer vergangenen Gegenwart und einer gegenwärtigen Vergangenheit«[20], die sich aus dem Ineinanderfalten verschiedener geistesgeschichtlicher Kontexte ergibt, und durch die sich das in *Faust* verhandelte wissenshistorische Dispositiv als »Durchmischung der Zeiten«[21] darstellt, wird durch den intertextuellen Transfer des *Faust* in die Schriften James' potenziert. Metahistoriografisch wird damit das wissenshistorische Narratem von der linearen Progression philosophischer Erkenntnis problematisiert.

Der absolute Idealismus erscheint James als Zuflucht vor »der unerträglichen Verwirrung und Barbarei, wie sie die nackten Tatsachen bieten«[22], in die Sicherheit der Abstraktion, von der Welt der Straße in die des Hörsaals, die etwas »Klosterartiges und Gespenstisches«[23] an sich habe und bei deren Betreten man – wie James, den Dialog zwischen dem Schüler und Mephistopheles aufrufend, einen seiner Studenten sagen lässt – das wirkliche Leben hinter sich lasse.[24] Seiner Aversion gegen diese Art der Philosophie verschafft James Ausdruck mit einem signifikanten Zitat:

> »Statt der lebendigen Natur,« we say, »da Gott die Menschen schuf hinein«—that nebulous concoction, that wooden, that straight-laced thing, that crabbed artificiality, that musty

---

16 James, Der Pragmatismus, S. 6.
17 James, Der Pragmatismus, S. 7 passim.
18 James, Der Pragmatismus, S. 7.
19 Vgl. dazu J. Schmidt, Goethes *Faust*, S. 69 ff.
20 J. Schmidt, Goethes *Faust*, S. 69.
21 J. Schmidt, Goethes *Faust*, S. 69.
22 James, Der Pragmatismus, S. 13.
23 James, Der Pragmatismus, S. 14.
24 Vgl. James, Der Pragmatismus, S. 13. Vgl. dazu insbes. FA I, 7.1, S. 82, V. 1881–1887.

school-room product, that sick man's dream! Away with it. Away with all of them! Impossible! Impossible![25]

Der »Moder«[26] und der »Staub«[27] in dem »hochgewölbten, engen, gotischen Zimmer«[28], wie sie in *Faust* als Metaphern für die Atmosphäre »antiquarische[n] Gelehrtenwesen[s]«[29] fungieren, werden von James dem absoluten Idealismus zugeschrieben, in der metaphorischen Charakterisierung einer Philosophie, die als »modriges Schulstubenerzeugnis«[30] deklariert wird, und deren Vertretern der »Staub«[31] an den Füßen klebt. In seinem emphatischen Appell zur Reorientierung in der idealistischen Fachphilosophie vergegenwärtigt James denn indirekt auch Fausts Auszug aus der Beschränktheit abstrakter Spekulation scholastischer Provenienz in die Sphäre der Empirie und akzentuiert den von Faust vollzogenen (durch die Makrokosmos- und Erdgeist-Vision präfigurierten) »Übergang vom Theoretischen zur lebendigen Erfahrung«[32]. James erinnert an »Männer der Wissenschaft, die es vorziehen, der Metaphysik [...] den Rücken zu kehren«[33], an »praktische Männer, die den Staub der Philosophie von ihren Füßen schütteln und dem Rufe der Wilden folgen.«[34] Gegen die einseitige metaphysische Ausrichtung weist James der Philosophie die Richtung mit den Worten Fausts:

> What boots it to tell me that the absolute is the true way, and to exhort me, as Emerson says, to lift mine eye up to its style, and manners of the sky [...]? I am finite once for all, and all the categories of my sympathy are knit up with the finite world *as such*, and with things that have a history. »Aus dieser erde quellen meine freuden, und diese sonne scheinet meinen leiden.« I have neither eyes nor ears nor heart nor mind for anything of an opposite description [...].[35]

---

25 James, Pragmatism, S. 24 f. James zitiert diese Faust'schen Verse (vgl. FA I, 7.1, S. 34, V. 414 f.) an zwei weiteren Stellen seines Werks; in beiden Fällen werden diese als Reaktion ›theoriegesättigter‹ und ›empiriehungriger‹ Zeitgenossen auf den akademischen Status quo angeführt (vgl. James, The Proposed Shortening of the College Course, S. 36; James, [Rez.] Psychology, S. 484). Zur Zitation dieser Verse in seiner Korrespondenz vgl. James, To Alice Howe Gibbens James. Sept. 28. 90. In: Corr 7, S. 97.
26 FA I, 7.1, S. 34, V. 416.
27 FA I, 7.1, S. 34, V. 403.
28 FA I, 7.1, S. 33. Zur symbolischen Deutung dieser Bühnenanweisung vgl. den Kommentar von Albrecht Schöne in FA I, 7.2, S. 208, sowie den Kommentar von Erich Trunz in HA 3, S. 512.
29 J. Schmidt, Goethes *Faust*, S. 69.
30 Im englischen Original: »musty school-room product« (James, Pragmatism, S. 24 f.).
31 James, Der Pragmatismus, S. 14.
32 J. Schmidt, Goethes *Faust*, S. 72.
33 James, Der Pragmatismus, S. 14.
34 James, Der Pragmatismus, S. 14.
35 James, A Pluralistic Universe, S. 27. [Herv. i. O.] Zum *Faust*-Zitat vgl. FA I, 7.1, S. 75, V. 1663 f.

Dass James in seiner Wissenschaftskritik *Faust* folgt, zeigt sich indirekt auch darin, dass er die abgelehnten »krankhafte[n] Traumgebilde«[36] des absoluten Idealismus in die Tradition der »Magie«[37] stellt. Dabei wird die für die magische Praxis charakteristische Suche nach dem Schlüssel des Universums in »Gestalt eines erleuchtenden, Macht bringenden Wortes oder Namens«[38] mit dem metaphysischen Streben des absoluten Idealismus, das als das Streben nach einer »allumfassenden noetischen Einheit«[39] gefasst wird, analogisiert. James reaktualisiert dabei die von Goethe eingesetzte »Chiffre der Magie«[40] als Ausdruck einer »Sehnsucht nach Ganzheitserfahrung und Ganzheitserkenntnis«[41], die er als Totalitätsbegehren der idealistischen Ausrichtung der zeitgenössischen Fachphilosophie zuschreibt. Während der Konnex von historischer Magie und zeitgenössischer Metaphysik an anderer Stelle philosophiehistorisch fundiert wird, indem »alchemy, magic, astrology«[42] als Vorformen philosophischen Wissens ausgewiesen werden, indiziert die Konstellation von Metaphysik und Magie in *Pragmatism* den – auch von Goethe durch das Motiv der Magie indizierten – Umschlag des Idealismus in Irrationalismus. Unter psychologischer Perspektive erweist sich die metaphysische Systemkonstruktion des absoluten Idealismus nicht als objektives Erzeugnis der Vernunft, sondern als Enthüllung persönlicher Idiosynkrasien. Dass das subjektive Gefühl am rationalistischen Systembau des Idealismus beteiligt ist, wird subtil durch die erlebte Rede angezeigt: »What the system pretends to be is a picture of the great universe of God. What it is—and oh so flagrantly!—is the revelation of how intensely odd the personal flavor of some fellow creature is.«[43]

In seiner Kritik am dogmatischen Rationalismus seiner Zeit tritt James gleichsam wörtlich als Advocatus Diaboli auf. In der Spiegelung der Schüler-Episode in der Baccalaureus-Szene des zweiten Teils von *Faust* ironisiert Mephisto bekanntlich im Gewande des Faust die idealistischen Anmaßungen seines das »Erfahrungswesen«[44] denunzierenden jugendlichen Gegenübers; der Baccalaureus – als Repräsentant des Idealismus der Goethezeit – wird von Mephisto als

---

36 James, Der Pragmatismus, S. 23.
37 James, Der Pragmatismus, S. 32.
38 James, Der Pragmatismus, S. 33.
39 James, Der Pragmatismus, S. 91.
40 J. Schmidt, Goethes *Faust*, S. 73.
41 J. Schmidt, Goethes *Faust*, S. 73.
42 James, Some Problems of Philosophy, S. 16.
43 James, Pragmatism, S. 24.
44 FA I, 7.1, S. 275, V. 6758.

»absolut«[45] verspottet.[46] Während sich an mehreren Stellen des James'schen Werkes die Identifikation mit der mephistophelischen Position dadurch anzeigt, dass James mit den Worten des Teufels (aus der Schüler-Episode) spricht, um dem überzogenen Idealismus eine Absage zu erteilen – »Grau, teurer Freund, ist alle Theorie, / Und grün des Lebens goldner Baum«[47] – erfolgt in *Pragmatism* der Rekurs auf Mephisto implizit.

James scheint sich dabei dem anzuschließen, was in der *Faust*-Forschung als Mephistos wissenschaftssatirische Abrechnung mit der »Pseudo-Rationalität«[48] metaphysischer Spekulation gedeutet wird. Es geht dabei bekanntlich um die Rolle der Wörter. Mephistos sarkastische Ansage an den Schüler – »Denn eben, wo Begriffe fehlen, / Da stellt ein Wort zur rechten Zeit sich ein«[49] – verweist, wie Jochen Schmidt in seiner *Faust*-Lektüre herausstellt, auf die im metaphysischen Umgang mit den Worten lauernde Gefahr: »Das Wort, das gerade dort notwendig begriffslos bleiben muß, wo man sich mit dem Unbegreiflichen beschäftigt, wächst sich durch wissenschaftliche Scheinrationalität zur irrationalen Bedrohung aus.«[50] Es ist in diesem Sinn, dass sich James gegen das »Wortgeklingel metaphysischer Systeme«[51] ausspricht und »Problemlösungen, die nur Worte sind«[52], kritisiert. Der absolute Idealismus als »inhaltlose Wortwissenschaft«[53] wird dabei wie in *Faust* in die Tradition der (Sprach-)Magie gestellt. Wie Goethe etwa in *Faust* in der Darstellung der Magie das »Irrationale des an bloßen Worten hängenden Dogmas«[54] kritisiert, erinnert James daran, »welche große Rolle in der Magie immer die *Worte* gespielt haben.«[55]

---

45 FA I, 7.1, S. 275, V. 6736.
46 Zur Referenz auf die idealistische Philosophie und deren Kritik in der Baccalaureus-Szene des *Faust* vgl. etwa den Stellenkommentar von Albrecht Schöne in FA I, 7.2, S. 500, sowie den Kommentar von Erich Trunz in HA 3, S. 618.
47 FA I, 7.1, S. 87, V. 2038 f. Zur Zitation dieser Verse vgl. etwa James, Louis Agassiz, S. 50; James, The Sentiment of Rationality, S. 61.
48 J. Schmidt, Goethes *Faust*, S. 143.
49 FA I, 7.1, S. 85, V. 1995 f.
50 J. Schmidt, Goethes *Faust*, S. 143.
51 Hingst, James' Transformation der Pragmatischen Maxime, S. 44. Auch Hingst verweist auf die oben angeführten Verse des *Faust*, um die Position James' deutlich zu machen (vgl. Hingst, James' Transformation der Pragmatischen Maxime, S. 45). Allerdings bleibt dabei der Sarkasmus des Mephisto (bzw. seines Autors) unberücksichtigt, weshalb auch übersehen wird, dass Mephisto und James bzw. Goethe in ihrer ›Wortkritik‹ gleichsam mit einer Stimme sprechen.
52 James, Der Pragmatismus, S. 32.
53 James, Der Pragmatismus, S. 62.
54 J. Schmidt, Goethes *Faust*, S. 143.
55 James, Der Pragmatismus, S. 32. [Herv. i. O.]

Die Abstrakta des transzendentalen Idealismus, allen voran das »Absolute« (ebenso wie die Abstrakta des Common Sense und der Popularphilosophie, wie etwa die »Seele«), erscheinen, wie James in *A Pluralistic Universe* ausführt, nur als Platzhalter für eine unsymbolisierbare Leerstelle und mithin »as little more than names masquerading—Wo begriffe fehlen, da stellt ein wort zur rechten zeit sich ein.«[56] Was James dabei an den »verbal solutions«[57] ablehnt, sind weniger die in der metaphysischen Systembildung zentrierten Namen »›Gott‹, ›Materie‹, ›Vernunft‹, ›Das Absolute‹, ›Energie‹«[58] als vielmehr die diesen dabei zukommende Funktion. Die Setzung dieser Namen bedingt die Schließung des Systems, den Abschluss der metaphysischen Suche.[59] Gleich dem, was Derrida später als das »transzendentale Signifikat«[60] ausweisen wird – nach Derrida können dafür »alle Namen für Begründung, Prinzip oder Zentrum«[61] einstehen, die in der Geschichte der Metaphysik »die Invariante einer Präsenz (*eidos, arche, telos, energeia, ousia* [Essenz, Existenz, Substanz, Subjekt], *aletheia,* Transzendentalität, Bewußtsein, Gott, Mensch usw.) bezeichnet haben«[62] –, dienen diese Namen nach James in den Systemen der Rationalisten zur Suggestion einer illusionären Einheit, deren Künstlichkeit »the rich thicket of reality«[63] verfehlt, dafür aber Sicherheit (in der nominellen Bannung des Unbegreiflichen) bietet. In den Worten Mephistos: »Im Ganzen – haltet Euch an Worte! / Dann geht Ihr durch die sichre Pforte / Zum Tempel der Gewißheit ein.«[64]

Das rationalistische System des absoluten Idealismus gründet in einem Umgang mit den Worten, den James als »*verderbten Intellektualismus*«[65] bezeichnet. Er ortet seinen Ursprung bei Sokrates und Plato, für die das Sein aus Entitäten, nicht Erscheinungen besteht, wobei die (Er-)Kenntnis der Entitäten mit jener ihrer Definitionen zusammenfällt. Das Ding wird zuerst mit einem Begriff

---

56 James, A Pluralistic Universe, S. 95.
57 James, Pragmatism, S. 31.
58 James, Der Pragmatismus, S. 33.
59 »›God,‹ ›Matter,‹ ›Reason,‹ ›the Absolute,‹ ›Energy,‹ are so many solving names. You can rest when you have them. You are at the end of your metaphysical quest.« (James, Pragmatism, S. 31.)
60 Derrida, Die Struktur, das Zeichen und das Spiel, S. 424.
61 Derrida, Die Struktur, das Zeichen und das Spiel, S. 424.
62 Derrida, Die Struktur, das Zeichen und das Spiel, S. 424.
63 James, Pragmatism, S. 39.
64 FA I, 7.1, S. 85, V. 1990 ff. Hier zeichnet sich ab, was Rorty als die – für den Pragmatismus wie die Dekonstruktion charakteristische – Kritik an »the various God-surrogates« bezeichnet, deren Rolle, wie Rorty in den Worten Derridas argumentiert, darin bestehe, »a full presence which is beyond play‹« zu suggerieren. (Rorty, Remarks on Deconstruction and Pragmatism, S. 16. Zum Derrida-Zitat vgl. Derrida, Structure, Sign and Play, S. 279.)
65 James, Das pluralistische Universum, S. 33. [Herv. i. O.]

gleichgesetzt, der Begriff mit einer Definition und nur insofern das Ding als das gilt, was die Definition enthält, ist man sicher, dessen wahre Essenz oder dessen volle Wahrheit zu erfassen.[66] Der Begriff wird dabei so behandelt, als ob die Tatsache, die er bezeichnet, das ausschließt, was der Begriff nicht positiv einzuschließen vermag: »*The treating of a name as excluding from the fact named what the name's definition fails positively to include, is what I call ›vicious intellectualism‹.*«[67] Für James hingegen kommt der Begriff immer als zweites, als approximative Annäherung an die Tatsache, nicht als ihr volles Äquivalent: »*Im anfang war die tat*; fact is a *first*; to which all our conceptual handling comes as an inadequate second, never its full equivalent.«[68]

Dem durch Geschlossenheit, Geschichtslosigkeit und Statik gekennzeichneten »block-universe«[69] des absoluten Idealismus stellt James eine Wirklichkeit gegenüber, die durch Offenheit, Veränderung, Prozessualität und Dynamik gekennzeichnet ist:

> Der wesentliche Unterschied [= zwischen dem Rationalismus und dem Pragmatismus] besteht darin, daß für den Rationalismus die Wirklichkeit von aller Ewigkeit her fertig und vollendet ist, während sie für den Pragmatismus noch im Werden ist und ihre Gestaltung zum Teil erst von der Zukunft erwartet. Auf der einen Seite ruht das Universum in absoluter Sicherheit, auf der anderen geht es noch immer seinen Abenteuern nach.[70]

Die vom Pragmatismus propagierte Welt entzieht sich einer restlosen Systematisierung, es bleibt immer ein unsymbolisierbarer Rest, der sich der begrifflichen Festschreibung und logischen Bändigung widersetzt. Es ist eine undisziplinierte, in den Augen der Rationalisten eine ›unmögliche‹ und ›unanständige‹ Welt, sie gleicht einem streunenden Hund ohne Halsband: »Such a world would not be respectable, philosophically. It is [...] a dog without a collar, in the eyes of most professors of philosophy.«[71] James insistiert – im Widerspruch zu der mit Parmenides etablierten Tradition – auf der Unmöglichkeit, die als Nichtsein (*mè ón*) deklarierte Negativität vollständig auszuschalten: »Nie läßt sich das Negative, das Alogische ganz bannen. *Etwas* – ›nenn's Schicksal, Zufall, Freiheit, Willkür, Teufel, nenn's wie du willst!‹ – *etwas* bleibt für deinen Gesichtspunkt stets wi-

---

66 Vgl. James, A Pluralistic Universe, S. 99.
67 James, A Pluralistic Universe, S. 32. [Herv. i. O.]
68 James, A Pluralistic Universe, S. 118. [Herv. i. O.]
69 James, A Pluralistic Universe, S. 39.
70 James, Der Pragmatismus, S. 164.
71 James, Pragmatism, S. 125.

dersprechend, bleibt ein ›anderes‹, bleibt draußen stehen, bleibt uneinge-schlossen«[72].

Mit seiner Negation der platonischen Fantasie vom Sein als die imaginierte Ordnung der differenzlosen, ewigen und unveränderlichen Ideen steht James in der (von ihm nicht reflektierten) Nachfolge der Sophisten. Diese reklamieren, wie Andreas Hetzel mit Bezugnahme auf John Dewey ausführt, das, was Parmenides mit der Kategorie des *mè ón* zu bannen sucht. Für Parmenides gilt das *mè ón* »als Inbegriff des Nichtseinsollenden, all dessen also, was das Sein in seiner Identität, Vollkommenheit und Zeitlosigkeit infrage stellt: Veränderung, Differenz, Mannigfaltigkeit, Kontingenz, Mangel, Meinung und Praxis.«[73] Demgegenüber beharren die Sophisten auf einer »Negativität, die das Sein daran hindert, sich selbstgenügsam in sich abzuschließen. [...] Vollkommenheit kann für den Sophisten nicht ohne Mangel gedacht werden, Ewigkeit nicht ohne Zeit, Identität nicht ohne Differenz, das Selbe nicht ohne das Andere.«[74]

Die »Negativität« setzt sich im James'schen Diskurs als literarisches Zitat, tropische Figur, Fremdwort fest. Die poetischen Fundstücke induzieren eine radikale Differenz, Geschichtlichkeit und Alterität, die der Diskurs selbstreferenziell ausstellt. »Hund« und »Teufel« in den oben angeführten Zitaten bringen die wohl prominenteste metaphorische Verkörperung des Negativen ins Spiel. Und insofern dieses im aufgerufenen Prätext als Bedingung der Möglichkeit des Positiven erscheint – als »Teil von jener Kraft, / Die stets das Böse will und stets das Gute schafft«[75] –, exponieren die Begriffe auch die von James (in sophistischer Tradition) proklamierte und auf der Ebene des Diskurses inszenierte Struktur der wechselseitigen Interdependenz dessen, was Parmenides vergeblich versuchte auseinanderzuhalten. So wird auch das Konzept, das die monistischen Systeme ausrichtet, (gleichsam wörtlich) marginalisiert; »Einheit« bleibt eine ›Randerscheinung‹, es ist ein ›Fremdwort‹, das seinen Status selbstreferenziell anzeigt: »[A]bsolute unity [...] remains a *Grenzbegriff*.«[76]

---

72 James, Vorwort. In: Der Wille zum Glauben, S. XI. [Herv. i. O.]
73 Hetzel, Negativität und Unbestimmtheit, S. 8.
74 Hetzel, Negativität und Unbestimmtheit, S. 8.
75 FA I, 7.1, S. 64, V. 1336.
76 James, Preface. In: The Will to Believe, S. 6.

4.2 Philosophie als Praxis und Poiesis

Die von James zitierten *Faust*-Verse artikulieren einerseits (propositional formulierte und wörtlich zitierbare) philosophische Positionen und veranschaulichen damit die Philosophie (in) der Poesie. Darüber hinaus lässt sich die Praxis des Zitierens als Geste verstehen, die im Modus des nicht-propositionalen Zeigens die Poesie der Philosophie akzentuiert, wobei das Verhältnis zwischen Poesie und Philosophie als historisches wie auch als systematisches reflektiert wird. Mit der Zitation des poetischen Textes setzt James das wissenschaftshistorische Narrativ von der Genealogie der Philosophie aus der Poesie in Szene, wobei die spätestens mit Platon instaurierte Hierarchie zwischen Philosophie und Poesie relativiert wird: Die Philosophie wird auf ihren Ursprung im Mythos und in der Magie verwiesen. Neben der Akzentuierung der Wissensgeschichte der Philosophie, die sich vor allem in der traditionellen Metaphysik und Logik nur durch Negation ihrer Historizität konstituiert, und der Rehabilitierung der Poesie in ihrem Erkenntniswert impliziert der von James inszenierte Dialog zwischen Philosophie und Poesie die metatextuelle Auseinandersetzung mit Sprache als das beiden gemeinsame Medium und Material bzw. die Poetizität der Philosophie.

Das von James durch die Referenz auf *Faust* inszenierte diachrone und synchrone Verhältnis zwischen Poesie und Philosophie, das im *Faust* nur implizit vorgeführt wird, reflektiert Goethe auch explizit. So verweist Goethe im zweiten Teil seiner Autobiografie, dessen Motto James in einem Brief vom Dezember 1881 zitiert,[77] auf die Poesie als genuinen Ort der Philosophie. In der Rekapitulation seiner ersten systematischen Annäherungen an die Schulphilosophie anhand der Philosophiegeschichte von Johann Jacob Brucker argumentiert Goethe in *Dichtung und Wahrheit*: »eine abgesonderte Philosophie sei nicht nötig, indem sie schon in der Religion und in der Poesie vollkommen enthalten sei«[78]. Gegen die Bestrebungen der zeitgenössischen (Fach-)Philosophie, die diese als Wissenschaft der Wissenschaft zu begründen und die Poesie in der Philosophie zu fundieren suchen,[79] macht Goethe das historische Primat der Poesie stark. Philosophie erweist sich dabei – entgegen ihrem mit Plato begründeten Selbstverständnis – nicht als System des *logos*, sondern, unter diachroner Perspektive, als Serie von – seit Parmenides dem Mythos und der Rhetorik zugeschriebenen – Meinungen (*doxa*), deren Relevanz sich an der Möglichkeit ihrer Aneignung bzw. ›Durchdringung‹ bemessen lässt: Goethe hält fest, dass ihm in der Geschichte der

---

77 Vgl. James, To William Mackintire Salter. Cambridge Dec 27th 1881. In: Corr 5, S. 193.
78 FA I, 14, S. 243.
79 Vgl. FA I, 14, S. 243.

(Fach-)Philosophie »eine *Meinung* so gut wie die andre vorkam«[80], insofern man »in dieselbe einzudringen fähig war«[81]. Der fachspezifischen Ausdifferenzierung der zeitgenössischen Philosophie hält er das ungeschiedene Wissen entgegen, das in den mythischen Traditionen zutage tritt. So gefiel Goethe, wie er im Zusammenhang mit seiner philosophischen Sozialisation bemerkt, »an den ältesten Männern und Schulen [...] am besten, daß Poesie, Religion und Philosophie ganz in Eins zusammenfielen«[82], wofür ihm »das Buch Hiob, das Hohe Lied und die Sprüchwörter Salomonis eben so gut als die Orphischen und Hesiodischen Gesänge [...] ein gültiges Zeugnis abzulegen schienen.«[83] Seinem Ungenügen an der Systematizität der theoretisch orientierten Philosophie platonischer Provenienz – weder »die Schärfe des Aristoteles, noch die Fülle des Plato fruchteten [...] im mindesten«[84] – setzt Goethe in der autobiografischen Erzählung seiner philosophischen Studien schließlich die Position entgegen, »daß es im Leben bloß aufs Tun ankomme«[85]. Die hier angesprochene Ausrichtung an der Praxis wird in einer Maxime aus den *Wanderjahren* generell für die Wissenschaften gefordert: »Nur durch eine erhöhte Praxis sollten die Wissenschaften auf die äußere Welt wirken: denn eigentlich sind sie alle esoterisch und können nur durch Verbessern irgend eines Tuns exoterisch werden.«[86]

Neben der diachronen Relation zwischen Philosophie und Poesie, die für ihn auch eine (Re-)Orientierung an der den Ausgang von Poesie wie Philosophie markierenden Privilegierung der Praxis vor der Theorie begründet, reflektiert Goethe auch das synchrone Verhältnis zwischen Philosophie und Poesie und plädiert auch hier für eine Ausrichtung der Philosophie an der Poesie. Deren nicht-propositionalen Formen wird in den *Materialien zur Geschichte der Farbenlehre* spezifisches epistemisches Potenzial zuerkannt, das es auch in der Philosophie zu nutzen gilt: »Die Poesie hat in Absicht auf Gleichnisreden und uneigentlichen Ausdruck sehr große Vorteile vor allen übrigen Sprachweisen [...]. Die Philosophie auf ihren höchsten Punkten bedarf auch uneigentlicher Ausdrücke und Gleichnisreden«[87].

---

80 FA I, 14, S. 243. [Herv. A. S.]
81 FA I, 14, S. 243.
82 FA I, 14, S. 243.
83 FA I, 14, S. 243.
84 FA I, 14, S. 244.
85 FA I, 14, S. 244.
86 FA I, 10, S. 758. In vergleichbarer Weise kritisiert James unter Bezugnahme auf Friedrich Paulsen die Hermetik der deutschen Wissenschaftskultur: »Philosophy [...] has long assumed in Germany the character of being an esoteric and occult science.« (James, A Pluralistic Universe, S. 13.)
87 LA I, 6, S. 168.

Neben der Philosophie der Poesie und der Poesie der Philosophie, die James' zitationelle Verschränkung seiner Schriften mit *Faust* auf einer allgemeinen Ebene vor Augen führt, lässt sich das Zitieren selbst – unabhängig vom propositionalen Gehalt des Zitierten oder des mit dem Zitat auf nicht-propositionale Weise Gezeigten – als eine Handlung verstehen, durch die das Verhältnis von Poesie und Philosophie in den Schriften James' spezifisch konfiguriert wird. Die Zitation erscheint als Praxis, durch die ein genuin der Poesie zukommendes Vermögen realisiert wird. Zumal die Differenzierung zwischen Philosophie und Poesie auf der Unterscheidung diskursiver und vergegenwärtigender Vermögen basiert, lässt sich die Praxis des Zitats als poetisches Verfahren *par excellence* verstehen, und zwar aufgrund der mit ihm/durch es ermöglichten Re-Präsentation. So betont Gottfried Gabriel, der die Philosophie als »eine Disziplin (oder Tätigkeit) [...] zwischen Wissenschaft und Dichtung oder zwischen Logik und Literatur«[88] positioniert, »dass die Erkenntnisvermögen, die es in der Philosophie zu aktivieren gilt, nicht nur die diskursiven Vermögen Verstand und Vernunft sind, sondern dass auch die vergegenwärtigenden Vermögen Einbildungskraft und Phantasie dazugehören.«[89] Die von Gabriel der Poesie als Charakteristikum zuerkannten nicht-propositionalen Formen und Verfahren der Erkenntnis und die diesen attribuierten »Vergegenwärtigungsleistungen«[90] werden durch das wörtliche Zitat nicht nur imaginär bzw. ideell, durch Einbildungskraft und Fantasie, sondern real vollbracht: Durch die konkrete – die Signifikanten betreffende – Re-Präsentation wird eine vergangene Präsenz zur Gegenwart.

Das Zusammenspiel von Praxis, Poesie und Philosophie, wie es James' Projekt des Pragmatismus kennzeichnet, rückt unter der hier eingenommenen Perspektive auch in die Nähe zu dem, was Goethe in einem seiner bekanntesten Aphorismen als Wissen(schaft) *in actu* versteht: »Ich denke Wissenschaft könnte man die Kenntnis des Allgemeinen nennen, das abgezogene Wissen; Kunst dagegen wäre Wissenschaft zur Tat verwendet; Wissenschaft wäre Vernunft, und Kunst ihr Mechanismus, deshalb man sie auch praktische Wissenschaft nennen könnte.«[91] Philosophie erweist sich für James, wie auch Richard Shusterman in Bezug auf James' Ästhetik (als philosophische Teildisziplin) zu argumentieren scheint,[92] weniger als Theorie per se denn als Theorie in/als (ästhetische) *Praxis*. In seinem

---

88 Gabriel, Zwischen Wissenschaft und Dichtung, S. 415.
89 Gabriel, Zwischen Wissenschaft und Dichtung, S. 423. Zu der – in der vorliegenden Arbeit dominierenden – *narratologischen* Bedeutung von ›diskursiv‹ vgl. demgegenüber Kapitel 1, Anm. 83.
90 Gabriel, Zwischen Wissenschaft und Dichtung, S. 423.
91 FA I, 10, S. 768 f.
92 Vgl. Shusterman, The Pragmatist Aesthetics of William James, S. 349 ff.

1879 publizierten Aufsatz *The Sentiment of Rationality*, in dem James das »Rationalitätsgefühl« in nahezu wörtlicher Analogie zu Fausts berühmter Erfüllungsbedingung seiner Wette mit Mephisto als »feeling of the sufficiency of the present moment, of its absoluteness«[93] definiert, stellt James folgende rhetorische Frage: »Why does the *Aesthetik* of every German philosopher appear to the artist an abomination of desolation?«[94] Und setzt als Replik (im deutschen Original) entgegen: »Grau, theurer Freund ist alle Theorie / Und grün des Lebens goldner Baum.«[95] James erteilt dem analytischen Studium des Ästhetischen als Grundlage ästhetischer Praxis eine Absage: »no good will ever come to Art as such from the analytic study of Aesthetics—harm rather if the abstractions could in any way be made the basis of practice.«[96] James kehrt das Verhältnis um: Wie Goethe in *Faust* als »praktischer Wissenschaft« Philosophie als literarisches Experiment inszeniert,[97] erscheint James' Pragmatismus als eine Theorie, die der diskursiven Praxis nicht (nur) voraus-, sondern (auch) aus ihr hervorgeht.

James reflektiert das erkenntnistheoretische Potenzial poetischer Sprache für die Philosophie indirekt auch mit Referenz auf die in *Faust* der scholastischen Rationalität gegenübergestellte Praxis der Hexerei. Metaphorisches Denken (und Sprechen), das er als charakteristische Operation der »highest order of minds«[98] versteht, wird in seiner Spontaneität, Produktivität, seiner Chaotizität, seiner – durch Verbmetaphern artikulierten – Fluidität mit einem brodelnden Hexenkessel (a »seething caldron«) verglichen. Dieses – genuin kreative – Denken in seiner verwirrenden und ›wilden‹ Aktivität (»bewildering activity«), das seinen Ausdruck in Metaphern, Analogien, Assoziationen erfährt, findet seinen Niederschlag nicht nur in der »dramatischen Fiktion«, sondern unter anderem auch in der (Poetizität der) Philosophie:

> [In highest order of minds] we have the most abrupt cross-cuts and transitions from one idea to another, the most rarefied abstractions and discriminations, the most unheard-of combinations of elements, the subtlest associations of analogy; in a word, we seem suddenly introduced into a seething caldron of ideas, where everything is fizzling and bobbing about in a state of bewildering activity, where partnerships can be joined or loosened in

---

93 James, The Sentiment of Rationality, S. 58. Zum ›erfüllten Augenblick‹ als das, worauf Faust wettet, vgl. FA I, 7.1, S. 76, V. 1699 f. Zur Funktion des ›erfüllten Augenblicks‹ im Kalkül der Wette vgl. auch Eibl, Zur Bedeutung der Wette im »Faust«, S. 276 f.
94 James, The Sentiment of Rationality, S. 61.
95 James, The Sentiment of Rationality, S. 61.
96 James, To Henry Rutgers Marshall. [1899]. In: Corr 8, S. 475. Vgl. dazu auch Shusterman, The Pragmatist Aesthetics of William James, S. 349.
97 Vgl. dazu Molnár, Hidden in Plain View, S. 33 ff.
98 James, Great Men and their Environment, S. 185.

an instant, treadmill routine is unknown, and the unexpected seems the only law. According to the idiosyncrasy of the individual, the scintillations will have one character or another. They will be sallies of wit and humor; they will be flashes of poetry and eloquence; they will be constructions of dramatic fiction or of mechanical device, logical or philosophic abstractions, business projects, or scientific hypotheses, with trains of experimental consequences based thereon; they will be musical sounds, or images of plastic beauty or picturesqueness, or visions of moral harmony.[99]

Dem hier reflektierten Vermögen eines als poetisch charakterisierbaren Denkens trägt James durch eine spezifische Poetizität der Sprache Rechnung.[100] James operiert dabei als Dichter im Sinne Rortys, der das sprachliche Werkzeug, das zur philosophischen Arbeit notwendig ist, erst in der/durch die Arbeit (mit) hervorbringt. Wissenschaftliche und ästhetische Innovationen rühren nach Rorty daher, dass »jemand Interferenzen zwischen zwei oder mehreren unserer Vokabulare erkennt und dann dazu übergeht, ein neues Vokabular zu finden«[101]. Die »Wittgensteinsche Analogie zwischen Vokabularen und Werkzeugen«[102] wird dabei spezifiziert. Im Unterschied zu Handwerkern, bei denen der Werkzeuggebrauch der Ausführung des Werkes gewöhnlich vorausgeht, stellen Wissenschaftler, Philosophen und Dichter das Vokabular in der Ausführung des Werks erst her:

> [V]on Menschen wie zum Beispiel Galilei, Yeats oder Hegel (also ›Dichtern‹ in dem weitgefaßten Sinn, in dem ich das Wort verstehe, nämlich äquivalent mit: ›diejenigen, die Dinge neu machen‹), [ist] nicht zu erwarten, daß sie klarmachen können, was genau sie tun wollen, bevor sie die Sprache entwickeln, in der ihr Vorhaben gelingt. Das neue Vokabular macht die Formulierung seines Zweckes erst möglich. Es ist Werkzeug für eine Arbeit, die man sich vor der Entwicklung eines besonderen Sortiments von Beschreibungen nicht hätte vorstellen können, von Beschreibungen, die es selbst mit herstellen hilft.[103]

Aus der philosophischen Praxis als Poiesis geht nach Rorty das philosophische Werk/-zeug hervor – *ergon* und *organon* in einem. Der James'sche Diskurs erscheint unter dieser Hinsicht auch als paradigmatische Einlösung der Bestimmung des Pragmatismus als »Versuch, Praxis *als* Praxis zu denken«[104], diese nicht auf Gründe außerhalb der Praxis, sondern in ihr selbst zu fundieren. Er entgeht dadurch der Aporie, die sich ergibt, wenn man das Primat der Praxis – als Parole des Pragmatismus – (nur) theoretisch behauptet. Er zeigt, dass der Diskurs über

---

99 James, Great Men and their Environment, S. 185.
100 Vgl. dazu Kapitel 6.3.
101 Rorty, Kontingenz, Ironie und Solidarität, S. 35.
102 Rorty, Kontingenz, Ironie und Solidarität, S. 36.
103 Rorty, Kontingenz, Ironie und Solidarität, S. 36.
104 Hetzel, Zum Vorrang der Praxis, S. 17. [Herv. i. O.]

Praxis nicht nur durch das propositionale Was, sondern auch das (performative) Wie des philosophischen Textes – durch das, was der Text tut (indem er etwas sagt) – zu führen ist.

5 Zum epistemischen Subjekt des poetischen Pragmatismus:
Der ›ganze Mensch‹ als ›Maß aller Dinge‹

James entwirft, wie im folgenden Kapitel ausgeführt wird, eine holistische Konzeption des epistemischen Subjekts, das sich als Rehabilitierung des von Goethe in Anlehnung an Friedrich Schiller entworfenen Konzepts vom ›ganzen Menschen‹ als Subjekt ästhetischer und wissenschaftlicher Praxis verstehen lässt. Dieses durch das Zusammenspiel der ›oberen‹ und ›unteren‹ Erkenntnisvermögen charakterisierte Subjekt der Forschung fungiert, wie Goethe und James in der Homo-mensura-Tradition des Protagoras herausstellen, als das ›Maß aller Dinge‹. Die holistische Konzeption des Erkenntnissubjekts involviert sowohl bei Goethe als auch bei James eine spezifische Konzeption philosophischen Wissens, als deren Implikationen sich (in Kongruenz mit epistemologischen Positionen der literarischen und philosophischen Tradition unter dem Primat der Praxis im späten 18. Jahrhundert) eine Aufwertung der Affektivität gegenüber der Rationalität sowie die Anerkennung einer irreduziblen epistemischen Perspektivität erweisen. Den spezifischen Formen und Verfahren der diskursiven Inszenierung eines derartigen – an einen unhintergehbaren subjektiven Standpunkt gebundenen – (philosophischen) Wissens und seiner Historiografie widmet sich der letzte Teil dieses Kapitels.

5.1 Zur holistischen Konzeption des Erkenntnissubjekts

Für James schließt die philosophische wie allgemein wissenschaftliche Praxis nicht allein die rationalen Vermögen des forschenden Subjekts, sondern ›den ganzen Menschen‹ ein. Das betrifft bereits den Zweifel am Ausgangspunkt des Erkenntnisprozesses, den James in Anschluss an Peirce nicht primär als intellektuelle, sondern insbesondere auch als affektive Operation fasst. Wie Peirce in seiner Kritik am methodischen Zweifel Descartes' anhand einer rhetorischen Frage herausstellt, lässt sich der Zweifel nicht auf einen symbolischen Akt reduzieren: »Nennt man es *zweifeln*, auf ein Stück Papier zu schreiben, daß man zweifelt?«[1] Der systematischen Skepsis Descartes', die Peirce als »gespielte[n]«[2],

---

1 Peirce, Was heißt Pragmatismus, S. 434. [Herv. i. O.]
2 Peirce, Religionsphilosophische Schriften, S. 368.

https://doi.org/10.1515/9783110639155-005

»papierene[n] Zweifel«[3] charakterisiert, setzt Peirce den »wirklichen, lebendigen Zweifel«[4] entgegen. Dieser wird bei James, wie Felicitas Krämer darstellt, »zur dramatischen [...] Verzweiflung«[5] gesteigert. Er erscheint von der Art des Faust'schen Zweifels: Der Zweifel, dem Faust in der Szene »Nacht« ausgesetzt ist, und der wie bei Peirce und James als Movens praktischer »inquiry«[6] fungiert, erweist sich in seiner existenziellen Bedrohung nicht als eine Variante des »Apriori-Skeptizismus«[7] cartesianischer Provenienz, sondern erfasst den ›ganzen Menschen‹. Peirce setzt der cartesianischen Maxime als Imperativ entgegen: »Let us not pretend to doubt in philosophy what we do not doubt in our hearts.«[8] Die von Peirce geforderte ›Lebendigkeit‹ des Zweifels, die auch das ›Herz‹ affiziert und bei James eine Zuspitzung zur »existentielle[n] Krise«[9] erfährt, wird von Faust paradigmatisch vorgeführt: Dessen Verzweiflung will ihm »schier das Herz verbrennen.«[10] Faust verkörpert derart gleichsam prototypisch das von Peirce und James konzipierte Subjekt der Forschung, das – durch die »irritation of doubt«[11] genötigt – den »struggle to attain belief«[12] aufnimmt.[13] Dabei wird auch der Zielpunkt des wissenschaftlichen Strebens, wie dessen Ausgangspunkt, als *Gefühl* definiert. Es konvergiert mit dem von Faust begehrten Zustand. Peirce bezeichnet ihn als »calm and satisfactory state«[14]. James definiert das Rationalitätsgefühl in *The Sentiment of Rationality* in nahezu wörtlicher Analogie zu dem von Faust ersehnten ›erfüllten Augenblick‹ als »feeling of the sufficiency of the present moment, of its absoluteness«[15].

James' Konzeption des ›ganzen Menschen‹ als Subjekt philosophischer wie allgemein wissenschaftlicher Praxis zeichnet sich bereits in seinen frühen Arbeiten zur physiologischen Psychologie ab.[16] In seinem 1878 veröffentlichten Aufsatz zu Herbert Spencers mechanistischer und deterministischer Konzeption

---

3 Peirce, Religionsphilosophische Schriften, S. 368.
4 »Es muß ein wirklicher und lebendiger Zweifel da sein, ohne ihn ist jede Diskussion wertlos.« (Peirce, Die Festlegung einer Überzeugung, S. 158.)
5 F. Krämer, Erfahrungsvielfalt und Wirklichkeit, S. 11.
6 Peirce, The Fixation of Belief, S. 231, CP 5.374.
7 Oehler, Die Grundlegung des Pragmatismus, S. 30.
8 Peirce, Some Concequences of Four Incapacities, S. 157, CP 5.265.
9 F. Krämer, Erfahrungsvielfalt und Wirklichkeit, S. 11.
10 FA I, 7.1, S. 33, V. 365.
11 Peirce, The Fixation of Belief, S. 231, CP 5.374.
12 Peirce, The Fixation of Belief, S. 232, CP 5.375.
13 »I shall term this struggle *Inquiry*« (Peirce, The Fixation of Belief, S. 231, CP 5.374).
14 Peirce, The Fixation of Belief, S. 230, CP 5.372.
15 James, The Sentiment of Rationality, S. 58.
16 Vgl. dazu auch H. Pape, Der dramatische Reichtum der konkreten Welt, S. 118 ff.

des Geistes, der zeitgleich mit Peirces als Gründungsurkunde des Pragmatismus (avant la lettre) geltenden Schrift *How to Make our Ideas Clear* 1878 erscheint, kritisiert James den von Spencer erhobenen Anspruch, mit seiner Psychologie den »gesamten Prozess geistiger Evolution« Rechnung tragen zu wollen, unter Verweis auf Spencers Identifikation mentaler Aktivität mit Tatsachenerkenntnis.

> In the first place, one asks, what right has one, in a formula embracing professedly the »entire process of mental evolution,« to mention only phenomena of cognition, and to omit all sentiments, all aesthetic impulses, all religious emotions and personal affections? The ascertainment of outward fact constitutes only one species of mental activity. [...] »Mind,« as we actually find it, contains all sorts of laws—those of logic, of fancy, of wit, of taste, decorum, beauty, morals, and so forth, as well as of perception of fact.[17]

Dass die »laws of beauty« auch in den Naturwissenschaften am Werk sind, stellt James in seinem zuerst 1895 erschienenen Beitrag *Is Life Worth Living?* heraus. Der ästhetische Trieb (als Teil des ›ganzen Menschen‹) fundiert die Praxis der Naturwissenschaften, er drängt nach Realisierung und organisiert die krude Materialität nach den Gesetzmäßigkeiten der Kunst:

> Take science itself! Without an imperious inner demand on our part for ideal logical and mathematical harmonies, we should never have attained to proving that such harmonies lie hidden between all the chinks and interstices of the crude natural world. Hardly a law has been established in science, hardly a fact ascertained, which was not first sought after, often with sweat and blood, to gratify an inner need.[18]

Ebenso gilt für die philosophische Theoriebildung, dass sie, wie James in *The Sentiment of Rationality* argumentiert, nicht nur intellektuelle und affektive, sondern auch ästhetische Aspekte (jene des »Geschmacks«) ins Spiel bringt: »*[T]he whole man* within us is at work when we form our philosophical opinions. Intellect, will, taste, and passion co-operate just as they do in practical affairs«[19]. Der Imperativ nach Ausbildung *aller* Kräfte wird unter Verweis auf die philosophischen und literarischen Exponenten der Goethezeit als vom Universum aufgegebene Verpflichtung apostrophiert: »How did Kant and Fichte, Goethe and Schiller, inspire their time with cheer, except by saying, ›Use all your powers; that is the only obedience the universe exacts?‹«[20]

Die von James eingesetzte Formel vom ›ganzen Menschen‹, die in der psychologischen und medizinischen Grundlagendiskussion erst nach dem Ersten

---

17 James, Remarks on Spencer's Definition of Mind, S. 8.
18 James, Is Life Worth Living, S. 51.
19 James, The Sentiment of Rationality, S. 77. [Herv. A. S.]
20 James, The Sentiment of Rationality, S. 74.

Weltkrieg elaboriert wird,[21] kann mit Blick auf James' Lektüre der theoretischen Schriften Friedrich Schillers im Kontext von dessen ästhetischer Anthropologie situiert werden, mit der Schiller unter Berufung auf die griechische Antike unter anderem der »Scheidung der Wissenschaften«[22] und jener von »Kunst und Gelehrsamkeit«[23] entgegenzuwirken sucht.[24] Dem Auseinandertreten der rationalen und sinnlichen Erkenntnisvermögen, der Differenzierung und Partialisierung des Wissens und der Disziplinen arbeitet die Kunst – und hier insbesondere die Dichtkunst – entgegen, wie Schiller auch in seiner Rezension *Über Bürgers Gedichte* argumentiert:

> Bei der Vereinzelung und getrennten Wirksamkeit unsrer Geisteskräfte, die der erweiterte Kreis des Wissens und die Absonderung der Berufsgeschäfte notwendig macht, ist es die Dichtkunst beinahe allein, welche die getrennten Kräfte der Seele wieder in Verbindung bringt, welche Kopf und Herz, Scharfsinn und Witz, Vernunft und Einbildungskraft in harmonischem Bunde beschäftigt, welche gleichsam den *ganzen Menschen* in uns wieder herstellt.[25]

Gegen die Kant'sche Dichotomisierung von Sinnlichkeit und Verstand setzt Schiller bekanntlich die dynamische Vereinigung der (sich im »Formtrieb« artikulierenden) ›oberen‹ und der (sich im »Stofftrieb« realisierenden) ›unteren‹ Erkenntnisvermögen durch den sich paradigmatisch in der Kunst äußernden »Spieltrieb« – als konstitutives Prinzip des ›ganzen Menschen‹. Wie Schiller im berühmten 15. Brief *Über die ästhetische Erziehung des Menschen* konstatiert, ist es

---

21 Vgl. dazu Rössler, Mensch, ganzer, Sp. 1106 f.
22 F. Schiller, Über die ästhetische Erziehung, S. 24.
23 F. Schiller, Über die ästhetische Erziehung, S. 24.
24 Der ›ganze Mensch‹ erscheint bei Schiller zunächst als Ideal medizinischer Praxis, wie bereits der Titel seiner Dissertation, mit der er 1780 sein Medizinstudium abschließt, zum Ausdruck bringt: *Versuch über den Zusammenhang der thierischen Natur des Menschen mit seiner geistigen.* Schiller akzentuiert dabei auch die unhintergehbare Gebundenheit (je)des (Natur-)Wissenschaftlers an seinen Körper, der seinem Erkenntnisstreben Grenzen setzt: »Den Mathematiker, der in den Regionen des Unendlichen schweifte, und in der Abstraktionswelt die wirkliche verträumte, jagt der Hunger aus seinem intellektuellen Schlummer empor, den Physiker, der die Mechanik des Sonnensystems zergliedert und den irrenden Planeten durchs Unermeßliche begleitet, reißt ein Nadelstich zu seiner mütterlichen Erde zurück, den Philosophen, der die Natur der Gottheit entfaltet, und wähnet, die Schranken der Sterblichkeit durchbrochen zu haben, kehrt ein kalter Nordwind, der durch seine baufällige Hütte streicht, zu sich selbst zurück, und lehrt ihn, daß er das unselige Mittelding von Vieh und Engel ist.« (F. Schiller, Versuch über den Zusammenhang der thierischen Natur des Menschen mit seiner geistigen, S. 18. Zur Bedeutung der medizinischen Studien Schillers als Grundlage für seine ästhetischen und anthropologischen Positionen vgl. auch Oschmann, Friedrich Schiller, S. 21 f.)
25 F. Schiller, Über Bürgers Gedichte, S. 971. [Herv. i. O.]

»unter allen Zuständen des Menschen gerade das Spiel und *nur* das Spiel [...], was ihn vollständig macht, und seine doppelte Natur auf einmal entfaltet.«[26] In der Fußnote zum 18. Brief erhebt Schiller den ästhetischen Sinn als ein genuin menschliches Vermögen zum Ursprung der Philosophie. Es ist die der *aisthesis* zugeschriebene Tendenz der Synthese, durch die der Ästhetiker der Wahrheit (im Handeln) näher kommt als der Philosoph (im Denken): Schiller hält fest, »daß die *sensualen* Ästhetiker, welche das Zeugnis der Empfindung mehr als das Raisonnement gelten lassen, sich *der Tat nach*, weit weniger von der Wahrheit entfernen als ihre Gegner.«[27] Denn die »Natur (der Sinn) vereinigt überall, der Verstand scheidet überall, aber die Vernunft vereinigt wieder; daher ist der Mensch, ehe er anfängt zu philosophieren, der Wahrheit näher als der Philosoph.«[28] Es ist in diesem Sinn, dass, wie Schiller in *Über Anmut und Würde* betont, »sich die philosophierende Vernunft weniger Entdeckungen rühmen kann, die der Sinn nicht schon dunkel *geahndet* und die Poesie nicht *geoffenbaret* hätte.«[29] Eine Schlüsselfunktion in der Vermittlung von Sinnlichkeit und Verstand kommt dabei nach Schiller dem – auch von James als regulativen Faktor wissenschaftlicher Praxis reklamierten – Geschmack zu.[30] Er zeichnet sich dadurch aus, dass er »zwischen Geist und Sinnlichkeit in die Mitte tritt und diese beiden einander verschmähenden Naturen zu einer glücklichen Eintracht verbindet«[31], indem er »dem *Materiellen* die Achtung der Vernunft«[32] und »dem *Rationalen* die Zuneigung der Sinne erwirbt.«[33]

Das von Schiller anvisierte Zusammenspiel der menschlichen (oberen und unteren) Erkenntnisvermögen wird von Goethe in seiner Bedeutung für die Wissenschaft akzentuiert. Im Kontext seiner Ausführungen über die Ganzheitlichkeit »der griechischen Ausbildung«[34] konturiert Goethe in seinen *Materialien zur Geschichte der Farbenlehre* das Projekt einer auf das Ganze gehenden Wissenschaft – als Kunst: »Da im Wissen sowohl als in der Reflexion kein Ganzes zusammengebracht werden kann, weil jenem das Innre, dieser das Äußere fehlt; so müssen wir uns die Wissenschaft notwendig als Kunst denken, wenn wir von ihr irgend

---

26 F. Schiller, Über die ästhetische Erziehung, S. 63. [Herv. i. O.]
27 F. Schiller, Über die ästhetische Erziehung, S. 75. [Herv. i. O.]
28 F. Schiller, Über die ästhetische Erziehung, S. 75.
29 F. Schiller, Über Anmut und Würde, S. 437. [Herv. i. O.]
30 Zu James' Betonung des Geschmacks (»taste«) als Kategorie der Erkenntnisbildung vgl. etwa James, The Sentiment of Rationality, S. 77.
31 F. Schiller, Über Anmut und Würde, S. 442.
32 F. Schiller, Über Anmut und Würde, S. 442. [Herv. i. O.]
33 F. Schiller, Über Anmut und Würde, S. 442. [Herv. i. O.]
34 LA I, 6, S. 76.

eine Art von Ganzheit erwarten.«[35] Die Realisierung dieses Projekts involviert den Einsatz des ›ganzen Menschen‹:

> Um aber einer solchen Forderung sich zu nähern, so müßte man keine der menschlichen Kräfte bei wissenschaftlicher Tätigkeit ausschließen. Die Abgründe der Ahndung, ein sicheres Anschauen der Gegenwart, mathematische Tiefe, physische Genauigkeit, Höhe der Vernunft, Schärfe des Verstandes, bewegliche sehnsuchtsvolle Phantasie, liebevolle Freude am Sinnlichen, nichts kann entbehrt werden zum lebhaften fruchtbaren Ergreifen des Augenblicks, wodurch ganz allein ein Kunstwerk, von welchem Gehalt es auch sei, entstehen kann.[36]

Die hier von Goethe geforderte ›Ganzheit‹ des Subjekts erscheint bei John Dewey als Differenzkriterium der Kunst und – insofern die intellektuelle Erfahrung für ihre Vollständigkeit des Ästhetischen bedarf – der Wissenschaft. In seiner Studie *Art as Experience*, in der Dewey den Dualismen in der abendländischen Philosophie die integrative Funktion der ästhetischen Erfahrung entgegenhält, fungiert die Ganzheitlichkeit als *differentia specifica* der Kunst: »Es ist diese Ganzheitlichkeit im Erfahrungsprozeß von Tun und Erkennen, die den Unterschied setzt zwischen dem, was Kunst und dem, was keine Kunst ist.«[37] Da nach Dewey »keine wie auch immer geartete Erfahrung eine Einheit darstellt, wenn sie nicht ästhetischen Charakter trägt«[38], erweist sich die intellektuelle von der ästhetischen Erfahrung auch nicht als grundsätzlich verschieden: Die »ästhetische Erfahrung läßt sich nicht scharf von der intellektuellen trennen, da letztere, um in sich vollständig zu sein, den Stempel der Ästhetik tragen muß.«[39] Mit Goethes berühmter Formel von der Unteilbarkeit der Natur aus dem Gedicht *Unwilliger Ausruf*, das das dritte von Goethes Heften *Zur Morphologie* beschließt – »Natur hat weder Kern / Noch Schale«[40] –, akzentuiert Dewey seine Apotheose auf die Ganzheitlichkeit der Kunst, die als solche das auch für die Wissenschaft wie die Philosophie paradigmatische Modell der Erfahrung bereitstellt.[41]

Deweys Referenz auf Goethe in seinem Plädoyer für eine an der ästhetischen Erfahrung orientierte Konzeption ganzheitlicher Erkenntnis plausibilisiert die von Ludwig Stein bereits 1908 aufgestellte These vom »Primat des Willens« als »Kern« des (James'schen) Pragmatismus, den Stein in der Tradition eines – paradigma-

---

35 LA I, 6, S. 76.
36 LA I, 6, S. 77.
37 Dewey, Kunst als Erfahrung, S. 37.
38 Dewey, Kunst als Erfahrung, S. 53.
39 Dewey, Kunst als Erfahrung, S. 51.
40 LA I, 9, S. 223.
41 Vgl. Dewey, Kunst als Erfahrung, S. 346.

tisch durch Goethe repräsentierten – Voluntarismus verortet.[42] Dieser zeichnet sich auch bei dem (von Goethe vordergründig kritisierten) Naturforscher Albrecht von Haller ab. Auch wenn Goethes *Unwilliger Ausruf* mit seinen berühmten Anfangsversen »*Ins Innere der Natur*, / O! Du Philister ! / *Dringt kein erschaffner Geist*«[43] – als entstellte Zitation eines Lehrgedichts von Albrecht Haller – gegen dessen rationalistischen Zentrismus gerichtet ist,[44] so lässt sich Hallers Vorrede zur Übersetzung von Buffons *Naturgeschichte* als Vorwegnahme Goethe'scher und James'scher Positionen lesen, die die Bedeutung des Willens – als Einsatz des ›ganzen Menschen‹ – für den Akt der Erkenntnisproduktion akzentuieren. Wie Goethe in offensichtlicher Anlehnung an Albrecht Haller die Hypothese als erkenntniskonstitutives Verfahren naturwissenschaftlicher Forschung operationalisiert und dabei (wie Haller) auf die Wirkmächtigkeit des Willens als Faktor der Erkenntnisproduktion setzt,[45] bestimmt James in *The Will to Believe* den Charakter einer Hypothese in Relation zum wissenschaftlichen Subjekt und dessen »Willigkeit [auf Grundlage dieser Hypothese] zu handeln«[46]. Die für die produktive Funktion – die »Lebendigkeit« (»liveness«) – einer Hypothese bestimmende »Willigkeit zum Handeln«[47] beschränkt sich dabei – im Sinne des ›ganzen Menschen‹ als Subjekt der Forschung – nicht nur auf intentionale und intellektuelle Strebungen (die selbst aus habituellen Akten hervorgegangen sind): »When I say ›willing nature,‹ I do not mean only such deliberate volitions as may have set up habits of belief that we cannot now escape from—I mean all such factors of belief as fear and hope, prejudice and passion, imitation and partisanship, the circumpressure of our caste and set.«[48]

Der von James eingesetzte Begriff des Willens umfasst ein breites semantisches Spektrum, wie es etwa das *Grimm'sche Wörterbuch* für den Anfang der Begriffsgeschichte konstatiert:

> der bedeutungsumfang und verwendungskreis des wortes ist ursprünglich ein viel weiterer, als der heutige sprachgebrauch erwarten läszt. er umfaszt nicht nur das wollen oder die äuszerungen des wollens im eigentlichen sinn, sondern erstreckt sich auch auf das fühlen,

---

42 Vgl. Stein, Der Pragmatismus, S. 150.

43 LA I, 9, S. 223. [Herv. i. O.]

44 Es handelt sich um ein Zitat aus Albrecht von Hallers *Die Falschheit menschlicher Tugenden* (vgl. dazu auch den Kommentar von Karl Eibl in FA I, 2, S. 1104, sowie den Kommentar in HA 1, S. 721).

45 Vgl. dazu Kapitel 7.3.

46 James, Der Wille zum Glauben, S. 2.

47 James, Der Wille zum Glauben, S. 3.

48 James, The Will to Believe, S. 18.

vor allem auf die gesinnung und die gemüthsstimmung, ferner auf die triebhaften regungen und begierden [...].[49]

Es handelt sich dabei um eine Bedeutungsdimension, die in ihrem Umfang »noch bei Göthe [...] lebendig ist«[50], im Laufe des 19. Jahrhunderts aber »unter dem einflusz der philosophischen fachsprache [...] eine schärfere prägung und abgrenzung«[51] erhielt.

In dieser weiten – ›Meinungen‹ und ›Neigungen‹ als Regungen des ›ganzen Menschen‹ einschließenden – Bedeutung kommt dem Willen in Goethes Wissenschaftstheorie eine zentrale Rolle zu. Die Anerkennung seiner Wirkmächtigkeit fundiert Goethes selbstreflexiv als »Paradoxie«[52] bezeichnete Position seiner Newton-Kritik, dass Empirie und Experiment Wirklichkeit weniger ab- denn ausbilden. Es ist der Wille (im umfassenden Sinne), der, so Goethe im Polemischen Teil der *Farbenlehre*, bedingt, »daß sich durch Erfahrungen und Versuche eigentlich nichts beweisen läßt«[53]. Denn die das Experiment wie allgemein die Erfahrung strukturierende Überzeugung wird nicht durch die Vernunft, sondern den Willen (im weiten Sinn) determiniert: »[W]ir wissen nur zu sehr, daß die Überzeugung nicht von der Einsicht, sondern von dem Willen abhängt; daß niemand etwas begreift, als was ihm gemäß ist und was er deswegen zugeben mag. Im Wissen wie im Handeln entscheidet das Vorurteil alles, und das Vorurteil wie sein Name wohl bezeichnet, ist ein Urteil vor der Untersuchung.«[54] Eine analoge Funktion für die Ausbildung von wissenschaftlichen Überzeugungen erfüllt der Wille auch für James: Die »Gefühls- und Willensseite unserer Natur [liegt] allen unseren Ueberzeugungen zu Grunde.«[55] Dass diese weite Konzeption des Willens für James' Konzeption des ganzen Menschen (als wissenschaftliches Subjekt) eine eminente Rolle spielt, legt zudem die dezidierte Konjunktion der beiden Konzepte in James' Tagebuch nahe: »Ein ganzer Mensch – ein ganzer Wille.«[56]

---

49 Grimm/Grimm, Deutsches Wörterbuch, 14. Bd., Sp. 138 f.
50 Grimm/Grimm, Deutsches Wörterbuch, 14. Bd., Sp. 139.
51 Grimm/Grimm, Deutsches Wörterbuch, 14. Bd., Sp. 139.
52 LA I, 5, S. 12, § 30.
53 LA I, 5, S. 12, § 30. Ähnlich konstatiert der Wissenschaftssoziologe und Erkenntnistheoretiker Ludwik Fleck: »Alle Experimentalforscher wissen, wie wenig ein Einzelexperiment beweist und zwingt: es gehört dazu immer ein ganzes System der Experimente und Kontrollen, einer Voraussetzung (einem Stil) gemäß zusammengestellt, und von einem Geübten ausgeführt.« (Fleck, Entstehung und Entwicklung einer wissenschaftlichen Tatsache, S. 126.)
54 LA I, 5, S. 12, § 30.
55 James, Der Wille zum Glauben, S. 4.
56 Der Eintrag erfolgt unter dem 5. Januar 1870. James, Diary 1, o. S. [Herv. i. O.]

Das Konzept des ganzen Menschen als Subjekt des Wissens popularisiert James auch in seinen pädagogisch ausgerichteten *Talks to Teachers*. Im Kontext seiner Ausführungen zur Funktion der Aufmerksamkeit für den Prozess der Wissensaneignung bzw. -generierung relativiert er deren Bedeutung angesichts des für die (Re-)Produktion von Wissen konstitutiven Zusammenspiels aller Vermögen: »The total mental efficiency of a man is the resultant of the working together of all his faculties; he is too complex a being for any of them to have the casting vote.«[57] Wenn es in diesem Zusammenspiel einen entscheidenden Faktor gibt, dann kommt der Stärke des Willens – in Goethes weitem Sinn – diese Rolle zu. Seinem erkenntnisstiftenden Potenzial unterliegen alle anderen Fähigkeiten: »If any of them do have the casting vote, it is more likely to be the strength of his desire and passion, the strength of the interest he takes in what is proposed. Concentration, memory, reasoning power, inventiveness, excellence of the senses —all are subsidiary to this.«[58]

5.2 Humanismus in der Homo-mensura-Tradition

James stellt seine Auffassung von der Zutat des ›Menschlichen‹ in der (philosophischen) Wissenskonstitution in den Kontext des von F. C. S. Schiller begründeten Humanismus. Dieser beruft sich im Vorwort zu der von James zitierten (und diesem gewidmeten) Aufsatzsammlung *Humanism*, mit der er »a more hopeful and *humaner* [sic] view of metaphysics«[59] anvisiert, auf James' »declaration of the independence of the *concrete whole of man* with all his passions and emotions«[60]. Die von Schiller in *Humanism* postulierte Revision der Philosophie gründet in der Tradition des Sophisten Protagoras, dessen Homo-mensura-Satz die epistemologische Grundlage für die von ihm konstatierte unhintergehbare ›Menschlichkeit‹ aller philosophischen und naturwissenschaftlichen Erkenntnis bildet. In den Worten James': »[Y]ou can't weed out the human contribution.«[61] James fasst in *Pragmatism* die Erkenntnistheorie des Humanismus folgendermaßen zusammen: »Human motives sharpen all our questions, human satisfactions lurk in all our answers, all our formulas have a human twist. This element is so inextricable in the products that Mr. Schiller sometimes seems almost to leave it an open ques-

---

57 James, Talks to Teachers, S. 73.
58 James, Talks to Teachers, S. 73.
59 F. C. S. Schiller, Preface. In: Humanism, S. IX. [Herv. i. O.]
60 F. C. S. Schiller, Preface. In: Humanism, S. XVI. [Herv. A. S.]
61 James, Pragmatism, S. 122.

tion whether there be anything else.«[62] Unter dieser Perspektive erweisen sich die absolutistischen Erkenntnisansprüche der Metaphysik wie der Naturwissenschaften nach Schiller als ›Absurdität‹: »a non-anthropomorphic thought is sheer absurdity«[63]. Gegen den Absolutismus und Apriorismus des idealistischen Rationalismus setzt F. C. S. Schiller die irreduzible Relativität, Historizität und ›Nachträglichkeit‹ aller Erkenntnis. Die Vorstellung einer vom empirischen Subjekt unabhängigen Erkenntnis wird verworfen, an die Stelle der transzendental-philosophischen Vorstellung vorempirischer Ermöglichungsbedingungen des Wissens tritt in Schillers Projekt der ›Re-Humanisierung‹ der Philosophie die (Re-)Zentrierung »[of] the human personality [...] as [...] the ›a priori condition of all knowledge.‹«[64]

Der Homo-mensura-Satz, den F. C. S. Schiller als Kernsatz des Humanismus bzw. Pragmatismus zu rehabilitieren sucht, kann auch als fundierendes Prinzip des von Goethe verfolgten naturwissenschaftlichen Zugangs verstanden werden. Goethes wohl prominenteste wissenschaftstheoretische Schrift, der mit 1792 datierte Aufsatz *Der Versuch als Vermittler von Objekt und Subjekt*,[65] stellt sich bereits am Beginn in die Tradition des Protagoras.[66] Thematisiert wird das Verhältnis des wissenschaftlichen Subjekts zu den Dingen. Der ›Mensch als Maß der Dinge‹ wird als Maßstab auch für die Wissenschaft reklamiert. Die von den Naturforschern – denkt man sie »als gleichgültige und gleichsam göttliche Wesen«[67] – geforderte Distanz zu den Objekten der Forschung wird dabei der Relation kontrastiert, die als »Maßstab«[68] fungiert, »wenn sie [= die Naturforscher] als *Menschen* die Dinge in Bezug auf sich«[69] betrachten. Der »Entäußerung«[70] des Naturforschers als distanzierter Beobachter, der die »Data der Beurteilung nicht aus sich, sondern aus dem Kreise der Dinge [zu] nehmen [hat], die er beobachtet«[71], wird die »ganz natürliche Art die Sachen anzusehen und zu beurteilen«[72] gegenübergestellt, wie

---

62 James, Pragmatism, S. 117.
63 F. C. S. Schiller, Preface. In: Humanism, S. XVII.
64 F. C. S. Schiller, Preface. In: Humanism, S. XXI.
65 Es wird im Folgenden aus der ursprünglichen Fassung des Aufsatzes zitiert, wie sie in der *Hamburger Ausgabe* wiedergegeben wird (vgl. HA 13, S. 10 – 20).
66 Zu einer anderen Lesart dieses Aufsatzes, die an Goethes wissenschaftlichem Ansatz vielmehr dessen »hohen Anspruch der Objektivität« akzentuiert, vgl. Reulecke, Die Emergenz von Wissen, S. 44 u. S. 58.
67 HA 13, S. 10.
68 HA 13, S. 10.
69 HA 13, S. 10. [Herv. A. S.]
70 HA 13, S. 10.
71 HA 13, S. 10.
72 HA 13, S. 10.

sie der Beginn des Aufsatzes mit seinem – protagoreisch anmutenden – (Grund-) Satz postuliert: »Sobald der Mensch die Gegenstände um sich her gewahr wird, betrachtet er sie in Bezug auf sich selbst, und mit Recht. Denn es hängt sein ganzes Schicksal davon ab, ob sie ihm gefallen oder mißfallen, ob sie ihn anziehen oder abstoßen, ob sie ihm nutzen oder schaden.«[73] Dem entspricht das von Friedrich Riemer tradierte – und in F. C. S. Schillers oben zitierter Formel von der Unmöglichkeit nicht-anthropomorphen Denkens anklingende – Diktum Goethes von der irreduziblen ›Menschlichkeit‹ der (Natur-)Philosophie: »Alle Philosophie über die Natur bleibt doch nur ein Anthropomorphismus.«[74]

Goethes Stellung innerhalb der Tradition des Protagoras wird *en passant* auch in der von F. C. S. Schiller zitierten, 1901 ins Englische übertragenen *Geschichte der antiken Philosophie* von Theodor Gomperz festgehalten und mit folgendem (dem Gespräch mit Riemer entnommenen) Goethe-Zitat belegt[75]: »Wir mögen an der Natur beobachten, messen, rechnen, wägen etc. wie wir wollen, es ist doch nur unser Maß und Gewicht, wie der Mensch das Maß der Dinge ist.«[76] Als Anhänger der im Pragmatismus zentrierten Erkenntnistheorie des Protagoras reklamiert die Philosophiegeschichte Goethe mithin auch als indirekten Vorläufer des Pragmatismus, wie ein 1911 in *The Monist* publizierter Beitrag mit dem Titel *From Protagoras to William James* zeigt, der seine Ausgangsthese, wohl in Anlehnung an Gomperz, unter Referenz auf Goethe erläutert: »[W]e may [...] adopt the first sentence of Protagoras's work on truth as a fair epitome of modern pragmatism: ›Man is the measure of all things [...].‹ Or to use Goethe's paraphrase: ›We may watch nature, measure her, reckon her, weigh her, etc. as we will. It is yet but our measure and weight, since man is the measure of things.‹«[77]

Dass der *ganze* Mensch das Maß der Dinge (im Sinne des Protagoras) ist, akzentuiert F. C. S. Schiller in seinem als kunstvolle Variante eines platonischen Dialogs verfassten Gespräch *Protagoras the Humanist*, das sich als affirmative Umschrift der – in Platons *Theaitetos* kritisierten – protagoreischen Theorie der Wahrnehmung und des Wissens lesen lässt.[78] Schiller lässt dabei dem fiktiven

---

73 HA 13, S. 10.
74 Goethe, Gespräche, Bd. 1, S. 505. Oder – in der bereits zitierten Formel F. C. S. Schillers: »a non-anthropomorphic thought is sheer absurdity«. (F. C. S. Schiller, Preface. In: Humanism, S. XVII.)
75 Vgl. Gomperz, Griechische Denker, S. 373 f. Zu F. C. S. Schillers Referenz auf Gomperz im Kontext seiner Auseinandersetzung mit dem (platonischen) Protagoras vgl. etwa F. C. S. Schiller, From Plato to Protagoras, S. 28.
76 Goethe, Gespräche, Bd. 1, S. 505.
77 Boodin, From Protagoras to William James, S. 73 f.
78 Vgl. F. C. S. Schiller, Protagoras the Humanist. Zu Protagoras aus der Perspektive des Pragmatismus allgemein vgl. Oehler, Protagoras.

»Philonous«, der als (Re-)Aktualisierung von George Berkeleys gleichnamigem Alter ego (aus Berkeleys 1713 verfassten *Three Dialogues between Hylas and Philonous*) erscheint,[79] durch den fiktiven »Antimorus von Mende« eine gleichsam pragmatistische Lektion zuteilwerden, indem Antimorus Platons Interpretation des Homo-mensura-Satzes, wie sie im *Theaitetos* erfolgt,[80] durch Präsentation eines (fiktiven) Dialogs zwischen Protagoras und zwei Eleaten (die als Sohn und Enkel des Parmenides inszeniert werden) ›korrigiert‹. Antimorus überzeugt Philonous von der Fehlerhaftigkeit der Überlieferung der protagoreischen Lehre durch Plato, indem er die von diesem im *Theaitetos* vorgenommene Identifikation von Erkenntnis und Wahrnehmung bei Protagoras als ›falsch‹ herausstellt. Was negiert wird, ist die (von Plato dem Protagoras zugeschriebene Auffassung) »that man's life was wholly sensation«[81]. Sinnlichkeit wird durch die Vernunft, den Willen und das Begehren als weitere Quellen der Erkenntnis ergänzt: »We reason also, and purpose, and desire.«[82] Demnach gilt: »[W]hen Protagoras made man the measure, he did not mean any part of him, his smell or his sight, his palm or his foot, but the whole man, with *all* his powers«[83].

5.3 Konzeptionen von Philosophie im Zeichen des ›ganzen Menschen‹

Die holistische Konzeption des Erkenntnissubjekts korreliert bei Goethe und James mit einer Revision rationalistischer Auffassungen von philosophischer Erkenntnis. In Abgrenzung zur jeweils herrschenden Fachphilosophie werden alternative Konzeptionen von Philosophie formuliert. James greift dabei implizit auf Positionen zurück, die im letzten Drittel des 18. Jahrhunderts aus der kritischen Distanzierung zur rationalistischen Systemphilosophie hervorgehen und auch Goethes Konzeption philosophischer Praxis (als Alternative bzw. Komplement zur ›Schulphilosophie‹) kennzeichnen.

In ihrer inhaltlichen Konvergenz mit dem im Zuge des Säkularisierungsprozesses und der Pluralisierung bzw. Individualisierung von Wissensformen auch in

---

79 Mit seinen 1713 verfassten *Three Dialogues between Hylas and Philonous* installierte Berkeley, wie die Forschung herausstellt, als sein Sprachrohr Philonous als ›Liebhaber des Geistes‹. Zu Philonous als »Sprecher Berkeleys« sowie zur Bedeutung der Dialogform dieses Textes für die Vermittlung philosophischen Wissens vgl. Gabriel, Formen des Philosophierens, S. 67.
80 Vgl. dazu Seeck, Platons *Theaitetos*.
81 F. C. S. Schiller, Protagoras the Humanist, S. 310.
82 F. C. S. Schiller, Protagoras the Humanist, S. 310.
83 F. C. S. Schiller, Protagoras the Humanist, S. 310. [Herv. i. O.]

der philosophischen Diskussion populär gewordenen Begriff der »Weltanschau-ung«[84] tradiert James' Konzeption von Philosophie die auch bei Goethe manifeste, sich im 18. Jahrhundert etablierende Auffassung von der persönlichen und kul-turell bedingten Perspektivität (je)des Wissens.[85] Diese scheint insbesondere auch an den Aufstieg der Literatur als Medium der Vermittlung von (›Lebens‹-)Wissen gebunden, zumal, wie etwa Ansgar Nünning herausstellt, die Einsicht in die »unhintergehbare Perspektivität menschlicher Wirklichkeitserfahrung«[86] sowie die Generierung »multiperspektivischer Betrachtungsweisen«[87] als zentrale Wei-sen der Welterschließung durch Literatur gelten können. Mit der Akzentuierung der sich im 18. Jahrhundert durchsetzenden Auffassung von der »epistemische[n] Perspektivität«[88] reflektieren Goethe und James gleichzeitig auch die unhinter-gehbare ›Gemachtheit‹ der Philosophie.

Die Betonung der Perspektivität impliziert dabei keinen Irrationalismus, vielmehr erweist sie sich als Konsequenz der für die Humanwissenschaften seit der Spätaufklärung kennzeichnenden Historisierungs- und Empirisierungsten-denzen, durch die vermeintlich apriorische, auf reiner Vernunft gründende Sys-teme als in der konkreten (Alltags-)Praxis fundierte, historisch gewordene ver-standen werden. James formuliert dabei in Anlehnung an Goethe aus, was im 18. Jahrhundert durch die Spätaufklärung literarisch auf den Weg gebracht wor-den ist. Die literarischen Vertreter der Spätaufklärung bemühten sich »um eine Begründung ihrer Auffassungen mit Hilfe des pragmatischen Paradigmas, das sowohl die Erkenntnis als auch die Moral an der lebensweltlichen Praxis orien-tiert. Dabei handelt es sich keineswegs um einen Irrationalismus, sondern um die existentielle Gründung der Vernunft im affektiven Gesamthaushalt des Menschen gerade mit dem Zweck der rationalen Durchdringung der Lebenswelt.«[89] Im Zuge der Historisierung und Empirisierung von Erkenntnisbedingungen erscheint die Philosophie nicht länger als universale und statische Meta-Wissenschaft, sondern als Projekt einer Psychologisierung und Physiologisierung von Erkenntnisbe-dingungen.

---

84 Der Begriff wurde von Kant in die Philosophie eingeführt. Zur Begriffs- und Problemge-schichte vgl. etwa Mies/Wittich, Weltanschauung/Weltbild.

85 Zur Manifestation der (epistemischen) Perspektivität in Goethes subjektgebunder – rela-tionaler – Konzeption des Raumes vgl. Strohmaier, Relationale und mediatisierte Räume, insbes. S. 172 ff.

86 A. Nünning, Lebensexperimente und Weisen literarischer Welterzeugung, S. 57.

87 A. Nünning, Lebensexperimente und Weisen literarischer Welterzeugung, S. 57.

88 Zur Genese dieses Konzepts im 18. Jahrhundert vgl. etwa Plümacher, Perspektive/Perspekti-vismus, S. 1003.

89 Ulrichs, Die andere Vernunft, S. 462.

5.3.1 Philosophie als »living enquiry«

James konzipiert – in der Tradition Goethes – Philosophie als »not systematized knowledge [...] but *living enquiry*«[90], wie sich mit einer Wendung von Eugene Rochberg-Halton konstatieren lässt. Im Unterschied zu den Vertretern des idealistischen Rationalismus, die nach James ihr Tun als eine vom Lebensvollzug unabhängige Reflexion vermeintlich universaler und invarianter, von der Materialität und Kontingenz der Wirklichkeit nicht affizierter (transzendentaler) Ideen begreifen, fasst James am Ausgangspunkt von *Pragmatism* Philosophie als Modus des immer auch persönlichen Umgangs mit der Welt: Die »Philosophie, die in jedem von uns von so großer Bedeutung ist, sie ist nichts fachmännisch Formulierbares. [...] Sie ist nur zum Teil aus Büchern gewonnen. Sie ist unsere individuelle Art, das Stoßen und Drängen der Welt zu schauen und zu fühlen.«[91] In diesem Sinn erweist sie sich nach James nicht als Ergebnis einer rein theoretischen Unternehmung, die allein Philosophen vorbehalten wäre. Für James gilt: »Jeder hat eine Philosophie«[92].

---

90 Rochberg-Halton, Inquiry and Pragmatic Attitude, S. 129. [Herv. i. O.]

91 James, Der Pragmatismus, S. 2.

92 James, Der Pragmatismus, S. V. Diese Position findet sich bereits bei Friedrich Paulsen, dessen 1895 ins Englische übersetzte *Einleitung in die Philosophie* William James mit einem Vorwort versieht und auf die er immer wieder referiert (vgl. etwa James, Some Problems of Philosophy, S. 14). In einem Brief an den deutschen Psychologen und Philosophen Carl Stumpf lobt James »Paulsen's *Einleitung in die Philosophie* [...] [as] a wonderful book for the human sympathy that is in it« und hebt insbesondere die populärwissenschaftliche Ausrichtung hervor: »It seems to me that if there ever is a *true* philosophy it must be susceptible of an expression as popular and untechnical as this.« (James, To Carl Stumpf. Meggen, bei Luzern, April 24 [1893]. In: Corr 7, S. 411. [Herv. i. O.]) Paulsen, der in seiner *Einleitung in die Philosophie* Goethe als »Dichter-Philosoph[en]« (Paulsen, Einleitung in die Philosophie, S. 45) feiert, plädiert angesichts der konstatierten öffentlichen Geringschätzung der Philosophie, die er als Reaktion »auf die Herrschaft der spekulativen Philosophie« (Paulsen, Einleitung in die Philosophie, S. 1) mit ihrer Überheblichkeit gegenüber dem »gesunden Menschenverstand« (Paulsen, Einleitung in die Philosophie, S. 1) interpretiert, für eine Rückkehr zu einem Konzept von Philosophie als eine intellektuelle Tätigkeit, deren »theoretische[s] Interesse [...] auf das Ganze gerichtet« (Paulsen, Einleitung in die Philosophie, S. 2) ist: »Es kehrt damit der natürliche Zustand zurück. Denn in Wahrheit ist Philosophie so wenig eine Sache, [...] die bloß einige leere und abstruse Köpfe angeht, daß sie vielmehr eine Angelegenheit aller Zeiten und aller Menschen ist. Ja, man kann sagen, Philosophie ist nicht eine Sache, die man haben oder auch nicht haben kann, auf gewisse Weise hat jeder Mensch [...] eine Philosophie« (Paulsen, Einleitung in die Philosophie, S. 2). Mit der Auffassung, dass Philosophie etwas ist, das »jeder hat«, beginnt auch das mit »Goethe und die Philosophie« überschriebene Kapitel der Goethe-Monografie von Albert Bielschowsky, die James 1906 liest: »Jeder hat die Philosophie, die in ihm ist.« (Bielschowsky, Goethe. Sein Leben und seine Werke, S. 77.) In seiner Korrespondenz berichtet James von seiner Lektüre von »Bielschowske's [sic] Life of

Auch nach Goethe konstituiert sich Philosophie nicht als ein subjekt- und situationsunabhängiges, universalistisches System abstrakter Ideen, sondern sie ist in ihrer spezifischen Ausformung jeweils an die lebensgeschichtlichen Umstände und individuellen Perspektiven derer gebunden, die sie in der Auseinandersetzung mit den Herausforderungen des konkreten Daseins hervorbringen. Gegenüber dem Absoluten – Goethes Verhältnis zum (absoluten) Idealismus lässt sich bekanntlich als zumindest ambivalent beschreiben, dezidiert behauptet er von der »Hegelischen Philosophie«[93], dass sie ihn »anzieht und abstößt«[94] – beharrt Goethe auf der Realisierung der Philosophie als gleichsam verkörperte (Alltags-)Praxis. Goethe vertritt, in den Worten eines seiner Zeitgenossen, die Ansicht, »alle Philosophie müsse geliebt und gelebt werden, wenn sie für das Leben Bedeutsamkeit gewinnen wolle.«[95] In diesem Sinn erscheinen die von den Philosophen formulierten Ansätze auch gleichsam als Angebote spezifischer *modi vivendi* (im wörtlichen Sinn), über deren individuelle Konkretisierung es aufgrund ihrer Kompatibilität mit individuellen Neigungen zu entscheiden gilt.[96]

Während nach Goethe Philosophie als rationalistisches System durch einen rigorosen Monismus gekennzeichnet ist – eine »eklektische Philosophie«[97] erscheint in dieser Hinsicht unmöglich –, finden sich in der Praxis »eklektische Philosophen«[98]. Was deren Tun bestimmt, sind weniger abstrakte Prämissen denn partikulare Neigungen. Diese fungieren gleichsam als regulative Prinzipien in der Konstitution von philosophischem Wissen. Der Philosoph agiert in diesem Sinn als »Eklektiker [...], der aus dem, was ihn umgibt, aus dem, was sich um ihn ereignet, sich dasjenige aneignet, was seiner Natur gemäß ist«[99]. Wenn derart die Kohärenz diverser philosophischer Positionen durch die individuellen »Neigun-

---

Goether [sic]« (James, To Theodora Sedgwick. Chocorua, Sept. 13. 06. In: Corr 11, S. 269). In seinem Tagebuch notiert James unter dem 10. November 1906 einige Titel seiner jährlichen Leseliste, darunter »Bielschowsky's Goethe« (James, Diary 6, o. S.).

93 WA IV, 49, S. 38.

94 WA IV, 49, S. 38.

95 Goethe, Gespräche, Bd. 4, S. 468.

96 Wie Materie muss die Philosophie nach Goethe vor ihrer ›Einverleibung‹ auf ihre Tauglichkeit hin geprüft werden: »Die Philosophen können uns [...] nichts als Lebensformen darbieten. Wie diese nun für uns passen, ob wir, unsrer Natur oder unsern Anlagen nach, ihnen den erforderlichen Gehalt zu geben imstande sind, das ist unsre Sache. Wir müssen uns prüfen und alles, was wir von Außen in uns hereinnehmen, wie Nahrungsmittel auf das sorgsamste untersuchen; sonst gehen entweder wir an der Philosophie oder die Philosophie geht an uns zugrunde.« (Goethe, Gespräche, Bd. 4, S. 468; vgl. dazu auch Gadamer, Goethe und die Philosophie, S. 69 f.)

97 Goethe, Maximen und Reflexionen, S. 142, Nr. 648.

98 Goethe, Maximen und Reflexionen, S. 143, Nr. 650.

99 Goethe, Maximen und Reflexionen, S. 142, Nr. 649.

gen« ihrer Vertreter verbürgt ist, kann man nach Goethe, wie Johannes Daniel Falk überliefert, »Eklektiker[n] in der Philosophie [...] nie einen Vorwurf machen.«[100] Auch Kants Projekt einer »reine[n]« Philosophie[101] scheint nach Goethe diesen Konstitutionsbedingungen zu unterliegen. So deutet Goethe, wie ein von Falk tradierter Kommentar nahelegt, die Apriorizität des Kant'schen Systems als nachträglichen Effekt konkreter biografischer und sozialer ›Apriori‹. Goethe präsentiert die Kant'sche Philosophie als eine im Ausgleich konfligierender Tendenzen zwischen spezifischen persönlichen »Neigungen« und »gesellschaftlichen Verhältnissen« hervorgegangene Lehre:

> Die strenge Mäßigkeit, z. B. Kant's, forderte eine Philosophie, die diesen seinen angeborenen Neigungen gemäß war. Leset sein Leben, und ihr werdet bald finden, wie artig er seinem Stoizismus, der eigentlich mit den gesellschaftlichen Verhältnissen einen schneidenden Gegensatz bildete, die Schärfe nahm, ihn zurechtlegte und mit der Welt ins Gleichgewicht setzte.[102]

5.3.2 Philosophische Temperamentenlehre

Nach James und Goethe wird Philosophie – ihrer holistischen Konzeption des Erkenntnissubjekts entsprechend – vom »Temperament« dessen geprägt, der sie betreibt.[103] Es gilt James als irreduzibles Moment (je)der Philosophie: »Temperament is a factor in all philosophizing.«[104] Es spielt, auch wenn die Fachphilosophie zur Aufrechterhaltung ihres traditionellen Selbstverständnisses dies verleugnen muss, in der Ausprägung philosophischer Positionen beim Menschen eine weitaus größere Rolle denn rationale Erwägungen: »Tatsächlich wird seine Geistesrichtung durch sein Temperament weit stärker beeinflußt als durch seine streng objektiven Prämissen.«[105] Die Anerkennung des Temperaments als Faktor

---

100 Goethe, Gespräche, Bd. 4, S. 469.
101 Kant differenziert in der *Kritik der reinen Vernunft* zwischen zwei Arten der Philosophie: »Alle Philosophie aber ist entweder Erkenntnis aus reiner Vernunft, oder Vernunfterkenntnis aus empirischen Principien. Die erstere heißt reine, die zweyte empirische Philosophie.« (Kant, Critik der reinen Vernunft, S. 868.)
102 Goethe, Gespräche, Bd. 4, S. 468 f.
103 »Was die Menschen bei ihrem Philosophieren bestimmt und immerdar bestimmen wird, das ist das Temperament mit seinem Begehren und Widerstreben.« (James, Der Pragmatismus, S. 22.)
104 James, Pragmatism, S. 7.
105 James, Der Pragmatismus, S. 4. Die von James konstatierte – durch das individuelle »Temperament« reglementierte – partikulare Aneignung philosophischer Positionen erscheint in *A Pluralistic Universe* als eine willentlich verfolgte Praxis, deren Relevanz James in Rekurs auf Paulsen im Kontext der deutschen Philosophiegeschichte akzentuiert: »A philosophy is the ex-

der Theoriebildung wird von James zu einer gleichsam philosophischen Typen-lehre erweitert, die Positionen der von ihm im Frühjahr 1868 studierten ästheti-schen Schriften Goethes und Schillers reaktualisiert.

Die Charakeristika der beiden in der ersten Vorlesung von *Pragmatism* dif-ferenzierten philosophischen Typen, des »*rationalistischen*«[106] und des »*empi-ristischen* Temperament[s]«[107], entsprechen weitgehend den Zuschreibungen an die Repräsentanten der antiken bzw. modernen Kunst und Kultur bei Schiller und Goethe.[108] Der Weltzugang des empiristischen Typus – als »lover of facts in all their crude variety«[109] – wird geprägt durch das, was Goethe in seiner Skizze zu Winckelmann als »lebhaften Trieb, [...] die äußere Welt mit Lust zu ergreifen, sie kennen zu lernen, sich mit ihr in Verhältnis zu setzen«[110], charakterisiert. Dieser nach außen gerichteten Orientierung und der Observation steht die Tendenz zur Introspektion und Spekulation gegenüber. Die von Goethe herausgestellte »Ei-genheit, eine Art von Scheu vor dem wirklichen Leben zu empfinden, sich in sich selbst zurückzuziehen, in sich selbst eine eigene Welt zu erschaffen«[111], kenn-zeichnet das »rationalistische Temperament« als »devotee to abstract and eternal principles«[112]. Materialität erscheint als privilegierte Sphäre empiristischer, Idealität als jene rationalistischer Zugänge. In *Shakespeare und kein Ende* ergänzt Goethe die bereits etablierten Begriffspaare zur differenzierenden Charakterisie-rung des ›Antiken‹ und ›Modernen‹ – in zwei Kolumnen werden einander ge-genübergestellt: »Naiv« versus »Sentimental«, »Real« versus »Ideal«, »Helden-haft« versus »Romantisch« – um den Gegensatz »Sollen« und »Wollen«.[113] Dabei ist es, wie James die Ausführungen Goethes in seinem Tagebuch unter dem 2. Mai 1868 erläutert, »in the antique [...] the disproportion between duty + perfor-

---

pression of a man's intimate character, and all definitions of the universe are but the deliberately adopted reactions of human characters upon it. In the recent book [...] of Professor Paulsen, a book of successive chapters by various living german philosophers, we pass from one idiosyn-cratic personal atmosphere into another almost as if we were turning over a photograph album.« (James, A Pluralistic Universe, S. 14.)

106 James, Der Pragmatismus, S. 6. [Herv. i. O.]

107 James, Der Pragmatismus, S. 6. [Herv. i. O.]

108 Zu einem ähnlichen Befund hinsichtlich der Parallelen zwischen den von James in *Prag-matism* und den von Schiller in *Über naive und sentimentalische Dichtung* formulierten Konzep-tionen psychologischer Typen kommt bereits Weigand, Psychological Types.

109 James, Pragmatism, S. 12.

110 FA I, 19, S. 177.

111 FA I, 19, S. 177.

112 James, Pragmatism, S. 12.

113 FA I, 19, S. 641.

mance«[114] und »in the modern [the disproportion] between will + performance«[115], was, als jeweils spezifische Triebfeder des Tragischen, die ›antike‹ und
›moderne‹ Orientierung unterscheidet. James unterstreicht in seinem Tagebuch
Goethes Operationalisierung des Wollens (in Opposition zum Sollen) als Kategorie
der ›Moderne‹ durch Übernahme eines Zitats: »The will [...] appears free – Des
Menschen Wille ist sein Himmelreich«[116]. In *Pragmatism* komplementiert der freie
Wille – als Gegensatz zum Determinismus der empiristischen Position – James'
dichotomisch organisierte Typenlehre. In seiner in zwei Spalten angeordneten –
und mithin auch formal an Goethe angelehnten – tabellarischen Aufstellung der
spezifischen Merkmale des empiristischen und des rationalistischen Typus erscheint die Kategorie des »free will« – Goethes Konzeptionen des ›Naiven‹ und
›Modernen‹ entsprechend – auf der Seite des Letzteren.[117] Die von James unter
anderem als »sensationalistic, materialistic, [...] fatalistic, pluralistic«[118] charakterisierten Zugänge empiristischer Temperamente und die als »intellectualistic,
idealistic, [...] free-willist, monistic«[119] charakterisierten Zugänge rationalistischer
Temperamente entsprechen, wie James in *Pragmatism* explizit herausstellt, in der
Kunst jenen von »classics and romantics.«[120]

---

114 James, Diary 1, S. 52.

115 James, Diary 1, S. 52.

116 James, Diary 1, S. 52. Zum Goethe-Zitat vgl. FA I, 19, S. 642. Dieses Zitat legt nahe, dass die
Bedeutung des ›freien Willens‹ für James' Biografie und Philosophie, die von der Forschung der
James'schen – als Konversion charakterisierten – Lektüre von Renouvier aus dem Jahr 1870 zugeschrieben wird und als Reaktion auf eine ›Lebenskrise‹ interpretiert wird, ihren Bezugspunkt
auch in Goethe (und Schiller) hat (zur Verortung des James'schen Voluntarismus in seiner Rezeption Renouviers und deren Charakterisierung als einer »religiösen Erfahrung« vgl. etwa
Hampe, Erkenntnis und Praxis, S. 284).

117 Die formale Ähnlichkeit zwischen James' tabellarischer Darstellung und Goethes zwei-
spaltiger Auflistung vergleichbarer Antagonismen in *Shakespeare und kein Ende* bemerkt bereits
Weigand, Psychological Types, S. 379, Anm. 8.

118 James, Pragmatism, S. 13.

119 James, Pragmatism, S. 13.

120 James, Pragmatism, S. 12. Zur Kritik an der Analogisierung des von Schiller in *Über naive und
sentimentalische Dichtung* konzipierten Naiven mit dem Klassischen bzw. des Modernen mit dem
Romantischen, wie sie etwa René Wellek in seiner *Geschichte der Literaturkritik* vornimmt, vgl.
z. B. Szondi, Poetik und Geschichtsphilosophie, S. 150. Dass James' Unterscheidung zwischen
dem empiristischen und dem rationalistischen Temperament intertextuell in der von Schiller und
Goethe verhandelten Differenzierung zwischen dem Klassischen (Antiken) und Romantischen
(Modernen) zu verorten ist, zeigt sich nicht nur an den kompatiblen Zuschreibungen, sondern
auch an der spezifischen Operationalisierung dieser Kategorien. Wie in Schillers Abhandlung
Über naive und sentimentalische Dichtung das ›Naive‹ und das ›Sentimentalische‹ sowohl als
ästhetische, anthropologische und kulturgeschichtliche wie auch als psychologisierende Kategorien fungieren, dient James' Aufstellung eines empiristischen und eines rationalistischen Typs

Die Geschichte der Philosophie wie allgemein des Wissens stellt sich vor dem Hintergrund von James' Typenlehre weniger als lineare Progression von Erkenntnis denn als »Geschichte des Aufeinanderprallens menschlicher Temperamente«[121] dar. Dabei kommt den individuellen Weltanschauungen eine produktive Funktion zu: Im Vertrauen in die Rechtmäßigkeit der eigenen Anschauungen entsteht eine diesen entsprechende Welt – »eine Welt, die dazu passt.«[122] Die Unhintergehbarkeit partikularer Perspektiven in ihrem Einfluss auf die Konstitution von (nicht nur) philosophischem Wissen wird durch die objektiven und universalen Erkenntnisansprüche der akademischen Fachphilosophie allerdings verdeckt: »So kommt in unsere philosophischen Diskussionen eine gewisse Unaufrichtigkeit hinein. Das stärkste von allen Argumenten wird nie ausgesprochen.«[123]

Wie James Philosophiegeschichte als Kollision von Positionen fasst, deren Partikularität von den vermeintlich objektiven Prämissen verdeckt wird und in der akademischen Fachwelt unerkannt oder uneingestanden bleibt, manifestieren sich auch nach Goethe Antagonismen in der Philosophiegeschichte dadurch, »daß jeder von seiner Seite aus allen überlieferten Philosophien dasjenige aneignet[], was ihm gemäß«[124] ist. ›Rationale‹ Argumente vermögen zwischen den antagonistischen Perspektiven auch nicht zu vermitteln, wenn deren Herkunft aus weltanschaulichen Neigungen nicht erkannt wird. Den individuellen, zu persönlichen Grundsätzen verdichteten »Neigungen« gesteht Goethe denn auch nicht nur einen gewissen Stellenwert für die Ausbildung philosophischer Systeme zu, sondern erklärt sie vielmehr zu deren »Ursprung«: »Jedes Individuum hat vermittelst seiner Neigungen ein Recht zu Grundsätzen, die es als Individuum

---

nicht nur der Systematisierung, sondern auch der ›Psychologisierung‹ philosophischer Zugänge. Diese spezifische – wohl durch James' Funktion als Psychologe und Philosoph zusätzlich motivierte – Korrelation von weltanschaulichen bzw. philosophischen und psychologischen Orientierungen wird, wie die Dokumente seiner Studien im Frühjahr 1868 nahelegen, im Kontext von James' konkreter wie theoretischer Anschauung des ›Antiken‹ im Frühjahr 1868 antizipiert. Angesichts der von den antiken Gipsabgüssen provozierten ästhetischen und kulturgeschichtlichen Fragen mutmaßt James in einem Brief an seinen Bruder, dass »the difference between Classic & Romantic not one of intellect but of [...] *temperament*« sei. (James, To Henry James. Dresden April 13. 68. In: Corr 1, S. 48. [Herv. i. O.])

121 James, Der Pragmatismus, S. 3.
122 James, Der Pragmatismus, S. 4. »He *trusts* his temperament. Wanting a universe that suits it, he believes in any representation of the universe that does suit it.« (James, Pragmatism, S. 11. [Herv. i. O.])
123 James, Der Pragmatismus, S. 4.
124 Goethe, Maximen und Reflexionen, S. 143, Nr. 650.

nicht aufheben. Hier oder nirgends wird wohl der Ursprung aller Philosophie zu suchen sein.«[125]

Mit ihrer Auffassung von den biografischen und mithin historisch und kulturell variablen Bedingungen philosophischer Erkenntnis werden Goethe und James zu Wegbereitern des von John Dewey anvisierten Projekts einer »*critical philosophy*«[126]. Deren – dem Kant'schen Kritizismus mit seiner transzendentalen Erkenntnisbegründung diametral entgegengesetzte – kritische Orientierung impliziert, wie Dewey ausführt, »that each philosophy is interpreted not in terms of abstract criteria of truth and value [...], but of concrete historic origin, context and operation.«[127] Zur Aufgabe der ›kritischen‹ Philosophie im Sinne Deweys zählen demnach neben der Untersuchung wissens- und sozialhistorischer Faktoren philosophischer Theoriebildung auch die Auseinandersetzung mit den »*[b]iographical and temperamental forces* affecting the experience of particular philosophers.«[128]

5.4 Subjektorientierte Wissenshistoriografie

Der holistischen Konzeption des Erkenntnissubjekts mit seiner epistemischen Perspektivität wird in Goethes und James' wissenschaftlichen bzw. wissenschaftshistoriografischen Schriften durch spezifische diskursive Strategien Rechnung getragen, die den ›ganzen Menschen‹ als irreduziblen Faktor der Wissensproduktion im wissenschaftlichen Diskurs auch auf der nicht-propositionalen Ebene sichtbar machen. Mit der Berücksichtigung der handelnden Akteure und der Partizipation des Subjekts am Erkenntnisprozess konkretisieren die wissenschaftshistorisch ausgerichteten Arbeiten Goethes einen spezifischen Zugang zur (Meta-)Historiografie des Wissens, der geschichtstheoretische Positionen pragmatistisch ausgerichteter Ansätze des 20. Jahrhunderts vorwegnimmt.

5.4.1 Zum holistischen Subjekt der Wissenshistoriografie und seiner Inszenierung

Goethes Auffassung von einem situierten, durch partikulare Perspektiven und persönliche Passionen imprägnierten Wissen strukturiert insbesondere seine

---

125 Goethe, Gespräche, Bd. 4, S. 469.
126 Dewey, Syllabus: Types of Philosophic Thought, S. 353. [Herv. i. O.]
127 Dewey, Syllabus: Types of Philosophic Thought, S. 353.
128 Dewey, Syllabus: Types of Philosophic Thought, S. 354. [Herv. i. O.]

Materialien zur Geschichte der Farbenlehre, die sich als »Geschichte des Aufein-anderprallens menschlicher Temperamente«[129] im Sinne James' lesen lassen. James' Konzeption von Philosophie und Wissen als Manifestation einer immer auch »temperamentvolle[n] Art der Weltbetrachtung«[130] wird dabei nicht nur auf der propositionalen Ebene vorweggenommen, sondern findet ihren Niederschlag auch auf der nicht-propositionalen Ebene, in der polyphonen und multiper-spektivischen – von Goethe mit einem »Archiv«[131] verglichenen – Art der Wis-sensorganisation. Anstatt eine »gedrängte Darstellung«[132] der Wissenschaftsge-schichte zu bieten und »fremde Meinungen zu referieren«[133], habe er sich, so Goethe in der Einleitung, dazu entschlossen, »Materialien zur Geschichte der Farbenlehre zu liefern«[134]; er habe »Auszüge«[135] gegeben und dabei »meistens die Verfasser selbst sprechen«[136] lassen. Die wörtliche Wiedergabe erlaubt dabei nach Goethe die Vermittlung der sich sprachlich und rhetorisch manifestierenden Idiosynkrasien wissenschaftlicher Positionen: Denn der »Schriftsteller neigt sich zu dieser oder jener Gesinnung; sie wird durch seine Individualität, ja oft nur durch den Vortrag, durch die Eigentümlichkeit des Idioms, in welchem er spricht und schreibt, durch die Wendung der Zeit, durch mancherlei Rücksichten modi-fiziert.«[137] In der wörtlichen Rede kann das durchscheinen, was sich mit James als »die charakteristische persönliche Klangfarbe«[138] (je)des Wissens beschreiben lässt.

Zusätzlich zu den »Auszügen« hat Goethe in den *Materialien zur Geschichte der Farbenlehre* »charakteristische Skizzen, einzelne biographische Züge, man-chen bedeutenden Mann betreffend, aphoristisch mitgeteilt«[139]. Diese sollen – das Kapitel »Newtons Persönlichkeit«[140] ist ganz diesem Anliegen gewidmet – den Einfluss des ›Charakters‹ des wissenschaftlichen Subjekts auf die Ergebnisse seiner Forschung andeuten und den Leser ganz allgemein daran »erinnern, wie höchst bedeutend es sei, einen Autor als Menschen zu betrachten; denn wenn man behauptet hat: schon der Stil eines Schriftstellers sei der ganze Mann, wie

---

129 James, Der Pragmatismus, S. 3.
130 James, Der Pragmatismus, S. 5.
131 LA I, 6, S. VIII.
132 LA I, 6, S. VII.
133 LA I, 6, S. VIII.
134 LA I, 6, S. VII.
135 LA I, 6, S. VIII.
136 LA I, 6, S. IX.
137 LA I, 6, S. VIII.
138 James, Der Pragmatismus, S. 22.
139 LA I, 6, S. IX.
140 LA I, 6, S. 295–302.

vielmehr sollte nicht der ganze Mensch den ganzen Schriftsteller enthalten.«[141] Was der Leser mithin zu erwarten habe, sei, wie Goethe einleitend ankündigt, eine Erzählung, die sozusagen auch von der unhintergehbaren ›Menschlichkeit‹ aller Erkenntnis handelt: »Ja eine Geschichte der Wissenschaften, insofern diese durch Menschen behandelt worden, zeigt ein ganz anderes und höchst belehrendes Ansehen, als wenn bloß Entdeckungen und Meinungen aneinander gereiht werden.«[142] Die ostentative Verschränkung von Wissens- und Lebensgeschichte(n), die neben den *Materialien zur Geschichte der Farbenlehre* auch die autobiografisch bzw. biografisch gerahmten späteren naturwissenschaftlichen Studien Goethes kennzeichnet,[143] veranschaulicht die Überzeugung Goethes, dass, wie Manfred Wenzel herausstellt, »Versuche, Beobachtungen, Studien in der Natur immer von einem konkreten Menschen ausgehen, dass sie einem Individuum vor Augen treten, dass sie Erlebnischarakter haben, dass sie durchaus eine ästhetische Komponente haben können, und dass sie eben nicht exakt definierbares Experiment mit prinzipiell austauschbarem Experimentator sind«[144]. In ihrer spezifischen diskursiven Verfasstheit demonstrieren die *Materialien zur Geschichte der Farbenlehre* auf der nicht-propositionalen Ebene die von Goethe auf der propositionalen Ebene herausgestellte Unmöglichkeit, die Geschichte des Wissens von jener der Philosophie, der Anthropologie oder Psychologie des forschenden Individuums bzw. des Kollektivs zu trennen. Wissen in ›reiner‹ Form, ohne die Zutat des Menschlichen, ist nicht zu haben: Denn es ist »die Geschichte der Wissenschaften mit der Geschichte der Philosophie innigst verbunden, aber eben so auch mit der Geschichte des Lebens und des Charakters der Individuen, so wie der Völker.«[145]

Vor diesem Hintergrund erscheint auch James' von der Forschung immer wieder thematisierter »*literary style*«[146] in einem anderen Licht. Dieser lässt sich nicht mehr als vernachlässigbare Zugabe zu prinzipiell auch anders formulierbaren philosophischen oder wissenschaftstheoretischen Positionen lesen. Er erscheint nicht mehr als akzidentieller, sondern als essenzieller Faktor des philo-

---

141 LA I, 6, S. IX.
142 LA I, 6, S. IXf.
143 Vgl. dazu Neubauer, »Ich lehre nicht, ich erzähle«, insbes. S. 169.
144 Wenzel, Farbenlehre, S. 114.
145 LA I, 6, S. 68f.
146 Seigfried, William James's Radical Reconstruction of Philosophy, S. 4. [Herv. i. O.] Zu James' literarischem Stil als Effekt einer populärwissenschaftlich orientierten Arbeit an disziplinären und sozialen Grenzen und als kognitive Provokation für das Selbstverständnis der Philosophie um 1900 vgl. das Kapitel »James's Style as Boundary Work and Mental Irritant« in Bordogna, William James at the Boundaries, S. 260 – 263.

sophischen Diskurses. Der Stil, den Goethe im oben angeführten Zitat aus den *Materialien zur Geschichte der Farbenlehre* im Einklang mit ästhetischen Positionen um 1800 als Synonym für die Subjektivität und Individualität des wissenschaftlichen Autors als Menschen setzt, kann mit seinem etymologischen Bezug zum Schreibwerkzeug gleichsam als Signatur gelten,[147] durch die sich das schreibende Ich in den Text einträgt. Als Individualitätsausweis und Distinktionsmerkmal fungiert der literarische Stil als indexikalische Geste. Er verweist selbstreflexiv auf den, der spricht/schreibt als sowohl rationales als auch affektives Subjekt. An ihm materialisiert sich die holistische Konzeption des epistemischen Subjekts mit seiner Perspektivität. Mit der selbstbewussten Inszenierung sprachlicher Idiosynkrasie als Stil affirmiert James seine Kritik an dem (auch sprachlich manifesten) Universalitätsanspruch der akademischen Fachphilosophie, die vorgibt, von einem unpersönlichen Standpunkt aus zu sprechen.

Mit seiner spezifischen Operationalisierung eines Stil(begriff)s im philosophischen bzw. wissenschaftstheoretischen Diskurs schließt James an die im 18. Jahrhundert aufkommende Debatte um die anthropologischen Implikationen des Stils an, wie sie durch Buffons prominente (in Goethes oben zitierter Konzeption des Stils tradierter) Definition »le style est l'homme même«[148] auf den Weg gebracht wurde.[149] Der Stil, den etwa Jean Paul in seiner 1804 erschienenen *Vorschule der Ästhetik* in Referenz auf Buffon als (metonymisches) Äquivalent des Menschen setzt und als Instrument der Sinnlichkeit fasst,[150] wird in der Mitte des 19. Jahrhunderts auch in der Philosophie reflektiert.

Bereits bei Arthur Schopenhauer, der wiederholt in James' Tagebuchnotizen aus dem Jahr 1870 aufscheint,[151] wird der Stil als Materialisierung des Geistes gedacht.[152] Der Stil erweist sich dabei als Konkretion des »*Wie* des Denkens«[153] und zeugt von dessen Beschaffenheit, wobei die Prävalenz des Konkreten gegenüber dem Abstrakten als sprachlicher Ausweis wissenschaftlicher Qualität

---

147 Zur Etymologie des Begriffs ›Stil‹ vgl. etwa Rosenberg, Stil, S. 648.
148 Buffon, Discours sur le style, S. 12.
149 Zum Stilbegriff in der Geschichte der Philosophie vgl. allgemein Koch, Kleine Stilgeschichte der Philosophie.
150 Vgl. Jean Paul, Vorschule der Ästhetik, S. 276.
151 So formuliert James unter dem 1. Jänner 1870 den Vorsatz zur Lektüre von Schopenhauer (vgl. James, Diary 1, o. S.). In der Leseliste am Ende seines Tagebuchs finden sich diesbezüglich unter anderem folgende Einträge (in der James'schen Schreibweise): »Schopenhauer: Grundprobleme der Ethik«, »Gwinner: Schopenhauer«, »Schopenhauer: das Metaph. Bedürfniss« (vgl. James, Diary 1, o. S.).
152 Vgl. Schopenhauer, Ueber Schriftstellerei und Stil, S. 429.
153 Schopenhauer, Ueber Schriftstellerei und Stil, S. 429. [Herv. i. O.]

gilt.[154] Erscheint bei Schopenhauer die philosophische Sprache allerdings noch als gleichsam transparentes Medium eines philosophischen Denkens, das seiner sprachlichen Artikulation vorausgeht, so betont der Philosoph und Goethe-Rezensent Christian Hermann Weiße (der James durch seine in *Pragmatism* reflektierte Lotze-Rezeption bekannt gewesen sein dürfte) in seiner 1867 erschienenen Abhandlung zum Thema die irreduzible Verschränkung von Sprache und Denken. Der (subjektive) Stil erscheint dabei nicht mehr als Gefährdung der ›Objektivität‹ philosophischen Wissens, sondern als deren Maßstab. Je größer der Anspruch auf Objektivität, desto notwendiger der individuelle Stil:

> Der Redner, der Geschichtsschreiber, der Philosoph, einen je ächteren und lebendigeren objectiven Gehalt ihm in seiner Darstellung zu erzielen gelingt, legt in derselben ein lebendiges, sprechendes Bild seiner selbst, seines persönlichen Genius und Charakters, ganz ebenso und in keineswegs schwächerem Maße nieder, als der Dichter.[155]

James schließt mit seinem durch Poetizität geprägten Stil an diese Positionen der literarischen und wissenschaftlichen Stiltheorie an. Der Stil als pars pro toto für das wissenschaftliche Subjekt (als Menschen) integriert das Subjekt in den philosophischen Diskurs und gleicht derart der Poesie, wie James mit einem literarischen Zitat betont: »Not only Walt Whitman could write ›who touches this book touches a man.‹ The books of all great philosophers are like so many men.«[156] James' ostentative Inszenierung seines Stils lässt keinen Zweifel daran, dass Philosophie ein menschliches Unternehmen ist, abhängig vom Subjekt und vom Material der Rede bzw. Schrift: »William James is a writer whose style does not efface itself, refusing to be a mere vehicle. [...] we are always aware that there is a man writing the words.«[157] Philosophie trägt – wie Poesie – die Spuren ihrer menschlichen ›Gemachtheit‹: »The trail of the human serpent [...] is over everything.«[158]

---

154 Als Wegbereiter des James'schen Pragmatismus kommt die Philosophie Schopenhauers auch aufgrund ihrer Ausrichtung an der Empirie und ihres Fokus auf die Immanenz infrage. (Zu diesen Merkmalen der Philosophie Schopenhauers als Manifestation des »pragmatischen Paradigmas« um 1800 vgl. Ulrichs, Die andere Vernunft, S. 279.) James erachtet Schopenhauer als den ersten Philosophen, »[who] spoke the concrete truth about the ills of life«. (James, Some Problems of Philosophy, S. 19.) Die Bedeutung Schopenhauers für die Philosophie von James ist bisher kaum erforscht. Zur Bedeutung Schopenhauers für James' viel diskutierte »persönliche Krise« in den frühen 70er Jahren vgl. Leary, New Insights into William James's Personal Crisis in the Early 1870s.

155 Weiße, Über Stil und Manier, S. 307.

156 James, Pragmatism, S. 24.

157 Ruf, The Creation of Chaos, S. xvi.

158 James, Pragmatism, S. 37.

5.4.2 Pragmatische (Meta-)Historiografie des Wissens

Mit seiner Irritation fachsprachlicher Konventionen durch eine ›poetische‹ Philosophie rezentriert James das philosophische Subjekt in seiner konkreten kulturellen und historischen Situiertheit und Perspektivität als unhintergehbaren Faktor philosophischen Wissens und akzentuiert die Gebundenheit der Philosophie an ihre sprachliche Verfasstheit. Dabei erscheint der Stil weniger als Darstellungs-, denn als Ermöglichungsbedingung spezifischer Philosopheme. James antizipiert dabei – in impliziter Anlehnung an Goethe – aktuelle metaphilosophische Ansätze, die, wie etwa jener von Ferdinand Fellmann, davon ausgehen, »daß Stil ein konstitutives Element des philosophischen Gedankens selbst bildet«[159], und die damit den »Rationalitätsstandard des wissenschaftlichen Objektivismus«[160] als Illusion erweisen.

In einer Zeit, in der sich die Selbstdefinition der Philosophie am »Rationalitätsstandard der exakten Wissenschaften«[161] auszurichten beginnt, formuliert James – durch Anschluss an ein von Goethe entworfenes, die Tradition der pragmatischen Historiografie modifizierendes Konzept der Wissenschaftsgeschichtsschreibung – ein Konzept von Philosophie(geschichte), das sich als Revision der mit der idealistischen Historik implementierten »Befreiung der Geistesgeschichte von der Menschengeschichte«[162] lesen lässt. Das, was Ferdinand Fellmann für die aktuelle Forschung nach der Dominanz der ›reinen‹, apersonalen Konzeption von Philosophiegeschichte als Problemgeschichte fordert – die Installation einer »Geschichte der gelebten Philosophie«[163], die der von der Kontingenz des Menschlichen (scheinbar) emanzipierten Philosophie(geschichte) die »Trübungen der empirischen Wirklichkeiten des menschlichen Denkens«[164] entgegenhält –, zeichnet sich in Ansätzen bereits an den von Goethe mit den *Materialien zur Geschichte der Farbenlehre* dargestellten theoretischen Positionen zur Wissenschaftshistoriografie ab. Im Unterschied zur Verlaufsform der an der »reine[n] Logik der Problementwicklung«[165] ausgerichteten Problemgeschichte, die genetisch vorgeht und auf »Homogenität und Kontinuität«[166] abzielt, berücksichtigt die »Geschichte der gelebten Phi-

---

159 Fellmann, Stile gelebter Philosophie, S. 576.
160 Fellmann, Stile gelebter Philosophie, S. 576.
161 Fellmann, Stile gelebter Philosophie, S. 577.
162 Fellmann, Stile gelebter Philosophie, S. 587.
163 Fellmann, Stile gelebter Philosophie, S. 582.
164 Fellmann, Stile gelebter Philosophie, S. 574.
165 Fellmann, Stile gelebter Philosophie, S. 586.
166 Fellmann, Stile gelebter Philosophie, S. 586.

losophie« auch die »Umbrüche«[167] und das »Unvorhersehbare«[168] in der Geschichte eines Wissens, das sich nur als kulturell und sozial situiertes Wissen
»lebensweltliche[r] Subjekte«[169] zeigt.

Das spezifische Arrangement aus »Auszügen« und biografischen Skizzen, das
die *Materialien zur Geschichte der Farbenlehre* kennzeichnet, manifestiert »Goethe's view that the anthropomorphisms of science were embedded in language«[170]. Die von der Sekundärliteratur als »stückhafte[s] Erzählen«[171] charakterisierten und in ihrer narrativen (Un-)Form mit den *Wanderjahren* analogisierten
Materialien zur Geschichte der Farbenlehre konstituieren sich durch Polyphonie.
Dabei scheint, so die Vermutung John Neubauers, die »liberale und zentrifugale
Tendenz, die Stimmen der Geschichte sprechen zu lassen«[172], wie sie sich an der
heterogenen Kompilation der wörtlichen »Auszüge« niederschlägt, auch »das
zentripetale Streben der Erzählinstanz«[173] – die darum bemüht ist, die Kako-
phonie der partikularen Stimmen durch einen auktorialen Meta-Text zu synthe-
tisieren – zu affizieren.[174] Goethe betreibt, was Fellmann für die gegenwärtige
Philosophie der Philosophiegeschichtsschreibung durch Integration heterogener
Quellen, die unter anderem auch »biographische Zeugnisse«[175] einschließen,
fordert: die Dis-Integration einer historiografischen Meta-Perspektive, die Philo-
sophie- bzw. Wissensgeschichte als eine »Geschichte über den Geschichten«[176]
inszeniert, in denen die »Schwankungen und Zufälligkeiten in der Entwicklung
des Geistes [...] als Trübungen des idealen Entwicklungsganges eliminiert«[177] sind.

Mit ihrer durch Brüche, Aufschübe, Nachträge gekennzeichneten ›Offenheit‹
tragen die *Materialien zur Geschichte der Farbenlehre* auch dem Zufall Rechnung,
dem, was Goethe – in dem bezeichnenderweise mit »Lücke«[178] überschriebenen
Abschnitt des Textes – »das Inkalkulable, das Inkommensurable der Weltgeschichte«[179] nennt.[180] Die Anerkennung der – sich auf der nicht-propositionalen

---

167 Fellmann, Stile gelebter Philosophie, S. 586.
168 Fellmann, Stile gelebter Philosophie, S. 586.
169 Fellmann, Stile gelebter Philosophie, S. 586.
170 Fink, Goethe's History of Science, S. 43.
171 Neubauer, »Ich lehre nicht, ich erzähle«, S. 168.
172 Neubauer, »Ich lehre nicht, ich erzähle«, S. 168.
173 Neubauer, »Ich lehre nicht, ich erzähle«, S. 168.
174 Vgl. Neubauer, »Ich lehre nicht, ich erzähle«, S. 168.
175 Fellmann, Stile gelebter Philosophie, S. 574.
176 Fellmann, Stile gelebter Philosophie, S. 574.
177 Fellmann, Stile gelebter Philosophie, S. 578.
178 LA I, 6, S. 83.
179 LA I, 6, S. 85.

Ebene niederschlagenden – Kontingenz der Geschichte nähert Goethes metahistoriografische Position der Geschichtstheorie von James an, die, wie Peter Vogt darstellt, »sich der schlechten Alternative von Voluntarismus und Determinismus entwindet«[181].

Mit seinem geschichtstheoretischen Zugang partizipiert der Historische Teil der *Farbenlehre* einerseits an der mit dem Attribut ›pragmatisch‹ spezifizierten Tradition der Geschichtsschreibung. Goethes Orientierung an der pragmatischen Geschichtsschreibung manifestiert sich sowohl an den von ihm verfolgten Erkenntnisinteressen als auch an dem (mit der spezifischen Form der Wissenspräsentation verbundenen) didaktischen Anspruch. Subjekt, Objekt und Adressat pragmatischer Geschichtsschreibung sind *handelnde* Menschen:

> Unterschieden von einer rein chronologischen und referierenden verfolgt die pragmatische Geschichtsschreibung das Interesse, Historisches auf seine Ursachen zurückzubeziehen, besonders durch die Erforschung der Motive, Absichten und Ziele der handelnden Personen; das Material soll dann in geordneter Weise so dargestellt werden, daß es für den Leser lehrreich und für sein Handeln nutzbringend ist.[182]

Goethes Privilegierung der handelnden Akteure gegenüber den dargestellten Ereignissen als Gegenstand einer pragmatischen Historiografie wird auch im Bericht eines seiner Zeitgenossen herausgestellt. Es wird darauf hingewiesen, »daß Goethen in der Geschichte nicht sowohl die Ereignisse interessiert hätten, als vielmehr die Charaktere, wie sie sich in der Zeit entwickelten. Er meint: nur in diesen wäre innere Wahrheit, nicht in jenen, und am wenigsten in den für dieselben aufgestellten Ursachen«[183], was mit Goethes Lektüre von »sogenannten pragmatisch-historischen Darstellungen aus alter und neuer Zeit«[184] in Verbindung gebracht wird.

Im Gegensatz zu den Auflagen der pragmatischen Geschichtsschreibung impliziert die Anordnung des Materials im Historischen Teil der *Farbenlehre* aber gerade keinen simplen Kausalnexus.[185] Was Goethe mit der Disposition seines heterogenen Materials zu simulieren scheint, ist vielmehr die komplexe Interre-

---

180 »Zu Goethes Aphorismengruppe ›Lücke‹« vgl. ausführlicher Neumann, Naturwissenschaft und Geschichte als Literatur, S. 484 ff.

181 Vogt, Pragmatismus, S. 317.

182 Kühne-Bertram, Pragmatisch, Sp. 1243.

183 Goethe, Gespräche, Bd. 4, S. 131.

184 Goethe, Gespräche, Bd. 4, S. 131.

185 Zum »Kausalkonnex« in der pragmatischen Historiografie vgl. etwa Fulda, Wissenschaft aus Kunst, S. 68; zur Kausalität als Integrationsparadigma des pragmatischen Romans vgl. etwa Hahl, Reflexion und Erzählung, S. 30.

lation individueller, kultureller und sozialer Faktoren in der Konstitution von Wissen und seiner Geschichte. Ebenso fordert James, wie Vogt an dessen »kontingenzsensible[r] Geschichtstheorie«[186] herausstellt, »nicht nach den kausalen Unterschieden individuell zurechenbarer Handlungen zu forschen, sondern vielmehr den reziproken Einflüssen zwischen Individuum und Umwelt nachzugehen«[187]. James setzt, wie Edwin G. Boring aufzeigt, der zeitgenössischen naturalistischen Ausrichtung der Wissenschaftsgeschichtsschreibung mit ihrem kulturellen Determinismus die »old view«[188] entgegen: »James was coming to the rescue of the dignity of man. He wanted to save man from too much naturalism.«[189] James' als »personalistic«[190], »dynamic«[191] und »interactionist«[192] charakterisierte Geschichtsphilosophie erweist sich, wie Lucas McGranahan aufzeigt, als an »innovative theory of socio-historical change«[193], die auch in der gegenwärtigen Theoriedebatte als »a corrective to a typically reductionist neo-Darwinism«[194] fungieren kann, zumal sie das innovative Potenzial berücksichtigt, das durch die menschlichen Akteure in das soziale System eingeschleust wird. Wie bei Goethe kommt dabei den Handlungen der Individuen und den im Moment angelegten »ambigen Möglichkeiten«[195] eine zentrale Rolle zu. So heißt es in James' 1880 publiziertem Vortrag *Great Men, Great Thoughts and their Environment*[196]:

> The mutations of societies, then, from generation to generation, are in the main due directly or indirectly to the acts or the examples of individuals whose genius was so adapted to the receptivities of the moment, or whose accidental position of authority was so critical that they became ferments, initiators of movements, setters of precedent or fashion, centers of corruption, or destroyers of other persons, whose gifts, had they had free play, would have led society in another direction.[197]

---

186 Vogt, Pragmatismus, S. 318.
187 Vogt, Pragmatismus, S. 316.
188 Boring, Great Men and Scientific Progress, S. 339.
189 Boring, Great Men and Scientific Progress, S. 341.
190 Boring, Great Men and Scientific Progress, S. 339.
191 McGranahan, William James's Social Evolutionism, S. 87.
192 McGranahan, William James's Social Evolutionism, S. 87.
193 McGranahan, William James's Social Evolutionism, S. 80.
194 McGranahan, William James's Social Evolutionism, S. 80.
195 James spricht von »ambiguous potentialities« (James, Great Men and their Environment, S. 171).
196 Der Titel dieses Vortrags, den James vor der »Harvard Natural History Society« gehalten hatte, wurde in den Publikationen des Beitrags zu »Great Men and Their Environment« gekürzt. In der französischen Übersetzung des Vortrags wurde der ursprüngliche Titel beibehalten (vgl. James, Le grands hommes, les grandes pensées et le milieu; vgl. dazu auch McGranahan, William James's Social Evolutionism, S. 89, Anm. 1.)
197 James, Great Men and their Environment, S. 170.

Die Vielfalt der individuellen Handlungsmöglichkeiten, die in der sozialen Interaktion realisiert werden, lässt eine kohärente Entwicklungsgeschichte des Wissens nicht zu. Diese Inkohärenz erweist sich nicht nur als theoretische Implikation von Goethes Wissenschaftsgeschichte, sondern sie wird, wie dargestellt, durch die spezifische Verfasstheit der *Materialien zur Geschichte der Farbenlehre* auch implizit metahistoriografisch reflektiert. Mit seiner Negation der Vorstellung eines subjekt- und situationsunabhängigen Wissens, wie sie durch die Darstellung der Wissenschaftsgeschichte als eine »Kette von Irrungen, Wirrungen und Mißverständnissen«[198] erfolgt, antizipiert Goethe, wie John Neubauer herausstellt, wissenschaftstheoretische Positionen des 20. Jahrhunderts, wonach wissenschaftliche Wahrheit nicht einfach entdeckt, sondern (als Bedingung ihrer Möglichkeit) immer auch menschlich zugerichtet wird. Neubauer betont die »aktuelle epistemologische Bedeutung«[199] der durch die spezifische »Erzählform der *Geschichte der Farbenlehre*«[200] realisierten »Einsicht [...] über die Subjektgebundenheit, institutionelle Bedingtheit und historische Relativität jeder wissenschaftlichen Aussage«[201]. Mit seiner Berücksichtigung der Affektivität als Faktor der Forschung und der institutionellen und sozialen Abhängigkeitsverhältnisse der forschenden Menschen nimmt Goethe, wie Karl J. Fink aufzeigt, moderne Ansätze der Erkenntnistheorie und Wissenschaftsforschung vorweg: Goethes »contributions to the historiography of science, a contribution at least equal to any in his science [...] anticipated by about a century modern views on the psychology and sociology of knowledge«[202]. Und Yoshito Takahashi betont an den *Materialien zur Geschichte der Farbenlehre*, dass »Geschichte für Goethe keine Fortschrittsgeschichte, sondern eine Geschichte der Paradigmenwechsel«[203] ist. »Sein Werk ist [...] von einem ganz anderen Stil geprägt, als die Entdeckungs- und Ereignisgeschichte«[204]. Diese Aktualität lässt sich vor dem Hintergrund der aktuellen »Renaissance des Pragmatismus«[205], wie auch die hier vorgenommene Dialogisierung wissenschaftstheoretischer Positionen vermuten lässt, als Ergebnis einer (Re-)Zentrierung pragmatistischer Ansätze verstehen.

---

198 Neubauer, »Ich lehre nicht, ich erzähle«, S. 166.
199 Neubauer, »Ich lehre nicht, ich erzähle«, S. 168.
200 Neubauer, »Ich lehre nicht, ich erzähle«, S. 168.
201 Neubauer, »Ich lehre nicht, ich erzähle«, S. 168.
202 Fink, Goethe's History of Science, S. 103.
203 Takahashi, Goethes »Geschichte der Farbenlehre«, S. 81.
204 Takahashi, Goethes »Geschichte der Farbenlehre«, S. 81.
205 Sandbothe (Hrsg.), Die Renaissance des Pragmatismus.

6 Zum epistemischen Objekt des poetischen Pragmatismus: Die pluralistische Wirklichkeit als Sammlung

Die vom poetischen Pragmatismus vertretene Epistemologie, deren subjektphilosophischen Implikationen im vorangegangenen Kapitel nachgegangen wurde, korreliert mit einer spezifischen Konzeption von Wirklichkeit als Objekt des Wissens. James akzentuiert die Interrelation von Epistemologie und Ontologie; der Unterschied zwischen Pragmatismus und Rationalismus (in der von James fokussierten Version des absoluten Idealismus) betrifft nicht nur die Frage nach der Konstitution und Beschaffenheit von Wissen, sondern die Struktur der Wirklichkeit selbst: »*The alternative between pragmatism and rationalism [...] is no longer a question in the theory of knowledge, it concerns the structure of the universe itself.*«[1]

Das pluralistische Universum des Pragmatismus, dem James 1908 eine gleichnamige Vorlesungsreihe widmet, das er in Grundzügen aber bereits im 1897 publizierten Band *The Will to Believe* skizziert hat, wird von James an mehreren Stellen seines Werks mit der Form und Struktur einer Sammlung verglichen. Dabei zeichnet sich dieses Modell eines pluralistischen Universums durch Eigenschaften aus, wie sie auch Goethes Sammlungen charakterisieren. Deren Konstitution gründet nicht auf begrifflich-logischen Klassifikationssystemen, die apriori festgelegten Kategorien folgen, sondern orientiert sich an der konkreten (morphologischen) Beschaffenheit der Sammelobjekte selbst. Die dadurch entstandenen Kollektionen sind, wie Untersuchungen zu Goethes Praxis des Sammelns und zur Handhabung (der Objekte) seiner Sammlungen zeigen – im Unterschied zu dem Eindruck, der aus der nach Goethes Tod einsetzenden Musealisierung seiner Sammlungsbestände entstehen könnte –, nicht auf Geschlossenheit, Objektivität, Homogenität, Statik oder Zeitlosigkeit hin angelegt, sondern charakterisieren sich durch Offenheit, Subjektivität, Heterogenität, Partikularität, Varianz, Dynamik und Geschichtlichkeit.

An Goethes Praxis und (literarischer) Theorie des Sammelns, wie sie im Folgenden konturiert werden, tritt die von der James-Forschung gelegentlich aufgegriffene, von James selbst aber unberücksichtigte und in ihren Konsequenzen für seine Philosophie unreflektierte etymologische Relation des ›Pragmatismus‹ zu den ›Dingen‹ in den Vordergrund. In seiner Einführung des Terminus ›pragmatisch‹ in der zweiten Vorlesung von *Pragmatism* akzentuiert James als

---

1 James, Pragmatism, S. 124. [Herv. i. O.]

https://doi.org/10.1515/9783110639155-006

dessen semantische Implikationen die dem griechischen Begriff πρᾶγμα immanenten Bedeutungen ›Handlung‹ (*action*) und ›Praxis‹ (*practice*).[2] Unerwähnt bleibt dabei die etwa von Herbert Stachowiak hervorgehobene zweite Bedeutungsdimension des »Tatsächlichen, Dinglichen und Situativen«[3], die dem Griechischen πρᾶγμα zukommt, und die sich im Griechischen in den *pragmata*, den Dingen, als Effekte der Praxis, des Tuns und Machens, verdichtet.[4] Wie bereits Ludwig Stein hervorhebt, ist die »etymologische Ableitung von James [...] zum mindesten einseitig«[5], zumal »πρᾶγμα von Haus aus Ding, Sache, Gegenstand, Wirklichkeit bedeutete, also einen mehr erkenntnistheoretischen Beigeschmack hatte.«[6] *Pragma* heißt bei den Griechen, so Stein, »eine Sache oder Ding im Gegensatz zu Name oder Lautsymbol.«[7] An Goethes Umgang mit den Dingen zeichnet sich die von Aristoteles dem Begriff πρᾶγμα verliehene »erkenntnistheoretische Färbung«[8] ab. In Goethes literarischer Theorie des Sammelns, wie er sie mit der Brieferzählung *Der Sammler und die Seinigen* vorlegt, wird das Ding im Sinne des griechischen πρᾶγμα darüber hinaus auch in seiner Relation zum sprachlichen Zeichen behandelt.

Die Spezifität von Goethes Konzeption des Dings – als pars pro toto für die Wirklichkeit (der Sammlung) – wird anhand von Heideggers Differenzierung zwischen »Ding«, »Zeug« und »Werk«, die im vorliegenden Kapitel als heuristische Kategorien eingesetzt werden, herausgearbeitet. Maßgeblich ist dabei nicht so sehr der Begriff, sondern das Ding selbst, konkret ein »Stück Zeug«, das sich in Goethes Sammlungen findet. Indirekt wird dabei auch die in der Pragmatismus-Forschung verschiedentlich angedeutete Beziehung des Pragmatismus zur Philosophie Heideggers sichtbar, wie sie etwa Friedrich Balke an der für beide philosophischen Ansätze charakteristischen »Wiedergewinnung einer spezifischen Handlungsfunktion der Dinge«[9] ausmacht.

---

2 Vgl. James, Pragmatism, S. 28 f.
3 Stachowiak, Einleitung. In: Pragmatik, S. XXI.
4 Vgl. dazu Balke, Was ist ein Ding, S. 269; Hetzel, Zum Vorrang der Praxis, S. 26.
5 Stein, Der Pragmatismus, S. 148.
6 Stein, Der Pragmatismus, S. 148.
7 Stein, Der Pragmatismus, S. 149.
8 Stein, Der Pragmatismus, S. 145.
9 Balke, Was ist ein Ding, S. 271.

6.1 Goethes Sammlungen

6.1.1 Zu Goethes Umgang mit den Dingen

Bei aller Zurückhaltung gegenüber Spezifizierungen, die Goethes umfangreiche Sammlungen gebieten – Goethes Kunstsammlungen umfassen über 26.500 Stücke,[10] Goethes naturwissenschaftliche Kollektionen setzen sich aus rund 23.000 Objekten zusammen –,[11] lässt sich als eine charakteristische Struktur sowohl der natur- als auch der kunstwissenschaftlichen Sammlungen die Reihenbildung der Suiten ausmachen. Wolf von Engelhardt zufolge bilden die Suiten den »eigentliche[n] Kern der Goetheschen Sammlungen«[12]. So besteht die geologisch-petrografische Kollektion Goethes, wie auch Thomas Bach hervorhebt, »zum größten Teil aus Suiten«[13]. Im Bereich der Mineralien zeichnen sich die Suiten, die sich als »Serien räumlich benachbarter, sich verwandelnder, ineinander übergehender Mineralien [...] und Gesteine«[14] beschreiben lassen, dadurch aus, dass sie – im Unterschied zu den systematischen Sammlungen in diesem Bereich, die mehrheitlich durch Tausch, Kauf oder Schenkung zustande kamen – großteils durch die eigene Sammeltätigkeit Goethes geschaffen wurden. Den Suiten analoge Reihenbildungen machen, wie Johannes Grave aufzeigt, auch »die Struktur des überwiegenden Teils seiner graphischen Sammlung«[15] aus. Der Transfer der ›Suite‹ als Terminus technicus der Mineralogie auf kunstwissenschaftliche Sammlungen erweist sich, wie anhand von entsprechenden Begriffsverwendungen in Goethes Tagebüchern, seiner Korrespondenz sowie den *Wilhelm Meister*-Romanen gezeigt werden kann, sogar als augenfälliges Merkmal von Goethes Konzeption kunstwissenschaftlicher Sammlungen.[16]

Die Suiten entsprechen dem sich um 1800 vollziehenden Wandel der naturwissenschaftlichen Klassifikationssysteme – von begrifflich-logisch organisierten, durch disjunkte Klassen gekennzeichneten statischen Systemen zu morphologisch orientierten, durch Übergangsreihen strukturierten dynamischen

---

10 Vgl. Dahnke, Kunstsammlungen, S. 639.

11 Vgl. Wenzel, Naturwissenschaftliche Sammlungen, S. 561.

12 Engelhardt, Goethes Sammlungen, S. 123.

13 Bach, Mineralogische Suiten, S. 294.

14 Engelhardt, Goethe im Gespräch mit der Erde, S. 342. Engelhardt bezieht diese Begriffserklärung der ›Suite‹ auf die Mineralogie, der Begriff kann aber, wie Bach und Grave argumentieren, ebenso auf (Teile der) Kunstsammlungen Goethes angewandt werden (vgl. Bach, Mineralogische Suiten, S. 295 ff.; Grave, Einblicke in das »Ganze« der Kunst, S. 271 f.).

15 Grave, Einblicke in das »Ganze« der Kunst, S. 273.

16 Vgl. Bach, Mineralogische Suiten, S. 295; Grave, Einblicke in das »Ganze« der Kunst, S. 271 f.

Systemen.[17] Die Umstellung von topisch ausgerichteten ›künstlichen‹ zu temporal ausgerichteten ›natürlichen‹ Systemen geht mit der sich um 1800 abzeichnenden »Verzeitlichung der Natur«[18] sowie der »Hinwendung zum Lebendigen«[19] einher und bedingt epistemologisch eine Verschiebung »vom logischen hin zum analogischen Denken«[20]. Die neue, nach morphologischen Ähnlichkeiten organisierte Ordnung sucht die Dynamik und Prozessualität, das Werden, der Natur abzubilden und setzt auf deren sinnliche Erfassung.[21] Es verschiebt sich, wie Jonas Maatsch herausstellt, »das Zentrum der bei der Systematisierung wirksamen Erkenntnisleistung vom abstrahierenden Verstand hin zur konkretisierenden Sinnlichkeit«[22]. Basierten die ›künstlichen‹ Systeme mit ihrer Klassifikation anhand abstrakter Einzelmerkmale auf »der Logik des Verstandes«[23], so orientierten sich die ›natürlichen‹ Systeme an »der anschaulichen Fülle der Objekte«[24].

Der Verzicht auf apriorische Kategorien taxonomischer Systeme zugunsten einer Orientierung an der konkreten Form der Objekte korreliert bei Goethe auch mit der von ihm praktizierten morphologischen Methode, als deren Grundsatz er die phänomenale Konkretion alles Wirklichen ausweist: »Morphologie. Ruht auf der Überzeugung, daß alles, was sei, sich auch andeuten und zeigen müsse.«[25] Die Naturgesetze fungieren dabei nicht als vermeintlich universale und invariante Prinzipien außerhalb oder hinter den Erscheinungen, sondern materialisieren sich nur an/in diesen. Sie sind nur über das konkrete Phänomen epistemisch zugänglich: »Das Wahre [...] erscheint nicht unmittelbar, wir müssen es aus seinen Manifestationen erraten.«[26] Wie die Natur-, so müssen sich auch die Kunstgesetze zeigen – sinnlich Geltung verschaffen: »Das Schöne ist eine Manifestation geheimer Naturgesetze, die uns ohne dessen Erscheinung ewig wären verborgen geblieben.«[27] Damit verschiebt sich der Fokus von dem, was vermeintlich hinter

---

17 Vgl. dazu Maatsch, »Naturgeschichte der Philosopheme«, S. 10.
18 Matussek (Hrsg.), Goethe und die Verzeitlichung der Natur.
19 Bies, Im Grunde ein Bild, S. 7.
20 Maatsch, »Naturgeschichte der Philosopheme«, S. 10.
21 Zur Dynamik und Prozessualität der Natur in Goethes Morphologie vgl. allgemein Breidbach, Goethes Metamorphosenlehre; Breidbach, Goethes Naturverständnis.
22 Maatsch, »Naturgeschichte der Philosopheme«, S. 10.
23 Kreher-Hartmann/Maatsch, Mineralien in »natürlichen Systemen«, S. 240.
24 Kreher-Hartmann/Maatsch, Mineralien in »natürlichen Systemen«, S. 240.
25 WA II, 6, S. 446.
26 Goethe, Maximen und Reflexionen, S. 135, Nr. 619.
27 Goethe, Maximen und Reflexionen, S. 32, Nr. 183.

der Vielfalt der Erscheinungen liegt, auf diese selbst in ihrer konkreten Gestalt[28]: »Man suche nur nichts hinter den Phänomenen: sie selbst sind die Lehre.«[29]

Goethes Suiten konkretisieren Natur und Kunst(geschichte) als relationales und dynamisches System, das durch die Varianz der es konstituierenden Phänomene ausgezeichnet ist. Sie organisieren sich nicht durch abstrakte Merkmale, die der begrifflichen Logik folgen und a priori festgelegt werden, sondern werden durch konkrete Formvariationen gebildet, die einen induktiven Zugang bedingen. Es geht nicht um begrifflich hergestellte Gleichheit, sondern um die sinnlich erfassbare Ähnlichkeit der Objekte in ihrer materiell bedingten Inkommensurabilität.[30] Den einzelnen Objekten kommt dabei kein repräsentativer Status zu, zumal es gerade deren individuelle Erscheinung ist, die ihren Platz in der Ordnung der Dinge bestimmt. Wie Wolf von Engelhardt an Goethes Suiten aus dem Harz hervorhebt, sind die Stücke nicht durch Exklusivität gekennzeichnet. Goethe selbst schreibt über die Praxis des Sammelns im Harz in einem Brief an Merck, dass ihm »wenig an Kostbarkeiten gelegen sei«[31]. Es geht vielmehr um die dinghafte Konservierung der dem Sammler begegnenden Wirklichkeit in ihrer Pluralität und Vielfalt: »Was in der Sammlung vom Harz festgehalten und demonstriert werden soll, ist die wirkliche, bei den Wanderungen auf Schritt und Tritt erlebte Mannigfaltigkeit der Gesteine«[32]. Dabei liest Goethe, wie von Engelhardt betont, auch das Unvollkommene auf. Dieses erscheint für seine Sammlungen nicht als akzidentiell, sondern vielmehr als essenziell: »Diese Unansehnlichkeit [...] ist wesentlich.«[33]

Einen anschaulichen Eindruck von der Pluralität und Heterogenität, die Goethes Kollektionen kennzeichnen, bietet die Abteilung »Varia« in dem vom Kustos der Goethe'schen Sammlungen, Johann Christian Schuchardt,[34] angefertigten Inventar. Verzeichnet sind darunter etwa folgende Gegenstände:

> 87. Ein schwarzgefärbtes Stück Zeug, 4"□, das die Raupen der *Phal. pavonia media*, unter Leitung Wenzel Heeger's zu Berchtolsdorf [sic] bei Wien, gleich in die Breite gewebt haben.
> 88. Ein Stück chinesischen Indigo's von der besten Sorte.

---

28 Zu Goethes Gestaltkonzeption im Kontext seiner Morphologie vgl. ausführlicher Simonis, Gestalttheorie von Goethe bis Benjamin, S. 23 – 83; vgl. auch Schweizer, Gestalt.

29 Goethe, Maximen und Reflexionen, S. 125, Nr. 575. Zur Bedeutung dieser Maxime für Wittgenstein und dessen morphologische Methode vgl. Schulte, Chor und Gesetz, S. 12.

30 Vgl. dazu Kreher-Hartmann/Maatsch, Mineralien in »natürlichen Systemen«, S. 240.

31 WA IV, 6, S. 402. Vgl. dazu auch Engelhardt, Goethes Sammlungen, S. 124.

32 Engelhardt, Goethes Sammlungen, S. 121.

33 Engelhardt, Goethes Sammlungen, S. 124.

34 Zur Bedeutung Schuchardts als Goethes Privatsekretär und Verwalter seiner Sammlungen vgl. Brandt, Johann Christian Schuchardt.

89. Ein Stück von dem Kiele eines großen Ostindienfahrers, welches von den Schiffbohrern (Muscheln), ganz zerstört war.
[...]
91. Ein großes und zwei kleinere Wespennester, das erste in einem Pappkasten mit Glasdeckel.
92. Ein langes Vogelnest von zarten Grashalmen.
93. Ein monstroses Ey.
94. Mondmilch vom wilden Kirchli im Canton Appenzell.
95. Ein eßbares indisches Vogelnest, zerbrochen.
[...]
105. Eine Hand und ein Finger von einer Mumie, aus dem Bleikeller in Bremen, und ein Stück von einem anderen Mumienknochen.
106: Drei Gypsbüsten: Homer, eine moderne männliche Porträtbüste, und eine dergl. mit Harnisch.
107. Findung Mosis, geringfügiges Oelgemälde auf Holz. 16"□.
[...]
110. Ein kleines Stückchen eines Backwerks aus der Stadt Kasan, das einem Donschen Kosacken von seiner Mutter in den französischen Krieg mitgeschickt wurde. Brief und Beutel hatten Frankreich und Deutschland durchwandert und trafen den Adressaten endlich in Creutzburg bei Eisenach.[35]

An dieser Zusammenstellung, die nach Asmann paradigmatisch »Goethes naturhistorisches Sammelsurium«[36] veranschaulicht, materialisiert sich die von James in seinen Briefen aus Dresden an Goethe herausgestellte Aufmerksamkeit für das Akzidentielle und Zufällige. Die Heterogenität der hier versammelten Dinge zeugt von einer Sammelpraxis, die, wie Schuchardt im Vorwort zum Katalog herausstellt, »gelegentlich sich Bietendes nicht ab[wies], da er [= Goethe] jede Bereicherung seines Wissens, nach welcher Seite es war, nicht verschmähte.«[37] Die katalogisierten Objekte konkretisieren ein partikulares und disparates – aus dem konkreten Umgang mit den Dingen hervorgegangenes – Wissen, für das nicht die Reflexion, sondern die Begegnung mit dem konkreten Objekt in seiner Materialität und Partikularität konstitutiv ist. Goethes »Varia« erheben keinen Anspruch auf Repräsentation einer der Begegnung mit den Dingen vorgängigen, abstrakten Ordnung, sie konstituieren sich nicht auf Grundlage logischer oder ästhetischer Prinzipien, die dem Akt des Sammelns vorausgehen. Sie ergeben sich aus dem, was sich dem Blick oder der Hand des Sammlers aufdrängt, diesem als Gegenstand entgegen- oder gegenübersteht.

---

35 Schuchhardt, Goethe's Kunstsammlungen. Dritter Theil, S. 288–290. Zu diesem Auszug aus dem Inventar Schuchhardts vgl. auch Asmann, Kunstkammer als Kommunikationsspiel, S. 128 ff.
36 Asmann, Kunstkammer als Kommunikationsspiel, S. 131.
37 Schuchhardt, Goethe's Kunstsammlungen. Dritter Theil, S. VII.

Dabei ist es das Bruchstückhafte in seiner stofflich bedingten Versehrtheit und Vergänglichkeit, was Goethe fasziniert. Wie insbesondere an den unter den Nummern 87, 105 und 110 verzeichneten Objekten in Schuchardts Katalog sichtbar wird, sind es Bruchstücke (von Stücken), die Goethe sammelt. Die von Schiller am ›naiven Geist‹ ausgemachte »Liebe für das Objekt«[38] macht sich auch und gerade dann an den Dingen fest, wenn diese sich als Objekte darstellen, die in ihrer materiellen Beschaffenheit der Logik des Lebendigen ausgesetzt sind. Epistemisch sind die Bruchstücke alles andere als eine Nebensache, wie aus einem Schreiben Goethes an seinen langjährigen Berater in Kunstangelegenheiten, Johann Heinrich Meyer, hervorgeht:

> Zur wahren Erkenntnis braucht man eigentlich blos Trümmer [...]. Diese guten vortrefflichen aber höchst beschädigten, diese schwachen ausgedruckten, diese ungeschickt aufgestochnen, copirten und in so manchem Sinne verzerrten und zerfetzten Blätter haben gerade meine kritische Fähigkeit aufgeregt und mir [...] sehr große Freude gemacht. Wie sehr Recht haben Sie, daß es zur wahren Kenntnis nur wenig bedürfte; wie sehr Recht hätten sie nicht, wenn es nicht eines großen Umwegs bedürfe, zu diesen Wenigen zu gelangen![39]

Zu den Dingen gelangt man nicht auf deduktivem Weg, indem man sie als Erscheinungen eines ihnen logisch vor- oder übergeordneten Ganzen deklariert und sich ihrer Partikularität entledigt, sondern, so scheint es, nur auf dem (Um-)Weg der Auseinandersetzung mit ihrer konkreten Materialität.

Neben dem Bruchstückhaften sind es die Kopien und Repliken in Goethes Sammlungen, die den Materialcharakter der Dinge in den Vordergrund treten lassen. Goethes außergewöhnliches Sensorium für die materielle Kontingenz von (Kunst-)Objekten wurde gefördert durch die für das Herzogtum Weimar charakteristische Sammlungs- und Erwerbungspraxis, die aus ökonomischen und praktischen Gründen auf die Kollektion von Kopien und Repliken setzte.[40] Die »außergewöhnliche Konzentration unterschiedlicher Reproduktionen des jeweils identischen Sujets«[41] der Weimarer Sammlungen bildete die materielle Basis für die Perfektionierung des von Goethe ansatzweise bereits in Italien praktizierten »vergleichenden Sehens«[42], das neben dem »Experimentieren mit verschiedenen Perspektiven«[43] und der Praxis des »Nachzeichnens«[44] zu den wichtigsten Me-

---

38 F. Schiller, Über naive und sentimentalische Dichtung, S. 709.
39 WA IV, 21, S. 65 f. Vgl. dazu auch Schuchardt, Goethe's Kunstsammlungen. Erster Theil, S. VI.
40 Vgl. dazu Valk, Weimarer Klassik, S. 15; Holm, Sammeln; Dönike, Antike(n) aus zweiter Hand, S. 126 ff.; Pabst, Kultur der Kopie.
41 Holm, Sammeln, S. 222.
42 Grave, Schule des Sehens, S. 101.
43 Grave, Schule des Sehens, S. 105.

thoden der in Weimar kultivierten »Schule des Sehens«[45] zählte und die materiell bedingte Differenz zwischen den verschiedenen Exemplaren hervortreten ließ. Der große Bestand an Kopien in den Weimarer Sammlungen bedingte die Sensibilisierung für die dem Material inhärenten Möglichkeiten.[46]

Kopien ermöglichten auch die konkrete Umsetzung der aus seiner visuellen Praxis in Italien hervorgegangenen Maxime, dass die Reflexion über Kunstwerke nur angesichts ihrer konkreten Präsenz zu erfolgen habe.[47] Dabei kommt den Kopien kein defizitärer Status als Derivat oder Supplement zu, sondern ihnen wird eine genuine Wirkmächtigkeit zugestanden, die sie auch und gerade in ihrer ›Unvollkommenheit‹ entfalten. So konstatiert Goethe in der *Einleitung in die Propyläen*, dass »ein stumpfer, unvollkommner Gypsabguß eines trefflichen alten Werks noch immer eine große Wirkung thun«[48] kann und »daß oft eine lebhafte Neigung zur Kunst durch solche ganz unvollkommene Nachbildungen entzündet wird.«[49] In Goethes Sammlungen kommt – wie in James' pluralistischem Universum – dem Heterogenen und Partikularen, dem Akzidentellen und Derivaten in ihrer spezifischen Materialität ein hoher Stellenwert und eine epistemische Funktion *sui generis* zu.

Goethes spezifischer Umgang mit den Dingen lässt sich anhand der Inventarlisten zu den Inhalten der Möbel im Wohnhaus am Frauenplan rekonstruieren, wie sie kurz nach Goethes Tod von seinen Mitarbeitern angefertigt wurden.[50] Wie Christiane Holm aufzeigt, ging es Goethe darum, die Objekte seiner Sammlungen in Bewegung zu halten, wobei im Umgang mit den Dingen wechselnde Konstellationen entstanden, die weniger auf eine natur- oder kunstwissenschaftliche Systematik denn auf spezifische »Wahrnehmungssituationen«[51] hin ausgerichtet waren. So lässt sich das eigentümliche Arrangement von Teilen der Autografensammlung, der Daktyliotheken, in denen Goethes Sammlung von Gemmenabgüssen und -abdrücken organisiert waren,[52] sowie von weiblichen Handarbeiten

---

44 Grave, Schule des Sehens, S. 103.

45 Grave, Schule des Sehens, S. 96.

46 Vgl. Valk, Weimarer Klassik, S. 15.

47 Vgl. dazu Kapitel 3.2.1. Auf seiner Rückreise aus Italien notiert Goethe: »Nicht von der Kunst in abstracto« (WA I, 32, S. 460). In seiner *Einleitung in die Propyläen* heißt es: »Um von Kunstwerken eigentlich und mit wahrem Nutzen für sich und andere zu sprechen, sollte es freilich nur in Gegenwart derselben geschehen. Alles kommt auf's Anschauen an« (WA I, 47, S. 26; vgl. dazu Dönike, Antike(n) aus zweiter Hand, S. 127 f.; Grave, Schule des Sehens, S. 96.)

48 WA I, 47, S. 24 f.

49 WA I, 47, S. 25.

50 Vgl. Holm, Aus Goethes Schubladen, S. 216.

51 Holm, Goethes Gewohnheiten, S. 121.

52 Zu Goethes Daktyliotheken vgl. auch Buschmeier, Antike begreifen.

im sogenannten Deckenzimmer auf die spezifische Anschauungsmethode der durch ihre Kleinteiligkeit ausgezeichneten Objekte zurückführen, die durch die spezifischen Lichtverhältnisse dieses Raumes ermöglicht wurde.[53] Wurden die Objekte im Deckenzimmer für die genaue Betrachtung – mit Aleida Assmann ließe sich von dem für die Wahrnehmung von Dingen notwendigen »langen Blick«[54] sprechen – zusammengestellt, so waren die Objekte in Goethes Arbeitszimmer auf den »vagabundierenden Blick«[55] bei der literarischen Praxis ausgerichtet und die heterogene Zusammenstellung von Büsten und diversen Handschriften im sogenannten Büstenzimmer auf die »kontemplative Vergegenwärtigung von Abwesendem«[56].

Ermöglicht und begünstigt wurde Goethes spezifischer Umgang mit den Dingen durch die Verwendung spezieller Sammlungsmöbel und Behältnisse, die im Unterschied zu den um 1800 sich durchsetzenden verglasten Zeigemöbel den direkten Zugriff auf die Dinge erlaubten. Die von Goethe präferierten klassischen Schließmöbel für die Bewahrung seiner Objekte sowie die Mappen, Schachteln, Rollen und Daktyliotheken, in denen er die transportablen Stücke seiner Sammlungen aufbewahrte, entzogen die Objekte dem oberflächlichen Blick, es bedurfte ihrer konkreten Handhabung, um sie für das Auge zugänglich zu machen. In der Tradition der Wunderkammern hielt Goethe an einer Sammelpraxis fest, die durch das Zusammenspiel von Verbergen und Vorführen strukturiert war und in der die visuelle und taktile Aneignung der Dinge einander ergänzten.[57] Wie Holm nicht nur an den Sammlungen seines Privathauses, sondern an den von ihm verwalteten Sammlungen öffentlicher Institutionen aufzeigt, ging es Goethe mit seinem Plädoyer für die Beibehaltung der klassischen Sammelmöbel darum, das

---

53 Vgl. Holm, Goethes Gewohnheiten, S. 120 f.

54 Assmann, Die Sprache der Dinge, S. 246.

55 Holm, Goethes Gewohnheiten, S. 121.

56 Holm, Goethes Gewohnheiten, S. 121. Neben dieser gleichsam aisthetischen Funktion kommt der für Goethe charakteristischen Zusammenstellung und Neuordnung von Dingen auch eine memoriale Funktion zu. (Zur Bedeutung von Goethes ›Sammelsurien‹ als »Memorialzeichen« vgl. Böhme, Fetisch und Idol; Bauer, Die Poetik der dinglichen Andenken; Holm, Bewegte und bewegende Dinge). Die Bewegung der Objekte erweist sich, wie Goethes Charakterisierung der (Un-) Ordnung seines Arbeitszimmers gegenüber Eckermann nahelegt, auch als produktiv für die literarische Praxis. Für ihn sei ein Zimmer das rechte, in dem es, wie in dem seinigen, »ein wenig unordentlich ordentlich, ein wenig zigeunerhaft« zugehe, es lässt der »inneren Natur volle Freiheit, tätig zu sein«. (Goethe/Eckermann, Gespräche, S. 307 f.; vgl. dazu auch Holm, Goethes Papiersachen, S. 39.)

57 Vgl. dazu Holm, Goethes Gewohnheiten, S. 121. Zur »Szene des ›Vorzeigens‹ der Sammlungen, des Redens, Beschauens, Betastens, Hin- und Herwendens, Austauschens und Erzählens« vgl. Böhme, Fetisch und Idol, S. 198. Zu Goethes Inszenierung des Sammelstücks als performativer Praxis vgl. Buschmeier, Poesie und Philologie in der Goethe-Zeit, S. 226 ff.

»Berührungsverbot«[58], das durch die modernen Glasschränke installiert wurde, zu umgehen – zugunsten eines epistemischen Zugangs zu den Dingen durch Auge und Hand.

6.1.2 Zur Ontologie und Epistemologie von Goethes Zeug

Das in Schuchhardts Inventar unter der Nummer 87 angeführte »Stück Zeug« kann sowohl als Begriff wie auch als Gegenstand in seiner spezifischen Beschaffenheit paradigmatisch für Goethes Sammlungen wie für James' Konzeption von Wirklichkeit stehen. Der Begriff ›Zeug‹ nimmt im 18. Jahrhundert – zusätzlich zu seinen aus dem ›Hervorziehen‹ entstandenen Bedeutungen als »das hervorbringende, das geräth, wie das hervorgebrachte, der stoff«[59] – eine pejorative Bedeutung an: Nach Grimm erscheint der Begriff »in jüngerem gebrauch [als] ein ganz allgemeiner ausdruck für gegenstände und abstractes aller art, aber meist nur in herabminderndem, geringschätzigem, verächtlichem sinne.«[60] Der Begriff fungiert in diesem Sinn als »collectivausdruck [...] für [...] gegenstände verschiedener art«[61] sowie als Synonym für »werthlose sachen«[62]. Das »Zeug« im Inventar von Goethes Sammlung kann vor diesem Hintergrund auch als Zeichen gelesen werden, das selbstbewusst auf die für Goethes Dingensemble charakteristische Zusammenstellung von Bedeutungsvollem und (scheinbar) Belanglosem, auf die Verschiedenartigkeit von Goethes »Varia«, verweist. Als Kollektivausdruck erscheint das »Zeug« im Verzeichnis von Goethes Objekten als selbstbewusste Affirmation der Heterogenität seiner Kollektionen.

Als Objekt bildet das »Stück Zeug, 4"□, das die Raupen der *Phal. pavonia media*, unter Leitung Wenzel Heeger's zu Berchtolsdorf [sic] bei Wien, gleich in die Breite gewebt haben«[63], ein Fabrikat, welches daraus hervorging, dass es – wie ein Rezensent der von Wenzel Heeger verfassten Schrift *Biographie des neu entdeckten österreichischen Seidenwurms* festhält – gelang, die Raupen des Nachtpfauenauges »zu unserem Gebrauch anzuwenden, und gleichsam einzuspannen«[64]. Der Schmetterlingskundler Adolph Keferstein, der die in dieser Rezension verwendete

---

58 Holm, Goethes Gewohnheiten, S. 121.
59 Grimm/Grimm, Deutsches Wörterbuch, 15. Bd., Sp. 827.
60 Grimm/Grimm, Deutsches Wörterbuch, 15. Bd., Sp. 836.
61 Grimm/Grimm, Deutsches Wörterbuch, 15. Bd., Sp. 836.
62 Grimm/Grimm, Deutsches Wörterbuch, 15. Bd., Sp. 837.
63 Schuchhardt, Goethe's Kunstsammlungen. Dritter Theil, S. 288.
64 Anonym, [Rezension zu] Biographie des neu entdeckten österreichischen Seidenwurms, S. 241.

Bezeichnung für den Seidenwurm »B[ombyx] pavonia minor« durch die – auch von Schuchhardt verwendete – Bezeichnung »B. pavonia media« ersetzt wissen will,[65] beschreibt das Besondere dieses Zeugs folgendermaßen: »Hr. Heeger hat nun Mittel gefunden, viele Raupen dergestalt neben einander zu stellen, daß sie alle ein zusammenhängendes Gewebe verfertigen müssen, so daß nach seiner Versicherung Stücke von 60 und noch mehr Ellen Länge und ¾ bis 3 Ellen Breite entstehen.«[66]

Das »Stück Zeug« in der hier verwendeten Bedeutung als ›Stoff‹ unterhält eine – hier auch etymologisch tradierte – Beziehung des Dings zum Tun. Goethes »Zeug« verdeutlicht die wortgeschichtliche Relation des Zeugs zum »›ziehen‹ im sinne von hervorziehen, -bringen [...], woraus sich [...] das hervorgebrachte, der stoff, [...] ergibt.«[67] Das (Ge-)Zeug(te) erweist sich als Ergebnis des Hervorziehens (eines Fadens) im wörtlichen Sinn. Damit konkretisiert Goethes »Stück Zeug« – wörtlich – das von Heidegger als Differenzkategorie zum Ding wie zum Werk herausgestellte Zeug. In seinem etymologischen Verweis auf das, woraus es hervorgegangen ist, entspricht dem ›Zeug‹ nach Heidegger der griechische »Terminus für die ›Dinge‹: πράγματα, d. i. das, womit man es im besorgenden Umgang (πρᾶξις) zu tun hat.«[68] Die »Seinsart des Zeugs«[69] ist nach Heidegger außerdem dadurch charakterisiert, dass das Zeug – im Unterschied zum Ding – nicht eigenwüchsig sowie – im Unterschied zum Werk – nicht zwecklos ist.[70] Zeug und Werk verbindet die Eigenschaft der Gemachtheit, Werk und Ding jene der Unverfügbarkeit oder des Eigensinns.[71] Als Gemachtes liegt im Zeug nicht nur »die Verweisung auf ›Materialien‹«[72], sondern auch die »Verweisung auf den Träger und Benutzer«[73]. Das Zeug ist darüber hinaus nicht nur durch seine Relation zum Subjekt, sondern auch durch seine (partielle) Verbundenheit mit anderen Objekten ausgezeichnet: »Zeug ist seiner Zeughaftigkeit entsprechend immer *aus* der Zugehörigkeit zu anderem Zeug«[74].

Das Zeug exponiert sich nicht als etwas, mit dem es die theoretische Erkenntnis zu tun hat, sondern als etwas, das dem Bereich der praktischen Hand-

---

65 Vgl. Keferstein, Ueber den unmittelbaren Nutzen der Insekten, S. 48.
66 Keferstein, Ueber den unmittelbaren Nutzen der Insekten, S. 48.
67 Grimm/Grimm, Deutsches Wörterbuch, 15. Bd., Sp. 827.
68 Heidegger, Sein und Zeit, S. 68.
69 Heidegger, Sein und Zeit, S. 70.
70 Vgl. dazu Hahn, Materielle Kultur, S. 20.
71 Vgl. Hahn, Materielle Kultur, S. 20.
72 Heidegger, Sein und Zeit, S. 70.
73 Heidegger, Sein und Zeit, S. 70.
74 Heidegger, Sein und Zeit, S. 68. [Herv. i. O.]

habung, dem »gebrauchenden Umgang«[75], angehört. Das Zeug – wie die *pragmata* – sind nicht, sondern werden (gemacht). Diesem spezifischen ontologischen Status von Zeug entspricht (im Sinne Heideggers) ein Modus der Erkenntnis, der es nicht (nur) mit der Theorie zu tun hat, sondern der es mit der Praxis aufnimmt. Die dem Zeug zustehende »Art des Umganges ist [...] nicht das nur noch vernehmende Erkennen, sondern das hantierende, gebrauchende Besorgen, das seine eigene ›Erkenntnis‹ hat.«[76] Die Theorie wird der »Seinsart von Zeug«[77], die Heidegger »Zuhandenheit«[78] nennt, nicht gerecht: »Der nur ›theoretisch‹ hinsehende Blick auf Dinge entbehrt des Verstehens von Zuhandenheit.«[79] Der Umgang mit dem Zeug gibt das allgemeine Paradigma ab für die Erkenntnis des Seins: »Der praktische Umgang mit dem Zeug ist nach Heidegger die primäre Art des Entdeckens des Seienden.«[80]

In dem bzw. durch den Umgang mit dem Zeug wird nach Heidegger auch die Natur (mit-)erschlossen, insoweit sie sich als Ergebnis des menschlichen Gebrauchs zeigt: »Im gebrauchten Zeug ist durch den Gebrauch die ›Natur‹ mitentdeckt, die ›Natur‹ im Lichte der Naturprodukte.«[81] Es handelt sich dabei allerdings um eine Natur, die primär in ihrer Verfügbarkeit begegnet; das, was sich dieser entzieht, tritt nicht zutage: »Diesem Naturentdecken bleibt aber auch die Natur als das, was ›webt und strebt‹, uns überfällt, als Landschaft gefangen nimmt, verborgen. Die Pflanzen des Botanikers sind nicht Blumen am Rain, das geographisch fixierte ›Entspringen‹ eines Flusses ist nicht die ›Quelle im Grund‹.«[82] Neben dem »Stück Zeug«, das aus der Zurichtung der Natur hervorgeht, umfassen Goethes »Varia« aber auch Objekte, die – wie etwa das unter der Nummer 89 verzeichnete Objekt – das Unverfügbare und Überschüssige der Natur ausstellen. Es erscheint als charakteristisch für die Objekte von Goethes Kollektionen wie für James' Wirklichkeit als Sammlung und deren Konstituenten, dass sie sich sowohl als eigenwüchsig als auch hergestellt erweisen, gefunden und gemacht werden, dass sie menschlicher Zurichtung bedürfen, sich ihr aber auch entziehen.

---

75 Heidegger, Sein und Zeit, S. 69.
76 Heidegger, Sein und Zeit, S. 67.
77 Heidegger, Sein und Zeit, S. 69.
78 Heidegger, Sein und Zeit, S. 69.
79 Heidegger, Sein und Zeit, S. 69. Wie Goethe und die Pragmatisten behauptet auch Heidegger, dass dieses »›praktische‹ Verhalten [...] nicht ›atheoretisch‹« ist: »Der gebrauchend-hantierende Umgang ist aber nicht blind, er hat seine eigene Sichtart, die das Hantieren führt und ihm seine spezifische Dinghaftigkeit verleiht.« (Heidegger, Sein und Zeit, S. 69.)
80 Mossadeq, Kritik der neuzeitlichen Naturwissenschaft, S. 115.
81 Heidegger, Sein und Zeit, S. 70.
82 Heidegger, Sein und Zeit, S. 70.

Die in Goethes Sammlung kompilierten Gegenstände repräsentieren eine Ordnung, in der sich das an die Praxis gebundene Reale in seiner konkreten Materialität und seiner partiellen Eigenwüchsigkeit Geltung verschafft (hat). Die Materialität der Dinge wird als Bedingung ihrer Möglichkeit wie ihrer Unverfügbarkeit und Endlichkeit exponiert. Wie Asmann betont, »ist Goethe nicht um das Sammeln von schönen Raritäten und den Beweis von deren Echtheit bemüht, sondern um die Darstellung der *Wandelbarkeit* dieser Objekte im Laufe der Zeit.«[83] Neben der Referenz auf das Material manifestiert sich an Goethes Objekten (als Zeug) auch die Beziehung zum Subjekt. Die von Goethe gesammelten Objekte erheben nicht den Anspruch auf ›Objektivität‹, vielmehr zeugen sie von der irreduziblen Subjektivität und ›Eigenart‹ ihres Sammlers und mithin von einer Konzeption von Wissen, das sich von seinem Träger nicht abstrahieren lässt.[84]

6.1.3 Goethes literarische Lehre vom Sammeln

6.1.3.1 Zur narrativen und performativen Inszenierung der Sammlung

Goethes Brieferzählung *Der Sammler und die Seinigen*, als deren Untertitel der Zusatz gelten kann, den Goethe mit eigener Hand der Textfassung seines Schreibers Geist zufügte – »Glück des Sammlers überhaupt. Lehre dazu«[85] –, führt die ontologischen und epistemologischen Implikationen von Goethes Praxis und Theorie des Sammelns literarisch vor Augen. In einer Serie von Briefen an die Herausgeber der *Propyläen* – eben jenes von Goethe verantworteten kunstpädagogischen Periodikums, in dem diese Brieferzählung erscheint – erzählen der Sammler und die Seinigen von der Genese und Konstitution ihrer heterogenen Kollektion an Kunstgegenständen. Dabei wird ein gleichsam empirischer Zugang verfolgt, dem auch die spezifische diskursive Realisierung dieser Brieferzählung nachzukommen sucht. Wie der Sammler bereits im ersten Brief herausstellt, leitet sich das, was er im Folgenden über Kunst bzw. Kunstsammlungen zu sagen haben wird, nicht aus der »Theorie«[86], sondern der »Erfahrung«[87] her. Dementsprechend

---

83 Asmann, Kunstkammer als Kommunikationsspiel, S. 127. [Herv. A. S.] Für Goethes Sammlungen kann mithin gelten, was auch in der aktuellen Theoriebildung zum Archiv betont wird. Dieses bedeutet »keine Absage an das Lebendige im Zeichen steinerner Zeugnisse, sondern es erhält [...] den Zugang zum Leben offen«. (Eberling/Günzel, Einleitung. In: Archivologie, S. 19.)
84 Im Unterschied zu aktuellen Positionen zur Theorie des Archivs als Sammlung stellt das Ergebnis von Goethes Sammelpraxis gerade nicht die »Abkehr vom Subjektdenken« aus und erhebt keinen Anspruch auf »Neutralität« (Eberling/Günzel, Einleitung. In: Archivologie, S. 19).
85 WA I, 47, S. 412.
86 WA I, 47, S. 122.

wird die »Lehre« narrativ vermittelt; anstatt die Sammlung in ihrer Systematik zu *beschreiben*, wird ihre »Geschichte«[88] *erzählt*.[89] Das in seiner Rezension zu Geoffroy Saint-Hilaires *Principes de Philosophie Zoologique* zitierte Diktum Montaignes – »Ich lehre nicht, ich erzähle«[90] – lässt sich als didaktische Formel verstehen, die auch Goethes Sammlungstheorie strukturiert. Die Objekte der Sammlung werden in (Lebens-)Geschichten eingebunden, die die intrikate Relation von Subjekt und Objekt der Sammlung veranschaulichen.

Goethe rekurriert dabei indirekt auf das von Lessing an Homers Darstellung der Kleidung des Agamemnon exemplarisch aufgezeigte Verfahren zur narrativen Überführung eines durch Simultanität geprägten Nebeneinanders in ein sich vollziehendes Nacheinander. Statt eine Beschreibung der Kleidung des Agamemnon zu liefern, so Lessing, führt Homer diese vor, indem er vom Akt des Ankleidens erzählt: »Wir sehen die Kleider, indem der Dichter die Handlung des Bekleidens malet«[91]. Goethes Brieferzählung folgt einer ähnlichen Strategie. Die Sammlung als Zusammenstellung von Objekten wird in ihrer Genese präsentiert.

Die Briefe, deren quasi-dramatischer bzw. dialogischer Modus im fünften und sechsten Brief durch die Integration eines Gesprächs (im brieflichen Gespräch) potenziert wird, bringen dabei, wie Matthias Buschmeier aufzeigt, die für Goethes Umgang mit seinen Sammlungen charakteristische Theatralität zur Anschauung. Durch die textuellen Strategien der Inszenierung, wie sie die dramatischen Gattungen des Briefes und des Gesprächs implizieren, wird die für Goethes Präsentation seiner Sammlungen charakteristische Aufführungspraxis – die »performative Bewegung als Oszillieren zwischen Ablegen und Aufführen, Ver- und Enthüllen«[92] – textuell wiederholt.[93] Die dem Brief wie dem Gespräch immanente Dramatizität, die sich an/in ihnen entfaltende Konvergenz von Sagen und/als Tun, ermöglicht gleichzeitig einen – für die theatrale Performanz charakteristischen – Rezeptionsmodus, in dem die Theoriebildung im Akt des Lesens über weite Strecke in ihrem Entstehen mitvollzogen werden kann. Die prozessuale Konstitution der Theoriebildung impliziert auf der Ebene der Rezeption eine in-

---

87 WA I, 47, S. 122.
88 WA I, 47, S. 122.
89 Die Brieferzählung wurde in der Forschung mithin auch als »erzählte Systematik« charakterisiert (vgl. dazu D. Müller, Erzählte Systematik).
90 LA I, 10, S. 382.
91 Lessing, Laokoon, S. 119.
92 Buschmeier, Poesie und Philologie in der Goethe-Zeit, S. 224 f.
93 Vgl. Buschmeier, Poesie und Philologie in der Goethe-Zeit, S. 233. Zur Dramatizität, Dialogizität und der damit verbundenen Polyperspektivität der Brieferzählung vgl. Blondeau, Goethes Novelle *Der Sammler und die Seinigen*; Burgard, Goethe's Transgressions.

direkt als didaktisches Prinzip ausgewiesene Strategie, die der »Philosoph« in dem im sechsten Brief integrierten Dialog mit dem »Gast« zur Anwendung bringt, um seine idealistisch inspirierte Kunsttheorie zu vermitteln: »Wir wollen uns die Kunst einen Augenblick im Entstehen denken.«[94] Auf ähnliche Weise verfolgt der Leser die Theoriebildung in ihrem Werden.

6.1.3.2 Epistemische Polyperspektivität

Die Parallelen in der Inszenierung der Kunstsammlung und der Theoriebildung, wie sie auf der diskursiven Ebene durch den Einsatz dramatischer Verfahren erzielt werden, werden fundiert durch die – für die Kunstsammlung wie die Theoriebildung grundlegende – Methode. Für beide, sowohl die Kunstsammlung als auch die (daraus hervorgegangene/über sie reflektierende)»Lehre«, erweist sich die Kollektion (von Objekten respektive ›Perspektiven‹) als konstitutiv. Der Konstellation von Objekten in der Sammlung korrespondiert die Konstellation von epistemischen Perspektiven auf die Objekte und auf die Praxis des Sammelns in der »Lehre«. Dem Sammler geht es mit seiner Sammlung von Geschichten über die Genese und den Umgang mit der Sammlung auf der theoretischen Ebene darum, »eine neue Art von Sammlung«[95] zu schaffen, wie sie durch die abschließend vorgelegte Typologie verschiedener Künstler bzw. Kunstliebhaber als Sammler in der Brieferzählung realisiert wird. Aus den erzählten Fallgeschichten wird abschließend ein selbstironisch als »Fachwerk«[96] charakterisiertes System von »sechs Classen«[97] an Sammler- bzw. Künstlertypen etabliert.

Theoriebildung zur Sammlung und Produktion von Kunst, so wird dabei demonstriert, folgt den gleichen Prinzipien wie naturwissenschaftliche Erkenntnisgewinnung. Wie Safia Azzouni betont, hat Goethes spezifische Praxis des Sammelns auch als ein für seine Naturforschung konstitutives Prinzip zu gelten. Dabei wird die grundlegende Kollektion von Objekten komplementiert durch die Kollektion von Wahrnehmungen über die gesammelten Objekte: »Goethes Sammlung von Gegenständen wird [...] auf der nächsten Ebene ergänzt durch eine Sammlung von Standpunkten und Ansichten im wörtlichen und im übertragenen Sinn.«[98] Nach diesem Prinzip ergibt sich wissenschaftliche ›Objektivität‹ aus dem

---

94 WA I, 47, S. 169.
95 WA I, 47, S. 152.
96 WA I, 47, S. 180.
97 WA I, 47, S. 193.
98 Azzouni, Denkkollektive, S. 191. Goethes Kollektion von Objekten und Perspektiven erscheint als Matrix für eine Konzeption von wissenschaftlicher Wahrheit als Ergebnis eines kollektiven

Ansammeln und Abgleichen verschiedener Perspektiven auf das gemeinsame Objekt der Untersuchung. Für Goethe steht, wie er es in *Der Versuch als Vermittler von Subjekt und Objekt* formuliert, fest, »daß das Interesse Mehrerer auf Einen Punkt gerichtet etwas Vorzügliches hervorzubringen imstande«[99] ist. Derart fungiert, wie auch Sabine Schimma herausstellt, bei Goethe »das Forschungskollektiv als Medium der Erkenntnissicherung«[100]. Ein derartiger kollektiver Zugang zur Erkenntnisproduktion kennzeichnet nicht nur die Art und Weise sowie die Form der Theoriebildung, die die Protagonisten in *Der Sammler und die Seinigen* mit ihrer dialogischen und epistolarischen Verhandlung kunst- und sammlungstheoretischer Ansichten vorlegen. Er trifft auch auf die realen Produktionsbedingungen des Textes zu. Dieser ist, wie Norbert Christian Wolf aufzeigt, selbst Ergebnis einer »kollektiven Arbeitsweise«[101]. Der die Entstehungsgeschichte des Textes begleitende Dialog zwischen Goethe, Schiller und Johann Heinrich Meyer erweist sich von derartiger textgenetischer Relevanz, dass sich »in konzeptueller Hinsicht [...] von einer Gemeinschaftsarbeit«[102] sprechen lässt. Wie Wolf anhand einer Autopsie der Handschrift des von Goethe und Schiller gemeinsam konzipierten »Schemas der einzelnen Kunstfertigkeiten«[103] herausstellt, das dem achten Brief als Vorarbeit zugrunde liegt,[104] schlägt sich der »gemeinschaftliche Denk- und Schreibprozess«[105] zudem auch auf dem Papier nieder. Was sich an der Handschrift dabei konkretisiert, ist »die faktische Inexistenz einer aperspektiven Zentralposition der urteilenden Instanz«[106].

Es erscheint dabei für den vom Sammler und den Seinigen verfolgten Zugang als symptomatisch, dass die aufgestellte Typologie verschiedener Künstler bzw. Kunstliebhaber als Sammler, die mit der Brieferzählung als »Lehre« des Sammelns vorgelegt wird, induktiv – aus den konkreten Lebensgeschichten der Sammler – gewonnen wird und gleichsam als Kondensat des Erzählten am Ende der narrativ entwickelten »Lehre« steht – sie wird als Ergebnis von aus der Erfahrung gewonnenen, kulturell imprägnierten ›Perspektiven‹, ihrer ›Sammlung‹, polylogischen Verhandlung und Verschriftlichung ausgewiesen und nicht als a

---

Unternehmens, wie sie Ludwik Fleck später mit seinem Begriff des »Denkkollektivs« formuliert (vgl. Azzouni, Denkkollektive, S. 191 ff.).

99 HA 13, S. 12.
100 Schimma, Blickbildungen, S. 128.
101 Wolf, Vielstimmigkeit im Kontext, S. 246.
102 Wolf, Vielstimmigkeit im Kontext, S. 246.
103 WA III, 2, S. 224.
104 Vgl. dazu WA I, 47, S. 413.
105 Wolf, Vielstimmigkeit im Kontext, S. 274.
106 Wolf, Vielstimmigkeit im Kontext, S. 274 f.

priori festgelegte Doktrin. Das dem Text entstehungsgeschichtlich vorausgehende »Schema der einzelnen Kunstfertigkeiten« als Grundlage der im Text aufgestellten Typologie wird dabei als Resultat, nicht als Voraussetzung der literarischen Theoriebildung präsentiert.

Wie sich mit Peter J. Burgard konstatieren lässt, kann *Der Sammler und die Seinigen* als repräsentativ gelten für das mit den *Propyläen* anvisierte Projekt einer induktiven Theoriebildung, die sich als »[p]rocess-oriented, open-minded, dialogic, anti-systematical, experimental«[107] erweist. Der Text handelt der Illusion eines homogenen und kohärenten theoretischen Systems zuwider: Goethe »acts against such [= systematic] discourse—by formulating systems, playing with them, and ultimately subverting them.«[108] Weit davon entfernt, eine konsistente Theorie des Sammelns oder der Kunst zu formulieren, stellt *Der Sammler und die Seinigen* – bei allem Anspruch auf Systematizität – vielmehr auch die Aporien eines systematischen Unternehmens aus.

6.1.3.3 Materialität der Sammlung und der Lehre

Goethes Passion für den Materialcharakter der Dinge entsprechend, exponiert die Brieferzählung die spezifische materielle Kontingenz der Sammlung wie ihrer »Lehre«. Die Materialität und Zeitverfallenheit der (Objekte der) Sammlung werden etwa im zweiten Brief des Sammlers demonstriert. Der Sammler erzählt von einem lebensgroßen Porträt seiner Eltern, das – augenfälligerweise wie das Proszenium des Puppenspiels in *Wilhelm Meisters Lehrjahren*[109] – so aufgestellt wurde, dass es in die Öffnung einer Tür eingepasst wurde und – wohl bedingt durch diese Form der Inszenierung – eine nahezu perfekte Illusion erzeugte. Betont wird dabei allerdings weniger der veristische Effekt des Porträts denn die krude Wirklichkeit des Materials als Bedingung seiner Möglichkeit: »Der Blendrahm mit der Leinwand war in die Thürbekleidung befestigt und so den Einflüssen einer feuchten Mauer ausgesetzt«[110]. Die Unberechenbarkeit des Materiellen bemächtigt sich schließlich der Repräsentation, die Feuchtigkeit zersetzt das Kunstwerk, die Abhängigkeit der Repräsentation von ihren materiellen Grundlagen wird vorgeführt: Und so hat »ein Kunstwerk, das sich der Wirklichkeit mög-

---

107 Burgard, Idioms of Uncertainty, S. 32.
108 Burgard, Idioms of Uncertainty, S. 51. Zur gattungsspezifischen und literaturpolitischen Historisierung der von Burgard unter dekonstruktivistischer Perspektive herausgestellten Antisystematizität des Textes vgl. Wolf, Vielstimmigkeit im Kontext, S. 251 ff.
109 Vgl. FA I, 9, S. 362 f.
110 WA I, 47, S. 132.

lichst näherte, auch gar bald die Schicksale des Wirklichen erfahren.«[111] Neben der ›Wirklichkeit‹ der Materialität, die das Objekt der Sammlung einholt, wird auch die Bedeutung des Rahmens für das Kunstwerk akzentuiert. Dass der Rahmen (*parergon*) in gewisser Weise konstitutiv ist für das Kunstwerk (*ergon*) – eine Ansicht, wie sie Derrida in seiner Kant-Lektüre vertritt[112] –, wird hier ganz konkret vor Augen geführt. Der Rahmen erweist sich in seiner physischen Beschaffenheit als reale Ermöglichungsbedingung der Kunst.

Durch die spezifische fiktionale Realisierung der »Lehre« wird nicht nur die (der Zeit ausgesetzte) Materialität der gesammelten Kunstobjekte, sondern auch jene ihrer Lehre vorgeführt. Zumal die Briefe des Sammlers und der Seinigen, die der Text aneinanderreiht, an den Herausgeber der *Propyläen* und seinen Kreis adressiert sind, weist der Text, den die *Anzeige der Propyläen* als »kleinen Kunstroman in Briefen«[113] charakterisiert, selbstreferenziell auf die konkreten publizistischen Rahmungs- und Erscheinungsbedingungen der epistolarisch und dialogisch inszenierten Theoriebildung hin. Sie werden zu Konstituenten der erzählten Geschichte. Die reale Kommunikationssituation zwischen Herausgeber und Leser wird dabei in der Fiktion in inverser Form gespiegelt, der reale Herausgeber wird durch die Briefe aus der fiktionalen Welt des Sammlers vom realen Sender zum fiktiven Empfänger von Botschaften, deren Erscheinen sich seinem eigenen Publikationsorgan verdankt.[114] Insofern der Herausgeber in diesem Fall Goethe ist, schreiben die Figuren dieser Erzählung sozusagen an ihren Autor. Mit dieser Volte vollzieht der Text eine Geste, durch die Materialität nicht nur als Bedingung der Möglichkeit der inszenierten Kunstobjekte, sondern auch des Textes selbst aufgezeigt wird. In dieser Strategie, die sich als »narrative Metalepse«[115] identifizieren lässt, wird die konstitutive Abhängigkeit der Theoriebildung von der Schrift und ihren Medien in dramatischer Form vor Augen geführt.

Gleichsam theatralisch zugespitzt wird damit das, was in der gesamten Brieferzählung hinweg durch die selbstreferenziellen Inszenierungen des Schreibakts vorgeführt wird. Die Ausstellung der konkreten materiellen Erscheinungsbedingungen der schriftlichen Performanz erfolgt besonders markant an zwei sich als »Schreibszenen« im Sinne Rüdiger Campes ausnehmenden Stellen, durch die die Interdependenz von Sprache, Geste, Oberfläche und Werkzeug des Schreibens selbstreflexiv inszeniert wird. Campe fasst als »Schreibszene« eine

---

111 WA I, 47, S. 132.
112 Vgl. das Kapitel »Parergon« in Derrida, Die Wahrheit in der Malerei, S. 31–176.
113 WA I, 47, S. 47.
114 Vgl. dazu auch Asmann, Kunstkammer als Kommunikationsspiel, S. 142.
115 Genette, Die Erzählung, S. 168. Zu den dramatischen bzw. performativen Implikationen der Metalepse vgl. Kapitel 9.2.

»Bewegung«[116], in der traditionelle auf den Prozess des Schreibens bezogene »Unterscheidungen – der Körper/die Sprache, das Gerät/die Intention«[117] – in »Richtung auf den Körper oder auf Materialität überquert«[118] werden. Die »Schreibszene kann einen Vorgang bezeichnen, in dem Körper sprachlich signiert werden oder Gerätschaften am Sinn, zu dem sie sich instrumental verhalten, mitwirken.«[119] Inszeniert wird die Partizipation der körperlichen und materiellen Faktoren des Schreibens, deren Eigensinn, am Akt der Sinnproduktion.

Am Ende des zweiten Briefes übergibt der Sammler-Oheim die Feder an seine Nichte, damit diese den von ihm begonnenen, aber vor Rührung über das von ihm Erzählte unterbrochenen Brief an den Herausgeber »mit einer zierlichen Verbeugung«[120] beschließe. Bei ihrem Versuch, sich dieses Auftrags möglichst rasch zu entledigen, zählt für die Nichte allerdings nicht *was*, sondern vielmehr, *dass etwas* gesagt wird. Wie Charlotte in den *Wahlverwandtschaften* scheint Julie erkannt zu haben, dass es »in manchen Fällen [...] notwendig und freundlich [ist], lieber Nichts zu schreiben als nicht zu schreiben.«[121] Und so erachtet Julie den Auftrag des Oheims als ausgeführt, als sie – ohne die von ihm verlangte »artige[ ] Wendung«[122] vollzogen zu haben – mit der Schrift »nahe an den untern Rand [...] gekommen ist«[123]. Das Blatt Papier erweist sich, so wird vorgeführt, als Begrenzung dessen, was gesagt werden kann. Neben dem Papier wird die Feder in ihrer Funktion der Teilhabe an der epistolaren Theoriebildung exponiert. Am Schluss des letzten Briefs, in dem Julie sich selbstironisch die Urheberschaft der in ihm formulierten ›Typologie‹ performativ – durch den Akt ihrer Unterschrift – zuschreibt, tut sie dies, indem sie die Setzung ihrer Signatur mit einer Referenz auf das Werkzeug ihrer Autorschaft einhergehen lässt. Mit der Bemerkung, dass die Feder »so abgeschrieben ist, daß ich sie umkehren muß um zu unterzeichnen«[124], inszeniert sie die auktoriale Geste unter Anspielung auf die Bedingungen ihrer Möglichkeit.

---

116 Campe, Die Schreibszene, S. 270.
117 Campe, Die Schreibszene, S. 270.
118 Campe, Die Schreibszene, S. 270.
119 Campe, Die Schreibszene, S. 270.
120 WA I, 47, S. 135.
121 FA I, 8, S. 278.
122 WA I, 47, S. 135.
123 WA I, 47, S. 138.
124 WA I, 47, S. 207.

6.1.3.4 Interrelationen von Subjekt und Objekt

Neben ihrer Gebundenheit an das Material – ein Aspekt, der durch die selbstreferenzielle Exposition der Materialität der »Lehre« gespiegelt wird – wird an den Objekten der Sammlung auch ihre Abhängigkeit vom Subjekt der Sammlung akzentuiert. Was die zahlreichen Stücke der Sammlung zusammenhält, sind, wie Goethes Brieferzählung plastisch vor Augen führt, die Sammler selbst mit ihren Passionen. Die Geschichten veranschaulichen als die für eine (Kunst-)Sammlung prägenden Faktoren den »Charakter«[125] und die »Neigung«[126] des Sammlers als eines »Liebhabers«[127]. Dieser »hängt [...] von der Zeit ab, in die er kommt, von den Umständen, unter denen er sich befindet [...], von den Ländern die er zuerst besucht, von den Nationen mit denen er in irgend einem Verhältniß steht. Gewiß von tausend dergleichen Zufälligkeiten hängt er ab.«[128] Was ein Ding zu einem Sammlungsstück macht, ist, so zeigt sich an den mit den präsentierten »Sammlerphysiognomien«[129] korrespondierenden Objekten – den Porträts der »Nachahmer«[130], den Miniaturen der »Punctirer«[131], den Entwürfen der »Skizzisten«[132], den fantastischen Gemälden der »Imaginanten«[133], den Pastellbildern der »Undulisten«[134] –, durch die konkrete soziale, historische und kulturelle Situiertheit der Sammler bedingt, durch ihre Leidenschaften, Eigentümlichkeiten, Aversionen und durch den Zufall.

Während die Objekte der Sammlung einerseits an die Sammler und ihre Idiosynkrasien gebunden sind, werden die Sammler andererseits aber auch, wie die Brieferzählung vorführt, durch die Dinge, die sie umgeben, durch ihre materielle Präsenz, ihre Sinnlichkeit und Ästhetik, affiziert. Die Gegenstände wirken, wie Goethe auch in einem 1823 publizierten Aufsatz zur Naturwissenschaft festhält, gleichsam physiologisch auf das Subjekt ein: »Jeder neue Gegenstand, wohl beschaut, schließt ein neues Organ in uns auf.«[135] Der Eindruck, den die Dinge machen, schlägt sich im Subjekt nieder, das sich an ihnen formt, wie auch Friedrich Schiller an der ästhetischen Bildung des Subjekts herausstellt: »So wie sich ihm von außen her, in seiner Wohnung, seinem Hausgeräte, seiner Beklei-

---

125 WA I, 47, S. 123.
126 WA I, 47, S. 123.
127 WA I, 47, S. 123.
128 WA I, 47, S. 123.
129 Asmann, Kunstkammer als Kommunikationsspiel, S. 119.
130 WA I, 47, S. 194.
131 WA I, 47, S. 202.
132 WA I, 47, S. 202.
133 WA I, 47, S. 195.
134 WA I, 47, S. 200.
135 LA I, 9, S. 307.

dung allmählich die Form nähert, so fängt sie endlich an, von ihm selbst Besitz zu nehmen und anfangs bloß den äußern, zuletzt auch den innern Menschen zu verwandeln.«[136]

Diese Transformation zeigt sich nicht nur an der von Goethe in *Der Sammler und die Seinigen* dargestellten ästhetischen Erziehung des Subjekts durch die es umgebenden Kunstgegenstände. Sie wird in der vom Sammler erzählten Geschichte seiner Sammlung an der Biografie des spezifischen Künstler- und Sammlertypus, wie er durch seinen Schwager repräsentiert wird, paradigmatisch profiliert und radikalisiert. Hatte dieser zunächst aus dem Familienkreis jede »Person [...] gemahlt, mit allem, womit sie sich gewöhnlich beschäftigte, was sie gewöhnlich umgab«[137], und wurde derart »der ganze Hausrath abgemahlt«[138], so fungieren die Dinge schließlich als pars pro toto für die Person. Nach dem Tod seiner Frau stellte der Schwager »die kleinen Geräthschaften, die ihr angehört hatten [...] in Stilleben zusammen«[139], die malerische Ansammlung der Gegenstände substituiert das Porträt. Dass die Dinge metonymisch für das Subjekt einstehen können, indiziert auch deren für die Bildung des Subjekts prägende Funktion.

Die Interrelation von Subjekt und Objekt, die in *Der Sammler und die Seinigen* auch durch die spezifische Art der Aneignung der Kunstwerke der Sammlung bedingt ist – diese begegnen, wie Asmann betont, den Personen »zunächst im familiären Erlebniskreis der sinnlich-taktilen Erfahrung«[140] –, erweist sich als eine Einsicht, die Goethe nicht nur in seiner narrativ formulierten Kunst- bzw. Sammlungstheorie inszeniert. Das im Umgang mit den konkreten Objekten generierte Wissen impliziert eine Ungeschiedenheit bzw. Ununterscheidbarkeit von Subjekt und Objekt, wie sie Goethe auch für die unvermittelte Naturerfahrung als Ausgangspunkt naturwissenschaftlicher Praxis zu proklamieren scheint: »Alles, was im Subject ist, ist im Object und noch etwas mehr. Alles, was im Object ist, ist im Subject und noch etwas mehr.«[141] Aus der Interrelation von Subjekt und Objekt ergibt sich ein ambivalenter Imperativ: »Wir sind auf doppelte Weise verloren oder geborgen: Gestehen wir dem Object sein Mehr zu, pochen wir auf unser Subject.«[142] Diese paradoxale Forderung bedingt ein polares Spiel zwischen dem

---

136 F. Schiller, Über die ästhetische Erziehung, S. 120. Vgl. dazu auch Asmann, Kunstkammer als Kommunikationsspiel, S. 165.
137 WA I, 47, S. 130.
138 WA I, 47, S. 130.
139 WA I, 47, S. 134.
140 Asmann, Kunstkammer als Kommunikationsspiel, S. 136.
141 Goethe, Maximen und Reflexionen, S. 284, Nr. 1376.
142 Goethe, Maximen und Reflexionen, S. 284, Nr. 1376.

Subjekt und den inneren und äußeren Gegenständen seiner Wahrnehmung. Goethe erkennt – wie James – den externen Objekten ihre Eigengesetzlichkeit und Unverfügbarkeit zu, insistiert aber gleichzeitig auch auf der Unhintergehbarkeit des Subjekts im Zugriff auf die Dinge.[143] Bei allem Respekt für das Ding (per se) und den Widerfahrnischarakter der Wirklichkeit hält Goethe in Anlehnung an die Kant'sche Epistemologie am Subjekt und seinem schöpferischen Tun fest.[144]

6.1.3.5 Wort und Ding

Es spricht für die insbesondere vom Schwager des Sammlers praktizierte Anhänglichkeit an die Dinge, dass die von Aristoteles in den *Sophistischen Widerlegungen* etablierte Differenz von Ding und Zeichen nicht hingenommen wird. Nach Aristoteles kann man beim Philosophieren »nicht die Dinge selbst [*autà tà prágmata*] hernehmen, sondern gebraucht statt ihrer, als ihre Zeichen, die Worte«[145]. Der Schwager sucht die Kluft zwischen Realem und Symbolischem durch spezifische Strategien der Re-Präsentation zu schließen. Es geht dabei nicht nur darum, das Original durch Abbildung zu repräsentieren, sondern diese – im wörtlichen Sinn – in der Realität zu befestigen. Mit dem vom Schwager ausgeführten lebensgroßen Porträt der Eltern, das – in der »Thürbekleidung befestigt«[146] – »durch die Wirklichkeit«[147] »erschreckte«[148], wird ein nahezu monströses Zeichen geschaffen, das zentrale Aspekte der Peirce'schen Semiotik vorwegnimmt. Als charakteristisch für die – auf Präsenz insistierende – Re-Präsentation der Dinge, wie sie paradigmatisch durch die künstlerische Praxis des Schwagers vorgeführt wird, erweist sich die Hybridität der Zeichenkonstellation. Das vom Schwager angefertigte Porträt der Eltern des Sammlers, als »*Simile* oder Ikon«[149], unterhält nicht nur eine – nach Peirce für das ikonische Zeichen typische – Beziehung der Ähnlichkeit, sondern auch eine – nach Peirce für den Index charakteristische – ostentative *physische* Beziehung zum Objekt.[150] Das im Türrahmen verortete Abbild verweist sowohl qua Similarität als auch qua Indexika-

---

143 Vgl. dazu insbesondere Kapitel 7.5.

144 »Die Unterscheidung des Subjekts vom Objekt« (Goethe/Eckermann, Gespräche, S. 229) stellt Goethe als zentrale Gemeinsamkeit seiner Naturforschung mit der Erkenntnistheorie Kants heraus.

145 Aristoteles, Sophistische Widerlegungen, S. 2 (I, 165a6–8).

146 WA I, 47, S. 132.

147 WA I, 47, S. 132.

148 WA I, 47, S. 132.

149 Peirce, Die Kunst des Räsonierens, S. 193.

150 Vgl. Peirce, Die Kunst des Räsonierens, S. 199.

lität auf die Wirklichkeit, wobei der von Peirce paradigmatisch am Porträt herausgestellte hybride Status des Zeichens radikalisiert wird. Nach Peirce stellt das Porträt nie nur ein ikonisches Zeichen dar:

> So far as, on the ground of merely of what I see in it, I am led to form an idea of the person it [= the portrait] represents, it is an Icon. But, in fact, it is not a pure Icon, because I am greatly influenced by knowing that it is an *effect*, through the artist, caused by the original's appearance, and is thus in a genuine Obsistent relation to that original.[151]

Der Schwager nähert sich der Wirklichkeit der repräsentierten Personen maximal an, indem neben die offensichtliche Similarität mit dem Repräsentierten die Beziehung der physischen Verbundenheit mit der Wirklichkeit (als Indexikalität) tritt, die durch die konkrete Positionierung des Porträts tatsächlich realisiert wird. Das in die Türöffnung eingepasste lebensgroße Porträt der Eltern generiert Präsenzeffekte: »Mein Vater trat mit meiner Mutter am Arme gleichsam heraus und erschreckte durch die Wirklichkeit, welche theils durch die Umstände, theils durch die Kunst hervorgebracht war.«[152]

Nach Peirce kommt, wie Martin Lefebvre ausführt, jedem Zeichen eine gewisse Indexikalität zu: »[E]very embodied sign, from the moment it stands for something, is by logical necessity indexically connected to reality in one way or another«[153]. Das Porträt des Schwagers stellt aufgrund seiner – für die Präsenzsuggestion der Repräsentation konstitutiven – Einpassung in die Wirklichkeit die Konnexion zur äußeren Realität direkt her. Zumal, wie Lefebvre betont, »indexed —connected to the world«[154] bedeutet, erscheint diese spezifische Repräsentationsstrategie als konkreter Versuch, das Zeichen mit der Wirklichkeit zu verschränken, sich qua Zeichen dem Referenten und seinem ontologischen Status so weit wie möglich anzunähern.

---

151 Peirce, Elements of Logic, S. 51, CP 2.92. [Herv. i. O.] Als Gattung repräsentiert das Porträt qua Konventionalität und mithin auch als Symbol (vgl. Peirce, Elements of Logic, S. 51, CP 2.92). Diese Art des Objektbezugs wird in *Der Sammler und die Seinigen* bezeichnenderweise vom (idealistisch orientierten) Philosophen angesprochen. Sie realisiert sich als Prinzip der Kunst: »[K]ein Porträt kann etwas taugen als wenn es der Mahler im eigentlichsten Sinne erschafft.« (WA I, 47, S. 175.)
152 WA I, 47, S. 132.
153 Lefebvre, The Art of Pointing, S. 233.
154 Lefebvre, The Art of Pointing, S. 226.

6.1.3.6 Erfahrung als (Er-)Kenntnis

Die oben konturierte Verschränkung von Subjekt und Objekt kann als Implikation einer Erkenntnistheorie gelten, die – wie in *Der Sammler und die Seinigen* vorgeführt wird – als ihren Ursprung die im konkreten Umgang mit den Dingen generierte Erfahrung als (Er-)Kenntnis setzt. Was die Brieferzählung vor allem vor Augen führt, ist, wie auch Asmann herausstellt, die Bedeutung der konkreten Erfahrung der (Kunst-)Dinge für deren (Er-)Kenntnis.[155] Kultiviert wird jene Art des Wissens, die James als »*knowledge of acquaintance*«[156] von »*knowledge-about*«[157] absetzt und anhand des deutschen Begriffs ›kennen‹ (im Unterschied zu ›wissen‹) spezifiziert.[158] Ersteres schließt lediglich das Wissen über die Präsenz der Dinge ein, es ist an den direkten Kontakt mit den Dingen und deren sinnliche Erfahrung gebunden und erweist sich als Ursprung des *knowledge-about*.[159] Die primären Modi des Bekanntwerdens mit den Dingen, Sensationen und Emotionen (*feelings*), erweisen sich als Grundlage für das Wissen über sie: »Through feelings we become acquaintend with things, but only by our thoughts do we know about them. Feelings are the germ and starting point of cognition, thoughts the developed tree.«[160]

Die ästhetische Erziehung erfolgt, wie die Brieferzählung vorführt, in der/durch die Interaktion mit konkreten Kunstwerken, die nicht nur als kognitive, sondern zunächst vor allem als affektive Objekte geliebt, genossen, gesammelt oder verworfen werden. In ihrer Funktion als Fetische kommt den Kunstwerken, wie der zweite Brief darstellt, sogar ihr Werkstatus abhanden. Das »fetischistische Bild«[161] beschwört eine vergangene Präsenz. Weit entfernt von einer dem Kunstwerk zugeschriebenen Zwecklosigkeit mutieren die vom Schwager des Sammlers angefertigten Stillleben, die ihrerseits die »Verwandlung familiärer Haushaltsgegenstände in Fetische«[162] festhalten, zum Instrument eines »Totenkult[s]«[163]. Nach Hartmut Böhme fungieren die Stillleben, auf denen der Maler die Gegenstände seiner toten Frau zusammenstellt, als »Fetische«[164] und »Todes-Bewältiger«[165]:

---

155 »Erst über die Erfahrung der geschätzten Objekte seiner nächsten Umgebung gelangt der Mensch allmählich zu einem Begriff des Schönen.« (Asmann, Kunstkammer als Kommunikationsspiel, S. 136.)

156 James, The Principles of Psychology, Vol. I, S. 221. [Herv. i. O.]

157 James, The Principles of Psychology, Vol. I, S. 221. [Herv. i. O.]

158 Vgl. James, The Principles of Psychology, Vol. I, S. 221.

159 Vgl. James, The Principles of Psychology, Vol. I, S. 221.

160 James, The Principles of Psychology, Vol. I, S. 222.

161 Böhme, Fetisch und Idol, S. 193.

162 Asmann, Kunstkammer als Kommunikationsspiel, S. 143.

163 Böhme, Fetisch und Idol, S. 193.

164 Böhme, Fetisch und Idol, S. 193.

Die auf Leinwand gebannten Dinge seiner Frau, die als »Reliquien«[166] noch die
Spuren ihrer körperlichen Berührung tragen, sind in »Stilleben verwandelte Me-
moria, Erinnerung als *nature morte*, und sollen in ihrer stummen, aber visuellen
Präsenz den Schmerz der Trennung vertreiben.«[167]

Die vom Sammler und den Seinigen kultivierte »Ästhetik der Präsenz«[168], die
sich der Wirkmächtigkeit der Dinge aussetzt und die (Inter-)Relation von Subjekt
und Objekt sowie von Zeichen und Dingen in ihrer Materialität und Kontingenz
auslotet, erscheint als Ursprung einer Epistemologie, die – bei aller Insistenz auf
der Verfügungsmacht des Subjekts – eine Nähe zur Praxis und den daran ge-
bundenen/daraus hervorgegangenen *pragmata* wahrt. Die Orientierung an den
konkreten Gegenständen und ihrem Gebrauch und die dabei gemachte Erfahrung
weist Goethe in der *Einleitung in die Propyläen* als zentrale Erkenntnisquelle des
Künstlers aus: »Derjenige, der zum Künstler berufen ist, wird auf alles um sich her
lebhaft Acht geben, die Gegenstände und ihre Theile werden seine Aufmerksamkeit an sich ziehen, und indem er praktischen Gebrauch von solchen Erfahrungen macht, wird er sich nach und nach üben, immer schärfer zu bemerken«[169].
Der Weg zum Künstlertum erfolgt über die Auseinandersetzung mit den Dingen
der Alltagswelt, wie sie sich dem aufmerksamen Auge aufdrängen, das sich an
ihnen übt.

Die Anerkennung des epistemischen Potenzials der konkreten Dinge, der
Erkenntnis, die aus ihrer konkreten Erfahrung herrührt, lässt Goethe in *Der
Sammler und die Seinigen* eine Kunsttheorie formulieren, die, wie die Epistemologie Heideggers und jene des Pragmatismus, vom Primat des Tuns und Handelns,
des Hantierens mit den (Kunst-)Dingen und der mit ihnen gemachten Erfahrung
ausgeht. Die Verschränkung von Subjekt und Objekt kann dabei als Indikator für
eine Erkenntnistheorie gelten, die, wie Sandra B. Rosenthal als Gemeinsamkeit
der Phänomenologie Heideggers und des Pragmatismus herausstellt, die qualitative Fülle der Primär- oder Alltagserfahrung als »Matrix«[170] naturwissenschaftlicher Praxis fasst. Wie bei James und Dewey, aber auch bei Heidegger geht
das wissenschaftliche Objekt bei Goethe aus der Interaktion des Subjekts mit
Dingen der konkreten Alltagserfahrung hervor. Diese werden in der Anverwand-

---

165 Böhme, Fetisch und Idol, S. 193.
166 Böhme, Fetisch und Idol, S. 193.
167 Böhme, Fetisch und Idol, S. 193.
168 Buschmeier, Poesie und Philologie in der Goethe-Zeit, S. 228.
169 WA I, 47, S. 6.
170 »The objects of systematic scientific creativity gain their fullness of meaning from the matrix
of ordinary experience«. (Rosenthal, Scientific Method, S. 194.)

lung durch die »creative activity of the scientist«[171] zu Gegenständen eines Wissens, für das sich die »interactional unity between knower and known«[172] als kennzeichnend erweist.

6.1.3.7 Verbindung von Ernst und Spiel

Dieser spezifischen epistemischen Orientierung entsprechend stellt sich der *Der Sammler und die Seinigen* als eine (aus dem Umgang mit den Dingen hervorgegangene, induktiv gewonnene) Kunsttheorie dar, die auch – wie Goethes und James' Erkenntnistheorie – durch den Versuch der Vermittlung von Realität und Idealität gekennzeichnet ist. In der am Ende der Brieferzählung aufgestellten Typologie wird dabei Realität mit »Ernst«[173], Idealität mit »Spiel«[174] assoziiert. Wie Goethes »rationeller Empirismus« und James' Pragmatismus den Ausgleich zwischen Empirie und Theorie suchen, operiert die (narrativ formulierte) Kunsttheorie auf Grundlage der Vermittlung von Gegensätzen. Der letzte Brief aus der Welt des Sammlers zieht folgende Conclusio: »Nur aus innig verbundenem Ernst und Spiel kann wahre Kunst entspringen.«[175] Die im Zuge der Erzählung herauspräparierte »neue Art von Sammlung«[176], die in »sechs Classen«[177] rubrizierten »Künstler und Kunstliebhaber«[178] – die »Nachahmer«[179], »Charakteristiker«[180] und »Kleinkünstler«[181] auf der einen, und die »Phantomisten«[182] bzw. »Imaginanten«[183], »Undulisten«[184] und »Skizzisten«[185] auf der anderen Seite –, werden jeweils einem der beiden Prinzipien zugeordnet. Die ersten drei werden in der

---

171 Rosenthal, Scientific Method, S. 194.
172 Rosenthal, Scientific Method, S. 195.
173 WA I, 47, S. 206.
174 WA I, 47, S. 206.
175 WA I, 47, S. 205. Vgl. dazu auch folgenden Befund aus der Sekundärliteratur: »Die ästhetische Forderung nach der ›innigen Verbindung‹ von Ernst und Spiel zielt auf den Ausgleich der Gegensätze in einer ›goldenen Mitte‹.« (Anglet, Das »ernste Spiel« der Kunst, S. 240.)
176 WA I, 47, S. 152.
177 WA I, 47, S. 193.
178 WA I, 47, S. 205.
179 WA I, 47, S. 206.
180 WA I, 47, S. 206.
181 WA I, 47, S. 206.
182 WA I, 47, S. 206.
183 WA I, 47, S. 195.
184 WA I, 47, S. 206.
185 WA I, 47, S. 206.

tabellarischen Darstellung am Ende der Brieferzählung dem »Ernst«, die zweiten drei dem »Spiel« subsumiert.[186]

Dass der »Ernst« mit Empirie und Realität und das »Spiel« mit Theorie und Idealität einhergeht, wird durch Ausführungen Schillers in einem Brief an Goethe untermauert, in denen er am Beispiel von Siegfried Schmid und Hölderlin die Einseitigkeiten einer künstlerischen Praxis kritisiert, die entweder (wie jene Schmids) zu sehr der »empirischen Welt«[187] oder (wie jene Hölderlins) zu sehr einem »idealischen Hang«[188] verpflichtet ist. Schiller profiliert die je entsprechende Haltung anhand der jeweiligen Relation von Subjekt und Objekt: »Hier [= bei Hölderlin] [...] sehen wir Empfindung genug, aber keinen Gegenstand dazu, dort [= bei Schmid] den nackten leeren Gegenstand ohne Empfindung«[189]. Der Opposition von Realem und Idealem, Objektivem und Subjektivem korrespondiert (in Analogie zu Schillers Dichotomie von Sach- und Formtrieb) die Opposition von »Gehalt« und »Form«. Die Vermittlung beider definiert das Ästhetische: Schiller konstatiert im Brief an Goethe, dass »das Ästhetische Ernst und Spiel zugleich ist, wobei der Ernst im Gehalte und das Spiel in der Form gegründet ist«[190]. Wie beim Sachtrieb die »höchste Begrenzung«[191] dominiert, welche die »Schranken der Zeit«[192] dem Realen (in seiner materiell bedingten Endlichkeit) auferlegen, erscheint der Ernst in Goethes Brieferzählung durch die Begrenztheit des Wirklichen bedingt: Der prototypische Repräsentant des dem Ernsten zugeordneten Typus, der »Nachahmer«, »zieht uns in das einzige höchst beschränkte Dasein hinein.«[193] Demgegenüber scheint das Prinzip des Spiels – wie bei dem durch »Freiheit«[194] charakterisierten Formtrieb Schillers – durch Autonomie gegenüber den Zumutungen des Realen gekennzeichnet.

Bei aller Insistenz auf der Notwendigkeit der Vermittlung von Empirie und Theorie setzen sowohl Goethe als auch James den Akzent auf die Empirie, der in der jeweiligen Erkenntnistheorie ein größerer Stellenwert zukommt.[195] Der Primat des Empirischen gegenüber dem Theoretischen, des Realen gegenüber dem Idealen, scheint – trotz des Imperativs des Ausgleichs zwischen Ernst und Spiel –

---

186 Vgl. WA I, 47, S. 206.
187 F. Schiller, An Goethe. Jena, 17. August 1797. In: BW, S. 443.
188 F. Schiller, An Goethe. Jena, 17. August 1797. In: BW, S. 443.
189 F. Schiller, An Goethe. Jena, 17. August 1797. In: BW, S. 443.
190 F. Schiller, An Goethe. Jena, 17. August 1797. In: BW, S. 444 f.
191 F. Schiller, Über die ästhetische Erziehung, S. 48.
192 F. Schiller, Über die ästhetische Erziehung, S. 48.
193 WA I, 47, S. 194.
194 F. Schiller, Über die ästhetische Erziehung, S. 49.
195 Vgl. dazu ausführlicher Kapitel 7.

auch für Goethes Kunsttheorie zu gelten, wie anhand der Qualifizierung des Gegensatzes von »Nachahmer« und »Phantomist« bzw. »Imaginant« in der abschließenden Typologie des Sammlers und der Seinigen deutlich wird. Die für den »Nachahmer« typische Orientierung am Realen und die damit verbundene Anerkennung der Grenzen des Wirklichen wird als eine Haltung ausgewiesen, die der »Kunstwahrheit«[196] als Synthese von Ernst und Spiel den Weg bahnen kann, wohingegen die für den »Imaginanten« typische Haltung von diesem Ziel wegführt:

> Der Nachahmer schadet der Kunst nie, denn er bringt sie mühsam auf eine Stufe wo sie ihm der echte Künstler abnehmen kann und muß, der Imaginant hingegen schadet der Kunst unendlich, weil er sie über die Gränzen hinausjagt, und es bedürfte des größten Genies sie aus ihrer Unbestimmtheit und Unbedingtheit, gegen ihren wahren Mittelpunct, in ihren eigentlichen, angewiesenen Umkreis zurück zu führen.[197]

Die Privilegierung des Realen und ›Objektiven‹ gegenüber dem Ideellen und ›Subjektiven‹ zeichnet sich auch in den in Kooperation mit Schiller entstandenen Fragmenten zum *Dilettantismus* ab, dessen Behandlung als »wichtigstes Projekt der *Propyläen*«[198] konzipiert war und im werkgeschichtlichen Kontext von Goethes *Der Sammler und die Seinigen* zu verorten ist. In der aus dem Nachlass Goethes publizierten Arbeit *Ueber den sogenannten Dilettantismus* wird im Abschnitt »Dilettantismus in der pragmatischen Poesie«[199] die Differenzierung zwischen Künstler und Dilettant anhand der Nähe bzw. Ferne zum realen Objekt vorgenommen. Wie in Schillers brieflichen Ausführungen über die Einseitigkeiten in der Kunst fungiert dabei die Relation und Haltung des darstellenden Subjekts zum darzustellenden bzw. dargestellten Objekt als Maßstab. Der Dilettantismus wird als Entfernung vom Gegenstand definiert: »Der Dilettant wird nie den Gegenstand, immer nur sein Gefühl über den Gegenstand schildern. Er flieht den Charakter des Objects.«[200] Kunst, so ließe sich im Umkehrschluss formulieren, zeichnet sich durch die Nähe zum Objekt aus. Entsprechend Goethes erkenntnistheoretischer Privilegierung des Empirismus – in einer prinzipiell auf Vermittlung zwischen Empirismus und Idealismus, Objektivem und Subjektivem setzenden Erkenntnistheorie – wird denn auch der »Schaden des Dilettantismus«[201] allgemein in seiner Aberration vom Wirklichen gesehen: »Er kommt

---

196 WA I, 47, S. 206.
197 WA I, 47, S. 197.
198 Niedermeier, Dilettantismus, S. 215.
199 Goethe, Ueber den sogenannten Dilettantismus, S. 269.
200 Goethe, Ueber den sogenannten Dilettantismus, S. 270.
201 Goethe, Ueber den sogenannten Dilettantismus, S. 277.

immer mehr von der Wahrheit der Gegenstände ab und verliert sich auf subjectiven Irrwegen.«[202]

6.2 James' Wirklichkeit

6.2.1 All-Form und Einzel-Form

Die pluralistische Wirklichkeit wird von James metaphorisch als Sammlung konfiguriert. So wird der Gegenstand der mit *A Pluralistic Universe* bezeichneten Vorlesungsreihe als »universe of simply collective or additive form«[203] bestimmt, es besteht »aus einer Sammlung und Zusammenfügung der Teile«[204]. Die Ordnung des pluralistischen Universums gleicht, wie James unter anderem im Vorwort zu *The Will to Believe* mit selbstreferenzieller Bezugnahme auf die generische Form des Bandes herausstellt, einer »Sammlung«: »*Primâ facie* the world is a pluralism; as we find it, its unity seems to be that of any collection«[205]. Die Wirklichkeit in der monistischen Konzeption als ein stabiles und invariantes, durch das Absolute zusammengehaltenes Ganzes stellt sich demgegenüber als »block-universe«[206] dar: »Für den Monismus ist die Welt keine Sammlung von Tatsachen, sondern eine große allumfassende Tatsache.«[207]

Im Unterschied zum Monismus, der auf das Ganze abzielt und dessen Struktur jene der »*all*-form«[208] ist, setzt der Pluralismus – entsprechend seiner Konzeption von Wirklichkeit als Sammlung – auf die Teile; für ihn konkretisiert sich Wirklichkeit in der Partikularität der »*each*-form«[209]. Im Pluralismus »gibt es keine Totalitäten, hier haben nur die Teile Realität.«[210] Die pluralistische Wirklichkeit erweist sich als eine potenziell unabschließbare Sammlung heterogener Teile: »[W]hereas absolutism thinks that the [...] substance becomes fully divine only in the form of totality, and is not its real self in any form but the *all*-form, the pluralistic view [...] is willing to believe that there may ultimately never be an all-

---

202 Goethe, Ueber den sogenannten Dilettantismus, S. 277.
203 James, A Pluralistic Universe, S. 51.
204 James, Das pluralistische Universum, S. 64.
205 James, Preface. In: The Will to Believe, S. 5f.
206 James, A Pluralistic Universe, S. 39.
207 James, Das pluralistische Universum, S. 19.
208 James, A Pluralistic Universe, S. 20. [Herv. i. O.]
209 James, A Pluralistic Universe, S. 20. [Herv. i. O.]
210 James, Das pluralistische Universum, S. 122.

form at all, that the substance of reality may never get totally collected«[211]. Immer bleibt etwas außerhalb der Sammlung, sie lässt sich nicht (ab-)schließen, sie hat Lücken und lässt sich nicht auf eine Einheit festlegen: »However much may be collected [...] something else is self-governed and absent and unreduced to unity.«[212]

Für James' Wirklichkeit kann – wie für Goethes Sammlung – die spezifische Beschaffenheit des »Stück Zeug[s]«, das aus dem Zusammenspiel von ›Natur‹ und ›Kultur‹ hervorgegangen ist, als charakteristisch gelten. Die Wirklichkeit nach James erweist sich als ›eigenwüchsig‹ wie auch als hergestellt, sie wird sowohl gefunden als auch gemacht: »In one sense you create it, in another you find it.«[213] Die Wirklichkeit erscheint einerseits als plastisch, sie erhält ihre endgültige Gestaltung durch unsere Hände: »The world stands really malleable, waiting to receive its final touches at our hands.«[214] Dabei geht die Plastizität aber nicht so weit wie im (absoluten) Idealismus, für den die wirklichen Dinge außer Reichweite geraten sind. Wie Felicitas Krämer betont, haben wir es nach James nur mit Gegenständen zu tun, »wie sie uns in der Erfahrung gegeben sind und erscheinen.«[215] Andererseits stellt sich uns die Wirklichkeit nach James mit ›harten‹ Fakten entgegen: »For all of us alike, Fact forms a datum, gift, or *vorgefundenes*, which we cannot burrow under, explain, or get behind.«[216] Die Fakten der Wirklichkeit lassen sich nicht alle auf ihr ›Gemachtsein‹ reduzieren, manchmal begegnen sie als das, was dem Subjekt und seiner Verfügungsmacht wider- oder entgegensteht: »Für James als Pragmatisten gibt es nicht nur Ideen und Vorstellungen, sondern auch harte Fakten und widerständige Objekte in einer extramentalen Welt.«[217] Die Wirklichkeit als ›Natur‹ ist dem Subjekt sowohl gegeben als auch aufgegeben, in ihrer Formbarkeit arbeitet sie an ihrer Gestaltung mit, in ihrer Widerständigkeit der Formung entgegen. Sie impliziert Ordnungen, lässt in ihrer spezifischen Beschaffenheit aber nur bestimmte Generalisierungen zu: »›Nature‹ is what we make of it, but she cooperates in the making, and resists certain attempts. She contains classes and can only be generalized in certain

---

211 James, A Pluralistic Universe, S. 20. [Herv. i. O.]
212 James, A Pluralistic Universe, S. 145.
213 James, The Meaning of Truth, S. 56. Für den Pragmatismus »bewegt sich der Bezug auf Realität [...] zwischen ›Finden‹ und ›Erfinden‹«. (F. Krämer, Erfahrungsvielfalt und Wirklichkeit, S. 257.)
214 James, Pragmatism, S. 123.
215 F. Krämer, Erfahrungsvielfalt und Wirklichkeit, S. 72.
216 James, Some Problems of Philosophy, S. 30.
217 F. Krämer, Erfahrungsvielfalt und Wirklichkeit, S. 272.

ways.«[218] Wie Goethes »Stück Zeug« teilt die James'sche Wirklichkeit in ihrer (partiellen) Gemachtheit eine Gemeinsamkeit mit dem Werk und in ihrer (partiellen) Unverfügbarkeit eine Gemeinsamkeit mit dem Ding. In ihrer Gemachtheit ist sie an die Hand gebunden, aus der sie hervorging, mit ihrem Eigensinn bedingt sie die »Uneinholbarkeit der Realität«[219].

Als Kollektivsingular kann ›Zeug‹ als Bezeichnung für eine Wirklichkeit gelten, die im Unterschied zum idealistischen Absoluten (auch) aus unvollkommenen Teilen besteht: »Das Absolute wird definiert als das Ganze von idealer Vollkommenheit, und dennoch sind die meisten seiner Teile, wenn nicht alle, zugegebenermaßen unvollkommen.«[220] Diese Unvollkommenheit betrifft die Qualität – die Zeitlichkeit und Endlichkeit – wie die Quantität von Teilen der Wirklichkeit, die nach James nur »stückweise wächst«[221]. Gegen die idealistische »Verklärung des Seins«[222] stellt James das »*Geschehen* und *Werden*«[223]: »Of our world, change seems an essential ingredient. There is history. There are novelties, struggles, losses, pain. But the world of the Absolute is represented as unchanging, eternal ›out of time‹«[224]. Im »Prozeßuniversum«[225] hingegen ist »nichts [...] so groß, so unveränderlich, so edel, daß es nicht eine Geschichte hinter sich hätte«[226]. Wie in Goethes Sammlungen beanspruchen im pluralistischen Universum vollkommene und unvollkommene Teile einen analogen Stellenwert, sie erweisen sich in gleichem Maße als real und essenziell für die Konstitution von Wirklichkeit (als Gesamtheit des Vielen): »The reality *exists* as a *plenum*. All its parts are contemporaneous, each is as real as any other, and each as essential for making the whole just what it is and nothing else.«[227]

Was den Zusammenhang der Teile dieses pluralistischen Universums angeht, so vertritt James einen – der Struktur von Goethes Sammlungen vergleichbaren – »*moderaten Pluralismus*«[228], der sich dadurch auszeichnet, dass im Unterschied zum absoluten Idealismus nicht vollkommene Verbundenheit zwischen den Teilen der Wirklichkeit und im Unterschied zum atomistischen Empirismus nicht

---

218 James, Notes for Philosophy 20c, S. 282, Anm. 11.
219 F. Krämer, Erfahrungsvielfalt und Wirklichkeit, S. 292.
220 James, Das pluralistische Universum, S. 78.
221 James, Der Pragmatismus, S. 186.
222 James, Das pluralistische Universum, S 7.
223 James, Das pluralistische Universum, S. 28. [Herv. i. O.]
224 James, Some Problems of Philosophy, S. 72.
225 F. Krämer, Erfahrungsvielfalt und Wirklichkeit, S. 71.
226 James, Das pluralistische Universum, S. 26.
227 James, The Principles of Psychology, Vol. II, S. 634. [Herv. i. O.]
228 F. Krämer, Erfahrungsvielfalt und Wirklichkeit, S. 179. [Herv. i. O.] Vgl. dazu auch F. Krämer, Erfahrungsvielfalt und Wirklichkeit, S. 208.

völlige Unverbundenheit besteht. Pluralismus und Pragmatismus treten ein »for the legitimacy of the notion of *some:* each part of the world is in some ways connected, in some other ways not connected with its other parts«[229]. Dabei unterscheidet sich der ontologische Status der Verbindungen im pluralistischen Universum nicht von jenem ihrer Glieder: Der ontologische Pluralismus »takes conjunctive relations at their face-value, holding them to be as real as the terms united by them. The world it represents as a collection, some parts of which are conjunctively and others disjunctively related.«[230] Konjunktive bzw. disjunktive Relationen, die James an Stelle der internen und externen Relationen in der traditionellen Ontologie setzt,[231] und die sich als »fully coordinate parts of experience«[232] erweisen, bezeichnen Formen relativer Verbundenheit bzw. Unverbundenheit zwischen den Teilen; sie stellen keine absoluten, sondern graduelle Verhältnisse mit »different degrees of intimacy«[233] dar. Dabei handelt es sich selbst bei den disjunktiven Relationen »noch um eine Form der Verbundenheit, wenn auch um eine lose.«[234] Bei aller relativen Unverbundenheit der Teile sind

---

229 James, A Pluralistic Universe, S. 41. [Herv. i. O.]

230 James, The Thing and Its Relations, S. 52. Die Beziehung zwischen James' ontologischem Pluralismus, seinem Ansatz des radikalen Empirismus und seiner Philosophie des Pragmatismus wird in der Forschung kontrovers diskutiert. Während James selbst im Vorwort zu *Pragmatism* noch behauptet, dass sein zwei Jahre zuvor in einer Reihe von Aufsätzen formulierter Ansatz des radikalen Empirismus keine logische Beziehung zu seiner Philosophie des Pragmatismus aufweise und beide völlig unabhängig voneinander betrachtet werden können (vgl. James, Pragmatism, S. 6), betont er in seiner im Untertitel als »A Sequel to ›Pragmatism‹« ausgewiesenen Publikation *The Meaning of Truth* die Bedeutung der pragmatistischen Wahrheitstheorie für die Durchsetzung des radikalen Empirismus (vgl. James, The Meaning of Truth, S. 6). Pluralismus und radikaler Empirismus werden schließlich anhand weitgehend analoger Begriffe gefasst (vgl. dazu sowie zu einem Überblick über den Forschungsstand zu dieser Debatte Slater, William James's Pluralism, S. 64 f.). In der vorliegenden Arbeit werden Pragmatismus, radikaler Empirismus und Pluralismus nicht als distinkte theoretische Ansätze verstanden. Damit wird ein Zugang verfolgt, der wesentlich durch Hilary Putnam geprägt wurde, der James' Arbeiten zum radikalen Empirismus als wegbereitend für den James'schen Pragmatismus ausgewiesen hat (vgl. Putnam, Realism with a Human Face, S. 233).

231 Vgl. F. Krämer, Erfahrungsvielfalt und Wirklichkeit, S. 186.

232 James, A World of Pure Experience, S. 23.

233 James, A World of Pure Experience, S. 23.

234 F. Krämer, Erfahrungsvielfalt und Wirklichkeit, S. 186. Zu den äußersten Relationen zählt das Mit-Sein von Termen in einem Diskursuniversum, als Nächstes in der Skala folgen Relationen der Zeit und des Raumes: »Relations are of different degrees of intimacy. Merely to be ›with‹ one another in a universe of discourse is the most external relation that terms can have [...]. Simultaneity and time-interval come next, and then space-adjacency and distance.« (James, A World of Pure Experience, S. 23.)

diese dadurch geprägt, dass sie in einem Zusammenhang stehen: »*[N]othing* real escapes from having an environment«[235].

6.2.2 Realität von Relationen

Es ist für James' Pluralismus charakteristisch, dass er mit seiner »radikalempiristischen Relationentheorie«[236] in Analogie zu Goethe zum einen generell »die *Realität von Relationen* und zugleich ihre sinnliche Erfahrbarkeit«[237] und zum anderen insbesondere die »*Realität externer beziehungsweise disjunktiver Relationen*«[238] akzentuiert. Nach James behaupten im Unterschied zum Rationalismus (für den sich Wirklichkeit als monolithisches Ganzes erweist) wie zum Empirismus (für den es keine Verbindungen zwischen den einzelnen Teilen gibt) die Relationen Realität; die Beziehungen der Kontinuität bzw. Diskontinuität (als Korrelata zu den internen bzw. externen Relationen in der klassischen Relationentheorie) erweisen sich als sinnlich erfahrbar. Wie Goethe mit seinen Suiten die Verlaufsformen und mithin die konkrete Existenz von Beziehungen zwischen den einzelnen Objekten der Sammlung stark macht und wie auch sein spezifischer Umgang mit den Dingen – deren (Re-)Komposition entsprechend spezifischer »Wahrnehmungssituationen«[239] – die (*aisthetisch* relevanten) Relationen zwischen den Dingen akzentuiert, insistiert James auf der Qualität sinnlich wahrnehmbarer Relationen (der graduellen Verbunden- oder Unverbundenheit) zwischen den Teilen der Wirklichkeit.

Mit seiner Akzentuierung der »Realität disjunktiver Relationen«[240], die er als Korrelat zu den externen Relationen der klassischen Relationentheorie setzt, hebt James die traditionelle Dichotomie zwischen internen und externen Relationen auf. Während im klassischen Monismus Erstere als konstitutiv und mithin notwendig für die Identität ihrer Relata gelten, werden Letztere als für die Identität ihrer Relata unwesentlich erklärt und negiert.[241] Das Paradigma für interne Re-

---

235 James, A Pluralistic Universe, S. 144. [Herv. i. O.]
236 F. Krämer, Erfahrungsvielfalt und Wirklichkeit, S. 180.
237 F. Krämer, Erfahrungsvielfalt und Wirklichkeit, S. 180. [Herv. i. O.]
238 F. Krämer, Erfahrungsvielfalt und Wirklichkeit, S. 180. [Herv. i. O.]
239 Holm, Goethes Gewohnheiten, S. 121.
240 F. Krämer, Erfahrungsvielfalt und Wirklichkeit, S. 185.
241 Vgl. F. Krämer, Erfahrungsvielfalt und Wirklichkeit, S. 185 ff. Für den Monismus haben nur interne Relationen Bedeutung: »Absolutists say that no such external relations are possible. The relations must be founded on something in the several things, or not exist at all.« (James, Notes for Philosophy 20c, S. 290.)

lationen bilden Verwandtschaftsverhältnisse,[242] als paradigmatisch für externe Relationen erweisen sich räumliche Kontiguitätsbeziehungen.[243] Die von James behauptete Relevanz externer Relationen lässt sich anhand eines Beispiels aus *The Principles of Psychology* verdeutlichen. Im Kapitel »The Perception of Things« demonstriert James die Bedeutung der Veränderung räumlicher Konstellationen für die Wahrnehmung der Dinge, welche er als »[t]he consciousness of particular material things present to sense«[244] versteht. Dabei wird indirekt auch die konstitutive Funktion räumlicher Verhältnisse (als externe Relationen) für die spezifische Wahrnehmung der Objekte deutlich. Betrachtet man etwa, so James, eine Landschaft aus der Position des Kopfstands oder ein Bild, das verkehrt herum aufgehängt ist, dann werden zwar »gradations of distance and other space-determinations uncertain«[245], andererseits ändert sich aber auch die farbliche Beschaffenheit der wahrgenommenen Objekte: »[T]he colours grow richer and more varied, and the contrasts of light and shade more marked.«[246] Auch im Rahmen seiner in *The Principles of Psychology* angestellten Reflexionen über »the pure sciences«[247], als deren Repräsentanten er »[Systematic] Classification, Logic, and Mathematics«[248] versteht, und die er dadurch definiert, dass diese über einen Bestand an Propositionen verfügen, die unabhängig von der Erfahrung entstehen, präsentiert James eine Konzeption, die die Realität und Erfahrbarkeit externer Relationen akzentuiert. Den apriorisch gültigen Propositionen der »reinen Wissenschaften« stellt James die Propositionen gegenüber, die zeitlich-räumliche Verhältnisse ausdrücken. Die in der Tradition als klassisches Beispiel für externe Relationen geltenden »räumliche[n] Nachbarschaftsverhältnisse«[249] erhalten dabei empirische Realität: James nennt »*all propositions which express time- and space-relations empirical propositions*«[250].

Im Kontext von Goethes Sammlungen kann die von James akzentuierte Realität von Relationen als Affirmation der die Organisation dieser Sammlungen kennzeichnenden ›natürlichen Systeme‹ verstanden werden. Bei diesen handelt es sich um »relational organisierte Natursysteme, in denen sich der Ort eines jeden Naturgegenstandes aus seinem Verhältnis zu allen anderen bestimmt und

---

242 Vgl. F. Krämer, Erfahrungsvielfalt und Wirklichkeit, S. 185.
243 Vgl. F. Krämer, Erfahrungsvielfalt und Wirklichkeit, S. 185.
244 James, The Principles of Psychology, Vol. II, S. 76.
245 James, The Principles of Psychology, Vol. II, S. 81.
246 James, The Principles of Psychology, Vol. II, S. 81.
247 James, The Principles of Psychology, Vol. II, S. 641.
248 James, The Principles of Psychology, Vol. II, S. 641.
249 F. Krämer, Erfahrungsvielfalt und Wirklichkeit, S. 185.
250 James, The Principles of Psychology, Vol. II, S. 644. [Herv. i. O.]

neu hinzukommende Objekte folglich zu Umstrukturierungen der gesamten Systemarchitektur führen können.«[251] In diesen Systemen kommt den Beziehungen zwischen den Objekten eine konstitutive Funktion für deren ›Entität‹ zu. Diese erhalten die Objekte aufgrund ihrer spezifischen Position im System; die ›Wesenheit‹ geht den Objekten nicht voraus, sondern sie entsteht erst durch deren spezifische relationale Situiertheit – als Ergebnis der sie konstituierenden Bezüge. Deren Wirkmächtigkeit betont Goethe in der *Farbenlehre:* »[A]lles, was nur irgend einen Bezug auf einander hat, ist wirksam auf einander und zwar oft in sehr hohem Maße.«[252] Dinge erweisen sich in diesem Sinn nicht als Entitäten, sondern sie ergeben sich, so Goethe im Vorwort zur *Farbenlehre*, aus den Wirkungen (ihrer Bezüge): »Denn eigentlich unternehmen wir umsonst, das Wesen eines Dinges auszudrücken. Wirkungen werden wir gewahr, und eine vollständige Geschichte dieser Wirkungen umfaßte wohl allenfalls das Wesen jenes Dinges.«[253]

Als analog dazu kann James' Kritik am Essenzialismus gesehen werden,[254] wie er sich in der Vorstellung »innerer Relationen« als vermeintlich wesenhafter Attribute äußert.[255] James kritisiert die Vorstellung von »inward and essential connections between conceived objects as such«[256], die er als zentral für die von der Erfahrung unabhängigen Systeme der »reinen Wissenschaften« (»pure sciences«[257]) ausweist. Wie die an der binären Logik ausgerichteten rationalistischen Taxonomien bilden diese Systeme »›a priori‹ bodies of truth«[258], die sich von der in Anlehnung an Locke als »real truth«[259] bezeichneten Wahrheit insofern unterscheiden, als sie nicht empirisch gegründet sind. James verweist auf diese Wissenschaften an anderer Stelle dementsprechend »als a priori sciences«[260], die als »man-made product«[261] zu gelten haben, und betont »[that] these sciences have no immediate connexion with fact«[262]. Die von ihnen behaupteten »ewigen

---

251 Kreher-Hartmann/Maatsch, Mineralien in »natürlichen Systemen«, S. 240.
252 LA I, 4, S. 86, § 231. Dieses Zitat wird auch im Kontext der Forschung zum Pragmatismus aufgegriffen, ohne allerdings erläutert zu werden; Hetzel stellt dieses Zitat seinem Aufsatz zu Konvergenzen zwischen Pragmatismus und Kritischer Theorie voran (vgl. Hetzel, Zum Vorrang der Praxis, S. 17).
253 LA I, 4, S. 3.
254 Zu James' Antiessenzialismus vgl. etwa Slater, James's Critique of Absolute Idealism, S. 181.
255 Vgl. dazu F. Krämer, Erfahrungsvielfalt und Wirklichkeit, S. 186.
256 James, The Principles of Psychology, Vol. II, S. 661.
257 James, The Principles of Psychology, Vol. II, S. 641.
258 James, The Principles of Psychology, Vol. II, S. 641.
259 James, The Principles of Psychology, Vol. II, S. 664.
260 James, The Meaning of Truth, S. 52.
261 James, The Meaning of Truth, S. 52.
262 James, The Meaning of Truth, S. 52.

Wahrheiten« sagen nichts über die tatsächliche Wirklichkeit: »None of these eternal verities has anything to say about facts, about what is or is not the world.«[263] Die Wirklichkeit erschließt sich nicht der deduktiven Logik, man muss (wie Faust) einen anderen Weg nehmen: »We still have to ›go to our senses‹ to find what the reality is.«[264]

6.2.3 Epistemologische Implikationen des pluralistischen Universums

Mit dieser Konzeption von Wirklichkeit geht ein spezifischer erkenntnistheoretischer Zugang einher, der auch die ›natürliche Ordnung‹ der Goethe'schen Sammlungen bedingt und den Umgang mit ihren Objekten bestimmt. Mit James ließe sich die Differenz zwischen der von Goethe favorisierten ›natürlichen Ordnung‹ von Klassifikationssystemen, die auf sinnlicher Wahrnehmung (und nicht begrifflicher Logik) gründet, und der ›künstlichen Ordnung‹ anhand der Opposition von »[p]erceptual vs. conceptual order [of things]«[265] fassen. Während nach James der Rationalismus – wie er sich in der Geschichte der naturwissenschaftlichen Klassifikationssysteme in den logischen Systemen der ›künstlichen Ordnungen‹ manifestiert – die Totalität des Systems gegenüber seinen Teilen privilegiert, geht der dem Pragmatismus nahestehende Empirismus – dessen Ordnung die der ›natürlichen Systeme‹ ist – von den (Einzel-)Teilen in ihrer konkreten Beschaffenheit aus. Für James bildet der »Rationalismus die Denkweise, deren Methode es ist, die Teile dem Ganzen unterzuordnen.«[266] Der rationalistische Typus setzt beim Ganzen an: »The rationalistic, dogmatic, system-building type reasons from whole to parts«[267]. Er supponiert Wirklichkeit als ein statisches Ganzes: »Der Rationalismus geht von der Idee eines [...] Ganzen aus: er beginnt vom First aus zu bauen. Bewegung und Veränderung bedeuten in dem unveränderlichen Ganzen nur bloße Erscheinungsformen.«[268] James spricht von der Privilegierung einer »beatific vision of what *is*, in contrast with what *goes on*«[269]. Dem entspricht ein als deduktiv charakterisierbarer Zugang: »Der Rationalismus geht vom Ganzen zu den Teilen und nimmt nur an, daß das Ganze sich selbst

---

263 James, The Principles of Psychology, Vol. II, S. 663.
264 James, The Principles of Psychology, Vol. II, S. 664.
265 James, Notes for Philosophy 20c, S. 275.
266 James, Das pluralistische Universum, S. 60.
267 James, Syllabus in Philosophy D, S. 381.
268 James, Das pluralistische Universum, S. 28.
269 James, A Pluralistic Universe, S. 28f. [Herv. i. O.]

genügt.«[270] Der Empirismus verfährt umgekehrt: »Empiricism [...] lays the explanatory stress upon the part, the element, the individual, and treats the whole as a collection and the universal as an abstraction.«[271] Der empiristische Typus geht vom Partikularen aus, zielt ab auf das konkrete Einzelne und begnügt sich mit dem Bruchstückhaften: »The empiricist, critical, sceptical type reasons from parts to whole, aims at accuracy of detail, and is contented to be fragmentary.«[272] In diesem Sinn bewahren der Empirismus und der Pragmatismus eine Nähe zu den konkreten Einzeldingen. Diese werden, wie Felicitas Krämer betont, erfasst »nach dem epistemischen Ideal der ›intimacy‹, dem Bekanntheitswissen, das die rein theoretische Wirklichkeitserkenntnis ergänzt.«[273] Die kleinteiligen Ordnungen, die näher an den Dingen sind, haben dementsprechend auch eine engere Beziehung zur ›Wahrheit‹: »Small systems [are] the truer systems. [...] the smaller & more intimate is the truer.«[274]

Dem korreliert eine Methode, die, wie die von Goethe und James favorisierte Analogie, die Nähe zu den Dingen wahrt. Die von James als »*association by similarity*«[275] bezeichnete Methode entfaltet sich auf Grundlage der Kollektion und Konstellation analoger Erscheinungen:

[T]he scientific man [...] deliberately accumulates all the instances he can find which have any analogy to that phenomenon; and by simultaneously filling his mind with them all, he frequently succeeds in detaching from the collection the pecularity which he was unable to formulate in one alone; even though that one had been preceded in his former experience by all of those with which he now at once confronts it.[276]

Ebenso plädiert Goethe für »die Analogie als Handhabe, [...] die Natur anzufassen«[277], wobei die Grundlage für das Verfahren auch hier die Sammlung ähnlicher Phänomene bildet:

Bei einer jeden Erscheinung der Natur, besonders aber bei einer bedeutenden, auffallenden, muß man nicht stehen bleiben, man muß sich nicht an sie heften, nicht an ihr kleben, sie nicht isoliert betrachten; sondern in der ganzen Natur umhersehen, wo sich etwas Ähnliches, etwas Verwandtes zeigt: denn nur durch Zusammenstellen des Verwandten entsteht

---

270 James, Das pluralistische Universum, S. 78.
271 James, A World of Pure Experience, S. 22.
272 James, Syllabus in Philosophy D, S. 381.
273 F. Krämer, Erfahrungsvielfalt und Wirklichkeit, S. 266.
274 James, Notes for Philosophy 20c, S. 311.
275 James, The Principles of Psychology, Vol. II, S. 345. [Herv. i. O.]
276 James, The Principles of Psychology, Vol. II, S. 346.
277 LA I, 8, S. 121.

nach und nach eine Totalität, die sich selbst ausspricht und keiner weitern Erklärung bedarf.[278]

Dem Prinzip der »Ähnlichkeitsassoziation«[279], das auf der Kollektion und Konstellation analoger Erscheinungen aufruht, liegt als Verfahren der Vergleich zugrunde, der sowohl von Goethe als auch von James als Schlüsselverfahren (natur-) wissenschaftlicher Praxis verstanden wird.[280] Am Ausgangspunkt von Goethes 1795 entstandener Abhandlung *Erster Entwurf einer allgemeinen Einleitung in die Vergleichende Anatomie ausgehend von der Osteologie* heißt es: »Naturgeschichte beruht überhaupt auf Vergleichung.«[281] Goethe praktiziert und versteht den Vergleich (morphologischer Strukturen) als Verfahren empirischer Forschung zur Organisation und Rationalisierung phänomenaler Vielfalt. Es ist in diesem Sinn, dass er den *Versuch einer allgemeinen Vergleichungslehre* aufstellt und damit die heuristische Bedeutung der Vergleichung für seine – um 1800 singuläre – morphologische Methode zu theoretisieren sucht.[282] James konzipiert den Vergleich als grundlegende Erkenntnisoperation, die nicht nur die Naturwissenschaften, sondern auch die als »*pure* or *a priori sciences*«[283] charakterisierte Logik und Mathematik bedingt und strukturiert: »Classification, logic and mathematics all result, then, from the mere play of the mind comparing its conceptions, no matter whence the latter may have come.«[284] Auch wenn der Vergleich die Wahrnehmung von Ähnlichkeit (*resemblance*) und Differenz impliziert, wird Ersterer epistemologisch größere Bedeutung eingeräumt. James argumentiert »that *some people are far more sensitive to resemblances, and far more ready to point out wherein they consist, than others are*«[285] und führt unter Referenz auf Alexander Bain aus: »They are the wits, the poets, the inventors, the scientific men, the practical geniuses. *A native talent for perceiving analogies* is reckoned [...] as *the leading fact in*

---

278 LA I, 4, S. 85, § 228.
279 So die deutsche Übersetzung von »association by similarity« (James, Psychologie, S. 365).
280 Zur Theorie und Praxis des Vergleichs als grundlegendes, sich im späten 18. und frühen 19. Jahrhundert in den Bereichen der Botanik, der Anatomie oder der Sprachforschung durchsetzendes Verfahren der komparativen Wissenschaften vgl. allgemein Haupt, Komparatistiken.
281 LA I, 9, S. 119.
282 Zur Bedeutung des Vergleichs in Goethes morphologischer Methode, die in ihrer spezifischen Form keine historischen Vorbilder hatte, vgl. etwa Wenzel, Vergleich/Vergleichung.
283 James, The Principles of Psychology, Vol. II, S. 641. [Herv. i. O.]
284 James, The Principles of Psychology, Vol. II, S. 659.
285 James, The Principles of Psychology, Vol. I, S. 529 f. [Herv. i. O.]

genius of every order.«[286] Das epistemische Potenzial der Analogie wird von Goethe auf ähnliche Weise herausgestellt, wenn er in seiner letzten naturwissenschaftlichen Publikation zur vergleichenden Morphologie den »Genius der Analogie als Schutzengel«[287] in der Rekapitulation seiner anatomischen Studien apostrophiert.

Die Herstellung von Ähnlichkeit bildet sowohl bei Goethe als auch bei James die Voraussetzung für Systembildung durch Abstraktion, wobei die Bildung von Analogien, wie James in seinen Ausführungen zur historischen Genese von Rationalitätsformen ausführt, näher an den Dingen bleibt.[288] Auch wenn das Prinzip der »Ähnlichkeitsassoziation« nach James menschheits- und wissen(schaft)sgeschichtlich dem abstrakten bzw. logischen Denken vorausgeht und paradigmatisch in der Literatur tradiert und kultiviert wird,[289] erscheint es einem wissenschaftlichen Zugang zur Welt bzw. Natur, wie er von Goethe und James praktiziert wird, angemessener. Das analogische Denken erlaubt es, wie an James' exzessiver Verwendung von Analogien und Metaphern aufgezeigt werden kann,[290] der phänomenalen Fülle der Erscheinungen in ihrer Fluidität, Prozessualität und Dynamik (besser) gerecht zu werden. In diesem Sinne plädiert bereits Goethe für »eine reine, methodische Analogie, wodurch Erfahrung erst belebt wird, indem das Abgesonderte und entfernt Scheinende verknüpft, dessen Identität entdeckt und das eigentliche Gesamtleben der Natur auch in der Wissenschaft nach und nach empfunden wird.«[291]

Um die Nähe zum Konkreten epistemisch zu erhalten, gilt es nach James von der sinnlichen Ordnung der Erfahrung auszugehen. Je größer die Nähe zu den Dingen desto größer die qualitative Fülle der Erkenntnis. In der Überführung der perzeptuellen (an den konkreten Dingen orientierten) Ordnung in eine konzeptuelle (begrifflich bedingte) Ordnung tritt der Begriff an die Stelle des Dinges und mit ihm die Abstraktion, die die Dinge auf Distanz hält: »[W]e live mentally by

---

286 James, The Principles of Psychology, Vol. I, S. 530. [Herv. i. O.] »Ähnlichkeitsassoziation« und »Genialität« werden identifiziert: »*Genius, then,* [...] *is identical with the possession of similar association to an extreme degree.*« (James, The Principles of Psychology, Vol. II, S. 360. [Herv. i. O.])
287 LA I, 10, S. 393.
288 Vgl. James, The Principles of Psychology, Vol. II, S. 364.
289 Vgl. James, The Principles of Psychology, Vol. II, S. 348.
290 Vgl. dazu Seigfried, William James's Radical Reconstruction of Philosophy, S. 209–235.
291 LA I, 8, S. 121. Mit seiner Reklamierung der Empfindung als Faktor (natur-)wissenschaftlicher Praxis spricht Goethe etwas an, das gerade auch die James'sche Konzeption von (natur-)wissenschaftlicher Rationalität kennzeichnet (vgl. dazu Kapitel 5.1) und sprachlich in der Funktionalisierung von Tropen seinen Ausdruck findet: »James uses analogy and metaphor for rehabilitating the element of feeling«. (Seigfried, William James's Radical Reconstruction of Philosophy, S. 216.)

translating the perceptual or sensible order of our experience into a more intelligible order. We conceive instead of experiencing, substituting generals for singulars and names for things.«[292] Das begriffliche Substitut verfügt zwar über eine größere Reichweite, ist aber an ›Intensität‹ ärmer:

> But note that the substitute is always *emptier* than the original. Every concrete thing [...] has a potential infinity of characters. In selecting any aspect of it as essential, we neglect the others. Our concept may be *more general* than the fact of perception, but it is *less full* (in the language of logic, its *extent* is wider, but its *intent* narrower). It is an ›*abstraction.*‹[293]

Das konkrete Ding erweist sich gegenüber dem begrifflich installierten Objekt als komplizierter und schwieriger handhabbar, es erscheint, wie die aus dem Umgang mit den Dingen hervorgegangene Erfahrung, zwar als kapriziöser, komplexer und verworrener, aber damit auch näher an der Kontingenz einer Wirklichkeit, bei deren Konzeption nicht, wie im Rationalismus, mit Strategien der begrifflich-logischen Reduktion zur Suggestion von Einheit und Permanenz operiert wird.

Wie John Dewey in seiner 1925 publizierten Studie *Experience and Nature* im impliziten Anschluss an James am intellektualistischen »Fehlschluß der selektiven Betonung«[294] nahelegt, der unter dem »hypnotischen Einfluß«[295] steht, »den der Begriff des Ewigen ausübt«[296], kommen die zu begrifflichen Objekten transformierten Dinge dem menschlichen Bedürfnis nach Konstanz und Gewissheit entgegen. Die »Bevorzugung kognitiver Objekte und ihrer Eigenschaften auf Kosten von Eigenschaften, die Wünsche erregen, zum Handeln veranlassen und Leidenschaften hervorrufen«[297], korreliert mit der philosophischen Verwerfung von Erfahrungen, die im Umgang mit den Dingen gemacht werden. Die ›unreine‹ und verworrene, am konkreten Ding gemachte Primärerfahrung wird als zufällig und belanglos aus der philosophischen Reflexion ausgeschlossen, indem die durch Reflexion gereinigte Sekundärerfahrung und ihre Begriffe als epistemisch primär ausgewiesen werden. Die »Verkehrung resultierender Funktionen in vorgängige Existenzen«[298] steht im Dienste von »emotionalen, praktischen und intellektuellen Bedürfnissen«[299]. Das als vorgängig deklarierte Konstante hält das mit dem Stofflichen und seiner Veränderlichkeit verbundene »Unheil« ab: »Das

---

292 James, Syllabus in Philosophy D, S. 384. [Herv. i. O.]
293 James, Syllabus in Philosophy D, S. 384. [Herv. i. O.]
294 Dewey, Erfahrung und Natur, S. 42.
295 Dewey, Erfahrung und Natur, S. 42.
296 Dewey, Erfahrung und Natur, S. 42.
297 Dewey, Erfahrung und Natur, S. 40.
298 Dewey, Erfahrung und Natur, S. 44.
299 Dewey, Erfahrung und Natur, S. 43.

Permanente läßt uns in Ruhe, es gibt uns Frieden; das Variable, das Wechselnde ist eine ständige Herausforderung. Wo sich Dinge verändern, schwebt irgendetwas über uns. Es ist die Bedrohung durch irgendein Unheil.«[300] An der Transformation von Dingen in kognitive Objekte, die dann als exklusive Gegenstände philosophischer Reflexion behandelt werden, vollzieht sich nach Dewey »dialektisch ein Transsubstantiationswunder«[301]. Es kommt zur (empirisch unzulässigen) Identifikation von konkretem Ding und dem durch Reflexion geläuterten kognitiven Objekt, dem allein philosophische Dignität zuerkannt wird.

Diesem »philosophischen Trugschluß«[302] hält Dewey den irreduziblen Spalt entgegen, der zwischen dem Ding der Primärerfahrung und dem Objekt philosophischen Wissens klafft: »Dinge sind in viel höherem Maße Objekte, die behandelt, benutzt, auf die eingewirkt, mit denen gewirkt werden soll, die genossen und ertragen werden müssen, als Gegenstände der Erkenntnis. Sie sind Dinge, die man hat, bevor sie Dinge sind, die man erkennt.«[303] Die an den Dingen gemachte Erfahrung beschreibt Dewey in Rekurs auf James als »›doppelläufig‹ in dem Sinne, daß sie in ihrer primären Ganzheit keine Trennung zwischen Akt und Material, zwischen Subjekt und Objekt kennt, sondern sie beide in einer unanalysierten Totalität enthält.«[304] Die philosophische Handhabung der konkreten Dinge – die Ausscheidung ihrer als akzidentiell herabgesetzten Eigenschaften und der an sie gebundenen »Roherfahrung«[305] – bedingt eine »künstliche Vereinfachung der Wirklichkeit«[306]. Diese ergibt sich aber nicht aus der philosophischen Reflexion per se, die den Ursprung der Erfahrung aus dem Umgang mit den konkreten Dingen negiert, sondern daraus, dass die abgeleiteten kognitiven Objekte verabsolutiert, nicht mehr an die Empirie rückgebunden werden. Die Kritik an der rationalistischen Methode bezieht sich nicht auf die Theorie, der vielmehr eine unerlässliche, instrumentelle Funktion zugeschrieben wird, sondern auf ihre Isolierung von der Empirie: »Der Vorwurf, der gegen die nicht-empirische Methode des Philosophierens vorgebracht wird, ist nicht, daß sie vom Theoretisieren abhängt, sondern daß sie versäumt, geläuterte, sekundäre Produkte als einen Weg zu benutzen, der auf irgend etwas in der Primärerfahrung verweist und dahin zurückführt.«[307]

---

300 Dewey, Erfahrung und Natur, S. 42f.
301 Dewey, Erfahrung und Natur, S. 44.
302 Dewey, Erfahrung und Natur, S. 44.
303 Dewey, Erfahrung und Natur, S. 37.
304 Dewey, Erfahrung und Natur, S. 25.
305 Dewey, Erfahrung und Natur, S. 42.
306 Dewey, Erfahrung und Natur, S. 44.
307 Dewey, Erfahrung und Natur, S. 23.

Wie Dewey plädiert auch Bruno Latour in seiner Reformierung des (ersten) Empirismus (Locke'scher Provenienz) für einen Rekurs auf James, um die ›ungeschiedene‹ Erfahrung des wissenschaftlichen Objekts in der naturwissenschaftlichen Praxis zu restituieren. James' Anerkennung der Realität von Relationen überwindet nach Latour die seit dem 17. Jahrhundert für die Wissenschaft charakteristische »Bifurkation der Natur«[308], deren Differenzierung in primäre und sekundäre Qualitäten, wobei Erstere als materiell und real, aber bedeutungslos, Letztere als bedeutungsvoll, aber irreal konzipiert werden.[309] Durch die Identifikation der primären Qualitäten mit objektiven Fakten und der sekundären Qualitäten mit subjektiven Werten installierte die neuzeitliche Wissenschaft eine Dichotomie, in der sich nur Erstere als Gegenstand eines (vermeintlichen) naturwissenschaftlichen Empirismus qualifizieren. Latour kritisiert die Substitution der empirischen Vielfalt durch das um das Symbolische reduzierte Faktum und dessen Verabsolutierung in der naturwissenschaftlichen Praxis als Ergebnis einer künstl(er)i(s)chen Operation:

> Es gibt nicht die harte Welt aus unanfechtbaren Fakten einerseits und die reiche, geistige Welt aus menschlichen Symbolen, Vorstellungen und Werten andererseits. Die harte Welt der Fakten ist eine engumgrenzte, spezialisierte Art der Szenographie, die sich hochkodierter Formen der Erzählung, des Blicks, der Beleuchtung, der Entfernung sowie ganz spezifischer Einstellungs- und Aufmerksamkeitsrepertoires bedient [...].[310]

Demgegenüber gerät die irreduzible Verschränkung von Fakten und Werten nach Latour in den Blick, wenn man mit Rekurs auf James »vom ersten zum zweiten Empirismus«[311] umstellt, wobei die Differenz zwischen beiden »im Gegensatz zwischen Tatsachen und *Dingen von Belang*«[312] zu sehen ist. Letztere ergeben sich, wenn man die Produktionsweisen der Tatsachen mit berücksichtigt: »Eine Sache von Belang ist das, was aus einer Tatsache wird, wenn man ihre ganze Szenografie mit hinzunimmt, etwa so, wie wenn man im Theater seine Aufmerksamkeit von der Bühne auf die gesamte Theatermaschinerie verlagert.«[313] Dabei geht es gerade nicht darum, wie Latour an anderer Stelle argumentiert, »to get *away* from facts

---

308 Latour, Die Ästhetik der Dinge, S. 35. Es handelt sich bei diesem Beitrag um die überarbeitete Version der zweiten von Latour im Rahmen der »Spinoza Lectures« an der Universität Amsterdam gehaltenen Vorlesung zum Thema »What is the Style of Matters of Concern«.
309 Vgl. Latour, Die Ästhetik der Dinge, S. 35. Vgl. dazu auch Latour, What is the Style, S. 12.
310 Latour, Die Ästhetik der Dinge, S. 35.
311 Latour, Die Ästhetik der Dinge, S. 36.
312 Latour, Die Ästhetik der Dinge, S. 36. [Herv. i. O.]
313 Latour, Die Ästhetik der Dinge, S. 36.

but *closer* to them.«[314] Entscheidend für den zweiten Empirismus ist nämlich, dass die Dinge (als Fakten) nicht einfach nur da sind – »*sie müssen gemocht werden*, man muss sie schätzen, schmecken, mit ihnen experimentieren, sie arrangieren, präparieren und ausprobieren.«[315]

Die von Latour in Rekurs auf James geforderte Revision des Empirismus setzt auf einen Umgang mit den Dingen, wie er von Goethe in seiner spezifischen Praxis des Sammelns kultiviert und in seinen epistemologischen Implikationen in *Der Sammler und die Seinigen* narrativ inszeniert wird. Als Objekte der empirisch gewonnenen Kunsttheorie fungieren in Goethes Brieferzählung »Dinge von Belang«, denen die Sammler nicht in ›objektiver‹ Distanz gegenüberstehen, sondern die, in den Worten Latours, »etwas ausmachen«. Es sind affektiv aufgeladene Dinge, die ihren Platz in der Sammlung dadurch behaupten, dass die Sammler an ihnen ›hängen‹, sie handhaben, berühren, betasten, beschauen, sie für den Blick der anderen in Szene setzen. Es spricht für Goethe als möglichen Wegbereiter des – von Latour profilierten – James'schen Empirismus (als Pragmatismus), dass er in seiner Brieferzählung als narrativer Kunsttheorie die »ganze Szenografie« sichtbar macht, durch die ein (kunstwissenschaftlicher) Gegenstand zum Objekt des Wissens wird, indem er nicht nur die Materialität der Dinge und deren konstitutive Abhängigkeit vom Subjekt inszeniert, sondern auch die symbolische Gemachtheit dieses Wissens vor Augen führt.

6.3 Zur diskursiven Realisierung der Wirklichkeit

6.3.1 Archivpoetik und episches Drama

Die von James als »mosaic philosophy, a philosophy of plural facts«[316] bezeichnete Philosophie simuliert die Ordnung der Wirklichkeit als Sammlung auf der Ebene des Diskurses durch Annäherung an Goethes Archivpoetik,[317] die auf der Kollektion und Kompilation von Texten gründet und dieses Konstitutionsprinzip selbstreflexiv inszeniert. Paradigmatisch verwirklicht und reflektiert wird Goethes Archivpoetik nicht nur in literarischen Werken, wie dem *Faust* und den *Wanderjahren*, sondern auch im Bereich der naturwissenschaftlichen Schriften, insbe-

---

314 Latour, Why Has Critique Run out of Steam, S. 231. [Herv. i. O.]
315 Latour, Die Ästhetik der Dinge, S. 36. [Herv. i. O.]
316 James, A World of Pure Experience, S. 22.
317 Zur ›Archivpoetik‹ Goethes vgl. etwa Neuhaus, Die Archivfiktion in »Wilhelm Meisters Wanderjahren«; Bahr, The Novel as Archive; Schneider, Archivpoetik; Bez, Goethes »Wilhelm Meisters Wanderjahre«.

sondere in den dezidiert als »Archiv«[318] ausgewiesenen *Materialien zur Geschichte der Farbenlehre*, die ihrerseits auf »Kollektaneen«[319] rekurrieren, sowie in den Heften *Zur Morphologie*, wobei sich Goethe im zweiten Heft selbstbewusst gegenüber seinen »eigenen Papiere[n] [...] als Redakteur«[320] und Kompilator von Heterogenem ausweist.[321] Goethe setzt dabei eine Konzeption von ›Archiv‹ um, die mit seiner Theorie und Praxis des Sammelns konvergiert und sich von der im 18. Jahrhundert üblichen Bedeutung von ›Archiv‹ als »eine öffentliche, staatliche und obrigkeitliche Angelegenheit«[322] radikal unterscheidet.

In der für die Zeit um 1800 charakteristischen Auffassung, paradigmatisch formuliert in Zedlers *Universallexikon*, kommt dem Archiv als öffentlicher Institution die Funktion der Beglaubigung und Authentisierung der in ihm versammelten Dokumente zu: »Schriften und Briefschaften, die aus einem öffentlichen Archiv genommen werden, ob es schon keine Instrumenta publica sind, verdienen völligen Glauben«[323]. Dabei werden »alle Schriften, so im Archiv gefunden werden, in dubio pro authentis gehalten.«[324] Diese Funktion wird allerdings in signifikanter Weise eingeschränkt: »Wären aber Fragmenta und blosse Stücke von Scripturen im Archiv zu finden, die weder Anfang noch Ende haben, so ist denselben, besonders in wichtigen Sachen, kein Glaube beizumessen.«[325] Demgegenüber beharrt Goethe – wie bei der Anlage seiner Sammlungen – auf dem Einschluss auch und gerade des Unvollständigen und Bruchstückhaften. In dem 1823 in *Über Kunst und Altertum* publizierten Text *Archiv des Dichters und Schriftstellers*[326] berichtet Goethe über die »große Masse«[327] an Texten, die es als Vorbereitung der Ausgabe letzter Hand zu ordnen und zu verzeichnen galt. Dieses Unternehmen involvierte die »Zusammenstellung aller Papiere, besonders sol-

---

318 LA I, 6, S. VIII.
319 LA I, 6, S. 105.
320 LA I, 9, S. 89.
321 Zu den – in einer Logik des Kollektiven verorteten – Parallelen zwischen den *Wanderjahren* und der Schriftenreihe *Zur Morphologie* vgl. Azzouni, Kunst als praktische Wissenschaft.
322 Flach, Goethes literarisches Archiv, S. 47.
323 Zedler, Großes vollständiges Universal-Lexikon, Sp. 1242.
324 Zedler, Großes vollständiges Universal-Lexikon, Sp. 1242.
325 Zedler, Großes vollständiges Universal-Lexikon, Sp. 1243.
326 WA I, 41, S. 25 – 28. Der Text wurde im ersten Heft des vierten Bandes der von Goethe herausgegebenen Zeitschrift *Über Kunst und Altertum* publiziert, wobei der Text ohne Überschrift erschien. Der von Goethe dem Text verliehene Titel erschien im Inhaltsverzeichnis des Heftes und wurde im Inhaltsverzeichnis zu den ersten vier Bänden der Zeitschrift, das im dritten Heft des vierten Bandes abgedruckt ist, wieder aufgenommen (vgl. dazu WA I, 41, S. 398 (Lesarten); Flach, Goethes literarisches Archiv, S. 64, Anm. 77).
327 WA I, 41, S. 26.

cher, die sich auf mein schriftstellerisches Leben beziehen, wobei nichts vernachlässigt noch unwürdig geachtet werden wollte.«[328] Das Material umfasste »das Gedruckte theils geordnet, theils ungeordnet, theils geschlossen, theils Abschluß erwartend.«[329] Wie bei der das Archiv konstituierenden Praxis des Sammelns zielt Goethe auf eine Vollständigkeit, die dadurch ausgezeichnet ist, dass gerade auch Unvollständiges, Fragmentarisches, Unfertiges in die Sammlung aufgenommen werden: »Sowohl das Sammeln per se als auch die spätere Reorganisation der Sammlung duldet keine Geringschätzung oder gar Auslassung von Daten. Dies ist eine markante Eigenschaft von Goethes Sammlungs- und Archivierungsverständnis.«[330]

Goethes diskursive Orientierung an der »Logik des Archivs«[331], durch die der Text, wie Martin Bez herausstellt, »Pluralität reflektiert, durchspielt, vorführt und modifiziert«[332], wird von James indirekt adaptiert. Wie bei Goethe lässt sich auch bei James die Sammlung, (Neu-)Konstellation und Umschrift disparater Text(teil)e als konstitutives Verfahren der Textgenese ausmachen. Die für Goethes Umgang mit dem Archiv charakteristische Praxis der Selektion und Re-Organisation sowie der Revision und die textuelle Vereinigung disparater Materialien erweisen sich auch als Prinzipien der James'schen Textproduktion, deren Orientierung am Archiv durch diskursive Strategien auf der Textoberfläche simuliert wird. Emersons Charakterisierung von »Goethe; or, the Writer« trifft in Teilen auch auf James' Textpraxis zu:

> He is fragmentary [...]. When he sits down to write [...] he collects and sorts his observations from a hundred sides, and combines them into the body as fitly as he can. A great deal refuses to incorporate: this he adds loosely, as letters of the parties, leaves from their journals, or the like. A great deal still is left that will not find any place. This the bookbinder alone can give any cohesion to [...].[333]

Pragmatism präsentiert sich über weite Teile als Kompilation und modifizierende Wiederholung von bereits publizierten (und ihrerseits aus Vorträgen hervorgegangenen) (Prä-)Texten des Autors. Als Keimzelle der Vorlesungsreihe fungiert der als Gründungsdokument des James'schen Pragmatismus geltende Vortrag *Philosophical Conceptions and Practical Results*, den James im August 1898 vor der Philosophischen Vereinigung der Universität Berkeley gehalten hat. Nach seiner

---

328 WA I, 41, S. 27.
329 WA I, 41, S. 26.
330 Bez, Goethes »Wilhelm Meisters Wanderjahre«, S. 44.
331 Bez, Goethes »Wilhelm Meisters Wanderjahre«, S. 232; Schneider, Archivpoetik, S. 57.
332 Bez, Goethes »Wilhelm Meisters Wanderjahre«, S. 112.
333 Emerson, Goethe, S. 282.

Publikation in der Zeitschrift *University Chronicle* und dessen Reprint in einem Pamphlet der *Philosophical Union* erscheint eine kondensierte Version des Vortrags unter dem Titel *The Pragmatic Method* im *Journal of Philosophy, Psychology, and Scientific Methods* im Dezember 1904, bevor der Text 1906/1907 Eingang in die zweite, dritte und vierte Vorlesung von *Pragmatism* findet.[334] Neben der – auch für Goethes *Wanderjahre* und *Faust* typischen – Integration von bereits publizierten Texten aus der Feder des Verfassers[335] und der jeden wissenschaftlichen Text ausmachenden Verhandlung fachspezifischer Prätexte zeichnet sich *Pragmatism* durch die Referenz auf historische und aktuelle Exponenten der Naturwissenschaft[336] sowie den Einschluss von Textsorten der literarischen wie der Alltagskommunikation aus. Der intertextuelle Dialog mit der Literatur äußert sich nicht nur in der bereits aufgezeigten Serie von Referenzen auf *Faust*. Typografisch markant erweist sich etwa auch die Zitation von Lyrik.[337] Darüber hinaus präsentiert die Vorlesungsreihe umfangreiche Passagen aus journalistischen Texten, die ihrerseits eine Sammlung aus Texten darstellen.[338] Schließlich zitiert James aus privater Korrespondenz[339] sowie aus einem an ihn gerichteten Brief aus dem (von ihm aktuell adressierten) Publikum (a »letter from a member of this audi-

---

334 Zur Textgeschichte vgl. »Appendix I« in James, Pragmatism, S. 255 ff.

335 Die in den *Wanderjahren* eingelagerten Novellen *Die pilgernde Törin, Die neue Melusine, Das nußbraune Mädchen* sowie der erste Teil von *Der Mann von funfzig Jahren* wurden bereits vorab (verstreut über einen Zeitraum von insgesamt über zehn Jahren) in Cottas *Taschenbuch für Damen* publiziert (vgl. dazu etwa Bez, Goethes »Wilhelm Meisters Wanderjahre«, S. 233 ff.). Teile von *Faust I* wurden in *Faust. Ein Fragment* 1790 in Band sieben der Werkausgabe Göschens vorabgedruckt. Teile des *Faust II* erschienen vorab 1827 in Band vier und 1828 in Band zwölf der *Ausgabe letzter Hand* (vgl. etwa den Kommentar in HA 3, S. 756 f.).

336 Referiert wird etwa auf James Clerk Maxwell (vgl. James, Pragmatism, S. 95), auf Ernst Haeckel (vgl. James, Pragmatism, S. 15), Thomas Henry Huxley (vgl. James, Pragmatism, S. 61) oder – zur Indikation der sich um 1900 durchsetzenden wissenschaftstheoretischen Ansicht, dass es sich bei naturwissenschaftlichen ›Gesetzen‹ lediglich um (provisorische) Annäherungen an die Wirklichkeit handelt – »Sigwart, Mach, Ostwald, Pearson, Milhaud, Poincaré, Duhem, Ruyssen« (James, Pragmatism, S. 34).

337 Neben Walt Whitmans Gedicht *To You* (vgl. James, Pragmatism, S. 132) präsentiert *Pragmatism* Gotthold Ephraim Lessings, nach Ernst Mach zitiertes, »Sinngedicht« *Hänschen Schlau* (vgl. James, Pragmatism, S. 105) oder das bereits angeführte Epigramm von Theodoridas von Syrakus (vgl. James, Pragmatism, S. 142).

338 Die erste Vorlesung bringt umfangreiche Zitate aus Gilbert Keith Chestertons Kollektion *Heretics* (vgl. James, Pragmatism, S. 9) und Auszüge aus einer Sammlung von Zeitungsnotizen aus Morrison Isaac Swifts *Human Submission* (vgl. James, Pragmatism, S. 21 f.).

339 Vgl. James, Pragmatism, S. 115, S. 128.

ence«[340]), durch den die für die Vorlesung konstitutive Kommunikationssituation gewendet und dabei reflektiert wird.

In seinem *opus magnum*, *The Principles of Psychology*, dessen über zehnjährige Produktionszeit einen Vorabdruck mehrerer Kapitel in der Zeitschrift *Mind* bedingte, rechtfertigt der Autor im Vorwort die sich auf 1400 Seiten erstreckende Zusammenstellung einer »mass of descriptive details«[341] mit indirektem Verweis auf das Kompositionsprinzip des *Faust*. James zitiert (im deutschen Original und ohne Angabe der Quelle) das Argument, das der Theaterdirektor liefert, als er seine Order für »ein Stück [...] in Stücken«[342] ausgibt: »*wer vieles bringt wird manchem etwas bringen*«[343]. James' Text erfordert eine Strategie des Lesens, die, wie der Text selbst, auf Geschlossenheit verzichtet und auf die Selektion (und Kombination) von disparaten Teilen setzt: »[B]y judiciously skipping according to their several needs, I am sure that many sorts of readers [...] will find my book of use.«[344] Das spezifische Kompositionsprinzip gestattet, ja verlangt einen Modus der Rezeption, der – die Logik des Kompositionsprinzips wiederholend – selektiv vorgeht und dabei durchaus auch persönliche Interessen geltend macht. Es handelt sich um einen Rezeptionsmodus, den Goethe insbesondere für die *Wanderjahre* vorsieht: »Eine Arbeit wie diese, die sich selbst als collectiv ankündigt, indem sie gewissermaßen nur zum Verband der disparatesten Einzelnheiten unternommen zu seyn scheint, erlaubt, ja fordert mehr als eine andere daß jeder sich zueigne was ihm gemäß ist.«[345] Jedenfalls gilt es, wie James nachdrücklich betont, die Illusion diskursiver Einheit bei der Lektüre aufzugeben. Der Text präsentiert sich denn auch, wie Frederick J. Ruf in seiner Analyse der formalen Elemente der *Principles of Psychology* hervorhebt, als »a collection of voices as well as [...] a collection of theories or a collection of generic kinds.«[346] Der James'sche Diskurs, so ließe sich mit Worten Goethes zu seinen *Wanderjahren* festhalten, »verläugnet seinen collectiven Ursprung nicht«[347]. Vielmehr stellt er

---

340 James, Pragmatism, S. 134.
341 James, The Principles of Psychology, Vol. I, S. vii.
342 FA I, 7.1, S. 17, V. 99.
343 James, The Principles of Psychology, Vol. I, S. v. Vgl. FA I, 7.1, S. 17, V. 97.
344 James, The Principles of Psychology, Vol. I, S. v.
345 WA IV, 46, S. 27.
346 Frederick, The Creation of Chaos, S. 96. Hinsichtlich der generischen Vielfalt der *Principles of Psychology* spricht Frederick von einem »festival of variety« und identifiziert im Text »[an] eclectic mix of [...] genres«, darunter »laments, satires, hymns, meditations, exhortations, narratives« (Frederick, The Creation of Chaos, S. xvi.).
347 WA IV, 46, S. 166.

die ihn konstituierende »Heteroglossie«[348] selbstbewusst aus. Die dadurch generierte Offenheit bedingt, wie James im Vorwort warnt, dass »[t]he reader will in vain seek for any closed system in the book.«[349] In diesem Sinn simuliert der Diskurs die von Goethe geforderte strukturelle Offenheit einer (jeden) Sammlung, wie sie Goethe im Kontext einer Reflexion über Winckelmanns Kollektionen herausstellt:

> Traurig ist es, wenn man das Vorhandne als fertig und abgeschlossen ansehen muß. Rüst-
> kammern, Galerien und Museen, zu denen nichts hinzugefügt wird, haben etwas Grab- und
> Gespensterartiges; man beschränkt seinen Sinn in einem so beschränkten Kunstkreis, man
> gewöhnt sich, solche Sammlungen als ein Ganzes anzusehen, anstatt daß man durch immer
> neuen Zuwachs erinnert werden sollte, daß in der Kunst, wie im Leben, kein Abgeschlos-
> senes beharre, sondern ein Unendliches in Bewegung sei.[350]

Mit seiner Kontingenz, Vielfalt und Offenheit, die er selbstreferenziell zur Schau stellt, imitiert der James'sche Diskurs, wie sich mit einem Kommentar Goethes zu seinen *Wanderjahren* argumentieren lässt, auch die Struktur des »Lebens«, das sich einer restlosen Rationalisierung entzieht: »Mit solchem Büchlein aber ist es wie mit dem Leben selbst: es findet sich in dem Complex des Ganzen Nothwendiges und Zufälliges, Vorgesetztes und Angeschlossenes, bald gelungen, bald vereitelt, wodurch es eine Art von Unendlichkeit erhält, die sich in verständige und vernünftige Worte nicht durchaus fassen noch einschließen lässt.«[351] Der Darstellung des Lebens kann, wie Goethe auch in Bezug auf *Faust* mutmaßt, »keine *Idee* [...] zu Grunde«[352] gelegt werden. Ein »so reiches, buntes und höchst mannigfaltiges Leben, wie [...] es im ›Faust‹ zur Anschauung gebracht«[353] wird, lässt sich nicht »auf die magere Schnur einer einzigen durchgehenden Idee [...] reihen«[354]. James' Archivpoetik lässt sich unter dieser Perspektive als Versuch verstehen, die Logik des Lebendigen diskursiv einzuholen, zumal, wie Martin Bez in Bezug auf die *Wanderjahre* festhält, die diskursive Orientierung am Archiv

---

348 Frederick, The Creation of Chaos, S. 100. Wie John Neubauer an der Polyphonie von Goethes *Materialien zur Geschichte der Farbenlehre* (vgl. Neubauer, »Ich lehre nicht, ich erzähle«, S. 168) betont auch Frederick an der von James inszenierten Vielstimmigkeit deren »zentrifugale« Implikationen (vgl. Frederick, The Creation of Chaos, S. 100).

349 James, The Principles of Psychology, Vol. I, S. vii.

350 FA I, 19, S. 198.

351 WA IV, 46, S. 166.

352 Goethe/Eckermann, Gespräche, S. 590. [Herv. i. O.]

353 Goethe/Eckermann, Gespräche, S. 590.

354 Goethe/Eckermann, Gespräche, S. 590.

»eine asymptotische Annäherung an die Möglichkeit der ästhetischen Wiedergabe des Lebendigen«[355] ermöglicht.

In seiner Kritik an der »*ästhetische[n] Einheit*«[356] des philosophischen Monismus macht James als dessen diskursives Organisationsprinzip die auf Einheit verpflichtete Ordnung des klassischen Dramas aus. Was monistische Systeme suggerieren, sei eine Welt, in der »die Vorgänge sich in dramatischer Form abspielen, indem sie einen Anfang, eine Mitte, ein Ende haben.«[357] Dem stellt James eine Welt gegenüber, als deren diskursives Pendant das rhizomartige Organisationsprinzip des *Faust*-Dramas verstanden werden kann,[358] das Goethe in einem Brief an Schiller mit dem Gebilde einer »große[n] Schwammfamilie«[359] vergleicht. Bei dieser »barbarischen Komposition«[360], einem »Ganzen, das immer Fragment bleiben wird«[361], kommt Goethe, wie er Schiller gegenüber bekennt, denn auch nicht das Prinzip des (klassischen) Dramas, sondern das Organisationsprinzip »des epischen Gedichts zu statten«[362]. Dieses erscheint der Heterogenität des Dargestellten, wie sie der ursprünglich vorgesehene *Faust*-Epilog akzentuiert, angemessener: »Des Menschen Leben ist ein [...] Gedicht: / Es hat wohl einen Anfang, hat ein Ende, / Allein ein Ganzes ist es nicht.«[363] Auf ähnliche Weise gilt es für James im philosophischen Diskurs einer Welt Rechnung zu tragen, die voll ist von »Teilgeschichten, die miteinander parallel laufen, aber zu verschiedenen Zeiten anfangen und enden. Sie sind an einzelnen Punkten untereinander verwoben und verbunden, aber wir können sie in unserem Geiste dennoch nicht vollständig vereinheitlichen. [...] Die Welt erscheint mehr episch als dramatisch.«[364] Diese gattungsspezifische Charakterisierung einer pluralistischen Wirklichkeit wird insbesondere auch dem von James (in Anlehnung an Goethe) akzentuierten Zufall gerecht.[365] Denn auch wenn das klassische Drama als ›Spiel‹ figuriert, wird dem Zufall darin kein Platz eingeräumt. Nach Lessing sind »blindes Geschick«[366] und »schreckliche[] Verhängnisse«[367] aus den Stücken zu verbannen:

---

355 Bez, Goethes »Wilhelm Meisters Wanderjahre«, S. 272.

356 James, Der Pragmatismus, S. 90. [Herv. i. O.]

357 James, Der Pragmatismus, S. 90.

358 Zum »Rhizom« als Modell für das »polyzentrische[ ] Fadengeflecht«, wie es der *Faust* darstellt, vgl. Tausch, Literatur um 1800, S. 131.

359 Goethe, An Schiller. Weimar, 11. Juli 1797. In: BW, S. 415.

360 Goethe, An Schiller. Weimar, 27. Juni 1797. In: BW, S. 409.

361 Goethe, An Schiller. Weimar, 27. Juni 1797. In: BW, S. 409.

362 Goethe, An Schiller. Weimar, 27. Juni 1797. In: BW, S. 409.

363 WA I, 15.1, S. 344.

364 James, Der Pragmatismus, S. 90 f.

365 Zur Bedeutung des Zufalls für Goethe und James vgl. Kapitel 8.1.

366 Lessing, Hamburgische Dramaturgie, S. 577.

»Weg mit ihnen von der Bühne!«[368] Sie finden, wie gattungspoetologische Überlegungen der Goethezeit nahelegen, ihren genuinen Ort in der Epik.[369]

Die von James für das pluralistische Universum vorgeschlagene (Diskurs-) Ordnung erscheint als Mimesis der nicht-propositionalen Dimension von Goethes *Faust*. Was in *Faust* (wie in den *Wanderjahren*) präsentiert wird, ist »eine Welt in Stücken«[370]. Thomas Carlyle – der Dialogpartner von Goethe wie von Henry James Sr. und für die frühe englischsprachige Rezeption wohl wichtigste Vermittler Goethes[371] – stellt in seiner 1822 publizierten *Faust*-Studie heraus, dass es »*disjecta membra*«[372] sind, aus denen sich dieses Drama – als genuin »heterogenious composition«[373] – zusammensetzt. In formaler Imitation der Turbulenzen des Lebens konstituiert *Faust* nach Carlyle »a vague emblem of the great vortex of human life«[374]. Die vermeintlich unabhängigen einzelnen Teile des Stücks konstituieren einen Bezug, der sich erst in ihrem/als Zusammenspiel einstellt: »Es handelt sich bei *Faust* (wie bei den *Wanderjahren*) um eine offensichtliche Unbezogenheit der Teile, in der sich die Segmente dennoch fügen als hätten sie Bezug.«[375] In den Worten Eckermanns: Im »Grunde sind doch der Auerbachsche Keller, die Hexenküche, der Blocksberg, der Reichstag, die Maskerade, das Papiergeld, das Laboratorium, die Klassische Walpurgisnacht, die Helena, lauter für sich bestehende kleine Weltenkreise, die, in sich abgeschlossen, wohl aufeinander wirken, aber doch einander wenig angehen.«[376] Es ist, so wie James das pluralistische Universum beschreibt, eine relative Beziehung, in der die einzelnen Teile (der Wirklichkeit) zueinander stehen: »Jeder Teil der Welt ist mit andern Teilen in einigen Hinsichten verknüpft, in andern nicht.«[377] Die fiktionale Welt, die hier modelliert wird, lässt sich unter keinen singulären Standpunkt fassen, in seiner spezifischen Komposition erscheint das Drama, wie Goethe Eckermann entgegnet, so, dass es »als ein Ganzes immer inkommensurabel bleibt«[378]. *Faust* kann derart als implizites Modell gelten für James' Konzeption von Wirklichkeit

---

367 Lessing, Hamburgische Dramaturgie, S. 578.
368 Lessing, Hamburgische Dramaturgie, S. 578.
369 Vgl. Biese, Spielers Erzählungen, S. 151 f.
370 Zu diesem *Faust*-Zitat als Charakterisierung der fiktionalen Welt der *Wanderjahre* vgl. Salmen, »Die ganze merkwürdige Verlassenschaft«, S. 80.
371 Vgl. dazu Schröder, Thomas Carlyles Abhandlung über den Goetheschen *Faust*, S. 245.
372 Carlyle, Abhandlung über Goethes *Faust*, S. 12.
373 Carlyle, Abhandlung über Goethes *Faust*, S. 13.
374 Carlyle, Abhandlung über Goethes *Faust*, S. 13.
375 Salmen, »Die ganze merkwürdige Verlassenschaft«, S. 79, Anm. 130.
376 Goethe/Eckermann, Gespräche, S. 416.
377 James, Das pluralistische Universum, S. 47.
378 Goethe/Eckermann, Gespräche, S. 417.

als einem pluralistischen System, »in dem man nicht von einem einzigen Punkte aus den ganzen Schauplatz übersehen kann«[379]. Nach James gibt es »keinen Standpunkt, keinen Brennpunkt der Erkenntnis [...], von dem aus der gesamte Inhalt der Welt mit einem Blick zu überschauen wäre.«[380]

Die Absage an eine auktoriale Perspektive, wie sie die durch *Faust* diskursiv simulierte Weltordnung nahelegt, bedingt, dass die Akteure in ihrer Beziehung zur Welt auf die Position der Immanenz festgelegt bleiben. Wie James in impliziter Referenz auf die die Philosophiegeschichte strukturierende und in *Faust* aktualisierte »›Theatrum Mundi‹-Tradition« betont,[381] verfügen auch die Philosophen nicht über eine Allwissenheit, die sie gottähnlich macht, sondern lediglich über einen der Figurenperspektive analogen Blickpunkt. Sie stehen nicht über, sondern in der Welt. Sie sind keine Theoretiker im etymologischen Sinn – als diejenigen, die sich der Schau (*théā*) der Ideen hingeben –,[382] sondern Handelnde: »[W]ir sind nicht die Leser des Weltendramas, sondern die handelnden Personen selbst.«[383] Denn »wären wir [...] *Leser* des kosmischen Romans, dann stünde es wesentlich anders: Der Gesichtspunkt des Autors wäre auch der unsrige.«[384] Der Ort der philosophischen Autorität gleicht nicht einem extraterrestrischen Fixstern, sondern erscheint (als Revision der kopernikanischen Wende Kants, aber in Übereinstimmung mit dessen Metaphysikkritik) gleichsam gewendet: »The centre of gravity of philosophy must therefore alter its place. The earth of things, long thrown into shadow by the glories of the upper ether, must resume its rights. [...] It

---

379 James, Das Dilemma des Determinismus, S. 156.

380 James, Der Pragmatismus, S. 92.

381 Zu *Faust* als Aktualisierung der »›Theatrum mundi‹-Tradition« vgl. etwa J. Schmidt, Goethes *Faust*, S. 56.

382 Zur etymologischen Relation von Theorie und Theater (als Schauspiel) vgl. die entsprechenden Lemmata etwa in Kluge, Etymologisches Wörterbuch, S. 728.

383 James, Das pluralistische Universum, S. 26. Mit Genette, der die verschiedenen narrativen Perspektiven anhand der diversen Verhältnisse von Autor- bzw. Erzähler- und Figurenwissen konfiguriert, lässt sich der von James akzentuierte Standpunkt als jener der internen Fokalisierung beschreiben – der Autor bzw. Erzähler verfügt nicht über Allwissenheit, er weiß bzw. sagt nicht mehr als die Figur (vgl. Genette, Die Erzählung, S. 134). Auf eine Formel gebracht: »Interne Fokalisierung: Erzähler ≈ Figur (›Mitsicht‹ – der Erzähler sagt nicht mehr, als die Figur weiß).« (Martinez/Scheffel, Einführung in die Erzähltheorie, S. 64.)

384 James, Das pluralistische Universum, S. 26. [Herv. i. O.] Mit Rekurs auf das Vokabular der Narratologie lässt sich auch ein von James zur Kritik an Hegel herangezogener Vergleich als Beispiel für eine narrative Metalepse (vgl. dazu Genette, Die Erzählung, S. 168) spezifizieren. Nach James impliziert Hegels Auffassung, »daß wir nur vorgestellte Objekte des absoluten Geistes sind« (James, Das pluralistische Universum, S. 122), eine empirische Unmöglichkeit: »Es wäre das so, als wenn die Charaktere in einem Roman aus den Seiten herausträten und ihren eigenen Angelegenheiten nachgingen.« (James, Das pluralistische Universum, S. 122.)

will be an alteration in ›the seat of authority‹«[385]. Die philosophische Autorität hat ihren Sitz nicht länger außerhalb, sondern innerhalb der Empirie (in ihrer Kontingenz).

James' pluralistische Welt (als Bühne) kommt ohne einen der Kontingenz der Wirklichkeit enthobenen Zuschauer aus. Im Unterschied zu Platon oder Hegel, die mit ihrem Einsatz des Welttheater-Motivs Gott bzw. den Weltgeist als einen außerhalb der Wirklichkeit situierten Zuschauer dieses Weltendramas positionieren,[386] wird dieser Zuschauer bei James selbst zum Mitspieler.[387] Das pluralistische Universum von James erweist sich nicht als »das romantische Schauspiel einer Welt, das sich das Absolute selbst gibt«[388]. Zumal nach James »der einzige Gott, der dieses Namens würdig ist, endlich sein muß«[389], kann er nicht als außerhalb des Spiels gedacht werden, als das das Leben figuriert. Er wechselt die Rolle. Derart gleicht er dem von Goethe in *Faust* inszenierten »Theatergott«[390]. In Umkehrung der »Spielrelationen«[391] von Calderóns *El gran teatro del mundo* erscheint Gott in *Faust* nicht länger als Zuschauer und »Spielleiter«[392] des *theatrum mundi*, der von einer diesem enthobenen Position der Transzendenz aus über die Menschen als seine Spielfiguren verfügt. In *Faust* wird der »Himmel« auf die Bühne der Welt herabgeholt: Es wird »alles zum Spiel. Die Vor-Ordnung des *Vorspiels auf dem Theater* macht auch den ›Herrn‹ im *Prolog* zur ›Spielfigur‹«[393].

6.3.2 Polyphonie, Performanz, Performativität

Wie die *Materialien zur Geschichte der Farbenlehre* oder *Der Sammler und die Seinigen* zeichnen sich James' Schriften durch eine Präferenz für den dramatischen Modus aus[394]: Die zitierten Autoren bzw. Figuren kommen in ausgedehnten

---

385 James, Pragmatism, S. 62.
386 Zur Metapher des Welttheaters in der Philosophiegeschichte vgl. etwa Langbehn, Theater.
387 Vgl. dazu auch Kapitel 8.
388 James, Das pluralistische Universum, S. 74.
389 James, Das pluralistische Universum, S. 79.
390 Eibl, Zur Bedeutung der Wette im »Faust«, S. 274.
391 J. Schmidt, Goethes *Faust*, S. 57.
392 J. Schmidt, Goethes *Faust*, S. 57.
393 J. Schmidt, Goethes *Faust*, S. 57. [Herv. i. O.]
394 Zum dramatischen Modus als narratologischer Kategorie vgl. Genette, Erzählung, S. 222; Martinez/Scheffel, Einführung in die Erzähltheorie, S. 49 ff.

Passagen direkter Rede selbst zu Wort.[395] *Pragmatism* konserviert die Stimmen von historischen und aktuellen Persönlichkeiten der Philosophie, von Naturwissenschaftlern, Journalisten, fiktionalen Figuren, lyrischen Subjekten, auch ein Mitglied des im Zuge der Vorlesung aktuell adressierten Publikums kommt (in Form eines Briefes aus dem Publikum) zu Wort. Die Vielfalt der Stimmen im wörtlichen Original, durch das die von James für die Texte der Literatur wie der Wissenschaft akzentuierte »persönliche Klangfarbe«[396] jedes Autors tradiert wird, verleiht seinen Schriften eine spezifische Dramatizität: »James [...] dramatizes, speaking in many voices«[397].

Neben der Inszenierung des persönlichen Profils (je)des Wissens, dessen Gebundenheit an den ›ganzen‹ Menschen,[398] wird mit der Dramatisierung der Vielstimmigkeit sowohl bei Goethe als auch bei James die Widersprüchlichkeit als unhintergehbares Moment (je)der Kommunikation zur Aufführung gebracht. Im zweiten Heft der Reihe *Zur Morphologie* werden dabei die »Widersprüche«[399] im Diskurs, auf die der Leser in einer »Zwischenrede«[400] aufmerksam gemacht wird, dezidiert in Korrelation gebracht mit der – durch das Prinzip der Archivpoetik gekennzeichneten – Diskurslogik der Sammlung. Im Unterschied zu rationalistischen Konzeptionen von Kommunikation mit ihrem Gebot, »to avoid contradiction at all costs«[401], betont sowohl Goethe als auch James die kreative Funktion des Widerspruchs.[402] Wie Burgard bei Goethe aufzeigt, erachtet dieser die unter anderem an der Polyphonie von *Der Sammler und die Seinigen* sichtbare Widersprüchlichkeit als produktiv.[403] Nach Burgard lässt sich im Werk Goethes nur schwer ein Beleg finden, »in which Goethe looks unfavourably upon contradiction or sees in it anything but a productive manner of thought that makes progress possible.«[404] Auch Steve Dowden konstatiert in Bezug auf Goethe: »Der Widerspruch ist [...] literarisch produktiv.«[405] Neben der literarischen und epistemolo-

---

395 Zum dramatischen Modus etwa der *Principles of Psychology* vgl. Frederick, The Creation of Chaos, S. 96: »The quotations from philosophers, physiologists, psychologists, clergymen, botanists, adventurers and so forth appear in the text as voices of various individuals.«
396 James, Der Pragmatismus, S. 22.
397 Frederick, The Creation of Chaos, S. xvi.
398 Vgl. Kapitel 5.4.1.
399 LA I, 9, S. 89.
400 LA I, 9, S. 89.
401 Burgard, Idioms of Uncertainty, S. 58.
402 Zur Bedeutung des Widerspruchs in einer am poetischen Pragmatismus orientierten Konzeption von Kommunikation vgl. Kapitel 9.
403 Vgl. Burgard, Idioms of Uncertainty, S. 58.
404 Burgard, Idioms of Uncertainty, S. 59.
405 Dowden, Goethe zu widersprechen, S. 49.

gischen Produktivität spielt die »Inkommensurabilität des Widerspruchs«[406], wie Burgard herausarbeitet, auch für die anti-systematischen Tendenzen im Werk Goethes eine zentrale Rolle.[407] Auch bei James geht die Inszenierung der Polyphonie mit der Betonung der Widersprüchlichkeit als irreduzibler Faktor der (Wissens-)Kommunikation einher. Wie Frederick in Referenz auf eine Rezension der *Principles of Psychology* von James Sully, der an der James'schen Wissenschaftsprosa mit ihrer Vielstimmigkeit einen Mangel an Systematizität kritisiert,[408] ausführt, geht es James mit der inszenierten Polyphonie gerade um die Zurschaustellung konfligierender Widersprüche: »James not only omits none of the conflict in the field, he accentuates it. He allows the disputants to speak, quoting to a degree that disturbed Sully who felt a man so qualified to write his own book ›would have done well not to let others contribute quite so much to his pages.‹«[409] Auch Charlene Haddock Seigfried verweist auf die Widersprüchlichkeit als strukturelles Merkmal der Schriften James': »His [= James's] writings cannot be read for long – five minutes will do – without encountering contradictions.«[410] In Referenz auf diesen Befund akzentuiert Megan Rust Mustain die Inkonsistenzen im James'schen Diskurs mit einem Zitat Walt Whitmans: »Do I contradict myself? Very well then I contradict myself, (I am large, I contain multitudes.)«[411]

Mit der dramatischen Inszenierung seiner Vielstimmigkeit verweist der James'sche Diskurs auch auf die für die pragmatistische Theoriebildung konstitutive Kommunikationssituation, auf die Genealogie des Pragmatismus aus der polyphonen Performanz in den Debatten des »Metaphysical Club«[412], dessen spezifisch mediales – orales – Dispositiv im schriftlichen Diskurs gleichsam reinszeniert wird. Dabei geht es, wie sich mit Blick auf analoge Überlegungen Goethes argumentieren ließe, bei der Simulation einer der Performanz analogen Vor- und Aufführungssituation im Medium der Schrift auch um die ansatzweise (Re-)Aktivierung des an die Performanz gebundenen epistemischen Potenzials.

Goethe verweist auf die diesbezüglichen Möglichkeiten des gesprochenen Wortes in seiner Widmung der *Farbenlehre*, in der er gegenüber der Adressatin –

---

406 Im wörtlichen Original: »incommensurability of contradiction« (Burgard, Idioms of Uncertainty, S. 59).
407 Vgl. Burgard, Idioms of Uncertainty, S. 59 f.
408 Vgl. Sully, [Rez.] William James: The Principles of Psychology, S. 393 f.
409 Frederick, The Creation of Chaos, S. 2.
410 Seigfried, William James's Radical Reconstruction of Philosophy, S. 8. Seigfried schreibt diese Widersprüchlichkeit allgemein der ›Literarizität‹ des James'schen Diskurses zu.
411 Mustain, Metaphor as Method, S. 1.
412 Vgl. dazu Menand, The Metaphysical Club.

Herzogin Luise – den durch ihre (An-)Teilnahme geprägten »mündlichen Vortrag«[413] als ursprüngliches Format und gleichsam mediales Experimentalsystem seiner Farbenlehre in Erinnerung ruft. Das damit verbundene Potenzial für die Genese und Kommunikation von Wissen liegt in der für die Gattung charakteristischen, medial bedingten Möglichkeit der (verbalen) Vergegenwärtigung und Veranschaulichung der Objekte und Ergebnisse der Forschung sowie der (durch die Flexibilität des mündlichen Diskurses ermöglichten) iterativen und multiperspektivischen Darstellung: »Wenn es bei einem mündlichen Vortrage möglich wird die Phänomene sogleich vor Augen zu bringen, manches in verschiedenen Rücksichten wiederkehrend darzustellen; so ist dieses freilich ein großer Vorteil, welchen das geschriebene, das gedruckte Blatt vermißt.«[414] Im Vorwort zur *Farbenlehre* erläutert Goethe die Defizite der mit der Schrift verbundenen Absenz und Körperlosigkeit (der Instanzen und Gegenstände der Kommunikation) durch Kontrastierung der Schrift mit dem Theater. Dem toten Buchstaben wird der lebendige Körper als vermittelnder Akteur gegenübergestellt; das Erkennen der Phänomene vollzieht sich gleichsam als »Wahrnehmungs-Theater[]«[415]:

> Denn wie ein gutes Theaterstück eigentlich kaum zur Hälfte zu Papier gebracht werden kann, vielmehr der größere Teil desselben dem Glanz der Bühne, der Persönlichkeit des Schauspielers, der Kraft seiner Stimme, der Eigentümlichkeit seiner Bewegungen, ja dem Geiste und der guten Laune des Zuschauers anheim gegeben bleibt; so ist es noch viel mehr der Fall mit einem Buche, das von natürlichen Erscheinungen handelt. Wenn es genossen, wenn es genutzt werden soll, so muß dem Leser die Natur entweder wirklich oder in lebhafter Phantasie gegenwärtig sein. Denn eigentlich sollte der Schreibende sprechen, und seinen Zuhörern die Phänomene [...] als Text erst anschaulich machen; alsdann würde jedes Erläutern, Erklären, Auslegen einer lebendigen Wirkung nicht ermangeln.[416]

Als zentrale Objekte zur Simulation einer diesem theatralen Erkenntnisideal angenäherten Situation sind nach Goethe die Tafeln zu verstehen, die er dem Didaktischen Teil seiner Farbenlehre beigibt. Auch wenn diese, wie er selbstkritisch festhält, ein »höchst unzulängliches Surrogat«[417] darstellen, so ermöglichen diese doch die (supplementäre) Operationalisierung genuiner Aspekte ›theatraler‹ Wissenskonstitution (im Experiment). Über die Präsentation visueller Evidenz hinaus fungieren die Tafeln als materielle Objekte, durch die die Leser durch praktische Handhabung der Demonstrationsmittel als Experimentatoren an der

---

413 LA I, 4, S. 1.
414 LA I, 4, S. 1.
415 Neumann, Naturwissenschaft und Geschichte als Literatur, S. 489.
416 LA I, 4, S. 9.
417 LA I, 4, S. 9.

Herstellung von Wissen (An-)Teil haben. Die Tafeln dienen gleichsam dem tatsächlichen (Nach-)Vollzug des Erkennens in einem als theatralem Spiel konfigurierten wissenschaftlichen Wahrnehmungsgeschehen.

James transferiert das von Goethe am Performativen ausgemachte epistemische Potenzial in die Schrift, indem er den Text zur Bühne transformiert und dadurch, wie von Goethe gefordert, die »Phänomene [...] *als Text* [...] *anschaulich*«[418] macht. Neben Polyphonie und Dialogizität fungiert dabei Indexikalisierung als Strategie textueller Performativität.[419] In der Koaleszenz von Sagen und Tun, wie sie verbale Zeigehandlungen auszeichnet, wird eine der theatralen Kommunikationssituation analoge Gegenwärtigkeit gestiftet. James doziert, indem er zeigt: Er verweist etwa auf »den niedrige[n] Thermometerstand des heutigen Tages«[420], um den Substanzbegriff der Nominalisten zu veranschaulichen, oder er wendet sich mit einer Aufforderung an sein Publikum, sich einen konkreten Gegenstand des Aufführungsortes zu vergegenwärtigen: »Schließen Sie Ihre Augen und stellen Sie sich die Uhr an der Wand vor«[421]. Die sprachlichen Zeigehandlungen stiften einen – den Sprecher und die Adressaten umfassenden – »indexikalen Raum«[422], der, ausgehend vom Sprecher, in der/durch die Rede – gleichsam vor den Augen der Rezipienten – aufgespannt wird.[423] Die für den Druck nicht getilgten deiktischen Zeigehandlungen erweisen sich dabei nicht nur als Strategien textueller Performativität, die eine dem theatralen Kommunikationsgeschehen vergleichbare Präsenz suggerieren, sie akzentuieren auch die »Indexikalität und damit Kontextabhängigkeit des empirischen Wissens«[424]. Aufgeführt/ausgestellt werden die »indexikalischen Bedingungen von Erkenntnis«[425], die irreduzible Gebundenheit des (philosophischen) Wissens an das Subjekt und den Kontext der Rede,[426] an die konkrete Empirie und Zeitlichkeit. Neben der Verortung des diskursiv vermittelten Wissens in der kollektiven (durch die/in der Indexikalisierung sich konstituierenden) Erfahrung erfolgt durch die Zeigehandlung auf das außersprachliche Objekt dessen Verortung in Sprache.

---

418 LA I, 4, S. 9. [Herv. A. S.]
419 Zu Polyphonie, Dialogizität und Indexikalisierung als Strategien textueller Performativität vgl. Häsner et al., Text und Performativität, S. 82ff.
420 James, Der Pragmatismus, S. 53.
421 James, Der Pragmatismus, S. 124.
422 Angermüller, Diskurs und Raum, S. 73.
423 Angermüller spricht vom »indexikalen Raum der Enunziation«, dessen »Koordinaten [...] immer im Nullpunkt der Enunziation« zusammenlaufen – und der mithin durch den/in dem Akt des Aussagens (der Enunziation) selbst konstituiert wird. (Angermüller, Diskurs und Raum, S. 73.)
424 H. Pape, Indexikalität der Erfahrung, S. 3.
425 H. Pape, Indexikalität der Erfahrung, S. 4.
426 Vgl. dazu auch Häsner et al., Text und Performativität, S. 89.

Deiktische Referenzen holen die Welt in die symbolische Ordnung.[427] Sie lassen sich als Gesten fassen, die zugleich demonstrieren und dementieren, was Roland Barthes an der Differenz zwischen Wirklichkeit und Repräsentation (von Wissen) ausmacht: dass »das Wirkliche nicht darstellbar ist – sondern nur zeigbar«[428]. Die deiktischen Verweise exponieren (Teile der) Wirklichkeit im Medium der Repräsentation.

Die von James selbst akzentuierte Performativität bzw. Dramatizität seines Diskurses kann gleichsam als Materialisierung seiner radikalempiristischen bzw. pragmatistischen Philosophie gelten. Im Vorwort zum Band *The Will to Believe* stellt James dem szientistischen Fachdiskurs seiner Kollegen ein Bekenntnis zu einer – auch der empiristischen bzw. pluralistischen Ausrichtung seiner Philosophie entsprechenden – *dramatischen* Form gegenüber. Bei den darin versammelten (aus Vorträgen hervorgegangenen) Essays geht es ihm weniger darum, für die Gültigkeit seiner Philosophie zu argumentieren, als die für diese charakteristische Haltung zu *zeigen:* »Many of my professionally trained *confrères* will smile [...] at the artlessness of my essays in point of technical form. But they should be taken as illustrations of the radically empiricist attitude rather than as argumentations for its validity.«[429] Selbstironisch gibt James in diesem Zitat, mit den semantischen Facetten von ›art‹ als ›Kunst‹ und ›Kunstfertigkeit‹ spielend, einerseits seine Kunstlosigkeit (»artlessness«) in Bezug auf fachsprachliche Konventionen (»technical form«) zu, spricht sich dabei also – trotz offensichtlicher Dramatizität bzw. Literarizität seiner Texte – Kunstfertigkeit oder Kunsthaftigkeit ab, andererseits assoziiert er die sich in ihrer Selbstdefinition radikal von der Literatur abgrenzende Fachphilosophie mit einem traditionellen Charakteristikum künstlerischer Praxis und schreibt ihr damit indirekt den Status von Kunst zu. Der hier zutage tretende performative Widerspruch erscheint gleichzeitig als Realisierung dessen, was James als »dramatisch lebendige Darstellung«[430] seiner Essays ausmacht: Die Funktion der gesammelten Essays bestehe darin, »to light up with a certain *dramatic reality* the [radically empiricist] attitude itself, and make it visible alongside of the higher and lower dogmatisms between which in the pages of philosophic history it has generally remained eclipsed from

---

427 »Durch »›Indexikalisierung‹ [...] werden Personen und Kontexte der Lebenswelt gleichsam in den Text ›hineingeholt‹« (Häsner et al., Text und Performativität, S. 89). »Im indexikalischen Raum des Sprechens wird mit ›ich/wir‹, ›hier/dort‹, ›jetzt/damals‹ der Zusammenhang zwischen Äußerungen als sprachlichen Darstellungen und als Teilen der wirklichen Welt aufgespannt« (H. Pape, Indexikalität der Erfahrung, S. 7).
428 Barthes, Leçon, S. 31.
429 James, Preface. In: The Will to Believe, S. 7.
430 James, Vorwort. In: Der Wille zum Glauben, S. XIII.

sight.«[431] Mit der Dramatizität seiner Texte, die er in diesem Zitat noch durch die metaphorische Wendung (»eclipsed from sight«) als Referenz auf das für die Rezeption des Dramas zentrale (mit dem Theater etymologisch verbundene) ›Schauen‹ verstärkt, nähert sich James einer Literatur an, die, wie man in Rekurs auf Roland Barthes argumentieren könnte, zwischen der ›Grobschlächtigkeit‹ der Wissenschaft und der Subtilität des Lebens vermittelt,[432] und zwar durch einen Diskurs, der »dramatisch ist«[433]. Die Dramatizität besteht dabei darin, dass »die Literatur die Rede in Szene setzt, statt sie nur zu benutzen«[434] und, so lässt sich ergänzen, dabei die Materialität der Sprache und die unhintergehbare Positioniertheit des Subjekts und seines Wissens zur Schau stellt.

6.3.3 Transitive und Tropen

Die pluralistische Wirklichkeit, die James diskursiv zu realisieren sucht, kann, so die Herausgeber der deutschen Übersetzung von *A Pluralistic Universe*, Klaus Schubert und Uwe Wilkesmann, als »Philosophie des ›und‹« bezeichnet werden: »Mit Philosophie des ›und‹ soll umschrieben werden, daß aus pluralistischer Sicht die Wirklichkeit nicht in einer begrifflichen Gesamtheit aufgehen muß.«[435] Das ›Prozessuniversum‹ des Pluralismus lässt sich nicht (ab-)schließen, etwas bleibt immer ausgeschlossen:

> Im Sinne des Pragmatismus bedeutet der Pluralismus oder die Lehre, daß das Universum eine Vielheit darstellt, nur, daß die verschiedenen Teile der Wirklichkeit in äußerlicher Beziehung zu einander stehen können. Wie weit und umfassend man auch ein Ding nehmen mag, immer gibt es nach pluralistischer Anschauung noch außerhalb seiner irgend etwas Fremdes, das es umgibt. Die Dinge sind »mit«einander in vielen Weisen verknüpft, aber es gibt keines, das alles umschlösse oder alle anderen vollkommen beherrsche. Das Wort »und« schleppt hinter jeden Satz her. Etwas bleibt immer draußen.[436]

Das Wort »und«, im Schlepptau jedes Satzes, steht für eine Welt (ein), »die ihre Gestaltung zum Teil von der Zukunft erwartet«[437], gleichzeitig verbürgt es

---

431 James, Preface. In: The Will to Believe, S. 7. [Herv. A. S.]

432 Vgl. Barthes, Leçon, S. 27. Zu Barthes' Konzeption der Relation von Literatur und Wissen in *Leçon* vgl. allgemein Reulecke, Der Thesaurus der Literatur, S. 7 ff.

433 Barthes, Leçon, S. 29.

434 Barthes, Leçon, S. 29.

435 Schubert/Wilkesmann, Zur Einführung. Die Philosophie des »UND«, S. VII.

436 James, Das pluralistische Universum, S. 208.

437 James, Der Pragmatismus, S. 164.

(nachträglich) die Offenheit dieser Welt. Die dem »und« hier attribuierte Funktion, diese Offenheit zu garantieren und selbstreferenziell auszustellen, gleicht jener, die laut Günter Saße dem berühmten Satz zukommt, der die *Wanderjahre* in der *Ausgabe letzter Hand* beschließt: »Die Schlußzeile (›Ist fortzusetzen.‹) [...] bezeugt [...] nicht etwa Goethes Unbehagen an den bisherigen Versuchen, das ›unorganische Gebilde‹ zu einem gelungenen Abschluß zu führen, sondern verweist retrospektiv gerade auf die konzeptionelle Offenheit seines Altersromans.«[438]

James' Akzentuierung des »und« markiert nicht nur die Unabschließbarkeit semiotischer (als serieller) Systeme, sondern konkretisiert den Prozess des Übergangs und der Dynamik selbst und konkretisiert damit die für James' pluralistische Ontologie kennzeichnende Realität von Relationen: »Life is in the transitions as much as in the terms connected«[439]. Die Konjunktion »und« steht in ihrer grammatikalischen Funktion gleichsam paradigmatisch für die von James in *The Principles of Psychology* skizzierten »transitive parts [of consciousness]«[440], deren Bedeutung er gegenüber den »substantive parts«[441] aufzuwerten sucht. Gegen »the greater and greater accentuation and isolation of the subjective parts«[442] reklamiert James ein »Gefühl« (nicht nur) für das »und«: »We ought to say a feeling of *and*, a feeling of *if*, a feeling of *but*, and a feeling of *by*, quite as readily as we say a feeling of *blue* or a feeling of *cold*.«[443] James' Plädoyer für »transitives and conjunctives«[444], die dem »gravitational pull of substantives«[445] Einhalt gebieten sollen, kommt in seiner Stoßrichtung gegen das Substantivum Goethes Apotheose auf das Verbum in der griechischen (Wissenschafts-)Sprache gleich:

> [W]elch eine andre wissenschaftliche Ansicht würde die Welt gewonnen haben, wenn die griechische Sprache lebendig geblieben wäre und sich anstatt der lateinischen verbreitet hätte.
> [...] Die Art, durch Verba, besonders durch Infinitiven und Partizipien zu sprechen, macht jeden Ausdruck läßlich; es wird eigentlich durch das Wort nichts bestimmt, bepfählt und festgesetzt, es ist nur eine Andeutung, um den Gegenstand in der Einbildungskraft hervorzurufen.

---

438 Saße, Auswandern in die Moderne, S. 1.
439 James, A World of Pure Experience, S. 42.
440 James, The Principles of Psychology, Vol. I, S. 243.
441 James, The Principles of Psychology, Vol. I, S. 243.
442 James, The Principles of Psychology, Vol. I, S. 246.
443 James, The Principles of Psychology, Vol. I, S. 245 f.
444 Poirier, Poetry and Pragmatism, S. 152.
445 Poirier, Poetry and Pragmatism, S. 152.

> Die lateinische Sprache dagegen wird durch den Gebrauch der Substantiven ent-
> scheidend und befehlshaberisch. Der Begriff ist im Wort fertig aufgestellt, im Worte erstarrt,
> mit welchem nun als einem wirklichen Wesen verfahren wird.[446]

Wie in den von Goethe in seinen *Materialien zur Geschichte der Farbenlehre* angestellten wissenschaftssprachlichen Reflexionen wendet sich James gegen die
Stilllegung des wissenschaftlichen Gedankens im Substantiv und dessen Befes-
tigung als eine (dem Referenten analoge) Entität.

Der sprachlichen Festschreibung und Essenzialisierung arbeitet nach Goethe
generell ein als ›poetisch‹ qualifizierter Sprachgebrauch entgegen. Dieser empfiehlt sich, wie Goethe in seiner »Schlußbetrachtung über Sprache und Terminologie«[447] im Didaktischen Teil der *Farbenlehre* argumentiert, insbesondere für
die Verbalisierung von Naturphänomenen, zumal man diese »mehr Tätigkeiten
als Gegenstände nennen kann«[448]. Mit »mechanische[n] Formeln«[449] ist ihnen
nicht beizukommen: Diese verwandeln vielmehr »das Lebendige in ein Totes; sie
töten das innre Leben, um von außen ein unzulängliches heranzubringen. [...] das
Bewegliche wird starr durch sie, Vorstellung und Ausdruck ungeschlacht.«[450]
Angesichts dieser potenziellen Unzulänglichkeit von Sprache muss sich der Naturforscher »des Ausdrucks mit Bewußtsein bedienen«[451] und »einen lebendigen
Sinn in einen lebendigen Ausdruck«[452] fassen. Es gilt, »das Zeichen nicht an die
Stelle der Sache zu setzen, das Wesen immer lebendig vor sich zu haben und es
nicht durch das Wort zu töten.«[453]

Neben der Dynamisierung und ›Verlebendigung‹ kommt dem Poetischen im
wissenschaftlichen Diskurs die Funktion der Synthese zu. Hierbei geht es, wie
Goethe in *Wohl zu merken*, dem letzten von drei 1822 in der *Zeitschrift zur Naturwissenschaft* publizierten Gedichten zu Howards Wolkenlehre, zu argumentieren scheint, darum, nach der terminologischen Analyse eine Synthese auf dem
Weg des Poetischen zu erreichen: »Und wenn wir unterschieden haben, / Dann
müssen wir lebendige Gaben / dem Abgesonderten wieder verleihn / Und uns
eines Folgelebens erfreun.«[454] Nach der vom Analytiker betriebenen »Sond-

---

446 LA I, 6, S. 126.
447 LA I, 4, S. 221, § 751.
448 LA I, 4, S. 221, § 751.
449 LA I, 4, S. 221, § 752.
450 LA I, 4, S. 221, § 752.
451 LA I, 4, S. 221, § 752.
452 LA I, 4, S. 221, § 753.
453 LA I, 4, S. 222, § 754.
454 HA 1, S. 351.

rung«[455] wird »der Maler, der Poet,«[456] aufgerufen, damit er sich des »Übergäng-liche[n]«[457] annehme, »es fasse, fühle, bilde.«[458]

Goethes »Fokussierung auf Übergänge«[459] – als Methode eines genuin ana-logischen Zugangs zur Natur – wird insbesondere durch Operationalisierung der (literarischen) Analogie in den naturwissenschaftlichen Diskurs überführt.[460] Ihre epistemische Funktion besteht in der durch sie evozierten Prozessualität und Offenheit: »Mittheilung durch Analogien halt' ich für so nützlich als angenehm: der analoge Fall will sich nicht aufdringen, nichts beweisen«[461]. Die »Analogie hat den Vorteil, daß sie nicht abschließt und eigentlich nichts Letztes will«[462]. Darüber hinaus vermag die auf Analogie beruhende Metaphorik die Interrela-tionen zwischen Abstraktem und Konkretem aufzuzeigen und erweist sich daher, wie Goethe am Beispiel der von ihm in seiner *Farbenlehre* eingesetzten »Gleich-nisrede« argumentiert, auch für die Philosophie als unerlässlich:

> Die Poesie hat in Absicht auf Gleichnisreden und uneigentlichen Ausdruck sehr große Vorteile vor allen übrigen Sprachweisen, denn sie kann sich eines jeden Bildes, eines jeden Verhältnisses nach ihrer Art und Bequemlichkeit bedienen. Sie vergleicht Geistiges mit Körperlichem und umgekehrt; den Gedanken mit dem Blitz, den Blitz mit dem Gedanken, und dadurch wird das Wechselleben der Weltgegenstände am besten ausgedrückt. Die Philosophie auf ihren höchsten Punkten bedarf auch uneigentlicher Ausdrücke und Gleichnisreden [...].[463]

Goethe reklamiert für den philosophischen Diskurs eine Sprache, die der Ver-mittlung zwischen Empirie und Theorie – wie sie auch James' Projekt des Prag-matismus auszeichnet – zuarbeitet. Der Kluft zwischen philosophischen Ant-agonismen, der einseitigen Privilegierung der Materialität einerseits respektive der Idealität als Objekt bzw. Sphäre philosophischer Observation bzw. Spekula-tion andererseits, die sprachlich durch einseitige »Sprachweisen« zementiert werde, gilt es eine Sprache entgegenzusetzen, die die wechselseitige Durchdrin-gung beider Perspektiven zu befördern vermag:

---

455 HA 1, S. 351.
456 HA 1, S. 351.
457 HA 1, S. 352.
458 HA 1, S. 352.
459 Bies, Im Grunde ein Bild, S. 167.
460 Zum analogischen Denken, das dadurch ausgezeichnet ist, dass es »sich der *Übergänge* bedient«, vgl. Gabriel, Logik und Rhetorik der Erkenntnis, S. 25. [Herv. i. O.]
461 Goethe, Maximen und Reflexionen, S. 259, Nr. 1247.
462 Goethe, Maximen und Reflexionen, S. 114, Nr. 532.
463 LA I, 6, S. 168.

> Nur leiden die philosophischen Schulen, wie uns die Geschichte belehrt, meistenteils daran, daß sie, nach Art und Weise ihrer Stifter und Hauptlehrer, meist nur einseitige Symbole brauchen, um das Ganze auszudrücken und zu beherrschen, und besonders die Einen durchaus das Körperliche durch geistige Symbole, die Andern das Geistige durch körperliche Symbole bezeichnen wollen. Auf diese Weise werden die Gegenstände niemals durchdrungen; es entsteht vielmehr eine Entzweiung in dem was vorgestellt und bezeichnet werden soll, und also auch eine Diskrepanz in denen, die davon handeln, woraus alsbald ein Widerwille auf beiden Seiten entspringt und ein Parteisinn sich befestigt.[464]

Die Funktion der Vermittlung zwischen Empirie und Theorie, die Goethe insbesondere der Gleichnisrede zugesteht – in seiner Typologie der »Symbolik«[465] wird sie als ein (mit dem Poetischen analogisiertes) Verfahren zur Darstellung von »innern Verhältnissen der Natur«[466] ausgewiesen –, scheint es auch zu sein, die den Einsatz von Metaphern und Analogien bei James motiviert. James' Diskurs ist gekennzeichnet durch »metaphorical proliferation«[467], durchsetzt von Tropen: »James places metaphor upon metaphor«[468]. Die von James operationalisierte Metaphorik erscheint, wie sich mit Goethe formulieren ließe, als Prinzip der ›Durchdringung‹ der Gegenstände durch die für sie eigentümliche »Sphärenmischung«[469]. James' wohl wirkungsmächtigste Metapher des »Bewusstseinsstroms« funktioniert nach dem von Goethe am ›Geistesblitz‹ aufgezeigten Prinzip der Kombination von Geistigem (Mentalem) und Physischem.[470] In beiden Fällen sind es natürliche Kräfte, die als Bildspender auf die Sphäre des Geistigen übertragen werden. Für James erweisen sich die Metaphern des Fluiden für die Konzeption des Bewusstseins »am natürlichsten«: »Consciousness, then, does not appear to itself chopped up in bits. Such words as ›chain‹ or ›train‹ do not describe it fitly as it presents itself in the first instance. It is nothing jointed; it flows. A ›river‹ or a ›stream‹ are the metaphors by which it is most naturally described.«[471]

Mit Blick auf Goethe lässt sich die – das Organische und Dynamische akzentuierende – Metaphorik von James nicht (nur) als Geste verstehen, die die

---

464 LA I, 6, S. 168.
465 WA II, 11, S. 167–169.
466 WA II, 11, S. 168.
467 Poirier, Poetry and Pragmatism, S. 131.
468 Kress, Contesting Metaphors, S. 271. Vgl. dazu auch Sölch, Prozessphilosophien, S. 190. Sölch spricht von der »omnipräsente[n] Metaphorik in James' Schriften« (Sölch, Prozessphilosophien, S. 185). Seigfried akzentuiert »the centrality of metaphor to James's philosophy« (Seigfried, William James's Radical Reconstruction of Philosophy, S. 227).
469 Zur Metapher als »Sphärenmischung« vgl. Bühler, Sprachtheorie, S. 343.
470 Vgl. dazu das oben angeführte Zitat aus LA I, 6, S. 168.
471 James, Principles of Psychology, Vol. I, S. 239. Vgl. dazu auch Kress, Contesting Metaphors, S. 265 ff.

sprachliche Verfasstheit von Wirklichkeit aufzeigt.[472] Vielmehr erscheint sie als Einfallstor für die – sich freilich nur symbolisch Geltung verschaffende – Empirie. Sie sucht der »Uneinholbarkeit der Realität«[473] in der Sprache beizukommen. James stellt sich damit der Kluft zwischen Wort und Welt, dem Unvermögen der philosophischen Sprache, die ›Lebendigkeit‹ der Empirie zu fassen:

> Philosophy lives in words, but truth and fact well up into our lives in ways that exceed verbal formulation. There is in the living act of perception always something that glimmers and twinkles and will not be caught, and for which reflection comes too late. No one knows this as well as the philosopher. He must fire his volley of new vocables out of his conceptual shotgun, for his profession condemns him to this industry, but he secretly knows the hollowness and irrelevancy. His formulas are like stereoscopic or kinetoscopic photographs seen outside the instrument; they lack the depth, the motion, the vitality.[474]

Mit seiner Metaphorik intendiert James eine ›Vitalisierung‹ des philosophischen Diskurses. Er operiert dabei, wie sich mit einer auf die Metaphernkonzeption von Karl Philipp Moritz bezogenen Wendung formulieren ließe, mit »der metaphorischen Rede als genau dem sprachlichen Modus [...], der noch durch die genuine Teilhabe am sinnlichen Ursprung der Sprache ausgezeichnet ist.«[475] James' organologische Metaphern verpflanzen die Natur in die Ordnung des Symbolischen und fluten die Absichten einer sich über propositionale Sprache definierenden Philosophie. Oder, wie es Megan Rust Mustain mit Referenz auf James' *Principles of Psychology* formuliert: »[T]he author of a metaphor lays bare the fact that ›the reality overflows these purposes at every pore.‹«[476] James' Metaphorik erscheint als Versuch, bei allem Bemühen um die Vermittlung von Theorie und Empirie, entsprechend des von ihm postulierten Primats der Empirie, auf der Unverfügbarkeit des ›Natürlichen‹ und Materiellen zu beharren. Die metaphorische Insistenz auf dem Prozessualen, Dynamischen und Offenen des ›Wirklichen‹ bzw. ›Natürlichen‹ erfolgt dabei nicht nur durch die aktivierten semantischen Dimensionen der operationalisierten (dem Bereich des ›Organischen‹ entnommenen)

---

472 James' Konstruktivismus betonen insbesondere jene Ansätze, die James in der Tradition des (Emerson'schen) Sprachskeptizismus situieren. Als paradigmatische Repräsentanten dieser Ansätze können Richard Rorty und Richard Poirier gelten. Letzterer situiert James' Pragmatismus, wie bereits erwähnt, in der Tradition eines »Emersonian linguistic skepticism«. (Poirier, Poetry and Pragmatism, S. 5. Zur Kritik am sprachskeptischen Ansatz in der James-Rezeption vgl. etwa Kloppenberg, An Old Name for Some New Ways of Thinking, S. 95.)
473 F. Krämer, Erfahrungsvielfalt und Wirklichkeit, S. 292.
474 James, The Varieties of Religious Experience, S. 360.
475 Oschmann, Bewegliche Dichtung, S. 35.
476 Mustain, Metaphor as Method, S. 7. Zum James-Zitat im Zitat vgl. James, Principles of Psychology, Vol. II, S. 334.

Metaphern, sondern bereits durch die Strategie der Metaphorisierung selbst, zumal die ursprüngliche (selbst metaphorische) Bedeutung der ›Metapher‹ als ›Übertragung‹ (*epiphora*) die qua Metapher generierte Bedeutung als *Geschehen* ausweist, wie etwa Gerhard Kurz akzentuiert:»Die metaphorische Bedeutung ist [...] mehr ein Akt als ein Resultat, eine konstruktive Bedeutungserzeugung, die sich [...] vollzieht, eine Bewegung von ... zu«[477].

Von besonderer Signifikanz für James' metaphorisches Bemühen um die Vermittlung von Theorie und Empirie erscheint die von ihm wiederholt eingesetzte Verbmetapher des Webens. Mit Rekurs auf Goethes Text *Bedenken und Ergebung*, der im zweiten seiner *Morphologischen Hefte* 1820 erscheint, kann diese Verbmetapher als rhetorische Figur verstanden werden, die auf die von James (wie Goethe) akzentuierte Notwendigkeit der Komplementarität von Analyse und Synthese im Sinne der Vermittlung von Theorie und Empirie verweist. Wie auch Uwe Pörksen an diesem Text hervorhebt, sieht Goethe dabei»in der Verfahrensweise des Webers ein Gleichnis dafür, wie der Konflikt zwischen Idee und Erfahrung zu lösen sei.«[478] Ausgehend von der Position, dass»zwischen Idee und Erfahrung eine gewisse Kluft befestigt scheint, die zu überschreiten unsere ganze Kraft sich vergeblich bemüht«[479], sucht Goethe in *Bedenken und Ergebung* nach Möglichkeiten, diese Kluft zu schließen, und findet sie abschließend in der »Dichtkunst«[480], wie er mit Re-Zitation und Modifikation der Verse 1922 bis 1927 des ersten Teils von *Faust* untermauert. Während diese Verse in ihrer Modifikation in *Bedenken und Ergebung* das Weben als ein Verfahren der Natur inszenieren,[481] die in der Tradition der mythologischen Rede vom Kosmos als»Weltgewebe« erscheint,[482] fungiert das Weben in der ursprünglichen – für James bedeutsameren – Variante dieser Verse in *Faust* als Metapher für eine (im weitesten) Sinn kognitive Operation:

> Zwar ist's mit der Gedanken-Fabrik
> Wie mit einem Weber-Meisterstück,
> Wo Ein Tritt tausend Fäden regt,
> Die Schifflein herüber hinüber schießen,

---

477 Kurz, Metapher, S. 18. Zur ursprünglichen (metaphorischen) Bedeutung der Metapher vgl. Kurz, Metapher, S. 7.
478 Pörksen, Wissenschaftssprache und Sprachauffassung bei Linné und Goethe, S. 90.
479 LA I, 9, S. 97.
480 LA I, 9, S. 98.
481 Vgl. LA I, 9, S. 98. Zur »natura textor« in *Faust* vgl. auch J. Schmidt, Goethes *Faust*, S. 141.
482 Zu dieser in der metaphorischen Verwendung des Webens in der antiken Philosophie tradierten mythologischen Vorstellung vgl. Harlizius-Klück, Weben, S. 506.

Die Fäden ungesehen fließen,
Ein Schlag tausend Verbindungen schlägt.[483]

James knüpft an diese metaphorische Konfiguration der »Gedanken-Fabrik« als »Weber-Meisterstück« in *The Principles of Psychology* an, wo das Verb »to weave« als Metapher zur Charakterisierung von Gedankenoperationen zur Anwendung kommt.[484]

Dass die Implikationen von Goethes Metapher des Webens in den *Faust*-Versen auch für James' erkenntnistheoretische Insistenz auf der Komplementarität von Analyse und Synthese relevant erscheinen, legen die Verse nahe, die direkt im Anschluss an die oben zitierten Zeilen folgen:

Der Philosoph der tritt herein
Und beweist euch, es müßt' so sein:
Das Erst' wär' so, das Zweite so,
Und drum das Dritt' und Vierte so;
Und wenn das Erst' und Zweit' nicht wär',
Das Dritt' und Viert' wär' nimmermehr.
Das preisen die Schüler aller Orten,
Sind aber keine Weber geworden.
Wer will was lebendig's erkennen und beschreiben,
Sucht erst den Geist heraus zu treiben,
Dann hat er die Teile in seiner Hand,
Fehlt leider! nur das geistige Band.[485]

Angesichts der Komplexität des »Weber-Meisterstücks« als Operation der Kognition wie der Natur erscheint das philosophische bzw. naturwissenschaftliche Prinzip der Analyse als Austreibung des ›Geistvollen‹ wie des ›Lebendigen‹. In den zitierten Versen wird eine Implikation des Webens ins Spiel gebracht, wie sie bereits die Verwendung der Metaphorik des Webens in der antiken Philosophie strukturiert: »das aus der Weberei bekannte Produktionsprinzip des Trennens und Verbindens«[486]. Während es in der Reformulierung dieser Verse in *Bedenken und Ergebung* unbestimmt bleibt, wodurch, wie Pörksen behauptet, die »Verfahrensweise des Webers ein Gleichnis« für die Vermittlung von Theorie und Empirie darstellt, wird diese in der ursprünglichen Fassung als notwendiges Zusammenspiel von Trennen und Verbinden ausgewiesen. Dass das verbindende »geistige

---

483 FA I, 7.1, S. 83, V. 1922–1927.
484 Vgl. dazu James, Principles of Psychology, Vol. I, S. 3, S. 266, S. 660, S. 662; Vol. II, S. 275, S. 311; vgl. auch James, A Pluralistic Universe, S. 78.
485 FA I, 7.1, S. 83 f., V. 1928–1939.
486 Harlizius-Klück, Weben, S. 515.

Band« mit dem ›Lebendigen‹ bzw. ›Geistvollen‹ assoziiert wird, konvergiert dabei mit den von Goethe im Gedicht *Wohl zu merken* dem Symbolischen bzw. Poetischen zugeschriebenen Funktionen, die in der Verbindung des »Abgesonderten«[487], und in der Erfassung des »Folgelebens«[488] wie des »Übergängliche[n]«[489] gesehen werden.

Im Kontext der hier konturierten Bezüge des von Goethe als Metapher für wissenschaftliches Tun funktionalisierten ›Webens‹ werden die *Faust*-Verse in ihrer Bedeutung für die Genese und semantischen Implikationen der von James eingesetzten »metaphor[] of [...] weaving«[490] sichtbar. Für Charlene Haddock Seigfried dient die Metapher zur Erläuterung von »James's hermeneutic method«[491]: »Weaving expresses metaphorically his [= James's] methodology of beginning with phenomenal abundance, taking up its multi-colored strands, and ordering them into a coherent pattern.«[492] Die zentrale Rolle des hier nicht erwähnten Schussfadens – als konstitutives Element des textuellen Gewebes – übernimmt, wie Goethe in *Wohl zu merken* postuliert, eine als poetisch zu qualifizierende Sprache. Diese fungiert als »Faden«, den Goethe in seinem Text *Das Unternehmen wird entschuldigt* im ersten seiner *Morphologischen Hefte* dem Empiriker und Analysten in die Hände zu geben sucht: »Dem Verständigen, auf das Besondere Merkenden, genau Beobachtenden, auseinander Trennenden«[493], der »in seinem Labyrinth auf eine eigene Weise zu Hause«[494] ist, empfiehlt Goethe, »daß er sich um einen Faden bekümmerte, der schneller durch und durch führt«[495].

---

487 HA 1, S. 351.
488 HA 1, S. 351.
489 HA 1, S. 352.
490 Seigfried, William James's Radical Reconstruction of Philosophy, S. 221.
491 Seigfried, William James's Radical Reconstruction of Philosophy, S. 221.
492 Seigfried, William James's Radical Reconstruction of Philosophy, S. 221.
493 LA I, 9, S. 5.
494 LA I, 9, S. 5.
495 LA I, 9, S. 5.

7 Pragmatismus als »rationeller Empirismus«: Zur Erkenntnistheorie des poetischen Pragmatismus

Als Bezeichnung für ein »vermittelndes System«[1] zwischen den Prinzipien des Rationalismus und des Empirismus erweist sich »Pragmatism«, wie bereits betont, auch als »new name« für den von Goethe praktizierten und von Friedrich Schiller als *rationelle[r] Empirism*«[2] bezeichneten wissenschaftlichen Zugang. Schiller prägt diese Wendung in der Korrespondenz mit Goethe, die James im Frühjahr 1868 begeistert rezipiert und deren Lektüre er in einem Brief aus Dresden im Juni dieses Jahres seinem Bruder Henry James nachdrücklich empfiehlt.[3] Die Bezeichnung »rationeller Empirismus« dient Schiller zur Spezifizierung des von Goethe verfolgten Ansatzes der (Natur-)Forschung, wie Goethe ihn in zwei im Januar 1798 an Schiller übersandten Texten skizziert.[4] Es handelt sich dabei um den Aufsatz *Der Versuch als Vermittler von Objekt und Subjekt* sowie den zunächst unbetitelten Aufsatz *Das reine Phänomen*. Dabei legt Goethe in Letzterem ausdrücklich darauf Wert, dass die von ihm angestellten Überlegungen »nicht spekulativ genannt werden, denn es sind am Ende doch [...] die praktischen und sich selbst rektifizierenden Operationen des gemeinen Menschenverstandes, der sich in einer höhern Sphäre zu üben wagt«[5]. Diesem in der Praxis gewonnenen Ansatz Goethes gelingt nach Schiller die Vermittlung zwischen dem »Despotism der Denkkräfte«[6], wie er den Rationalismus kennzeichnet, und der »Pluralität«[7] der Fakten, wie sie für den »gemeine[n] Empirism«[8], charakteristisch ist. Denn nach Schiller »ist bisher auf zwei entgegengesetzte Arten in der Naturwissenschaft

---

1 James, Der Pragmatismus, S. V.
2 F. Schiller, An Goethe. Jena, 19. Januar 1798. In: BW, S. 548. [Herv. i. O.]
3 »I have been reading up Goethe a little lately [...]. I had read previously his and Schiller's correspondence, the perusal of wh. I strongly urge upon you. [...] The spectacle of two such earnestly living & working men is refreshing to the soul of any one«. (James, To Henry James. Dresden June 4. 68. In: Corr 1, S. 49 f.)
4 Zu Goethes »rationelle[r] Empirie« im Allgemeinen vgl. etwa Wenzel, Rationelle Empirie.
5 LA I, 3, S. 308. Ähnlich heißt es im Beitrag *Naturphilosophie* über den Wert der Praxis in der Erkenntnisbildung: »Also kommt wie bei der künstlerischen, so bei der naturwissenschaftlichen, auch bei der mathematischen Behandlung alles an auf das Grundwahre, dessen Entwickelung sich nicht so leicht in der Speculation als in der Praxis zeigt: denn diese ist der Prüfstein des vom Geist Empfangenen, des von dem innern Sinn für wahr Gehaltenen.« (WA II, 11, S. 264.)
6 F. Schiller, An Goethe. Jena, 19. Januar 1798. In: BW, S. 547.
7 F. Schiller, An Goethe. Jena, 19. Januar 1798. In: BW, S. 547.
8 F. Schiller, An Goethe. Jena, 19. Januar 1798. In: BW, S. 546.

https://doi.org/10.1515/9783110639155-007

gefehlt worden, einmal hat man die Natur durch die Theorie verengt und ein andermal die Denkkräfte durch das Objekt zu sehr einschränken wollen.«[9] In diesem Sinn betont Goethe etwa auch in seinen autobiografischen Ausführungen zur *Geschichte seiner botanischen Studien*, dass es »im Verfolg wissenschaftlichen Bestrebens gleich schädlich ist, ausschließlich der Erfahrung als unbedingt der Idee zu gehorchen«[10]. Die Vermittlung zwischen beiden erfolgt dabei, wie Goethe – das Potenzial der im Pragmatismus dominanten Orientierung antizipierend – betont, durch Praxis: »Wenn man also fragt: wie ist Idee und Erfahrung am besten zu verbinden? so würde ich antworten: praktisch!«[11]

Nach Schiller werden die jeweiligen Unzulänglichkeiten des Rationalismus und des Empirismus durch deren Vermittlung in dem von ihm als »rationeller Empirismus« charakterisierten Zugang Goethes behoben.[12] Schillers Wendung akzentuiert in ihrer spezifischen grammatikalischen Form (als attribuiertes Substantiv) nicht nur die von ihm an Goethes naturwissenschaftlicher Praxis herausgestellte (durch den Rationalismus modifizierte) empiristische Grundausrichtung, sondern erscheint auch als Bezeichnung für das spätere Programm des Pragmatismus als besonders treffend, zumal sie die spezifische Gewichtung der beiden Ansätze des Rationalismus und des Empirismus, wie sie in ihrer Vermittlung durch den Pragmatismus erfolgt, besonders deutlich anzeigt. Denn auch wenn James den Pragmatismus als »a mediating system«[13] zwischen Empirismus und Rationalismus bzw. Idealismus propagiert, so kommt in diesem System Ersterem eine größere Rolle zu. Der Pragmatismus wird als kompatibel mit einer – durch den Rationalismus modifizierten – *empiristischen* Haltung ausgewiesen: »Pragmatism represents a perfectly familiar attitude in philosophy, the empiricist attitude, but it represents it, as it seems to me, both in a more radical and in a less objectionable form than it has ever yet assumed.«[14] Die Akzentuierung des Empirismus bzw. Realismus in den – prinzipiell auf Vermittlung zwischen Empirismus und Rationalismus angelegten – erkenntnistheoretischen Ansätzen von Goethe und James markiert deren charakteristische Absetzung von den für die

---

9 F. Schiller, An Goethe. Jena, 12. Januar 1798. In: BW, S. 542.
10 WA II, 6, S. 127.
11 WA II, 6, S. 358.
12 Novalis konfiguriert zur Charakterisierung des Goethe'schen Ansatzes eine analoge Wendung. Er schlägt vor, diesen »aktiven Empirismus [zu] nennen« (Novalis, Fragmente, S. 173). Mit dieser Wendung sucht Novalis, wie Fergus Henderson expliziert, das Spezifische an Goethes naturwissenschaftlicher Praxis zu fassen – dessen »mediating between theory and phenomena« (Henderson, Novalis, Ritter and »Experiment«, S. 155).
13 James, Pragmatism, S. 7.
14 James, Pragmatism, S. 31.

deutsche Philosophie des ausgehenden 18. Jahrhunderts kennzeichnenden Projekten der Vermittlung zwischen Idealismus und Realismus in den Philosophien von Kant, Fichte, Schelling oder Hegel, die, wie Valentin Pluder feststellt, »nicht von neutralem Boden, sondern von idealistischer Seite«[15] ihren Ausgang nehmen und in denen »der Realismus hauptsächlich als eine zu überwindende Gegenposition«[16] erscheint.

7.1 Rationalismus- und Empirismuskritik

Der Privilegierung des Empirismus im Pragmatismus entspricht Goethes und Schillers Urteil über den Primat des ›gemeinen‹, gleichsam vorwissenschaftlichen Empirismus. Dessen epistemische Überlegenheit gründet nach Schiller in seiner Nähe zum Objekt, das der Spontaneität des Verstandes im Sinne Kants Grenzen setzt:

> Nach meinem Begriff ist der gemeine Empirism nie einem Irrtum ausgesetzt, denn der Irrtum entsteht erst in der Wissenschaft. Was er bemerkt, bemerkt er wirklich, und weil er nicht den Kitzel fühlt, aus seinen Wahrnehmungen Gesetze für das Objekt zu machen, so können seine Wahrnehmungen ohne irgend eine Gefahr immer einzeln und akzidentiell sein. [...] Erst mit dem Rationalism entsteht das wissenschaftliche Phänomen und der Irrtum. In diesem Felde nämlich fangen die Denkkräfte ihr Spiel an, und die Willkür tritt ein mit der Freiheit dieser Kräfte, die sich so gerne dem Objekt substituieren.[17]

Das Potenzial wie die Gefahr des Rationalismus wird in seiner Tendenz zur Verbindung bzw. Vereinheitlichung des Mannigfaltigen gesehen, wobei sowohl Goethe als auch James auf Kants Konzept der Synthesis rekurrieren.

Die Synthesis, die Kant – in den von Goethe in seinem Handexemplar der *Kritik der reinen Vernunft* markierten Worten – als »Verstandeshandlung«[18] definiert, durch die die »Verbindung [...] eines Mannigfaltigen«[19] zustande kommt, erweist sich als »Actus der Spontaneität der Vorstellungskraft«[20], als eine »un-

---

15 Pluder, Die Vermittlung von Idealismus und Realismus, S. 27.

16 Pluder, Die Vermittlung von Idealismus und Realismus, S. 27.

17 F. Schiller, An Goethe. Jena, 19. Januar 1798. In: BW, S. 546.

18 Kant, Critik der reinen Vernunft, S. 130. Zur Markierung durch Goethe vgl. Molnár, Goethes Kantstudien, S. 180.

19 Kant, Critik der reinen Vernunft, S. 129. Zur Markierung durch Goethe vgl. Molnár, Goethes Kantstudien, S. 179.

20 Kant, Critik der reinen Vernunft, S. 130. Zur Markierung durch Goethe vgl. Molnár, Goethes Kantstudien, S. 180.

entbehrliche[] Funktion der Seele«[21]. In impliziter Referenz auf das Kant'sche Konzept der Synthesis konstatiert Goethe in *Der Versuch als Vermittler von Objekt und Subjekt,* dass »die Kraft des menschlichen Geistes alles [...] mit einer ungeheuern Gewalt zu verbinden strebt«[22], und Schiller spricht (in Anlehnung an Goethe) von der »ungeheure[n] Verbindungsgewalt des menschlichen Geistes«[23]. Kants Konzept der Synthesis erscheint auch als implizite Denkfigur in James' philosophischen Überlegungen zum Rationalismus und zur Ambivalenz der damit assoziierten Verbindung bzw. Vereinheitlichung des Mannigfaltigen, wobei James mit seinen Ausführungen zur Psychologie des Bewusstseins, wie er sie in *The Principles of Psychology* formuliert, den Kant'schen Dualismus zwischen Synthese und Analyse modifiziert, um bei Ersterer genauer zu unterscheiden. Bei Kants Konzept der Synthese differenziert er zwischen »subjective« and »objective synthesis«. Jene wird – in Übereinstimmung mit Kant – als notwendige Voraussetzung der Erkenntnis verstanden: »This sort of *bringing of things together into the object of a single judgement* is of course essential to all thinking.«[24] Dieser Verbindung *im* Denken kontrastiert James die Vereinheitlichung *durch* das Denken als Aufhebung der Differenz zwischen den Dingen: »This sort of *subjective synthesis*, essential to all knowledge as such [...], must not be confounded with *objective synthesis* or union instead of difference or disconnection, known among the things.«[25] Während die subjektive Synthese, die James mit Kant'schem Vokabular als »transcendental synthesis«[26] bezeichnet, eine notwendige Bedingung allen Denkens darstellt, scheint sich die von James als »categorical unity«[27] bezeichnete »objective synthesis« als charakteristische Tendenz des Rationalismus und seiner Neigung zum Monismus zu erweisen.[28] Wie James die totalisierenden Tendenzen des rationalistischen Monismus, die Verabsolutierung bzw. Totalisierung der Vorstellungen gegenüber der Mannigfaltigkeit in der empirischen An-

---

21 Kant, Critik der reinen Vernunft, S. 103. Zur Markierung durch Goethe vgl. Molnár, Goethes Kantstudien, S. 169.

22 HA 13, S. 16. Zu Goethes Rekurs auf Kants Konzept der Synthesis in *Der Versuch als Vermittler von Objekt und Subjekt* vgl. insbesondere auch Engelhardt, »Der Versuch als Vermittler von Objekt und Subjekt«, S. 13.

23 F. Schiller, An Goethe. Jena, 19. Januar 1798. In: BW, S. 547.

24 James, Principles of Psychology, Vol. I, S. 331. [Herv. i. O.]

25 James, Principles of Psychology, Vol. I, S. 331. [Herv. i. O.]

26 James, Principles of Psychology, Vol. I, S. 332.

27 James, Principles of Psychology, Vol. I, S. 332.

28 »Der Rationalismus ist immer monistisch. Er [...] legt viel Wert auf die Einheit der Dinge«. James, Der Pragmatismus, S. 6.

schauung des Objekts, kritisiert, warnt bereits Schiller vor dem »Mißbrauch«[29] des Rationalismus, der darin besteht, »die Pluralität [...] für Totalität auszugeben«[30].

Der Tendenz zur Homogenisierung und Totalisierung im Rationalismus steht jene zur Pluralisierung und Partikularisierung im Empirismus gegenüber. Während James am Empirismus primär dessen Materialismus, Determinismus und dessen (damit verbundene) Skepsis gegenüber der (religiösen) Metaphysik und ihrem Optimismus kritisiert, verurteilt Goethe den empiristischen Positivismus hinsichtlich seiner Theorie- und Methodenabstinenz, die zu einer Proliferation von Fakten ohne Zusammenhang und Erkenntniswert führt. Als Prototyp eines rigorosen Empiristen gilt Goethe in seinen Studien zur Wissenschaftsgeschichte Francis Bacon. Goethe kritisiert dessen positivistische »Forderungen, die alle nur in die Breite gehen, seine Methode, die nicht konstruktiv ist [...], sondern zum Vereinzeln Anlaß gibt.«[31] Die »Verulamische Zerstreuungsmethode«[32] entbehrt der begrifflichen bzw. theoretischen Synthese sowie der Methodengeleitetheit – die Richtung, die Baco von Verulam weist, führt zur einseitigen Privilegierung der Weite und des »Wusts« der Erscheinungen: »Da er [= Baco von Verulam] die Menschen an die Erfahrung hinwies, so gerieten die sich selbst überlassenen ins Weite, in eine grenzenlose Empirie; sie empfanden dabei eine solche Methodenscheu, daß sie Unordnung und Wust als das wahre Element ansahen, in welchem das Wissen einzig gedeihen könne.«[33] Während im Pragmatismus Francis Bacon aufgrund seines Bruchs mit der Tradition scholastischer Abstraktion und Introspektion sowie seiner Begründung des experimentellen, empirisch-induktiven Ansatzes der Naturwissenschaft als Vorläufer des Pragmatismus firmiert – Dewey bezeichnet Bacon als »the prophet of a pragmatic conception of knowledge«[34] –, sieht Goethe die Ambivalenz an Bacons empirisch-induktiver Naturforschung, wobei es neben der Pluralität und Partikularität des positivistischen Empirismus Bacons insbesondere dessen Ignoranz gegenüber der unhintergehbaren begrifflichen Konstituiertheit der Erfahrung ist, was Goethe – hierin über die Wissenschaftsreflexion Deweys hinausgehend – an Bacon beanstandet.[35]

---

29 F. Schiller, An Goethe. Jena, 19. Januar 1798. In: BW, S. 547.
30 F. Schiller, An Goethe. Jena, 19. Januar 1798. In: BW, S. 547.
31 LA I, 6, S. 142.
32 LA I, 6, S. 154.
33 LA I, 6, S. 143.
34 Dewey, Reconstruction in Philosophy, S. 100.
35 »Bacon verkennt [...] nach Goethe die in die empirisch-induktive Forschung notwendigerweise eingehenden begrifflichen Voraussetzungen.« (Rehbock, Goethe und die »Rettung der Phänomene«, S. 124.)

7.2 Common Sense: Substanz und Kausalität

Als praxisorientiertes System der Rationalisierung und Homogenisierung empirischer Komplexität fungiert nach James der Common Sense. Bei aller Kritik an seiner Tendenz zur Simplifizierung phänomenaler Wirklichkeit kommt ihm eine zentrale Rolle der Vermittlung zu: »For James common sense plays the [...] mediating role between positivist empirical science and philosophical idealism«[36]. Mit seinen Ausführungen zum Common Sense scheint James eine Forderung Goethes umzusetzen: »Man hat sich lange mit der Kritik der Vernunft beschäftigt; ich wünschte eine Kritik des Menschenverstandes. Es wäre eine wahre Wohlthat für's Menschengeschlecht, wenn man dem Gemeinverstand bis zur Überzeugung nachweisen könnte, wie weit er reichen kann, und das ist gerade soviel, als er zum Erdenleben vollkommen bedarf.«[37] Der gemeine Menschenverstand, den Goethe (unkritisch) universalisiert – »Le sens commun est le Génie de l'humanité«[38] –, wird von James dabei in seiner historischen, kulturellen und epistemischen Relativität aufgezeigt.

James definiert den Common Sense neben dem Denk- und Diskurssystem der Naturwissenschaft und der kritischen Philosophie als einen spezifischen Typus der Rationalisierung, der sich gegenüber den anderen beiden Systemen durch historische Robustheit und Bewährtheit in der Alltagspraxis auszeichnet. Im Sinne der Forderung Goethes werden die Leistungen und Limitierungen des Common Sense einer kritischen Reflexion unterzogen. James re-interpretiert dabei das traditionelle, auch in Goethes Überlegungen durchscheinende Narrativ vom Common Sense als gleichsam ›angeborenes‹ System ›natürlicher‹ Wirklichkeitserfahrung, indem er dessen ›pragmatische‹ Genese aufzeigt. Die mit Kant als »a *gewühl der erscheinungen, a rhapsodie der wahrnehmungen*«[39] charakterisierte Phänomenalität der Wirklichkeit wird nach James durch die (Denk-)Konventionen des Common Sense strukturiert. Sie erweisen sich als praktisch validierte Organisationsformen empirischer Erfahrung, deren sukzessive Konsolidierung mit ihrem Niederschlag in der Struktur der Sprache einhergeht:

> [W]hen we look back, and speculate as to how the common-sense categories may have achieved their wonderful supremacy, no reason appears why it may not have been by a process just like that by which the conceptions due to Democritus, Berkeley, or Darwin,

---

36 Seigfried, The Philosopher's »Licence«, S. 111.
37 Goethe, Maximen und Reflexionen, S. 249, Nr. 1199.
38 Goethe, Maximen und Reflexionen, S. 115, Nr. 538. Goethe rekurriert mit dieser Maxime auf Positionen Cousins und Guizots (vgl. dazu Schillemeit, »Historisches Menschengefühl«, S. 252).
39 James, Pragmatism, S. 84.

achieved their similar triumphs in more recent times. In other words, they may have been successfully *discovered* by prehistoric geniuses whose names the night of antiquity has covered up; they may have been verified by the immediate facts of experience which they first fitted; and then from fact to fact and from man to man they may have *spread*, until all language rested on them and we are now incapable of thinking naturally in any other terms.[40]

Dem ›unkritischen‹ Verständnis von Common Sense im Sinne der für die deutsche Popularphilosophie der zweiten Hälfte des 18. Jahrhunderts einflussreichen Tradition der Schottischen Schule – paradigmatisch artikuliert etwa in James Beatties 1770 vorgelegter Konzeption von Common Sense als »that power of the mind which perceives truth, or commands belief, not by progressive argumentation, but by an instantaneous, instinctive, and irresistible impulse; derived neither from education nor from habit, but from nature«[41] – setzt James eine dezidierte Historisierung entgegen. Die Kategorien des Common Sense erweisen sich nach James – wie Theorien generell – weniger als »revelations or gnostic answers to some divinely instituted world-enigma«[42], sondern als »*denkmittel* for finding our way«[43] in »the tangle of our experience's immediate flux and sensible variety«[44]. Ursprünglich idiosynkratische Reaktionen auf Herausforderungen der Wirklichkeit, bilden die Begriffe des Common Sense, wie jene der Philosophie und der Naturwissenschaften, allmählich habituelle Strukturen des Denkens aus, die sich in der Sprache sedimentieren. Mit dieser genealogischen Rekonstruktion der Kategorien des Common Sense als Konkretisierung historisch (und kulturell) variabler Denk- und Sprechweisen leistet James, wie Charlene Haddock Seigfried argumentiert, the »genetic unpacking of the categorial meanings«[45], diese erscheinen als »›remains‹ of successful usages gradually enshrined in the language«[46].

Die in diesem Zusammenhang besonders relevante Kategorie des »thing«[47], die in James' Aufstellung der zentralen Begriffe des Common Sense ganz oben rangiert, wird in ihrer Ambivalenz – als Mittel der Vereinheitlichung wie der Verdinglichung – bereits von Goethe herausgestellt. James verdeutlicht seine nominalistische Kritik an den verbal institutionalisierten Strategien der Substantialisierung an einem Beispiel: »Klima ist [...] tatsächlich nur der Name für

---

40 James, Pragmatism, S. 89. [Herv. i. O.]
41 Beattie, An Essay on the Nature and Immutability of Truth, S. 25.
42 James, Pragmatism, S. 94.
43 James, Pragmatism, S. 88.
44 James, Pragmatism, S. 87.
45 Seigfried, The Philosopher's »Licence«, S. 112.
46 Seigfried, The Philosopher's »Licence«, S. 112.
47 James, Pragmatism, S. 85.

eine Reihe von Tagen, es wird aber so betrachtet, als befände es sich hinter diesen Tagen, und wir verlegen in der Regel den Namen, als wäre er ein wirkliches Ding, hinter die Tatsachen, die er benennt.«[48] In der Tradition der Nominalisten vertritt James deshalb die Position, »daß ›Substanz‹ ein unterschobener Begriff ist, der aus der uralten Gewohnheit stammt, Namen in Dinge zu verwandeln.«[49] Diese Tendenz zur Substantialisierung kritisiert James auch an den zeitgenössischen Naturwissenschaften. Trotz der Ansätze der modernen Naturphilosophie, wie sie nach James von Mach, (dem Goethe-Forscher) Ostwald oder Duhem vorgelegt wurden, »behaupten bei den meisten Physikern und Chemikern jene übersinnlichen Wesenheiten, die Atome und die Schwingungen, dennoch ihren Platz.«[50] James kritisiert »the scientific stage for not recognizing that even in its abstract theories it is still tied to common sense categories and has covered over its origins, hidden them from itself, and thus takes as truth (as a literal copy) what is only true instrumentally.«[51]

Goethe übt analoge Kritik am Begriff des »Lichtstrahls« in der Theorie Newtons, der einerseits, in seiner praktischen Relevanz, als »eine zu gewissem Behufe dienliche Supposition«[52], als »ein angenommener Kunstausdruck, der an seiner Stelle gute Dienste leisten kann«[53], verstanden wird. Andererseits birgt der Begriff aber, wie Goethe weiter ausführt, die Gefahr, »daß man diese abstrakten Geistesprodukte als wirklich existierende physische Wesen ansah.«[54] Wie auch Michael Mandelartz herausarbeitet, ist es Newtons Essenzialisierung des Lichts im Rahmen der Korpuskeltheorie – »Newtons Argumente für die Substantialität des Lichtes«[55] –, was Goethe kritisiert.

Neben der Kategorie der Substanz ist es insbesondere jene der Kausalität, die – als Begriff des Common Sense – eine gleichsam konventionalisierte Form der Rationalisierung darstellt. In James' evolutionärer Perspektive auf den ›gemeinen Menschenverstand‹ – als »eine bestimmte Entwicklungsphase unserer Auffassung der Dinge«[56] – erscheint ›Kausalität‹ in historischer Dimension als »ein vorsündflutlicher Begriff«[57], den es (wie die Kategorien des ›gemeinen Men-

---

48 James, Der Pragmatismus, S. 53.
49 James, Der Pragmatismus, S. 53.
50 James, Der Pragmatismus, S. 120.
51 Seigfried, The Philosopher's »Licence«, S. 124.
52 LA I, 3, S. 298.
53 LA I, 3, S. 299.
54 LA I, 3, S. 298. Vgl. dazu auch Rehbock, Goethe und die »Rettung der Phänomene«, S. 154.
55 Mandelartz, Goethe, Newton und die Wissenschaftstheorie, S. 265.
56 James, Der Pragmatismus, S. 114.
57 James, Der Pragmatismus, S. 113.

schenverstandes‹ generell) durch die Begriffe zu ersetzen gilt, die aus der naturwissenschaftlichen Praxis und der kritischen Philosophie hervorgehen und die »Schranken des gewöhnlichen Denkens«[58] durchbrechen.

Kausalität erscheint auch bei Goethe als Prinzip des Common Sense: »Der Mensch findet sich mitten unter Wirkungen und kann sich nicht enthalten, nach den Ursachen zu fragen; als ein bequemes Wesen greift er nach der nächsten als der besten und beruhigt sich dabei; besonders ist dies die Art des allgemeinen Menschenverstandes.«[59] Wie James kritisiert Goethe Kausalität als eine gleichsam menschheitsgeschichtlich ›primitive‹, die Wirklichkeit entstellende Kategorie: »Der eingeborenste Begriff, der nothwendigste, von *Ursach' und Wirkung*, wird in der Anwendung die Veranlassung zu unzähligen, sich immer wiederholenden Irrthümern.«[60]

Mit seiner Kritik am Kausalitätsprinzip antizipiert Goethe nicht nur James' kritische Bestimmung von Kausalität als Begriff des Common Sense, sondern auch die von Derrida unter Rekurs auf den Goethe-Leser Nietzsche herausgestellte Charakterisierung der Kausalität als Ergebnis einer »rhetorischen Operation, einer *chronologischen Umdrehung.*«[61] Goethe geht es dabei nicht um eine Suspendierung, sondern lediglich um eine Problematisierung dieser Kategorie – um eine Sensibilisierung für ihre Wirkmächtigkeit angesichts ihrer realiter unmöglichen Vermeidbarkeit: »Ein großer Fehler, den wir begehen, ist, die Ursache der Wirkung immer nahe zu denken wie die Sehne dem Pfeil, den sie fortschnellt, und doch können wir ihn nicht vermeiden, weil Ursache und Wirkung immer zusammengedacht und also im Geiste angenähert werden.«[62] Phänomenologisch gilt für Goethe das Primat der Wirkung, die zur Ursache für die Suche nach einer Ursache wird – insofern erweist sich die kausale Beziehung als Ergebnis einer chronologischen Umstellung: »Das Zurückführen der Wirkung auf die Ursache ist bloß ein historisches Verfahren, zum Beispiel die Wirkung, daß ein Mensch ge-

---

58 James, Der Pragmatismus, S. 117.
59 Goethe, Maximen und Reflexionen, S. 129, Nr. 597.
60 Goethe, Maximen und Reflexionen, S. 256, Nr. 1236. [Herv. i. O.] So kritisiert auch Schiller am Rationalismus nicht nur dessen Tendenz zur Homogenisierung bzw. Totalisierung, sondern auch dessen einseitige Funktionalisierung des Kausalitätsprinzips, dessen »Bestreben [...] nach der Kausalität der Erscheinungen zu fragen und alles *qua* Ursache und Wirkung zu verbinden«, wobei er Goethe folgt, der »vorzüglich diesen Mißbrauch, den die Kausalbestimmung veranlaßt, rügt.« (F. Schiller, An Goethe. Jena, 19. Januar 1798. In: BW, S. 547.) Zu »Goethes Kausalitätskritik« vgl. auch Rehbock, Goethe und die »Rettung der Phänomene«, S. 156–158.
61 So Culler über Derridas Dekonstruktion des Kausalitätsprinzips (Culler, Dekonstruktion, S. 96 [Herv. i. O.]). Bei der in diesem Zitat kursiv gesetzten Wendung (»*chronologische Umdrehung*«) handelt es sich um ein Zitat von Nietzsche, Aus dem Nachlass, S. 804. [Herv. i. O.]
62 Goethe, Maximen und Reflexionen, S. 256 f., Nr. 1237.

tötet, auf die Ursache der losgefeuerten Büchse.«[63] In der phänomenalen Wahrnehmung geht die Wirkung der Ursache voran, wie auch Nietzsche in impliziter Anlehnung an Goethe feststellt: »In dem Phänomenalismus der ›inneren Welt‹ kehren wir die Chronologie von Ursache und Wirkung um. Die Grundtatsache der ›inneren Erfahrung‹ ist, daß die Ursache imaginiert wird, nachdem die Wirkung erfolgt ist.«[64] Die ›Interpolation‹ einer kausalen Relation bedingt nach Goethe einen ›Riss‹ im Phänomen: »Der denkende Mensch irrt besonders, wenn er sich nach Ursach' und Wirkung erkundigt: sie beide zusammen machen das untheilbare Phänomen. Wer das zu erkennen weiß, ist auf dem rechten Wege zum Thun, zur That.«[65] Der »rationelle Empirismus« Goethes reduziert die Rationalisierung mittels der Kategorie der Kausalität zugunsten des (ungeteilten) Phänomens.

Goethes Kritik der Kausalität lässt sich als Konsequenz der von ihm mit seiner Morphologie vorgenommenen Wende in der Naturforschung verstehen, wie eine Reflexion Deweys nahelegt. Mit seiner Fokusverschiebung von der *natura naturata*, der geschaffenen Natur, hin zur *natura naturans*, der Prozessualität der Natur, als Objekt der Forschung setzt sich Goethe, wie gezeigt, von den bis zum Ende des 18. Jahrhunderts dominanten statischen Klassifikationssystemen der Natur ab und akzentuiert deren Dynamik.[66] Das von ihm praktizierte und propagierte »Anschauen einer immer schaffenden Natur«[67], das »Anschauen eines Werdenden«[68], fragt nicht nach Ursache und Wirkung, sondern fokussiert auf das Wie der Erscheinung: »Die Frage nach dem Zweck, die Frage *Warum?* ist durchaus nicht wissenschaftlich. Etwas weiter aber kommt man mit der Frage *Wie?*«[69] Dewey betont die Bedeutung einer derartigen naturwissenschaftlichen Methode als Modell für die Analyse sozialer Praxis im Sinne des Pragmatismus: »Es ist eine alte Geschichte, daß die Naturphilosophie erst nach einer intellektuellen Revolution gleichmäßig voranschritt. Diese bestand im Verzicht auf die Suche nach Ursachen und Kräften und in der Hinwendung zur Analyse dessen, was geschieht und *wie* es geschieht. Die politische Philosophie hat sich diese Lehre noch immer in einem großen Maße zu Herzen zu nehmen.«[70] Goethe selbst verortet seine Zurückhaltung gegenüber kausalen Spekulationen zugunsten der Vielfalt der

---

63 Goethe, Maximen und Reflexionen, S. 258, Nr. 1244.
64 Nietzsche, Aus dem Nachlass, S. 804. Vgl. dazu auch Culler, Dekonstruktion, S. 96 f.
65 Goethe, Maximen und Reflexionen, S. 256, Nr. 1234.
66 Vgl. dazu Maatsch, »Naturgeschichte der Philosopheme«, S. 84–99.
67 LA I, 9, S. 95.
68 LA I, 10, S. 132.
69 Goethe/Eckermann, Gespräche, S. 429. Vgl. dazu auch Schieren, Anschauende Urteilskraft, S. 141.
70 Dewey, Die Öffentlichkeit und ihre Probleme, S. 33. [Herv. A. S.]

Phänomene in der antiken (Darstellung der) Naturforschung: »Die Griechen, wenn sie beschrieben oder erzählten, sprachen weder von Ursache noch von Resultat, sondern trugen die äußere Erscheinung vor. Auch in der Naturwissenschaft [...] hielten [sie] sich an den einzelnen Erfahrungsfällen.«[71] James' Kritik an der Kausalität erscheint vor diesem Hintergrund nicht nur als Kritik an den Rationalisierungsformen des Common Sense, sondern auch als indirekte Affirmation einer empirisch orientierten, das (ungeteilte) Phänomen fokussierenden Forschung.

In seiner Kritik am Common Sense geht James mit Goethe über Goethe hinaus. Dieser weist dem Common Sense einen zentralen Platz in der (Alltags-)Praxis zu, schränkt ihn in seiner epistemischen Geltung aber auch auf diesen ein: »Des Menschenverstandes angewiesenes Gebiet und Erbtheil ist der Bezirk des Thuns und Handelns. Thätig wird er sich selten verirren; das höhere Denken, Schließen und Urtheilen jedoch ist nicht seine Sache.«[72] Der Common Sense kann nach Goethe seine Relevanz nur in der Praxis behaupten: »Der Menschenverstand, der eigentlichst auf's Praktische angewiesen ist, irrt nur alsdann, wenn er sich an die Auflösung höherer Probleme wagt«[73]. Ebenso zeigt James die Grenzen des Common Sense auf: »Für alle praktischen Zwecke reichen diese Begriffe des gesunden Menschenverstandes vollkommen aus. [...] In dem Augenblicke, wo wir über den praktischen Gebrauche hinausgehen [...] und uns einem bloß spekulativen Denken zuwenden, finden wir es schon unmöglich, anzugeben, innerhalb welcher Grenzen diese Begriffe des gesunden Menschenverstandes ihre Anwendung finden sollen.«[74] James plädiert dabei allerdings nicht wie Goethe für eine Beschränkung des Common Sense, sondern – im Sinne der von Goethe geforderten »Kritik des Menschenverstandes« – für eine Reflexion der historischen und kulturellen Relativität aller Begriffe und die pragmatische Auffassung »that all our theories are *instrumental*, are mental modes of *adaptation* to reality«[75] und »that no theory is absolutely a transcript of reality«[76].

---

71 Goethe, Maximen und Reflexionen, S. 282, Nr. 1366.
72 Goethe, Maximen und Reflexionen, S. 133, Nr. 614.
73 Goethe, Maximen und Reflexionen, S. 249, Nr. 1201.
74 James, Der Pragmatismus, S. 115.
75 James, Pragmatism, S. 94. [Herv. i. O.]
76 James, Pragmatism, S. 33.

7.3 Vermittlung von Theorie und Empirie als Praxis

Die instrumentelle Konzeption von Theorie erweist sich als eine der zentralen, für den Pragmatismus kennzeichnenden Modifikationen des klassischen Empirismus. Der Theorie wird nicht länger – wie nach James im traditionellen Empirismus üblich und von Goethe am Baconismus aufgezeigt – eine grundsätzliche Absage erteilt, es wird ihr lediglich eine andere Funktion zuerkannt: »Theorien sind nicht mehr Antworten auf Rätselfragen, Antworten, bei denen wir uns beruhigen können; *Theorien werden vielmehr zu Werkzeugen*.«[77] Wie die Kategorien des Common Sense operieren Theoreme und Hypothesen – die sich in ihrer Funktionsweise von Begriffen des Common Sense nicht grundlegend unterscheiden – nach James als »Denkmittel«[78] im »Strom der Erfahrung«[79]. Die der Theorie zukommende spezifische Funktion wird von James dementsprechend auch nicht länger in der Ab- denn in der Ausbildung von Wirklichkeit und Wahrheit gesehen.[80] Was zählt, ist dabei ihr praktischer Wert in der lebensweltlichen und wissenschaftlichen Organisation der Empirie. In der Funktion der Zusammen- und Neufassung der Empirie besteht die von James aufgezeigte epistemische Relevanz von Theorien und Hypothesen: »Their great use is to summarize old facts and to lead to new ones. They are only a man-made language, a conceptual shorthand [...] in which we write our reports of nature«[81]. In diesem Sinne plädiert James dafür, an der Theorie festzuhalten; er bekennt sich zu dem – aus ihrer sinnstiftenden und direktiven Funktion resultierenden – praktischen Wert rationalistischer Theorien und Hypothesen: Diese gilt es zu verteidigen, »so far as these re-direct you fruitfully into experience.«[82]

Die Konzeption von Theorien und Hypothesen als orientierende, wirklichkeitsstrukturierende Instrumente im Umgang mit der Empirie kennzeichnet auch Goethes »rationellen Empirismus«. Ideen fungieren bei Goethe als *organon* – als Werkzeuge – wissenschaftlicher Wahrnehmung und Erkenntnisgewinnung. Sie erweisen sich, wie Goethe etwa in einem Brief an Sömmering argumentiert, als Mittel zur Aneignung der Empirie: »Eine Idee über Gegenstände der Erfahrung ist gleichsam ein Organ, dessen ich mich bediene, um diese zu fassen, um sie mir zu eigen zu machen.«[83] Sie dienen als Organisationsprinzipien in der Konfrontation

---

77 James, Der Pragmatismus, S. 33. [Herv. i. O.]
78 James, Der Pragmatismus, S. 37, S. 107, S. 170.
79 James, Der Pragmatismus, S. 169.
80 Vgl. James, Pragmatism, S. 33.
81 James, Pragmatism, S. 33.
82 James, Pragmatism, S. 128.
83 WA IV, 11, S. 175. Vgl. dazu auch Rehbock, Goethe und die »Rettung der Phänomene«, S. 146.

»mit der millionfachen Hydra der Empirie«[84]. Die Theorie bezieht ihre Legitimation aus der ihr zukommenden gleichsam konstruktiven Funktion; sie erfüllt keinen Selbstzweck, sondern hat sich in der Praxis zu bewähren: »Die Theorie an und für sich ist nichts nütze, als in so fern sie uns an den Zusammenhang der Erscheinungen glauben macht.«[85] In diesem Sinn hält Goethe daran fest, dass der »Prüfstein für alle Theorie die Praxis bleibe«[86].

Hypothesen und Theorien bedingen die (Neu-)Ordnung und Zusammenführung von Erfahrungen und sind als solche für die Wissenschaft und deren Fortkommen unerlässlich:

> Damit eine Wissenschaft aus der Stelle rucke, die Erweiterungen vollkommener werden, sind Hypothesen so gut als Erfahrungen und Beobachtungen nöthig. Was der Beobachter treu und sorgfältig gesammelt hat, [...] vereiniget der Philosoph unter einem Gesichtspunct, verbindet es zu einem Ganzen und macht es dadurch übersehbar und genießbar. Sei auch eine solche Theorie, eine solche Hypothese nur eine Dichtung, so gewährt sie schon Nutzen genug: sie lehrt uns einzelne Dinge in Verbindung [...] zu sehen, und es werden die Lücken einer Erkenntnis nicht eher sichtbar als [...] dadurch. [...] eine Hypothese erhebt die Seele und gibt ihr die Elasticität wieder, welche ihr einzelne zerstückte Erfahrungen gleichsam rauben. [...]
> Man hat also Unrecht, sich über die Menge der Theorien und Hypothesen zu beklagen; es ist vielmehr besser, je mehr ihrer gemacht werden.[87]

Hypothesen garantieren wissenschaftliche Innovation durch die Verbindung, Erweiterung und Vervollständigung empirisch erworbener Fakten. Die von Goethe herausgestellte Kohäsions- und Konstitutionsleistung wissenschaftlicher Hypothesen wird auch in Albrecht von Hallers selbstreferenziell als »Schutzrede[] für die Hypothesen«[88] ausgewiesene Vorrede zur 1750 publizierten deutschen Aus-

---

84 Goethe, An Schiller. Frankfurt, 16. August 1797. In: BW, S. 442.
85 Goethe, Maximen und Reflexionen, S. 113, Nr. 529.
86 WA IV, 44, S. 166.
87 WA II, 10, S. 205. Dieses Plädoyer Goethes für mehr Theorieproduktion steht im Widerspruch zu der in der Goethe-Forschung vorgenommenen Gleichsetzung seines naturwissenschaftlichen Ansatzes mit einem »theorieabstinenten Empirismus« bzw. der ihm zugeschriebenen »Theoriefeindlichkeit« (Erpenbeck, »... die Gegenstände der Natur an sich selbst ...«, S. 225). Zu Goethes Wertschätzung von Theorie vgl. demgegenüber etwa auch folgendes Zitat: »Die Naturlehre hat uns auch, sowohl durch neue Entdeckungen als durch die immer mehr sich erweiternde Theorie, großen Genuß gegeben.« (WA IV, 15, S. 136.) Dementsprechend kritisiert Goethe die reinen Empiriker. Diese »halten zu sehr auf Facta und sammeln deren zu einer Unzahl, wodurch nichts bewiesen wird. Im ganzen fehlt der theoretische Geist, der fähig wäre, zu Urphänomenen durchzudringen und der einzelnen Erscheinungen Herr zu werden.« (Goethe/Eckermann, Gespräche, S. 282.)
88 Haller, Vom Nutzen der Hypothesen, S. 114. Vgl. hierzu und im Folgenden auch Gamper, Experimentelles Nicht-Wissen, S. 519–529.

gabe von Buffons *Histoire naturelle* akzentuiert: »[D]a alle die Theile der menschlichen Wissenschaft einzelne Bruchstücke ohne Zusammenhang und ohne Verbindung würden; sollten wir nicht diese mangelnden Theile mit dem Wahrscheinlichen ergänzen, und anstatt eines Schutthaufens ein Gebäude errichten?«[89] Die Hypothesen haben dabei konstruktive Funktion, sie dienen als ein »Gerüste, [...] sich zur Wahrheit zu nähern«[90], müssen aber wieder abgetragen werden, wenn der Bau steht: »sie dürfen nicht [...] bleiben«[91]. Nahezu wörtlich argumentiert Goethe: »Hypothesen sind Gerüste, die man vor dem Gebäude aufführt, und die man abträgt, wenn das Gebäude fertig ist. Sie sind dem Arbeiter unentbehrlich; nur muß er das Gerüste nicht für das Gebäude ansehn.«[92]

In ihrer Funktion der Synthese und der Dynamisierung von Erfahrung kommt der Theorie (als Hypothese) in Goethes »rationellem Empirismus« eine ähnliche instrumentelle Bestimmung zu wie in dem von James später als Pragmatismus bezeichneten Programm. Der von Goethe hervorgehobene »Nutzen« der Theoriebildung besteht im dynamischen Prozess der Vermittlung von Idee und Erfahrung, die sich in der/als Praxis vollzieht: »Theorie und Erfahrung/Phänomen stehen gegen einander in beständigem Conflict. Alle Vereinigung in der Reflexion ist eine Täuschung; nur durch Handeln können sie vereinigt werden.«[93] Es gilt, Theorie und Empirie durch die/in der (lebensweltlichen, wissenschaftlichen, künstlerischen) Praxis zusammenzuführen: »Wenn man also fragt: wie ist Idee und Erfahrung am besten zu verbinden? so würde ich antworten: praktisch!«[94]

In dieser Konzeption von Theorie kommt dieser nicht länger der Primat zu, sie fungiert nicht länger (wie in der mit der platonischen Metaphysik etablierten Tradition) als das, was die Praxis fundiert, sondern als das, was sich gemeinsam mit ihr/durch sie entfaltet – Theorie geht der Praxis nicht voraus, sondern mit ihr einher/aus ihr hervor. Eine konzise Darstellung dieser Theoriekonzeption findet

---

89 Haller, Vom Nutzen der Hypothesen, S. 104.

90 Haller, Vom Nutzen der Hypothesen, S. 109.

91 Haller, Vom Nutzen der Hypothesen, S. 109.

92 Goethe, Maximen und Reflexionen, S. 253 f., Nr. 1222.

93 Goethe, Maximen und Reflexionen, S. 255, Nr. 1231.

94 WA II, 6, S. 358. In diesem Sinn schreibt Goethe auch in einem Brief an Schopenhauer vom 28. Januar 1816: »Idee und Erfahrung werden in der Mitte nie zusammentreffen, zu vereinigen sind sie nur durch Kunst und That.« (WA IV, 26, S. 235.) Ähnlich heißt es in den *Maximen und Reflexionen:* »Alle Empiriker streben nach der Idee und können sie in der Mannichfaltigkeit nicht entdecken; alle Theoretiker suchen sie im Mannichfaltigen und können sie darinne nicht auffinden. [...] Beide jedoch finden sich im Leben, in der That, in der Kunst zusammen«. (Goethe, Maximen und Reflexionen, S. 178, Nr. 803 u. 804.)

sich im Bericht eines Gesprächs mit Goethe (und anderen) vom 19. August 1829.[95] In Replik auf die in diesem Gespräch von einem seiner Dialogpartner geäußerte »Behauptung, die Theorie müsse immer der Praxis vorangehen«[96], antwortet Goethe »mit Nachdruck, daß sie immer mit der Praxis zusammengehe«[97]. Goethe antizipiert damit die James'sche Position, wonach, wie Klaus Oehler prägnant formuliert, »die Theorie eine Form der Praxis ist«[98].

James konfiguriert das spezifische Zusammenspiel von Theorie und Empirie in der Forschungspraxis anhand einer Analogie:

> Wir sind wie Fische, die in dem Meere der Sinneswahrnehmung schwimmen, begrenzt nach obenhin von dem höhern Element, aber unfähig, dieses Element rein einzuatmen und zu durchdringen. Wir beziehen freilich unseren Sauerstoff daher, wir kommen mit dem höheren Element unaufhörlich bald da, bald dort in Berührung, und jedesmal, wenn wir damit in Berührung kommen, kehren wir in unser Wasser zurück mit neuer Direktive und mit neuer Kraft für unseren Weg. Die abstrakten Ideen, aus denen die Luft besteht, sind für unser Leben unentbehrlich, und ihre Tätigkeit besteht nur in ihrer richtungsgebenden Funktion. Jeder Vergleich hinkt, aber dieser nimmt meine Phantasie gefangen. Er zeigt, wie etwas, das für sich zum Leben nicht ausreicht, trotzdem in wirksamer Weise das Leben zu bestimmen vermag.[99]

Neben dem spezifischen Zusammenspiel der »Welt der abstrakten Ideen«[100] (Luft) und der »Welt der sinnlichen Tatsachen«[101] (Wasser) demonstriert das Beispiel auch die dabei konstituierte Grenze als Bedingung seiner Möglichkeit: »[D]ie Wechselwirkung findet nur an der Grenzfläche statt.«[102] Die in diesem Szenario der Grenze zukommende Funktion wird durch Referenz auf das »optische Phänomen, das man ›totale Reflexion‹«[103] nennt, akzentuiert. Von Signifikanz erweist sich dieses Beispiel aus der Optik insofern, als das Licht dabei nicht nur als Grenzphänomen aufscheint, sondern sich die Grenze selbst als Licht(strahl) realisiert: »Kein Strahl wird unter diesen Umständen über die Oberfläche des

---

95 Es handelt sich um den von A[nton] E[dward] Odyniec angestellten Bericht eines Gesprächs mit Goethe (und anderen) vom 19. August 1829. Der Bericht ist überliefert unter der Nummer 2714 in Goethe, Gespräche, Bd. 4, S. 144–148.
96 Goethe, Gespräche, Bd. 4, S. 148.
97 Goethe, Gespräche, Bd. 4, S. 148.
98 Oehler, Der Pragmatismus des William James, S. 42.
99 James, Der Pragmatismus, S. 79 f.
100 James, Der Pragmatismus, S. 80.
101 James, Der Pragmatismus, S. 79.
102 James, Der Pragmatismus, S. 80.
103 James, Der Pragmatismus, S. 79.

Wassers hinausgehen«[104]. Die Einsichten des »Pragmatismus als [...] vermittelndes System«[105] verdanken sich, so suggeriert die optische Metapher, seinem Operieren an der (durch ihn als ›Licht‹ konstituierten) Grenze.

Diese mit Rekurs auf die Optik vorgenommene Betonung der gleichsam wesenskonstituierenden Eigenschaft der Grenze korreliert mit Goethes – für seine Farbenlehre folgenreicher – Einsicht, »daß eine Grenze notwendig sei, um Farben hervorzubringen«[106]. Dem Medium (als trübem Mittel) kommt nach Goethe die Funktion der Hervorbringung physischer Farben (durch Vermittlung) zu: »Wir sehen auf der einen Seite das Licht, das Helle, auf der andern die Finsternis, das Dunkle, wir bringen die Trübe zwischen beide, und aus diesen Gegensätzen, mit Hülfe gedachter Vermittlung, entwickeln sich [...] die Farben, deuten aber alsbald, durch einen Wechselbezug, unmittelbar auf ein Gemeinsames wieder zurück.«[107] James' Bestimmung des Pragmatismus als das, was im Zusammenspiel von Theorie und Empirie an der Grenze entsteht, akzentuiert wie Goethes Theorie der physischen Farbentstehung die Mediatisierung als Modus der Erkenntnis. Wie nach Goethe die Farben aus dem/durch das Medium (des in diesem Fall trüben Mittels) hervorgehen, konstituiert nach James die Vermittlung den Pragmatismus. Das epistemische Potenzial der Mediatisierung wird durch ihre metaphorische Kodierung angezeigt. Es ist sozusagen nicht mehr die ›luftige‹, ›reine‹ Theorie, die Einsicht ermöglicht, sondern diese ereignet sich gleichsam im Lichte der Vermittlung von Theorie und Empirie als Praxis.

Mit dessen Situierung an der Grenze von Theorie und Empirie konzipiert James den Pragmatismus auch gleichsam als Elaboration der von Peirce eingeführten Kategorie der »Thirdness«, die in Peirces relationenlogischer Kategorienlehre als »Figur der Vermittlung«[108] fungiert und als Analogon zur Kant'schen Synthesis erscheint.[109] Der von Goethe in seinem Exemplar der *Kritik der reinen Vernunft* durch Markierung hervorgehobene Stellenwert der Synthesis lässt dabei auch das von James metaphorisch inszenierte Zusammenspiel von Theorie und Empirie als ›(Verstandes-)Handlung‹ deutlich werden, deren Syntheseleistung sich in der kategorialen Vereinheitlichung der Mannigfaltigkeit sinnlicher An-

---

104 James, Der Pragmatismus, S. 79.
105 James, Der Pragmatismus, S. V.
106 LA I, 6, S. 420.
107 LA I, 4, S. 71, § 175.
108 Oehler, Charles Sanders Peirce, S. 58.
109 Zum Peirce'schen Konzept der »Thirdness« als Entsprechung zur Kant'schen Synthesis vgl. Nagl, Charles Sanders Peirce, S. 102.

schauungen als Bedingung der Möglichkeit von Erkenntnis manifestiert.[110] Die
von Peirce in Analogie zu Kants »Synthesis« gedachte »mediation« erscheint
bereits bei Goethe als unhintergehbares Konstituens der Erfahrung.[111] Deren ka-
tegoriale Verfasstheit entgeht einem Zugang, der die logische und genealogische
Priorität der Synthese im Dienste der Analyse vergisst: »Die Hauptsache, woran
man bei ausschließlicher Anwendung der Analyse nicht zu denken scheint, ist,
daß jede Analyse eine Synthese voraussetzt.«[112]

In Hallers – durch Goethe tradierter – Vorstellung vom »Nutzen der Hypothesen« erscheinen diese als Operation innerhalb eines Forschungsprogramms,
das, wie bei James, die Mediation von Rationalismus und Empirismus als »Mit-
telweg«[113] zu realisieren sucht. Der Weg zum gesicherten Wissen mittels Hypothesen erfolgt als – schwer zu bewerkstelligende – Gratwanderung zwischen
Spekulation und Experiment. Wie Hallers Referenz auf theologische Lehren nahelegt, erweist sich diese Vermittlung auch als Grenzgang zwischen der Freiheit
der Theorie und dem Determinismus der Empirie: »Die Mittelstraße ist für den
Menschen der allerschwerste Weg. [...] auf einer Seite fliegt der Mensch zu hoch
mit eigenen Schwingen, und wird ein Pelagianer, er sinkt auf der andern, und wird
unter den Händen des Jansonisten zur Maschine.«[114] Demgegenüber gilt es, wie
auch James' metaphorische Inszenierung der Mediatisierung von Theorie und
Empirie als Bewegung des Fisches an der Grenze zwischen Luft und Wasser
herausstellt, sowohl den ›Höhenflügen‹ metaphysischer Spekulation als auch der
›Schwerkraft‹ empirischer Tatsachen durch Vermittlung zu entgehen.

Es handelt sich bei dieser Polarität von theoretischer ›Leichtigkeit‹ und empirischer ›Schwere‹ um einen Gegensatz, den Goethe in impliziter Anlehnung an
die Konstituenten der Schiller'schen Spieltriebtheorie der Polarität von (theoretischer) Form und (empirischem) Stoff zuweist: »Gehalt ohne Methode führt zur
Schwärmerei; Methode ohne Gehalt zum leeren Klügeln; Stoff ohne Form zum

---

110 »Das Mannigfaltige der Vorstellungen kann in einer Anschauung gegeben werden, die bloß
sinnlich d.i. nichts als Empfänglichkeit ist [...]. [...] Allein die <u>Verbindung</u> *(conjunctio)* <u>eines</u>
<u>Mannigfaltigen</u> überhaupt, kann niemals durch Sinne in uns kommen, und kann also auch nicht
in der <u>reinen Form</u> der <u>sinnlichen Anschauung</u> zugleich enthalten syn; denn sie ist ein Actus der
<u>Spontaneität der Vorstellungskraft</u>, und da man diese, zum Unterschiede von der Sinnlichkeit,
Verstand nennen muß, so ist alle Verbindung, wir mögen uns ihrer bewußt werden oder nicht [...]
eine <u>Verstandeshandlung</u>, die wir mit der allgemeinen Benennung <u>Synthesis</u> belegen«. (Kant,
Critik der reinen Vernunft, S. 129 f. Zur Markierung durch Goethe vgl. Molnár, Goethes Kantstudien, S. 179 f.)
111 Vgl. dazu insbesondere auch Kapitel 7.5.
112 WA II, 11, S. 71.
113 James, Der Pragmatismus, S. 25.
114 Haller, Vom Nutzen der Hypothesen, S. 98.

beschwerlichen Wissen, Form ohne Stoff zu einem hohlen Wähnen.«[115] Wie Schillers »Spieltrieb sich als ein Mittler des Stoff- und des Formtriebs«[116] erweisen und »sich auf ein Hin und Her, ein Vor und Zurück zwischen polaren Positionen«[117] beziehen wird, lässt sich der von Haller als Grenzgang konfigurierte Vorgang (auf) der »Mittelstraße« als ein Verfahren verstehen, das aus Bewegung an der Grenze entsteht[118]: »Dieses Verfahren [= Hallers] beruhte auf der Idee einer Vermittlung zwischen oder einer Harmonisierung von entgegengesetzten Standpunkten, ohne dass die beiden dabei verschmelzen; auf einem ständigen Pendeln von einem zum anderen, wobei sie sich gegenseitig bereichern und modifizieren.«[119] Hallers Mittelstraße, Schillers Spieltrieb, Goethes »rationeller Empirismus« und James' Pragmatismus entfalten ihr epistemisches Potenzial in der/als Vermittlung von Theorie und Empirie, die sich als Praxis vollzieht.

7.4 (Praktische) Bedeutung und Wahrheit

Es korreliert mit James' Absage an jede Form eines ontologischen Essenzialismus, dass auch die Bedeutung von Begriffen nicht als Entität gedacht, sondern anhand der möglichen praktischen Konsequenzen bestimmt wird, die Begriffe zu verwirklichen vermögen. James' ›praktische‹ Konzeption von Bedeutung erfolgt in Fortführung der pragmatischen Methode, wie sie Peirce 1878 in seinem Aufsatz *How to Make Our Ideas Clear* entwickelt hat. Diese als Regel zur logischen Klärung theoretischer Begriffe begründete Methode identifiziert die Bedeutung eines Begriffs mit dessen praktischen Wirkungen. Zumal, wie James, Peirce paraphrasierend, erklärt, »unsere Überzeugungen tatsächlich Regeln für unser Handeln sind«[120], besteht ihre Bedeutung in ihrer spezifischen Handlungsweise. Die Ermittlung der konkreten Bedeutung theoretischer Begriffe oder Überzeugungen erfolgt mithin durch Bestimmung der von diesen Begriffen potenziell bewirkten Unterschiede, denn es kann nach James »unmöglich eine Differenz in einem Punkte geben, die nicht eine Differenz an einem anderen Punkte zur Folge hat, keine Unterscheidung im Abstrakten, die nicht in einem Unterschied im Kon-

---

115 LA I, 6, S, 88. Zu Schillers Stoff- und Formtrieb und deren Assoziation mit Empirie bzw. Theorie vgl. F. Schiller, Über die ästhetische Erziehung, S. 47 ff.
116 S. Krämer, Ist Schillers Spielkonzept unzeitgemäß, S. 160.
117 S. Krämer, Ist Schillers Spielkonzept unzeitgemäß, S. 162.
118 »Die Mittelstraße ist eine Linie, ein Weg ohne Breite«. (Haller, Vom Nutzen der Hypothesen, S. 98.)
119 Reill, »Pflanzgarten der Aufklärung«, S. 62.
120 James, Der Pragmatismus, S. 28.

kreten, im Tatsächlichen und in der daraus sich ergebenden Handlungsweise zum Ausdruck käme«[121]. Allgemein gilt, »daß wir, um den Sinn eines Gedankens herauszubekommen, nichts anderes tun müssen, als die Handlungsweise bestimmen, die dieser Gedanke hervorzurufen geeignet ist. Die Handlungsweise ist für uns die ganze Bedeutung dieses Gedankens.«[122] In Anlehnung an Peirce definiert James die Bedeutung des Begriffs eines Gegenstands als Summe der (in der Vorstellung antizipierten) Wirkungen dieses Gegenstands.[123] Dabei treten, wie Kai-Michael Hingst hervorhebt, die Wirkungen »nicht zu einem Gegenstandskern hinzu, sondern die Wirkungen machen den Gegenstand gerade aus. Der Gegenstand geht in seinen Wirkungen auf. Der Gegenstand *ist* seine Wirkungen.«[124]

Die sich hier manifestierende antiessenzialistische Bedeutungstheorie des Pragmatismus zeichnet sich in Ansätzen auch in Goethes Konzeption des in seiner *Farbenlehre* behandelten Gegenstands ab. Farben werden dabei als Wirkungen (des Lichts) begriffen: »Die Farben sind Taten des Lichts, Taten und Leiden.«[125] Diese von Goethe vorgenommene Gegenstandsbestimmung erfolgt auf Grundlage der in seinem Vorwort formulierten Einsicht in die Unmöglichkeit, einen Gegenstand anders als anhand seiner Wirkungsweisen zu erfassen. »Denn eigentlich unternehmen wir umsonst, das Wesen eines Dinges auszudrücken. Wirkungen werden wir gewahr, und eine vollständige Geschichte dieser Wirkungen umfaßte wohl allenfalls das Wesen jenes Dinges.«[126] Ein Gegenstand lässt sich nicht anhand seiner ihm vermeintlich inhärenten Wesenhaftigkeit fassen, dessen vorgebliche Essenz ist nichts anderes als die (geschichtliche) Summe seiner Wirkungen.

An »Goethes pragmatischer Sprachauffassung«[127] wird die Parallele zu James' Konzeption von praktischer Bedeutung offenbar. Die Bedeutungsrelationen zwischen Sprache und Welt sind, wie Theda Rehbock aufzeigt, nach Goethe nicht ontologisch gegeben, sie konstituieren sich durch praktischen Gebrauch der Begriffe: »Die logisch-interne Übereinstimmung oder Entsprechung [...] von Sprache und Realität mittels der Begriffe liegt nach Goethe nicht von Ewigkeit her fest. Sie wird vielmehr allererst hergestellt und realisiert durch den begrifflich

---

121 James, Der Pragmatismus, S. 31.

122 James, Der Pragmatismus, S. 30.

123 Vgl. die Kommentierung der Peirce'schen Maxime durch Hingst: »Der Begriff eines Dinges wird also mit dem in der Vorstellung antizipierten Begriff der Wirkungen eines Dinges gleichgesetzt.« (Hingst, James' Transformation der Pragmatischen Maxime, S. 36.)

124 Hingst, James' Transformation der Pragmatischen Maxime, S. 36. [Herv. i. O.]

125 LA I, 4, S. 3.

126 LA I, 4, S. 3.

127 Rehbock, Goethe und die »Rettung der Phänomene«, S. 143.

produktiven Vernunft- und Sprachgebrauch, wie er mittels aktiver, menschlicher Erfahrung im Kontext konkreter Praxiszusammenhänge sich konstituiert und entwickelt.«[128] Um die Bedeutung von Begriffen bestimmen zu können, gilt es für Goethe – wie James – deren praktische Wirkungsweise und ihre Bewährung im konkreten Gebrauch zu eruieren:

> Kriterium für den richtigen Sprachgebrauch ist für Goethe [...] die in konkreten, praktischen Kontexten situierte Erfahrung. [...] Man muß zeigen können, wie die Sprache, bzw. die Vernunft mit der Sprache in der Praxis *arbeitet* und welchen Zwecken sie dient. Worin die Bedeutung sprachlicher Ausdrücke, worin der *Begriff*, die *Idee* oder das *Wesen* einer Sache besteht, das läßt sich nach Goethe nicht durch reine Theorie, nicht durch bloßes Nachdenken herausfinden. Dies ist vielmehr nur möglich unter Bezug auf konkrete Situationen einer jeweiligen Erfahrungspraxis.[129]

James' antiessenzialistische Bedeutungstheorie und Goethes Absage an eine »ontologische Abbild- oder Korrespondenztheorie der Sprache«[130] implizieren eine Konzeption von Wahrheit, in der diese nicht als inhärente Eigenschaft mentaler oder sprachlicher ›Einheiten‹ gedacht wird, sondern als Ergebnis einer auf dem Weg der Praxis etablierten Korrelation:

> Die Wahrheit einer Vorstellung ist nicht eine unbewegliche Eigenschaft, die ihr inhäriert. Wahrheit ist für eine Vorstellung ein Vorkommnis. Die Vorstellung wird wahr, *wird* durch Ereignisse wahr *gemacht*. Ihre Wahrheit ist tatsächlich ein Geschehen, ein Vorgang, und zwar der Vorgang ihrer Selbst-Bewahrheitung, ihre *Veri-fikation*. Die Geltung der Wahrheit ist nichts anderes als eben der Vorgang des Sich-Geltend-Machens.[131]

Wahrheit bezeichnet in diesem Sinn die »Funktion des *Hinführens, das der Mühe lohnt*.«[132] Bei dieser instrumentellen Konzeption von Wahrheit repräsentiert diese keine statische Relation, sondern sie wird als direktives Prinzip wirksam. Es handelt sich dabei, wie James betont, um eine Konzeption von Wahrheit, wie sie auch in den (Natur-)Wissenschaften kultiviert wurde:

> Wahrheit [...] bedeutet genau dasselbe, was Wahrheit in der Wissenschaft ist. Diese Bedeutung besteht einzig und allein darin, daß Gedanken, die ja selbst nur Teile der Erfahrung sind, genau in dem Umfang wahr sind, als sie uns behilflich sind, uns in zweckentsprechende Beziehungen zu anderen Teilen unsrer Erfahrung zu setzen, diese Erfahrungen zusammenzufassen und, anstatt der unendlichen Reihe der einzelnen Phänomene nachzu-

---

128 Rehbock, Goethe und die »Rettung der Phänomene«, S. 146.
129 Rehbock, Goethe und die »Rettung der Phänomene«, S. 147. [Herv. i. O.]
130 Rehbock, Goethe und die »Rettung der Phänomene«, S. 141.
131 James, Der Pragmatismus, S. 126. [Herv. i. O.]
132 James, Der Pragmatismus, S. 128. [Herv. i. O.]

gehn, es uns möglich machen, uns mit Hilfe begrifflicher Abkürzungen innerhalb unserer Erfahrungen zu bewegen.[133]

Naturwissenschaftliche Theorien operieren mit – für den Erkenntnisprozess produktiven – Begriffen als theoretischen Abbreviaturen. Diese stehen zur Wirklichkeit in keinem Abbildungsverhältnis, sie fungieren vielmehr als ›Verfahren‹ im Umgang mit der Komplexität der Natur: »Es ist [...] so, als ob die Wirklichkeit aus dem Äther, aus Atomen oder Elektronen bestände, aber wir dürfen dies nicht buchstäblich nehmen. Der Begriff ›Energie‹ behauptet nicht einmal, daß er für etwas ›Objektives‹ zu nehmen sei. Er ist nur eine Methode, die äußeren Erscheinungen zu messen, um ihre Veränderungen in eine einfache Formel zu bringen.«[134] Demnach ist »keine Theorie [...] eine genaue Kopie der Wirklichkeit«[135]. Theorien können Wahrheit nur als approximative und vorläufige Annäherung an die Wirklichkeit beanspruchen. Ihr Wert wird nicht durch ihre Repräsentationsfunktion bestimmt, sondern durch ihre ›Fruchtbarkeit‹, die sich in dem durch sie ermöglichten »Vorgang des Geführt-Werdens«[136] erweist: »Eine Wirklichkeit abbilden, ist zwar eine wichtige Art, mit ihr übereinzustimmen, aber es ist keineswegs das Wesentliche. Das Wesentliche liegt immer in dem Vorgang des Geführt-Werdens.«[137]

Als Wahrheitskriterium fungiert die praktische ›Produktivität‹ von Gedanken, deren Bewährung in der (wissenschaftlichen wie alltäglichen) Praxis. Der praktische Wert wahrer bzw. verifizierter Überzeugungen liegt dabei darin, dass sie im Unterschied zu falschen Überzeugungen eine – als nützliche Führung oder Annäherung verstandene – Übereinstimmung mit der Wirklichkeit ermöglichen.[138]

> Übereinstimmung stellt sich [...] in ihrem Wesen als ein Akt des Führens heraus. Dieses Führen ist ein nützliches Führen, denn wir gelangen dadurch dorthin, wo Dinge sind, die für uns von Wichtigkeit sind. Wahre Ideen führen uns sowohl zu nützlichen Worten und Begriffen als auch unmittelbar zu sinnenfälligen Dingen. Sie führen uns zur Konsequenz, zur

---

133 James, Der Pragmatismus, S. 36.
134 James, Der Pragmatismus, S. 136.
135 James, Der Pragmatismus, S. 36.
136 James, Der Pragmatismus, S. 134.
137 James, Der Pragmatismus, S. 134.
138 »Mit einer Wirklichkeit ›übereinstimmen‹ kann im weitesten Sinne nichts anderes heißen, als zu dieser Wirklichkeit oder in ihre Umgebung geradeaus hingeführt werden oder mit derselben in eine derartige wirksame Berührung gebracht werden, daß wir mit dieser Wirklichkeit oder mit etwas, das mit ihr in Verbindung steht, besser operieren, als wenn wir nicht in ›Übereinstimmung‹ wären.« (James, Der Pragmatismus, S. 134.)

Stabilität, zu ununterbrochenem menschlichem Verkehr. Sie führen uns weg von Exzentrizität und Vereinzelung, weg von verfehltem und unfruchtbarem Denken.[139]

Nur wahre Überzeugungen erlauben, dass »der Leitungsprozeß ungehemmt verläuft«[140]. Die intersubjektive Anschließbarkeit als notwendige Implikation des Verifikationsprozesses bedeutet, dass »Wahrheit [...] mit Launenhaftigkeit unvereinbar«[141] ist: »Weh dem, dessen Überzeugungen mit der Ordnung, die in der Wirklichkeit seiner Erfahrungen besteht, ein willkürliches Spiel treiben. Seine Überzeugungen werden ihn nie zu etwas Wirklichem hinführen, oder sie werden falsche Verbindungen stiften.«[142] Entsprechend der pragmatistischen Bestimmung der Bedeutung eines Begriffs anhand seiner praktischen Konsequenzen werden wahre Überzeugungen denn auch als solche definiert, die erfolgreich an die Wirklichkeit heranführen[143]:

> Jede Idee, die uns dazu verhilft, logisch oder praktisch mit einer bestimmten Wirklichkeit und dem, was zu ihr gehört, zu operieren, jede Idee, die uns beim Weiterschreiten nicht in Täuschungen verstrickt, die unser Leben der ganzen Lage dieser Wirklichkeit anzupassen vermag, jede solche Idee wird mit dieser Wirklichkeit in ausreichendem Maße übereinstimmen. Sie wird in Bezug auf diese Wirklichkeit als wahr gelten.[144]

Zusammengefasst: »›Das Wahre‹ ist, um es kurz zu sagen, nichts anderes als das, was uns auf dem Wege des Denkens vorwärts bringt«[145]. Aus dieser spezifischen praktischen Konsequenz wahrer bzw. verifizierter Vorstellungen ergibt sich nach James die »Pflicht, Wahrheit zu erwerben«[146]. Diese leitet James, wie Hingst hervorhebt, »nicht aus ihrem abstrakten Eigenwert, sondern aus ihrem funktionalen Wert für das Handeln her.«[147] Diese Verpflichtung erhält eine moralische Dimension, indem James an anderer Stelle in der Tradition Platos die Wahrheit als

---

139 James, Der Pragmatismus, S. 135.
140 James, Der Pragmatismus, S. 135.
141 James, Der Pragmatismus, S. 129.
142 James, Der Pragmatismus, S. 129.
143 Zur Identifikation von »*Kriterium* der Wahrheit und *Definition* der Wahrheit« bei James, die »zwingend aus der pragmatischen Methode zur Bestimmung der Bedeutung von Begriffen« erfolgt, vgl. Hingst, James' pragmatistische Deutung der Korrespondenztheorie der Wahrheit, S. 136. [Herv. i. O.]
144 James, Der Pragmatismus, S. 134.
145 James, Der Pragmatismus, S. 140.
146 James, Der Pragmatismus, S. 127.
147 Hingst, James' pragmatistische Deutung der Korrespondenztheorie der Wahrheit, S. 137.

»*eine Art des Guten*«[148] bestimmt,[149] wobei diese Güte konkret als »Lebenswert«[150] des Wahren gefasst wird.

Eine weitgehend analoge Bestimmung von Wahrheit nimmt auch Goethe vor, wobei er an die von den literarischen Spätaufklärern, insbesondere von Wezel und Wieland, vertretene relationale und instrumentelle Auffassung von Wahrheit anschließen kann.[151] In einer berühmten Stelle in einem Brief an Zelter hält Goethe fest: »Ich habe bemerkt, daß ich *den* Gedanken für wahr halte, der für mich fruchtbar ist, sich an mein übriges Denken anschließt und zugleich mich fördert.«[152] Die von James herausgestellte Produktivität erscheint auch bei Goethe als Differenzkriterium zur Bestimmung der Wahrheitsqualität, deren Charakter wird metaphorisch mit dem Lebendigen assoziiert. In einem nachträglich mit *Naturphilosophie* überschriebenen Text heißt es: »Durchaus aber bleibt ein Hauptkennzeichen, woran das Wahre vom Blendwerk am sichersten zu unterschieden ist: jenes wirkt immer fruchtbar und begünstigt den der es besitzt und hegt; dahingegen das Falsche an und für sich todt und fruchtlos daliegt«[153].

Die hier vorgenommene Gleichsetzung des Wahren mit dem Fruchtbaren kulminiert in Goethes viel zitiertem Vers »Was fruchtbar ist, allein ist wahr«[154] aus seinem Gedicht *Vermächtnis*. Bereits der dieses Zitat zunächst bestimmende Kontext der Naturforschung – das *Vermächtnis* referiert in der ersten Strophe auf deren »Gesetze«[155] und suggeriert in der zweiten deren Bewahrheitung als historisches Ereignis – stellt die Nähe des Goethe'schen Wahrheitsbegriffs zu James' Konzeption von Wahrheit heraus. Wie James in Analogie zu experimentellen naturwissenschaftlichen Verfahren »wahre Vorstellungen« als solche definiert, »die wir uns aneignen, die wir geltend machen, in Kraft setzen und verifizieren können«[156], eignet auch den im *Vermächtnis* angesprochenen naturwissenschaftlichen »Gesetzen« keine Wahrheit, die von Ewigkeit her existiert. Vers 7 verweist auf

---

148 James, Der Pragmatismus, S. 48. [Herv. i. O.]
149 Vgl. dazu auch Hingst, James' Transformation der Pragmatischen Maxime, S. 59 f.
150 »Die Güte des Wahren ist sein Lebenswert.« (Hingst, James' Transformation der Pragmatischen Maxime, S. 60.)
151 Vgl. dazu etwa das berühmte Diktum Wielands: »Die Wahrheit ist, wie alles Gute etwas verhältnismäßiges« (Wieland, Fragmente von Beyträgen, S. 9). Ulrichs sieht in der von den literarischen Spätaufklärern vertretenen Konzeption von Wahrheit die von Rorty – in Rekurs auf James – entwickelte pragmatistische Wahrheitstheorie bereits in nuce ausgebildet (vgl. Ulrichs, Die andere Vernunft, S. 91).
152 WA IV, 46, S. 199. [Herv. i. O.]
153 WA II, 11, S. 264. Vgl. auch Goethe, Maximen und Reflexionen, S. 25, Nr. 146.
154 HA 1, S. 370, V. 33.
155 HA 1, S. 369, V. 4.
156 James, Der Pragmatismus, S. 125 f.

das bereits in der Antike von Aristarch von Samos vertretene heliozentrische Weltbild – »Das Wahre war schon längst gefunden«[157] –, dessen Durchsetzung sich aber erst der Anerkennungen der Leistungen des Kopernikus verdankte.[158] Naturwissenschaftliche Gesetze bedürfen der ›Bewahrheitung‹ durch ein soziales Kollektiv, erst dadurch treten sie in Kraft. In Abwandlung eines James'schen Diktums: »Die Wahrheit *existiert nicht* [...], sie *behauptet sich*.«[159]

Die sich in Goethes prominentem Vers seines *Vermächtnisses* abzeichnende Konzeption von Wahrheit wird bereits von einem der ersten Leser von James' *Pragmatism* als Vorläufer der James'schen Wahrheitstheorie identifiziert. Der britische Philosoph und Staatsmann Richard Burdon Haldane stellt in einem mit 29. Juli 1907 datierten Brief an James die Originalität seiner Wahrheitstheorie in Abrede: »As usual your book is brilliant and interesting from cover to cover. It was well worth doing—this exposition, in such fresh form, of a view of truth. A new view I will not say. For I have read long ago in my Goethe that ›Was fruchtbar ist allein ist wahr.‹«[160] Neben F. C. S. Schiller, der »[t]he dictum *Was fruchtbar ist allein ist wahr*«[161], wie erwähnt, als »technically ultra-pragmatic«[162] bezeichnet, charakterisiert auch Walter Benjamin diese Formel Goethes als Ausdruck eines »strengen Pragmatismus«[163]. Heisenberg stellt den Konnex von Goethes Formel zur pragmatistischen Wahrheitskonzeption implizit her, wenn er festhält, dass »Wahrheit [...] für Goethe vom Wertbegriff nicht zu trennen«[164] ist. Auch Hermann Schmitz korreliert Goethes Konzept von Wahrheit indirekt mit dem Pragmatismus, wenn er über Goethes Privilegierung der Tat behauptet: »Die Neigung zur Praxis überhaupt hat bei ihm [= Goethe] [...] dieselbe Wurzel wie die Bindung des Wahren an das Fruchtbare.«[165] Darüber hinaus stellt Heinrich Scholz dieses Diktum in den Kontext der pragmatistischen Wahrheitstheorie.[166] Während etwa Georg Simmel in seiner 1913 erschienenen Goethe-Studie darum bemüht ist, an diesem Diktum Goethes die Differenz des darin formulierten Wahrheitsbegriffs zu

---

157 HA 1, S. 369, V. 7.
158 Vgl. dazu etwa den Kommentar in HA 1, S. 733 f.
159 James, Der Pragmatismus, S. 143. [Herv. i. O.] Diese Wendung steht ursprünglich im Kontext von James' Darstellung des rationalistischen Wahrheitsbegriffs.
160 Haldane, To William James. House of Commons 29 July 1907, S. 400.
161 F. C. S. Schiller, Goethe and the Faustian Way, S. 125.
162 F. C. S. Schiller, Goethe and the Faustian Way, S. 125.
163 Benjamin, Enzyklopädieartikel [Goethe], S. 720.
164 Heisenberg, Das Naturbild Goethes, S. 34.
165 Schmitz, Goethes Altersdenken, S. 130.
166 Vgl. Scholz, »Was fruchtbar ist, allein ist wahr«.

den »rohesten Formen des Pragmatismus«[167] herauszustellen, erläutert Scholz dessen Implikationen, indem er in Rekurs auf Peirce dessen Gültigkeit an Naturgesetzen, konkret am Beispiel des »Satz[es] von der Erhaltung der Energie«[168], demonstriert. Appliziert auf Naturgesetze kann Goethes Diktum unumschränkte Gültigkeit beanspruchen: Die Produktivität (und mithin Wahrheit) des Gesetzes von der Erhaltung der Energie besteht dabei darin, dass »dieses Gesetz sich bis jetzt auf eine mustermäßige Art bewährt hat, auf eine so mustermäßige Art, daß wir uns für berechtigt halten, dies auch für die Zukunft von ihm zu erwarten, solange es nicht durch ein beweiskräftiges Gegenbeispiel widerlegt ist. [...] Auch das anerkannteste Naturgesetz ist in einer genaueren Ausdrucksart immer nur wahr, soweit unsere Beobachtungen reichen und die an ihnen haftenden Möglichkeiten der Überprüfung.«[169] Die Naturwissenschaften operieren mit einer Wahrheit, die bei aller Verifiziertheit nur Vorläufigkeit beanspruchen kann. In den Worten James': »Die Wahrheit lebt tatsächlich größtenteils vom Kredit. Unsere Gedanken und Überzeugungen ›gelten‹, so lange ihnen nichts widerspricht, so wie die Banknoten so lange gelten, als niemand ihre Annahme verweigert.«[170] Es ist der Anspruch Goethes das in seiner Wissenschaftskritik an Newton zu demonstrieren. Bei aller Ambivalenz in seiner polemischen Argumentation im Detail kann als deren – gleichsam pragmatistische – Pointe gelten, dass naturwissenschaftliche Wahrheit eine Geschichte hat, dass sie gemacht und nicht gefunden wird.

7.5 Wahrnehmung, Anschauung, Erkenntnis

James' Mediatisierung zwischen Empirismus bzw. Realismus und Rationalismus bzw. Idealismus manifestiert sich auch an seiner Konzeption von Wahrnehmung. Im Unterschied zum klassischen Empirismus wird diese als aktiver und kreativer Vorgang konzipiert, der Wirklichkeit weniger durch das Prinzip der Mimesis als durch jenes der Poiesis verfügbar macht, ohne dabei allerdings – wie im rigorosen Rationalismus bzw. Idealismus – das Objekt der Wahrnehmung in seiner Phänomenalität zu marginalisieren oder gar zu eliminieren. James wendet sich gleichermaßen gegen die Akzentuierung der Passivität und Rezeptivität der Wahr-

---

167 Simmel, Goethe, S. 21. Wie Simmel wendet sich auch Edwin Waibel in seiner 1915 publizierten Schrift zur Geschichte des Pragmatismus gegen eine pragmatistische Lesart dieses Goethe-Verses (vgl. E. Waibel, Der Pragmatismus, S. 76).
168 Scholz, »Was fruchtbar ist, allein ist wahr«, S. 2.
169 Scholz, »Was fruchtbar ist, allein ist wahr«, S. 2.
170 James, Der Pragmatismus, S. 130.

nehmung in empiristischen Ansätzen wie gegen die Autonomisierung der Wahrnehmung gegenüber dem Objekt in rationalistischen bzw. idealistischen Zugängen.

Der Status des Objekts in James' Theorie der Wahrnehmung zeigt sich dabei unter anderem an dem von ihm betonten »Außensein der Empfindungsgegenstände«[171] – darin, dass die sinnlichen Qualitäten als Gegenstände sensorischer Eindrücke (*sensations*) als den Dingen der Außenwelt selbst angehörig und nicht als Projektion subjektiver Empfindungen auf die Materialität der äußeren Welt gedacht werden.[172] James' Insistenz auf der ›Exteriorität‹ und ›Objektivität‹ des Inhalts bzw. des Objekts sensorischer Wahrnehmung betrifft auch seine psychogenetische Konzeption des Bewusstseins, das, wie James akzentuiert, seinen Ursprung im ›Außen‹, der Welt der materiellen Objekte, hat.[173] Den Empfindungen wird gegenüber den Vorstellungen genealogische wie epistemische Priorität zuerkannt, die physiologisch begründet wird: »[S]ensations are *first* things in the way of consciousness. Before conceptions can come, sensations must have come; but before sensations come, no psychic fact need have existed, a nerve-current is enough.«[174]

»Empfindung« (sensation) und »Wahrnehmung« (perception) bezeichnen nicht mentale Zustände, sondern kognitive Funktionen, wobei die Funktion der (durch größere Einfachheit ihres Objekts bzw. Inhalts ausgezeichneten und in purer Form nur als Abstraktion verfügbaren) Empfindung in »*acquaintance* with a fact«[175], die der (in ihrer Struktur komplexeren) Wahrnehmung in »knowledge *about* a fact«[176] besteht. In beiden Fällen, sowohl beim sensorischen Gewahrwerden als auch beim perzeptuellen Wissen, erscheint das involvierte »Faktum« als »an *immediately present outward reality*«[177].

James akzentuiert den Unterschied zwischen perzeptuellem und konzeptuellem Wissen, indem er, wie dargestellt, die Überlegenheit des Ersteren in der sinnlichen Erfahrung fundiert[178]:

> A blind man may know all *about* the sky's blueness, and I may know all *about* your toothache [...]. But as long as he has not felt the blueness, nor I the toothache, our knowledge,

---

171 James, Psychologie, S. 15.
172 Vgl. James, Principles of Psychology, Vol. II, S. 31, S. 33.
173 Vgl. James, Principles of Psychology, Vol. II, S. 32.
174 James, Principles of Psychology, Vol. II, S. 6. [Herv. i. O.]
175 James, Principles of Psychology, Vol. II, S. 2. [Herv. i. O.]
176 James, Principles of Psychology, Vol. II, S. 2. [Herv. i. O.]
177 James, Principles of Psychology, Vol. II, S. 2. [Herv. i. O.]
178 Vgl. Kapitel 6.2.3.

wide as it is, of these realities, will be hollow and inadequate. Somebody must *feel* blue-ness, somebody must *have* toothache, to make human knowledge of these matters real.[179]

Empfindungen haben als Grund und Ziel konzeptueller Systeme zu gelten. Ohne sensorische Verankerung erschienen konzeptuelle Systeme wie Brücken ohne Pfeiler: »Conceptual systems which neither began nor let off in sensations would be like bridges without piers.«[180] Empfindungen bilden den festen Untergrund und den Bezugspunkt des Denkens: »Systems about facts must plunge themselves into sensations as bridges plunge their piers into the rock. Sensations are the stable rock, the *terminus a quo* and the *terminus ad quem* of thought.«[181]

Mit seiner Aufwertung der Empfindung bzw. sensorischen Wahrnehmung stellt sich James zwar dem Idealismus der platonischen Tradition entgegen – deren Repräsentanten »trampled it [= sensation] in the dust as something cor-poreal, non-cognitive, and vile«[182] –, folgt aber dennoch nicht den Intuitionen eines naiven Empirismus, der Wahrnehmung als authentische Aufnahme eines objektiv Gegebenen durch ein rezeptives Subjekt denkt. Vielmehr kritisiert James die empiristische Reduktion des Subjekts zu »absolutely passive clay, upon which ›experience‹ rains down.«[183] Die empiristische Gleichsetzung von Erfahrung mit dem Gegebensein einer sich den Sinnen aufdrängenden äußeren Welt wird ver-worfen: »[O]ne sees how false a notion of experience that is which would make it tantamount to the mere presence to the senses of an outward order.«[184] Das empiristische Konzept einer unstrukturierten Erfahrung, von »experience [...] as something simply *given*«[185], vernachlässigt nicht nur die Subjektivität, sondern auch die Selektivität und Konstruktivität der Wahrnehmung als Vorgang. Eine entscheidende Rolle kommt dabei der Aufmerksamkeit zu. James kritisiert die Vernachlässigung der Aufmerksamkeit in der englischen empiristischen Tradition (im Unterschied zur deutschen Wissenschaftsgeschichte) und führt diese dabei unter anderem darauf zurück, dass dem Vermögen der Aufmerksamkeit ein Grad an (reaktiver) Spontaneität eignet. Aufmerksamkeit als aktives Vermögen irritiert das empiristische Narrativ von einer durch reine Rezeptivität konstituierten Em-pirie: »Attention, implying a degree of reactive spontaneity, would seem to break through the circle of pure receptivity which constitutes ›experience‹, and hence

---

179 James, Principles of Psychology, Vol. II, S. 7. [Herv. i. O.]
180 James, Principles of Psychology, Vol. II, S. 7.
181 James, Principles of Psychology, Vol. II, S. 7.
182 James, Principles of Psychology, Vol. II, S. 9.
183 James, Principles of Psychology, Vol. I, S. 403.
184 James, Principles of Psychology, Vol. I, S. 402.
185 James, Principles of Psychology, Vol. I, S. 402. [Herv. i. O.]

must not be spoken of under penalty of interfering with the smoothness of the tale.«[186] Die Vermittlung zwischen empiristischen und rationalistischen Positionen zur Wahrnehmung manifestiert sich schließlich in dem von James aufgestellten »general law of perception, which is this, that *whilst part of what we perceive comes through our senses from the object before us, another part* (and it may be the larger part) *always comes* [...] out *of our own mind.*«[187]

Dieser »größere Teil« der Wahrnehmung erfährt eine genauere Bestimmung in der siebten Vorlesung von *Pragmatism* im Kontext von James' Rekapitulation der Ausführungen F. C. S. Schillers über die Konstitution von Wirklichkeit. An dieser differenziert James drei Komponenten, wobei, wie James zunächst behauptet, nur die erste – »the flux of our sensations«[188] – rein rezeptiv und passiv erfasst wird. Die Sinneswahrnehmungen in ihrer Unmittelbarkeit drängen sich auf und behaupten sich. Das Subjekt kann über sie nicht verfügen, sie sind ihm ein Gegebenes, das als solches weder wahr noch falsch ist: »Sensations are forced upon us, coming we know not whence. Over their nature, order and quantity we have as good as no control. They are neither true nor false; they simply are.«[189] Der zweite Teil der Wirklichkeit ergibt sich aus den Relationen »zwischen unseren Wahrnehmungen oder zwischen ihren Abbildern in unserer Seele«[190], wobei es nach James zwischen akzidentiellen, variablen, externen Relationen einerseits und notwendigen, invariablen und internen Relationen andererseits zu unterscheiden gilt. Beide Arten von Relationen »are matters of immediate perception. Both are ›facts‹.«[191] Die internen Relationen – mathematische oder logische Beziehungen, wie Differenz und Ähnlichkeit – verfügen aber über ein großes Ausmaß an Autonomie gegenüber den Eingriffen des Bewusstseins: »Interne Beziehungen stellen als ein Paradigma des Gegebenen eine Widerständigkeit eigener Art dar. Denn unser Geist kann mit ihnen nicht willkürlich verfahren, sondern muß die Sätze der Logik und die Naturgesetze anerkennen«[192]. Externe Relationen, wie jene von Zeit und Raum, in denen ein ›Faktum‹ situiert ist, sind zwar variabel, aber ebenso resistent gegenüber den Einflüssen des kreativen Bewusstseins, sie sind in der jeweiligen Wahrnehmungssituation in ihrer Konkretheit unhintergehbar. Der dritte Teil der Wirklichkeit schließlich, der zu diesen Perzeptionen ergänzend hinzukommt bzw. auf diesen beruht, umfasst verifizierte

---

186 James, Principles of Psychology, Vol. I, S. 402.
187 James, Principles of Psychology, Vol. II, S. 103. [Herv. i. O.]
188 James, Pragmatism, S. 117.
189 James, Pragmatism, S. 117.
190 James, Der Pragmatismus, S. 155.
191 James, Pragmatism, S. 118.
192 F. Krämer, Erfahrungsvielfalt und Wirklichkeit, S. 63.

Überzeugungen, die sich als alte Wahrheiten (»previous truths«) erweisen und die in (je)der Auseinandersetzung mit der Wirklichkeit Anerkennung einfordern. Dieser dritte Teil bringt der Spontaneität des Bewusstseins am wenigsten Widerstand entgegen: »This third part is a much less obdurately resisting factor: it often ends by giving way.«[193] Er bildet den »plastischste[n] Anteil der Wirklichkeit«[194].

Bei aller Autonomie dieser drei Konstituenten von Wirklichkeit – den Sinneswahrnehmungen kommt die größte, den »alten Wahrheiten« die geringste Unabhängigkeit vom aktiven Bewusstsein zu – verfügt das Bewusstsein dennoch über großen Spielraum in der Art und Weise ihrer Aneignung. Selbst die Sinneswahrnehmungen unterstehen der Selektion und Organisation durch das Bewusstsein, das im Dienste menschlicher Interessen operiert: »Take our sensations. *That* they are is undoubtedly beyond our control; but *which* we attend to, note, and make emphatic in our conclusions depends on our own interests; and, according as we lay the emphasis here or there, quite different formulations of truth result.«[195] Wie die Teile der Wirklichkeit uns erscheinen, hängt von der Perspektive ab, die wir einnehmen, und von dem Kontext, in den wir sie stellen. Erst ihre Aneignung durch uns verleiht ihnen Bedeutung: »What we say about reality thus depends on the perspective into which we throw it. The *that* of it is its own; but the *what* depends on the *which*; and the which depends on *us*. Both the sensational and the relational parts of reality are dumb: they say absolutely nothing about themselves.«[196] Es gilt, die Wirklichkeit gleichsam zur Sprache zu bringen. Die Verbalisierung erscheint daher als ein der Wahrnehmung inhärentes Prinzip. »Begriffe zu bilden ist eine Tätigkeit, welche uns also Material für neue Akte der Wahrnehmung gibt.«[197] In diesem Sinne erweisen sich auch die internen Relationen, die durch Reihenbildungen und Klassifikationen zu logischen, mathematischen oder arithmetischen Systemen organisiert werden, wie die externen Relationen und »alten Wahrheiten«, als »Menschenwerk«[198].

Die Verschränkung aller drei Konstituenten von Wirklichkeit im Akt der Wahrnehmung bedingt, dass Wirklichkeit niemals nur in Form reiner Sinnesdaten gegenwärtig, unmittelbar zugänglich ist:

> When we talk of reality »independent« of human thinking, then, it seems a thing very hard to find. It reduces to the notion of what is just entering into experience, and yet to be

---

193 James, Pragmatism, S. 118.
194 F. Krämer, Erfahrungsvielfalt und Wirklichkeit, S. 63.
195 James, Pragmatism, S. 118. [Herv. i. O.]
196 James, Pragmatism, S. 118. [Herv. i. O.]
197 James, Das pluralistische Universum, S. 217.
198 James, Der Pragmatismus, S. 157.

named, or else to some imagined aboriginal presence in experience, before any belief about the presence had arisen, before any human conception had been applied. It is what is absolutely dumb and evanescent, the merely ideal limit of our minds. We may glimpse it, but we never grasp it; what we grasp is always some substitute for it which previous human thinking has peptonized and cooked for our consumption. If so vulgar an expression were allowed us, we might say that wherever we find it, it has been already *faked.*[199]

Eine von unserem Denken unabhängige Wirklichkeit kann nur mit einem flüchtigen Blick erhascht werden, erfassen kann man sie nicht. Die Wirklichkeit, die sich uns zeigt, ist immer schon durch die Begriffe und Ideen, die sie (mit-)konstituieren, verstellt und verfälscht (*faked*). Eine sinnliche Realität unabhängig vom menschlichen Zutun kann nur als abstraktes Ideal hypostasiert werden, real instantiiert ist sie nicht,[200] zumal, wie James in seiner 1902 publizierten Vorlesungsreihe *The Varieties of Religious Experience* anhand einer Analogie ausführt, abstrakte Begriffe die Bedingung bilden für die Erkenntnis des Konkreten:

Nicht nur für einen transzendentalistischen Schriftsteller, sondern für uns alle schwimmt das ganze Universum konkreter Objekte, wie wir sie kennen, in einem größeren und höheren Universum abstrakter Ideen, das ihm seine Bedeutung verleiht. [...] allgemeine Ideen bilden den Hintergrund für alle unsere Fakten, sie sind die Urquelle aller uns faßbaren Möglichkeiten. Sie geben, wie wir sagen, jedem einzelnen Ding seine ›Natur‹. Jedes Ding ist das, ›was‹ es ist, durch Teilnahme an der Natur dieser Abstraktionen. Niemals können wir ihrer direkt ansichtig werden, denn sie haben keinen Körper, keinen Umriß, keine Füße, aber wir erfassen alle anderen Dinge durch ihre Vermittlung, und beim Umgang mit der realen Welt wären wir mit Hilflosigkeit geschlagen, würden wir diese mentalen Objekte, die Adjektive und Adverbien, Prädikate und Klassenbegriffe, in Zukunft verlieren. Dieses absolute Geprägtsein unseres Geistes durch Abstraktionen ist eine Grundtatsache unseres Menschseins.[201]

Diese Konzeption von Wirklichkeit und Wahrnehmung mutet nur an der Oberfläche kantianisch an, sie unterscheidet sich vom Kant'schen Rationalismus, wie James herausstellt, durch den Status, der den Kategorien des Verstandes zukommt. Sind diese nach Kant apriorisch gegeben, so werden sie von James und F. C. S. Schiller, dessen Positionen James hier referiert, als empirisch erworben verstanden: »Superficially, this sounds like Kant's view; but between categories fulminated before nature began, and categories gradually forming themselves in

---

199 James, Pragmatism, S. 119 f. [Herv. i. O.]
200 Vgl. dazu auch F. Krämer, Erfahrungsvielfalt und Wirklichkeit, S. 66.
201 James, Die Vielfalt religiöser Erfahrung, S. 87 f.

nature's presence, the whole chasm between rationalism and empiricism yawns.«[202]

James nähert sich mit seiner Konzeption von Wahrnehmung – die entsprechend dem Programm des Pragmatismus zwischen Empirismus und Rationalismus vermittelt – der Goethe'schen Konzeption von Wahrnehmung als Anschauung an. Als deren Charakteristikum kann gelten, dass sie sowohl der Objektivität, dem Phänomen in seiner konkreten Beschaffenheit, als auch der Subjektivität bzw. Spontaneität (in) der Wahrnehmung gerecht zu werden sucht und durch die Funktion der Aufmerksamkeit reguliert wird.

In nuce äußert sich Goethes gleichsam (proto-)pragmatistische Konzeption von Wahrnehmung in dem prominenten, von Goethe emphatisch aufgegriffenen Befund Johann Christian August Heinroths, dass sein »Anschauen selbst ein Denken«[203] und sein »Denken ein Anschauen«[204] sei. Goethe bestätigt Heinroths Feststellung, dass sein »Denkvermögen *gegenständlich* tätig sei«[205], dass sein »Denken sich von den Gegenständen nicht sondere, daß die Elemente der Gegenstände, die Anschauungen in dasselbe eingehen und von ihm aufs innigste durchdrungen werden.«[206] Wie James geht auch Goethe davon aus, dass die äußeren Gegenstände über sinnliche Qualitäten verfügen, die den Gegenständen selbst angehören. Goethe orientiert sich zunächst, wie James, am konkreten Ding, dessen Elemente (als Ansichten) im Akt der Wahrnehmung kognitiv durchdrungen werden – Anschauung und Denken fallen wie bei James zusammen.

Dabei akzentuiert Goethe auch die Prozessualität der Wahrnehmung in der Vereinigung von Anschauung und Denken: »Jedes Ansehen geht über in ein Betrachten, jedes Betrachten in ein Sinnen, jedes Sinnen in ein Verknüpfen, und so kann man sagen, daß wir schon bei jedem aufmerksamen Blick in die Welt theoretisieren.«[207] Die Sinnesdaten werden nach Goethe, wie bei James, (immer schon) durch Relationen (von Ähnlichkeit und Differenz) geordnet. Die Relationen (als der zweite Teil der Wirklichkeit nach James) sind dabei nicht a priori gegeben, sondern ergeben sich gleichsam empirisch aus der Ordnung der Phänomene selbst. Der Aufmerksamkeit kommt in diesem Prozess eine gleichsam produktive Rolle zu. Durch sie realisiert sich der Akt der Wahrnehmung gleichzeitig als einer des Denkens: Dem aufmerksamen Blick zeigt sich das Faktum als

---

202 James, Pragmatism, S. 120. Vgl. dazu auch F. Krämer, Erfahrungsvielfalt und Wirklichkeit, S. 66.
203 LA I, 9, S. 307.
204 LA I, 9, S. 307.
205 LA I, 9, S. 307. [Herv. i. O.]
206 LA I, 9, S. 307.
207 LA I, 4, S. 5.

Theorie: »Das Höchste wäre: zu begreifen, daß alles Factische schon Theorie ist.«[208]

Es handelt sich dabei um ein Wahrnehmungsprogramm, das Goethe, wie Jutta Van Selm minutiös aufzeigt, in Italien bei der Betrachtung von Kunstobjekten einübt und später auf seine Naturforschungen überträgt. Den unmittelbar empirischen Eindruck gilt es dabei durch wiederholtes »sinnliches Sehen«[209], »ordnende Zusammenfassung«[210] und »gedankliche[] Vermittlung«[211] zu einem »›reinen‹ Eindruck«[212] zu entwickeln. Diesen Prozess hat, wie Goethe in seinem 1798 an Schiller übersandten Aufsatz *Das reine Phänomen* darlegt,[213] auch das empirische Phänomen zu durchlaufen, um sich zum »reine[n] Phänomen«[214] zu erheben. In seiner Korrespondenz mit Goethe zu diesem Text weist Schiller das »reine Phänomen« dementsprechend als Ergebnis der Vermittlung von Empirismus und Rationalismus aus:

> Zu dem *reinen Phänomen*, welches nach meinem Urteil eins ist mit dem objektiven Naturgesetz, kann nur der *rationelle Empirism* hindurchdringen. [...] und so finden wir auch, daß nur die vollkommene Wirksamkeit der freien Denkkräfte mit der reinsten und ausgebreitetsten Wirksamkeit der sinnlichen Wahrnehmungsvermögen zu einer wissenschaftlichen Erkenntnis führt.[215]

Wie nach James die Sinneswahrnehmung epistemische Priorität gegenüber den Konzepten, die in James' Theorie erst aus der Erfahrung emergieren,[216] beansprucht, argumentiert auch Goethe in *Der Versuch als Vermittler von Objekt und Subjekt*, dass »die Erfahrung, wie in allem, was der Mensch unternimmt, so auch in der Naturlehre [...] den größten Einfluß habe und haben solle«[217], wenn man auch »den Seelenkräften, in welchen diese Erfahrungen aufgefaßt, zusammengenommen, geordnet und ausgebildet werden, ihre hohe und gleichsam schöpferisch unabhängige Kraft nicht absprechen wird.«[218] Dabei gilt es, um sich »beim

---

208 Goethe, Maximen und Reflexionen, S. 125, Nr. 575.
209 Selm, Erfahrung und Theorie bei Goethe, S. 136.
210 Selm, Erfahrung und Theorie bei Goethe, S. 135.
211 Selm, Erfahrung und Theorie bei Goethe, S. 127.
212 Selm, Erfahrung und Theorie bei Goethe, S. 121 passim.
213 Vgl. dazu Selm, Erfahrung und Theorie bei Goethe, S. 129–131. Jutta Van Selm bezieht sich auf diesen Aufsatz, wie er in der *Weimarer Ausgabe* vorliegt. Dort erscheint der – zunächst unbetitelte – Aufsatz unter dem Titel »Erfahrung und Wissenschaft« (vgl. WA II, 11, S. 38–41).
214 LA I, 3, S. 308.
215 F. Schiller, An Goethe. Jena, 19. Januar 1798. In: BW, S. 548. [Herv. i. O.]
216 Vgl. dazu Kapitel 7.2.
217 HA 13, S. 12.
218 HA 13, S. 12.

Übergang von der Erfahrung zum Urteil«[219] nicht zu übereilen, »mit einer ruhigen Aufmerksamkeit«[220] sich »von ihm [= dem Gegenstand], seinen Teilen, seinen Verhältnissen einen ziemlich deutlichen Begriff [zu] machen.«[221] Goethe plädiert also, mit James gesprochen, dafür, im Akt der Wahrnehmung zunächst auf die ersten beiden, durch größere Unabhängigkeit vom Subjekt ausgezeichneten, Konstituenten der Wirklichkeit zu fokussieren und sich aus dem Gegenstand und seinen Relationen (im wörtlichen Sinn) einen Begriff zu machen, bevor von der Erfahrung zu der Erkenntnis (die unter Beteiligung der Konzepte erfolgt) übergegangen wird. Wie wichtig Goethe dabei die Relationen sind, die zwischen den Phänomenen bestehen, wird an der Funktion deutlich, die er in diesem Fall der – ansonsten sehr kritisch beurteilten – Mathematik (die nach James das Ordnungssystem der internen Relationen bildet) zuerkennt.[222] Die Mathematik fungiert als Methode in der ›Durcharbeitung‹ der Phänomene. Sie verhindert aufgrund ihrer »Bedächtlichkeit und Reinheit gleich jeden Sprung in der Assertion«[223] und garantiert, »daß dasjenige, was in Verbindung vorgebracht wird, schon in seinen einfachen Teilen und in seiner ganzen Folge dagewesen, in seinem ganzen Umfange übersehen und unter allen Bedingungen richtig und unumstößlich erfunden worden.«[224]

Erscheinen die Verhältnisse und Verbindungen zwischen den Phänomenen, von denen Goethe hier spricht, als Teil der zu beobachtenden Phänomene und mithin als Entsprechungen zu dem, was James als notwendige Relationen versteht, so erweisen sich Relationen zwischen den Wahrnehmungen und Ideen nach Goethe aber auch als Ergebnis einer Ordnung, deren organisatorische Einheiten vom Subjekt vorgegeben werden. Als solche lassen sich jene Ordnungen

---

219 HA 13, S. 14.
220 HA 13, S. 11. Nach Thums ist das »hier zugrunde liegende Konzept der Aufmerksamkeit [...] asketisch konfiguriert und [...] als eine Methode zu verstehen, in der die Dinge [...] für den Zeitraum der kontemplativen Betrachtung gleichsam stillgestellt werden.« (Thums, Aufmerksamkeit, S. 344.) Es handelt sich dabei um ein Konzept von Aufmerksamkeit, das James folgendermaßen beschreibt: »Every one knows what attention is. It is the taking possession by the mind, in clear and vivid form, of one out of what seem several simultaneously possible objects or trains of thought. Focalization, concentration, of consciousness are of its essence. It implies withdrawal from some things in order to deal effectively with others, and is a condition which has a real opposite in the confused, dazed, scatter-brained state which [...] is called [...] *Zerstreutheit* in German.« (James, Principles of Psychology, Vol. I, S. 403 f.)
221 HA 13, S. 11.
222 Zu Goethes Verhältnis zur Mathematik vgl. etwa Cassirer, Goethe und die mathematische Physik.
223 HA 13, S. 18 f.
224 HA 13, S. 19.

verstehen, die Goethe als »Vorstellungsarten« bezeichnet. Diese ergeben sich aus dem »Versuch, viele Gegenstände in ein gewisses faßliches Verhältnis zu bringen, das sie, streng genommen, untereinander nicht haben«[225].

Während an dieser Konzeption der Anteil des Begrifflichen unbestimmt bleibt, akzentuiert Goethe an anderer Stelle die konstitutive Funktion von Begriffen für die Wahrnehmung der Phänomene. Sie legen den Dingen ihre Ordnung auf und machen sie so für das forschende Subjekt ›handlicher‹ (»bequem«).

> Die Ordnung in welche wir die Dinge stellen, liegt nicht in den Dingen; die Hauptsache ist, daß der Mensch sich das Anschauen zu dem er einmahl genöthigt ist, bequem mache, und das thut er durch den Begriff, und durch die dem Begriff correspondirende Ordnung.[226]

Dass diese vom Ding unabhängigen Ordnungen auch die naturwissenschaftliche Wahrnehmung präfigurieren, stellt Goethe immer wieder heraus. Die Wirklichkeit hängt für Goethe, wie für James, von den Vorstellungen ab, in der unsere Wahrnehmungen situiert sind. Auch der wissenschaftliche Beobachter tendiert dazu, das Ding seinen Anschauungen einzuverleiben. Die Einpassung des Objekts in die subjektiven Ordnungen scheint nach Goethe mit intellektueller Befriedigung verbunden, denn der »Mensch erfreut sich [...] mehr an der Vorstellung als an der Sache, oder wir müssen vielmehr sagen: der Mensch erfreut sich nur einer Sache, insofern er sich dieselbe vorstellt, sie muß in seine Sinnesart passen«[227]. Die subjektiven Anteile an dieser Ordnung sind nicht zu tilgen: Das Subjekt »mag seine Vorstellungsart noch so hoch über die gemeine erheben, noch so sehr reinigen, so bleibt sie doch gewöhnlich nur eine Vorstellungsart«[228].

Verfestigen sich diese Vorstellungen allerdings zu dogmatischen Positionen, verfehlt man das Objekt. Goethe kritisiert den voreingenommenen Blick in der Wissenschaft gegenüber Eckermann:

> Sobald man in der Wissenschaft einer gewissen beschränkten Konfession angehört, ist sogleich jede unbefangene treue Auffassung dahin. Der entschiedene Vulkanist wird immer durch die Brille des Vulkanisten sehen, so wie der Neptunist und der Bekenner der neuesten Hebungstheorie durch die seinige. Die Weltanschauung aller solcher in einer einzigen ausschließenden Richtung befangener Theoretiker hat ihre Unschuld verloren, und die Objekte erscheinen nicht mehr in ihrer natürlichen Reinheit. Geben sodann diese Gelehrten von ihren Wahrnehmungen Rechenschaft, so erhalten wir, ungeachtet der höchsten persönlichen Wahrheitsliebe des einzelnen, dennoch keineswegs die Wahrheit der Objekte; sondern

---

225 HA 13, S. 16.
226 LA II, 6, S. 63.
227 HA 13, S. 15.
228 HA 13, S. 15.

wir empfangen die Gegenstände immer nur mit dem Geschmack einer sehr starken subjektiven Beimischung.[229]

Bei aller Kritik an der dogmatischen Einschränkung des wissenschaftlichen Blicks betont Goethe aber auch an dieser Stelle die Bedeutung von (verifizierten) Überzeugungen (die nach James die dritte Komponente der Wirklichkeit bilden) für die Konstitution naturwissenschaftlicher Erkenntnis. Seiner Kritik fügt er einschränkend hinzu: »Weit entfernt aber bin ich, zu behaupten, daß ein unbefangenes *rechtes* Wissen der Beobachtung hinderlich wäre, vielmehr behält die alte Wahrheit ihr Recht, daß wir eigentlich nur Augen und Ohren für das haben, was wir *kennen*.«[230] Oder, so Goethe in der *Einleitung in die Propyläen:* »Was man weiß, sieht man erst!«[231] In James' Worten: »[M]en have no eyes but for those aspects of things which they have already been taught to discern.«[232] Technischer ausgedrückt: »In short, *the only things which we commonly see are those which we preperceive.* And the only things which we preperceive are those which have been labelled for us, and the labels stamped into our mind.«[233] Goethe und James betonen die konstitutive Funktion von Vorstellungen für die intellektuelle und sinnliche Wahrnehmung. Diese Vorstellungen aber haben ihren Ursprung im Objekt. Sie entstehen in der »Tätigkeit gegen die Außenwelt«[234] aus der Interaktion mit den Dingen. Diese selbst eröffnen neue Weisen ihrer Wahrnehmung: »Jeder neue Gegenstand, wohl beschaut, schließt ein neues Organ in uns auf.«[235] Auch aus diesem Grund entwirft Goethe, wie oben skizziert, ein Wahrnehmungsprogramm, das auf der Durcharbeitung der Phänomene und ihrer (phänomenalen) Beziehungen insistiert.

Eine Zusammenfassung dieses Wahrnehmungsprogramms, das seinen Ausgang nimmt am konkreten Phänomen, das es in seiner größtmöglichen Autonomie zu »erhaschen« gilt, und sich fortsetzt mit der Ordnung der Teile des Phänomens und der Auseinandersetzung mit den (dabei generierten) Ansichten, gibt Goethe in einem Brief an Friedrich Heinrich Jacobi. Dabei führt er auch die notwendigen Haltungen an, die in der jeweiligen Phase des Forschungsprozesses vom wissenschaftlichen Subjekt gefordert werden. Deutlich wird dabei, dass die notwendige Durcharbeitung des Objekts mit jener des Subjekts einherzugehen

---

229 Goethe/Eckermann, Gespräche, S. 516.
230 Goethe/Eckermann, Gespräche, S. 516. [Herv. i. O.]
231 WA I, 47, S. 13.
232 James, Principles of Psychology, Vol. I, S. 443.
233 James, Principles of Psychology, Vol. I, S. 444. [Herv. i. O.]
234 LA I, 9, S. 307.
235 LA I, 9, S. 307.

hat. Der Forschungsprozess erscheint als Bedingung der Möglichkeit von Selbst-kenntnis:

> Die *Phänomene* zu *erhaschen*, sie zu *Versuchen* zu *fixieren*, die Erfahrungen zu *ordnen* und die *Vorstellungsarten* darüber *kennen zu lernen*, bey dem ersten so *aufmercksam*, bey dem zweyten so *genau* als möglich zu seyn, beym dritten *vollständig* zu werden und beym vierten *vielseitig* genug zu bleiben, dazu gehört eine Durcharbeitung seines armen Ichs, von deren Möglichkeit ich auch sonst nur keine Idee gehabt habe.[236]

Goethes Anerkennung der Interrelation von Subjekt und Objekt in der naturwis-senschaftlichen Wahrnehmung bringt als wissenschaftstheoretisches Gebot die Selbstreflexion mit sich. Dass Ordnungen, die nicht in den Dingen liegen, krea-tiven Anteil an ihrer Wahrnehmung haben, dass Anschauen und Denken mit-einander verschränkt werden, ist nicht zu vermeiden. Es gilt aber, sich dessen bewusst zu sein. Der Akt der selbstreflexiven Bezugnahme auf die Vorausset-zungen der Wahrnehmung – durchaus auch mit genuin literarischen Mitteln – verhindert, dass die in der Abstraktion eingenommene Distanz zu den Dingen der Wissenschaft abträglich wird:

> Denn das bloße Anblicken einer Sache kann uns nicht fördern. Jedes Ansehen geht über in ein Betrachten, jedes Betrachten in ein Sinnen, jedes Sinnen in ein Verknüpfen, und so kann man sagen, daß wir schon bei jedem aufmerksamen Blick in die Welt theoretisieren. Dieses aber mit Bewußtsein, mit Selbstkenntnis, mit Freiheit, und um uns eines gewagten Wortes zu bedienen, mit Ironie zu tun und vorzunehmen, eine solche Gewandtheit ist nötig, wenn die Abstraktion, vor der wir uns fürchten, unschädlich und das Erfahrungsresultat, das wir hoffen, recht lebendig und nützlich werden soll.[237]

7.6 Immanenz, Materialität, Oberfläche

Die James'sche Konfiguration von Theorie als Praxis, wie sie oben konturiert wurde, unterläuft die Dichotomie von Transzendenz und Immanenz, Objekt der Theorie sind nicht länger die im Transzendenten aufgehobenen invarianten Ideen im Sinne Platons, sondern diese materialisieren sich in der sinnlichen Erschei-nung. Das Transzendente fungiert nicht länger als der ideelle Grund des (von ihm als geschieden gedachten) Empirischen, die vermeintlich transzendente Idee wird nur als empirisches Datum fassbar. Der von Andreas Hetzel an James' Pragma-

---

236 WA IV, 10, S. 219 f. [Herv. i. O.]
237 LA I, 4, S. 5.

tismus akzentuierte »Standpunkt der Immanenz«[238] wird durch Goethes – mit
Hermann Schmitz als »Transzendenz [...] in der Immanenz«[239] charakterisierbare
– spezifische Aufhebung des platonischen Dualismus von ideeller und empirischer Realität vorweggenommen.

Goethe folgt dabei, wie Jost Schieren aufzeigt,[240] Aristoteles, der im 13. Buch
der *Metaphysik* in Bezug auf Platon argumentiert: »Ferner muß es wohl für unmöglich gelten, daß das Wesen und dasjenige, dessen Wesen etwas ist, getrennt
voneinander existieren. Wie könnten denn also die Ideen, wenn sie das Wesen der
Dinge sind, getrennt von diesen existieren?«[241] Der Ort der Idee verlagert sich bei
Aristoteles in das Objekt, sie konkretisiert sich im/als Objekt, wie Karen Gloy erläutert: »An die Stelle der ausgelagerten Ideen [...] treten bei ihm [= Aristoteles] die
den Sinnendingen immanenten Ideen [...], die nirgends anders existieren als *in*
den Dingen selbst.«[242] Analog dazu denkt Goethe Ideen als sich in der/als Materialität realisierende Kräfte. Nur als solche, in ihrer phänomenalen Konkretisation, sind sie epistemisch verfügbar: »Alles was wir gewahr werden und wovon
wir reden können, sind nur Manifestationen der Idee«[243]. Der Ort der sich ent-
faltenden – »tätigen« – Idee liegt nach Goethe in den Dingen, wie auch Frederick
Amrine feststellt: »For Goethe, the active idea is to be found within the phenomena themselves.«[244]

Die sich hier andeutende Dimension der Immanenz, die Aufhebung der Differenz zwischen dem Grund und dem von ihm Bedingten, wird bei Goethe radikalisiert, indem er, anders als Aristoteles, auch die Ursache der ideellen Aktivität
in der Natur verortet, während der unbewegte Beweger selbst nicht von dieser
Welt ist: »Goethe sieht den Ursprung und den Grund der natürlichen Entwicklung
in der Natur selbst und nicht in einer von ihr – wie auch immer – geschiedenen
Gottheit. [...] Für ihn ist wesentlich, daß die Idee vollständig in der Erscheinungswelt aufgeht und in ihr zu finden ist. Außerhalb ihrer gibt es in seinem
Sinne keine Oase höherer Vollkommenheit.«[245]

---

238 Hetzel, William James, S. 240.
239 Schmitz, Goethes Altersdenken, S. 47. Vgl. dazu Schieren, Anschauende Urteilskraft, S. 152.
240 Vgl. Schieren, Anschauende Urteilskraft, S. 164 f.
241 Aristoteles, Metaphysik, S. 297 (1079b, 1080a).
242 Gloy, Das Verständnis der Natur, S. 107. [Herv. i. O.] Vgl. dazu auch Schieren, Anschauende
Urteilskraft, S. 164.
243 Goethe, Maximen und Reflexionen, S. 70, Nr. 375.
244 Amrine, The Metamorphosis of the Scientist, S. 194. Vgl. dazu auch Schieren, Anschauende
Urteilskraft, S. 110.
245 Schieren, Anschauende Urteilskraft, S. 165 u. S. 167. Vgl. dazu Goethes um 1812/13 entstan-
denes Gedicht »Was wär ein Gott, der nur von außen stieße, / Im Kreis das All am Finger laufen

In Rekurs auf Schmitz und Schieren lässt sich zudem die Differenz, die in den Ansätzen Aristoteles' und Goethes der Materialität zukommt, präzisieren. Die Wirkung der Idee ist nach Aristoteles durch die als defizitär bestimmte Materialität bedingt, die nach Vereinigung mit der Idee zur Vollkommenheit strebt, wobei dem Werden, als dem, was sich verändert, und was mithin nicht zum Sein gehört, ein Mangel eignet. Goethe dagegen schreibt das Werden und damit die Materialität, wie Schmitz akzentuiert, nicht einem Mangel, sondern einem Überschuss zu: »Während der Quell aller Veränderung für Aristoteles demnach im Mangelhaften liegt, das zur Fülle des Seins drängt, zum Eidos, zur Entelechie oder zum Guten, das nicht selbst in den Prozeß eintritt, entspringt für Goethe und andere moderne Denker das Werden umgekehrt der Fülle, einem Überschuß an Kraft, der zur Offenbarung drängt«[246]. Dabei wird die Idee in ihrer Materialisierung durch diese nicht ›entwertet‹, wie Goethe in den *Wanderjahren* betont: »Eine geistige Form wird [...] keineswegs verkürzt, wenn sie in der Erscheinung hervortritt [...]. Das Gezeugte ist nicht geringer als das Zeugende, ja es ist der Vorteil lebendiger Zeugung, daß das Gezeugte vortrefflicher sein kann als das Zeugende.«[247] Die Metapher der »Zeugung« impliziert hier, wie Schieren bemerkt, nicht lediglich eine ›Offenbarung‹ der Idee in der Erscheinung (in der die Idee von der Materialität in der Erscheinung nicht affiziert wird), sondern vielmehr eine Vereinigung: »Das In-Erscheinung-Treten der Idee ist [...] nicht einfach ein Sich-Zeigen, sondern es ist ein Sich-Verbinden mit der sinnlichen Erscheinungswelt.«[248]

Goethes Konzeption der ideellen Verkörperung im (Einzel-)Ding lässt sich im Kontext seiner produktiven Aneignung Spinozas präzisieren. Wie Heinz Hamm herausarbeitet, zeichnet sich Goethes Transformation der spinozistischen Gleichsetzung von göttlicher Substanz und Natur durch eine Radikalisierung des Immanenzprinzips aus. Während Spinoza »den Wert und die Notwendigkeit der Einzeldinge der Wirklichkeit durch die Gründung ihres Seins in der göttlichen Substanz abzusichern«[249] sucht, hebt Goethe diese Begründungsfunktion auf, die Substanz fungiert nicht länger als Grund der Natur, sondern als ihre Wirklichkeit: Goethe weigert sich »Gott anders denn als Wirklichkeit zur Kenntnis zu neh-

---

ließe! / Ihm ziemt's, die Welt im Innern zu bewegen, / Natur in Sich, Sich in Natur zu hegen, / So daß, was in Ihm lebt und webt und ist, / Nie Seine Kraft, nie Seinen Geist vermißt.« (HA 1, S. 357.)
246 Schmitz, Goethes Altersdenken, S. 280 f. Vgl. dazu auch Schieren, Anschauende Urteilskraft, S. 166.
247 FA I, 10, S. 750.
248 Schieren, Anschauende Urteilskraft, S. 158.
249 Hamm, Der Theoretiker Goethe, S. 41.

men«[250]. Darüber hinaus wird Spinozas (von Herder kritisierte) statische Konzeption des Seins von Goethe insofern modifiziert, als er die göttliche Substanz als Grund der Natur mit »Kraft« identifiziert.[251]

Die spezifischen Implikationen des sich in Goethes Konzeption der Natur manifestierenden Immanenzprinzips erläutert Chol Han unter Rekurs auf Deleuzes Deutung von Spinozas Begriff des Ausdrucks, den Deleuze der plotinischen Emanationslehre gegenüberstellt. Im Unterschied zu Plotins Theorie der Emanation, die eine Hierarchie zwischen dem Einen, als dem Grund des Seienden, und dem Vielen, als dessen Erscheinungen, konstatiert, konfiguriert die Theorie des Ausdrucks die Beziehung zwischen dem Einen und dem Vielen als Komplikation und Implikation, wodurch der ontologische Unterschied zwischen dem Erzeuger (als Existenzgrund) und dem Existierenden eingeebnet wird. Das Eine kompliziert sich im Vielen, das das Eine impliziert. Die Ausdrucksbeziehung akzentuiert nach Deleuze die »Gleichheit des Seins. Denn dasselbe Sein ist in Gott anwesend, der seinem eigenen Wesens [sic] zufolge alle Dinge kompliziert, und in den Dingen, die ihn ihren eigenen Wesen oder Modi zufolge explizieren.«[252] Eine analoge Suspendierung ontologischer Hierarchien stellt Chol Han bei Goethe fest. Das Eine fungiert nicht als Hintergrund der Erscheinungen, sondern zeigt sich nur an/in diesen: »Für Goethe ist das Absolute nicht als der Erzeuger des Seienden hinter dem Seienden zu verorten, sondern als dem Seienden immanent anzusehen.«[253]

Die Vielfalt der Erscheinungen geht bei Goethe, wie Chol Han weiter ausführt, aus der Differenzierung des Einen hervor. Im Unterschied zu Plotins Konzeption des differenzlosen Einen entfaltet sich dieses in der neuplatonischen Tradition Spinozas in der Differenzierung: Die »Naturidentität ist in der neuplatonischen Tradition nirgendwo anders zu suchen als in ihrer Differenzierung, und ist somit gerade den Naturerscheinungen immanent. Die differenzierte Mannigfaltigkeit der Natur ist der notwendige Seinsgrund der identischen Natureinheit. Die Natureinheit ist die Identität der mannigfaltigen Differenz.«[254] Als differenzierte

---

250 Hamm, Der Theoretiker Goethe, S. 41. Dabei geht es ihm darum, »den uneingeschränkten Eigenwert der Wirklichkeit gegen das theistische Weltbild [...] theoretisch zu begründen.« (Hamm, Der Theoretiker Goethe, S. 43.)

251 Vgl. Hamm, Der Theoretiker Goethe, S. 42f. In diese Richtung weist auch James' Reflexion über eine zeitgemäße Konzeption Gottes: »Der Gottesbegriff, der sich, wenn überhaupt einer, der zeitgemäßen Phantasie empfiehlt, ist der einer immanenten, pantheistischen Gottheit, die mehr in den Dingen wirkt als über den Dingen.« (James, Der Pragmatismus, S. 44.)

252 Deleuze, Spinoza und das Problem des Ausdrucks, S. 157.

253 Han, Ästhetik der Oberfläche, S. 25.

254 Han, Ästhetik der Oberfläche, S. 10.

Identität entfaltet sich das ›Wesen‹ der Natur in ihren Erscheinungen. Es zeigt sich an der Oberfläche: »In dieser paradoxen Wechselbeziehung von Identität und Differenz wird die endgültige Botschaft der Natur, nämlich die Naturidentität, nicht in der unsichtbaren Tiefe der Natur, sondern auf der Oberfläche der Naturerscheinungen sichtbar.«[255]

Die ›Entäußerung‹ des Einen in den Erscheinungen richtet den Blick des Künstlers wie des Naturforschers auf das, was sich an der Materialität der Oberfläche zeigt. Sabine Schimma interpretiert dabei Goethes »Aufwertung der Oberfläche«[256] in seinen kunsttheoretischen Ausführungen als Übertragung der »naturwissenschaftlichen Methode der genetischen Morphologie in die Kunst.«[257] Medientheoretisch lässt sich Goethes »Ästhetisierung der Oberflächen«[258] nach Schimma als Resultat der von ihm vorgenommenen Umkehrung der sensualistischen Hierarchie von Raum und Farbe beschreiben, die mit der erkenntnistheoretischen Privilegierung des Augensinns und des ihm zugeordneten Objekts, des zweidimensionalen Bildes, und mit der epistemologischen Deprivilegierung des Tastsinns sowie der Entwertung der Dreidimensionalität der Plastik einhergeht.[259] Goethe delegiert den Blick des Künstlers auf das Offensichtliche:

> Ja, das Äußere soll der Künstler darstellen! Aber was ist das Äußere einer organischen Natur anders als die ewig veränderte Erscheinung des Innern? Dieses Äußere, diese Oberfläche ist einem mannichfaltigen, verwickelten, zarten, innern Bau so genau angepaßt, daß sie dadurch selbst ein Inneres wird, indem beide Bestimmungen, die äußere und die innere, im ruhigsten Dasein, so wie in der stärksten Bewegung stets im unmittelbarsten Verhältnisse stehen.[260]

Goethes Auffassung, dass »die Materie nie ohne Geist, der Geist nie ohne Materie existiert«[261], impliziert erkenntnistheoretisch den Fokus auf das Phänomen in seiner konkreten Erscheinung und Äußerlichkeit: »Man suche nur nichts hinter den Phänomenen: sie selbst sind die Lehre.«[262]

Auf ähnliche Weise situiert James das ›Wesen‹ der Dinge in diesen selbst, es ist der empirischen Wahrnehmung nicht nur zugänglich, sondern nur durch diese

---

255 Han, Ästhetik der Oberfläche, S. 10.
256 Schimma, Blickbildungen, S. 43.
257 Schimma, Blickbildungen, S. 43.
258 Schimma, Blickbildungen, S. 429.
259 Vgl. Schimma, Blickbildungen, S. 427. Zu Goethes Fokusverschiebung von der Dreidimensionalität der Plastik auf deren Oberfläche vgl. Schimma, Blickbildungen, S. 42 f.
260 WA I, 45, S. 270.
261 WA II, 11, S. 11.
262 Goethe, Maximen und Reflexionen, S. 125, Nr. 575.

erfahrbar: The »essences of things are as a matter of fact disseminated through the whole extent of time and space, it is in their spread-outness and alternation that he [= man] will enjoy them.«[263] Was sich der Erfahrung darbietet, ist »the [...] dramatic richness of the concrete world.«[264] Diese Orientierung an dem, was sich zeigt, erfordert die Suspendierung der Vorstellung, dass das, worauf es ankomme, hinter den Erscheinungen liege. Für eine derartige Perspektive plädiert James auch in seiner pragmatischen Behandlung des metaphysischen Begriffs der Substanz, die nach James zu den »Modi der ursprünglichen Substanz, die wir ›Geist‹ nennen«[265], gehört. Mit Berufung auf Berkeley fordert er, dass »der scholastische Begriff einer uns unzugänglichen materialen Welt, die hinter der äußeren Welt liegt, ursprünglicher und wirklicher als diese und unumgänglich als deren Träger«[266], aufgegeben werden soll. James verpflichtet den Blick auf die Attribute, die das mit dem Substanzbegriff Bezeichnete als Tatsache konstituieren: »Hinter dieser Tatsache ist nichts.«[267] Im Kapitel »The Consciousness of Self« beschreibt James in *The Principles of Psychology* das Konzept der Seele als eine Variante des metaphysischen Konzepts der Substanz, das zur Bezeichnung dessen dient, was über die Phänomene hinausgeht: »It is, in fact, with the word Soul as with the word Substance in general. [...] A phenomenon would not itself be, we insist, unless there were something more than the phenomenon. To the more we give the provisional name of Substance.«[268] Demgegenüber bedarf es nach James – wie nach Goethe – keiner Hypostasierung eines »Mehr«, es genügen die Erscheinungen an sich: »The phenomena are enough«[269]. In der kruden Realität der Erscheinungen liegt die ganze Wahrheit: »[T]he bare existence of the phenomena is the total truth.«[270] Dahinter ist nichts: »In the order of existence, behind the facts, for us there is *nothing*.«[271]

Dass James' Fokus auf die nackte Existenz der Phänomene als Wahrheit *in* der Erscheinung von der Lektüre Goethes bzw. seines Umkreises herrührt, wird dabei auch durch das Konzept indiziert, das James im Kapitel »The Consciousness of Self« als mögliche Alternative zum Begriff der Seele (als individuelle Substanz) ins Spiel bringt: »I find the notion of some sort of *anima mundi* [...] to be a more

---

263 James, The Sentiment of Rationality, S. 61.
264 James, The Sentiment of Rationality, S. 61.
265 James, Der Pragmatismus, S. 53.
266 James, Der Pragmatismus, S. 55.
267 James, Der Pragmatismus, S. 54.
268 James, Principles of Psychology, Vol. I, S. 346.
269 James, Principles of Psychology, Vol. I, S. 346.
270 James, Principles of Psychology, Vol. I, S. 346.
271 James, Notes for Philosophy 20c, S. 302. [Herv. i. O.]

promising hypothesis, despite its difficulties, than that of a lot of absolutely individual souls.«[272] Mit der Umbenennung seines 1803 publizierten Gedichts *Weltschöpfung* in *Weltseele* trägt Goethe seinem Studium der naturphilosophischen Schriften Schellings Rechnung.[273] Dessen Schrift *Von der Weltseele, eine Hypothese der höhern Physik zur Erklärung des allgemeinen Organismus*, die auf Goethes *Versuch die Metamorphose der Pflanzen zu erklären* Bezug nimmt,[274] hat Goethe im Juni 1798 rezipiert.[275] Die von Goethe zu dieser Lektüre in den *Annalen* festgehaltene Notiz akzentuiert abermals die ›Äußerlichkeit‹ eines der Natur immanenten Prinzips, das sich in den Erscheinungen konkretisiert: »Wir sahen sie [= die Weltseele] nun in der ewigen Metamorphose der Außenwelt [...] verkörpert.«[276]

Mit Sybille Krämer kann die von Goethe und James praktizierte und propagierte Orientierung an dem, was den Sinnen offenbar ist, als Modus eines Weltzugangs verstanden werden, der sich anhand eines »aisthetisierenden Performanzkonzepts«[277] fassen lässt. Als Kennzeichen dieses Zugangs erweisen sich insbesondere der Fokus auf »Materialität und Körperlichkeit«[278] sowie die »Rehabilitierung des Oberflächengeschehens«[279]. Die von Krämer unter anderem an Wittgenstein ausgemachte »morphologische« Orientierung kann als paradigmatische Einlösung eines derartigen – durch »*Oberflächenbezug*«[280] und Anerkennung der »Somatizität«[281] der Erscheinungen charakterisierten – Weltzugangs gelesen werden: »Die morphologische Einstellung geht nicht hinter die Phänomene. Was immer von Bedeutung ist, liegt offen zutage [...]. Daher bezieht sich das morphologische Verfahren auf die Erscheinungen, so wie sie sind. Wittgenstein zitiert hier Goethe: ›Man suche nur nichts hinter den Phänomenen: sie selbst sind die Lehre.‹«[282] Krämers Charakterisierung des auf Goethe rekurrierenden Ansatzes von Wittgenstein kann auch für James gelten, zumal, wie Russell B. Goodman herausstellt, »this movement against what lies hidden and towards that which lies

---

272 James, Principles of Psychology, Vol. I, S. 346.
273 Vgl. dazu etwa den Kommentar in HA 1, S. 648.
274 Vgl. Schelling, Von der Weltseele, S. 244 f.
275 Vgl. WA III, 2, S. 210 f. Vgl. dazu auch Ho, Schelling, S. 623.
276 WA I, 35, S. 79. Zu Goethes Schellling-Studien vgl. auch WA III, 2, S. 210 f. Zur Beziehung zwischen Goethe und Schelling vgl. ausführlicher Weissberg, Weimar and Jena.
277 S. Krämer, Performanz – Aisthesis, S. 141.
278 S. Krämer, Performanz – Aisthesis, S. 135.
279 S. Krämer, Performanz – Aisthesis, S. 135.
280 S. Krämer, Kehrseiten der Performanz, S. 163. [Herv. i. O.]
281 S. Krämer, Kehrseiten der Performanz, S. 164.
282 S. Krämer, Sprache, Sprechakt, Kommunikation, S. 113. Vgl. dazu auch S. Krämer, Kehrseiten der Performanz, S. 163. Zu Wittgensteins Zitation der Maxime Goethes vgl. Wittgenstein, Bemerkungen über die Philosophie der Psychologie, S. 163, § 889.

in plain view«[283] sich nicht nur als kennzeichnend für Wittgenstein erweist, sondern als »equally characteristic of James«[284].

7.7 Experiment als Exploration

Die für Goethe wie James charakteristische Fokussierung auf das, was sich zeigt, deren antimetaphysische Vorbehalte gegen das, was vermeintlich hinter den Dingen oder ihnen zugrunde liegt, geht mit einer für beide geltenden spezifischen Konzeption des Experiments einher. Im Unterschied zu Konzeptionen des Experiments unter dem Primat der Theorie, in denen Experimente als kontrollierende, manipulierende oder repräsentierende Instanzen sensorisch unzugänglicher (theoretischer) Gesetze verstanden werden, erscheint das Experiment bei Goethe und James gleichsam unter dem Primat der Praxis und Poiesis, als ein durch die komplexe Phänomenalität und das schöpferische Potenzial praktischer Vollzüge geprägtes Geschehen. Die Implikationen dieser Konzeption experimenteller Praxis treten besonders deutlich vor dem Hintergrund des von Hermann von Helmholtz und seinen Nachfolgern vertretenen Konzepts des Experiments zutage, wie es indirekt in Helmholtz' (früher) Goethe-Rezeption und James' Helmholtz-Kritik sichtbar wird.[285]

In seinem 1853 gehaltenen Vortrag *Goethe's naturwissenschaftliche Arbeiten* qualifiziert Helmholtz Goethes naturwissenschaftliche Praxis als Ergebnis der Übertragung seiner auf die äußere Erscheinung ausgerichteten künstlerischen Haltung in den Bereich der Naturforschung. Nicht nur Goethes Dichtung, auch seine morphologischen Studien und seine Farbenlehre werden, so Helmholtz, durch seine Ansicht geprägt, »daß die Natur kein Geheimnis habe, was sie nicht irgendwo dem aufmerksamen Beobachter nackt vor die Augen stelle.«[286] Dass für

---

283 Goodman, What Wittgenstein learned from William James, S. 349.
284 Goodman, What Wittgenstein learned from William James, S. 349.
285 Zu Helmholtz' frühen physiologischen Experimenten und den dabei angewandten instrumentellen und quantitativen Methoden und Techniken vgl. insbesondere Olesko/Holmes, Experiment, Quantification, and Discovery. Zu Helmholtz' kritischer Rezeption von Goethes naturwissenschaftlichen Arbeiten vgl. Böhler, Naturwissenschaft und Dichtung bei Goethe, S. 316 f. Zu Helmholtz' »growing appreciation of Goethe's possible relevance to science« vgl. Barnouw, Goethe and Helmholtz, S. 45. Zu James' Kritik an Helmholtz' Konzept der Wahrnehmung vgl. James, Are We Automata, S. 38–61. James charakterisiert Helmholtz dabei als den von den Kant'schen Philosophen bejubelten »great experimental corroborator of their master's views.« (James, Are We Automata, S. 48.)
286 Helmholtz, Goethe's naturwissenschaftliche Arbeiten, S. 14. Helmholtz zitiert hier Goethe (vgl. FA I, 17, S. 20).

Goethe »die Natur ihre Geheimnisse von selbst darlegen müsse, dass sie die durchsichtige Darstellung ihres ideellen Inhalts sei«[287] – dass mithin das, was sich offenbart, alles ist, was zählt –, kontrastiert nach Helmholtz gerade mit der der Naturwissenschaft zugeschriebenen Suche nach den verborgenen Gesetzen, die die Erscheinungen fundieren, generieren oder strukturieren. Helmholtz vergleicht Goethes Haltung mit der des »kunstsinnige[n] Hörer[s] einer Tragödie«[288], der sich dem hingibt, was sich auf der Bühne ereignet, dessen Blick aber nicht hinter die Kulissen dringt. Dem teilnehmenden Beobachter einer theatralen Performanz stellt Helmholtz sein Ideal eines naturwissenschaftlichen Experimentators gegenüber. Dieser agiert gleichsam als Regisseur, dem es darum geht, »die Hebel, Stricke und Rollen zu entdecken, welche, hinter den Kulissen arbeitend, diese regieren«[289], um sie im experimentell inszenierten Naturschauspiel souverän zu manipulieren. Goethes »kunstsinnige« Haltung erscheint Helmholtz in der Naturforschung als »grundfalsch. Denn eine Naturerscheinung ist physikalisch erst dann vollständig erklärt, wenn man sie bis auf die letzten ihr zugrunde liegenden [...] Naturkräfte zurückgeführt hat.«[290] In Goethes ästhetischem Zugang zur Natur(forschung) sieht Helmholtz dementsprechend auch dessen als unwissenschaftlich verstandene Polemik gegen Newtons Konzeption des Versuchs begründet.[291]

Der Unterschied in der Konzeption des Experiments zwischen Newton und Goethe kann mit Friedrich Steinle als »theorieorientiertes«[292] versus »exploratives Experimentieren«[293] charakterisiert werden. Der Begriff ›Theorie‹ zur Spezifizierung experimenteller Praxis wird dabei in Anlehnung an den heute noch geläufigen Gebrauch des 19. Jahrhunderts verwendet, »dem zufolge ›Theorien‹ die Erscheinungen durch Rückgriff auf hinter der Erscheinungsebene liegende, mikroskopische Entitäten erklären«[294]. Theoretisches Experimentieren, so ließe sich ausführen, hat primär demonstrative oder repräsentative Funktion, es zielt darauf ab, eine vorab formulierte Theorie bzw. die sie konstituierenden Theoreme zu verifizieren oder zu falsifizieren. Naturwissenschaftliche Wirklichkeit und Experiment werden dabei in ein Abbildungsverhältnis gestellt. Das Experiment dient dazu, die hinter den Phänomenen angenommenen Gesetze zur Erscheinung

---

287 Helmholtz, Goethe's naturwissenschaftliche Arbeiten, S. 20.
288 Helmholtz, Goethe's naturwissenschaftliche Arbeiten, S. 18.
289 Helmholtz, Goethe's naturwissenschaftliche Arbeiten, S. 27.
290 Helmholtz, Goethe's naturwissenschaftliche Arbeiten, S. 21.
291 Vgl. Helmholtz, Goethe's naturwissenschaftliche Arbeiten, S. 15.
292 Steinle, »Das Nächste ans Nächste reihen«, S. 151.
293 Steinle, »Das Nächste ans Nächste reihen«, S. 151.
294 Steinle, »Das Nächste ans Nächste reihen«, S. 152.

zu bringen. Es operiert – wie Goethe an Newton kritisiert – mit Theorie als Voraussetzung,[295] nicht als Ergebnis der Forschung. Das Problem der Newton'schen Methode besteht nach Goethe dabei darin, dass die theoretischen Prämissen nicht als solche reflektiert und Begriffe (als Tatsachen) ontologisiert werden. So kennzeichnen Newtons Experimentalanordungen nach Goethe unter anderem »Propositionen, welche das immer wiederholt festsetzen, was zu beweisen wäre; Theoreme, die solche Dinge aussprechen, die niemand schauen kann«[296], eine »künstliche und willkürliche Stellung und Entstellung«[297] der natürlichen Phänomene durch den Einsatz technischer Apparate und der »Schein einer mathematischen Behandlung, womit er das Ganze aufzustutzen wußte.«[298]

Dem steht die von Goethe praktizierte Methode des explorativen Experimentierens gegenüber, das sich an den konkreten Phänomenen orientiert und sich für das in der Prozessualität und Dynamik des Experimentiergeschehens angelegte Potenzial der Erkenntnisgenerierung offen hält. Es handelt sich dabei, wie Steinle argumentiert, um ein Verfahren, das »nicht in erster Linie an spezifische historische Traditionen, sondern eher an bestimmte epistemische Konstellationen geknüpft ist.«[299] Wie Steinle an verschiedenen Beispielen aus der Wissenschaftsgeschichte demonstriert, dient exploratives Experimentieren nicht zur Überprüfung von Theorien, sondern zur Orientierung, konzeptuellen Ordnungsstiftung und Bildung theoretischer Ansätze.[300] Die Aktualität dieser Art der experimentellen Praxis wird von Schimma akzentuiert, wenn sie »Goethes Versuchsbegriff in die Nähe von neueren experimentalwissenschaftlichen Ansätzen [rückt], die unter Bezeichnungen wie *science in the making, science in action, new experimentalism* oder *science in the context* bekannt wurden«[301] – Ansätzen, die, wie sich mit Falko Schmieder konstatieren lässt, aus einer »Neuausrichtung der Wissenschaftsgeschichte im Zeichen des *practical* bzw. *procedural turn*«[302] hervorgegangen sind.

Während Steinle an Helmholtz' (später) Goethe-Rezeption eine Transformation seiner Konzeption des Versuchs ausmacht, die sich in einer Anerkennung der von Goethe praktizierten explorativen Methode niederschlägt,[303] hebt James in

---

295 Vgl. LA I, 5, S. 1–3, § 2, 6, 8.
296 LA I, 5, S. 3, § 8.
297 LA I, 5, S. 3, § 6.
298 LA I, 5, S. 3, § 7.
299 Steinle, »Das Nächste ans Nächste reihen«, S. 155.
300 Vgl. Steinle, »Das Nächste ans Nächste reihen«, S. 151–157.
301 Schimma, Blickbildungen, S. 64.
302 Schmieder, ›Experimentalsysteme‹ in Wissenschaft und Literatur, S. 17.
303 Vgl. Steinle, »Das Nächste ans Nächste reihen«, S. 156 f.

seiner Kritik an den experimentellen Verfahren in der Tradition der physiologischen Psychologie Helmholtz' Aspekte hervor, wie sie Goethe an Newtons Konzeption des Experiments kritisch herausstellt. Im Kapitel »The Methods and Snares of Psychology« kritisiert James in *The Principles of Psychology* an den zeitgenössischen Methoden der experimentellen Psychologie, wie sie in Deutschland praktiziert wird, die Mathematisierung und Atomisierung des untersuchten Phänomens sowie die Technizität des Instrumenteneinsatzes: »[A] microscopic psychology has arisen in Germany, carried on by experimental methods, asking of course every moment for introspective data, but eliminating their uncertainty by operating on a large scale and taking statistical means.«[304] Neben Gustav Fechner und anderen repräsentiert für James insbesondere der Helmholtz-Schüler Wilhelm Wundt diese experimentelle Forschungsrichtung der physiologischen Psychologie. Ihm folgten »younger experimental psychologists, bent on studying the *elements* of the mental life, dissecting them out from the gross results in which they were embedded, and as far as possible reducing them to quantitative scales.«[305] Wie Goethe an Newton die Akkumulation künstlich generierter, dekontextualisierter und disparater, mathematisch aufbereiteter Daten kritisiert, spricht sich James gegen die statistisch-mathematischen Methoden der experimentellen Psychologie aus. Die durch die eingesetzten (Mess-)Geräte in die Experimentalanordnung induzierte Artifizialität – Goethe kritisiert Newtons diffizile Manipulation des Lichts durch den technischen Versuchsaufbau und die Ausschaltung ›natürlicher‹ Bedingungen[306] – beanstandet auch James, wenn er die Vertreter der experimentellen Psychologie als »these new prism, pendulum, and chronograph-philosophers«[307] charakterisiert. Die vermeintlich exakten Labormessungen vermögen, wie James in seiner Korrespondenz mit dem 1894 an die Universität Berlin berufenen Professor für Philosophie und Direktor des dortigen psychologischen Labors, Carl Stumpf, schreibt, die *conditio humana* nicht zu fassen: »For of what laboratory experiments made with brass instruments can one say that they have opened an entirely new chapter in human nature, and led to a new method of relieving human suffering?«[308] James erteilt der Technizität und Quantifizierung im psychologischen Experiment eine Absage: »[T]he thought of psychophysical experimentation, and altogether of brass-instrument- and algebraic-formula psychology fills me with horror.«[309]

---

304 James, Principles of Psychology, Vol. I, S. 192.
305 James, Principles of Psychology, Vol. I, S. 192.
306 Vgl. dazu insbesondere LA I, 5, S. 6, § 18.
307 James, Principles of Psychology, Vol. I, S. 193.
308 James, To Carl Stumpf. Cambridge, Mass, Jan. 24. 94. In: Corr 7, S. 486.
309 James, To Carl Stumpf. Bad-Nauheim, 10. Sept. 1899. In: Corr 9, S. 38 f.

Wie Goethe bei Newton nicht nur die Konzeption des Experiments, sondern auch die damit einhergehende atomistische Konzeption des zu untersuchenden Phänomens, wie es sich in der Korpuskulartheorie des Lichts darstellt, für unzulänglich erklärt,[310] geht auch James' Kritik an der experimentellen Psychologie mit der Kritik an dem von dieser vertretenen Elementarismus einher. Der Atomisierung des psychischen Prozesses sucht James, wie Rand B. Evans herausarbeitet, durch eine funktionale Perspektive und einen phänomenologisch orientierten Zugang entgegenzuwirken. Diese Haltung zum Experiment situiert ihn in der Tradition Goethes und in Opposition zu Helmholtz und Wundt: »James's functionally oriented approach, one that looked at mental functions rather than the summation of elementary experiences, and his reliance on a form of phenomenalistic introspection put him much more in the line of Goethe, Hering, and Brentano than in that of John Stewart Mill, Helmholtz, and Wundt.«[311] Die von James favorisierte Konzeption des Experiments sucht – wie das von Goethe praktizierte »explorative Experimentieren« – der Prozessualität naturwissenschaftlicher Phänomene gerecht zu werden: »It was a method of demonstration dealing with ongoing processes rather than a method of control and manipulation.«[312] Es ist eine Art des Experimentierens, durch die das Werden des phänomenalen Objekts, die Metamorphose der Pflanze oder der unaufhaltsame *stream of consciousness*, der naturwissenschaftlichen Beobachtung zugänglich gemacht werden kann.

---

310 Vgl. dazu Mandelartz, Goethe, Newton und die Wissenschaftstheorie, S. 265 f.
311 Evans, William James, *The Principles of Psychology*, and Experimental Psychology, S. 441.
312 Evans, William James, *The Principles of Psychology*, and Experimental Psychology, S. 441.

8 Zur Ethik des poetischen Pragmatismus

Das folgende Kapitel konturiert Positionen Goethes und James' zur Ethik, wie sie von einer als pluralistisch konzipierten Wirklichkeit nahegelegt werden. Der erste Teil skizziert den Stellenwert der Kontingenz und das ihr zugewiesene Handlungspotenzial in James' und Goethes Konzeption von (fiktionaler) Wirklichkeit als Bedingung ethischen Handelns und in ihrer Bedeutung für eine als pluralistisch charakterisierbare Ethik. Deren zentrale Implikationen werden im zweiten Teil umrissen. In der James'schen (Meta-)Ethik spielen – wie in der Epistemologie des poetischen Pragmatismus – der pragmatische Glaube und das Experiment (als Spiel) eine zentrale Rolle.

Unter implizitem Bezug auf Kants Umkehrung des traditionellen Verhältnisses von Theologie und Ethik, wie sie in *Faust* in der metadiegetischen Konstruktion des Dramas narrativ umgesetzt wird, entwirft James eine Ethik, in der sich Gott als Folge und nicht als Grund des – pragmatischen – Glaubens erweist. Dessen Wirkmächtigkeit bezieht sich nicht primär auf die Transzendenz, sondern wird in seiner lebenspraktischen Bedeutsamkeit sichtbar. Der pragmatische Glaube fungiert zudem, wie für James allgemein in der Konstitution von Wissen, als regulatives Prinzip seiner Meta-Ethik, die er an der experimentellen Literatur (Goethes) auszurichten sucht, und deren spezifischer Experimentalismus durch Goethes *Wahlverwandtschaften* literarisch präfiguriert wird. Der Roman inszeniert nicht nur eine Konzeption von Ethik als Experiment, sondern führt auch die Verstrickung des als Experimentators und Ethikers agierenden Erzählers in das von ihm beobachtete moralische Experimentalsystem vor. Damit antizipiert Goethe James' meta-ethische Auffassung von der irreduziblen epistemischen Perspektivität des Ethikers und dessen unhintergehbarer Situiertheit in dem von ihm untersuchten System. James' Qualifizierung der experimentellen Literatur als Paradigma und Organon der Ethik schließt, wie im letzten Teil herausgearbeitet wird, auch und gerade die nicht-propositionalen Dimensionen des Literarischen ein. An diesen treten – wie an den *Wanderjahren* gezeigt wird – ethische Implikationen des Ästhetischen zutage, die den von James geforderten pluralistischen Moralismus in seiner Relevanz für eine als kontingent und kompliziert konzipierte Wirklichkeit zu veranschaulichen vermögen. Gleichzeitig erlaubt eine Perspektive auf die *Wanderjahre*, die die Heterogenität, Brüche und Inkonsistenzen dieses Romans in ihren Konsequenzen für Goethes Ethik berücksichtigt, die Korrektur von Lektüren, die Goethes Morallehre unkritisch im Primat der Praxis verorten und dabei die für Goethes Konzept der Praxis kennzeichnende Offenheit und Ambivalenz übersehen. Mit ihrer Verschränkung des Ethischen und Ästhetischen und der Anerkennung der sich im Ästhetischen insbesondere auch auf der Ebene

https://doi.org/10.1515/9783110639155-008

der Form äußernden Pluralität, Heterogenität und Partikularität lassen sich Goethes und James' Positionen zur Ethik darüber hinaus als Vorläufer einer postmodernen »Ästhet/hik«[1] im Sinne Wolfgang Welschs verstehen.

8.1 Zum ethischen Handlungsspielraum der Kontingenz

In seinem Beitrag *The Dilemma of Determinism* entwirft James, wie Peter Vogt zusammenfasst, »ein theoretisches Plädoyer [...] für eine Welt von Möglichkeiten, für eine Ontologie von Unbestimmtheiten, für eine Auffassung von Welt, in der sich Wirklichkeit und Möglichkeit stets verschränken«[2]. Die pragmatisch relevante Differenz zwischen Determinismus und Indeterminismus dreht sich, wie James argumentiert, um die Kategorie der Möglichkeit. Im Fall des Determinismus ist diese ausgeschlossen: »Im Schoße der Zukunft liegen keine zwiefachen Möglichkeiten verborgen«[3]. Im Fall des Indeterminismus erscheint sie als Bedingung des Wirklichen: Der Indeterminismus »bestätigt [...] unsere gewöhnliche naive Anschauung der Dinge, wonach die Wirklichkeiten in einem ausgedehnteren Meere von Möglichkeiten schwimmen«[4]. Die Intervention von Möglichkeiten unterscheidet das pluralistische Prozessuniversum des Pragmatismus vom monistischen »Blockuniversum«[5] des Absolutismus: »In unserer Welt gibt es Möglichkeiten; in der absoluten Welt, wo alles, was nicht ist, von Ewigkeit her unmöglich war, und wo alles, was ist, mit Notwendigkeit ist, da gibt es für die Kategorie der Möglichkeit keine Anwendung.«[6] Die Unbestimmtheit des pluralistischen Universums bedingt Möglichkeiten, die erst einen Handlungsspielraum eröffnen. Nur in einer Welt, die nicht, wie jene des Theismus und Szientismus, durch absolute Notwendigkeit strukturiert ist, in einer Welt, die von Möglichkeiten getragen wird, die »im Werden«[7] und deren Ende ›offen‹ ist, kann sich die Wirklichkeit als »in hohem Grade bildsam«[8] erweisen. In diesem Sinn erscheint Kontingenz auch als Voraussetzung für ethisches Handeln;[9] die Emanzipation vom göttlichen oder

---

1 Welsch, Ethische Konsequenzen der Ästhetik, S. 255.
2 Vogt, Kontingenz und Zufall, S. 275 f.
3 James, Das Dilemma des Determinismus, S. 127.
4 James, Das Dilemma des Determinismus, S. 127.
5 James, A Pluralistic Universe, S. 39.
6 James, Der Pragmatismus, S. 170.
7 James, Der Pragmatismus, S. 164.
8 James, Das Dilemma des Determinismus, S. 123.
9 ›Kontingenz‹ wird im Folgenden, der vorherrschenden Tendenz im gegenwärtigen Theoriediskurs entsprechend, weitgehend synonym mit ›Zufall‹ verwendet. Zur Gleichsetzung der beiden

naturwissenschaftlichen Determinismus erweist sich als Bedingung der pluralistischen Wirklichkeit wie der ihr angemessenen pragmatistischen Ethik.

Eine derartige Absage an den Determinismus kennzeichnet auch Goethes Zugang zur Wirklichkeit. Wie Theo Buck anhand der Strophe »TYXH, Das Zufällige«[10] aus Goethes Zyklus *Urworte. Orphisch* argumentiert, widersetzt sich das Konzept der *tyche* bei Goethe einer Identifikation mit »Fatum« oder »Schicksal«: »Determinismus hatte keinen Platz in G[oethe]s Weltbild.«[11] Vielmehr verweist *tyche* auf einen Komplex aus Notwendigem und Möglichem, der sich aus dem »Wechselspiel eigener Zwecksetzungen mit den faktisch vorgegebenen«[12] ergibt. Eine analoge Einsicht in die Kontingenz der Wirklichkeit und die dadurch generierten Optionen findet sich am Ende des ersten Buchs der *Lehrjahre*,[13] wo Wilhelm vom unbekannten Emissär der Turmgesellschaft das Konzept einer kontingenten Welt als jene »Vorstellungsart«[14] präsentiert wird, die »zu unserem Besten gereicht«[15]. Kontingenz wirkt als intrikates Element der Welt: »Das Gewebe dieser Welt ist aus Notwendigkeit und Zufall gebildet«[16]. Der Zufall konstituiert eine Tat-Sache, er eröffnet Handlungsspielräume und Gestaltungsmöglichkeiten. Er erscheint als Voraussetzung der Poiesis: Qua Zufall hat »[j]eder [...] sein eigen Glück unter den Händen, wie der Künstler eine rohe Materie, die er zu einer Gestalt umbilden will.«[17] Die Wirklichkeit, der eine Ethik gerecht werden muss, stellt sich, wie Goethe im ersten Heft der Reihe *Zur Morphologie* über seine Kulturstudien festhält, als ein Bereich dar, der »von Notwendigkeit und Willkür, von Antrieb und Wollen, von Bewegung und Widerstand«[18] gekennzeichnet ist. Derart bilden die »Sitten der Völker«[19] ein »drittes [...], was weder Kunst noch Natur, sondern beides zugleich ist, notwendig und zufällig, absichtlich und blind.«[20]

Begriffe in der zeitgenössischen Philosophie vgl. Vogt, Kontingenz und Zufall, S. 64; zur *differentia specifica* der beiden Begriffe vgl. Vogt, Kontingenz und Zufall, S. 64 ff.

10 HA 1, S. 359.

11 Buck, Urworte. Orphisch, S. 359.

12 Buck, Urworte. Orphisch, S. 359.

13 Nach Hartmut Böhme handelt es sich bei *Wilhelm Meisters Lehrjahre* um den »ersten großen modernen Roman der Kontingenz«. (Böhme, Goethes Skulptur *Agathé Tyche*, S. 222.)

14 FA I, 9, S. 423.

15 FA I, 9, S. 423.

16 FA I, 9, S. 423.

17 FA I, 9, S. 424. Diese prinzipielle Bildsamkeit des Materiellen impliziert bei Goethe aber nicht, dass sich dieses restlos dem Willen des Menschen fügt. Der Zufall ermöglicht zwar die Kreativität, aber nicht die unumschränkte Autonomie und Omnipotenz des Homo faber (vgl. dazu auch Böhme, Goethes Skulptur *Agathé Tyche*, S. 235 f.).

18 LA I, 9, S. 62.

19 LA I, 9, S. 62.

20 LA I, 9, S. 62.

In *Shakespeare und kein Ende* bestimmt Goethe die spielerische Gestaltbarkeit der Zufälle als Signum der Moderne. In seiner Kontrastierung der antiken und modernen Kultur bzw. Dichtung wird Erstere mit dem »Whistspiel«[21], Letztere mit dem »Lhombre und ähnlichen Spielen«[22] verglichen. Der Unterschied besteht in den jeweiligen Handlungsspielräumen, die »die Form des Spiels, verbunden mit dem Zufalle,«[23] den einzelnen Spielern überlässt. Muss man beim Whistspiel »bei gegebenen Mit- und Gegenspielern, mit den Karten, die [...] in die Hand kommen, eine lange Reihe von Zufällen lenken, ohne ihnen ausweichen zu können«[24], so findet »beim Lhombre und ähnlichen Spielen [...] das Gegenteil Statt«[25] – man kann mit den Zufällen spielen:

> Hier sind meinem Wollen und Wagen gar viele Türen gelassen; ich kann die Karten, die mir zufallen, verleugnen, in verschiedenem Sinne gelten lassen, halb oder ganz verwerfen, vom Glück Hülfe rufen, ja durch ein umgekehrtes Verfahren aus den schlechtesten Blättern den größten Vorteil ziehen, und so gleichen die Art Spiele vollkommen der modernen Denk- und Dichtart.[26]

Während beim Whistspiel, das Goethe als Paradigma der antiken Kultur und Dichtung setzt, die Dimension des Sollens dominiert, so erlaubt das mit der Moderne assoziierte L'hombre dem Wollen größere Freiheiten. Das Sollen – sei es durch die Vernunft (als »Sittengesetz«[27]) oder die Natur (als »Gesetz[] des Werdens, Wachsens und Vergehens, des Lebens und Todes«[28]) dem Menschen auferlegt – herrscht unumschränkt: »alles Sollen ist despotisch.«[29] Der aus der Autorität Gottes wie der Gewalt der Natur entlassene Mensch der Moderne verfügt im Unterschied dazu über größere Freiheiten, allerdings um den Preis der Angst: Das »Wollen [...] ist der Gott der neuern Zeit; ihm hingegeben, fürchten wir uns vor dem Entgegengesetzten«[30]. Hierin liegt nicht nur die kulturelle Differenz zur Antike, gattungsgeschichtlich geht es dabei auch um die Transformation der durch die Diskrepanz zwischen Sollen und Vollbringen charakterisierten Tragödie der Antike zu dem die Diskrepanz zwischen Wollen und Vollbringen charakteri-

---

21 FA I, 19, S. 642.
22 FA I, 19, S. 643.
23 FA I, 19, S. 642.
24 FA I, 19, S. 642f.
25 FA I, 19, S. 643.
26 FA I, 19, S. 643.
27 FA I, 19, S. 643.
28 FA I, 19, S. 643.
29 FA I, 19, S. 643.
30 FA I, 19, S. 643.

sierten Drama der Moderne. James bezeichnet in seinem Tagebuch, Goethes *Shakespeare und kein Ende* paraphrasierend, dementsprechend »the disproportion between duty + performance«[31] als Merkmal der antiken Tragödie und »the disproportion [...] between will + performance«[32] als Spezifikum des modernen Dramas. Als dessen repräsentatives Exempel kann *Faust* gelten – nach Jochen Schmidt ist es »die unüberbrückbare Kluft zwischen Wollen und Vollbringen«[33], was das »eigentlich Tragische«[34] dieses Dramas ausmacht.

In Goethes spezifischer Gestaltung der stofflichen Vorgabe mutiert *Faust* von einer Moralität zu einem ›Spiel‹ (im Spiel im Spiel).[35] Mathias Mayer erklärt das Unberechenbare – die Tatsache, dass in diesem Drama »die Vorgänge der Berechnung immer wieder zum Scheitern verurteilt sind, daß Kalkulationen und Geschäfte sich dem Willen ihrer Vertragspartner entziehen, daß etwas anderes als das Geplante ins Spiel kommt und sogar die Regie übernimmt«[36] – »zu den Bedingungen der Möglichkeit«[37] dieses Dramas. Es sind insbesondere die Wetten, die jede metaphysische Fundierung aufheben, sie konstituieren Leerstellen, die das Einfallstor der Kontingenz bilden.[38] Die Wette, auf die sich der Herr in der Rahmenhandlung einlässt, exponiert selbst die transzendente Ordnung »im Himmel« als lückenhaft. Dabei stellt aber Mayer heraus, dass »der Herr [...] zum Herrn des Wettspiels«[39] wird, wobei die Asymmetrie zwischen dem Herrn und Mephisto in der Überlegenheit (der Gnade) des Ersteren gründet. Der Herr, so könnte man sagen, stattet Mephisto durch die Wette mit Möglichkeiten aus, weiß aber im Voraus, dass er am Ende gewinnen wird.

In der dem Himmel diegetisch untergeordneten Welt ist die mit der Wette zwischen Faust und Mephisto eingeführte Ungewissheit folgenreicher. Die Substitution des traditionellen Pakts durch die Wette in der Welt der Binnenhandlung bedingt, wie Géza von Molnár hervorhebt, dass »die Gewißheit kausaler Folgerichtigkeit der Ungewißheit weicht, die Erfolg oder Mißerfolg allen menschlichen Handelns bis zuletzt in Frage stellt.«[40] Die Wetten induzieren in die fiktionale Welt eine Unbestimmtheit, durch die das Ursache-Folge-Schema der traditionellen

---

31 James, Diary 1, S. 52.
32 James, Diary 1, S. 52.
33 J. Schmidt, Goethes *Faust*, S. 58.
34 J. Schmidt, Goethes *Faust*, S. 58.
35 Zu den diegetischen Ebenen vgl. etwa Hartmann, Goethes Musiktheater, S. 394.
36 Mayer, Absurdität, Zufall, Gnade, S. 82.
37 Mayer, Absurdität, Zufall, Gnade, S. 82.
38 Vgl. dazu auch Mayer, Absurdität, Zufall, Gnade, S. 92.
39 Mayer, Absurdität, Zufall, Gnade, S. 88.
40 Molnár, »Die Wette biet' ich«, S. 29.

Plot-Struktur des *Faust*-Stoffs außer Kraft gesetzt wird; die Handlung entfaltet sich als serielle Reihung von Episoden, die ihren Ausgang bis zum Schluss offen lassen. Die Ungewissheit, die mit den Wetten eingeschleust wird, macht das Drama zum (Glücks-)Spiel, wie mit Sybille Krämers Überlegungen zum Spiel argumentiert werden kann. Offenheit ist eine seiner notwendigen Eigenschaften: »Ohne ungewissen Ausgang, auch kein Spiel.«[41] Mit *Faust* transponiert Goethe die Logik des Glücksspiels ins Medium des dramatischen Spiels.

So akzentuiert denn etwa auch Michael Holquist in seiner *Faust*-Lektüre die Differenz zwischen der Logik des in der *Faust*-Tradition üblichen Pakts, der »a logic of contractual law«[42] einschließt, und der von einer Wette induzierten Logik: »A wager [...] is a *contest*, ludic precisely in the sense that by entering its structure, one may win or lose: to wager is knowingly to enter the universe of contingency.«[43] Sich auf eine Wette einzulassen, bedeutet eine Zustimmung zu der »intervention of chance«[44]. Auch Pierre Bertaux stellt an *Faust* die Bedeutsamkeit der Wette heraus – als Spiel: »Wenn hinter der Faust-Tragödie eine Idee steckte [...] dann wäre es die Idee der Wette. [...] Nun aber: die Wette ist kein Pakt, sondern ein Spiel.«[45] Die Wetten als (Glücks-)Spiel eröffnen den Figuren des dramatischen Spiels überhaupt erst einen Spielraum.

Mit seiner spezifischen Makrostruktur kann *Faust* das Paradigma abgeben für die von James vorgenommene Verschränkung von Vorsehung und Zufall, die Vogt als »ganz neuartige und [...] äußerst faszinierende theoretische Perspektive«[46] erscheint, in der der Glaube an die Providenz und die Autarkie des Zufalls einander gerade nicht ausschließen. Vermittelt wird diese Perspektive von James durch einen Vergleich, in dem – wie in *Faust* – ein Gott als Mitspieler in Erscheinung tritt. In dem »Schachspiel«[47], das James in seinem Beitrag *The Dilemma of Determinism* als Vergleich für die Logik der pluralistischen Wirklichkeit dient, repräsentiert Gott nach James »den erfahrenen Spieler«[48], der »uns endlichen, frei-handelnden Wesen«[49] am Schachbrett gegenübersitzt. Es ist ein Gott, der nicht alles im Überblick hat, seine Perspektive ist beschränkt, aber er weiß, dass er am Ende gewinnen wird:

---

41 S. Krämer, Die Welt – ein Spiel, S. 243.
42 Holquist, Gambling with Kant, S. 64.
43 Holquist, Gambling with Kant, S. 65. [Herv. i. O.]
44 Holquist, Gambling with Kant, S. 65.
45 Bertaux, Gar schöne Spiele spiel' ich mit dir, S. 221 f.
46 Vogt, Kontingenz und Zufall, S. 275.
47 James, Das Dilemma des Determinismus, S. 160.
48 James, Das Dilemma des Determinismus, S. 161.
49 James, Das Dilemma des Determinismus, S. 160.

> Er kann [...] die einzelnen thatsächlichen Züge seines Gegners nicht genau voraussehen. Er kennt jedoch alle Züge, die ihm überhaupt möglich sind, und er weiß im voraus, wie er einen jeden derselben durch einen eigenen Zug, der ihn selbst dem Siege näher bringt, zu erwidern hat. Und unfehlbar tritt sein Sieg ein – gleichviel nach was für einem Umwege [...].[50]

Dass sich das Spielgeschehen derart gestaltet, ist dadurch bedingt, dass dieser Gott – wie jener des *Faust* – bis zu einem gewissen Grad auch den Zufall zulässt. Er hat die Welt auch mit Möglichkeiten ausgestattet, die sich seiner Verfügungsmacht entziehen. James wendet sich an den Leser:

> Wenn Sie annehmen, daß Gott die Welt nicht nur mit Wirklichkeiten, sondern auch mit Möglichkeiten ausstattet, daß sich sein Denken, ganz wie das unsrige, in diesen beiden Kategorien bewegt, dann kann es »Zufälle« geben, die auch von ihm nicht kontrolliert werden, dann kann der Lauf der Welt thatsächlich unbestimmt sein, und dennoch kann das Ende aller Dinge so ausfallen, wie er es von aller Ewigkeit her vorausbestimmt hat.[51]

Wie auch Vogt an diesem Gedankenexperiment hervorhebt, konfiguriert James hier Vorsehung (*providentia Dei*) und Zufall (*contingentia naturae*) derart, dass der Glaube an die Vorsehung und die Anerkennung des Zufalls derart miteinander verschränkt sind, dass die Providenz zwar »nicht den Verlauf des Spiels im Detail bestimmen, sondern nur dessen endgültiges Resultat«[52] festlegen kann. Beim Sieger von James' Schachspiel handelt es sich – wie beim Gott des *Faust* – um einen Spieler, der zwar nicht Allwissenheit (*praescientia*) oder restlose Vorbestimmung (*praedestinatio*) verkörpert, der aber »den Zufall doch stets zu übertrumpfen«[53] vermag.

Dabei tritt James für »das Wort ›Zufall‹ mit seiner eigenartigen Negativität«[54] ein. »Zufall« (»chance«) erweist sich bei James als »der Begriff einer offenstehenden ›Möglichkeit‹«[55]. Im Unterschied zum euphemistischen Begriff der »Freiheit« (»freedom«) aber respektiert »Zufall« die Freiheit der Dinge: »Wer dieses Wort [= Zufall] anstatt ›Freiheit‹ gebraucht, verzichtet ein für allemal auf den Anspruch, die Dinge, welche er frei nennt, zu kontrollieren. [...] Es ist ein Wort der *Ohnmacht* und deshalb das einzige aufrichtige Wort, welches wir anwenden können, wenn wir es mit dem Zugeständnis der Freiheit an gewisse Dinge ehrlich meinen und wirklich auf Sicherheit unserseits verzichten.«[56] Im Kontext einer

---

50 James, Das Dilemma des Determinismus, S. 160 f.
51 James, Das Dilemma des Determinismus, S. 160.
52 Vogt, Kontingenz und Zufall, S. 278 f.
53 Vogt, Kontingenz und Zufall, S. 279.
54 James, Das Dilemma des Determinismus, S. 159.
55 James, Das Dilemma des Determinismus, S. 125.
56 James, Das Dilemma des Determinismus, S. 159. [Herv. i. O.]

»Poetik der Gabe«[57], wie sie Peter Brandes an Goethes *Faust* ausmacht und die Mathias Mayer angesichts der vom »Herrn« gewährten »Gnade, die über Gabe und Gegengabe hinausreicht«[58], in Richtung einer »Ästhetik (und Ethik) der Verausgabung«[59] erweitert sehen möchte, erscheint es als bedeutsam, dass James eine begriffliche Spezifizierung des »Zufalls« ins Spiel bringt: Der »Begriff des Zufalls [ist] im Grunde genau dasselbe [...], wie der Begriff des Geschenkes; jenes ist einfach ein tadelnder, dieses ein lobender Name für etwas, worauf wir keinen wirklichen *Anspruch* haben.«[60]

Wie in *Faust* betritt Gott auch in *Pragmatism* als Mitspieler die Bühne: In einem Gedankenexperiment evoziert James eine dem *fiat* vorangehende Urszene, in der der Mensch über den Anfang (als Tat) der Schöpfung zu entscheiden hat. James lässt den Urheber der Welt mit einem Angebot an den Menschen herantreten. Was er zu bieten hat, ist »eine Welt [...], deren Erlösung keine Gewißheit ist, eine Welt, deren Vollkommenheit nur eine bedingte sein wird«[61]. Gott bürgt nicht mehr für die Kohärenz einer Welt, die in einer metaphysischen Ordnung aufgehoben wäre. Die radikale Unberechenbarkeit der Welt gilt es auszuhalten, oder das Angebot ihrer Entstehung abzulehnen:

> Suppose that the world's author put the case to you before creation, saying: »I am going to make a world not certain to be saved, a world the perfection of which shall be conditional merely, the condition being that each several agent does its own ›level best.‹ I offer you the chance of taking part in such a world. Its safety, you see, is unwarranted. It is a real adventure, with real danger, yet it may win through. It is a social scheme of co-operative work genuinely to be done. Will you join the procession? Will you trust yourself and trust the other agents enough to face the risk?«[62]

James beantwortet die entscheidende Frage positiv – mit Zitation der Worte Fausts und Mephistos, die den Abschluss ihrer Wette besiegeln: »We would [...] accept the offer—›Top! und schlag auf schlag!‹«[63] Diese Antwort transformiert den Sprechakt des fiktiven Urhebers der Welt: Aus einem Angebot wird eine Wette. Damit geht es nicht mehr nur darum, das Angebot der Teilhabe an der Schöpfung der Welt anzunehmen, sondern diese durch die Art der Teilhabe auch zu »erlösen«. Mit seiner Antwort rückt James dieses ethische Projekt in den Kontext der

---

57 Brandes, Goethes *Faust* – Poetik der Gabe.
58 Mayer, Absurdität, Zufall, Gnade, S. 86.
59 Mayer, Absurdität, Zufall, Gnade, S. 86.
60 James, Das Dilemma des Determinismus, S. 136. [Herv. i. O.]
61 James, Der Pragmatismus, S. 186.
62 James, Pragmatism, S. 139.
63 James, Pragmatism, S. 139 f. Vgl. FA I, 7.1, S. 76, V. 1698.

von Kant in dem – von Goethe emphatisch rezipierten – Abschnitt »Vom Meinen, Wissen und Glauben« der *Kritik der reinen Vernunft* formulierten Konzeption des Glaubens, als dessen »Probirstein«[64] das Wetten gilt.[65] James' spezifische Konzeption des Glaubens zehrt, so scheint es, trotz der prinzipiellen Kritik am Apriorismus der *Kritik der reinen Vernunft* von der Kant'schen Erkenntnistheorie – wie sie in spezifischer Gestaltung auch in Form von Goethes *Faust* vorliegt.

8.2 Ethik in actu

8.2.1 Zur Wirkmächtigkeit des Glaubens im Kontext einer pluralistischen Ethik

Im Unterschied zum ›Meinen‹, das Kant als »ein mit Bewußtsein sowohl subjectiv als objectiv unzureichendes Fürwahrhalten«[66], und zum ›Wissen‹, das er als »sowohl subjectiv als objectiv zureichende[s] Fürwahrhalten«[67] definiert, wird das Glauben als »subjectiv zureichend und [...] zugleich für objectiv unzureichend gehalten«[68]. Während in allen Bereichen, in denen aufgrund apriorischer Erkenntnis absolute Gewissheit herrscht – Kant nennt als Beispiele die Mathematik und die Sittlichkeit –, Meinen und Glauben als Stufen des Fürwahrhaltens ausgeschlossen sind (da man in Urteilen aus reiner Vernunft nur *wissen* kann), erweist sich das Glauben in praktischer Hinsicht nach Kant in zwei Fällen als besonders bedeutsam.

Den ersten Fall erläutert Kant am Beispiel eines Arztes, dessen Handeln gerade dort besonders notwendig ist, wo keine absolute Gewissheit über eine Diagnose herrscht. Der Arzt orientiert sich an den Symptomen und wählt die Mittel zur Kur aufgrund seines nur subjektiv zureichenden Fürwahrhaltens, das, so lange sich die Diagnose nicht durch Heilung bestätigt hat, dem Zufall und der Ungewissheit ausgesetzt ist. Kant nennt »dergleichen zufälligen Glauben, der aber dem wirklichen Gebrauche der Mittel zu gewissen Handlungen zum Grunde liegt, den pragmatischen Glauben.«[69] Den zweiten Fall illustriert Kant am Beispiel der Frage nach der Bewohntheit anderer Planeten. Es handelt sich dabei um einen Glauben, der zwar mit aller Überzeugung und Vehemenz vertreten werden kann, der aber – da die Überprüfbarkeit außerhalb der menschlichen Erfahrung liegt –

---

64 Kant, Critik der reinen Vernunft, S. 852.
65 Zu Goethes Rezeption dieses Abschnitts vgl. Molnár, Goethes Kantstudien, S. 93 ff.
66 Kant, Critik der reinen Vernunft, S. 850.
67 Kant, Critik der reinen Vernunft, S. 850.
68 Kant, Critik der reinen Vernunft, S. 850.
69 Kant, Critik der reinen Vernunft, S. 852.

in der Empirie weder bewahrheitet noch widerlegt werden kann. Kant nennt ihn »den doktrinalen Glauben«[70] und zählt dazu insbesondere auch die »Lehre vom Daseyn Gottes«[71]. Auch wenn diese beiden Formen des Glaubens auf objektive Gültigkeit und daher Gewissheit keinen Anspruch erheben können, so erweist sich ihr Fürwahrhalten in subjektiver Hinsicht als wirkmächtig, und zwar aufgrund der »Leitung, die mir eine Idee giebt, und den subjectiven Einfluß auf die Beförderung meiner Vernunfthandlungen, die mich an derselben festhält, ob ich gleich von ihr nicht im Stande bin, in spekulativer Absicht Rechenschaft zu geben.«[72]

Während es für das Wissen, das »auf der Uebereinstimmung mit dem Objecte«[73] beruht, die Möglichkeit der Mitteilung ist, die den »Probirstein des Fürwahrhaltens«[74] darstellt, ist es im Bereich des pragmatischen und des doktrinalen Glaubens – wo das Objekt einer möglichen Übereinstimmung entweder erst als Ergebnis eines auf dem Glauben beruhenden Handelns sich einstellen kann oder (trotz allen Glaubens) in der Erfahrung gar nicht zur Erscheinung gebracht werden kann – das Wetten, das als »Probierstein«, an dem sich die Festigkeit des Fürwahrhaltens bewähren kann, fungiert. In den von Goethe markierten Worten Kants: »Der gewöhnliche Probirstein: ob etwas bloße Ueberredung, oder wenigstens subjective Ueberzeugung, d. i. festes Glauben sey, was jemand behauptet, ist das Wetten.«[75]

Zumal Fausts Überzeugung von der Unmöglichkeit der Erfüllung seines Begehrens innerhalb der Grenzen der Empirie theoretisch nicht verifizierbar ist, steht bei Fausts Wette, wie Molnár darstellt, das auf dem Spiel, was Kant als doktrinalen Glauben bezeichnet: »A bet [...] made explicitly on the strength of a belief that challenges all possible experience to disprove it is a straight-forward version of doctrinal belief.«[76] Die Rechtmäßigkeit der Überzeugung Fausts – oder jener seines Gegenspielers – kann nur praktisch erwiesen werden.[77] Die durch die Wette initiierte Probe impliziert dabei, dass Fausts »Streben [...] vom Theoretischen ins Praktische übergeleitet wird«[78]. Mit der Wette wird Faust, wie Molnár

---

70 Kant, Critik der reinen Vernunft, S. 853. Zur Markierung durch Goethe vgl. Molnár, Goethes Kantstudien, S. 285.

71 Kant, Critik der reinen Vernunft, S. 854.

72 Kant, Critik der reinen Vernunft, S. 855.

73 Kant, Critik der reinen Vernunft, S. 848.

74 Kant, Critik der reinen Vernunft, S. 848.

75 Kant, Critik der reinen Vernunft, S. 852. Zur Markierung durch Goethe vgl. Molnár, Goethes Kantstudien, S. 284.

76 Molnár, Hidden in Plain View, S. 42.

77 Vgl. Molnár, »Die Wette biet' ich«, S. 32.

78 Molnár, »Die Wette biet' ich«, S. 37.

betont,[79] auf den von Kant dargelegten Ausweg geführt, durch den »die nicht zu dämpfende Begierde, [...] über die Grenzen der Erfahrung hinaus irgendwo festen Fuß zu fassen«[80], eine praktische Bewährung finden kann. Dies erfolgt nach Kant »auf dem einzigen Wege, der ihr [= der Vernunft] noch übrig ist, nemlich dem des practischen Gebrauchs, [wo] besseres Glück für sie zu hoffen seyn«[81] kann. Mit der von der Wette aufgegebenen Richtung vollzieht Faust nach Molnár den Schritt von dem, was Kant »den Weg der bloßen Spekulation«[82] nennt, hin zu dem »Wege [...] des practischen Gebrauchs«[83].

Faust vollzieht dabei eine Wende, wie sie mit James als eine Wende vom subjektiven oder gnostischen zum objektiven oder praktischen Weg verstanden werden kann. Ersterer besteht in der »Vertiefung des theoretischen Verständnisses für das, was das Gute und das Böse ihrer inneren Natur nach sind.«[84] Es ist dabei »nicht das *Thun*, sondern das *Erkennen* des Guten und Bösen«[85], worauf es ankommt. Auf diesem Weg ist das »Leben nur ein einziges langes Mahl vom Baume der *Erkenntnis*«[86]. In der Literatur entspricht diesem Weg nach James die von der Romantik eingeschlagene Richtung.[87] Demgegenüber plädiert James für die als »altmodisch«[88] bezeichnete »Philosophie des objektiven Handelns«[89]. Sie zeigt den »praktische[n] [...] Weg«[90] an, wie er nach James durch Thomas Carlyle repräsentiert wird.[91] Was diesen Weg auszeichnet, ist, wie sich mit Kant formulieren ließe, die Einsicht in die Grenzen der reinen Vernunft in Angelegenheiten, die das betreffen, was sich der Empirie entzieht. In den Worten James': »Es ist die Anerkennung von Grenzen, die unserem Verstande gesetzt sind, von Dingen, die uns fremd und undurchsichtig bleiben.«[92]

---

79 Vgl. Molnár, Hidden in Plain View, S. 42.
80 Kant, Critik der reinen Vernunft, S. 824.
81 Kant, Critik der reinen Vernunft, S. 824. Zur Markierung durch Goethe vgl. Molnár, Goethes Kantstudien, S. 275.
82 Kant, Critik der reinen Vernunft, S. 824.
83 Kant, Critik der reinen Vernunft, S. 824. Vgl. Molnár, Hidden in Plain View, S. 42.
84 James, Das Dilemma des Determinismus, S. 143.
85 James, Das Dilemma des Determinismus, S. 143. [Herv. i. O.]
86 James, Das Dilemma des Determinismus, S. 143. [Herv. i. O.]
87 Vgl. James, Das Dilemma des Determinismus, S. 150.
88 James, Das Dilemma des Determinismus, S. 153.
89 James, Das Dilemma des Determinismus, S. 153.
90 James, Das Dilemma des Determinismus, S. 152.
91 Vgl. James, Das Dilemma des Determinismus, S. 152.
92 James, Das Dilemma des Determinismus, S. 153.

Wie Kant in dem von Goethe markierten Abschnitt »Von dem letzten Zwecke des reinen Gebrauchs unserer Vernunft«[93] darlegt, kann die Bestrebung der Vernunft, »sich in einem reinen Gebrauche und vermittelst bloßer Ideen zu den äußersten Grenzen aller Erkenntniß hinaus zu wagen [...] einzig und allein auf ihr practisches Interesse gegründet«[94] werden. Dabei betrifft, wie Kant an einer von Goethe mit einem Randstrich versehenen Stelle dieses Abschnitts anführt, die »Endabsicht, worauf die Spekulation der Vernunft im transcendentalen Gebrauche zuletzt hinausläuft [...] drei Gegenstände: die Freiheit des Willens, die Unsterblichkeit der Seele, und das Dasein Gottes.«[95] Da man nach Kant »von allen Entdeckungen, die hierüber zu machen seyn möchten, doch keinen Gebrauch machen kann, der in concreto, d. i. in der Naturforschung, seinen Nutzen bewiese [...], so würde ihre Wichtigkeit wol eigentlich nur das Practische angehen müssen.«[96]

James' »praktischer Weg« zur Ethik impliziert, wie es scheint, einen Zugang, durch den das »Dasein Gottes« nicht, wie bei Kant, eine Sache des doktrinalen, sondern des pragmatischen Glaubens ist. Die (nach Kant auf spekulativem Weg unergründliche) Idee Gottes, der Kant zwar eine befördernde Funktion in »Vernunfthandlungen« zugesteht, die er aber (aufgrund ihrer empirischen Unergründbarkeit) als Objekt des pragmatischen Glaubens ausschließt, wird bei James zur Sache eines (pragmatischen) Handelns, das das Objekt des Glaubens (mit) hervorbringt. Der Glaube erweist sich als Voraussetzung für die Verwirklichung dessen, woran geglaubt wird. So zeigt James in *The Will to Believe* auf, dass »*der Glaube an eine Thatsache bei der Hervorbringung dieser Thatsache mitzuwirken vermag.*«[97] Als Gradmesser für die Festigkeit des Glaubens kann die Bereitschaft gelten, auf Grundlage dieses Glaubens zu handeln: »Glauben heißt etwas für richtig halten, hinsichtlich dessen in theoretischer Hinsicht noch Zweifeln möglich ist; und da der Prüfstein des Glaubens in der Willigkeit zum Handeln besteht,

---

93 Kant, Critik der reinen Vernunft, S. 825. Zur Markierung durch Goethe vgl. Molnár, Goethes Kantstudien, S. 276.
94 Kant, Critik der reinen Vernunft, S. 825.
95 Kant, Critik der reinen Vernunft, S. 826.
96 Kant, Critik der reinen Vernunft, S. 277 ff. Die letzte Stelle ist von Goethe mit einem Randstrich versehen (vgl. Molnár, Goethes Kantstudien, S. 277). Eine praktische Begründung für den Glauben liefern auch die »Bekenntnisse einer schönen Seele« in den *Lehrjahren*. Das Objekt des Glaubens wird durch die Praktiken verbürgt, zu denen er Anlass gibt: »Warum sollte er [= mein Glaube] nicht einen göttlichen Ursprung, nicht einen wirklichen Gegenstand haben, da er sich im praktischen so wirksam erweiset. Werden wir durchs praktische doch unseres eigenen Daseins selbst erst recht gewiß, warum sollten wir uns nicht auch auf eben dem Wege von jenem Wesen überzeugen können, das uns zu allem Guten die Hand reicht?« (FA I, 9, S. 792.)
97 James, Der Wille zum Glauben, S. 26. [Herv. i. O.]

so kann man sagen, der Glaube bestehe in der Bereitwilligkeit, für eine Sache zu handeln, deren glücklicher Ausgang nicht im voraus garantiert ist.«[98] Mithin hat der »Glaube die Bedeutung einer Hypothese, mit der man operiert«[99]. Bei beiden, sowohl der wissenschaftlichen wie der religiösen Hypothese, wird dem Glauben eine für die Wirklichkeit konstitutive Funktion zugedacht. Am Ausgangspunkt seines Essays *The Moral Philosopher and Moral Life* betont James, dass in »beiden Fällen [...] die Hypothesen, die wir jetzt einstweilen bilden, und die Handlungen, zu denen sie uns anleiten, zu den unentbehrlichen Bedingungen«[100] sozialer und wissenschaftlicher Ordnungen zählen. Eine analoge Entsprechung zwischen der religiösen und wissenschaftlichen Hypothese stellt auch Goethe heraus. Dabei ist es die synthetisierende und produktive Funktion der Hypothese, die ihre Wirkmächtigkeit in der Moral wie der Wissenschaft ausmacht:

> [E]ine Hypothese erhebt die Seele und gibt ihr die Elasticität wieder, welche ihr einzelne zerstückte Erfahrungen gleichsam rauben. Sie sind in der Naturlehre, was in der Moral der Glaube an einen Gott [...] ist. Diese erhabenen Empfindungen verbinden in sich alles, was übrigens gut in dem Menschen ist, heben ihn über sich selbst weg und führen ihn weiter, als er ohne sie gekommen wäre.[101]

Die von Kant angeführte »practische Nothwendigkeit«[102], die zur Einsetzung eines »weisen Weltregierers«[103] führt, wird von James weiter gedacht, indem er die pragmatische Methode auf die ›Gottes-Hypothese‹ zur Anwendung bringt und nach den Konsequenzen fragt, die das Postulat eines Gottes impliziert. Dabei kann die religiöse Hypothese nur reüssieren, wenn sie, gemäß der pragmatischen Methode, einen Unterschied macht. Es geht dabei, wie James in einer Fußnote in *The Will to Believe* anmerkt, um eine Differenz im Handeln.[104]

---

98 James, Das Rationalitätsgefühl, S. 98.

99 James, Das Rationalitätsgefühl, S. 103.

100 James, Der Moralphilosoph und das sittliche Leben, S. 164.

101 WA II, 10, S. 205 f.

102 Kant, Critik der reinen Vernunft, S. 846.

103 Kant, Critik der reinen Vernunft, S. 846. Zur Markierung dieser Stelle durch Goethe vgl. Molnár, Goethes Kantstudien, S. 280.

104 »Die ganze Verteidigung des religiösen Glaubens dreht sich um das Handeln. Wenn das Handeln, wie es von der religiösen Hypothese diktiert oder inspiriert wird, sich auf keine Weise von dem unterscheidet, welches von der naturalistischen Hypothese diktiert wird, dann ist der religiöse Glaube völlig überflüssig und wird besser ausgemerzt; ein Streit um seine Berechtigung ist dann nur ein Stück müßiger Spielerei« (James, Der Wille zum Glauben, S. 32, Anm. 1).

8.2.2 Zur asymmetrischen Relation von Religion und Ethik

Der Glaube (»faith«) bildet nach James »a formative factor in the universe.«[105] Gott erscheint unter dieser Perspektive nicht als Schöpfer, sondern – wie in *Faust* – als Geschöpf des Menschen.[106] Das »dreifache Präludium«[107], das dem Drama Fausts vorgeschaltet ist, lässt den Gott des Dramas als Erfindung des (idealistischen) Dichters des »Vorspiels« (der seinerseits als Schöpfung des Dichters der »Zueignung« figuriert) in Erscheinung treten.[108] Wie der »Herr« als ›Schöpfung‹ des Dichters aus dem »Vorspiel auf dem Theater« dargestellt wird, weist James den Menschen als Urheber Gottes aus. Für James ist es nicht länger, wie im Genesis-Narrativ, »Gott, der Herr«[109], der den Menschen macht und ihm »Lebensatem«[110] einhaucht, sondern, wie James unter Rekurs auf die biblische Bildsprache formuliert, »Gott selbst saugt vielleicht Lebenskraft und Lebenssteigerung aus unserem Glauben.«[111] Gott erweist sich in der Version James' nicht als Grund, sondern als Folge des Glaubens. Michael Hampe akzentuiert diese spezifische Heteronomie Gottes in der Konzeption James': »Gott als geglaubter und gewusster wird abhängig vom Glauben und Wissen der Einzelwesen und von der Kreativität der Welt.«[112]

Wie Goethe kann sich James mit seiner Inversion von Gott und Welt auf Kant berufen, auch wenn Gott dabei gerade nicht (wie bei Kant) als transzendente Größe fungiert, sondern (wie bei Goethe) als immanentes Prinzip. Ethische Normen werden bei Kant nicht länger im Dasein Gottes als deren vermeintlicher Urheber gegründet, vielmehr bilden sie die Voraussetzung dafür, dass Gott als solcher eingesetzt wird. Bereits bei Giambattista Vico deutet sich, wie mit Rekurs auf eine Studie Peter Königs zur *Scienza Nuova* argumentiert werden kann, eine gleichsam poetische De-Ontologisierung Gottes an. Das »Zusammenbestehen von Vorsehung und Freiheit«[113] wird, so König, von Vico derart rekonfiguriert, dass Erstere als »Teil der von den frommen Dichtern hervorgebrachten *phantasmata*«[114] erscheint, die »dem Bedürfnis der Menschen nach Rettung«[115] entspringen.

---

105 James, Some Problems of Philosophy, S. 113.
106 Vgl. dazu auch Hingst, Perspektivismus und Pragmatismus, S. 283: »Der Mensch wird bei James zum Schöpfer Gottes.«
107 J. Schmidt, Goethes *Faust*, S. 47.
108 Vgl. J. Schmidt, Goethes *Faust*, S. 57.
109 Die Bibel, S. 6, Gen. 2,4b.
110 Die Bibel, S. 6, Gen. 2,7.
111 James, Ist das Leben wert gelebt zu werden, S. 66.
112 Hampe, Erkenntnis und Praxis, S. 259.
113 König, Zum Verhältnis von *poiesis* und *praxis*, S. 260.
114 König, Zum Verhältnis von *poiesis* und *praxis*, S. 260.

Vicos Konzeption der Vorsehung lässt Gott nicht als Voraussetzung, sondern als Folge der Welt sichtbar werden. Eine analoge Umstellung nimmt Kant mit seiner Re-Dimensionierung ethischer Normen vor. Kant kehrt das traditionelle Verhältnis von Ethik und Theologie bekanntlich um: »Statt einer theologischen Moral, deren sittliche Gesetze das Dasein eines höchsten Weltregierers voraussetzen, vertritt er nämlich eine Moraltheologie, die umgekehrt Überzeugung vom Dasein eines höchsten Wesens auf sittliche Gesetze gründet.«[116] Im Abschnitt »Von dem Ideal des höchsten Guts« der *Kritik der reinen Vernunft* argumentiert Kant an der einzigen in diesem Abschnitt von Goethe markierten Stelle: Der »Begriff eines einigen Urwesens«[117] darf nicht dazu verleiten, »die moralischen Gesetze selbst von ihm abzuleiten. Denn diese waren es eben, deren innere practische Nothwendigkeit uns zu der Voraussetzung einer selbstständigen Ursache, oder eines weisen Weltregierers führete, um jenen Gesetzen Effect zu geben«[118]. Die Ethik fungiert als Fundament und nicht als Derivat der Theologie. Im Abschnitt »Vom Meinen, Wissen und Glauben« wird dieses Argument wiederaufgenommen und präzisiert. In einer von Goethe mit einem doppelten Randstrich versehenen Stelle wird die intrikate Relation, auf die sich die Wirkmächtigkeit des Glaubens zurückführen lässt, herausgestellt. Glaube und Ethik erscheinen miteinander verschränkt: Der »Glaube an einen Gott und eine andere Welt ist mit meiner moralischen Gesinnung so verwebt, daß, so wenig ich Gefahr laufe, die erstere einzubüßen, eben so wenig besorge ich, daß mir der zweyte jemals entrissen werden könnte.«[119] Bei allen Versuchen Religion und Ethik auseinanderzuhalten, wird bei James, und indirekt bei Goethe, eine asymmetrische Relation zwischen Religion und Ethik etabliert, derart, dass die Religion unter die Ethik subsumiert wird.[120]

Der Glaube ist dabei praktischer Natur, seine ethische Funktion bezieht er gerade daraus, dass er – dem pluralistischen Universum angemessen –»other

---

115 König, Zum Verhältnis von *poiesis* und *praxis*, S. 261.

116 Höffe, Kants *Kritik der reinen Vernunft*, S. 295 f.

117 Kant, Critik der reinen Vernunft, S. 846. Zur Markierung dieser Stelle durch Goethe vgl. Molnár, Goethes Kantstudien, S. 280.

118 Kant, Critik der reinen Vernunft, S. 846. Zur Markierung dieser Stelle durch Goethe vgl. Molnár, Goethes Kantstudien, S. 280.

119 Kant, Critik der reinen Vernunft, S. 857. Zur Markierung dieser Stelle durch Goethe vgl. Molnár, Goethes Kantstudien, S. 288.

120 Zu dieser Konzeption von Religion als Effekt einer »reductionist analysis« von James' Religionsphilosophie vgl. demgegenüber Baggett, On a Reductionist Analysis of William James's Philosophy of Religion.

faiths«[121] einschließt. Der von Manfred Engel formulierte Befund zu der an Goethes *Wanderjahren* auszumachenden Religiosität als Epiphänomen einer in diesem Roman entworfenen »neuen Ethik« trifft auch auf James zu: »Freilich ist diese Religiosität von Transzendenzbezügen weitestgehend befreit, ist eine auf praktische Humanität reduzierte Religion.«[122] James' Rechtfertigung des religiösen Glaubens bezieht sich auf eine ihm attribuierte Wirkmächtigkeit, die sich im Diesseits lebensweltlichen Handelns durchsetzt. Die praktischen Konsequenzen der Gottes-Hypothese entfalten sich durch die/in der kollektive/n Aushandlung geteilter Normen.

Indem James nach der Wirkmächtigkeit des religiösen Glaubens fragt, verschieben sich Objekt und Ziel des Glaubens. Dieser richtet sich nicht mehr auf einen transzendenten Fluchtpunkt jenseits der Welt, sondern entfaltet seine Wirkmächtigkeit auch und gerade durch die Unhintergehbarkeit der Immanenz. Gott fungiert dabei als ein von den Menschen installierter Garant einer »eternal moral order«[123]. Denn in einer Welt, in der – wie im ersten Teil des *Faust* – »ein Gott das letzte Wort zu sprechen hat«[124], ist – wie in *Faust* – »die Tragödie nur vorübergehend und nie vollständig«[125]: In a »world with a God in it to say the last word [...] tragedy is only provisional and partial«[126].

8.2.3 Pluralistischer Moralismus

Die Teilhabe an der dem Menschen von Gott angebotenen kontingenten Welt, wie sie James im oben angeführten Gedankenexperiment in *Pragmatism* anvisiert, bedingt eine Ethik, die James als »pluralistische[n] Moralismus«[127] qualifiziert. Dabei geht es darum, dem »›Werde‹ des Schöpfers unser eigenes ›Werde‹ hinzuzufügen.«[128] Die in dem Gedankenexperiment zur Disposition stehende moralische Ordnung erweist sich als eine, die dem ethischen Handeln der Akteure nicht

---

121 »Of course it [= faith] must remain a practical and not a dogmatic attitude. It must go with toleration of other faiths« (James, Some Problems of Philosophy, S. 113).
122 Engel, Modernisierungskrise und neue Ethik in Goethes »Wanderjahren«, S. 109.
123 James, Pragmatism, S. 55.
124 James, Der Pragmatismus, S. 66.
125 James, Der Pragmatismus, S. 66.
126 James, Pragmatism, S. 55. Damit scheint auch die Frage, ob es sich bei *Faust* um eine Tragödie oder eine Komödie handelt, gleichsam pragmatistisch zugunsten der Letzteren entschieden. Zu *Faust* als Komödie vgl. etwa Borchmeyer, *Faust* – Goethes verkappte Komödie.
127 James, Der Pragmatismus, S. 188.
128 James, Der Pragmatismus, S. 187.

vorausgeht, sondern erst durch deren Kooperation konstituiert wird. Sie ko-
evolviert mit/in der sozialen Praxis.

Pluralismus impliziert dabei, wie James an anderer Stelle ausführt, »daß die
Teile der Welt sich gegenseitig durch ihr Handeln beeinflussen können, je nachdem dieses gut ist oder schlecht«[129]. In den Worten Goethes: »[A]lles, was nur
irgend einen Bezug auf einander hat, ist wirksam aufeinander«[130]. Das Subjekt ist
in einen Nexus von Praktiken eingebunden, die untereinander in Wechselwirkung
stehen und deren Interrelationalität die Verfügungsmacht des einzelnen Subjekts
immer schon überschreitet. Das Subjekt des ethischen Handelns findet sich, wie
Hetzel an der Ethik James' mit einem Zitat Hannah Arendts akzentuiert, immer
schon in einer »Praxis im Sinne [...] eines ›Bezugsgewebes menschlicher Angelegenheiten‹«[131] vor.

In diesem Bezugsgewebe anerkennt Goethe ausdrücklich das produktive
Potenzial des Irrtums. Wie er in der seinen »Maximen und Reflexionen über Literatur und Ethik«[132] vorangestellten Bemerkung »Bedenkliches« betont, muss
man »begreifen, daß ein Irrthum so gut als ein Wahres zur Thätigkeit bewegen
und antreiben kann.«[133] Die Struktur interdependenter Handlungen erscheint
dabei als Ermöglichungsbedingung des Guten, das potenziell aus dem Irrtum
realitätsstiftender Handlungen hervorgeht: »Weil nun die That überall entscheidend ist, so kann aus einem thätigen Irrthum etwas Treffliches entstehen, weil die
Wirkung jedes Gethanen in's Unendliche reicht. So ist das Hervorbringen freilich
immer das Beste, aber auch das Zerstören ist nicht ohne glückliche Folge.«[134] In
Goethes Ethik zählen nicht nur die unmittelbaren Folgen der Handlungen, deren
Güte muss sich, wie man mit James sagen könnte, ›in the long run‹ bewähren,[135]
wobei es gerade die Praxis in ihrer »Ungegründetheit« zu sein scheint, durch die
das positive Potenzial von Möglichkeiten sich entfalten kann.[136] Goethe scheint

---

129 James, Das Dilemma des Determinismus, S. 154.
130 LA I, 4, S. 86, § 231.
131 Hetzel, Praxis und praktische Vernunft, S. 120.
132 So der Titel, unter dem in der *Weimarer Ausgabe* entsprechende Aphorismen zusammengestellt sind (vgl. WA I, 42.2, S. 109–252). Die *Weimarer Ausgabe* folgt dabei der von Goethe an-
geregten Gliederung seiner Sprüche, wie sie durch eine Gesprächsnotiz Eckermanns protokolliert
wird (vgl. Goethe/Eckermann, Gespräche, S. 468). Zu dieser Aphorismen-Gruppe vgl. auch
Koopmann, Ethik, S. 281.
133 WA I, 42.2, S. 113.
134 WA I, 42.2, S. 113.
135 Es geht sozusagen um den »*Gesamtverlaufe*« des Spiels (James, Das Rationalitätsgefühl,
S. 102 [Herv. i. O.]).
136 Zum »Moment der konstitutiven Ungegründetheit im Praktischen«, durch das sich pragmatistische Praxiskonzeptionen von jenen handlungstheoretischer Ansätze (mit ihren transzen-

dabei das (auch von James aufgegriffene) aristotelische Konzept von Praxis radikalisiert zu haben. Wie Hetzel in Bezug auf James ausführt, fasst »Aristoteles [...] Praxis als den Bereich irreduzibler Kontingenz [...], in dem sich Dinge immer auch anders verhalten können.«[137] Diese Kontingenz scheint es auch zu sein, durch die sich Mephisto als ein »Teil von jener Kraft / Die stets das Böse will und stets das Gute schafft«[138], erweist. In der James'schen Konzeption des »Teufels« scheint ein ähnlicher Gedanke auf:

> Vielleicht ist der Teufel quoad existentiam gut, d. h. wenn er auch ein Prinzip des Bösen ist, so ist doch vielleicht das Universum, wenn es ein solches Prinzip enthält, besser, als es ohne dasselbe hätte sein können. Ueberall finden wir im Kleinen, daß ein gewisses Maß des Bösen eine Bedingung ist, durch welche eine höhere Stufe des Guten ermöglicht wird.[139]

Die moralische Ordnung in der Konzeption James' entbehrt eines vereinheitlichenden Systems, wie es der theologische Monismus (mitunter in der Version des absolutistischen Idealismus als herrschende und von James dekonstruierte philosophische Orthodoxie[140]) gewährleistet. In James' Vision einer idealen Ordnung zeichnet sich diese durch eine Struktur aus, die »weder Durchsichtigkeit noch einen festen Standpunkt«[141] zulässt, durch die »man nicht von einem einzigen Punkte aus den ganzen Schauplatz übersehen kann«[142]. Indem die »Welt [...] nicht als Ganzes, sondern stückweise wächst, und zwar durch die Mitwirkung ihrer einzelnen Teile«[143], kann diese auch nur »stückweise erlöst«[144] werden, wie James anhand der Antwort auf eine rhetorische Frage in *Pragmatism* ausführt:

> Bringt unsere Tat die Erlösung – nicht der ganzen Welt – aber doch desjenigen Teils hervor, auf den sich ihr Wirken erstreckt? [...] Warum nicht? Unsere Taten, unsere Tummelplätze, wo wir uns selbst zu schaffen, wo wir zu wachsen glauben, sie sind diejenigen Teile der Welt, denen wir am nächsten stehen, die Teile, von denen wir die intimste und vollständigste Kenntnis haben. [...] Warum sollten diese Teile nicht die wirklichen Tummelplätze und

---

dentalen Begründungsverfahren) unterscheiden, vgl. etwa Hetzel, Vorwort. In: Pragmatismus, S. 9.

137 Hetzel, Praxis und praktische Vernunft, S. 117.
138 FA I, 7.1, S. 64, V. 1335 f.
139 James, Das Dilemma des Determinismus, S. 140.
140 »The monistic absolutist version of idealism was James's primary target. Such philosophical theism was then quite en vogue among the intelligentsia; indeed it was arguably the reigning orthodoxy.« (Baggett, On a Reductionist Analysis, S. 431.)
141 James, Das Dilemma des Determinismus, S. 156.
142 James, Das Dilemma des Determinismus, S. 156.
143 James, Der Pragmatismus, S. 186.
144 James, Der Pragmatismus, S. 188.

> Entwicklungsstätten der Welt sein, die sie zu sein scheinen, warum nicht die Werkstätte des Seins, wo wir die Tatsache in ihrem Werden erfassen? Vielleicht entwickelt sich die Welt nirgends in anderer Art als in dieser.[145]

Die Anerkennung der Kontingenz der Welt impliziert einen »Meliorismus«[146], für den die Erlösung der Welt »weder als notwendig, noch als unmöglich«[147] erscheint. Die Erlösung erweist sich vielmehr als eine »Möglichkeit, die mehr und mehr zu einer Wahrscheinlichkeit wird, je zahlreicher die tatsächlichen vorhandenen Bedingungen der Erlösung werden«[148]. Diese Bedingungen werden nicht durch ein Transzendentes verbürgt, sondern vom sozialen Kollektiv in der konkreten, an ethischen Grundsätzen orientierten Praxis geschaffen: Was uns gegeben erscheint, ist »eine Welt [...], deren Erlösung keine Gewißheit ist, eine Welt, deren Vollkommenheit nur eine bedingte sein wird, wobei die Bedingung die ist, daß jeder, der mittut, sein Bestes tut.«[149]

8.2.4 Ethischer Experimentalismus

Für eine Welt, in der bei all der sie kennzeichnenden Notwendigkeit der Kontingenz eine eminente Rolle zugestanden wird, erweist sich eine deduktive und aprioristische Ethik nach James als unzulänglich. In seinem als Meta-Ethik ausgerichteten Beitrag *The Moral Philosopher and the Moral Life* sucht James den Nachweis zu bringen, »daß eine a priori konstruierte dogmatische Moralphilosophie ein Ding der Unmöglichkeit ist«[150]. James disqualifiziert die idealen und abstrakten Systeme des moralischen Intellektualismus als Werke von »Schulmeister[n]«[151] und »Stubenphilosophen«[152] und plädiert demgegenüber für eine Ethik, die wie die lebensweltliche und (natur-)wissenschaftliche Praxis auf der Logik des hypothesengeleiteten Experiments beruht und sich an der Literatur orientiert.[153]

Diese experimentelle Konzeption wissenschaftlicher wie ethischer Praxis bedingt eine – an Kant orientierte – Umkehrung der Dichotomien von ›belief‹

---

145 James, Der Pragmatismus, S. 184.
146 James, Der Pragmatismus, S. 183.
147 James, Der Pragmatismus, S. 183.
148 James, Der Pragmatismus, S. 183.
149 James, Der Pragmatismus, S. 186.
150 James, Der Moralphilosoph und das sittliche Leben, S. 164.
151 James, Der Moralphilosoph und das sittliche Leben, S. 185.
152 James, Der Moralphilosoph und das sittliche Leben, S. 185.
153 Vgl. James, Der Moralphilosoph und das sittliche Leben, S. 164.

(*doxa*) und ›knowledge‹ (*episteme*), wie sie apriorische Fundierungsversuche der Epistemologie seit Parmenides und Platon kennzeichnen. Der Glaube (als ›belief‹ im Sinne von unbegründetem Wissen oder bloßem ›Meinen‹) erweist sich in James' Pragmatismus nicht länger als das, was das Wissen in seiner Identität bedroht, sondern als Bedingung seiner Möglichkeit, als dessen konstitutiver und irreduzibler Faktor. Das gilt für James nicht nur im Bereich der Alltagspraxis, deren Operationen zwangsläufig auch unter Rekurs auf unbegründetes oder gar nicht begründungsfähiges Wissen erfolgen, sondern insbesondere auch im Bereich der (Natur-)Wissenschaft, der theoretischen Philosophie und der Ethik. So hätte, wie James in *The Will to Believe* argumentiert, »die Wissenschaft [...] bei weitem geringere Fortschritte gemacht, als es der Fall ist, wenn der leidenschaftliche Wunsch der einzelnen, ihren Glauben bestätigt zu sehen, nicht ins Spiel gekommen wäre.«[154] Der Glaube, der, so James in *The Sentiment of Rationality*, beim »ganzen Spiel des Lebens«[155] eingesetzt wird, erweist sich in seiner Wirkmächtigkeit auch als konstitutives Element der philosophischen Theoriebildung: »Der Glaube [...] wird stets ein Faktor bleiben, der sich aus philosophischen Konstruktionen nicht verbannen läßt, umsomehr, als er auf vielfache Weise seine eigene Bestätigung zuwege bringt.«[156]

Der Glaube, wie er in der alltäglichen Praxis und den Wissenschaften zum Einsatz kommt, wird als vorläufiges Fürwahrhalten bestimmt, das sich im Handeln zu bewähren hat. Er initiiert und strukturiert den Erkenntnisprozess, wobei es für den einzelnen Akteur, der an eine partikulare Perspektive gebunden ist, zunächst offen bleibt, ob sein Glaube im Handeln Bewährung findet. Die Bewahrheitung von Hypothesen kann nur in der/als Interaktion mit weiteren Akteuren des als »Experimentiergemeinschaft«[157] konzeptualisierten sozialen Kollektivs erfolgen, das Wirklichkeit bzw. Wissen als »Gegenstand intersubjektiver und dauerhafter Überzeugungen«[158] hervorbringt. Wissen bzw. Wirklichkeit ist dann das, was als Ergebnis eines kollektiven, die Erprobung von (individuellen) Glaubensansprüchen operationalisierenden Unternehmens entsteht.[159] Die ein-

---

154 James, Der Wille zum Glauben, S. 22.
155 James, Das Rationalitätsgefühl, S. 102.
156 James, Das Rationalitätsgefühl, S. 120. Friedrich Schlegel schreibt dem Glauben eine analoge Funktion in der Naturforschung und Ethik zu: »*Glauben* ist das Vertrauen, das Zutrauen zu sich und der Natur, daß die Ahndung zur Gewißheit werde. Dieses Vertrauen ist dem sittlich sich bildenden Menschen eben so, als dem Naturforscher nothwendig.« (F. Schlegel, Transzendentalphilosophie, S. 61. [Herv. i. O.])
157 Oehler, Die Grundlegung des Pragmatismus, S. 21.
158 H. Pape, Der dramatische Reichtum, S. 77.
159 Vgl. Oehler, Die Grundlegung des Pragmatismus, S. 17.

zelnen ›Spielzüge‹, die auf Grundlage des Glaubens (als subjektives Fürwahr-halten) gemacht werden, laufen sozusagen auf ein gemeinsames Ziel hinaus, das ›Wissen‹ heißt.

Das von James skizzierte Modell des Handelns auf Grundlage des Glaubens oder Meinens, das die Konstitution von Lebenswirklichkeit und wissenschaftli-cher wie ethischer Erkenntnis begründet und deren Ausbildung reguliert, er-scheint bei Goethe als ein gerade auch im Bereich der Naturwissenschaft uner-lässliches Prinzip der Erkenntnisgewinnung. Man muss, so Goethe in einer Maxime aus den *Heften zur Naturwissenschaft*, anerkennen, »daß man auf diesen höheren Stufen nicht *wissen* kann, sondern *thun* muß; so wie an einem Spiele wenig zu wissen und alles zu leisten ist.«[160] Wissen konstituiert sich erst, wie Goethe bezüglich seiner – metaphorisch als Spiel konfigurierten – Farbenlehre betont, durch (Inter-)Aktion. Es geht dem Tun nicht voraus, sondern aus ihm hervor. »Es ist mit der Farbenlehre wie mit dem Whist oder Schachspiel. Man kann einem alle Regeln dieses Spiels mittheilen und er vermag es doch nicht zu spielen. Es kommt nicht darauf an, jene Lehren durch Überlieferung zu lernen, man muß sie selbst machen, etwas thun.«[161] Dementsprechend gibt Goethe seinem 1791 publizierten *Ersten Stück* seiner *Beiträge zur Optik* denn auch ein Set aus 27 »ei-nem Spielwerk ähnlich sehenden *Karten*«[162] bei, anhand deren der Leser die »prismatische[n] Versuche«[163] selbst in einer »Reihe von Experimenten«[164] an-stellen kann.[165]

Welche Funktion beim (wissenschaftlichen) Spiel dem Einsatz des ungesi-cherten Wissens zukommt, wird von Goethe an einer anderen Stelle (metapho-risch konsequent) herausgestellt: »Es ist mit Meinungen, die man wagt, wie mit Steinen, die man voran im Brette bewegt: sie können geschlagen werden, aber sie haben ein Spiel eingeleitet, das gewonnen wird.«[166] Meinungen (als Spielsteine) sind das, was das Experiment (als Spiel) in Gang bringt, strukturiert und auf-rechterhält, sie können als einzelne falsifiziert bzw. ›geschlagen‹ werden, in ihrer Gesamtheit konstituieren die einzelnen Aktionen (als Spielbewegungen) aber, wie Goethe suggeriert, ein Wissen, das ›unschlagbar‹ ist, zumal, wie im Pragmatis-mus, der Ausgang eines Experiments oder Spiels als das definiert wird, »was in

---

160 Goethe, Maximen und Reflexionen, S. 85, Nr. 419. [Herv. i. O.]
161 Goethe, Unterhaltungen mit dem Kanzler Friedrich von Müller, S. 151.
162 LA I, 3, S. 26, § 63. [Herv. i. O.]
163 LA I, 3, S. 18.
164 LA I, 3, S. 26, § 63.
165 Vgl. dazu Rehm, Bild und Erfahrung.
166 Goethe, Maximen und Reflexionen, S. 25, Nr. 148.

der Letztmeinung der Gemeinschaft geistiger Wesen gedacht werden wird«[167], das Ende des Spiels also notwendigerweise mit der (durch es konstituierten) intersubjektiven Wahrheit als »Verifikation« zusammenfällt.

Dabei erweist sich Wahrheit im Pragmatismus, wie gezeigt, eben nicht als eine statische Relation, die einer Idee inhäriert, sondern deren Wahrheit wird durch ein/als Ereignis (der Bewahrheitung) realisiert: »Truth *happens* to an idea. It *becomes* true, is *made* true by events. Its verity *is* in fact an event, a process: the process namely of its verifying itself, its veri-*fication*. Its validity is the process of its valid-*ation*.«[168] Was sich gegenüber rationalistischen Traditionen im Pragmatismus ändert, ist die Position, die der Wahrheit zugewiesen wird. Im Rationalismus fungiert sie als Voraussetzung, im Pragmatismus als Ziel des Denkens und Tuns. »Wahrheit« mutiert derart von einem »terminus a quo«[169] zu einem »terminus ad quem.«[170] Diese Transformation geht mit der Dekonstruktion fundamentalistischer Prämissen, der Negation apriorischer Grundsätze und der strukturellen ›Offenheit‹, die im Pragmatismus (je)dem System (als Modell der Welt) zukommt, einher. Der Pragmatismus suspendiert absolute (Erkenntnis-)Gründe und operiert auf der Grundlage eines Glaubens, der ohne Gewissheit auskommt. Der Fokus verschiebt sich von vermeintlich letzten Gründen der Praxis auf diese selbst.

In diesem Sinn kann es nach James auch in der Ethik kein Wissen geben, das der Handlung auf Grundlage des Glaubens – an den ethischen Wert einer im Handeln zu erprobenden Norm – vorausgeht. Moralische Erkenntnisse können immer nur a posteriori formuliert werden. Sie müssen dem pragmatischen Test unterzogen werden und nur durch ihre Bewährung im Handeln verschaffen sie sich (vorläufige) Gültigkeit.

In Analogie zur empirischen Forschung kann die Ethik nach James nur vorläufiges Wissen formulieren, das der Methode der kritischen Prüfung zu unterziehen ist und daher nur ›in the long run‹ als Wahrheit befestigt werden kann: In »der Ethik kann es ebensowenig eine endgültige Wahrheit geben, wie in der Physik, bis der letzte Mensch seine Erfahrung abgeschlossen und dann seine Aussagen gemacht hat.«[171] Fragen der Ethik lassen sich nach James nicht spekulativ, sondern nur praktisch klären. In dieser Hinsicht steht James, wie Sergio Franzese darstellt, in der Tradition der etwa von Wilhelm Wundt vertretenen

---

167 Oehler, Die Grundlegung des Pragmatismus, S. 17.
168 James, Pragmatism, S. 97. [Herv. i. O.]
169 James, Der Wille zum Glauben, S. 18.
170 James, Der Wille zum Glauben, S. 18.
171 James, Der Moralphilosoph und das sittliche Leben, S. 164.

deutschen Schule einer experimentellen Ethik.[172] Für James kann es Moralphilosophie nur als Experimentalwissenschaft geben, wobei dem Ethiker allerdings keine Position außerhalb der ›Experimentalanordnung‹ zukommt:

> Moral philosophy is possible only as a critical science which takes each moral ideal as an hypothesis and each moral choice as an experiment. Moral experimentalism meets here the pragmatist notion of truth as process of verification [...]. The value of a moral belief or hypothesis is to be judged by the practical consequences it begets in the world of human relations. Ideals and judgements of value are true insofar as they turn into satisfying relations among human beings, but it is evident that the moral philosopher has no privileged role in this process.[173]

Der Ethiker kann entweder als Akteur oder Zuschauer am Experiment teilnehmen, er ist aber in jedem Fall Teil der Untersuchung.[174]

Eine vergleichbare Konzeption von Ethik als Experiment wird in Goethes *Wahlverwandtschaften* poetisch realisiert. Infrage gestellt wird dabei die Möglichkeit einer distanzierten Beobachtung des ethischen Geschehens. Vielmehr scheint der Roman die unhintergehbare affektive Verstrickung (je)des ethischen Experimentators in das (von ihm nur scheinbar kontrollierte) Versuchsgeschehen zu inszenieren.

Der Roman rekurriert, wie bereits Goethes Selbstanzeige im *Morgenblatt für gebildete Stände* vom 4. September 1809 andeutet, auf die naturwissenschaftliche Methode des Versuchs, wobei es gilt, das ursprünglich aus der Ethik entnommene und in den Bereich der Naturlehre transferierte und dort ausgearbeitete titelgebende Konzept in die Ethik zu re-importieren und deren Anwendbarkeit auf Fragen der Moral auszuloten. Die Beobachtung, »daß man in der Naturlehre sich sehr oft ethischer Gleichnisse bedient, um etwas von dem Kreise menschlichen Wissens weit Entferntes näher heranzubringen«[175], veranlasste Goethe »in einem sittlichen Falle eine chemische Gleichnisrede zu ihrem geistigen Ursprunge zurück[zu]führen«[176].

Wie Olaf Breidbach darstellt, lassen sich *Die Wahlverwandtschaften* als »*experimentum sociale*«[177] auf der Folie einer chemischen Versuchsanordnung lesen, wobei im engen »Reaktionsraum«[178] der fiktionalen Welt die vier Protagonisten

---

172 Vgl. dazu Franzese, The Ethics of Energy, S. 17.
173 Franzese, The Ethics of Energy, S. 40.
174 Vgl. Franzese, The Ethics of Energy, S. 35.
175 FA I, 8, S. 974.
176 FA I, 8, S. 974.
177 Breidbach, *Die Wahlverwandtschaften*, S. 308.
178 Breidbach, *Die Wahlverwandtschaften*, S. 295.

als »Reagenzien«[179], zwei Nebenfiguren (Mittler und der Architekt) als »Katalysatoren«[180] sowie der Autor als »Experimentator«[181] fungieren. Eine irreduzible
Kontingenz markiert aber den Unterschied zu (der idealtypischen Konzeption
von) einem chemischen Versuch: »Im Gegensatz aber zu den Kombinationen einer chemischen Reaktion bleiben die [...] Reaktionsabläufe unkontrolliert, die
Katalysatoren, gelinde gesagt, unzuverlässig. Was zu stimmen scheint, ist die
Kontrolle der Randbedingungen, das Einzirkeln eines Reaktionsraumes [...]. Es
bleibt in all dieser Bestimmtheit dabei etwas Unbestimmtes.«[182]

Was Breidbach in seiner Lektüre außer Acht lässt, ist allerdings die Rolle des
Erzählers, dem die Funktion zukommt, die Breidbach dem Autor attribuiert. Als
Experimentator geriert sich der Erzähler bereits bei der Einführung seiner Ver-
suchsobjekte, wie der berühmte Einschub des Eröffnungssatzes demonstriert. Der
Erzähler verfügt über seine Figur, indem er – sie mit einem Namen versehend –
metafiktional auf ihren (fiktionalen) Status als Objekt eines literarischen Experiments verweist.[183] Darüber, dass er mit der von ihm geschaffenen fiktionalen
Welt ein ethisches Experiment simuliert, lässt er keinen Zweifel, indem er in der
Figurenrede die experimentelle Methode, die die Figuren zur Lösung ihres ethischen Dilemmas am Ausgang des Romans zur Anwendung bringen, explizit
werden lässt.

Die Notwendigkeit einer experimentellen Prüfung der zur Disposition stehenden moralischen Handlungsmöglichkeiten ergibt sich aus der konkreten Situation, mit der die beiden Protagonisten konfrontiert sind: Der moralischen
Verpflichtung gegenüber dem Hauptmann angesichts von dessen »traurige[r]
Lage«[184], die Eduard zu bedenken gibt, stehen die Vorsätze des Paares entgegen,
die sich nur auf ihr »beiderseitiges Zusammensein bezogen«[185]. Sie sehen sich
einer – nach James für die Ethik produktiven – Situation gegenüber, die die
Transgression oder Revision bestehender Regeln deshalb einfordert, weil diese
dem je einzelnen Fall nicht (mehr) gerecht werden:

> [D]ie höchste Form des sittlichen Lebens [...] besteht jederzeit in der Übertretung von Regeln,
> welche für die Verhältnisse der Wirklichkeit zu eng geworden sind. [...] Denn jedes echte

---

179 Breidbach, *Die Wahlverwandtschaften*, S. 297.
180 Breidbach, *Die Wahlverwandtschaften*, S. 297.
181 Breidbach, *Die Wahlverwandtschaften*, S. 298.
182 Breidbach, *Die Wahlverwandtschaften*, S. 297.
183 Der prominente Eröffnungssatz des Romans lautet bekanntlich: »Eduard – so nennen wir
einen reichen Baron im besten Mannesalter – Eduard hatte in seiner Baumschule die schönste
Stunde eines Aprilnachmittags zugebracht«. (FA I, 8, S. 271.)
184 FA I, 8, S. 272.
185 FA I, 8, S. 276.

> Dilemma ist in streng buchstäblichem Sinne eine einzigartige Situation; die genaue Kombination verwirklichter und enttäuschter Ideale, welche jede Entscheidung hervorruft, bildet stets ein Universum, für welches es keinen Präcedenzfall giebt, und auf das keine bereits vorhandene Regel paßt.[186]

Das ethische Dilemma kann, wie der Erzähler an seinen Figuren zu zeigen sucht, nicht theoretisch, sondern nur praktisch gelöst werden – durch Anwendung der pragmatischen Methode. Die Figuren, die, wie Breidbach hervorhebt, »die Experimentalanlage, in die sie gesetzt sind, als solche beschreiben – und damit aus der Rolle von Versuchsobjekten heraustreten und selbst zu Beobachtern des mit ihnen Erprobten werden«[187] –, formulieren selbst den Imperativ zur praktischen Klärung ihres ethischen Dilemmas. So drängt Eduard zum Handeln: »in Gottes Namen sei der Versuch gemacht!«[188] Und schließlich sieht auch Charlotte ein: »Alle solche Unternehmungen sind Wagestücke. Was daraus werden kann, sieht kein Mensch voraus. [...] Laß uns den Versuch machen!«[189]

Die Figuren, deren Verhalten der Experimentator zu protokollieren vorgibt, entscheiden sich für eine angesichts der theoretisch unmöglich lösbaren Frage nach den spezifischen Konsequenzen konkreter ethischer Handlungen für deren experimentelle Erprobung. Dass aber am Ende des Romans (nach wie vor) keine moralische Ordnung steht, hat nicht nur mit der notwendigen Offenheit ethischer Experimente angesichts der dargestellten unhintergehbaren Kontingenz der (fiktionalen) Wirklichkeit zu tun, sondern auch mit dem Experimentator selbst. Der Erzähler kann sich nämlich aus dem von ihm Erzählten nicht heraushalten. Er verfällt einem seiner Versuchsobjekte und wird dadurch selbst immer mehr zum Teil eines ethischen Experiments: Der Erzähler mutiert im Laufe der Narration, wie Temilo von Zantwijk anmerkt, zu einem »»gefangenen Erzähler««[190], er scheint sich »zum Ende hin immer mehr von Ottilies Schönheit überwältigen zu lassen und damit den männlichen Protagonisten immer ähnlicher zu werden (er wird selber zusehends zu einer der Personen, über die er spricht).«[191] Wenn die *Wahlverwandtschaften* daher, wie Zantwijk diagnostiziert, »eine Grundsatzkritik an Konzeptionen der Autonomie oder Selbstgesetzgebung [...] in den Versionen einer Pflichtethik Kants, Schillers und Fichtes«[192] üben, dann nicht nur, indem sie

---

186 James, Der Moralphilosoph und das sittliche Leben, S. 190 f.
187 Breidbach, *Die Wahlverwandtschaften*, S. 294.
188 FA I, 8, S. 282.
189 FA I, 8, S. 256.
190 Zantwijk, Wissen sie, was sie tun, S. 265.
191 Zantwijk, Wissen sie, was sie tun, S. 265.
192 Zantwijk, Wissen sie, was sie tun, S. 276.

die Handlungstheorie normativer Ethiken kritisieren, sondern auch und gerade, indem sie eine vom Ethiker unabhängige Ethik als Bedingung der Möglichkeit einer autonomen Moral in Abrede stellen. Der Roman nimmt derart vorweg, was James in seiner Meta-Ethik ausformuliert – in den Worten von Franzese: »[T]here is no place outside the game for a moral philosopher to sit and judge«[193]. Für James »moral philosophy as an ›objective‹ and ›disinterested‹ view of the world is not possible.«[194]

8.2.5 Ethik und Ästhetik

Die Umkehrung des Abhängigkeitsverhältnisses von Religion und Ethik in der zweiten Hälfte des 18. Jahrhunderts konvergiert mit einer Neubestimmung der Relation von Ethik und Ästhetik, in der diese nicht mehr, wie seit der Antike üblich, dem Gebot der Moral unterstellt wird, sondern als autonomer Geltungsbereich neben jenen der Ethik tritt.[195] Bereits bei Goethe und später James zeichnet sich dabei ab, was Wolfgang Welsch mit seinem Konzept der »Ästhet/hik«[196] erst als für die Postmoderne charakteristisch ausweist: die »Aufmerksamkeit auf Verflechtungen des Ethischen mit dem Ästhetischen«[197]. Die spezifische – aus der Konktraktion von ›Ästhetik‹ und ›Ethik‹ gebildete – Wortprägung »Ästhet/hik« dient dabei dazu, jene »Teile der Ästhetik [zu] bezeichnen, die *von sich aus* ethische Momente enthalten«[198]. Bereits am Beginn der vermeintlichen Ausdifferenzierung und Autonomisierung der beiden Bereiche steht (bei Goethe) deren irreduzible Verschränkung. Zutage treten dabei (bei Goethe und James) ethische Implikationen des Ästhetischen, wie sie Welsch für die Ethik und Ästhetik der Gegenwart geltend macht. Die »Pluralität«[199], die Welsch als ein »Elementaraxiom[ ] modernen ästhetischen Bewusstseins«[200] deklariert, bildet nach Welsch den Ausgang für einen »Kodex ästhetischen Bewusstseins«[201], der

---

193 Franzese, The Ethics of Energy, S. 35.
194 Franzese, The Ethics of Energy, S. 35.
195 Zur Geschichte des Verhältnisses von Ethik und Ästhetik vgl. den kurzen Abriss in Welsch, Ethische Konsequenzen der Ästhetik, S. 254 f.
196 Welsch, Ethische Konsequenzen der Ästhetik, S. 255.
197 Welsch, Ethische Konsequenzen der Ästhetik, S. 254.
198 Welsch, Ethische Konsequenzen der Ästhetik, S. 255. [Herv. i. O.] Vgl. dazu auch Welsch, Ästhet/hik, S. 3–22.
199 Welsch, Ethische Konsequenzen der Ästhetik, S. 268.
200 Welsch, Ethische Konsequenzen der Ästhetik, S. 268.
201 Welsch, Ethische Konsequenzen der Ästhetik, S. 268.

unter dem Aspekt des »Spezifitätsbewusstsein[s]«[202] den Respekt vor dem Konkreten und je Einzelnen und unter dem Aspekt des »Partialitätsbewusstsein[s]«[203] die Anerkennung des Partikularen impliziert. Als eine »Ästhetik im Sinn der Gerechtigkeit gegenüber dem Heterogenen«[204] entfaltet diese postmoderne »Ästhet/hik« nach Welsch ihre ethischen Konsequenzen. Zumal dieses Heterogene sich nicht nur im Inhalt, sondern gerade auch in der Form des (Kunst-)Werks niederschlägt, lässt sich die Antizipation einer derartigen »Ästhet/hik« bereits bei Goethe und James ausmachen. ›Form‹ erscheint dabei nicht länger, wie in der traditionellen Ästhetik, als Ergebnis der Zurichtung einer komplexen Wirklichkeit durch Disziplinierung des Sinnlichen,[205] sondern als dessen Aufwertung.

James tritt, wie Hetzel herausarbeitet, für den »irreduziblen Eigensinn des Ethischen«[206] ein, wobei sich dieser bereits bei Platon und Kant »weder in einem propositionalen Wissen noch in einer Norm abbilden lässt, sondern uns in einer nie vollständig rationalisierbaren Weise gegeben ist«[207]. Moralisches Handeln lässt sich nie restlos normativ kodifizieren: »Wir handeln nicht schon dann ethisch, wenn wir unser Handeln Regeln unterstellen, sondern wenn wir uns darüber hinaus bewusst werden, dass keine Regel für sich wird beanspruchen können, die für den jeweiligen Fall einzig richtige Regel gewesen zu sein.«[208] Ethik hat sich nach James »nicht um *allgemeine* Lösungen zu bemühen, sondern um Gerechtigkeit gegenüber dem *je einzelnen Fall.*«[209] Es ist eine Perspektive auf moralisches Handeln, wie sie Goethe vorgibt: »Was ist das Allgemeine? / Der einzelne Fall. / Was ist das Besondere? / Millionen Fälle.«[210] In diesem Sinn liefert Goethe mit den *Wanderjahren*, wie Manfred Engel festhält, auch keine Ethik, die einen Anspruch auf Universalität erhebt, sondern eine Ethik, die sich darstellt als »*Kasuistik* [...], eine Sammlung von Fallgeschichten, Einzelfallstudien.«[211]

James verpflichtet den Ethiker auf gleichsam teilnehmende Beobachtung einer kontingenten und komplizierten Welt. Dass als Modell für diese Welt die Literatur (Goethes) fungiert, suggeriert James' Spezifizierung der Aufgabe des

---

202 Welsch, Ethische Konsequenzen der Ästhetik, S. 268.
203 Welsch, Ethische Konsequenzen der Ästhetik, S. 268.
204 Welsch, Ethische Konsequenzen der Ästhetik, S. 265.
205 Diese Bestimmung der Form identifiziert Welsch nicht nur an den Ästhetiken Baumgartens oder Schillers, sondern auch noch am frühen Adorno (vgl. Welsch, Ethische Konsequenzen der Ästhetik, S. 258 ff.).
206 Hetzel, Praxis und praktische Vernunft, S. 113.
207 Hetzel, Praxis und praktische Vernunft, S. 111.
208 Hetzel, Praxis und praktische Vernunft, S. 118.
209 Hetzel, Praxis und praktische Vernunft, S. 118. [Herv. i. O.]
210 Goethe, Maximen und Reflexionen, S. 121, Nr. 558.
211 Engel, Modernisierungskrise und neue Ethik, S. 102. [Herv. i. O.]

idealen Ethikers: »Der reine Philosoph kann nur den verschlungenen Fäden des Schauspiels folgen«[212]. Der pluralistischen und vertrackten Welt gilt es, so James' Forderung an den Philosophen, sowohl inhaltlich als auch formal in spezifischer Weise Rechnung zu tragen: »Seine Bücher über Ethik müssen sich daher, sofern sie das sittliche Leben wirklich berühren wollen, immer mehr mit einer Litteratur verbünden, welche mehr experimentell und suggestiv sein will als dogmatisch.«[213]

Mit seiner Verschränkung von Ethik und Ästhetik situiert sich James nicht nur im historischen Kontext der »ethisch-ästhetischen Bestrebungen«[214], die Goethe im Geleitwort zu Thomas Carlyles Schiller-Biografie als für die deutsche Tradition charakteristisch ausweist; er wird damit auch zum Vorläufer philosophischer Positionen des (Neo-)Pragmatismus, die der Literatur eine spezifische Funktion in der Ausbildung moralischer Ordnungen zuerkennen. So konstatiert Dewey in seiner 1934 publizierten Studie *Art as Experience*, dass »Imagination [...] das wichtigste Instrument des Guten«[215] darstellt. In Anlehnung an Dewey propagiert Richard Rorty in *Contingency, Irony, and Solidarity* Literatur als Medium der moralischen Sensibilisierung und sozialen Solidarisierung durch Stärkung der Vermögen von Identifikation und Imagination. Nach Rorty besteht »der wichtigste Beitrag moderner Intellektueller zum moralischen Fortschritt nicht in philosophischen oder religiösen Traktaten [...], sondern in genauen Beschreibungen (etwa in Romanen oder Ethnographien) bestimmter Formen von Schmerz und Demütigung.«[216] Während Rorty damit das ethische Potenzial der Literatur primär an ihre propositionale Dimension bindet, scheint der Goethe-Leser James insbesondere auch die nicht-propositionale Dimension literarischer Texte in ihrer Bedeutung für die Konstitution einer (Meta-)Ethik zu würdigen. Im Kontext seiner meta-ethischen Kritik an den auktorialen Omnipotenzansprüchen und gleichsam divinatorischen Anmaßungen des moralischen Absolutismus erscheint es als bedeutsam, dass es nach James der »experimentell[e]«[217] Charakter ist, der die Literatur als Organon der Ethik qualifiziert. Unter dieser Perspektive kommt der Literatur gerade auch als Modell für »ein pluralistisches [...] Universum, in dem man nicht von einem einzigen Punkte aus den ganzen Schauplatz übersehen

---

212 James, Der Moralphilosoph und das sittliche Leben, S. 189.
213 James, Der Moralphilosoph und das sittliche Leben, S. 191.
214 WA I, 42.1, S. 196.
215 Dewey, Kunst als Erfahrung, S. 401.
216 Rorty, Kontingenz, Ironie und Solidarität, S. 310.
217 James, Der Moralphilosoph und das sittliche Leben, S. 191.

kann«[218], die Funktion der moralischen Sensibilisierung – durch Einsicht in die Kontingenz von Wirklichkeit – zu.

Es ist diese Perspektive, der es auch zu bedürfen scheint, um die Komplexität der von Goethe poetisch formulierten Ethik in den Blick zu bekommen. So kritisiert etwa Henriette Herwig an der Rezeption der *Wanderjahre* »die Reduktion der Novellistik auf die Homiletik«[219] und die »moralpädagogische Instrumentalisierung«[220] des Romans, die daraus resultiert, dass die narrativen Innovationen – und hier insbesondere die mit dem Roman vorgenommene »Diskurspluralisierung«[221] – ignoriert werden. Wird die von Goethe gattungstypologisch als »Aggregat«[222] bezeichnete narrative Konstruktion demgegenüber nicht, wie in den bis in die Mitte des 20. Jahrhunderts vorherrschenden Ansätzen, als Defizit, sondern gleichsam als diskursive Simulation einer komplexen und kontingenten Wirklichkeit begriffen, verweigert der Roman die Lektüre als »Sentenzbuch«[223].

Unter dieser Perspektive fügt sich die narrative Logik des Romans nicht der traditionell vorgenommenen – mit der Hierarchie der Erzählebenen korrespondierenden – Moralisierung. Die traditionellen Lektüren, paradigmatisch der Kommentar von Erich Trunz, privilegieren nach Herwig die diegetisch übergeordnete Ebene der Rahmenhandlung und verkürzen deren »Ideengehalt«[224] auf das Moment der Entsagung, die den verschiedenen sozialen Ordnungen des Romans – »dem Oheimsbezirk, der Pädagogischen Provinz, dem amerikanischen Auswanderungsplan und dem europäischen Binnenkolonisationsprojekt«[225] – als moralische Norm zugeschrieben wird. Die Novellen der diegetisch untergeordneten Ebene erscheinen demgegenüber lediglich als das gleichsam Andere der moralischen Vernunft. Demgegenüber verweist Herwig auf den moralischen Pluralismus, der sich entfaltet, wenn die eingelagerten Novellen nicht (ihrem diegetischen Niveau entsprechend) als Supplement oder Derivat einer als »Schule der Entsagung« gefassten Ethik verstanden werden:

> Die Erzähleinlagen sind den Weltdeutungsmodellen der Rahmenhandlung nicht untergeordnet, sondern mindestens gleichgestellt. Sie sprechen nicht von dem, was überwunden werden muß, um das moralisch höhere Rahmen-Niveau zu erreichen, sondern von dem, was beim Versuch Utopien zu erreichen, auf der Strecke bleibt: von Gefühlen, Sorgen und Nöten,

---

218 James, Das Dilemma des Determinismus, S. 156.
219 Herwig, Schule der Entsagung, S. 542.
220 Herwig, Schule der Entsagung, S. 541.
221 Herwig, Schule der Entsagung, S. 541.
222 Goethe, Gespräche, Bd. 4, S. 217.
223 Herwig, Schule der Entsagung, S. 543.
224 Herwig, Schule der Entsagung, S. 540.
225 Herwig, Schule der Entsagung, S. 547.

zwischenmenschlichen Beziehungen, unkonventionellen Verbindungen, von den Wechselfällen des Lebens [...]. Sie sind nicht das zu Überwindende, sondern der Sand im programmatischen Getriebe.²²⁶

Eine Relativierung der den »Weltdeutungsmodelle[n] der Rahmenhandlung«²²⁷ zuerkannten moralischen Autorität erweist sich in den *Wanderjahren* insbesondere auch aufgrund der Ambivalenz, die im Roman der Rolle der Praxis zukommt, als geboten. Es erscheint dann nicht länger, wie etwa in der Studie Engels, möglich, den *Wanderjahren* eine »neue Ethik«²²⁸ zuzuschreiben, die unkritisch im »Primat des praktischen Handelns«²²⁹ fundiert wird. Die Anerkennung des experimentellen Charakters des Romans ermöglicht es vielmehr, den Widerspruch als strukturelles Kennzeichen und Prinzip der mit dem Roman ästhetisch formulierten Ethik zu verstehen und der mit dem Roman vorgelegten Problematisierung des Praktischen Rechnung zu tragen.

Die von Engel am »Sozialmodell des Auswandererbundes«²³⁰ ausgemachte Handlungsethik wird auf der propositionalen Ebene des Romans dezidiert herausgestellt. So heißt es über das Kollektiv der Aussiedler, dass dessen »Sittenlehre [...] ganz praktisch ist«²³¹. Deren Orientierung am Gebot des Praktischen impliziert aber auch einen signifikanten Ausschluss: »[W]er sich unbequem erweist, wird beseitigt, bis er begreift wie man sich anstellt um geduldet zu werden. Ist etwas Lebloses, Unvernünftiges in dem Falle, so wird dies gleichmäßig bei Seite gebracht.«²³² Nicht zuletzt, so eine der »Quintessenz[en]«²³³ der moralischen Ordnung des Auswandererbundes, »dulden wir keinen Juden unter uns«²³⁴. Die von Engel vorgenommene – nur unter Ausschluss dieses letzten Aspekts mögliche – Charakterisierung der am Praktischen orientierten »neuen Ethik« der *Wanderjahre* als »Therapie«²³⁵ der im Roman artikulierten »Modernisierungskrise«²³⁶ wird angesichts dessen, was die moralische Ordnung des Auswandererbundes dezidiert ausschließt, relativiert. Eine emphatische Affirmation der ethischen Ordnung des vom Auswandererbund repräsentierten Kollektivs als »ideal moral

---

226 Herwig, Schule der Entsagung, S. 545.
227 Herwig, Schule der Entsagung, S. 545.
228 Engel, Modernisierungskrise und neue Ethik, S. 87.
229 Engel, Modernisierungskrise und neue Ethik, S. 106.
230 Engel, Modernisierungskrise und neue Ethik, S. 105.
231 FA I, 10, S. 687.
232 FA I, 10, S. 688.
233 FA I, 10, S. 686.
234 FA I, 10, S. 687.
235 Engel, Modernisierungskrise und neue Ethik, S. 100.
236 Engel, Modernisierungskrise und neue Ethik, S. 100.

community«[237], wie sie etwa auch Eric Blackall anstellt, wird durch den Roman geradezu subvertiert.

Einem Zugang, der entsprechend der James'schen Interrelation von Ethik und Ästhetik gerade dem Experimentellen (in) der Narration – als Modell einer pluralistischen Wirklichkeit – eine signifikante Funktion zuweist, erschließen sich die Brüche und Inkonsistenzen, die Polyperspektivität des Romans als Analogon einer komplizierten Wirklichkeit, für die nur eine gleichsam induktive Ethik, die der Komplexität und Kontingenz dieser Welt Rechnung trägt, Orientierung bieten kann. Ein derartiger Ansatz respektiert nicht nur die Delegation der auktorialen Autorität an eine Erzählinstanz, die für sich lediglich den Status eines »Redaktors«[238], eines »Sammler[s] und Ordner[s]«[239], heterogener Lebensgeschichten beansprucht, sondern er lässt auch den Widerspruch zu, den die Anerkennung der Polyphonie des Romans mit sich bringt. So konfrontiert Steve Dowden den ›Antisemitismus‹ des Auswandererbundes mit der in der »Pädagogischen Provinz« kultivierten Wertschätzung des Judentums und erkennt am Roman einen produktiven Widerspruch,[240] dessen Effekt gerade für die mit dem Roman formulierte ›pluralistische Ethik‹ von Bedeutung ist. Der Widerspruch erscheint nämlich als produktiv, er provoziert den Dialog und verweist auf ein irreduzibles – paradigmatisch in der/durch die Literatur zutage tretendes – Kennzeichen der Wirklichkeit. Als Generator des Widerspruchs hält die Literatur »der wirklichen Welt [...] ihre Unvollkommenheiten und Mängel«[241] vor und motiviert zur Teilhabe an einer Kommunikation, die niemals restlos kalkulierbar ist.[242]

Das Konzept des Widerspruchs gilt es angesichts einer unkritischen Feier einer am Praktischen ausgerichteten Sittlichkeit in Goethes *Wanderjahren* auf den Begriff der Praxis selbst zu projizieren, zumal auch die »›faustischen‹ Projekte«[243] des Romans weniger zu einer Emphase der Praxis als zur kritischen Reflexion ihrer Implikationen Anlass geben. Die Ambivalenzen der Praxis, die Goethe nicht zuletzt auch am Tun seiner Faust-Figur konkretisiert, stehen einer naiven Affirmation des Praktischen, die dieses als Ausdruck eines dem Tun vorgängigen, intentionalen Subjekts in der Tradition des neuzeitlichen Homo faber denkt, im

---

237 Blackall, Goethe and the Novel, S. 253–254. Vgl. dazu auch Dowden, Goethe zu widersprechen, S. 54.
238 Zum Redaktor der *Wanderjahre* vgl. ausführlicher Azzouni, Kunst als praktische Wissenschaft, S. 57 ff.
239 FA I, 10, S. 690.
240 Vgl. Dowden, Goethe zu widersprechen, S. 56.
241 Dowden, Goethe zu widersprechen, S. 57.
242 Zu dieser Konzeption von Kommunikation vgl. ausführlicher das folgende Kapitel.
243 Herwig, Schule der Entsagung, S. 547.

Wege.[244] Noch lange bevor in der Historiografie des Pragmatismus dessen Instrumentalisierung bzw. Umdeutung »als faschistische Ideologie der Tat«[245] aufgezeigt und im Zeichen des *practice* bzw. *performative turn* die Sensibilität für die »demiurgische Tendenz«[246] in der aktuellen Theoriebildung zum Performativen eingeklagt wurde, inszeniert Goethe ein Konzept von Praxis, die sich einer »aktivistischen Ideologie«[247] und den Omnipotenzfantasien des radikalen Konstruktivismus in der aktuellen Performativitätstheorie entzieht. Vielmehr lassen Goethes (poetisch formulierte) Epistemologie und Ethik eine Konzeption zutage treten, die, wie man mit Hetzel feststellen könnte, nicht »Praxis auf Handlung – auf etwas, das logisch und genealogisch von einem ihr vorausgehenden und von ihr unabhängigen Subjekt dominiert bleibt«[248] – reduziert. Goethe nimmt damit eine zentrale Einsicht der gegenwärtigen Praxistheorie poetisch vorweg, die Einsicht, dass »der Praxisbegriff [...] in sich gebrochen und konstitutiv unabgeschlossen ist«[249].

---

244 Eine derartig unreflektierte Affirmation des Praktischen, die mit einer augenfälligen Ignoranz gegenüber seinen Ambivalenzen einhergeht, kennzeichnet F. C. S. Schillers 1939 publizierte *Faust*-Lektüre. Das von Faust verkörperte Tun wird als ein »Way of Salvation« propagiert, der sich – nicht zuletzt aufgrund der mit der Philosophie des *Faust* als kompatibel gedachten Eugenik (vgl. F. C. S. Schiller, Goethe and the Faustian Way, S. 139) – als anschlussfähig für nationalsozialistische Ideologeme erweist.
245 Joas, Amerikanischer Pragmatismus und deutsches Denken, S. 129.
246 S. Krämer, Performanz – Aisthesis, S. 135.
247 Joas, Amerikanischer Pragmatismus und deutsches Denken, S. 129.
248 Hetzel, Zum Vorrang der Praxis, S. 23.
249 Alkemeyer/Schürmann/Volbers, Einleitung. In: Praxis denken, S. 13.

9 Plädoyer für eine narratologische Orientierung am poetischen Pragmatismus

Am Ausgangspunkt des vorliegenden Kapitels stand eine Beobachtung: Die mit dem Attribut ›pragmatisch‹ versehenen Ansätze der Literatur- und Erzähltheorie stehen hinsichtlich ihrer Prämissen und Implikationen geradezu in Opposition zu den zentralen Tendenzen des poetischen Pragmatismus. Obwohl die Etablierung der Pragmatik als Teilbereich der Linguistik durch Charles Morris in expliziter Referenz auf die Philosophie des Pragmatismus erfolgte,[1] wird dessen philosophische Ausrichtung in der sprachwissenschaftlichen Pragmatik – der die als ›pragmatisch‹ gekennzeichneten Ansätze der Literatur- und Erzähltheorie verpflichtet sind – nicht tradiert. Mit ihren rationalistischen Prätentionen und ihren (transzendental-)logischen Begründungsansprüchen bilden die ›pragmatischen‹ Ansätze der Literatur- und Erzähltheorie vielmehr den Gegenpol zu einer vom poetischen Pragmatismus aufgegebenen Orientierung, wobei sie den Spezifika literarischer Kommunikation gerade nicht gerecht werden. Das vorliegende Kapitel plädiert daher für eine Revision der sogenannten pragmatischen Narratologie durch Rekurs auf Positionen des poetischen Pragmatismus von Goethe und James, der in seinen Grundzügen mit Ansätzen der aktuellen Performativitätstheorie konvergiert.[2]

Mit der Skizzierung der dem poetischen Pragmatismus und der Performativitätstheorie gemeinsamen Tendenzen wird ein Beitrag zur Historiografie der Theoriebildung im Zuge des *performative turn* geleistet.[3] Deren Genealogie wird dabei in einer philosophischen Tradition situiert, wie sie an John Austins ursprünglichem Theorem des Performativen zutage tritt, die in der auf Rationalisierung und Regulierung, Idealisierung und Universalisierung des Sprachgeschehens ausgerichteten Weiterentwicklung seines Ansatzes in der Sprechakttheorie aber marginali-

---

1 Vgl. Morris, Logical Positivism, Pragmatism and Scientific Empiricism, S. 4. Vgl. dazu auch Nerlich/Clarke, Language, Action, and Context, S. 135.

2 Das vorliegende Kapitel führt meinen andernorts publizierten Entwurf zu einer performativitätstheoretischen Narratologie weiter aus (vgl. Strohmaier, Entwurf zu einer performativitätstheoretischen Narratologie am Beispiel der Rahmenzyklen Goethes; vgl. allgemein dazu auch Strohmaier, Zur Performativität des Narrativen), indem diese historisch im Kontext des poetischen Pragmatismus situiert wird.

3 Zur historischen Verortung des *performative turn* in der sophistischen Rhetorik vgl. Hetzel, »Die Rede ist ein großer Bewirker«; zur Theaterwissenschaft und zur Ritualforschung um 1900 als Wegbereiter für die derzeitige Konjunktur des Performativen vgl. etwa Fischer-Lichte, Performativität, S. 15–29; zur historischen Bedeutung Wittgensteins für eine am Performativen orientierte Theorie der Kommunikation vgl. S. Krämer, Sprache, Sprechakt, Kommunikation, S. 109–134.

https://doi.org/10.1515/9783110639155-009

siert wurde. Während die bisher vorliegenden Ansätze der pragmatischen Narratologie auf Theorien der linguistischen Pragmatik basieren, die aus einer vermeintlichen Perfektionierung der von Austin anhand seiner Triade »lokutionär«/ »illokutionär«/»perlokutionär« begründeten Sprechakttheorie hervorgegangen sind, wird im Folgenden Austins initiale »performativ/konstativ«-Unterscheidung in ihren kommunikationstheoretischen Implikationen rezentriert. Damit schließt der hier vorgeschlagene Zugang an sprachphilosophische Ansätze an, die, wie etwa die Ansätze Jacques Derridas, Judith Butlers oder Sybille Krämers, eine Rückwendung zu Austins ursprünglicher, später aber von ihm verworfener Unterscheidung vollziehen und dabei Aspekte des Performativen herausstellen, die in der sprechakttheoretisch orientierten Rezeption Austins weitgehend unbeachtet blieben. Diese Aspekte aber, so die Vermutung, sind es gerade, durch die sich das Performative – nicht zuletzt auch aufgrund seiner Konvergenzen mit dem poetischen Pragmatismus – für eine Theorie des literarischen Erzählens als besonders produktiv erweisen könnte.

Der erste Teil widmet sich der pragmatischen Narratologie, wie sie aus einer Reformierung der klassischen Narratologie strukturalistischer Provenienz hervorgegangen ist. In einem kursorischen Überblick werden die kommunikationstheoretischen Grundannahmen der pragmatischen Narratologie rekapituliert und die sich an diesen abzeichnenden Tendenzen der Szientifizierung des Kommunikationsgeschehens kritisch reflektiert.[4] Infrage gestellt wird die diesen Ansätzen immanente Konzeption von Kommunikation als regelgeleitetes, intentional kontrolliertes, medienunabhängiges und effizienzorientiertes Handeln – eine Konzeption von Kommunikation, die, wie im dritten Teil gezeigt wird, durch Goethes Rahmenzyklen poetisch in Abrede gestellt wird, und zwar nicht nur durch das, was die Texte (auf der propositionalen oder konstativen Ebene) *sagen*, sondern gerade auch durch das, was sie (auf der nicht-propositionalen oder performativen Ebene) *tun*, indem sie etwas sagen.

Im zweiten Teil wird eine Rekonzeptualisierung des für die pragmatische Narratologie charakteristischen Modells von Kommunikation vorgeschlagen, wie sie durch eine Orientierung am poetischen Pragmatismus nahegelegt wird. Betont wird die Relevanz des James'schen Pragmatismus für die zeitgenössische Kommunikationstheorie, die – selbst in ihren pragmatischen Ausrichtungen – nur am

---

4 Angesichts des hier zur Verfügung stehenden Raumes versteht es sich von selbst, dass dabei nicht der Anspruch erhoben werden kann, der Komplexität und Differenziertheit der verschiedenen Ansätze innerhalb der pragmatischen Narratologie gerecht zu werden. Es soll vielmehr auf jene kommunikationstheoretischen Grundannahmen fokussiert werden, die die Theoriebildung der pragmatischen Narratologie im Allgemeinen strukturieren und die, wie argumentiert werden wird, in manchen Punkten einer Revision bedürfen.

Rande auf James referiert. Anhand von Austins Theorem des Performativen, das er bekanntlich 1955 im Rahmen der »William James Lectures« an der Universität Harvard in die Philosophie einführt, und seinen kommunikationstheoretischen Implikationen lassen sich die Perspektiven des poetischen Pragmatismus für eine Rekonzeptualisierung des Kommunikationsmodells der pragmatischen Narratologie weiter präzisieren. An der narrativen Metalepse, als literarischer Realisierung des Performativen und genuiner Wissensfigur der Fiktion, schlagen sich grundlegende Aspekte der vorgeschlagenen kommunikationstheoretischen Neuausrichtung paradigmatisch nieder.

Das epistemische Potenzial eines am poetischen Pragmatismus bzw. am Theorem des Performativen orientierten narratologischen Ansatzes wird im dritten Teil am Beispiel der Rahmenzyklen Goethes aufgezeigt. Dabei geht es nicht nur darum, die zuvor konturierte Orientierung für die Lektüre der Erzählliteratur Goethes fruchtbar zu machen. Im Sinne der in der vorliegenden Arbeit fokussierten Frage nach dem Wissen der Poesie (als Praxis) soll diese auch hinsichtlich des ihr eigenen Beitrags zur (Kommunikations-)Theorie akzentuiert werden. Eine besondere Bedeutung kommt dabei den in der Literatur operationalisierten nicht-propositionalen Verfahren zu.

Die für den poetischen Pragmatismus von Goethe und James kennzeichnende Perspektive der Immanenz sowie die charakteristische Fokussierung auf die Oberfläche, Materialität, Partikularität und Prozessualität der Erscheinungen erweisen sich als grundlegende Implikationen des Performativen, wie es von Sybille Krämer (mitunter in Referenz auf Goethe) profiliert worden ist. Die Orientierung am Performativen geht nach Sybille Krämer, wie dargestellt, ganz allgemein mit einer »Rehabilitierung des Oberflächengeschehens«[5] einher.[6] Das, was das Sprachhandeln demnach ausmacht, wird nicht in hypostasierten Tiefenstrukturen gesehen, sondern gleichsam im Offensichtlichen: »Nicht hinter der Erscheinung, vielmehr *in* der Erscheinung liegt das Wesentliche.«[7] Das Performative legt eine Fokusverschiebung nahe; die Aufmerksamkeit wird verlagert von dem, was (sprechakt- und kognitionstheoretischen Positionen zufolge) hinter dem Kommunikationsgeschehen liegt (die angeblich allgemeinen Regeln, die dieses bestimmen), auf das Kommunikationsgeschehen selbst in seiner konkreten, zeichen- und medienspezifisch realisierten Äußerlichkeit. Narrative erscheinen unter dieser Perspektive weniger als vermeintliche ›Emanationen‹ pragmatischer oder kognitiver Universalien, sondern lassen sich – zumindest für die literatur-

---

5 S. Krämer, Performanz – Aisthesis, S. 135.
6 Vgl. dazu Kapitel 7.6.
7 S. Krämer, Performanz – Aisthesis, S. 141. [Herv. i. O.]

wissenschaftliche Erzählforschung – als Objekte verstehen, die nur qua ihrer konkreten Materialität als solche vorliegen bzw. narratologisch zugänglich sind. Das impliziert, dass auf das fokussiert wird, was sich zeigt, nicht auf das, was gemeint wird. Es geht um das Sprachgeschehen selbst, nicht um das, was als gleichsam unsichtbare mentale Entität dem Sprachgeschehen vermeintlich zugrunde liegt und dieses determiniert. Kommunikation wird dabei nicht durch Idealität und Rationalität, sondern durch Materialität und Praxis verbürgt.

Das Absehen von der konkreten Materialität des Erzählten zugunsten abstrakter und amedialer, vorgeblich universaler Elemente und Strukturen des Narrativen, welches insbesondere die klassische Erzähltheorie fundiert,[8] geht mit der für den Strukturalismus charakteristischen Privilegierung der Tiefen- gegenüber der Oberflächendimension einher.[9] Aber auch die kommunikationstheoretischen Grundannahmen der sich als postklassisch verstehenden pragmatischen Narratologie, die sich aus der bewussten Absetzung von den Prämissen des Strukturalismus formiert hat, lassen, wie im Folgenden gezeigt werden soll, die sprachliche Form, in der sich Kommunikation materialisiert, in ihrer Theoriebildung nahezu unberücksichtigt. Die in diesen Ansätzen vollzogene Umstellung von code- auf inferenzbasierte Konzeptionen von Kommunikation führt, so scheint es, in letzter Konsequenz sogar zu einer Eliminierung des sprachlichen Mediums selbst. Restauriert wird die auktoriale Intention als bedeutungskonstitutive und rezeptionsbestimmende Größe und vermeintlicher Garant erfolgreicher Kommunikation.

---

8 Vgl. dazu auch A. Nünning/V. Nünning, Von der strukturalistischen Narratologie zur ›postklassischen‹ Erzähltheorie, S. 4. Gerald Prince kommentiert die strukturalistischen Anfänge der Narratologie folgendermaßen: »This [...] means that narrative (or, more specifically, the narrative component of a narrative text) can and should be studied without reference to the medium in which it occurs.« Und weiter: »The narratologist should [...] be able to examine the narrated (the story reported, the events recounted) independently not only of the medium used but also independently of the narrating, the discourse, the *way* in which the medium is used to present the *what*.« (Prince, Narratology, S. 112. [Herv. i. O.])
9 Vgl. dazu auch den Befund von John Pier and José Ángel García Landa: »The attempt to define narrative as such, independent of the specific genres or of literary fiction that has attempted the study of narrative throughout its long history, was inaugurated by structuralist narratology and continues to be a subject of debate today.« (Pier/García Landa, Introduction. In: Theorizing Narrativity, S. 8.)

9.1 Zur Kritik der pragmatischen Narratologie und ihren kommunikationstheoretischen Prämissen

Die Reformierung der klassischen Narratologie strukturalistischer Provenienz, die sich in einer Ausdifferenzierung zahlreicher ›postklassischer‹ narratologischer Ansätze niederschlägt,[10] brachte eine dezidiert pragmatische Narratologie hervor,[11] die sich als Adaption der aus der Austin'schen Theoriebildung hervorgegangenen sprechakttheoretischen und allgemein pragmalinguistischen Ansätze erweist. Bei aller Differenziertheit und Heterogenität jener Ansätze, die gegenwärtig unter dem Namen der ›pragmatischen Narratologie‹ zusammengefasst werden, scheint als deren gemeinsamer Nenner der (mehr oder weniger ausgeprägte) Rekurs auf spezifische kommunikationstheoretische Positionen gelten zu können: Es handelt sich um Positionen der Sprechakttheorie Searles, der von H. Paul Grice geprägten Theorie rationaler Kommunikation sowie der von Sperber und Wilson begründeten Relevanztheorie.

Bereits Mary Louise Pratts 1977 erschienene Studie *Towards a Speech Act Theory of Literary Discourse*,[12] die in ihrem Fokus auf Erzählliteratur als Wegbereiter der pragmatischen Narratologie gelten kann,[13] rekurriert auf John Searles Sprechakttheorie und die von H. Paul Grice etablierte Theorie intentionaler Bedeutung und rationaler Kommunikation.[14] In beiden Ansätzen wird Kommunikation als regelgeleitetes Handeln verstanden, das zur Bedeutungskonstitution auf die erfolgreiche Ermittlung der Intention des Sprechers durch den Hörer angewiesen ist.

Nach Searle manifestiert sich die Intention des Sprechers in der Äußerung. Diese präsentiert sich gleichsam als transparente sprachliche Kodierung auktorialer Intention. Gewährleistet wird diese Idee durch das »Prinzip der Ausdrückbarkeit«[15], das davon ausgeht, »daß man alles, was man meinen, auch sagen kann«[16]. Auch schriftliche Rede (zumindest solche, die nach Searle als »ernsthaft« gelten kann) lässt sich demnach als optimale Realisierung der Sprecherabsicht denken: In »serious literal speech the sentences are precisely the realizations of the intentions.«[17]

---

10 Vgl. dazu paradigmatisch A. Nünning/V. Nünning (Hrsg.), Neue Ansätze in der Erzähltheorie.
11 Vgl. dazu Strasen, Wie Erzählungen bedeuten.
12 Pratt, Towards a Speech Act Theory.
13 Vgl. Strasen, Wie Erzählungen bedeuten, S. 186.
14 Vgl. dazu auch Strasen, Wie Erzählungen bedeuten, S. 189.
15 Searle, Sprechakte, S. 34.
16 Searle, Sprechakte, S. 34.
17 Searle, Reitering the Differences, S. 202.

Grice zufolge, dessen Ansatz in den kognitivistisch geprägten Ausrichtungen der pragmatischen Narratologie weithin als die attraktivere Grundlage gilt,[18] konstituiert die Sprecherabsicht selbst die Bedeutung einer Äußerung. Die beiden semantischen Implikationen des englischen Verbums ›to mean‹, ›beabsichtigen‹ und ›bedeuten‹, fallen, wie Grice in seinem 1957 publizierten Aufsatz *Meaning* konstatiert, zusammen.[19] Effiziente Kommunikation beruht auf der erfolgreichen Identifikation der Sprecherabsicht durch den Hörer, welche potenziell auch unabhängig von der konkreten sprachlichen Realisierung der Äußerungsabsicht ermittelt werden kann.[20] Als Grundlage dafür fungiert Grices Konzeption verbaler Interaktion als zweckrationales Verhalten, das er in seinem 1975 publizierten Aufsatz *Logic and Conversation* anhand des sogenannten Kooperationsprinzips und der an Kant angelehnten Maximen der Quantität (»Mache deinen Beitrag so informativ wie [...] nötig«[21]), der Qualität (»Versuche deinen Beitrag so zu machen, daß er wahr ist«[22]), der Relation (»Sei relevant«[23]) und Modalität (»Sei klar«[24]) formalisiert.[25] Gemäß dem von Grice als universal gesetzten Kooperationsprinzip unterstellen die Kommunikationsteilnehmer einander die intentionale Einhaltung der Konversationsmaximen: Es wird präsumiert, dass die Instanzen der Kommunikation in jeder Situation informativ, prägnant, wahrheitsgemäß, relevant und klar miteinander kommunizieren, wobei diese Maximen unter der Annahme gelten, dass der Zweck der Kommunikation »in maximal effektivem Informationsaustausch«[26] bestehe.

---

18 Vgl. Strasen, Wie Erzählungen bedeuten, S. 189.

19 Vgl. Grice, Meaning, S. 385.

20 Vgl. dazu die Erläuterung der Grice'schen Konzeption erfolgreicher Kommunikation durch Sperber und Wilson, die, wie noch dargestellt wird, Grices Gleichsetzung von (Sprecher-)Intention und (Äußerungs-)Bedeutung in ihrer Relevanztheorie radikalisieren: »Communication is successful not when hearers recognise the linguistic meaning of the utterance, but when they infer the speaker's ›meaning‹ from it.« (Sperber/Wilson, Relevance, S. 23.)

21 Grice, Logik und Konversation, S. 249.

22 Grice, Logik und Konversation, S. 249.

23 Grice, Logik und Konversation, S. 249.

24 Grice, Logik und Konversation, S. 250. Unter diese »Obermaxime« werden folgende weitere Maximen subsumiert: »Vermeide Dunkelheit des Ausdrucks«, »Vermeide Mehrdeutigkeit«, »Sei kurz (vermeide unnötige Weitschweifigkeit)« sowie die Maxime »Der Reihe nach!« (Grice, Logik und Konversation, S. 250.)

25 Interessant erscheint im Zusammenhang mit der hier eingenommenen kritischen Perspektive insbesondere die indizierte Unmöglichkeit, die Liste der (Ober- und Unter-)Maximen jemals abschließen zu können, worauf folgende Bemerkung am (vorläufigen) Ende der Regelaufstellung hindeutet: »Und möglicherweise braucht man noch andere.« (Grice, Logik und Konversation, S. 250.)

26 Grice, Logik und Konversation, S. 250.

Das aus der Systematisierung der Grice'schen Maximen auf kognitiver Grundlage hervorgegangene Relevanzprinzip von Dan Sperber und Deirdre Wilson zählt gegenwärtig zu den vorherrschenden Paradigmen der pragmatisch orientierten Narratologie.[27] Es gründet in der kognitionstheoretischen Annahme einer universalen Struktur menschlicher Informationsverarbeitung, die darauf hin ausgerichtet sei, möglichst starke kognitive Effekte bei möglichst geringem Prozessaufwand zu erzielen. Der Grad der Relevanz einer Information wird definiert als das Verhältnis von kognitivem Effekt und Prozessaufwand,[28] wobei die Versicherung optimaler kommunikativer Relevanz nach Sperber und Wilson in jedem ostensiven Kommunikationsakt gleich mitgeliefert wird: »[C]ommunicated information comes with a guarantee of relevance, [which] we call the *principle of relevance*.«[29] Die mitgelieferte Relevanzgarantie motiviere und strukturiere die Bedeutungskonstruktion; indem sie dem Empfänger suggeriere, dass der zu verarbeitende Stimulus hohen kognitiven Gewinn in Relation zu dem zu investierenden Prozessaufwand verspricht, wird der Verarbeitungsprozess aufgenommen und bis zur erfolgreichen Erfassung der intendierten Bedeutung mittels systematischer Erschließung konversationeller Implikaturen aufrechterhalten. Bei der Inferenz der Implikaturen wird nach Sperber und Wilson so vorgegangen, dass bei jedem vermeintlichen Verstoß gegen das Prinzip optimaler Relevanz durch den Sender vom Empfänger Kontextwissen aktiviert wird, semantische Bedeutung durch pragmatische Bedeutung ergänzt wird, was es erlaubt, die Abweichung von den Normen des Relevanzprinzips derart in die Bedeutungskonstitution zu integrieren, dass dessen Gültigkeit nicht infrage gestellt zu werden braucht, die Maximen effizienter Kommunikation also weiterhin regieren.[30]

Die Präsuppositionen des Grice'schen Kooperationsprinzips und seines kognitiven Pendants, des Relevanzprinzips, bestimmen die Modellierung narrativer

---

27 Vgl. Strasen, Wie Erzählungen bedeuten, S. 188.

28 Vgl. Sperber/Wilson, Relevance, S. 123 f. Strasen erläutert dieses Konzept einer auf Effizienz hin angelegten Kommunikation folgendermaßen: »Wer mit jemandem kommuniziert, erhebt Anspruch auf einen Teil der knappen Ressource Verarbeitungskapazität. Dies wird allerdings nur gelingen, wenn die Empfängerin davon ausgehen kann, daß es sich lohnt, den kommunizierten Stimulus zu verarbeiten. Zudem wird sie erwarten, daß die kognitiven Effekte zu möglichst geringen ›Kosten‹ erzielt werden können – d. h. sie erwartet, daß der Sender seinen Stimulus so strukturiert, daß der geringstmögliche Prozeßaufwand pro kognitivem Effekt aufgebracht werden muß.« (Strasen, Wie Erzählungen bedeuten, S. 192.)

29 Sperber/Wilson, Relevance, S. VII. [Herv. i. O.] Ausformuliert lautet das Prinzip folgendermaßen: »Every act of ostensive communication communicates the presumption of its own optimal relevance.« (Sperber/Wilson, Relevance, S. 158.)

30 Vgl. dazu auch die Darstellung der Relevanztheorie in Strasen, Wie Erzählungen bedeuten, S. 192–194.

Kommunikation etwa in der Erzähltheorie Michael Kearns, bei der es sich nach Strasen um »eine genuine pragmatische Narratologie«[31] handelt. In Anschluss an Mary Louise Pratt konzipiert Kearns literarische Erzählungen als »display texts«[32], die sich gegenüber »informing assertions«[33] dadurch auszeichneten, dass sie den Aspekt der »tellability«[34] oder »Erzählwürdigkeit«[35] der in ihnen vermittelten Information herausstellten. Kearns betont dabei allerdings, dass zwischen diesen beiden Typen kein kategorialer Unterschied besteht: »All are equally governed by the principle of relevance: maximum cognitive effect with minimum effort.«[36] Da literarische Erzählungen in ihrer Funktion als »display texts« offensichtliche Kommunikationsangebote darstellten, erweist sich das diesen immanente Kooperationsprinzip nach Kearns als »hypergeschützt«[37]. Das heißt, die Rezipienten literarischer Erzählungen wären länger bereit, an die Einhaltung des Kooperationsprinzips durch den Sprecher bzw. Autor zu glauben und scheinbare Verstöße gegen die Konversationsmaximen als Teil der Kommunikationsabsicht zu interpretieren.[38] Unter der Annahme, der Autor bzw. Erzähler habe seine Erzählung so strukturiert, dass der Leser deren Sinn mit maximalem kognitiven Effekt bei möglichst geringem kognitiven Aufwand erfassen kann, erschließt der Leser die kommunikative Bedeutung des Textes unter systematischer Kalkulation seiner Implikaturen. Der Rezeptionsprozess erweist sich nach Kearns in diesem Sinn als »rule governed activity«[39]. Von den dabei nach Kearns angewandten Rezeptionsstrategien sei insbesondere die als Norm statuierte primäre »ur-convention«[40] des »authorial reading«[41] hervorgehoben. In Anlehnung an George Dillon argumentiert Kearns, dass die Identifikation einer dem empirischen Autor attribuierten »›constructive intention‹ [...] the most powerful strategy employed by rea-

---

31 Strasen, Wie Erzählungen bedeuten, S. 203.
32 Kearns, Rhetorical Narratology, S. 15.
33 Kearns, Rhetorical Narratology, S. 15.
34 Kearns, Rhetorical Narratology, S. 15.
35 So die Übersetzung des 1972 von Labov eingeführten Terminus »tellability« durch Schmid, Elemente der Narratologie, S. 15.
36 Kearns, Rhetorical Narratology, S. 22.
37 Den Terminus »hyperprotected« übernimmt Kearns von Pratt (vgl. Kearns, Rhetorical Narratology, S. 25).
38 Mary Louise Pratt (Literary Cooperation and Implicature, S. 391) zitierend, argumentiert Kearns: »[R]eaders will understand that the writer's breaking of rules ›was in accord with his communicative intent‹« (Kearns, Rhetorical Narratology, S. 23).
39 Kearns, Rhetorical Narratology, S. 8.
40 Kearns, Rhetorical Narratology, S. 49.
41 Kearns, Rhetorical Narratology, S. 52.

ders«[42] darstelle. »[A]uthorial reading« konstituiere den unmarkierten oder Normalfall – in der Terminologie der *frame theory* den *default value*.[43] Zu den weiteren den Rezeptionsprozess bestimmenden Faktoren zählen nach Kearns die »Ur-Konventionen« der »Naturalisierung« und der »Progression«. Die Strategie der »naturalization« sieht vor, dass im Akt des Lesens (im ›unmarkierten Normalfall‹) durch Rekurs auf »actual-world-encyclopedia«[44] automatisch eine kohärente (sozusagen »human world«-analoge) erzählte Welt etabliert wird,[45] jene der »Progression« geht davon aus, dass in Übereinstimmung mit dem Kriterium der »tellability« der Leser (im Normalfall) »instabilities in the story but no tensions in the discourse«[46] erwarten kann.[47]

Die Implikationen der pragmatischen Narratologie, insbesondere die tendenzielle Rehabilitierung auktorialer Intention als bedeutungskonstitutiven bzw. rezeptionsbestimmenden Faktor der Kommunikation,[48] manifestieren sich nicht nur in narratologischen Ansätzen, die dezidiert in der Tradition der Sprechakttheorie Searles und Grices bzw. deren kognitiver Adaption in der Relevanztheorie stehen, sondern auch in allgemein pragmatisch ausgerichteten narratologischen Modellen. So scheint auch das im deutschsprachigen Raum besonders einfluss-

---

42 Kearns, Rhetorical Narratology, S. 50.

43 Vgl. Kearns, Rhetorical Narratology, S. 52. Vgl. dazu auch Strasen, Wie Erzählungen bedeuten, S. 204. Für Roger D. Sell, einen weiteren Proponenten einer pragmatischen Literaturwissenschaft bzw. Narratologie, bedeutet der Nachvollzug der Autorintention sogar »the sine qua non of all good reading practice.« (Sell, Postmodernity, Literary Pragmatics, S. 105.) Sell formuliert für den Leser eine Art kategorischen Imperativ, dessen Befolgung eine gelungene Lektüre verspricht: »Try to read and contextualize the author's words in a way as faithful as possible to the author's likely intention; try to grasp the semantics and pragmatics of the language as used within the author's context of writing, and within the contexts ›in the story‹ as the author represents them.« (Sell, Postmodernity, Literary Pragmatics, S. 106.) Zum Stellenwert der Intentionalität in der Sprechakttheorie vor dem Hintergrund der strukturalistischen (und poststrukturalistischen) Suspendierung der Autorfunktion vgl. den Befund von Peter J. Rabinowitz: »In a critical world increasingly marked by the disappearance of the author, speech act theory consequently provided an impetus for reexamination and reevaluation of the authorial role. In particular, it gave renewed prestige to the battered notion of authorial intention.« (Rabinowitz, Speech Act Theory and Literary Studies, S. 362.)

44 Kearns, Rhetorical Narratology, S. 56.

45 Vgl. Kearns, Rhetorical Narratology, S. 76.

46 Kearns, Rhetorical Narratology, S. 76.

47 Im letzten Teil des vorliegenden Kapitels wird deutlich werden, dass die (implizite) Anwendung dieser »Ur-Konventionen«, wie sie sich auch an der Sekundärliteratur zu Goethes Rahmenzyklus *Die guten Frauen* ausmachen lässt, danebengehen kann.

48 Zu den in Ansätzen der pragmatischen Narratologie beobachtbaren »Bestrebungen [...], pragmatische Analyseverfahren einfach zur besseren Eingrenzung des vermutlich vom Autor intendierten Sinns einzusetzen«, vgl. auch Strasen, Wie Erzählungen bedeuten, S. 196.

reiche »Kommunikationsmodell des Erzählwerks«[49] in der Konzeption von Cordula Kahrmann, Gunter Reiß und Manfred Schluchter auf die in den pragmatisch orientierten Ansätzen der Narratologie vorherrschende Idee von Kommunikation als kalkulierbare Übermittlung auktorialer Intention zu rekurrieren. Die Produktion und Rezeption des narrativen Textes wird anhand eines aus fünf hierarchisch angeordneten Kommunikationsniveaus (N) bestehenden Modells formalisiert, das für jede Ebene eine Sender- sowie eine Empfängerinstanz der Kommunikation annimmt. Die auf der Ebene N4 situierte (selbst in die – als N5 bezeichnete – übergeordnete Ebene des historischen Kontexts eingebettete) reale Kommunikationssituation gilt als konstitutiv für den Erzähltext, der »als sprachlich fixierte Manifestation des Autorbewußtseins und seiner Kommunikationsabsicht«[50] definiert wird. Dabei wird die Intention des realen Autors über die fiktionalen Senderinstanzen der nächsttieferen Ebenen (abstrakter Autor, fiktiver Erzähler, erzählte sendende Figur) sowie deren Empfängerkorrelate (abstrakter Adressat, fiktiver Adressat, erzählte empfangende Figur) zum Ausdruck gebracht.[51] Der abstrakte Autor wird als »das theoretische Konstrukt der dem Text impliziten Intention des realen Autors«[52], der fiktive Erzähler als potenziell explizite Konkretisierung der Autorintention bestimmt, grundsätzlich sind aber die gesamte fiktionale Redesituation und ihre Kommunikationsniveaus (N1–N3) als vom Autorbewusstsein und seiner Kommunikationsabsicht abhängig zu denken. Das diesem Modell immanente Konzept von Kommunikation als Transmission auktorialer Intention erlaubt es, die Textproduktion als »den sukzessiven Vollzug eines Entscheidungsprozesses durch den realen Autor«[53] zu modellieren, als dessen Konstanten die auf der »Kommunikationsabsicht (Intention) basierende Erzählkonzeption und der intendierte [...] Adressat«[54] gedacht werden. Die anhand des Modells konzipierte Textrezeption lässt sich als Rekonstruktion der im Text implizit manifesten Autorintention verstehen, wobei die »ideale Rezeption [...] mit der Intention des Autors übereinstimmt.«[55]

Die pragmatische Ausrichtung erzähltheoretischer Ansätze kann im theoriegeschichtlichen Kontext des Strukturalismus, aus dessen Kritik sie hervorgegangen ist, als Rehabilitierung der in der strukturalistischen Tradition marginalisierten Aspekte narrativer Kommunikation (Autor, Leser, ›Kontext‹) verstanden

---

49 Kahrmann/Reiß/Schluchter, Erzähltextanalyse, S. 19.
50 Kahrmann/Reiß/Schluchter, Erzähltextanalyse, S. 49.
51 Vgl. Kahrmann/Reiß/Schluchter, Erzähltextanalyse, S. 50.
52 Kahrmann/Reiß/Schluchter, Erzähltextanalyse, S. 50.
53 Kahrmann/Reiß/Schluchter, Erzähltextanalyse, S. 58.
54 Kahrmann/Reiß/Schluchter, Erzähltextanalyse, S. 58.
55 Kahrmann/Reiß/Schluchter, Erzähltextanalyse, S. 59.

werden.[56] Es scheint dabei zwar, wie sich mit Bezug auf analoge Tendenzen in der Sprachphilosophie argumentieren lässt, eine Verschiebung des Forschungsfokus stattgefunden zu haben, die forschungsleitenden Prämissen und Methoden blieben von dieser Umstellung allerdings weitgehend unberührt. Die Wende von der *langue* zur *parole* wird zwar im Selbstverständnis der pragmatischen Narratologie als Differenzqualität wahrgenommen und zur Abgrenzung gegenüber der strukturalistischen Tradition ins Treffen geführt,[57] es wird dabei allerdings nach wie vor an einem mit Sybille Krämer als »Zwei-Welten-Ontologie«[58] beschreibbaren Sprach- und Weltverständnis festgehalten, in dem das Primat dem zukommt, was hinter den Erscheinungen liegt oder ihnen vorausgeht, diese (vermeintlich) bedingt und formiert:

> Es geht um den Geist, der hinter den Buchstaben liegt – so die Hermeneutik. Es geht um das Regelsystem, durch dessen Anwendung Sätze bzw. Äußerungen erzeugt werden – so die Transformationsgrammatik, aber auch die Sprechakttheorien. Es geht um das Wissenssystem, das als ein inneres mentales Organ das äußere Sprachverhalten hervorbringt – so die kognitive Linguistik. Es geht um universale logisch-dialogische Strukturen, die in jedem Kommunizieren immanent gegenwärtig sind – so die transzendentalpragmatischen Kommunikationstheorien.[59]

Mit ihrer Konzeption von Kommunikation als vermeintlich transparente Transmission und Kalkulation auktorialer Intention nach den Regeln eines als universal hypostasierten kooperativen und kognitiven Prinzips reihen sich die hier rekapitulierten Prämissen und Positionen der pragmatischen Narratologie in diese Tradition der Theoriebildung aus dem Geiste einer »Zwei-Welten-Ontologie« ein, einer gleichsam metaphysischen Ausrichtung, die in ihrer dichotomischen Struktur gerade auch im James'schen Pragmatismus eine kritische Revision erfahren hat.

Die von James am absoluten Idealismus kritisierten rationalistischen Anmaßungen, durch die von der Materialität der konkreten Wirklichkeit in ihrer Kontingenz abgesehen wird, lassen sich auch an ›intellektualistischen‹ Ansätzen

---

56 Vgl. dazu auch Strasen, Wie Erzählungen bedeuten, S. 195.

57 Vgl. Strasen, Wie Erzählungen bedeuten, S. 187.

58 S. Krämer, Sprache – Stimme – Schrift, S. 324.

59 S. Krämer, Sprache – Stimme – Schrift, S. 324. Im Bereich der Semiotik bildet, wie Krämer an anderer Stelle ausführt, das »Zwei-Welten-Modell [...] seit Charles Sanders Peirce das Herzstück der Idee vom Zeichen«, in dessen dichotomischer Konzeption ein vermeintlich universaler, immaterieller Zeichentypus (*type*) präsumiert wird, der das konkrete, zeitlich und räumlich situierte Zeichenvorkommnis (*token*) determiniert. (S. Krämer, Was haben ›Performativität‹ und ›Medialität‹ miteinander zu tun, S. 20.)

der Sprachphilosophie, der Sprechakttheorie und der Universalpragmatik ausmachen. Das diesen immanente Konzept von Kommunikation beruht, wie Krämer
an den Ansätzen von de Saussure, Chomsky, Searle und Habermas herausgearbeitet hat,[60] auf einer radikalen Abstraktion, die »mit der Kontingenz, der Un-
durchsichtigkeit und Unbeherrschbarkeit, der Materialität und Zeitlichkeit endlicher menschlicher Kommunikationsereignisse wenig gemein hat«[61]. Die
Idealisierung des Kommunikationsgeschehens, wie sie nach Krämer im Anspruch
auf »Universalität«[62], an der »Medienindifferenz«[63], dem »Regelbezug«[64], dem
»Kognitivismus«[65] oder dem Intentionalismus[66] dieser Ansätze ausgemacht werden kann (mit Luhmann ließe sich von »Rationalitätsprätentionen«[67] sprechen),
manifestiert sich auch in den Grundannahmen der pragmatischen Narratologie,
und zwar auf nahezu paradoxe Weise. So scheint die radikale Absehung von der
sprachlichen Bedingtheit der Bedeutung, wie sie in der Grice'schen Konzeption
einer zeichenunabhängigen Intention angelegt und von Sperber und Wilson
kognitionstheoretisch fundiert wird, in letzter Konsequenz auf die Annullierung
des sprachlichen Mediums selbst hinauszulaufen. Die von Sperber und Wilson (in
ihrer Radikalisierung der dem Grice'schen Inferenzmodell immanenten Grundannahmen) anvisierte Möglichkeit einer Kommunikation »even in the absence of
a code«[68] installiert eine gleichsam metaphysische Konzeption von Kommunikation als amediale (und transparente) Transmission auktorialer Intention. Dieses
Konzept von Kommunikation ließe sich als Ausdruck eines »erotischen Prinzip[s]
der Kommunikation«[69], wie es Krämer insbesondere an den Kommunikationsmodellen der universalpragmatischen Philosophie ausmacht, verstehen. Es
handelt sich dabei um »ein Kommunikationskonzept [...], das zwar ausgeht von
Unterschieden zwischen den Kommunizierenden, aber eben diese Unterschiede
im Akt kommunikativer Verständigung annulliert sehen möchte.«[70] Medien
kommt in dieser Perspektive nur eine negative Bestimmung zu. Sie sind – in der

---

60 Vgl. S. Krämer, Sprache, Sprechakt, Kommunikation, S. 19–105.
61 S. Krämer, Sprache – Stimme – Schrift, S. 328.
62 S. Krämer, Sprache, Sprechakt, Kommunikation, S. 98.
63 S. Krämer, Sprache, Sprechakt, Kommunikation, S. 101.
64 S. Krämer, Sprache, Sprechakt, Kommunikation, S. 99.
65 S. Krämer, Sprache, Sprechakt, Kommunikation, S. 99.
66 Zur Kritik am »Entitätenstatus von Intentionen« in der Sprechakttheorie Searles vgl. etwa
S. Krämer, Sprache, Sprechakt, Kommunikation, S. 60.
67 Luhmann, Die Gesellschaft der Gesellschaft, S. 151. Vgl. dazu auch S. Krämer, Sprache,
Sprechakt, Kommunikation, S. 151.
68 Sperber/Wilson, Relevance, S. 25.
69 S. Krämer, Medien als Mitte und Mittler, S. 29.
70 S. Krämer, Medien als Mitte und Mittler, S. 29.

ihnen etymologisch zukommenden Funktion als »Mittler« – »störend, weil in der Vereinigung des Getrennten kein Platz bleibt (oder bleiben sollte!) für ein Mittleres«[71]. Demgegenüber wäre auch mit Goethe, der die generative Bedeutung des Mediums für die phänomenale Erscheinung akzentuiert,[72] die mediale Gebundenheit des Phänomenalen als unhintergehbarer Faktor der Kommunikation zu berücksichtigen.

Neben der anvisierten Amedialität sind es insbesondere die mit dem Intentionalismus verbundenen Anmaßungen, durch welche die Projektionen der hier rekapitulierten Kommunikationskonzepte auf literarisches Erzählen als revisionsbedürftig erscheinen. Der in Ansätzen der pragmatischen Narratologie erhobene Anspruch, mittels Identifizierung der Autorintention eine objektive oder gar ultimative Lesart eines literarischen (Erzähl-)Textes vorlegen zu können,[73] würde nämlich, ließe er sich einlösen, nicht nur die Lektüre eines derart gelesenen Textes, sondern die literaturwissenschaftliche Praxis generell zum Abschluss bringen. Diese beruht nämlich, wie sich mit Oliver Jahraus argumentieren ließe, auf dem potenziell unabschließbaren Kommunikationsprozess, der sich aus der für literarische Texte charakteristischen (durch ihre spezifische Kommunikationssituation bedingten) »Interpretationsbedürftigkeit«[74] ergibt. Es erscheint als ein irreduzibles Merkmal literarischer Erzählungen, dass sich diese der Verständigung immer auch ein Stück weit entziehen.

9.2 Zur Rekonzeptualisierung des Kommunikationsmodells der pragmatischen Narratologie

Im Unterschied zu den bisher vorliegenden, auf Grundsätzen der Sprechakttheorie basierenden Zugängen der pragmatischen Narratologie scheint ein am poetischen Pragmatismus orientierter Ansatz den Spezifika literarischer Kommunikation besser gerecht zu werden. Die Berücksichtigung der vom poetischen

---

71 S. Krämer, Medien als Mitte und Mittler, S. 30.

72 Nach Goethe bedingt das Medium (»der Trübe«) etwa die Entstehung der physischen Farben (vgl. LA I, 4, S. 71, § 175).

73 So bedeutet für Richard Watts, der das Grice'sche Kooperationsprinzip am Beispiel von Dickens' *Hard Times* für die Analyse fiktionaler Narrative adaptiert, das Grice'sche Theorem die Möglichkeit »to deduce Dickens's authorial intentions more objectively«. (Watts, The Pragmalinguistic Analysis of Narrative Texts, S. 94.) Zu dem in Ansätzen der pragmatischen Narratologie erhobenen Anspruch, »die einzig richtige Interpretation« eines Textes vorlegen zu können, sowie zur Kritik an dem diesem Anspruch immanenten Essenzialismus vgl. allgemein auch Strasen, Wie Erzählungen bedeuten, S. 198.

74 Jahraus, Literaturtheorie, S. 156.

Pragmatismus nahegelegten – durch das Theorem des Performativen präzisier-
baren – Perspektiven im Kontext literarischen Erzählens kann, wie hier argumentiert werden soll, Ansatzpunkte für eine Rekonzeptualisierung des klassischen narratologischen Kommunikationsmodells bieten.

Es ist zunächst der Aspekt der Inkommensurabilität, der dadurch in den Blick
gerät. Dieser wurde in der Kommunikationstheorie bereits verschiedentlich durch
Rekurs auf James reklamiert. Gegen die in der Kommunikationstheorie dominanten Paradigmen des Szientismus, des Mechanismus und des Psychologismus
wurde von Theoretikern, die für einen pragmatistischen Zugang zu Kommunikation plädieren, wie etwa Chris Russill, John Durham Peters oder Robert T. Craig,
auf die dem James'schen Pragmatismus immanente Perspektive der Inkommensurabilität und die damit verbundenen Aspekte des Pluralismus und der Kontingenz von Kommunikation verwiesen.[75] Mit den von Craig akzentuierten Aspekten einer pragmatistischen Orientierung in der Kommunikationstheorie ließe
sich gegen die Regelgeleitetheit in den Kommunikationsmodellen sprechakt- und
kognitionstheoretischer Provenienz einwenden: »All normative principles are
contingent.«[76] Dieses pragmatistische Argument gegen eine vollständige Rationalisierung des Kommunikationsgeschehens ist gebunden an die durch James
eröffnete Einsicht in die irreduzible Kontingenz des kommunikativen Geschehens,
die Craig mit einem Zitat aus Chris Russills Studie *Toward a Pragmatist Theory of
Communication* pointiert: »Contingency goes all the way down«[77]. Craig präzisiert
die von Russill aus James' Konzeption eines pluralistischen Universums abge-
leitete Konzeption einer »triple contingency«[78]. Während lineare Kommunikationsmodelle lediglich einfache Kontingenz (auf der Seite des ›Senders‹) und in-

---

75 Vgl. Russill, The Road Not Taken, insbes. S. 285 ff.; Craig, Pragmatism in the Field of Communication Theory, insbes. S. 131 ff. Zur Kritik an der »Craig-Russill conception of pragmatist
communication theory«, insbesondere des an dieser Konzeption identifizierten Konstruktivismus,
vgl. Bergman, Pragmatism as a Communication-Theoretical Tradition. Zur Unbestimmtheit in der
James'schen Version des Pragmatismus und dessen Implikationen für eine Theorie der Kommunikation vgl. auch Leonhirth, William James and the Uncertain Universe. Zu James' ›proto-
phänomenologischer‹ Konzeption von Kommunikation und dessen Funktion als Wegbereiter
postmoderner Ansätze der Kommunikationstheorie vgl. Catt, The »Cash-Value« of Communication. Zum James'schen Beitrag zur Kommunikationstheorie im Rahmen seiner psychologischen
Forschung vgl. Peters, Speaking into the Air, S. 188–194.
76 Craig, Pragmatism in the Field of Communication Theory, S. 137. Craig bringt dieses Argument
gegen die transzendentalpragmatische Konzeption von Kommunikation in der Tradition der
Kritischen Theorie vor, es kann aber ebenso in Bezug auf pragmatische Modelle sprechakt- und
kognitionstheoretischer Provenienz gelten.
77 Craig, Pragmatism in the Field of Communication Theory, S. 136.
78 Craig, Pragmatism in the Field of Communication Theory, S. 132.

teraktionistische Kommunikationsmodelle doppelte Kontingenz (aufseiten des ›Senders‹ wie des ›Empfängers‹) berücksichtigen, induzieren pragmatistische Konzeptionen von Kommunikation eine weitere Dimension der Kontingenz, die auf den Kontext appliziert wird.[79]

Bei aller Betonung der Kontingenz des kommunikativen Geschehens impliziert eine durch den James'schen Pragmatismus nahegelegte Perspektive auf Kommunikation allerdings nicht die völlige Vernachlässigung ihrer Funktionalität. Auch wenn die Intentionalität des Sprechers das Sprachgeschehen nie vollständig kontrollieren kann, findet Kommunikation statt und gelingen Sprechhandlungen, wie Peters betont: »Though language is a dark vessel that does not quite carry what I, as a speaking self, might think it does, it still manages to coordinate action more often than not«[80]. Zumal sich ein aus der literarischen Tradition hervorgegangener Pragmatismus – Peters spricht von einem »pragmatism in its Emersonian lineage«[81] – als »open to both the uncanny and the practical«[82] erweist, vermag er eine »middle position«[83] zwischen Kommunikationstheorien einzunehmen, die entweder, wie sprechakttheoretische oder transzendentalpragmatische Theorien, die Inkommensurabilität des Kommunikationsgeschehens oder, wie poststrukturalistische Theorien, die praktische Funktion der Kommunikation vernachlässigen oder gar ignorieren. So unterschätzt nach Peters etwa Habermas' transzendentalpragmatische Konzeption von Kommunikation die Alterität der Sprache und Derridas poststrukturalistische Version verfehlt deren alltagspraktische Relevanz: »Habermas [...] underplays the strangeness of language; [...] Derrida's revelry misses the ordinariness of talk.«[84] Demgegenüber erlaubt ein am (poetischen) Pragmatismus orientierter Ansatz »an account of communication that erases neither the curious fact of otherness at its core nor the possibility of doing things with words.«[85]

Der James'schen Fokussierung auf Prozessualität entsprechend, wie sie sich paradigmatisch in seiner prozessualen Konzeption von Wahrheit – als »James's most original and substantive contribution to philosophy«[86] – niederschlägt, ist Kommunikation weniger als Austausch prädeterminierter Bedeutungen zu denken denn als Geschehen, das diese im Vollzug erst generiert. Bei der von James (in

---

79 Vgl. Craig, Pragmatism in the Field of Communication Theory, S. 132 f.

80 Peters, Speaking into the Air, S. 21 f.

81 Peters, Speaking into the Air, S. 22.

82 Peters, Speaking into the Air, S. 22.

83 Peters, Speaking into the Air, S. 22.

84 Peters, Speaking into the Air, S. 21.

85 Peters, Speaking into the Air, S. 21.

86 Olin, Introduction. In: William James, S. 5.

Anlehnung an Peirce) formulierten Theorie der Bedeutung, wie er sie in der zweiten Vorlesung von *Pragmatism* mit seiner Erklärung der von Peirce etablierten pragmatischen Maxime liefert,[87] geht es, wie dargestellt, darum, die Bedeutung eines Begriffs anhand seiner praktischen Wirkungen zu ermitteln.[88] Das, was der Begriff tut, bestimmt seine Bedeutung. Diese fällt mit seiner Handlungsdimension zusammen: »Die Handlungsweise ist für uns die ganze Bedeutung«[89] des Begriffs. Diese Vorstellung wird in Austins Konzeption performativer Äußerungen gleichsam radikalisiert. Performative Äußerungen – paradigmatisch etwa rituelle Sprechakte, wie Vermählen, Vermachen, Verurteilen, Taufen – definiert Austin bekanntlich als Äußerungen, »in denen etwas *sagen* etwas *tun* heißt; in denen wir etwas tun, *dadurch daß* wir etwas sagen oder *indem* wir etwas sagen«[90]. Performativa repräsentieren keine Tatsachen einer außersprachlichen Welt, sondern stellen diese sprachlich – in der/durch die Ausführung (oder vielmehr ›Aufführung‹) einer Äußerung als sprachliche Handlung – her. Die sprachlichen Zeichen einer performativen Äußerung haben weniger eine repräsentative oder deskriptive denn eine wirklichkeitskonstituierende Funktion.[91] In den Worten Derridas, der an Austins Theorem des *performative* eine »verhältnismäßig originell[e]«[92] Konzeption von Kommunikation erkennt: Das Performativ »beschreibt nicht etwas, das außerhalb der Sprache oder vor ihr existiert. Es produziert oder verwandelt eine Situation, es wirkt.«[93] Für eine am Performativen orientierte Theorie von Kommunikation impliziert das nach Derrida auch eine Dezentrierung des Wahrheitsprinzips (wie es etwa die Grice'sche Maxime der Qualität vorsieht): »Das *performative* ist eine ›Mitteilung‹, die sich nicht wesentlich darauf beschränkt, einen semantischen Inhalt zu befördern, der bereits durch die Absicht auf Wahrheit [...] konstituiert und überwacht wurde.«[94]

---

87 Peirces prominente – später so bezeichnete – »pragmatische Maxime«, wie sie von James in der zweiten Vorlesung von *Pragmatism* elaboriert wird, lautet: »Consider what effects, that might conceivably have practical bearings, we conceive the object of our conception to have. Then, our conception of these effects is the whole of our conception of the object.« (Peirce, How to Make Our Ideas Clear, S. 258, CP 5.402.)

88 Vgl. dazu Kapitel 2.1 sowie Kapitel 7.4.

89 James, Der Pragmatismus, S. 28.

90 Austin, Zur Theorie der Sprechakte, S. 35. [Herv. i. O.]

91 Es handelt sich hierbei um einen Modus des Sprechens, wie er in seiner Handlungsdimension auch für die theatrale Performanz konstitutiv ist: »[D]er dramatische Dialog ist [...] gesprochene Handlung.« (Pfister, Das Drama, S. 24.)

92 Derrida, Signatur Ereignis Kontext, S. 304. Der Text wurde erstmals 1971 im Rahmen einer Konferenz zum Thema »Kommunikation« in Montreal präsentiert.

93 Derrida, Signatur Ereignis Kontext, S. 305.

94 Derrida, Signatur Ereignis Kontext, S. 305.

In der (nicht-reflektierten) Tradition von James' »genetische[r] Wahrheitstheorie«[95], die das korrespondenztheoretische Konzept von Wahrheit als transparente Übereinstimmung mentaler und externer Wirklichkeit dekonstruiert, geht Austin zu Beginn seiner Vorlesungsreihe *How to Do Things with Words* gegen den »wahr/falsch-Fetisch«[96] der traditionellen Sprachphilosophie vor: »It was for too long the assumption of philosophers that the business of a ›statement‹ can only be to ›describe‹ some state of affairs, or ›to state some fact‹, which it must do either truly or falsely.«[97] Ohne auf den Pragmatismus zu verweisen, wird dabei der (wesentlich durch dessen repräsentationskritische Tendenzen beförderte) State of the Art charakterisiert: »It has come to be commonly held that many utterances which look like statements are either not intended at all, or only intended in part, to record or impart straightforward information about the facts.«[98] Von besonderer Relevanz hinsichtlich der Frage nach einer möglichen Beförderung dieser Position durch den James'schen Pragmatismus scheint dabei eine spezifische Art von Äußerungen zu sein, die Austin als Beispiel für derartige nicht auf Repräsentation oder Deskription festzulegende Propositionen bringt. Austin führt diesbezüglich unter anderem Äußerungen aus dem Bereich der Ethik an. Wie in James' pluralistischer (Meta-)Ethik, die auf die Wirkmächtigkeit von (Sprach-) Handlungen setzt, geht es dabei weniger um die Beschreibung ethischer Tatsachen denn um deren Herstellung: »[F]or example, ›ethical propositions‹ are perhaps intended, solely or partly, to evince emotion or to prescribe conduct or influence it in special ways«[99]. Dass Austin dabei nicht auf James, sondern auf Kant referiert, der als einer der »Pioniere«[100] für eine derartige Sicht auf ethische Propositionen genannt wird, lässt Kant als möglichen gemeinsamen Wegbereiter für die repräsentationskritische Ausrichtung von James und Austin sichtbar werden.

James' Betonung der Prozessualität impliziert einen – für eine am poetischen Pragmatismus ausgerichtete Konzeption von Kommunikation zentralen – Anti-Essenzialismus, der sich nicht nur an James' nichtsubstanzialistischer Konzeption von Bedeutung und Wahrheit manifestiert.[101] Bedeutung ist nach James den Zeichen nicht wesenhaft immanent, sondern sie wird durch kommunikative

---

95 James, Der Pragmatismus, S. 41.
96 Austin, Zur Theorie der Sprechakte, S. 168.
97 Austin, How to Do Things with Words, S. 1.
98 Austin, How to Do Things with Words, S. 2.
99 Austin, How to Do Things with Words, S. 2f.
100 Austin, How to Do Things with Words, S. 3.
101 Zu James' nicht-substanzialistischer bzw. nicht-essenzialistischer Konzeption des Bewusstseins vgl. etwa Hetzel, William James, S. 235 ff.

Praxis kollektiv hergestellt.[102] Mithin lassen sich auch die (pluralistische) Wirklichkeit und ihr Subjekt nicht als invariante Entitäten denken, die den (Sprach-) Handlungen vorausgehen, sondern sie konstituieren sich in ihrer spezifischen Beschaffenheit erst durch die/in der praktische/n Interaktion des sprachlichen Kollektivs.[103] In dieser Auffassung von der sprachlichen (oder allgemein semiotischen) Bedingtheit des Wirklichen manifestiert sich die von Oehler als zentrales Kennzeichen des pragmatistischen Denkens herausgestellte »Einsicht [...], daß der Mensch es nie nur mit Sachen allein zu tun hat, sondern immer auch damit, wie sie ihm gegeben sind«[104], eine Einsicht, für die die Konzeption von Bedeutung, wie sie die pragmatische Maxime mit ihren semiotischen Implikationen formuliert, als zentral gelten kann.[105]

Die im James'schen Pragmatismus angelegten Perspektiven für eine nicht-essenzialistische Konzeption von Kommunikation und ihren Instanzen lassen sich anhand von Austins Theorem des Performativen präzisieren. Subjekt und Adressat der performativen Äußerungen werden in ihrer spezifischen sozialen Positioniertheit erst durch die/in der performative/n Äußerung als solche festgelegt. Das Sprechersubjekt im rituellen Sprechakt (etwa des Richtens, Taufens, Trauens) konstituiert sich erst in der bzw. durch die zitathafte Wiederholung einer sprachlichen Norm, die es in seiner spezifischen sozialen Rolle (als Richter, Priester, Standesbeamter) installiert. Ebenso erweist sich der Adressat der performativen Äußerungen nicht als ein dem Sprachgeschehen vorgängiges und invariantes Subjekt, sondern er wird in seiner spezifischen sozialen Rolle (als Verurteilter oder Freigesprochener, als Getaufter oder Verheirateter) erst durch den Vollzug des Sprechakts als solcher eingesetzt. Das Ausführen der sprachlichen Handlung setzt, wie auch Judith Butler in ihrer Theorie des Performativen in Anlehnung an Louis Althusser aufzeigt, kein universales Subjekt voraus, sondern bringt dieses in seiner spezifischen sozialen Situiertheit hervor.[106] Subjekt und Adressat der performativen Äußerungen erweisen sich demnach auch weniger als autonome Instanzen (wie sie in den Kommunikationsmodellen der pragmati-

---

102 Vgl. Kapitel 7.4.
103 Vgl. dazu auch die Ausführungen über die drei Konstituenten von Wirklichkeit nach James in Kapitel 7.5.
104 Oehler, Einleitung. In: William James, S. 5.
105 Vgl. Oehler, Einleitung. In: William James, S. 6.
106 »Wenn das sprechende Subjekt durch die Sprache, die es spricht, konstituiert wird, stellt die Sprache die Bedingung seiner Möglichkeit und nicht bloß sein oder ihr Ausdrucksinstrument dar. Somit ist die ›Existenz‹ des Subjekts in eine Sprache ›verwickelt‹, die dem Subjekt vorausgeht, und es übersteigt, eine Sprache, deren Geschichtlichkeit eine Vergangenheit und Zukunft umfaßt, die diejenigen des sprechenden Subjekts übersteigen.« (Butler, Haß spricht, S. 51.)

schen Narratologie hypostasiert werden), sondern als relationale Instanzen. Der rituelle Sprechakt führt vor Augen, dass nicht (nur) das Individuum, sondern (immer auch) das soziale Kollektiv als Subjekt bzw. Adressat der Rede in Anschlag zu bringen ist.

Das gesellschaftliche Kollektiv – symbolisch repräsentiert durch das Auditorium, vor dem eine rituelle Sprechhandlung vollzogen wird – fungiert dabei auch als Urheber der im zeremoniellen Akt verbalisierten Äußerungen. Die Wirkmächtigkeit der im ritualisierten Sprachgebrauch artikulierten Formeln ist durch soziale Konventionen festgelegt, ihre performative Kraft beziehen sie aus der Tradition vorangegangener überpersönlicher Sprechhandlungen. Deren Wiederholbarkeit und nicht die individuelle Intention des Sprechers determiniert deren Bedeutung. Der Sprechakt des Verheiratens etwa gelingt, wenn die entsprechende Formel (vor den zum Verfahren der Eheschließung zugelassenen Personen und von der zum Vollzug dieses Sprechakts autorisierten Instanz) artikuliert wird, unabhängig von den mentalen Dispositionen der sprechenden Instanz. Deren Autorität konstituiert sich, wie Krämer unter Referenz auf Butler signalisiert, durch das Zitieren einer Norm, ist also Folge bzw. Begleiterscheinung und nicht Voraussetzung ihres Sprechens: »Die Kraft des Performativs speist sich nicht aus den Intentionen und dem Willen des sprechenden Individuums als dem originären und persönlichen Ursprung der Äußerung, sondern wurzelt in der ›sedimentierten Wiederholbarkeit‹, die in jeder performativen Äußerung am Werk ist«[107].

Die den individuellen Sprechakt ermöglichende und gleichzeitig über ihn hinausgehende (differenzierende) Zitatförmigkeit sprachlicher Handlung – deren »Iterierbarkeit«[108] oder »Iterabilität«[109] im Sinne Derridas – bedingt, wie Butler in ihrer Theorie des Performativen ausführt, dass (je)der Sprechakt auf den ihn konstituierenden Nexus sprachlicher Äußerungen hin geöffnet wird.[110] Durch die dabei ins Spiel kommende Differenzialität, Historizität und Kollektivität des Sprachgeschehens, das derart den Horizont des Individuums, seine Intentiona-

---

107 S. Krämer, Sprache, Sprechakt, Kommunikation, S. 144.
108 Derrida, Signatur Ereignis Kontext, S. 298. Mit diesem Kunstwort sucht Derrida die irreduzible Differenz (in) der Iteration als Struktur des Zeichens zu fassen: »Diese Iterierbarkeit – (*iter*, ›von neuem‹, kommt von *itara, anders* im Sanskrit, und alles Folgende kann als die Ausbeutung jener Logik gelesen werden, welche die Wiederholung mit der Andersheit verbindet) strukturiert das Zeichen der Schrift selbst«. (Derrida, Signatur Ereignis Kontext, S. 298.)
109 Derrida, Limited Inc, S. 120.
110 Vgl. Butler, Haß spricht, S. 30.

lität und Handlungsmacht immer schon überschreitet, wird Kommunikation nicht nur verbürgt, sondern immer auch irritiert.[111]

Die von der Philosophie des Pragmatismus (wie der Dekonstruktion) betonte »contingency of language, self and community«[112], insbesondere die Kontingenz des Kontexts kommunikativer Ereignisse, wie sie in der Kommunikationstheorie mit James' Konzeption eines pluralistischen Universums expliziert wird,[113] lässt sich anhand von Derridas – an Austins Theorem des Performativen profilierten – semiotischen Positionen präzisieren. Sie kann als Effekt der »strukturelle[n] Ungesättigtheit«[114] des Kontexts verstanden werden, die sich aus der irreduziblen »Iterierbarkeit«[115] der Zeichen ergibt. Durch die der Iterierbarkeit immanente Verschränkung von Iteration und Alterität »enthält ein schriftliches Zeichen die Kraft eines Bruches mit seinem Kontext«[116]. Als Quelle für die in der pragmatistischen Kommunikationstheorie mit Berufung auf James reklamierte Kontingenz kann anhand der (poststrukturalistischen) Theoriebildung zum Performativen mithin die Intrikation von Wirklichkeit und Sprache in ihrer unabschließbaren, dem Signifikanten(material) entspringenden, Differenzialität ausgemacht werden.[117]

Für eine Rekonzeptualisierung des klassischen Kommunikationsmodells, das sich am poetischen Pragmatismus und dem Performativen orientiert, erscheint als eine weitere Facette des kommunikativen Geschehens die (im englischen Verbum ›to perform‹ in seiner Polysemantizität implizierte) Simultanität von Ausführen und/als Aufführen als bedeutsam, wie sie sich paradigmatisch am rituellen Sprechakt niederschlägt. Performativa führen Kommunikation nicht nur aus, sondern auch auf und verweisen derart auf sich selbst.[118] Es ist dies ein

---

111 Die nach Derrida das Zeichen und seine Bewegungen strukturierende Iterabilität bedingt die Unmöglichkeit selbstpräsenter Intentionalität. Es ist »die Iterabilität, die in allen Fällen die Struktur des Zeichens [marque] bildet, die Intention immer spaltet oder sie in einen Abstand rückt, sie daran hindert, voll selbstpräsent zu sein, in der Aktualität ihrer Absicht oder eines Sagen-Wollens.« (Derrida, Limited Inc, S. 96 f.)

112 Critchley, Deconstruction and Pragmatism, S. 90.

113 Vgl. Craig, Pragmatism in the Field of Communication Theory, S. 132.

114 Derrida, Signatur Ereignis Kontext, S. 293.

115 Derrida, Signatur Ereignis Kontext, S. 300.

116 Derrida, Signatur Ereignis Kontext, S. 300.

117 Die hier an den Ansätzen James' und Derridas sichtbar werdende Kompatibilität bestätigt die von Derrida vorgebrachte Vermutung, dass »the performative dimension [...] one of the places of affinity between deconstruction and pragmatism« konstituiere. (Derrida, Remarks on Deconstruction and Pragmatism, S. 78.)

118 Zu dem für Aufführungen kennzeichnenden »hohen Grad an Selbstreferentialität« vgl. Fischer-Lichte, Theater als Modell, S. 106 f.

Aspekt, der gerade auf die (in der pragmatischen Narratologie ausschließlich auf ihre heteroreferenzielle Dimension festgelegten) »display texts« – Texte, die sich sozusagen (auch) zur Schau stellen, sich selbst exponieren – zutrifft. Die performative Äußerung als sprachliches Ritual ist, wie Krämer betont, »weniger an der Urszene dialogischer Wechselrede orientiert als an einer Aufführung«[119]. Es geht dabei also nicht allein um Sprechen als Handeln, sondern auch um die (in expliziten performativen Äußerungen dezidiert selbstreferenzielle) Aufführung dieses Sprechens als Tun: »Performativität« heißt »nicht einfach [...] etwas wird getan, sondern [...] ein Tun wird ›aufgeführt‹«[120]. Dieser »Aufführungscharakter«[121], der sich aus der Konventionalität und Öffentlichkeit des rituellen Sprechhandelns ergibt, bedingt auch die »Suspendierung von Dialog und Verständigung«[122] (in dem Sinne, wie er auch in den in Analogie zur narrativen Alltagspraxis modellierten dyadischen Konzeptionen literarischer Kommunikation als persönliche Rede[123] aufscheint) und stellt die Rede in ihrer Äußerlichkeit (selbstreferenziell) aus.[124] Sprechhandlungen, insbesondere solche, die sich, wie in »display texts« oder rituellen Sprechakten, selbstbewusst exponieren, entfalten ihre Wirkmächtigkeit (teilweise) auch als »nicht-mentalistische Praktik[en]«[125]: »[W]as zählt, ist das, was gesagt, nicht das, was gemeint wird.«[126] Für eine Revision des Kommunikationsmodells der pragmatischen Narratologie bedeutet die sich paradigmatisch am Performativen abzeichnende »Äußerlichkeit der Rede«[127]: Es soll (auch) auf das fokussiert werden, was sprachlich konkretisiert vorliegt, sich an der (Text-)Oberfläche zeigt.

Die Prozessualität und Dramatizität, Äußerlichkeit und Materialität des kommunikativen Geschehens, wie sie der poetische Pragmatismus und das Theorem des Performativen herausstellen, lassen den Einsatz von Goethes mor-

---

119 S. Krämer, Sprache, Sprechakt, Kommunikation, S. 143.

120 S. Krämer, Sprache – Stimme – Schrift, S. 331.

121 S. Krämer, Sprache – Stimme – Schrift, S. 335.

122 S. Krämer, Sprache, Sprechakt, Kommunikation, S. 145.

123 Vgl. dazu die spezifische Konzeptualisierung der privaten Kommunikationssituation durch Jacob L. Mey, einen weiteren zentralen Vertreter der pragmatischen Narratologie: »One does not just bring a *book* back from the bookstore: one takes home an *author*, inviting him or her into the privacy of one's quarters. The author [...] has a message for the reader as a person. And this is, eventually, why books are bought and sold: [...] because they represent a personal communication from an author to a potential readership – a communication which, in order to be successful, will have to follow certain rules.« (Mey, Pragmatics, S. 464. [Herv. i. O.])

124 Vgl. S. Krämer, Sprache – Stimme – Schrift, S. 336.

125 S. Krämer, Sprache – Stimme – Schrift, S. 336.

126 S. Krämer, Sprache – Stimme – Schrift, S. 336.

127 S. Krämer, Sprache – Stimme – Schrift, S. 336.

phologischer Methode als unumgängliche integrale Verfahrensweise literaturwissenschaftlicher bzw. narratologischer Untersuchung erkennbar werden. Es gilt, den Blick auf die phänomenale Konkretisation (in ihrer Partikularität und Inkommensurabilität) zu richten, auf die an der Oberfläche manifesten sprachlichen Erscheinungen selbst, nicht auf das, was als vermeintliche Universalie oder mentale Disposition angeblich hinter diesen liegt und sie determiniert. Mit Wittgensteins – von Goethes morphologischer Methode inspiriertem – Diktum wäre als narratologischer Imperativ in diesem Zusammenhang zu formulieren: »[D]enk nicht, schau!«[128] Dieser Respekt vor dem Offensichtlichen und Konkreten handelt freilich den (auch in ihren postklassichen Ansätzen noch wirksamen) Szientifizierungsbestrebungen der Narratologie zuwider, erscheint aber – nicht zuletzt aufgrund der seit Goethe der Literatur als *differentia specifica* zugeschriebenen epistemischen Sensibilität für das Besondere, Irreduzible und Unhintergehbare – für die literaturwissenschaftliche (Erzähl-)Forschung als unerlässlich.

Die am poetischen Pragmatismus bzw. am Performativen aufgezeigten Aspekte, insbesondere die Prozessualität des Sprachgeschehens, die (selbstreflexiv exponierte) Kongruenz von Sagen und Tun, die (mitunter auch) nicht-repräsentationalistische und konstitutive Funktion von Sprache in ihrer unhintergehbaren Materialität sowie die Dramatizität des Sprachgeschehens in seiner Äußerlichkeit, werden durch die narrative Metalepse, die sich als »performatives Erzählen«[129] fassen lässt und als erkenntnistheoretisches Privileg der Fiktion verstanden werden kann, paradigmatisch vor Augen geführt. Durch sie wird eine Konzeption von Kommunikation als einer auf Kooperation der Sender- und Empfängerinstanz beruhenden (transparenten) Übermittlung auktorialer Intention – wie sie dem universalen Anspruch der pragmatischen Kommunikationstheorie gemäß als Norm (je)der Kommunikation inhäriert – infrage gestellt.

Bei der narrativen Metalepse handelt es sich nach Genette bekanntlich um eine logikwidrige Überschreitung einer »Grenze zwischen zwei Welten: zwischen der, in der man erzählt, und der, von der erzählt wird«[130]. Als charakteristisch für die Metalepse erweist sich also, dass sie die (sie bedingende) pragmatische Ebenenhierarchie, wie sie die Architektonik des klassischen Kommunikations-

---

128 Wittgenstein, Philosophische Untersuchungen, S. 277 (PU § 66).
129 Häsner, Metalepsen, S. 20. Zu Metalepsen als Manifestationen »struktureller Performativität« vgl. auch Häsner et al., Text und Performativität, S. 83.
130 Genette, Die Erzählung, S. 168 f. Werner Wolf schlägt zur Bezeichnung einer »Kontamination getrennter Ebenen innerhalb eines Erzählwerkes [...], die [...] zu einem paradoxen Umsturz der logischen Hierarchie oder wenigstens zu einem lebensweltlich unmöglichen logischen Sprung zwischen Realität und Fiktion führt«, den »Überbegriff [...] ›*narrativer Kurzschluß*‹« vor. (Wolf, Ästhetische Illusion und Illusionsdurchbrechung in der Erzählkunst, S. 357 f. [Herv. i. O.])

modells vorsieht, im Akt der Narration gerade nicht respektiert, sondern praktisch unterminiert. Eine besonders augenfällige Form der metaleptischen Transgression liegt etwa dann vor, wenn die Figuren einer Geschichte sich an ihren Erzähler wenden, wenn Konstituenten der erzählten Welt, des intradiegetischen Universums, in die sie konstituierende extradiegetische Dimension (des Erzählaktes) eingreifen. Als Beispiel für diese Form der Metalepse aus dem Untersuchungskorpus der vorliegenden Arbeit kann etwa die bereits herausgestellte Adressierung des realen Autors bzw. Erzählers (Goethe) durch die von ihm geschaffenen Figuren aus der fiktionalen Welt des Sammlers gelten.[131] Genette verweist als Beispiel für Metalepsen unter anderem auf den (von Goethe emphatisch rezipierten) Roman *Tristram Shandy*, dessen Erzähler den Leser etwa dazu auffordert, Mister Shandy ins Bett zu bringen.[132] Der Vollzug dieser narrativen Sprachhandlungen beschreibt kein Geschehen, sondern stellt dieses her. Die dabei geäußerten Worte beziehen sich nicht primär auf das Erzählte, sondern auf das Erzählen, das mit diesem Akt des Erzählens auch als solches zur Aufführung gebracht, selbstreferenziell inszeniert, wird und im Rahmen der intradiegetischen Welt ›wirklichkeitskonstituierende‹ Effekte entfaltet. In den metaleptischen Transgressionen von Goethes *Der Sammler und die Seinigen* wird der Erzähler bzw. Autor vor den Augen des Lesers gleichsam in die fiktionale Welt geholt. Das Verfahren der Metalepse inauguriert hier den Erzähler, der in dem/durch den Akt des Erzählens als dessen Subjekt konstituiert wird. Auch als Appell des Erzählers an den Leser generiert die Metalepse das Objekt ihrer Referenz. Der (fiktive) Leser entsteht gewissermaßen in der/durch die Anrede des Erzählers, der diesen – sozusagen appellatorisch – hervorbringt. Der narrative Akt wird als Bedingung der Möglichkeit dessen inszeniert, was diesem vermeintlich vorausgeht. Die mediale und materielle Bedingtheit von Kommunikat, Sender und Empfänger wird offenbar. Es gibt diese drei (textinternen) Konstituenten der Kommunikation (in ihrer spezifischen Form) nur aufgrund des Mediums der Sprache, in dem und durch das sie sich realisieren.[133]

---

131 Vgl. dazu Kapitel 6.1.3.3.

132 Vgl. Genette, Erzählung, S. 168. Zu Goethes Begeisterung für *Tristram Shandy* vgl. etwa Pinger, Laurence Sterne and Goethe, S. 4 ff.

133 Mit dieser spezifischen Wirkungsweise stellt die Metalepse die generelle Performativität von Literatur, wie sie etwa Jonathan Culler aufzeigt, und ihre Implikationen (selbstreferenziell) aus. Literarische Äußerungen referieren nicht auf bestehende (als »wahr« oder »falsch« bestimmbare) Sachverhalte, sondern stellen diese durch die/in der Ausführung der Äußerung her: »[L]ike the performative, the literary utterances does not refer to a prior state of affairs and is not true or false. The literary utterance, too, *creates* the state of affairs to which it refers«. (Culler, Philosophy and Literature, S. 506. [Herv. i. O.]) Für die Literatur erweist sich dabei Austins – insbesondere von Derrida akzentuierte – spätere Revision der Dichotomie von konstativen und performativen Äu-

An der narrativen Metalepse (als einer genuin fiktionalen Erscheinung) verdichten sich die Implikationen einer am poetischen Pragmatismus wie am Performativen orientierten Theorie von (literarischer) Kommunikation. Was hier zur Aufführung gebracht wird, ist ein (selbstreferenzielles) Sprachereignis, das mit den kommunikationstheoretischen Positionen der herkömmlichen pragmatischen Narratologie wenig kompatibel ist. Es geht nicht um regelgeleitete Transmission bzw. Kalkulation auktorialer Intention durch autonome Sender- und Empfängerinstanzen, diese werden im Vollzug des Sprechereignisses in ihrer spezifischen Positioniertheit vielmehr erst konstituiert.[134] Sprache fungiert nicht als Vehikel intentional verbürgten Sinns, sondern bringt diesen im Akt des Sprechens hervor. Das durch die Metalepse vorgeführte Sprachgeschehen insistiert auf der Unhintergehbarkeit der »Materialität der Kommunikation«[135]. Nahegelegt wird eine Perspektive auf Narration, in der diese als ein sich vor den Augen der Rezipienten vollziehendes, konkretes »Oberflächengeschehen«[136] in Erscheinung tritt. Es verlagert sich dabei, wie man in Rekurs auf Krämers Ausführungen zum Performativen argumentieren könnte, »der Schwerpunkt vom *Kommunizieren* auf das *Wahrnehmen*«[137], von der Sinnhaftigkeit auf die Sinnlichkeit der Zeichen, eine Verschiebung, wie sie in der Literatur der Goethezeit etwa durch die Auf- und Umwertung des Symbols – als Manifestation der sich abzeichnenden »Krise des rationalistischen Zeichenmodells der Repräsentation«[138] – vorwegge-

---

ßerungen als zentral. Mit Austins Einsicht, »daß ich immer, wenn ich etwas sage [...] sowohl lokutionäre als auch illokutionäre Akte vollziehe« (Austin, Zur Theorie der Sprechakte, S. 153), werden die ursprünglich als sprachliche Ausnahme deklarierten Performativa zur sprachlichen Norm. Damit kommt – wie in der Literatur – jeder Äußerung eine performative Dimension zu.
134 Durch die Berücksichtigung der Funktionsweise der narrativen Metalepse in der narratologischen Kommunikationstheorie kann auch der Kritik Pratts an den Grundannahmen der Sprechakttheorie, wie sie sie selbst in ihrer als Vorläufer einer pragmatischen Narratologie geltenden Studie für die Erzähltheorie adaptiert hat, Rechnung getragen werden. Pratt kritisiert insbesondere das essenzialistische Konzept eines mit sich selbst identischen, authentischen und intentionalen (Sprecher- und Hörer-)Subjekts: »In fact, the speakers and hearers of traditional speech-act theory are clear instances of the notorious unified subject [...]. Speech-act theory, in at least some of its dominant versions, supposes the existence behind every normal speech act of an authentic, self-consistent, essential subject, a ›true self‹ [...]. The content of linguistic interaction is determined by the intentions these individuals form towards each other, and the quality of interaction depends on personal qualities, like rationality, sincerity, self-consistency, of the individuals involved.« (Pratt, The Ideology of Speech-Act Theory, S. 8.)
135 Gumbrecht/Pfeiffer (Hrsg.), Materialität der Kommunikation.
136 S. Krämer, Performanz – Aisthesis, S. 135.
137 S. Krämer, Performanz – Aisthesis, S. 141. [Herv. i. O.]
138 Albes, Darstellbarkeit, S. 10.

nommen wird.[139] Operationalisiert wird dabei das auch für die theatrale Performanz charakteristische »Oszillieren [= der Zeichen] zwischen Material- und Signifikantenstatus«[140]. Dabei treten »Präsenz und Repräsentation in eine Art Wechselspiel«[141] ein, das – durchaus auch im Sinne des poetischen Pragmatismus als »rationeller Empirismus« – auf die Vermittlung von Sinnlichem und Sinnhaftem setzt.

9.3 Für eine narratologische Orientierung am poetischen Pragmatismus am Beispiel von Goethes Rahmenzyklen

Die oben vorgeschlagene Neuausrichtung des Kommunikationsmodells der pragmatischen Narratologie an Implikationen des poetischen Pragmatismus und des Performativen wird, wie die folgenden Ausführungen zeigen werden, auch durch Goethes Rahmenzyklen nahegelegt. Im Fokus steht im Folgenden der Zyklus *Die guten Frauen*, ein Seitenblick gilt den *Unterhaltungen deutscher Ausgewanderten*. Ein am poetischen Pragmatismus und an Austins Theorem des Performativen orientierter narratologischer Zugang lässt an Goethes *Die guten Frauen* Aspekte zutage treten, die in der – implizit den Intuitionen der pragmatischen Narratologie folgenden – Sekundärliteratur bislang kaum zur Kenntnis genommen wurden. In den bisher vorliegenden Lektüren dieses Textes, in denen mit Strategien operiert wurde, die weitgehend den von Kearns proklamierten »Ur-Konventionen« des »auktorialen Lesens«, der »Naturalisierung« und der »Progression« entsprechen, wurde (der Strategie der »Naturalisierung« gemäß) primär auf die (mit der ›wirklichen Welt‹ als analog gedachte) erzählte Welt fokussiert. Wohl auch dadurch, dass die erzählte(n) Geschichte(n) des Zyklus weder dem Kriterium der »tellability« entsprechen, noch dem Prinzip der »Progression« immanenten normativen Idee folgen, wonach »Instabilitäten« nur auf der semantischen, nicht jedoch der diskursiven Ebene zu erwarten sind, wurde der Zyklus von der Forschung als »mißlungenes Erzählexperiment«[142] abgetan.[143]

---

139 Vgl. dazu Kapitel 2.2.3.
140 Fischer-Lichte, Theater als Modell, S. 107.
141 Fischer-Lichte, Theater als Modell, S. 107.
142 Hinze, Goethes Dialogerzählung, S. 67.
143 Dass in diesen Fällen die von der pragmatischen Narratologie (im Sinne der Einhaltung des hypostasierten Kooperationsprinzips) vorgesehene Möglichkeit, den Verstoß gegen die Konversationsmaximen als Teil der Kommunikations*absicht* zu interpretieren, nicht zum Tragen kam, indiziert, dass die Idee eines vermeintlich kognitiv instantiierten Prozesses der Bedeutungskonstitution qua universaler Regeln nicht uneingeschränkte Gültigkeit beanspruchen kann.

Übersehen wurde dabei genau das, was den Zyklus ausmacht und in den Blick gerät, wenn man auch seine konkrete mediale Realisierung berücksichtigt – dessen exzessives (selbstreferenzielles und selbstironisches) Spiel mit den Prätentionen rationaler Kommunikation.

An der folgenden Lektüre von Goethes *Die guten Frauen* wird sich zeigen, dass dieser Text (selbstreferenziell) das Gespräch als Grundlage der Erzählung präsentiert, der Text damit gleichsam die Vorstellung einer Entstehung der Erzählung aus dem Gespräch, wie sie aus der konversationstheoretischen Fundierung der pragmatischen Narratologie herrührt, indirekt bestätigt. Der narrative Text wird dabei allerdings als Resultat einer (auf der intradiegetischen Ebene geführten) Konversation ausgewiesen, deren Verlauf und Erfolg dadurch gekennzeichnet sind, dass die Maximen rationaler Kommunikation (insbesondere jene der Relation, der Qualität und Modalität) nicht respektiert werden und Verständigung oder gar Konsens gerade nicht als Ziel und Telos der Konversation fungieren. Vielmehr scheint das (nur auf den ersten Blick lapidare) Ziel der für die Erzählung als konstitutiv dargestellten Konversation darin zu bestehen, Erzählungen zur ›Aufführung zu bringen‹, das Erzählen als solches zu inszenieren. Es geht um das Sprechen und Erzählen als Tun, das selbstreferenziell aus- und aufgeführt wird und dessen Wirkung sich im Vollzug, gleichsam vor den Augen der Leser, entfaltet.

Was dabei in Szene gesetzt wird, ließe sich als eigentümliche Verschränkung der beiden von Aristoteles mit den Begriffen *poiesis* und *praxis* differenzierten Aspekte von ›Handlung‹ charakterisieren.[144] Liegt das Ziel der *poiesis* in der Herstellung eines Werks (*ergon*), so das der *praxis* in sich selbst, es verwirklicht sich im Tun (*energeia*): »Kennzeichnend für die als praxis bezeichnete H[andlung] ist, dass ihr Ziel im Vollzug selbst liegt, d. h. das praktische Ziel fällt mit dem Handlungsvollzug zusammen.«[145] Das Erzählen – als Praxis (deren Ziel im Vollzug liegt) – bringt dabei, wie Goethes Zyklus vorführt, gleichzeitig das Erzählwerk hervor. Die Wirkmächtigkeit des Erzählens, wie sie sich in dem (mit dem Werk vorliegenden) Erzählten niederschlägt, ist, wie der Text inszeniert, auch nicht an die Intentionalität eines kontrollierenden Autorbewusstseins gebunden, sondern an die Materialisierung des Erzählten im Medium der Schrift.[146]

---

144 Aristoteles konstatiert in der *Nikomachischen Ethik*, dass »Handeln und Herstellen zu unterschiedlichen Gattungen gehören. [...] Das Ziel der Herstellung (*poiēsis*) ist von dieser selbst verschieden, das der Handlung nicht. Denn das gute Handeln (*eupraxia*) selbst ist Ziel.« (Aristoteles, Nikomachische Ethik, S. 200 (1140b 3 – 4, 6 – 7).)
145 Prechtl, Handlung, S. 230.
146 Trotz der Vorbehalte gegen das Phantasma des Intentionalismus, wie sie nicht nur performativitätstheoretische Ansätze nahelegen, sondern durch Goethes Text selbst indiziert wer-

9.3.1 Kommunikation – Performanz – Narration

Goethes Rahmenzyklus *Die guten Frauen, als Gegenbilder der bösen Weiber, auf den Kupfern des dießjährigen Damenalmanachs* stellt ein Auftragswerk dar. Im Mai 1800 wandte sich der Verleger dieses »Damenalmanachs«, Johann Friedrich Cotta, mit dem Ansuchen an Goethe, zwölf von Franz Catel angefertigte, für den Abdruck in der »Damenalmanach«-Ausgabe von 1801 bestimmte Kupferstiche mit einem Begleittext zu versehen. Die Funktion dieses Textes sollte darin bestehen, den negativen Eindruck, den die Frauenkarikaturen auf den Kupferstichen beim weiblichen Lesepublikum erwarten ließen, durch positive Gegenbilder zu kompensieren.[147] Die von Goethe angefertigten verbalen »Gegenbilder« referieren dabei nur peripher auf das auf den Kupferstichen (den visuellen Vorbildern) Abgebildete, sondern inszenieren vielmehr den Akt des Bildermachens selbst. Das Werk erzählt nämlich seine eigene (fiktive) Entstehungsgeschichte, die Geschichte von der Entstehung der mit dem Titel bezeichneten »Gegenbilder«,[148] und bringt dabei die Kupferstiche, wie sie in der ursprünglichen Erscheinungsform von Goethes Text gemeinsam mit diesem im *Taschenbuch für Damen auf das Jahr 1801* abgedruckt wurden, als Gegenstände der erzählten Welt ins Spiel[149]: In der Rahmenhandlung des Zyklus werden die Mitglieder eines geselligen Zirkels, des sogenannten »Sommerklubb[s]«[150], mit den »Kupfer[n] zum dießjährigen Damenkalender«[151] konfrontiert, die ein »Freund des Herausgebers, den wir

---

den, wird in der folgenden Lektüre – so ließe sich mit Derrida formulieren – »die Kategorie der Intention nicht verschwinden, sie wird ihren Platz haben, aber von diesem Platz aus wird sie nicht mehr den ganzen Schauplatz und das ganze System der Äußerung beherrschen«. (Derrida, Signatur Ereignis Kontext, S. 310.)

147 Zur Entstehungsgeschichte des Zyklus vgl. etwa den Kommentar von Waltraud Wiethölter in FA I, 8, S. 1118–1121; Seuffert, Goethes Erzählung »Die guten Weiber«. Der Rahmenzyklus fand 1817 Eingang in die zweite bei Cotta erschienene Werkausgabe Goethes, wobei die spezifische Publikationsform – der Abdruck der Rahmenerzählung ohne die Kupferstiche (als die sie bedingenden ›Vorbilder‹) – mit einer auch in weiteren Werkausgaben beibehaltenen Änderung des Titels in »Die guten Weiber« einherging (vgl. Seuffert, Goethes Erzählung »Die guten Weiber«, S. 159).

148 Vgl. dazu auch Mielke, Zyklisch-serielle Narration, S. 296 f.

149 Es handelt sich hierbei um eine narrative Strategie, wie sie Goethe auch in *Der Sammler und die Seinigen* zum Einsatz bringt. Statt die Exponate der Sammlung zu beschreiben, wird, wie dargestellt, deren Präsentation in die Narration einer Entstehungsgeschichte eingebunden. Dabei werden ebenfalls Elemente der realen publizistischen Rahmenbedingungen – in *Der Sammler und die Seinigen* ist es die Figur des Herausgebers des Publikationsorgans, in dem die Brieferzählung erscheint – in die fiktionale Welt transferiert (vgl. dazu Kapitel 6.1.3).

150 Goethe, Die guten Frauen, S. 171.

151 Goethe, Die guten Frauen, S. 172.

Sinklair nennen wollen«[152], den Clubgästen vorlegt. Er ist in den Club gekommen, um »jemand in dieser geistreichen Gesellschaft [zu] bewegen, einen Text zu diesen Calenderkupfern zu übernehmen«[153].

Die »Gespräch-Erzählung«[154], wie sie sich aus den durch die Kupferstiche provozierten Dialogen und Erzählungen der (intradiegetischen) Figuren entfaltet, wird – nach einer kurzen epischen Exposition – weitgehend in Form von Figurennamen zugeordneten autonomen direkten Reden realisiert,[155] die von Inquit-Formeln und narrativen Einschüben (im Präteritum) sowie – Bühnenanweisungen vergleichbaren – Erzählerkommentaren unterbrochen werden. Der Zyklus erzählt seine Entstehungsgeschichte vorwiegend im dramatischen Modus – die Entstehungsgeschichte wird in ihrem Vollzug inszeniert, sie entsteht im Akt des Sprechens und Erzählens der Figuren vor den Augen des Lesers, dessen fiktives Korrelat im und mit dem Akt der (Rezeption der) Narration als deren (integraler) Teil hervorgebracht wird. Der Erzähler spricht den (fiktiven) Leser als Gast des Sommerclubs an: »Wir behandeln unsere Leser als Fremde, als Clubbgäste, die wir vertraulich gern [...] mit der Gesellschaft bekannt machen möchten.«[156] Der (fiktive) Leser wird als Teil der fiktionalen Welt und der Erzählrunde apostrophiert; die dadurch evozierte Ko-Präsenz von Produktions- und Rezeptionsinstanzen« erscheint als selbstreflexive Referenz auf die für den Zyklus kennzeichnende (insbesondere durch den dramatischen Modus realisierte) Nachahmung der Aufführungssituation performativer Äußerungen (als Form theatraler Performanz). In dieser – simulierten – Koinzidenz von Produktion und Rezeption des Geschehens nimmt der (fiktive) Leser – wie durch dessen spezifische Apostrophe als Teil des Gesprächszirkels selbstreferenziell angedeutet wird – die Position eines Augenzeugen ein.[157]

---

152 Goethe, Die guten Frauen, S. 172.

153 Goethe, Die guten Frauen, S. 195.

154 Hinze, Goethes Dialogerzählung, S. 69.

155 Hinze weist darauf hin, dass »sogar das Druckbild dem eines dramatischen Dialogs völlig gleicht.« (Hinze, Goethes Dialogerzählung, S. 68.) Nach Marz verleiht die »vorherrschende Dialogform, die sich an einzelnen Stellen zur Stichomythie verdichtet«, der Rahmenerzählung »den Anschein eines Kurzdramas« (Marz, Goethes Rahmenerzählungen, S. 84).

156 Goethe, Die guten Frauen, S. 174.

157 Werner Wolf charakterisiert jene Fälle, in denen der fiktive »Leser[] in die intradiegetische Ebene ›an der Hand des Erzählers‹« eingeführt wird, als »harmlosen Grenzfall« eines »narrativen Kurzschlusses«: »Als Entschärfung der Sprengkraft eines narrativen Kurzschlusses wirkt hier [...] vor allem der Schein einer unmittelbar gegenwärtig werdenden Handlung wie im Theater.« (Wolf, Ästhetische Illusion und Illusionsdurchbrechung in der Erzählkunst, S. 360.) Zu dem »Vor-Augen-Stellen von Geschehenszusammenhängen sowie Apostrophierung des Lesers als anwesenden Kommunikationspartner« als Merkmale »struktureller Performativität«, die aus einer textuellen

Die Simultanität von Produktion und Rezeption wird nicht nur dadurch akzentuiert, dass der fiktive Leser gleichsam rhetorisch in den Kreis der intradiegetischen Erzählrunde gerufen wird, sondern auch dadurch, dass eine der Figuren dieses Zirkels – an einer sich als metaleptisch ausnehmenden Stelle – plötzlich als möglicher extradiegetischer Erzähler oder vielmehr ›Aufschreiber‹ der von den intradiegetischen Figuren geführten Gespräche und erzählten Geschichten in Erscheinung tritt. Als Reaktion auf Sinclair, den »Freund des Herausgebers«, der am Ende der Rahmenerzählung bedauert, von den Clubgästen nicht die erwünschten verbalen Gegenstücke zu den Kupferstichen erhalten zu haben, präsentiert eine der Figuren der Erzählrunde, Armidoro, schließlich das, was sich als Grundlage eben dieses – »die Gegenbilder zu den bösen Weibern« auf den Kupferstichen darstellenden – Rahmenzyklus erweist: seine Mitschrift der Unterhaltung, das – wie es am Schluss des Zyklus in einem gleichsam ›narrativen Epilog‹ heißt – »Protokoll des Geschwindschreibers«[158]. Diese Intervention, die sozusagen die Geburt der Narration aus dem Geist der Praxis oder Performanz (selbstreferenziell) zur Aufführung bringt, wird – dem vorherrschenden dramatischen Modus der Erzählung entsprechend – in Form einer durch eine Bühnenanweisung eingeleiteten Figurenrede (sozusagen selbst performativ) inszeniert: »Armidoro (aus dem Kabinett tretend, wohin er manchmal gegangen war). [...] Die Angelegenheit unseres Freundes, des Herausgebers, ist auch mir nicht fremd. Auf diesem Papiere habe ich geschwind protokollirt, was gesprochen worden«[159]. An dieser Stelle mutiert – in einer metaleptisch anmutenden Volte – die erzählte zur erzählenden Figur. Der extradiegetische Erzähler, so wird evoziert, entsteht gleichzeitig mit dem Sprechen und Erzählen – der Performanz – der intradiegetischen Figuren.

Dieser Eindruck eines »narrativen Kurzschlusses«[160] wird dann allerdings unmittelbar darauf relativiert, wenn Armidoro das Protokoll Eulalie, einer an der Gesprächsrunde beteiligten Schriftstellerin, zur weiteren Bearbeitung anvertraut (was diese, wie der ›narrative Epilog‹ herausstellt, allerdings abgelehnt hat) – sein Mitschreiben wird dadurch als ein Akt innerhalb der erzählten Welt (der Rahmenhandlung) ausgewiesen. Im ›narrativen Epilog‹ wird der konkrete Text denn auch dezidiert als Ergebnis der korrigierenden Abschrift jener Mitschrift des Armidoro durch ein sich aus den männlichen Figuren des Gesprächszirkels zusammensetzendes Herausgeberkollektiv präsentiert. Die (nicht namentlich ge-

---

Nachahmung der (für das Performative wie die theatrale Performanz konstitutiven) »Simultaneitäts- oder Koinzidenzrelation« resultieren, vgl. Häsner et al., Text und Performativität, S. 83 f.
158 Goethe, Die guten Frauen, S. 196.
159 Goethe, Die guten Frauen, S. 196.
160 Wolf, Ästhetische Illusion und Illusionsdurchbrechung in der Erzählkunst, S. 356.

nannten) Herausgeber, die in diesem Fall auch die Figuren und als Herausgeber nach Uwe Wirth auch Entsprechungen des Erzählers und mithin »diskursive Double des Autors«[161] sind, übernehmen die Verantwortung für die redaktionelle Bearbeitung des Textes und geben dabei vor, der Wahrheit verpflichtet zu sein. An manchen Stellen sei dem Protokoll, so wird betont, aus der Erinnerung nachgeholfen worden;[162] nicht Fiktion – die Wirklichkeit, so wird suggeriert, bilde den Stoff, aus dem das Erzählte gemacht ist. Der erhobene Wahrheitsanspruch wird allerdings – in der originalen Erscheinungsform des Textes – durch eine performative Geste irritiert: Im Anschluss an den ›narrativen Epilog‹ und im Druckbild eng an diesen angelehnt, steht: »v. Göthe«[163]. Diese Setzung bewirkt, wie sich in Abwandlung einer Feststellung Genettes formulieren ließe, dass »der Name des Autors [...] kaltblütig die fiktive Zuschreibung des Textes«[164] an das Herausgeberkollektiv »dementiert«[165]. Das Spiel mit der Urheberschaft, das hier getrieben wird, erscheint als selbstreflexive Andeutung der Aporien und Kontingenzen auktorialer Zuschreibungen, durch die auch jene Zugänge zum Text, die es sich – die Konventionen des »authorial reading« und der »Naturalisierung« gleichsam auf die Spitze treibend – zur Angelegenheit gemacht haben, aus dem Kreis der Figuren den realen Urheber des Textes (sowie weitere realweltliche Pendants aus der Weimarer Gesellschaft um Goethe) herauszulesen, ad absurdum geführt werden.[166]

Die durch den angedeuteten punktuellen Zusammenschluss der extra- und der intradiegetischen Ebene evozierte (partielle) Simultanität von Praxis bzw. Performanz und/als Narration akzentuiert den Vollzugscharakter des Textes, wie er auf der semantischen Ebene des Zyklus durch die selbstbezügliche Inszenierung der Narration als Entstehungsgeschichte betont und auf der diskursiven Ebene durch die Dominanz des dramatischen Modus formal realisiert wird. Darüber hinaus erfährt dieser Vollzugscharakter im Zyklus eine augenfällige Akzentuierung durch selbstreflexive Spiegelungen in Form von *mises en abyme*.[167] An

---

161 Wirth, Die Geburt des Autors, S. 151. Uwe Wirth folgt hier einer These von Lee, Le roman à éditeur, S. 18.
162 Vgl. Goethe, Die guten Frauen, S. 196.
163 Goethe, Die guten Frauen, S. 196.
164 Genette, Paratexte, S. 181.
165 Genette, Paratexte, S. 181. Vgl. dazu auch Wirth, Die Geburt des Autors, S. 149.
166 Momme Mommsen rekapituliert die in der Sekundärliteratur angestellten Mutmaßungen über die vermeintlich realweltlichen Entsprechungen der Figuren: »Sinclair: Goethe. Armidoro: Schiller (?). Arbon: H. Meyer. Seyton – möglicherweise –: Bertuch. Henriette – kaum glaublich –: Charlotte Schiller.« (Mommsen, Der »Schalk« in den *Guten Weibern*, S. 171.)
167 Der von André Gide 1893 eingeführte Begriff ›mise en abyme‹ bezeichnet in der zeitgenössischen Narratologie »eine Form v. a. literar. Rekursivität bzw. Ähnlichkeit und damit Selbstre-

einer der Binnenerzählungen des Zyklus zeigen sich neben der für die Gattung der Rahmenerzählung generell charakteristischen *mise en abyme* des Erzählens weitere Formen signifikanter Spiegelungen von Elementen der textlogisch übergeordneten Ebene, durch die (neben der für jede Narration konstitutiven Praxis des Erzählens) die für den Zyklus kennzeichnende (selbstbezügliche) Narration der eigenen Entstehungsgeschichte als Praxis bzw. Performanz sowie deren spezifische (gleichsam dramatische) Form redupliziert werden. Angesprochen auf ein am Vortag dem geselligen Zirkel präsentiertes Märchen einer befreundeten Schriftstellerin, antwortet Eulalie, selbst Schriftstellerin, nicht mit der Erzählung eben dieses Märchens, sondern mit der Erzählung seiner Entstehungsgeschichte (in Form einer Binnenerzählung). Dabei wird – wie auf der übergeordneten Erzählebene – nicht nur die Narration selbst Thema des Erzählens; auch die für die übergeordnete Erzählebene charakteristische Art und Weise ihrer Konstitution sowie deren spezifische Form werden reflektiert. So wie die übergeordnete Rahmenerzählung aus der Praxis bzw. Performanz des Sprechens und Erzählens der Figuren – sozusagen aus dem Gespräch – hervorgeht, erweist sich das auf der untergeordneten Erzählebene präsentierte Märchen, wie seiner Charakterisierung durch Eulalie in der als Binnenerzählung angelegten Entstehungsgeschichte zu entnehmen ist, als Ergebnis eines – in diesem Fall brieflichen – Dialogs. An diesem (nur durch seine Entstehungsgeschichte den Zuhörern und Lesern bekannt gemachten) Märchen spiegelt sich mithin auch ein charakteristisches formales Merkmal der übergeordneten Ebene, denn der dramatische Modus, wie er sich in der übergeordneten Rahmenerzählung niederschlägt, kann auch als Charakteristikum dieses (nur hinsichtlich seiner Genese und seiner Form thematisierten) Märchens gelten, sind doch, wie Goethe selbst in seiner Korrespondenz mit Schiller festhält, »die Romane in Briefen völlig dramatisch«[168].

Eine weitere sich in Eulalies Geschichte abzeichnende Spiegelung betrifft die auf der übergeordneten Ebene inszenierte Konzeption von Kommunikation. Die dem Märchen zugrunde liegenden Briefe enthalten nämlich, wie Eulalie dem Kreis mitteilt, »[k]eine eigentliche Nachricht«[169]. Entscheidend für die Entstehung dieses Märchens scheint also, wie auf der übergeordneten Ebene, weniger die Nachricht, das Mitgeteilte, denn der Akt des Mitteilens als solcher zu sein. Dass im Zyklus das Gesprochene und Erzählte (gegenüber dem Sprechen und Erzählen als

ferenz, die sich in einem isolierbaren Segment auf einer ontologisch oder textlogisch untergeordneten Ebene eines Textes oder Kunstwerks manifestiert, so daß auf dieser mindestens ein in der Regel signifikantes Element (inhaltlicher oder formaler Natur) einer übergeordneten Ebene ›gespiegelt‹ erscheint«. (Wolf, Mise en abyme, S. 461.)

168 Goethe, An Schiller. Weimar, 23. Dezember 1797. In: BW, S. 518.

169 Goethe, Die guten Frauen, S. 186.

›Tun‹) vernachlässigt wird, behaupten indirekt auch (die darüber empörten) Literaturwissenschaftler: Erhard Marz etwa spricht von »seichter, oberflächlicher Konversation«[170] und kritisiert die »inhaltliche Dürftigkeit und den mageren geistigen Gehalt des Dargebotenen«[171]. Klaus-Peter Hinze stellt sich die Frage, »warum die unbedeutenden und uninteressanten Geschichten eigentlich erzählt werden.«[172]

Der von der Sekundärliteratur an Goethes »Gespräch-Erzählung« beobachtete Verstoß gegen das, was in der pragmatischen Kommunikationstheorie zur Maxime der Relation zählt, korreliert in der (auf-)geführten Konversation der Rahmenhandlung mit der Nichteinhaltung der Maximen der Modalität und der Qualität. Beide Maximen werden indirekt etwa in den metakommunikativen Kommentaren der Madame Seyton zu der von ihrem Gemahl erzählten gemeinsamen Geschichte in der Rahmenhandlung zur Sprache gebracht bzw. infrage gestellt. Verlangt sie von ihrem Gemahl zunächst, dass er »hübsch redlich, artig und vernünftig erzählt«[173], er sich also an die Maxime der Modalität hält, so erkennt sie im Laufe seines Erzählens, dass das unbedingte Festhalten an der Maxime der Qualität die »Erzählwürdigkeit« (›tellability‹) einer Geschichte keineswegs garantiert: »Ich muß dich nur gewähren lassen. Eine wahre Geschichte

---

170 Marz, Goethes Rahmenerzählungen, S. 82.

171 Marz, Goethes Rahmenerzählungen, S. 82.

172 Hinze, Goethes Dialogerzählung, S. 70. In Goethes Zyklus scheint eine Idee von Kommunikation vorweggenommen zu werden, wie sie Schleiermacher in seiner »Einleitung zur Dialektik« mit dem Konzept des »freien Gesprächs«, das er dem Bereich des »künstlerischen Denkens« zurechnet, zu fassen sucht. Dabei geht es nicht primär um die Mitteilung von Gedanken, sondern das freie Gespräch setzt auf den Akt und die Dynamik des Mitteilens selbst. Das, was mitgeteilt wird, spielt nur insofern eine Rolle, als die dabei sich abzeichnende »Gedankenerzeugung« eine »erregende Kraft« wirksam werden lässt, die das Gespräch aufrechterhält und antreibt: »Das freie Gespräch ist [...] die [...] durch gegenseitige Mitteilung sich entwickelnde Wechselwirkung, wobei das Verhältnis der Gedanken des einen zu denen des andern ihrem Inhalte nach so gut als gar nicht in Betracht kommt, sondern nur die allerdings durch das Wohlgefallen an der Mitteilung zu unterstützende erregende Kraft, welche die Gedankenerzeugung des einen auf die des andern ausübt.« (Schleiermacher, Dialektik, S. 8. Zu Schleiermachers Konzept des »freien Gesprächs« vgl. etwa auch Garaj, Frühromantik als Kommunikationsparadigma, S. 48.) Das »freie Gespräch« impliziert nicht Konsens und Übereinstimmung des Mitgeteilten, es ergibt sich vielmehr aus der »erregenden Kraft« des Sprechens selbst. Was Schleiermacher am Konzept des »freien Gesprächs« akzentuiert, die performative Dimension des Sprechens, führt Goethes Rahmzyklus im und als Akt des Sprechens und Erzählens vor. Der Zyklus geht, so wird deutlich, aus dem (Wider-)Sprechen und Erzählen, der Aufführung von Geschichten, hervor, wobei es sozusagen nicht (nur) auf den Gegenstand des Erzählens, sondern (auch) auf dessen Praxis ankommt. Die Relevanz des Erzählten erweist sich gegenüber seiner Aufführung und der damit verbundenen Lust als sekundär.

173 Goethe, Die guten Frauen, S. 177.

ist ohne Exaggeration selten erzählenswerth.«[174] Die Selbstreferenzialität dieses metakommunikativen Kommentars impliziert auch eine Referenz auf die als »Carikaturen«[175] bezeichneten (und in der ursprünglichen Publikationsform gemeinsam mit den »Gegenbildern« abgedruckten) Kupferstiche, deren Wirkmächtigkeit, so evoziert die Gattungsbezeichnung »Carikatur«, gerade auf dem sie auszeichnenden Merkmal der Übertreibung (der »Exaggeration«) beruht.[176]

Auch in den Dialogen und erzählten Geschichten der *Unterhaltungen deutscher Ausgewanderten*[177] werden die in der pragmatischen Kommunikationstheorie propagierten Ideale rationaler Verständigung stellenweise unterminiert. Die Missachtung der Maxime der Modalität (oder Klarheit) wird vom alten Geistlichen, der die Kunst des Erzählens in diesem Rahmenzyklus paradigmatisch vorzuführen scheint, gerade als Bedingung der Möglichkeit von Kommunikation ausgewiesen. Auf Luises gegen ihn gerichteten Vorwurf – »Hätten Sie sich eigentlicher ausgedruckt, so hätten wir nicht gestritten«[178] – antwortet der Geistliche: »Aber auch nicht gesprochen. Verwirrungen und Mißverständnisse sind die Quellen des thätigen Lebens und der Unterhaltung.«[179] Die Maxime der Qualität, das Gebot der Wahrheit, das auf die heteroreferenzielle Funktion des Sprechens setzt, wird in den *Unterhaltungen* geradezu als monströse Anmaßung verstanden. Karl, dessen Ansprüche an ein narratives Kunstwerk in der finalen Erzählung des Märchens durch den Geistlichen eingelöst werden, erteilt der Wirklichkeit als Gegenstand literarischen Erzählens eine Absage:

---

174 Goethe, Die guten Frauen, S. 177.

175 Goethe, Die guten Frauen, S. 172.

176 Vgl. dazu auch Marz, Goethes Rahmenerzählungen, S. 85 f.

177 Der Rahmenzyklus erschien zuerst – in Fortsetzungen – in der von Schiller herausgegebenen Zeitschrift *Die Horen*. Durch diese spezifische Publikationsform wird, was von der Sekundärliteratur bislang kaum beachtet wurde, die im Text angelegte Performativität bzw. Performanz des Narrativen potenziert. Im Folgenden wird daher nach dem Erstdruck in den *Horen* zitiert. Als Beispiel für einen durch die spezifische mediale Realisierung bewirkten Aspekt von Performativität kann etwa die Etablierung einer analogen Rezeptionssituation auf der Ebene der textinternen (fiktiven) und der textexternen (realen) Kommunikationsebene angeführt werden, die dadurch entsteht, dass der Geistliche, als erster Binnenerzähler, sein Publikum auf »morgen« vertröstet – ein Cliffhanger, der im Medium der Zeitschrift mit dem Ende des ersten Teilabdrucks zusammenfällt und damit auch das reale Publikum betrifft. (Goethe, Unterhaltungen deutscher Ausgewanderten [I], S. 78.) Beck spricht in diesem Zusammenhang von einer »Engführung von fiktivem Zuhörer- und realem Leserkreis« (Beck, Geselliges Erzählen in Rahmenzyklen, S. 70).

178 Goethe, Unterhaltungen deutscher Ausgewanderten [II], S. 52.

179 Goethe, Unterhaltungen deutscher Ausgewanderten [II], S. 52. Vgl. dazu auch Beck, Geselliges Erzählen in Rahmenzyklen, S. 130: Der Abbé »zielt auf die Vielgestaltigkeit des (Miß-)Verstehens im Rahmen eines gesellig-dynamischen Gesprächs, das [...] der poetisch-prozessualen Offenheit der Erzählung Rechnung trägt«.

Die Einbildungskraft ist ein schönes Vermögen; nur mag ich nicht gern, wenn sie das, was wirklich geschehen ist, verarbeiten will; [...] verbunden mit der Wahrheit bringt sie meist nur Ungeheuer hervor [...]. Sie muß sich, deucht mich, an keinen Gegenstand hängen, sie muß uns keinen Gegenstand aufdringen wollen, sie soll, wenn sie Kunstwerke hervorbringt, nur wie eine Musik auf uns selbst spielen, uns in uns selbst bewegen und zwar so daß wir vergessen, daß etwas außer uns sey, das diese Bewegung hervorbringt [...].[180]

Die partielle Außer-Kraft-Setzung der heteroreferenziellen Funktion lässt einen Text entstehen, dessen erfolgreiche Rezeption durch die Strategie der »Naturalisierung« mit ihrem Rekurs auf die außersprachliche Wirklichkeit kaum gewährleistet werden kann. Das Märchen der *Unterhaltungen* präsentiere sich, so Rolf Geißler, »[g]leich der Musik aus sich selbst ohne jegliche referentielle Beziehung, deren ›richtig‹ oder ›falsch‹ keine Rolle spielt [...]. Die quasi realen Bezüge sind aufgehoben«[181]. Der »wahr/falsch-Fetisch«[182] als Bezugsgröße der Kommunikation wird suspendiert.

Fungiert in den *Unterhaltungen* der Geistliche als Repräsentant einer an der Praxis bzw. Performanz orientierten Kommunikation, so ist es in *Die guten Frauen* die Figur der Amalie, die sich als Exponentin einer am poetischen Pragmatismus bzw. dem Performativen orientierten Konzeption von Kommunikation verstehen lässt. Historisch scheint die an dieser Figur aufgezeigte kommunikative Praxis auf die sophistische Tradition zu rekurrieren, die, wie Hetzel darstellt, Positionen des (James'schen) Pragmatismus sowie der gegenwärtigen Performativitätstheorie vorwegnimmt.[183] Die von Amalie im Gespräch praktizierte, gleichsam strategische Verneinung ließe sich mit Olaf Kramer, der anhand der *Faust*-Dichtungen und der *Meister*-Romane Goethes Rezeption der sophistischen Rhetorik aufzeigt, als Inszenierung eines strikten »Relativismus gegenüber jedweden Wahrheitsansprüchen«[184], der zu den »epistemologischen Voraussetzungen«[185] der sophistischen Kommunikationstheorie zählt, begreifen. Wie Mephisto, den Kramer als »Vertreter der Sophistik«[186] charakterisiert, präsentiert sich Amalie als »ein antagonistischer Geist«[187]. Dass sie, wie der »Freund des Herausgebers« moniert, aus »Maxime

---

180 Goethe, Unterhaltungen deutscher Ausgewanderten [III], S. 51.

181 Geißler, Zur Einheit von Goethes »Unterhaltungen deutscher Ausgewanderten«, S. 17 f.

182 Austin, Zur Theorie der Sprechakte, S. 168.

183 Vgl. Hetzel, »Die Rede ist ein großer Bewirker«, S. 229 – 246. Zur Bedeutung der sophistischen Tradition für den Pragmatismus vgl. Hetzel, Negativität und Unbestimmtheit, S. 8. Zur Performativität des James'schen Pragmatismus vgl. Hetzel, William James, S. 240.

184 Kramer, Goethe und die Rhetorik, S. 304.

185 Kramer, Goethe und die Rhetorik, S. 304.

186 Kramer, Goethe und die Rhetorik, S. 304.

187 So die Charakterisierung des Mephisto durch Kramer, Goethe und die Rhetorik, S. 304.

beharrlich verneint«[188], trägt ihr den Namen »Schalk«[189] ein – einen Namen, der, wie Momme Mommsen detailliert aufzeigt, bei Goethe nicht nur den ›Possenrei-ßer‹, sondern den (paradigmatisch durch Mephisto repräsentierten) »Neganten«[190] bezeichnet, den »Verneiner aus überragender Klugheit, funkelnder Intelligenz«[191]. Für den »Schalk« Mephisto, den »Geist der stets verneint«[192], zeigt »Der Herr« in *Faust* bekanntlich durchaus gewisse Sympathien: »Von allen Geistern die verneinen / Ist mir der Schalk am wenigsten zur Last.«[193] Damit erscheint aber auch Amalie in einem anderen Licht und das von Mommsen skizzierte, in der bisher vorliegenden Sekundärliteratur dominante Bild von dieser Figur als eines »ganz unsympathischen Frauentyp[s]«[194] fängt an zu kippen. Amalie lässt sich – unter der hier eingenommenen, vom poetischen Pragmatismus bzw. dem Performativen nahegelegten Perspektive – weniger der Seite der »bösen Weiber« denn der »guten Frauen« zuschlagen, zumal sie das (paradigmatisch) ausspielt, was die Kommunikation und mithin die »Gespräch-Erzählung« überhaupt erst konstituiert – den Widerspruch als produktives Prinzip der Kommunikation. Wie etwa Jochen Hörisch an Goethes *Tasso* aufzeigt, bildet nämlich »nicht etwa Konsens, sondern Dissens die regulative Idee von Kommunikation. [...] Wir reden, weil wir uns nicht verstehen und weil wir nicht übereinstimmen. Vollendete Übereinstimmung bedeutete den Zusammenbruch jedes Gesprächs.«[195] Goethe formuliert diese Einsicht in *Der Sammler und die Seinigen* folgendermaßen: »Aber wenn nur das Vollendete mitgetheilt werden solle, wie schlecht würde es überhaupt um Unterhaltung aussehen!«[196] Oder, in den Worten Wellmers: »[I]deale Kommunikation wäre der Tod der Kommunikation«[197].

---

188 Goethe, Die guten Frauen, S. 194.

189 Goethe, Die guten Frauen, S. 195.

190 Mommsen, Der »Schalk« in den *Guten Weibern*, S. 191 passim.

191 Mommsen, Der »Schalk« in den *Guten Weibern*, S. 194.

192 FA I, 7.1, S. 65, V. 1338.

193 FA I, 7.1, S. 18, V. 339 f. Als Entstehungszeit für den »Prolog im Himmel« kann nach Mommsen April 1800 angenommen werden (vgl. Mommsen, Der »Schalk« in den *Guten Weibern*, S. 195).

194 Mommsen, Der »Schalk« in den *Guten Weibern*, S. 196. An anderer Stelle seines Beitrags geht Mommsen in der negativen Charakterisierung der Figur sogar noch weiter: Amalie repräsentiere »eine der wenigen unsympathischen Goetheschen Frauengestalten, ja geradezu ein abschreckendes Beispiel« (Mommsen, Der »Schalk« in den *Guten Weibern*, S. 181).

195 Hörisch, Das Wissen der Literatur, S. 156.

196 WA I, 47, S. 180.

197 Wellmer, Wahrheit, Kontingenz, Moderne, S. 162. Vgl. hierzu auch S. Krämer, Sprache – Stimme – Schrift, S. 328.

9.3.2 »daß das eigentliche Wie und nicht das Was das Interesse macht«

Das in der Sekundärliteratur vorherrschende ›abschätzige‹ Urteil über Goethes *Die guten Frauen* – Klaus Peter Hinze etwa spricht, wie erwähnt, von einer »mißlungenen Erzählung«[198], das *Goethe-Handbuch* charakterisiert den Zyklus als »Goethes schwächste Leistung«[199] – resultiert aus einer Lektüre, die das ›Was‹ dieser »Gespräch-Erzählung« gegenüber ihrem ›Wie‹ privilegiert. Dem, was dieser Text sagt, und weniger dem, ›wie er sich gibt‹, galt bislang das Interesse der Literaturwissenschaft. Das erscheint – gerade in einer an der Autorintention orientierten literaturwissenschaftlichen Tradition – als besonders merkwürdig, zumal Goethe selbst in einem Brief an Schiller betont, dass das Epische unter dem »Gesetz der Retardation«[200] – und gerade nicht der Progression – stehe und »unter dem allgemeinen Gesetz begriffen ist, daß das eigentliche Wie und nicht das Was das Interesse macht«[201]. Darüber hinaus stellt auch Armidoro – der als »Gesprächschreiber«[202] nachträglich als jene Instanz in Erscheinung tritt, die diese »Gespräch-Erzählung« verantwortet – (selbstreferenziell) heraus, worin deren Clou liegt: »[N]icht durch den Inhalt, doch durch den Ton«[203] könnte sich diese »Gespräch-Erzählung« als »Gegenbild« zu den »bösen Weibern« qualifizieren. Die in der Sekundärliteratur vorherrschende Kritik (die von der fehlgeschlagenen Kommunikation zwischen Text und realen Rezipienten zeugt) übersieht das, wodurch der Text eigentlich reüssiert – dadurch, dass er den vermeintlich universalen Normen rationaler Verständigung eben nicht folgt, sondern (selbst-)ironisch mit ihnen spielt. Es handelt sich hierbei um eine Perspektive, die sich eröffnet, wenn man den Text in seiner konkreten Materialität (das heißt in diesem Fall: zusammen mit seinen werkgenetisch als Prätext, in seiner konkreten Publikationsform als Ko-Text vorliegenden Bildern »böser Weiber«) in den Blick nimmt und die Ideale rationaler Verständigung als rezeptionssteuernde Signale suspendiert.

---

198 Hinze, Goethes Dialogerzählung, S. 70.
199 Riemann, Erzählungen, S. 510. Im entsprechenden Band des aktuellen *Goethe-Handbuchs* findet der Rahmenzyklus nicht einmal im »Register der Prosaschriften Goethes« Erwähnung (vgl. Witte et al. (Hrsg.), Goethe-Handbuch. Bd. 3, S. 833–839).
200 Goethe, An Schiller. Weimar, 22. April 1797. In: BW, S. 376. Die Retardation verschiebt denn auch die Aufmerksamkeit auf die ›Textbewegung‹ selbst: Bei einem Werk mit retardierendem Charakter »erhält die Neugierde gar keinen Anteil [...] und sein Zweck kann [...] in jedem Punkte seiner Bewegung liegen.« (Goethe, An Schiller. Weimar, 22. April 1797. In: BW, S. 376.)
201 Goethe, An Schiller. Weimar, 22. April 1797. In: BW, S. 377.
202 Goethe, Die guten Frauen, S. 174.
203 Goethe, Die guten Frauen, S. 196.

Durch eine Verlagerung vom ›Was‹ zum ›Wie‹ wird an Goethes Rahmenzyklus eine Serie performativer Widersprüche sichtbar, die sich aus der Diskrepanz ergeben zwischen dem, was der Text sagt, und dem, was er tut bzw. wie er sich zeigt.[204] Indem der Text das, was er von sich behauptet, selbst – durch seine konkrete Erscheinungsweise oder sein Tun – dementiert, setzt er nicht nur eine spezifische, selbstironische Wirkung frei, sondern stellt auch die Vorstellung einer einheitlichen, den Text kontrollierenden auktorialen Intention ostentativ in Abrede. So konstituiert sich ein performativer Widerspruch etwa, wenn sich Amalie gegenüber dem »Freund des Herausgebers« des »Damenalmanachs« gegen den – in eben diesem Medium und gemeinsam mit dem Text erfolgten – Abdruck der Kupferstiche ausspricht: »Ein Dutzend und mehr häßliche, hassenswerthe Weiber! in einem Damenkalender! begreift der Mann nicht, daß er seine ganze Unternehmung zu ruiniren auf dem Wege ist«[205]? Der Witz dieser Figurenäußerung ergibt sich aus der dieser Selbstreflexion immanenten Indexikalität,[206] die das Arrangement von Text und Bild, wie es dem realen Leser des Damenkalenders vorliegt, in seiner Ernsthaftigkeit infrage stellt.[207]

Die Strategie der Indexikalisierung bringt zwei weitere performative Widersprüche hervor, wobei diese nicht nur die spezifische Gemachtheit der ›Vor-‹,

---

204 Mit Häsner et al. lässt sich hierbei »von autoreflexiven oder autoreferenziellen Textstrategien« sprechen, durch die der Text »strukturelle Performativität« ausspielt: Der »Text stellt seine eigene Medialität aus [...], er ›macht‹ etwas, was nicht in den in ihm explizierten propositionalen Gehalten aufgeht, sondern diese übersteigt oder auch konterkariert.« (Häsner et al., Text und Performativität, S. 83 f.)

205 Goethe, Die guten Frauen, S. 183.

206 Zu »Indexikalisierungsstrategien« als Manifestation struktureller Performativität in der Literatur vgl. Häsner et al., Text und Performativität, S. 89.

207 Es erscheint als bezeichnend für die in der Sekundärliteratur zu diesem Text vorherrschende Fokussierung auf das ›Was‹, dass selbst in einer Lektüre, in der an dieser Figurenäußerung ein »Spiegelungsmotiv« (Mielke, Zyklisch-serielle Narration, S. 297) wahrgenommen wird, die ›Spiegelung‹ nicht hinsichtlich ihrer formalen, sondern ausschließlich ihrer (vermeintlichen) semantischen Implikationen interessiert (womit auch der sich durch diese Figurenäußerung konstituierende performative Widerspruch unbeachtet bleibt). In Mielkes – von einer ›medienpessimistischen‹ Perspektive gezeichneten – Lektüre wird die zitierte Figurenäußerung als Kritik an den »Vermarktungsstrategien« (Mielke, Zyklisch-serielle Narration, S. 297) der Massenmedien um 1800 gelesen. Insgesamt thematisiere der Zyklus – so der Untertitel des Kapitels ihrer Monografie, das Mielke der Lektüre der *Guten Frauen* widmet – »[s]peichermediale Schattenseiten« (Mielke, Zyklisch-serielle Narration, S. 296). Dementsprechend wird auch Armidoro, der als »Gesprächschreiber« die Erzählung quasi verantwortet, als »›Verräter‹« (Mielke, Zyklisch-serielle Narration, S. 298) tituliert, der durch seinen »Mitschrieb des Erzählten [...] die Gemeinschaft nachhaltig erschüttert« (Mielke, Zyklisch-serielle Narration, S. 298). Übersehen oder vielmehr negiert wird (abermals) das, was den Zyklus gerade charakterisiert, dass der Text seine spezifische Medialität als Bedingung seiner Möglichkeit vorführt und performativ in Szene setzt.

sondern auch jene der ›Gegenbilder‹ selbstreferenziell (her-)ausstellen (und selbstironisch kritisieren). Eines der Mitglieder des Zirkels, Arbon, moniert an den – den Figuren der Rahmenhandlung fiktiv, den Lesern der Almanach-Ausgabe von 1801 real (in eben diesem Medium) vorgelegten – Kupferstichen die sich an ihnen abzeichnende Gattungsmischung: »[M]an sieht gerade in diesem Falle, auf welche Abwege man geräth, wenn man Künste vermischt, die nicht zusammen gehören.«[208] Bezieht sich Arbons Kritik auf die ›Vorbilder‹, so scheint sie sich gleichzeitig auch auf die ›Gegenbilder‹ selbst zu beziehen, wie durch einen Kommentar der Sekundärliteratur indirekt bestätigt wird. Der Zyklus sei, wie Hinze ausführt, durch eine – vermeintlich inadäquate – Gattungsmischung, die Mischung dramatischer und epischer Formen, gekennzeichnet: »Goethe verfällt in dieser Erzählung in einen ständigen Wechsel zwischen beiden ›Naturformen der Dichtung‹, und eine Synthese beider scheint hier nicht gelungen zu sein.«[209] Das, was der Rahmenzyklus in den Worten einer seiner Figuren (an den Kupferstichen) kritisch infrage stellt, erweist sich also – wie die Sekundärliteratur bestätigt – als etwas, das sich auch und gerade an ihm selbst zeigt. Erkennt der Leser den hier klaffenden performativen Widerspruch, beginnt er an der Aufrichtigkeit des auktorialen Subjekts zu zweifeln: Die Gültigkeit dessen, was gesagt wird, wird durch die Art und Weise, wie das Gesagte in Erscheinung tritt, infrage gestellt.

Das Produkt des »Gesprächschreiber[s]«[210], wie es Armidoro am Ende des Zyklus präsentiert, findet auch in der erzählten Welt nicht ungeteilte Zustimmung. So tadelt Henriette die von der Mündlichkeit seiner Herkunft zeugende Form: »Henriette. [...] ich wollte, Sie hätten das Gespräch nicht nachgeschrieben. Es giebt ein böses Beyspiel [...]. [...] es muß nichts schreklicheres seyn, als in der Gesellschaft einen Menschen zu wissen, der aufmerkt, nachschreibt, und, wie jezt gleich alles gedrukt wird, eine zerstükelte und verzerrte Unterhaltung ins Publikum bringt.«[211] Das Merkmal des Fragmentarischen, wie es Henriette am Gesprächsprotokoll bemängelt, trifft nun gerade auch auf die (aus diesem hervorgegangene) »Gespräch-Erzählung« als solche zu, wie zumindest durch die Sekundärliteratur behauptet wird, in der sich die Bemerkung Henriettes spiegelt. So spricht Hinze von einer »realistischen Nachbildung des Gesprächs«[212], die den Rahmenzyklus charakterisiere, und versteht diese als »Ursache für den zerrissenen, uneinheitlichen Eindruck [...], den der Leser erhält«[213]. Abermals zeigt sich

208 Goethe, Die guten Frauen, S. 182.
209 Hinze, Goethes Dialogerzählung, S. 68.
210 Goethe, Die guten Frauen, S. 174.
211 Goethe, Die guten Frauen, S. 196.
212 Hinze, Goethes Dialogerzählung, S. 68.
213 Hinze, Goethes Dialogerzählung, S. 68.

hier – und der Kommentar der Sekundärliteratur scheint das unbeabsichtigt zu bestätigen – ein performativer Widerspruch, der zutage tritt aus der Diskrepanz zwischen dem, was der Text bzw. eine seiner Figuren äußert, und dem, was er tut – indem er sich zeigt (so wie er ist). Er präsentiert sich in eben der Form, die man – zumindest nach Ansicht einer seiner Figuren und (wohl auch einiger der hier zitierten Literaturwissenschaftler) – besser nicht unters Publikum bringt bzw. gebracht hätte.

Die Fälle performativen Widerspruchs, wie sie hier aufgezeigt wurden, zehren von dem, was man in Rekurs auf Krämers Re-Lektüre von Austins Vorlesung *How to Do Things with Words* als »›Zweistimmigkeit‹ von Sagen und Tun«[214] bezeichnen könnte. Es handelt sich hierbei um einen Aspekt, an dem sich, so Krämer, Austins »mephistophelischer Impuls«[215] niederschlägt. Dabei wird das, was Austin in seiner Vorlesung im konstativen Modus proklamiert, durch die/in der performative/n Ausführung konterkariert. Krämer verweist auf Austins viel zitierten Ausschluss »unernst[er]«[216] und »nichtig[er]«[217] Äußerungen – Äußerungen, wie sie nach Austin etwa »ein Schauspieler [...] auf der Bühne tut«[218] oder wie sie »in einem Gedicht vorkommen«[219] – und zeigt auf, wie diese sich gleichsam hinterrücks – auf dem Wege der Performanz – wieder Geltung verschaffen (etwa in den von Austin »mit Akribie, Phantasie und Witz«[220] ausgedachten »diabolische[n] Szenarien«[221] und der Serie absurder Geschichten, die er zur Illustration seiner konstativen Äußerungen bringt). Derart mutiert nach Krämer »Austins Text selbst zu einer Bühne«[222], auf der »das Spannungsverhältnis zwischen dem, was gesagt wird, und dem, wie dieses Sagen inszeniert wird«[223], hervortritt.

Während Austin versucht, auf der konstativen Ebene seiner Vorlesung die Poesie aus der Philosophie herauszuhalten und diese primär indirekt – durch die performative Dimension seiner Vorlesung – Eingang findet in den philosophischen Diskurs, führt James auch explizit und selbstironisch die Unmöglichkeit einer nicht durch Poesie affizierten Philosophie vor. Die Ernsthaftigkeit einer sich als ›reine Wissenschaft‹ gerierenden Fachphilosophie wird von James, wie etwa

---

214 Krämer/Stahlhut, Das »Performative«, S. 36 f.
215 S. Krämer, Sprache, Sprechakt, Kommunikation, S. 151.
216 Austin, Zur Theorie der Sprechakte, S. 34.
217 Austin, Zur Theorie der Sprechakte, S. 34.
218 Austin, Zur Theorie der Sprechakte, S. 34.
219 Austin, Zur Theorie der Sprechakte, S. 34.
220 S. Krämer, Performanz – Aisthesis, S. 144.
221 S. Krämer, Performanz – Aisthesis, S. 144.
222 S. Krämer, Performanz – Aisthesis, S. 148.
223 S. Krämer, Performanz – Aisthesis, S. 149.

auch Ludwig Stein argumentiert, »mit überlegenem Humor und glänzender Satire«[224] in Abrede gestellt. Er treibt ein gleichsam mephistophelisches Spiel mit den Prätentionen der rationalistischen Fachphilosophie: »Der Schalk«[225], so Stein über James' philosophische Inszenierungen, »kichert zuweilen in den ernstesten Beweisführungen hervor.«[226]

Auch Goethes Rahmenzyklus *Die guten Frauen* geht, so wie der Austin'sche und James'sche Diskurs, nicht in den geäußerten Propositionen auf, sondern schießt sozusagen über sie hinaus. Neben dem Lachen an der von dem Text ausgespielten (Selbst-)Ironie ist es der (bewusst kalkulierte?) Zweifel ob der Ernsthaftigkeit des Dargebotenen, der den Leser des Goethe'schen Textes affiziert. Was hier aufgeführt wird, ist eine Kommunikation, die sich um die Gebote rationaler Verständigung wenig schert. Nicht nur mit dem, was der Text sagt, auch mit dem, was er tut, indem er etwas sagt, handelt er ihnen zuwider. Kommen diese Gebote in der Rezeption des Textes zur Anwendung, kann, wie an den hier gebrachten Beispielen aus der Sekundärliteratur deutlich wird, die reale Kommunikation zwischen Text und Rezipienten auch schiefgehen. Man muss bei literarischen Texten eben, das ahnte Austin (indem er sie auszuschließen suchte) und das wusste James (indem er sie zur Revision der rationalistischen Fachphilosophie ostentativ einbezog), mit ihrer antiszientistischen Widerständigkeit rechnen.

---

224 Stein, Philosophische Strömungen, S. 36.
225 Stein, Philosophische Strömungen, S. 36.
226 Stein, Philosophische Strömungen, S. 36.

10 Ausblick

Mit dem letzten Kapitel der vorliegenden Arbeit wurde ein erster Schritt zur narratologischen Operationalisierung des poetischen Pragmatismus vollzogen. Ein sich nun eröffnendes Desiderat für die Literaturwissenschaft besteht in der weiteren Profilierung seiner theoretischen und methodischen Implikationen, zumal, wie im letzten Kapitel dargestellt, in der bisherigen literaturwissenschaftlichen Theoriebildung rationalistisch zugerichtete Versionen der Pragmatik bzw. des Pragmatismus, die dem literarischen Sprachhandeln in seiner Kontingenz nur ansatzweise Rechnung tragen, dominieren.[1] Als zentrale Prämissen einer am poetischen Pragmatismus orientierten Literatur- bzw. Erzähltheorie ließen sich ein prinzipieller Skeptizismus gegenüber theoretischen Letztbegründungsansprüchen, der Respekt gegenüber der Materialität, Partikularität und Prozessualität literarischer Äußerungen (als Ereignisse, die sich in ihrer Performativität der literaturwissenschaftlichen Rationalisierung immer auch ein Stück weit entziehen), die selbstreflexive Anerkennung einer unhintergehbaren epistemischen Perspektivität sowie eine konsequent antiessenzialistische Haltung – wie sie mit einem für den poetischen Pragmatismus kennzeichnenden ›moderaten‹ Konstruktivismus einhergeht – ausmachen. Das Spezifische an diesem Konstruktivismus, wie er aus der mit Goethes »rationellem Empirismus« kompatiblen Konzeption des James'schen Pragmatismus als vermittelndes System zwischen Empirismus und Rationalismus resultiert, besteht darin, dass er zwar von der prinzipiellen symbolischen Gestaltbarkeit der Wirklichkeit ausgeht, diese aber nicht derart radikalisiert, dass es in ihr keine – materiell bedingten – Widerständigkeiten mehr gibt.

Im Zentrum eines am poetischen Pragmatismus orientierten literaturwissenschaftlichen Unternehmens wäre eine Konzeption des literarischen Textes als eines wissenschaftlichen Objekts zu situieren, das in seiner spezifischen Beschaffenheit die vermeintliche Differenz zwischen Poesie und Philosophie, Literatur und Theorie einebnet. Hierin eröffnen sich weitreichende Perspektiven für

---

1 Die reduktionistischen Effekte derartiger ›rationalistischer‹ Ansätze zeigen sich auch in der philosophisch ausgesprochen differenziert und präzise argumentierenden Studie von Christian Kohlroß, mit der der Autor den Anspruch erhebt, gegen den Paradigmenpluralismus der Literaturwissenschaft den Pragmatismus »als eine *monistische* Alternative« (Kohlroß, Literaturtheorie und Pragmatismus, S. 135 [Herv. A. S.]) zur »*Begründung* der Literaturtheorie« (Kohlroß, Literaturtheorie und Pragmatismus, S. 136 [Herv. A. S.]) zu positionieren. Gegenüber dem ambitionierten Projekt einer *monistischen Fundierung* der Literaturwissenschaft im Pragmatismus wäre im Sinne des von Goethe und James verfolgten Zugangs eher eine *pluralistische Orientierung* am poetischen Pragmatismus angezeigt.

https://doi.org/10.1515/9783110639155-010

die Revision von aktuellen Ansätzen einer literaturwissenschaftlichen »Theorietheorie«[2], die, gerade auch in ihren avanciertesten Versionen, von einer grundsätzlichen Dualität von Poesie und Philosophie bzw. Literatur und Theorie ausgeht.[3] Nur wenn, wie bei Oliver Jahraus, der literaturwissenschaftlichen Theorie implizit ein von der Literatur unabhängiger Status zugewiesen wird, Literatur mithin als das Andere der Theorie gefasst wird, kann die Theorie gleichsam als Ermöglichungsbedingung der literaturwissenschaftlichen Praxis gedacht werden. Literatur erscheint dann als das, was der Theorie bedarf, um sich als literaturwissenschaftlicher Gegenstand zu qualifizieren. Das systemtheoretisch begründete Narrativ der literaturwissenschaftlichen Historiografie, dass »seit dem 18. Jahrhundert [...] Literatur auf Theorie notwendigerweise angewiesen ist, um als Literatur wahrgenommen werden zu können«[4], impliziert eine Dichotomie, bei der das Primat der Theorie zukommt. Nur mit einer Konzeption von Theorie, in der diese als von der Geschichte ihres Gegenstands autonom verstanden wird, kann das Projekt einer »Theorietheorie« für die Literaturwissenschaft auf der Überzeugung gegründet werden, »dass jeder wissenschaftliche Fortschritt auf wissenschaftlicher Theoriebildung beruht«[5]. Der literarische Text mutiert unter dieser Perspektive zu einem gleichsam stummen Objekt, das erst durch die Theorie zum Sprechen gebracht werden kann. Er ist – für seine Konstitution als literaturwissenschaftlicher Gegenstand – auf eine Theorie angewiesen, die sich unabhängig von ihm entwickelt.

Demgegenüber wäre, gerade unter einer von der Literatur des 18. Jahrhunderts nahegelegten Perspektive, ein literaturwissenschaftlicher Zugang geboten, in welchem dem literarischen Medium selbst auch die Funktion der Theoriebildung zuerkannt wird, wobei deren spezifischer epistemischer Wert gerade in der Operationalisierung von Verfahren besteht, die über eine auf der Logik des Propositionalismus gründende Konzeption theoretischer Erkenntnis hinausgeht. Das Spezifische der Literatur besteht dann darin, dass sie nicht nur im Modus des Sagens, sondern gerade auch in jenem des Zeigens theoretisches Wissen formuliert, und zwar über sich selbst (in Form der Selbstreflexion) wie (in ihrer heteroreferenziellen Dimension) über die (Konzeptionen von) Welt in ihrer spezifischen historischen und kulturellen Verfasstheit. Derart wird nicht nur die Dichotomie zwischen Poesie und Philosophie revidiert, sondern auch der Partikularität des literaturwissenschaftlichen Objekts in seiner spezifischen Situiert-

---

2 Jahraus, Theorietheorie.
3 Zur Identifikation von (Literatur-)Theorie und Philosophie vgl. etwa Rorty, Philosophy without Principles, S. 136.
4 Jahraus, Theorietheorie, S. 25.
5 Jahraus, Theorietheorie, S. 21.

heit Rechnung getragen. Der literarische Text kann sich derart auch in seinem irreduziblen ›Eigensinn‹ behaupten, der von einer ihm gleichsam von außen auferlegten Theorie niemals restlos eingeholt werden kann. Dieser (auch vom Text selbstreflexiv nicht kontrollierbare) Eigensinn wird unter anderem dadurch generiert, dass die Dimension des Sagens und jene des Tuns (bzw. Zeigens) eines literarischen Textes, wie gezeigt, nicht vollständig zur Deckung zu bringen sind.[6]

Der mit dieser (Re-)Zentrierung des literarischen Textes als primärer Gegenstand einer – gerade auch theoretisch ausgerichteten – Literaturwissenschaft einhergehende reflexive Anspruch ist auch bescheidener als jener, mit dem eine an der »Theorietheorie« ausgerichtete Literaturwissenschaft auftritt. Während Jahraus in seinem Plädoyer für »Theorietheorie« herausstellt, dass es dabei »nicht um eine kritische Metareflexion der eigenen theoretischen Voraussetzungen geht«[7], will ein am poetischen Pragmatismus ausgerichteter Zugang genau das. Im Sinne Goethes und James' wäre die selbstreflexive Auseinandersetzung mit den die Untersuchung strukturierenden theoretischen Prämissen, als Werkzeugen der literaturwissenschaftlichen Praxis, zu einem integralen Prinzip einer am poetischen Pragmatismus ausgerichteten Literaturwissenschaft zu erklären. Gerade weil ein derartiger Ansatz das epistemische Potenzial von Begriffen und Theoremen für die (erkenntnistheoretische) Konstitution des literaturwissenschaftlichen Gegenstands anerkennt, erscheint die Reflexion auf ihre Wirkmächtigkeit als unhintergehbares Verfahren.

Ein dem poetischen Pragmatismus verpflichteter literaturwissenschaftlicher Zugang wäre insofern als ontologisch orientiert zu bezeichnen, als er vom konkreten literarischen Text seinen Ausgang nimmt. Er folgt der (unter der Perspektive des Idealismus naiven) Intuition, dass die Bedeutung eines literarischen Textes materiell instantiiert vorliegt und sich dieser in seiner realen Konkretion Geltung verschafft. Er wäre mit der Wendung »Erfindung der Theorie«[8] zu fassen, aber nur insofern diese Wendung nicht, wie bei Jahraus, im Genitivus subiectivus oder Genitivus auctoris, sondern im Genitivus obiectivus zum Tragen kommt. Die Theorie erscheint dabei nicht als Bedingung, sondern als Ergebnis literarischer Praxis, aus der sie hervorgeht und die ihrerseits als – historisch und kulturell spezifische – Reaktion auf eine prinzipielle Unverfügbarkeit von Welt zu verstehen ist.[9] Dass dieser Zugang aber keinen naiven Realismus impliziert, geht mit der

---

6 Zur unhintergehbaren Divergenz zwischen dem, was der Text (von sich) sagt, und dem, was er tut, und zur Unmöglichkeit, den Text mittels seiner Selbstaussagen zu fassen, vgl. den Abschnitt »Aporien der Selbstreferenz« in Strohmaier, Logos, Leib und Tod, S. 13 – 23.
7 Jahraus, Theorietheorie, S. 27.
8 Jahraus, Theorietheorie, S. 28.
9 Vgl. dazu auch Jahraus, Theorietheorie, S. 28 f.

für den poetischen Pragmatismus kennzeichnenden Instrumentalisierung von Theoremen bzw. Konzepten und der systematischen Reflexion auf die ihnen immanente konstruktive bzw. konstitutive Funktion einher. Der poetische Pragmatismus setzt die Theorie der Praxis aus: »Pragmatism unstiffens all our theories, limbers them up and sets each one at work.«[10] Er holt die Theorie auf den Boden der – literarisch vorliegenden – Realität.

---

10 James, Pragmatism, S. 32.

Siglen- und Literaturverzeichnis

Primärliteratur

Siglen, Werk- und Briefausgaben

BW: Goethe, Johann Wolfgang/Schiller, Friedrich: Der Briefwechsel. Hrsg. v. Emil Staiger. Revidierte Neuausgabe v. Hans-Georg Dewitz. Frankfurt a. M.: Insel 2005. (= it. 3125.)

Corr: James, William: The Correspondence of William James. Ed. by Ignas K. Skrupskelis/Elizabeth M. Berkeley. 12 vols. Charlottesville/London: Univ. of Virginia Press 1992–2004.

FA: Goethe, Johann Wolfgang: Sämtliche Werke. Briefe, Tagebücher und Gespräche. Hrsg. v. Friedmar Apel et al. 40 Bde. Frankfurt a. M.: Deutscher Klassiker Verlag 1985–1999.

HA: Goethe, Johann Wolfgang: Werke. Hamburger Ausgabe in 14 Bden. Hrsg. v. Erich Trunz. München: Dt. Taschenbuch Verl. 2000.

LA: Goethe, Johann Wolfgang: Die Schriften zur Naturwissenschaft. Vollständige mit Erläuterungen versehene Ausgabe im Auftrage der Deutschen Akademie der Naturforscher Leopoldina. Hrsg. v. Dorothea Kuhn/Wolf von Engelhardt. Weimar: Böhlau 1947–2011.
1. Abteilung (11 Bde.): Texte
2. Abteilung (14 Bde. in 18): Ergänzungen und Erläuterungen

WA: Goethe, Johann Wolfgang: Werke. Hrsg. im Auftrage der Großherzogin Sophie von Sachsen. Abt. I–IV. 133 Bde. in 143 Tln. Weimar: Böhlau 1887–1919.
1. Abteilung (55 Bde.): Werke
2. Abteilung (13 Bde.): Naturwissenschaftliche Schriften
3. Abteilung (15 Bde.): Tagebücher
4. Abteilung (50 Bde.): Briefe

Einzelwerke, Gespräche

Goethe, Johann Wolfgang: Die guten Frauen, als Gegenbilder der bösen Weiber, auf den Kupfern des dießjährigen Damenalmanachs. In: Taschenbuch für Damen (1801), S. 171–196.

Goethe, Johann Wolfgang: Gespräche. Gesamtausgabe. Neu hrsg. v. Flodoard Frhr. von Biedermann. Bd. 1: 1754 bis Oktober 1808. Leipzig: Biedermann 1909.

Goethe, Johann Wolfgang: Gespräche. Gesamtausgabe. Neu hrsg. v. Flodoard Frhr. von Biedermann. Bd. 4: Vom Tode Karl Augusts bis zum Ende. Leipzig: Biedermann 1910.

Goethe, Johann Wolfgang: Maximen und Reflexionen. Nach den Handschriften des Goethe- und Schiller-Archivs hrsg. v. Max Hecker. Weimar: Verlag der Goethe-Gesellschaft 1907. (= Schriften der Goethe-Gesellschaft. 21.)

Goethe, Johann Wolfgang: Neueste Italiänische Literatur. In: J. W. G.: Werke. Vollständige Ausgabe letzter Hand. Bd. 38. Stuttgart/Tübingen: Cotta 1831, S. 239–306.

Goethe, Johann Wolfgang: Ueber den sogenannten Dilettantismus oder die praktische Liebhaberey in den Künsten. In: J. W. G.: Werke. Vollständige Ausgabe letzter Hand. Bd. 44. Stuttgart/Tübingen: Cotta 1833, S. 255–285.

https://doi.org/10.1515/9783110639155-011

Goethe, Johann Wolfgang: Unterhaltungen deutscher Ausgewanderten [I]. In: Die Horen 1 (1795), Nr. 1, S. 49 – 78.

Goethe, Johann Wolfgang: Unterhaltungen deutscher Ausgewanderten [II]. Fortsetzung. In: Die Horen 1 (1795), Nr. 7, S. 50 – 76.

Goethe, Johann Wolfgang: Unterhaltungen deutscher Ausgewanderten [III]. Fortsetzung. In: Die Horen 1 (1795), Nr. 9, S. 45 – 52.

Goethe, Johann Wolfgang: Unterhaltungen mit dem Kanzler Friedrich von Müller. Hrsg. v. C[arl] A[ugust] H[ugo] Burkhardt. Stuttgart: Cotta 1870.

Goethe, Johann Wolfgang/Eckermann, Johann Peter: Gespräche mit Goethe. In den letzten Jahren seines Lebens. Hrsg. v. Fritz Bergemann. Frankfurt a. M.: Insel 1981. (= it. 500.)

James, William: A Pluralistic Universe. In: W. J.: The Works of William James. Ed. by Frederick H. Burkhardt/Fredson Bowers/Ignas K. Skrupskelis. Vol. 4. Cambridge, Mass. et al.: Harvard UP 1977.

James, William: A World of Pure Experience. In: W. J.: The Works of William James. Ed. by Frederick H. Burkhardt/Fredson Bowers/Ignas K. Skrupskelis. Vol. 3: Essays in Radical Empiricism. Cambridge, Mass. et al.: Harvard UP 1976, S. 21 – 44.

James, William: Are We Automata? In: W. J.: The Works of William James. Ed. by Frederick H. Burkhardt/Fredson Bowers/Ignas K. Skrupskelis. Vol. 13: Essays in Psychology. Cambridge, Mass. et al.: Harvard UP 1983, S. 38 – 61.

James, William: Brazil through the Eyes of William James. Letters, Diaries, and Drawings, 1865 – 1866. Ed. by Maria Helena P. T. Machado. Cambridge, Mass./New York: Harvard UP 2006.

James, William: Das Dilemma des Determinismus. In: W. J.: Der Wille zum Glauben und andere popularphilosophische Essays. Ins Dt. übertr. v. Th[eodor] Lorenz. Mit einem Geleitwort v. Fr[iedrich] Paulsen. Stuttgart: Fromann 1899, S. 121 – 163.

James, William: Das pluralistische Universum. Vorlesungen über die gegenwärtige Lage der Philosophie. Ins Dt. übertr. v. Julius Goldstein. Mit einer Einführung hrsg. v. Klaus Schubert/Uwe Wilkesmann. Reprografischer Nachdr. der Ausg. Leipzig 1914. Darmstadt: Wiss. Buchges. 1994. (= Bibliothek klassischer Texte.)

James, William: Das Rationalitätsgefühl. In: W. J.: Der Wille zum Glauben und andere popularphilosophische Essays. Ins Dt. übertr. v. Th[eodor] Lorenz. Mit einem Geleitwort v. Fr[iedrich] Paulsen. Stuttgart: Fromann 1899, S. 69 – 120.

James, William: Der Moralphilosoph und das sittliche Leben. In: W. J.: Der Wille zum Glauben und andere popularphilosophische Essays. Ins Dt. übertr. v. Th[eodor] Lorenz. Mit einem Geleitwort v. Fr[iedrich] Paulsen. Stuttgart: Fromann 1899, S. 164 – 196.

James, William: Der Pragmatismus. Ein neuer Name für alte Denkmethoden. Übers. v. Wilhelm Jerusalem. Mit einer Einl. hrsg. v. Klaus Oehler. 2. Aufl., mit neuen bibliogr. Hinweisen. Hamburg: Meiner 1994. (= Philosophische Bibliothek. 297.)

James, William: Der Wille zum Glauben. In: W. J.: Der Wille zum Glauben und andere popularphilosophische Essays. Ins Dt. übertr. v. Th[eodor] Lorenz. Mit einem Geleitwort v. Fr[iedrich] Paulsen. Stuttgart: Fromann 1899, S. 1 – 34.

James, William: Die Vielfalt religiöser Erfahrung. Eine Studie über die menschliche Natur. Übers. v. Eilert Herms/Christian Stahlhut. Mit einem Vorwort v. Peter Sloterdijk. Frankfurt a. M./Leipzig: Insel 1997. (= it. 1784.)

James, William: Great Men and their Environment. In: W. J.: The Works of William James. Ed. by Frederick H. Burkhardt/Fredson Bowers/Ignas K. Skrupskelis. Vol. 6: The Will to Believe and Other Essays in Popular Philosophy. Cambridge, Mass. et al.: Harvard UP 1979, S. 163–189.

James, William: Is Life Worth Living? In: W. J.: The Works of William James. Ed. by Frederick H. Burkhardt/Fredson Bowers/Ignas K. Skrupskelis. Vol. 6: The Will to Believe and Other Essays in Popular Philosophy. Cambridge, Mass. et al.: Harvard UP 1979, S. 34–56.

James, William: Ist das Leben wert gelebt zu werden? In: W. J.: Der Wille zum Glauben und andere popularphilosophische Essays. Ins Dt. übertr. v. Th[eodor] Lorenz. Mit einem Geleitwort v. Fr[iedrich] Paulsen. Stuttgart: Fromann 1899, S. 35–68.

James, William: Le grands hommes, les grandes pensées et le milieu. In: Critique Philosophique 1880, Nr. 1, S. 1–14; Nr. 2, S. 396–400, S. 407–415.

James, William: Louis Agassiz (1896). In: W. J.: The Works of William James. Ed. by Frederick H. Burkhardt/Fredson Bowers/Ignas K. Skrupskelis. Vol. 17: Essays, Comments, and Reviews. Cambridge, Mass. et al.: Harvard UP 1987, S. 46–50.

James, William: Notes for Philosophy 20c: Metaphysical Seminary—A Pluralistic Description of the World (1903–1904) In: W. J.: The Works of William James. Ed. by Frederick H. Burkhardt/Fredson Bowers/Ignas K. Skrupskelis. Vol. 19: Manuscript Lectures. Cambridge, Mass. et al.: Harvard UP 1988, S. 273–319.

James, William: Philosophical Conceptions and Practical Results. In: University Chronicle 1 (1898), Nr. 4, S. 287–310.

James, William: Pragmatism. In: W. J.: The Works of William James. Ed. by Frederick H. Burkhardt/Fredson Bowers/Ignas K. Skrupskelis. Vol. 1. Cambridge, Mass. et al.: Harvard UP 1975.

James, William: Preface. In: W. J.: The Works of William James. Ed. by Frederick H. Burkhardt/Fredson Bowers/Ignas K. Skrupskelis. Vol. 6: The Will to Believe and Other Essays in Popular Philosophy. Cambridge, Mass. et al.: Harvard UP 1979, S. 5–10.

James, William: Psychologie. Übers. v. Marie Dürr. 2. unveränd. Aufl. Leipzig: Quelle & Meyer 1920.

James, William: Remarks on Spencer's Definition of Mind as Correspondence: In: W. J.: The Works of William James. Ed. by Frederick H. Burkhardt/Fredson Bowers/Ignas K. Skrupskelis. Vol. 5: Essays in Philosophy. Cambridge, Mass. et al.: Harvard UP 1978, S. 7–22.

James, William: [Rez.] Lectures on the Elements of Comparative Anatomy by Thomas Huxley (1865). In: W. J.: The Works of William James. Ed. by Frederick H. Burkhardt/Fredson Bowers/Ignas K. Skrupskelis. Vol. 17: Essays, Comments, and Reviews. Cambridge, Mass. et al.: Harvard UP 1987, S. 197–205.

James, William: [Rez.] Psychology: Descriptive and Explanatory, by George T. Ladd (1894). In: W. J.: The Works of William James. Ed. by Frederick H. Burkhardt/Fredson Bowers/Ignas K. Skrupskelis. Vol. 17: Essays, Comments, and Reviews. Cambridge, Mass. et al.: Harvard UP 1987, S. 478–485.

James, William: Some Problems of Philosophy. In: W. J.: The Works of William James. Ed. by Frederick H. Burkhardt/Fredson Bowers/Ignas K. Skrupskelis. Vol. 7. Cambridge, Mass. et al.: Harvard UP 1979.

James, William: Syllabus in Philosophy D: General Problems of Philosophy (1906–1907). In: W. J.: The Works of William James. Ed. by Frederick H. Burkhardt/Fredson Bowers/Ignas K. Skrupskelis. Vol. 19: Manuscript Lectures. Cambridge, Mass. et al.: Harvard UP 1988, S. 378–428.

James, William: Talks to Teachers on Psychology. In: W. J.: The Works of William James. Ed. by Frederick H. Burkhardt/Fredson Bowers/Ignas K. Skrupskelis. Vol. 12. Cambridge, Mass. et al.: Harvard UP 1983.

James, William: The Meaning of Truth. In: W. J.: The Works of William James. Ed. by Frederick H. Burkhardt/Fredson Bowers/Ignas K. Skrupskelis. Vol. 2. Cambridge, Mass. et al.: Harvard UP 1975.

James, William: The Principles of Psychology. 2 vols. New York: Holt 1890.

James, William: The Proposed Shortening of the College Course (1891). In: W. J.: The Works of William James. Ed. by Frederick H. Burkhardt/Fredson Bowers/Ignas K. Skrupskelis. Vol. 17: Essays, Comments, and Reviews. Cambridge, Mass. et al.: Harvard UP 1987, S. 32–41.

James, William: The Sentiment of Rationality. In: W. J.: The Works of William James. Ed. by Frederick H. Burkhardt/Fredson Bowers/Ignas K. Skrupskelis. Vol. 6: The Will to Believe and Other Essays in Popular Philosophy. Cambridge, Mass. et al.: Harvard UP 1979, S. 57–89.

James, William: The Thing and Its Relations. In: W. J.: The Works of William James. Ed. by Frederick H. Burkhardt/Fredson Bowers/Ignas K. Skrupskelis. Vol. 3: Essays in Radical Empiricism. Cambridge, Mass. et al.: Harvard UP 1976, S. 45–59.

James, William: The Varieties of Religious Experience. In: W. J.: The Works of William James. Ed. by Frederick H. Burkhardt/Fredson Bowers/Ignas K. Skrupskelis. Vol. 15. Cambridge, Mass. et al.: Harvard UP 1985.

James, William: The Will to Believe. In: W. J.: The Works of William James. Ed. by Frederick H. Burkhardt/Fredson Bowers/Ignas K. Skrupskelis. Vol. 6: The Will to Believe and Other Essays in Popular Philosophy. Cambridge, Mass. et al.: Harvard UP 1979, S. 13–33.

James, William: Vorwort des Verfassers. In: W. J.: Der Wille zum Glauben und andere popularphilosophische Essays. Ins Dt. übertr. v. Th[eodor] Lorenz. Mit einem Geleitwort v. Fr[iedrich] Paulsen. Stuttgart: Fromann 1899, S. X–XVI.

J[ames], W[illiam]/P[eirce], C[harles] S[anders]: Pragmatic and Pragmatism. In: Dictionary of Philosophy and Psychology. Ed. by James Mark Baldwin. Vol. II. New York/London: Macmillan 1902, S. 321–323.

Archivmaterial

James, William: Diary 1. [1868–73] MS Am 1092.9 (4550). Houghton Library, Harvard University. By permission of the Houghton Library, Harvard University.

James, William: Diary 6. [1906] MS Am 1092.9 (4555). Houghton Library, Harvard University. By permission of the Houghton Library, Harvard University.

James, William: Diary 7. [1907] MS Am 1092.9 (4556). Houghton Library, Harvard University. By permission of the Houghton Library, Harvard University.

James, William: [Notes on Goethe]. [ca. 1867] MS Am 1092.9 (4533). Houghton Library, Harvard University. By permission of the Houghton Library, Harvard University.

Weitere Primärliteratur

Dewey, John: Art as Experience (1934). In: J. D.: The Later Works. Vol. 10. Ed. by Jo Ann
Boydston. Carbondale/Edwardsville: Southern Ill. UP 1987.

Dewey, John: Contributions to *A Cyclopedia of Education*. In: J. D.: The Middle Works,
1899–1924. Vol. 7. Ed. by Jo Ann Boydston. With an Introduction by Ralph Ross.
Carbondale: Southern Illinois UP 1979, S. 207–365.

Dewey, John: Die Öffentlichkeit und ihre Probleme. Aus dem Amerik. v. Wolf-Dietrich
Junghanns. Hrsg. u. mit einem Nachwort vers. v. Hans-Peter Krüger. Bodenheim: Philo
1996.

Dewey, John: Die Suche nach Gewißheit. Eine Untersuchung des Verhältnisses von Erkenntnis
und Handeln. Aus dem Amerik. v. Martin Suhr. Frankfurt a. M.: Suhrkamp 2001. (= stw.
1527.)

Dewey, John: Kunst als Erfahrung. Frankfurt a. M.: Suhrkamp 1988. (= stw. 703.)

Dewey, John: Reconstruction in Philosophy. In: J. D.: The Middle Works, 1899–1924. Vol. 12.
Ed. by Jo Ann Boydston. Carbondale: Southern Illinois UP 2008, S. 77–201.

Dewey, John: Syllabus: Types of Philosophic Thought. In: J. D.: The Middle Works, 1899–1924.
Vol. 13. Ed. by Jo Ann Boydston. Carbondale/Edwardsville: Southern Ill. UP 1983,
S. 349–396.

Dewey, John: To L[aurence] M[inter] Helsel. Oct 27, 31 NY City (Nr. 07622). In: The
Correspondence of John Dewey, 1871–2007. A Comprehensive Electronic Edition of Letters
to, from, and about John Dewey. Ed. by Larry Hickman et al. Vol. 2. Charlottesville: InteLex
[2008]. (= Past masters.) [Online-Ressource]

Peirce, Charles S.: Die Festlegung einer Überzeugung (1877). In: C. S. P.: Schriften zum
Pragmatismus und Pragmatizismus. Hrsg. v. Karl-Otto Apel. Übers. v. Gert Wartenberg.
Frankfurt a. M.: Suhrkamp 1991. (= stw. 945.) S. 149–181.

Peirce, Charles S.: Die Kunst des Räsonierens. Kapitel II (1893): Was ist ein Zeichen? In:
C. S. P.: Semiotische Schriften. Bd. I. Hrsg. u. übers. v. Christian Kloesel/Helmut Pape.
Frankfurt a. M.: Suhrkamp 1986, S. 191–201.

Peirce, Charles S.: Elements of Logic. In: C. S. P.: Collected Papers. Vol. II. Ed. by Charles
Hartshorne/Paul Weiss. Cambridge, Mass.: Harvard UP 1965.

Peirce, Charles S.: How to Make Our Ideas Clear. In: C. S. P.: Collected Papers. Vol. V/VI:
Pragmatism and Pragmaticism. Scientific Metaphysics. Ed. by Charles Hartshorne/Paul
Weiss. Cambridge, Mass.: Belknap Press of Harvard UP 1960, S. 248–271.

Peirce, Charles S.: Religionsphilosophische Schriften. Übers. unter Mitarbeit v. Helmut
Maaßen. Eingel., komm. u. hrsg. v. Hermann Deuser. Hamburg: Meiner 1995.

Peirce, Charles S.: Some Concequences of Four Incapacities. In: C. S. P.: Collected Papers. Vol.
V/VI: Pragmatism and Pragmaticism. Scientific Metaphysics. Ed. by Charles
Hartshorne/Paul Weiss. Cambridge, Mass.: Belknap Press of Harvard UP 1960,
S. 156–189.

Peirce, Charles S.: The Fixation of Belief. In: C. S. P.: Collected Papers. Vol. V/VI: Pragmatism
and Pragmaticism. Scientific Metaphysics. Ed. by Charles Hartshorne/Paul Weiss.
Cambridge, Mass.: Belknap Press of Harvard UP 1960, S. 223–247.

Peirce, Charles S.: Was heißt Pragmatismus? (1905) In: C. S. P.: Schriften zum Pragmatismus
und Pragmatizismus. Hrsg. v. Karl-Otto Apel. Übers. v. Gert Wartenberg. Frankfurt a. M.:
Suhrkamp 1991. (= stw. 945.) S. 427–453.

Peirce, Charles S.: What Pragmatism is. In: The Monist 15 (1905), Nr. 2, S. 161–181.

Schiller, F[erdinand] C[anning] S[cott]: Concerning Mephistopheles. In: F. C. S. S.: Humanism. Philosophical Essays. London: Macmillan 1903, S. 166–182.

Schiller, F[erdinand] C[anning] S[cott]: From Plato to Protagoras. In: F. C. S. S.: Studies in Humanism. London: Macmillan 1907, S. 22–70.

Schiller, F[erdinand] C[anning] S[cott]: Goethe and the Faustian Way of Salvation. In: F. C. S. S.: Our Human Truths. New York: Columbia 1939, S. 124–139.

Schiller, F[erdinand] C[anning] S[cott]: Preface. In: F. C. S. S.: Humanism. Philosophical Essays. London: Macmillan 1903, S. VII–XXV.

Schiller, F[erdinand] C[anning] S[cott]: Protagoras the Humanist. In: F. C. S. S.: Studies in Humanism. London: Macmillan 1907, S. 302–325.

Schiller, F[erdinand] C[anning] S[cott]: William James. In: William James Remembered. Ed. by Linda Simon. Lincoln/London: Nebraska UP 1996, S. 142–155.

Schiller, Friedrich: An Körner. Weimar, d. 12. [und 13.] Aug. 1787. In: F. S.: Werke. Nationalausgabe. Bd. 24: Briefwechsel. In Verbindung mit Walter Müller-Seidel hrsg. v. Karl Jürgen Skrodzki. Weimar: Böhlau 1989, S. 128–132.

Schiller, Friedrich: Elegie auf den Tod eines Jünglings. In: F. S.: Sämtliche Werke. Hrsg. v. Peter-André Alt/Albert Meier/Wolfgang Riedel. Bd. I: Gedichte, Dramen 1. München: Dt. Taschenbuch Verl. 2004, S. 44–47.

Schiller, Friedrich: Monument Moors des Räubers. In: F. S.: Sämtliche Werke. Hrsg. v. Peter-André Alt/Albert Meier/Wolfgang Riedel. Bd. I: Gedichte, Dramen 1. München: Dt. Taschenbuch Verl. 2004, S. 98–100.

Schiller, Friedrich: Über Anmut und Würde. In: F. S.: Sämtliche Werke. Hrsg. v. Peter-André Alt/Albert Meier/Wolfgang Riedel. Bd. V: Erzählungen. Theoretische Schriften. München: Dt. Taschenbuch Verl. 2004, S. 433–488.

Schiller, Friedrich: Über Bürgers Gedichte. In: F. S.: Sämtliche Werke. Hrsg. v. Peter-André Alt/Albert Meier/Wolfgang Riedel. Bd. V: Erzählungen. Theoretische Schriften. München: Dt. Taschenbuch Verl. 2004, S. 970–985.

Schiller, Friedrich: Über die ästhetische Erziehung des Menschen in einer Reihe von Briefen. Komm. v. Stefan Matuschek. Frankfurt a. M.: Suhrkamp 2009. (= Suhrkamp Studienbibliothek. 16.)

Schiller, Friedrich: Über naive und sentimentalische Dichtung. In: F. S.: Sämtliche Werke. Hrsg. v. Peter-André Alt/Albert Meier/Wolfgang Riedel. Bd. V: Erzählungen. Theoretische Schriften. München: Dt. Taschenbuch Verl. 2004, S. 694–780.

Schiller, Friedrich: Versuch über den Zusammenhang der thierischen Natur des Menschen mit seiner geistigen. […] Neue unveränderte Aufl. Wien: Wallishausser 1811.

Quellen zur Literaturgeschichte und -theorie, zur Philosophie- und Wissensgeschichte

Agassiz, Elizabeth Cary: Louis Agassiz: His Life and Correspondence. Vol. II. Boston: Houghton Mifflin 1885.

Agassiz, L[ouis]: Methods of Study in Natural History. 5th Ed. Boston: Fields, Osgood, and Company 1869.

Agassiz, Louis/Agassiz, Elizabeth Cary: A Journey in Brazil. Boston: Ticknor and Fields 1868.

Anonym: [Rezension zu] Biographie des neu entdeckten österreichischen Seidenwurms, nebst einem vorläufigen Plane zu einer gemeinnützigen Insektenbiographie, aus den forschenden Beobachtungen Wenzel Haegers. Wien und Berchtoldsdorf 1794. In: Physikalisch-ökonomische Bibliothek 19 (1796), Nr. 2, S. 240–252.

Aristoteles: Metaphysik. Zweiter Halbband: Bücher VII (Z)–XIV (N). In der Übers. v. Hermann Bonitz. Neu bearb., mit Einl. u. Komm. hrsg. v. Horst Seidl. Griechisch – Deutsch. Hamburg: Meiner 1980.

Aristoteles: Nikomachische Ethik. Übers. u. hrsg. v. Ursula Wolf. 2. Aufl. Reinbek bei Hamburg: Rowohlt 2008. (= re. 55651.)

Aristoteles: Sophistische Widerlegungen. In: A.: Philosophische Schriften 2. Hamburg: Meiner 1995.

Bates, Ernest Sutherland: Paul Carus. In: Dictionary of American Biography. Ed. by Allen Johnson. Vol. 3: Brearly – Chandler. New York: Scribner 1929, S. 548–549.

Baumgarten, Alexander Gottlieb: Meditationes philosophicae de nonnullis ad poema pertinentibus. Philosophische Betrachtungen über einige Bedingungen des Gedichtes. Übers. u. mit einer Einl. hrsg. v. Heinz Paetzold. Lateinisch – Deutsch. Hamburg: Meiner 1983.

Beattie, James: An Essay on the Nature and Immutability of Truth in Opposition to Sophistry and Scepticism (1770). Ed. and introd. by James Fieser. Bristol: Thoemmes 2000. (= Scottish Common Sense Philosophy. 2.)

Benjamin, Walter: Enzyklopädieartikel [Goethe]. In: W. B.: Gesammelte Schriften II.2. Hrsg. v. Rolf Tiedemann/Hermann Schweppenhäuser. Frankfurt a. M.: Suhrkamp 1991. (= stw. 932.) S. 703–739.

Bielschowsky, Albert: Goethe. Sein Leben und seine Werke. Bd. 2. München: Beck 1904.

Blanckenburg, Christian Friedrich: Versuch über den Roman. Leipzig: Siegert 1774.

Buffon, Georges-Louis Leclerc de: Discours sur le style. In: [Morceaux choisis] Tome 1. Paris: Libr. de la Bibliothèque Nationale 1901, S. 1–14.

Cameron, Dorothy: Goethe—Discoverer of the Ice Age. In: Journal of Glaciology 5 (1965), S. 751–754.

Carlyle, Thomas: Abhandlung über Goethes *Faust* aus dem Jahre 1821. Ein Supplement zu den bisherigen Carlyle-Ausgaben. Hrsg. v. Richard Schröder. Braunschweig: Westermann 1896.

C[arus], P[aul]: Editorial Comment. In: The Monist. A Quarterly Magazine Devoted to the Philosophy of Science 21 (1911), Nr. 2, S. 294–295.

Carus, Paul: Goethe: With Special Consideration of His Philosophy. Chicago/London: Open Court 1915.

C[arus], P[aul]: Translator's Comments. In: The Monist. A Quarterly Magazine Devoted to the Philosophy of Science 21 (1911), Nr. 2, S. 282–284.

Cassirer, Ernst: Goethe und die mathematische Physik. Eine erkenntnistheoretische Betrachtung. In: E. C.: Gesammelte Werke. Hamburger Ausgabe. Bd. 9: Aufsätze und kleine Schriften. 1902–1921. Hamburg: Meiner 2001, S. 268–315.

Clopton, Robert W.: To Jo Ann Boydston. University of Hawaii, March 22, 1971 (Nr. 19446). In: The Correspondence of John Dewey, 1871–2007. A comprehensive electronic edition of letters to, from, and about John Dewey. Ed. by Larry Hickman et al. Vol. 4. Charlottesville: InteLex [2008]. (= Past masters.) [Online-Ressource]

Cooper, Lane (Ed.): Louis Agassiz as a Teacher. Illustrative Extracts on his Method of Instruction. Ithaca/New York: Comstock 1917.

Die Bibel. Altes und Neues Testament. Einheitsübersetzung. Freiburg/Basel/Wien: Herder 1980.

Dilthey, Wilhelm: Der Aufbau der geschichtlichen Welt in den Geisteswissenschaften. Frankfurt a. M.: Suhrkamp 1970. (= Theorie.)

Du Bois-Reymond, Emil: Goethe und kein Ende. Rede bei Antritt des Rektorats der Universität zu Berlin. Leipzig: Veit 1883.

Emerson, R[alph] W[aldo]: Goethe; or, the Writer. In: R. W. E.: Representative Men: Seven Lectures. Boston: Phillips/Sampson 1856, S. 267–285.

Engel, J[ohann] J[akob]: Fragmente über Handlung, Gespräch und Erzählung (1774). In: J. J. E.: Schriften. Bd. 4: Reden. Ästhetische Versuche. Berlin: Mylius 1802, S. 101–266.

Fichte, Johann Gottlieb: Grundlage der gesamten Wissenschaftslehre. In: J. G. F.: Gesamtausgabe der Bayerischen Akademie der Wissenschaften. Bd. I, 2: 1793–1795. Hrsg. v. Reinhard Lauth/Hans Jacob. Stuttgart-Bad Cannstadt: Frommann-Holzboog 1965, S. 249–451.

Grimm, Jacob/Grimm, Wilhelm: Deutsches Wörterbuch. 11. Bd. 1. Abt. 1. Tl.: T–Treftig. Leipzig: Hirzel 1935.

Grimm, Jacob/Grimm, Wilhelm: Deutsches Wörterbuch. 14. Bd. II. Abt.: WILB–Ysop. Leipzig: Hirzel 1960.

Grimm, Jacob/Grimm, Wilhelm: Deutsches Wörterbuch. 15. Bd.: Z–ZMASCHE. Leipzig: Hirzel 1956.

Haeckel, Ernst: Wissenschaftliche Berechtigung der Deszendenztheorie. Schöpfungsgeschichte nach Linné. In: E. H.: Natürliche Schöpfungsgeschichte. Gemeinverständliche wissenschaftliche Vorträge über die Entwicklungslehre im Allgemeinen und diejenige von Darwin, Goethe und Lamarck im Besonderen [...]. Berlin: Reimer 1868, S. 20–37.

Haldane, Richard Burdon: To William James. House of Commons 29 July 1907. In: The Correspondence of William James. Ed. by Ignas K. Skrupskelis/Elizabeth M. Berkeley. Vol. 11. Charlottesville/London: Univ. of Virginia Press 2003, S. 400 f.

Haller, Albrecht von: Vom Nutzen der Hypothesen. [Vorrede zu der deutschen Uebersetzung von Buffons Naturgeschichte 1751]. In: A. H.: Tagebuch seiner Beobachtungen über Schriftsteller und über sich selbst. Zur Karakteristik der Philosophie und Religion dieses Mannes. Hrsg. v. Georg Heinzmann. Zweyter Teil. Bern: Haller 1787, S. 95–118.

Heidegger, Martin: Sein und Zeit. 12., unveränd. Aufl. Tübingen: Niemeyer 1972.

Heisenberg, Werner: Das Naturbild Goethes und die technisch-naturwissenschaftliche Welt. In: Goethe Jahrbuch N. F. 29 (1967), S. 27–42.

Helmholtz, Hermann: Goethe's naturwissenschaftliche Arbeiten. Goethe's Vorahnungen naturwissenschaftlicher Ideen. Braunschweig: Vieweg 1917.

Herder, Johann Gottfried: An den Genius von Deutschland (1770). In: J. G. H.: Sämmtliche Werke. Bd. 29. Hrsg. v. Carl Redlich. Berlin: Weidmann 1889, S. 329–332.

Herder, Johann Gottfried: An sein Tagewerk (1771). In: J. G. H.: Sämmtliche Werke. Bd. 29. Hrsg. v. Carl Redlich. Berlin: Weidmann 1889, S. 356–359.

Herder, J[ohann] G[ottfried]: Verstand und Erfahrung. Eine Metakritik zur Kritik der reinen Vernunft. Erster Theil. Leipzig: Hartknoch 1799.

Hölderlin, Friedrich: Hyperion. In: F. H.: Sämtliche Werke. Bd. 3. Hrsg. v. Friedrich Beißner. Stuttgart: Kohlhammer 1957.

Humboldt, Wilhelm von: Ueber die Verschiedenheit des menschlichen Sprachbaues und ihren Einfluss auf die geistige Entwicklung des Menschengeschlechts. In: W. v. H.: Werke in fünf Bänden. Bd. III: Schriften zur Sprachphilosophie. Hrsg. v. Andreas Flitner/Klaus Giel. 6., unver. Aufl. Darmstadt: Wiss. Buchgesellschaft 1963, S. 368–756.

Huxley, T[homas]: Aphorisms on Nature by Goethe. In: Nature 1 (1869), Nr. 1, S. 9–11.

Huxley, Thomas: Lectures on the Elements of Comparative Anatomy. London: Churchill 1864.

Immermann, Karl: Tulifäntchen. In: K. I.: Schriften. Bd. 1. Düsseldorf: Schaub 1835, S. 213–371.

James, Henry Sr.: Some Personal Recollections of Carlyle. In: H. J.: The Literary Remains of the Late Henry James. Ed. with an Introduction by William James. Boston: Houghton Mifflin 1884, S. 421–468.

Jean Paul: Vorschule der Ästhetik. In: J. P.: Werke. Bd. 5. Hrsg. v. Norbert Miller. 3. Aufl. München: Hanser 1963, S. 7–456.

Jerusalem, Wilhelm: Meine Wege und Ziele. In: Die Philosophie der Gegenwart in Selbstdarstellungen. Bd. III. Hrsg. v. Raymund Schmidt. Leipzig: Meiner 1922, S. 53–98.

Jerusalem, Wilhelm: To William James. Vienna, 22th of June 07. In: The Correspondence of William James. Ed. by Ignas K. Skrupskelis/Elizabeth M. Berkeley. Vol. 11. Charlottesville/London: Univ. of Virginia Press 2003, S. 381–382.

Jordan, David Starr: Agassiz at Penikese. In: The Popular Science Monthly (April 1892), S. 721–729.

Kames, Henry Home: Elements of Criticism. Vol. II. 5th Ed. with additions and improvements. Dublin: Ingham 1772.

Kant, Immanuel: Anthropologie in pragmatischer Hinsicht. Mit einem Vorw. hrsg. v. J[ohann] F[riedrich] Herbart. Leipzig: Müller 1833.

Kant, Immanuel: Critik der reinen Vernunft. Zweyte hin und wieder verbesserte Aufl. Riga: Hartknoch 1787.

Kant, Immanuel: Critik der Urtheilskraft. Berlin/Libau: Lagarde und Friederich 1790.

Kant, Immanuel: Logik. Ein Handbuch zu Vorlesungen. Königsberg: Nicolovius 1800.

Keferstein [Adolph]: Ueber den unmittelbaren Nutzen der Insekten. Erfurt: Maring 1827.

Klopstock, Friedrich Gottlieb: Von der Darstellung. In: F. G. K.: Gedanken über die Natur der Poesie. Dichtungstheoretische Schriften. Hrsg. v. Winfried Menninghaus. Frankfurt a. M.: Insel 1989, S. 166–173.

Körner, Theodor: Weinlied. In: T. K.: Vermischte Gedichte und Erzählungen […]. Leipzig: Hartknoch 1815, S. 85–88.

Kosegarten, Ludwig Theoboul: Elisium. In: L. T. K.: Poesieen. Bd. 2. Leipzig: Gräff 1798, S. 167–182.

Lessing, Gotthold Ephraim: Hamburgische Dramaturgie. In: G. E. L.: Werke und Briefe in zwölf Bänden. Hrsg. v. Wilfried Barner. Bd. 6. Frankfurt a. M.: Deutscher Klassiker Verl. 1985, S. 181–694.

Lessing, Gotthold Ephraim: Laokoon oder über die Grenzen der Malerei und Dichtung. In: G. E. L.: Werke und Briefe in zwölf Bänden. Hrsg. v. Wilfried Barner. Bd. 5/2. Frankfurt a. M.: Deutscher Klassiker Verl. 1990, S. 11–349.

Lorenz, Theodor: Vorbemerkung des Übersetzers. In: William James: Der Wille zum Glauben und andere popularphilosophische Essays. Ins Dt. übertr. v. T. L. Mit einem Geleitwort von Fr[iedrich] Paulsen. Stuttgart: Frommann 1899, S. XVII–XVII.

Lotze, Hermann: Nachgelassener Aufsatz über Göthe. In: H. L.: Kleine Schriften. Bd. 3. Hrsg. v. David Peipers. Leipzig: Hirzel 1891, S. 521–541.

Moritz, Karl Philipp: Über die bildende Nachahmung des Schönen. Braunschweig: Schul-Buchhandlung 1788.

Nietzsche, Friedrich: Aus dem Nachlass. In: Werke in drei Bänden. Hrsg. v. Karl Schlechta. Bd. 3. München: Hanser 1966, S. 415–925.

Novalis: Das Allgemeine Brouillon (Materialien zur Enzyklopädistik 1798/99). In: N.: Schriften. Bd. 3: Das philosophische Werk II. Hrsg. v. Richard Samuel. Darmstadt: Wiss. Buchgesellschaft 1968, S. 242–478.

Novalis: Fragmente. In: N.: Schriften. Hrsg. v. Ludwig Tieck/Ed[uard] von Bülow. Dritter Theil. Berlin: Reimer 1846, S. 161–324.

Novalis: Fragmente und Studien 1799–1800. In: Schriften. Die Werke Friedrich von Hardenbergs. Bd. 3: Das philosophische Werk II. Hrsg. v. Richard Samuel. Darmstadt: Wiss. Buchgesellschaft 1968, S. 556–693.

Ostwald, Wilhelm: »Goethe als Naturforscher« – Ein kaum bekannter Aufsatz des Physikochemikers Wilhelm Ostwald. Für den Neudruck vorb. v. Regine Zott/Wolfgang Girnus. In: Goethe-Jahrbuch 104 (1987), S. 169–191.

Ostwald, Wilhelm: Goethe der Prophete. Leipzig: Brandstetter 1932.

Ostwald, Wilhelm: Goethe, Schopenhauer und die Farbenlehre. 2. durchges. Aufl. Leipzig: Unesma 1931.

Paulsen, Friedrich: Einleitung in die Philosophie. 15. Aufl. Stuttgart/Berlin: Cotta 1906.

Paulsen, Friedrich: Geleitwort. In: William James: Der Wille zum Glauben und andere popularphilosophische Essays. Ins Dt. übertr. v. Theodor Lorenz. Mit einem Geleitwort von F. P. Stuttgart: Frommann 1899, S. V–IX.

Platen, August: Der künftige Held. In: A. P.: Gesammelte Werke in 5 Bänden. Bd. 2. Stuttgart/Tübingen: Cotta 1847.

Platon: Der Staat. Über das Gerechte. Übers. u. erläutert v. Otto Apelt. Hamburg: Meiner 1989.

Royce, Josiah: The Problem of Truth in the Light of Recent Discussion. In: Bericht über den III. Internationalen Kongreß für Philosophie zu Heidelberg. 1. bis 5. September 1908. Hrsg. v. Th[eodor] Elsenhans. Heidelberg: Winter 1909, S. 62–90.

Santayana, George: Three Philosophical Poets. Lucretius, Dante, and Goethe. Cambridge: Harvard Univ. 1910.

Schelling, Friedrich Wilhelm Joseph: System des transzendentalen Idealismus (1800). In: F. W. J. S.: Werke. Nach der Originalausg. in neuer Anordnung hrsg. v. Manfred Schröter. Bd. 2: Schriften zur Naturphilosophie, 1799–1801. München: Beck 1927, S. 327–634.

Schelling, Friedrich Wilhelm Joseph: Über das Verhältnis der bildenden Künste zu der Natur. Hrsg. v. Lucia Sziborsky. Hamburg: Meiner 1983. (= Philosophische Bibliothek. 344.)

Schelling, F[riedrich] W[ilhelm] J[oseph]: Von der Weltseele, eine Hypothese der höhern Physik zur Erklärung des allgemeinen Organismus. Hamburg: Perthes 1798.

Schlegel, August Wilhelm: Vorlesungen über Ästhetik I. [1788–1803] Hrsg. v. Ernst Behler. Paderborn/Wien: Schöningh 1989.

Schlegel, August Wilhelm: Vorlesungen über dramatische Kunst und Literatur. Tl. 2. In: A. W. S.: Kritische Schriften und Briefe. Bd. VI. Hrsg. v. Edgar Lohner. Stuttgart et al.: Kohlhammer 1967.

Schlegel, Friedrich: Athenäums-Fragmente. In: Kritische Friedrich-Schlegel-Ausgabe. Abt. I,
Bd. 2: Charakteristiken und Kritiken I (1796–1801). Hrsg. u. eingel. v. Hans Eichner.
München/Paderborn/Wien: Schöningh 1967, S. 165–255.

Schlegel, Friedrich: Geschichte der europäischen Literatur. In: Kritische
Friedrich-Schlegel-Ausgabe. Abt. II, Bd. 11: Wissenschaft der europäischen Literatur.
Vorlesungen, Aufsätze und Fragmente aus der Zeit von 1795–1804. Mit Einl. u. Komm.
vers. v. Ernst Behler. München/Paderborn/Wien: Schöningh 1958, S. 3–185.

Schlegel, Friedrich: Gespräch über die Poesie. In: Kritische Friedrich-Schlegel-Ausgabe. Abt. I,
Bd. 2: Charakteristiken und Kritiken I (1796–1801). Hrsg. u. eingel. v. Hans Eichner.
München/Paderborn/Wien: Schöningh 1967, S. 284–351.

Schlegel, Friedrich: Literary Notebooks 1797–1801. Ed. with an introduction and commentary
by Hans Eichner. London: Athlone Press 1957.

Schlegel, Friedrich: Lyceums-Fragmente. In: Kritische Friedrich-Schlegel-Ausgabe. Abt. I, Bd. 2:
Charakteristiken und Kritiken I (1796–1801). Hrsg. u. eingel. v. Hans Eichner.
München/Paderborn/Wien: Schöningh 1967, S. 147–163.

Schlegel, Friedrich: Philosophie des Lebens. In fünfzehn Vorlesungen gehalten zu Wien im
Jahre 1827. Wien: Schaumburg 1828.

Schlegel, Friedrich: Philosophische Lehrjahre. In: Kritische Friedrich-Schlegel-Ausgabe. Abt. II,
Bd. 18: Philosophische Lehrjahre 1796–1806 […]. Erster Teil. Mit Einl. u. Komm. hrsg. v.
Ernst Behler. München/Paderborn/Wien: Schöningh 1963, S. 1–501.

Schlegel, Friedrich: Transzendentalphilosophie. In: Kritische Friedrich-Schlegel-Ausgabe.
Abt. II, Bd. 12: Philosophische Vorlesungen [1800–1807]. Erster Teil. Mit Einl. u. Komm.
hrsg. v. Jean-Jacques Anstett. München/Paderborn/Wien: Schöningh 1964, S. 1–105.

Schleiermacher, Friedrich: Dialektik. Im Auftr. der Preuß. Akad. der Wiss. auf Grund bisher
unveröffentlichten Materials hrsg. v. Rudolf Odebrecht. Darmstadt: Wiss. Buchgesellschaft
1976.

Schopenhauer, Arthur: Ueber Schriftstellerei und Stil. In: A. S.: Parerga und Paralipomena:
Kleine philosophische Schriften. Bd. 2. Berlin: Hayn 1851, S. 420–452.

Schuchardt, [Johann] Chr[istian]: Goethe's Kunstsammlungen. Erster Theil: Kupferstiche,
Holzschnitte, Radirungen, Schwarzkunstblätter, Lithographien und Stahlstiche,
Handzeichnungen und Gemälde. Jena: Frommann 1848.

Schuchardt, [Johann] Chr[istian]: Goethe's Kunstsammlungen. Dritter Theil: Mineralogische
und andere naturwissenschaftliche Sammlungen. Jena: Frommann 1849.

Simmel, Georg: Goethe. Leipzig: Klinkhardt & Biermann 1913.

Virchow, Rudolf: Goethe als Naturforscher und in besonderer Beziehung auf Schiller. Berlin:
Hirschwald 1861.

Vischer, Friederich Theod.: Die Litteratur über Goethes Faust. In: F. T. V.: Kritische Gänge.
Bd. II. Tübingen: Fues 1844, S. 49–215.

Voß, Johann Heinrich (Übers.): Des Quintus Horatius Flaccus Werke. Bd. 2: Satyren und
Episteln. Heidelberg: Mohr und Zimmer 1806.

Weiße, Christian Hermann: Über Stil und Manier. In: C. H. W.: Kleine Schriften zur Aesthetik
und ästhetischen Kritik. Leipzig: Breitkopf und Härtel 1867, S. 297–375.

Wieland, Christoph Martin: Fragmente von Beyträgen zum Gebrauch derer, die sie brauchen
können oder wollen. In: Der Teutsche Merkur (April) 1778, S. 3–30.

Wieland, Christoph Martin: Geschichte des Weisen Danischmed. In: C. M. W.: Gesammelte
Schriften. Abt. 1: Werke. Bd. 10: Abderiten, Stilpon, Danischmed. Hrsg. v. Ludwig
Pfannmüller. Berlin: Weidmann 1913, S. 325–511.
Wittgenstein, Ludwig: Bemerkungen über die Philosophie der Psychologie. In: L. W.: Schriften.
Bd. 8. Hrsg. v. G. E. M. Anscombe/G. H. von Wright. Frankfurt a. M.: Suhrkamp 1982.
Wittgenstein, Ludwig: Philosophische Untersuchungen. In: L. W.: Werkausgabe. Bd. 1. Frankfurt
a. M.: Suhrkamp 1984. (= stw. 501.) S. 225–618.
Zedler, Johann Heinrich: Großes vollständiges Universal-Lexikon aller Wissenschaften und
Künste […]. Bd. 2: An–Az. Halle/Leipzig: Zedler 1732.

Sekundär- und Forschungsliteratur

Albert, Karl: Lebensphilosophie. Von den Anfängen bei Nietzsche bis zu ihrer Kritik bei Lukács.
Freiburg/München: Alber 1995.
Albes, Claudia: Darstellbarkeit: Zu einem ästhetisch-philosophischen Problem um 1800.
Einleitung. In: Darstellbarkeit. Zu einem ästhetisch-philosophischen Problem um 1800.
Hrsg. v. C. A./Christiane Frey. Würzburg: Königshausen & Neumann 2003. (= Stiftung für
Romantikforschung. 23.) S. 9–28.
Alkemeyer, Thomas/Schürmann, Volker/Volbers, Jörg: Einleitung. In: Praxis denken. Konzepte
und Kritik. Wiesbaden: Springer 2015, S. 7–23.
Amrine, Frederick: The Metamorphosis of the Scientist. In: Goethe Yearbook 5 (1990),
S. 187–212.
Angermüller, Johannes: Diskurs und Raum. Zur Theorie einer textpragmatischen
Diskursanalyse. In: Diskursanalyse: Theorien, Methoden, Anwendungen. Hrsg. v.
J. A./Katharina Bunzmann/Martin Nonhoff. Hamburg: Argument-Verl. 2001. (= Argument
Sonderband. N. F. 286.) S. 63–76.
Anglet, Andreas: Das »ernste Spiel« der Kunst. Der Spielbegriff im Dichtungs- und
Naturverständnis des späten Goethe. In: Jeux et fêtes dans l'œuvre de J. W. Goethe/Fest
und Spiel im Werk Goethes. Hrsg. von D. Blondeau/G. Buscot/Chr. Maillard. Strasbourg:
Presses Universitaires 2000, S. 237–256.
Anstett, Jean-Jacques: Einleitung. In: Kritische Friedrich-Schlegel-Ausgabe. Abt. II, Bd. 12:
Philosophische Vorlesungen [1800–1807]. Erster Teil. Mit Einl. u. Komm. hrsg. v. J.-J. A.
München/Paderborn/Wien: Schöningh 1964, S. XIII–XXXII.
Asmann, Carrie: Kunstkammer als Kommunikationsspiel. Goethe inszeniert eine Sammlung. In:
Johann Wolfgang Goethe: Der Sammler und die Seinigen. Hrsg. von C. A.
Amsterdam/Dresden: Verlag der Kunst 1997, S. 119–177.
Assmann, Aleida: Die Sprache der Dinge. Der lange Blick und die wilde Semiose. In:
Materialität der Kommunikation. Hrsg. v. Hans Ulrich Gumbrecht/K. Ludwig Pfeiffer.
Frankfurt a. M.: Suhrkamp 1988. (= stw. 750.) S. 237–251.
Austin, J[ohn] L[angshaw]: How to Do Things with Words. The William James Lectures delivered
at Harvard University in 1955. 2nd Ed. Ed. by J. O. Urmson/Marina Sbisà. Oxford/New York:
Oxford UP 1962.
Austin, John L.: Zur Theorie der Sprechakte (How to Do Things with Words). Dt. Bearb. v. Eike
von Savigny. Stuttgart: Reclam 2002. (= Universal-Bibliothek. 9396.)

Azzouni, Safia: Denkkollektive: Goethe mit Fleck lesen. In: Versuchsanordnungen 1800. Hrsg. v. Sabine Schimma/Joseph Vogl. Zürich/Berlin: diaphanes 2009, S. 189–198.

Azzouni, Safia: Kunst als praktische Wissenschaft. Goethes *Wilhelm Meisters Wanderjahre* und die Hefte *Zur Morphologie*. Köln/Weimar/Wien: Böhlau 2005.

Bach, Thomas: Mineralogische Suiten – ein Weg von der Anschauung zur Erkenntnis. In: Räume der Kunst. Blicke auf Goethes Sammlungen. Hrsg. v. Markus Bertsch/Johannes Grave. Göttingen: Vandenhoeck & Ruprecht 2005. (= Ästhetik um 1800.) S. 289–312.

Baggett, David: On a Reductionist Analysis of William James's Philosophy of Religion. In: The Journal of Religious Ethics 28 (2000), Nr. 3, S. 423–448.

Bahr, Eberhard: The Novel as Archive. The Genesis, Reception, and Criticism of Goethe's *Wilhelm Meisters Wanderjahre*. Columbia, SC: Camden House 1998.

Balke, Friedrich: Was ist ein Ding? Zum Pragmatismus der neueren Wissenschaftsforschung. In: Pragmatismus. Philosophie der Zukunft? Hrsg. v. Andreas Hetzel/Jens Kertscher/Marc Rölli. Weilerswist: Velbrück 2008, S. 269–283.

Barnouw, Jeffrey: Goethe and Helmholtz: Science and Sensation. In: Goethe and the Sciences. A Reappraisal. Ed. by Frederick Amrine/Francis J. Zucker/Harvey Wheeler. Dordrecht et al.: Reidel 1987. (= Boston Studies in the Philosophy of Science. 97.) S. 45–82.

Barthes, Roland: Leçon/Lektion. Französisch und Deutsch. Antrittsvorlesung im Collège de France. Gehalten am 7. Januar 1977. Übers. v. Helmut Scheffel. Frankfurt a. M.: Suhrkamp 1980. (= es. 1030.)

Bauer, Sandra: Die Poetik der dinglichen Andenken in Goethes *Wilhelm Meister*. In: Schläft ein Lied in allen Dingen? Romantische Dingpoetik. Hrsg. v. Christiane Holm/Günter Oesterle. Würzburg: Königshausen & Neumann 2011, S. 135–144.

Beck, Andreas: Geselliges Erzählen in Rahmenzyklen. Goethe – Tieck – E.T.A. Hoffmann. Heidelberg: Winter 2008.

Benne, Christian: Die Erfindung des Manuskripts. Zur Theorie und Geschichte literarischer Gegenständlichkeit. Berlin: Suhrkamp 2015. (= stw. 2147.)

Bergman, Mats: Pragmatism as a Communication-Theoretical Tradition: An Assessment of Craig's Proposal. In: European Journal of Pragmatism and American Philosophy 4 (2012), S. 208–221.

Berndt, Frauke/Drügh, Heinz J.: Einleitung. In: Symbol. Grundlagentexte aus Ästhetik, Poetik und Kulturwissenschaft. Hrsg. v. F. B./H. J. D. Frankfurt a. M.: Suhrkamp 2009. (= stw. 1895.) S. 223–237.

Bernstein, Richard J.: The Resurgence of Pragmatism. In: Social Research 59 (1992), Nr. 4, S. 813–840.

Bertaux, Pierre: Gar schöne Spiele spiel' ich mit dir! Zu Goethes Spieltrieb. Frankfurt a. M.: Insel 1986.

Bez, Martin: Goethes »Wilhelm Meisters Wanderjahre«. Aggregat, Archiv, Archivroman. Berlin/Boston: de Gruyter 2013. (= Hermaea. Germanistische Forschungen. N. F. 132.)

Bies, Michael: Im Grunde ein Bild. Die Darstellung der Naturforschung bei Kant, Goethe und Alexander von Humboldt. Göttingen: Wallstein 2012.

Biese, Arnd: Spielers Erzählungen, oder: Zufall herstellen. In: Literatur und Spiel. Zur Poetologie literarischer Spielszenen. Hrsg. v. Bernhard Jahn/Michael Schilling. Stuttgart: Hirzel 2010, S. 151–166.

Blackall, Eric A.: Goethe and the Novel. Ithaca, NY: Cornell UP 1976.

Blondeau, Denise: Goethes Novelle *Der Sammler und die Seinigen* als »doppelte Ästhetik«. In: Akten des XI. Internationalen Germanistenkongresses Paris 2005: »Germanistik im Konflikt der Kulturen«. Hrsg. v. Jean-Marie Valentin. Bern et al.: Lang 2008, S. 19 – 23.

Böhler, Michael: Naturwissenschaft und Dichtung bei Goethe. In: Goethe im Kontext. Kunst und Humanität, Naturwissenschaft und Politik von der Aufklärung bis zur Restauration. Hrsg. v. Wolfgang Wittkowski. Tübingen: Niemeyer 1984, S. 313 – 340.

Böhme, Hartmut: Fetisch und Idol. Die Temporalität von Erinnerungsformen in Goethes *Wilhelm Meister*, *Faust* und *Der Sammler und die Seinigen*. In: Goethe und die Verzeitlichung der Natur. Hrsg. v. Peter Matussek. München: Beck 1998, S. 178 – 201.

Böhme, Hartmut: Goethes Skulptur *Agathé Tyche* – Figuren des Zufalls. In: H. B.: Natur und Figur. Goethe im Kontext. Paderborn: Fink 2016, S. 213 – 239.

Bollnow, Otto Friedrich: Die Lebensphilosophie. Berlin/Göttingen/Heidelberg: Springer 1958.

Boodin, John E.: From Protagoras to William James. In: The Monist 21 (1911), Nr. 1, S. 73 – 91.

Borchmeyer, Dieter: *Faust* – Goethes verkappte Komödie. In: Die großen Komödien Europas. Hrsg. v. Franz Mennemeier. Tübingen: Francke 2000, S. 199 – 226.

Bordogna, Francesca: William James at the Boundaries. Philosophy, Science, and the Geography of Knowledge. Chicago/London: Univ. of Chicago Press 2008.

Boring, Edwin G.: Great Men and Scientific Progress. In: Proceedings of the American Philosophical Society 94 (1950), Nr. 4, S. 339 – 351.

Brandes, Peter: Goethes *Faust* – Poetik der Gabe und Selbstreflexion der Dichtung. München: Fink 2003.

Brandt, Philine: Johann Christian Schuchardt als Kustos der Großherzoglichen und Goetheschen Sammlungen. In: Räume der Kunst. Blicke auf Goethes Sammlungen. Hrsg. v. Markus Bertsch/Johannes Grave. Göttingen: Vandenhoeck & Ruprecht 2005. (= Ästhetik um 1800.) S. 102 – 121.

Brandt, Reinhardt: Einleitung. In: R. B.: Kritischer Kommentar zu Kants Anthropologie in pragmatischer Hinsicht (1798). Hamburg: Meiner 1999. (= Kant Forschungen. 15.) S. 7 – 48.

Braun, Frederick Augustus: Margaret Fuller and Goethe. New York: Holt 1910.

Breidbach, Olaf: *Die Wahlverwandtschaften* – Versuch einer wissenschaftshistorischen Perspektivierung. In: Goethes »Wahlverwandtschaften«. Werk und Forschung. Hrsg. v. Helmut Hühn. Berlin/New York: De Gruyter 2010, S. 291 – 310.

Breidbach, Olaf: Goethes Metamorphosenlehre. München: Fink 2006.

Breidbach, Olaf: Goethes Naturverständnis. München: Fink 2011.

Buck, Theo: Urworte. Orphisch. In: Goethe-Handbuch. Bd. 1: Gedichte. Hrsg. v. Regine Otto/Bernd Witte. Stuttgart: Metzler 1996, S. 354 – 365.

Bühler, Karl: Sprachtheorie. Die Darstellungsfunktion der Sprache. Stuttgart/New York: Fischer 1982. (= UTB. 1159.)

Burgard, Peter J.: Goethe's Transgressions. In: Fictions of Culture. Ed. by Steven Taubeneck. New York et al.: Lang 1991, S. 95 – 116.

Burgard, Peter J.: Idioms of Uncertainty. Goethe and the Essay. Pennsylvania: Pennsylvania State UP 1992.

Busch, Karl August: William James als Religionsphilosoph. Göttingen: Vandenhoeck 1911.

Buschmeier, Matthias: Antike begreifen. Herders Idee des ›tastenden Sehens‹ und Goethes Umgang mit Gemmen. In: Weimarer Klassik. Kultur des Sinnlichen. Hrsg. v. Sebastian Böhmer et al. Berlin et al.: Dt. Kunstverl. 2012, S. 106 – 115.

Buschmeier, Matthias: Poesie und Philologie in der Goethe-Zeit. Studien zum Verhältnis von Literatur und ihrer Wissenschaft. Tübingen: Niemeyer 2008. (= Studien zur deutschen Literatur. 185.)

Butler, Judith: Haß spricht. Zur Politik des Performativen. Frankfurt a. M.: Suhrkamp 2006. (= es. 2414.)

Campe, Rüdiger: Die Schreibszene, das Schreiben. In: Schreiben als Kulturtechnik. Grundlagentexte. Hrsg. v. Sandro Zanetti. Berlin: Suhrkamp 2015. (= stw. 2037.) S. 269–282.

Carrette, Jeremy: Growing up Zig-Zag: Reassessing the Transatlantic Legacy of William James. In: William James and the Transatlantic Conversation. Pragmatism, Pluralism, and Philosophy of Religion. Ed. by Martin Halliwell/Joel D. S. Rasmussen. Oxford et al.: Oxford UP 2014, S. 199–217.

Catt, Isaac E.: The »Cash-Value« of Communication: An Interpretation of William James. In: Recovering Pragmatism's Voice. The Classical Tradition, Rorty, and the Philosophy of Communication. Ed. by Lenore Langsdorf/Andrew R. Smith. New York: State Univ. of New York 1995, S. 97–114.

Certeau, Michel de: Kunst des Handelns. Aus dem Franz. v. Ronald Voullié. Berlin: Merve 1988.

Colapietro, Vincent M.: Immediacy, Opposition, and Mediation: Peirce on Irreducible Aspects of the Communicative Process. In: Recovering Pragmatism's Voice. The Classical Tradition, Rorty, and the Philosophy of Communication. Ed. by Lenore Langsdorf/Andrew R. Smith. New York: State Univ. of New York 1995, S. 23–48.

Craig, Robert T.: Pragmatism in the Field of Communication Theory. In: Communication Theory 17 (2007), S. 125–145.

Cremer, Christoph/Borchmeyer, Dieter: Einleitung. In: Vom Menschen zum Kristall. Konzepte der Lebenswissenschaften von 1800–2000. Hrsg. v. C. C. Wiesbaden: Hilbinger 2000, S. 9–18.

Critchley, Simon: Deconstruction and Pragmatism – Is Derrida a Private Ironist or a Public Liberal? In: Deconstruction and Pragmatism. Ed. by Chantal Mouffe. London/New York: Routledge 1996, S. 19–40.

Culler, Jonathan: Dekonstruktion. Derrida und die poststrukturalistische Literaturtheorie. Reinbek bei Hamburg: Rowohlt 1988. (= re. 55635.)

Culler, Jonathan: Philosophy and Literature: The Fortunes of the Performative. In: Poetics Today 21 (2000), Nr. 3, S. 503–519.

Dahnke, Hans-Dietrich: Kunstsammlungen. In: Goethe-Handbuch 4/I: Personen, Sachen, Begriffe: A–K. Hrsg. v. H.-D. D./Regine Otto. Stuttgart/Weimar: Metzler 1998, S. 639–644.

Davenport, Edward A.: Literature as Thought Experiment. (On Aiding and Abetting the Muse). In: Philosophy of the Social Sciences 13 (1983), S. 279–306.

Deleuze, Gilles: Spinoza und das Problem des Ausdrucks in der Philosophie. Aus d. Franz. v. Ulrich Johannes Schneider. München: Fink 1993.

Demmerling, Christoph: Literatur als Experiment. In: Wahrheit, Wissen und Erkenntnis in der Literatur. Philosophische Beiträge. Hrsg. v. C. D./Íngrid Vendrell Ferran. Berlin: Akademie Verlag 2014. (= Deutsche Zeitschrift für Philosophie Sonderbände. 35.) S. 141–159.

Derrida, Jacques: Die Struktur, das Zeichen und das Spiel im Diskurs der Wissenschaften vom Menschen. In: J. D.: Die Schrift und die Differenz. Übers. v. Rodolphe Gasché. Frankfurt a. M.: Suhrkamp 1976. (= stw. 177.) S. 422–442.

Derrida, Jacques: Die Wahrheit in der Malerei. Hrsg. v. Peter Engelmann. Wien: Passagen 1992.

Derrida, Jacques: Limited Inc. Présentation et traductions par Elisabeth Weber. Paris: Galilée 1990.

Derrida, Jacques: Remarks on Deconstruction and Pragmatism. In: Deconstruction and Pragmatism. Ed. by Chantal Mouffe. London/New York: Routledge 1996, S. 77–88.

Derrida, Jacques: Signatur Ereignis Kontext. In: J. D.: Randgänge der Philosophie. Hrsg. v. Peter Engelmann. Wien: Passagen 1988, S. 291–314.

Derrida, Jacques: Structure, Sign and Play in the Discourse of the Human Sciences. In: J. D.: Writing and Difference. Transl. by Alan Bass. Chicago: Univ. of Chicago Press 1978, S. 278–293.

Diaz-Bone, Rainer/Schubert, Klaus: William James. Zur Einführung. Hamburg: Junius 1996. (= Zur Einführung. 127.)

Dönike, Martin: Antike(n) aus zweiter Hand. In: Weimarer Klassik. Kultur des Sinnlichen. Hrsg. v. Sebastian Böhmer et al. Berlin et al.: Dt. Kunstverl. 2012, S. 126–135.

Dowden, Steve: Goethe zu widersprechen. In: Perspektiven der Dialogik. Zürcher Kolloquium zum 80. Geburtstag von Hermann Levin Goldschmidt. Hrsg. v. Willi Goetschel. Wien: Passagen 1994, S. 49–62.

Eberling, Knut/Günzel, Stephan: Einleitung. In: Archivologie. Theorien des Archivs in Wissenschaft, Medien und Künsten. Hrsg. v. K. E./S. G. Berlin: Kadmos 2009, S. 7–26.

Edie, James M.: William James and Phenomenology. In: The Review of Metaphysics 23 (1970), Nr. 3, S. 481–526.

Egger, Irmgard: »Aus Wahrheit und Lüge ein Drittes«. Zur Dialektik von Wahrnehmung und Einbildungskraft in Goethes ›Italienischer Reise‹. In: Jahrbuch des Freien Deutschen Hochstifts (2004), S. 70–96.

Eibl, Karl: Zur Bedeutung der Wette im »Faust«. In: Goethe-Jahrbuch 116 (1999), S. 271–280.

Elsässer, Michael: Einleitung. In: Friedrich Schlegel: Transzendentalphilosophie. Eingel. u. mit Erläuterung vers. v. M. E. Hamburg: Meiner 1991. (= Philosophische Bibliothek. 416.) S. IX–XLV.

Elsenhans, Th[eodor] (Hrsg.): Bericht über den III. Internationalen Kongreß für Philosophie zu Heidelberg. 1. bis 5. September 1908. Heidelberg: Winter 1909.

Engel, Manfred: Der Roman der Goethezeit. Bd. 1: Anfänge in Klassik und Frühromantik. Transzendentale Geschichten. Stuttgart/Weimar: Metzler 1993. (= Germanistische Abhandlungen. 71.)

Engel, Manfred: Die Rehabilitation des Schwärmers. Theorie und Darstellung des Schwärmens in Spätaufklärung und früher Goethezeit. In: Der ganze Mensch. Anthropologie und Literatur im 18. Jahrhundert. Hrsg. v. Hans-Jürgen Schings. Stuttgart/Weimar: Metzler 1994. (= Germanistische Symposien. Berichtsbände. 15.) S. 469–498.

Engel, Manfred: Modernisierungskrise und neue Ethik in Goethes »Wanderjahren«. In: Wertewandel und neue Subjektivität. Hrsg. v. Gert Schmidt et al. Erlangen: Kössler 2000, S. 87–111.

Engelhardt, Wolf von: »Der Versuch als Vermittler von Objekt und Subjekt«: Goethes Aufsatz im Licht von Kants Vernunftkritik. In: Athenäum 10 (2000), S. 9–28.

Engelhardt, Wolf von: Goethe im Gespräch mit der Erde. Landschaft, Gesteine, Mineralien und Erdgeschichte in seinem Leben und Werk. Weimar: Böhlau 2003.

Engelhardt, Wolf von: Goethes Sammlungen von Mineralien und Gesteinen bis zum Jahre 1786. In: Neue Hefte zur Morphologie 4 (1962), S. 100–128.

Erpenbeck, John: »... die Gegenstände der Natur an sich selbst ...«. Subjekt und Objekt in Goethes naturwissenschaftlichem Denken seit der italienischen Reise. In: Goethe-Jahrbuch 105 (1988), S. 212–233.

Esterhammer, Angela: The Romantic Performative. Language and Action in British and German Romanticism. Stanford: Stanford UP 2000.

Evans, Rand B.: William James, The Principles of Psychology, and Experimental Psychology. In: The American Journal of Psychology 103 (1990), Nr. 4, S. 433–447.

Feger, Hans (Hrsg.): Handbuch Literatur und Philosophie. Stuttgart/Weimar: Metzler 2012.

Fellmann, Ferdinand: Lebensphilosophie. Elemente einer Theorie der Selbsterfahrung. Reinbek bei Hamburg: Rowohlt 1993. (= re. 533.) S. 89–107.

Fellmann, Ferdinand: Stile gelebter Philosophie und ihre Geschichte. In: Stil. Geschichten und Funktionen eines kulturwissenschaftlichen Diskurselements. Hrsg. v. Hans Ulrich Gumbrecht/K. Ludwig Pfeiffer. Frankfurt a. M.: Suhrkamp 1986. (= stw. 633.) S. 574–586.

Fink, Karl J.: Goethe's History of Science. New York et al.: Cambridge UP 1991.

Fischer-Lichte, Erika: Performativität. Eine Einführung. Bielefeld: transcript 2012. (= Edition Kulturwissenschaft.)

Fischer-Lichte, Erika: Theater als Modell für eine Ästhetik des Performativen. In: Performativität und Praxis. Hrsg. v. Jens Kertscher/Dieter Mersch. München: Fink 2003, S. 95–111.

Flach, Willy: Goethes literarisches Archiv. In: Archivar und Historiker. Studien zur Archiv- und Geschichtswissenschaft. Hrsg. v. der Staatlichen Archivverwaltung [...]. Berlin: Rütten & Loening 1956, S. 45–71.

Fleck, Ludwik: Entstehung und Entwicklung einer wissenschaftlichen Tatsache. Einführung in die Lehre vom Denkstil und Denkkollektiv. Mit einer Einl. hrsg. v. Lothar Schäfer/Thomas Schnelle. Frankfurt a. M.: Suhrkamp 1989. (= stw. 312.)

Foucault, Michel: Über sich selbst schreiben. In: Schreiben als Kulturtechnik. Grundlagentexte. Hrsg. v. Sandro Zanetti. Berlin: Suhrkamp 2015. (= stw. 2037.) S. 49–66.

Frank, Manfred: Einführung in die frühromantische Ästhetik. Vorlesungen. Frankfurt a. M.: Suhrkamp 1989. (= es. 1563.)

Franzese, Sergio: The Ethics of Energy. William James's Moral Philosophy in Focus. Frankfurt et al.: Ontos 2008. (= Process Thought. 19.)

Frischmann, Bärbel: Der philosophische Beitrag der deutschen Frühromantik und Hölderlins. In: Handbuch Deutscher Idealismus. Hrsg. v. Hans Jörg Sandkühler. Stuttgart/Weimar: Metzler 2005, S. 326–354.

Fulda, Daniel: Wissenschaft aus Kunst. Die Entstehung der modernen deutschen Geschichtsschreibung. 1760–1860. Berlin/New York: De Gruyter 1996. (= European Cultures. Studies in Literature and the Arts. 7.)

Fulda, Daniel/Prüfer, Thomas: Das Wissen der Moderne. Stichworte zum Verhältnis von wissenschaftlicher und literarischer Weltdeutung und -darstellung seit dem späten 18. Jahrhundert. In: Faktenglaube und fiktionales Wissen. Zum Verhältnis von Wissenschaft und Kunst in der Moderne. Hrsg. v. D. F./T. P. Frankfurt a. M.: Lang 1996. (= Kölner Studien zur Literaturwissenschaft. 9.) S. 1–22.

Gabriel, Gottfried: Formen des Philosophierens. In: Philosophie: Studium, Text und Argument. Hrsg. v. Norbert Herold. Münster: LIT 1997, S. 61–78.

Gabriel, Gottfried: Logik und Rhetorik der Erkenntnis. Zum Verhältnis von wissenschaftlicher und ästhetischer Weltauffassung. Paderborn et al.: Schöningh 1997. (= Explicatio.)

Gabriel, Gottfried: Zwischen Logik und Literatur. Erkenntnisformen von Dichtung, Philosophie und Wissenschaft. Stuttgart: Metzler 1991.

Gabriel, Gottfried: Zwischen Wissenschaft und Dichtung. Nicht-propositionale Vergegenwärtigungen in der Philosophie. In: DZPhil 51 (2003), S. 415–425.

Gadamer, Hans-Georg: Goethe und die Philosophie. In: H.-G. G.: Gesammelte Werke. Bd. 9: Ästhetik und Poetik II: Hermeneutik im Vollzug. Tübingen: Mohr 1993. (= UTB. 2115.) S. 56–71.

Gamper, Michael: Experimentelles Nicht-Wissen. Zur poetologischen und epistemologischen Produktivität unsicherer Erkenntnis. In: Experiment und Literatur. Themen, Methoden, Theorien. Hrsg. v. M. G. Göttingen: Wallstein 2010, S. 511–545.

Garaj, Patrik: Frühromantik als Kommunikationsparadigma. Zur Diskursivität und Performanz des kommunikativen Wissens um 1800. Konstanz, Univ., Diss. 2006. URL: http://kops.uni-konstanz.de/bitstream/handle/123456789/12324/Diss_Garaj.pdf?sequence=1&isAllowed=y [Stand 2019–02–20].

Gehring, Petra: Wert, Wirklichkeit, Macht. Lebenswissenschaften um 1900. In: Allgemeine Zeitschrift für Philosophie 34 (2009), S. 117–135.

Geißler, Rolf: Zur Einheit von Goethes »Unterhaltungen deutscher Ausgewanderten«. In: R. G.: Zeigen und Erkennen. Aufsätze zur Literatur von Goethe bis Jonke. München: Oldenbourg 1979, S. 9–19.

Genette, Gérard: Die Erzählung. 2. Aufl. Aus dem Franz. v. Andreas Knop. München: Fink 1998. (= UTB.)

Genette, Gérard: Paratexte. Das Buch vom Beiwerk des Buches. Mit einem Vorw. v. Harald Weinrich. Aus dem Franz. v. Dieter Hornig. Frankfurt a. M.: Suhrkamp 2001. (= stw. 1510.)

Gloy, Karen: Das Verständnis der Natur. Bd. 1: Die Geschichte des wissenschaftlichen Denkens. Beck: München 1995.

Gomperz, Theodor: Griechische Denker. Eine Geschichte der antiken Philosophie. Bd. 1. 4. Aufl. Frankfurt a. M.: Eichhorn 1996.

Goodman, Russell B.: American Philosophy and the Romantic Tradition. New York et al.: Cambridge UP 1990.

Goodman, Russel B.: What Wittgenstein learned from William James. In: History of Philosophy Quarterly 11 (1994), Nr. 3, S. 339–354.

Grave, Johannes: Einblicke in das »Ganze« der Kunst. Goethes graphische Sammlung. In: Räume der Kunst. Blicke auf Goethes Sammlungen. Hrsg. v. Markus Bertsch/J. G. Göttingen: Vandenhoeck & Ruprecht 2005. (= Ästhetik um 1800.) S. 255–288.

Grave, Johannes: Schule des Sehens. Formen der Kunstbetrachtung bei Goethe. In: Weimarer Klassik. Kultur des Sinnlichen. Hrsg. v. Sebastian Böhmer et al. Berlin et al.: Dt. Kunstverl. 2012, S. 96–105.

Gravett, Sharon: James, Henry, Sr. In: The Carlyle Encyclopedia. Ed. by Mark Cumming. Madison, NJ et al.: Fairleigh Dickinson UP 2004, S. 245 f.

Grice, H. Paul: Logik und Konversation. In: Handlung, Kommunikation, Bedeutung. Hrsg. v. Georg Meggle. Frankfurt a. M.: Suhrkamp 1993. (= stw. 1083.) S. 243–265.

Grice, H. Paul: Meaning. In: The Philosophical Review 66 (1957), Nr. 3, S. 377–388.

Gumbrecht, Hans Ulrich: Die Macht der Philologie. Über einen verborgenen Impuls im wissenschaftlichen Umgang mit Texten. Aus dem Amerik. von Joachim Schulte. Frankfurt a. M.: Suhrkamp 2003.

Gumbrecht, Hans Ulrich/Pfeiffer, K. Ludwig (Hrsg.): Materialität der Kommunikation. Frankfurt a. M.: Suhrkamp 1988. (= stw. 750.)

Häsner, Bernd: Metalepsen: Zur Genese, Systematik und Funktion transgressiver Erzählweisen, Berlin, Univ., Diss. 2001.
URL: http://www.diss.fu-berlin.de/diss/receive/FUDISS_thesis_000000001782 [Stand 2019–02–20].

Häsner, Bernd et al.: Text und Performativität. In: Theorien des Performativen. Sprache – Wissen – Praxis. Eine kritische Bestandsaufnahme. Hrsg. v. Klaus W. Hempfer/Jörg Volbers. Bielefeld: Transcript 2011, S. 69–96.

Hahl, Werner: Reflexion und Erzählung. Ein Problem der Romantheorie von der Spätaufklärung bis zum programmatischen Realismus. Stuttgart et al.: Kohlhammer 1971. (= Studien zur Poetik und Geschichte der Literatur. 18.)

Hahn, Hans Peter: Materielle Kultur. Eine Einführung. 2., überarb. Aufl. Berlin: Reimer 2014.

Halliwell, Martin/Rasmussen, Joel D. S. (Ed.): William James and the Transatlantic Conversation: Pragmatism, Pluralism, and Philosophy of Religion. Oxford et al.: Oxford UP 2014.

Hamm, Heinz: Der Theoretiker Goethe. Grundpositionen seiner Weltanschauung, Philosophie und Kunsttheorie. Berlin: Akademie Verl. 1980.

Hamm, Heinz: Symbol. In: Ästhetische Grundbegriffe. Historisches Wörterbuch in sieben Bänden. Studienausgabe. Hrsg. v. Karlheinz Barck et al. Bd. 5: Postmoderne – Synästhesie. Stuttgart/Weimar: Metzler 2010, S. 805–840.

Hampe, Michael: Erkenntnis und Praxis. Zur Philosophie des Pragmatismus. Frankfurt a. M.: Suhrkamp 2006. (= stw. 1776.)

Han, Chol: Ästhetik der Oberfläche. Die Medialitätskonzeption Goethes. Würzburg: Königshausen & Neumann 2007. (= Epistemata. 587.)

Harberts, William: William James' Religionsphilosophie, begründet auf persönlicher Erfahrung. Erlangen: Univ. Erlangen 1913.

Harlizius-Klück, Ellen: Weben, Spinnen. In: Wörterbuch der philosophischen Metaphern. Hrsg. v. Ralf Konersmann. 3., erw. Aufl. Darmstadt: Wiss. Buchgesellschaft 2011, S. 504–524.

Hartmann, Martin/Liptow, Jasper/Willaschek, Marcus (Hrsg.): Die Gegenwart des Pragmatismus. Berlin: Suhrkamp 2013.

Hartmann, Tina: Goethes Musiktheater. Singspiele, Opern, Festspiele, ›Faust‹. Tübingen: Niemeyer 2004. (= Hermaea. N. F. 105.)

Haupt, Sabine: Komparatistiken: Allgemeine und Vergleichende Wissenschaften. In: Handbuch Komparatistik. Theorien, Arbeitsfelder, Wissenspraxis. Hrsg. v. Rüdiger Zymner/Achim Hölter. Stuttgart/Weimar: Metzler 2013, S. 329–336.

Henderson, Fergus: Novalis, Ritter and »Experiment«: A Tradition of »Active Empiricism«. In: The Third Culture: Literature and Science. Ed. by Elinor S. Shaffer. Berlin/New York: De Gruyter 1998. (= European Cultures. 9.) S. 153–169.

Hermand, Jost: Schillers Abhandlung »Über Naive und sentimentalische Dichtung« im Lichte der deutschen Popularphilosophie des 18. Jahrhunderts. In: PMLA 79 (1964), Nr. 4, S. 428–441.

Herwig, Henriette: Schule der Entsagung? Zur Kritik der moralpädagogischen Instrumentalisierung von Goethes *Wanderjahren*. In: Spuren, Signaturen, Spiegelungen. Zur Goethe-Rezeption in Europa. Hrsg. v. Bernhard Beutler/Anke Bosse. Köln/Weimar/Wien: Böhlau 2000, S. 539–548.

Hetzel, Andreas: »Die Rede ist ein großer Bewirker«. Performativität in der antiken Rhetorik. In: Performativität und Praxis. Hrsg. v. Jens Kertscher/Dieter Mersch. München: Fink 2003, S. 229–246.

Hetzel, Andreas: Negativität und Unbestimmtheit. Eine Einleitung. In: Negativität und Unbestimmtheit. Beiträge zu einer Philosophie des Nichtwissens. Hrsg. v. A. H. Bielefeld: transcript 2009, S. 7–17.

Hetzel, Andreas: Praxis und praktische Vernunft. Metaethische Implikationen des Pragmatismus. In: Praxis denken. Konzepte und Kritik. Hrsg. v. Thomas Alkemeyer/Volker Schürmann/Jörg Volbers. Wiesbaden: Springer 2015, S. 109–127.

Hetzel, Andreas: Vorwort. In: Pragmatismus. Philosophie der Zukunft? Hrsg. v. A. H./Jens Kertscher/Marc Rölli. Weilerswist: Velbrück 2008, S. 7–14.

Hetzel, Andreas: William James (1842–1910). In: Außenseiter der Philosophie. Hrsg. v. Helmut Reinalter/Andreas Oberprantacher. Würzburg: Königshausen & Neumann 2012, S. 231–246.

Hetzel, Andreas: Zum Vorrang der Praxis. Berührungspunkte zwischen Pragmatismus und kritischer Theorie. In: Pragmatismus. Philosophie der Zukunft? Hrsg. v. A. H./Jens Kertscher/Marc Rölli. Weilerswist: Velbrück 2008, S. 17–57.

Hetzel, Andreas: Zwischen Poiesis und Praxis. Elemente einer kritischen Theorie der Kultur. Würzburg: Königshausen & Neumann 2001. (= Epistemata. 294.)

Hingst, Kai-Michael: James' pragmatistische Deutung der Korrespondenztheorie der Wahrheit. In: William James: Pragmatismus. Hrsg. v. Klaus Oehler. Berlin: Akademie Verlag 2000. (= Klassiker Auslegen. 21.) S. 131–164.

Hingst, Kai-Michael: James' Transformation der Pragmatischen Maxime. In: William James: Pragmatismus. Hrsg. v. Klaus Oehler. Berlin: Akademie Verlag 2000. (= Klassiker Auslegen. 21.) S. 33–67.

Hingst, Kai-Michael: Perspektivismus und Pragmatismus. Ein Vergleich auf der Grundlage der Wahrheitsbegriffe und der Religionsphilosophien von Nietzsche und James. Würzburg: Königshausen & Neumann 1998. (= Epistemata. 207.)

Hinze, Klaus-Peter: Goethes Dialogerzählung *Die guten Weiber*. Ein mißlungenes Erzählexperiment. In: Neophilologus 56 (1972), S. 67–71.

Ho, Shu Ching: Schelling, Friedrich Wilhelm Joseph. In: Goethe-Handbuch. Supplemente. Bd. 2: Naturwissenschaften. Hrsg. v. Manfred Wenzel: Stuttgart/Weimar: Metzler 2012, S. 623–626.

Höffe, Ottfried: Kants *Kritik der reinen Vernunft*. Die Grundlegung der modernen Philosophie. München: Beck 2011. (= Beck'sche Reihe. 1972.)

Hörisch, Jochen: Das Wissen der Literatur. München: Fink 2007.

Hollinger, David A.: James, Clifford, and the Scientific Conscience. In: The Cambridge Companion to William James. Ed. by Ruth Anna Putnam. Cambridge: Cambridge UP 1997, S. 69–83.

Holm, Christiane: Aus Goethes Schubladen. In: Weimarer Klassik. Kultur des Sinnlichen. Hrsg. v. Sebastian Böhmer et al. Berlin et al.: Dt. Kunstverl. 2012, S. 216.

Holm, Christiane: Bewegte und bewegende Dinge. Überlegungen zur Zeitstruktur des Andenkens um 1800. In: Schläft ein Lied in allen Dingen? Romantische Dingpoetik. Hrsg. v. C. H./Günter Oesterle. Würzburg: Königshausen & Neumann 2011, S. 243–261.

Holm, Christiane: Goethes Gewohnheiten. Konstruktion und Gebrauch der Schreib- und Sammlungsmöbel im Weimarer Wohnhaus. In: Weimarer Klassik. Kultur des Sinnlichen. Hrsg. v. Sebastian Böhmer et al. Berlin et al.: Dt. Kunstverl. 2012, S. 116–125.

Holm, Christiane: Goethes Papiersachen und andere Dinge des »papiernen Zeitalters«. In: Zeitschrift für Germanistik N. F. 22 (2012), Nr. 1, S. 17–40.

Holm, Christiane: Sammeln. In: Weimarer Klassik. Kultur des Sinnlichen. Hrsg. v. Sebastian Böhmer et al. Berlin et al.: Dt. Kunstverl. 2012, S. 221–223.

Holquist, Michael: Gambling with Kant: Faustian Wagers. In: New Literary History 40 (2009), Nr. 1, S. 63–83.

Huber, Martin: Der Text als Bühne. Theatrales Erzählen um 1800. Göttingen: Vandenhoeck & Ruprecht 2003.

Huber, Peter: »Was wär' ein Gott, der nur von außen stieße?« Zur Goethe-Rezeption in der Naturwissenschaft, insbesondere der Physiologie des 19. Jahrhunderts. In: Vom Menschen zum Kristall. Konzepte der Lebenswissenschaften von 1800–2000. Hrsg. v. Christoph Cremer. Wiesbaden: Hilbinger 2000, S. 57–83.

Irmscher, Christoph: Louis Agassiz: Creator of American Science. Boston, Mass.: Houghton Mifflin Harcourt 2013.

Jacoby, Günther: Der Pragmatismus. Neue Bahnen in der Wissenschaftslehre des Auslands. Eine Würdigung. Leipzig: Dürr 1909.

Jaeger, Stephan/Willer, Stefan: Einleitung. In: Das Denken der Sprache und die Performanz des Literarischen um 1800. Hrsg. v. S. J./S. W. Würzburg: Königshausen & Neumann 2000. (= Stiftung der Romantikforschung. 10.) S. 7–30.

Jahraus, Oliver: Literaturtheorie. Theoretische und methodische Grundlagen der Literaturwissenschaft. Tübingen/Basel: Francke 2004. (= UTB. 2587.)

Jahraus, Oliver: Theorietheorie. In: Theorietheorie. Wider die Theoriemüdigkeit in den Geisteswissenschaften. Hrsg. v. Mario Grizelj/O. J. München: Fink 2011, S. 17–39.

Joas, Hans: Amerikanischer Pragmatismus und deutsches Denken. Zur Geschichte eines Mißverständnisses. In: H. J.: Pragmatismus und Gesellschaftstheorie. Frankfurt a. M.: Suhrkamp 1992. (= stw. 1018.) S. 114–145.

Kahrmann, Cordula/Reiß, Gunter/Schluchter, Manfred: Erzähltextanalyse. Eine Einführung mit Studien- und Übungstexten. 4. Aufl. Königstein i. Ts.: Beltz Athenäum 1996. (= Beltz Athenäum Studienbücher. Literaturwissenschaft.)

Kearns, Michael: Rhetorical Narratology. Lincoln/London: Nebraska UP 1999. (= Stages. 16.)

Kloppenberg, James T.: An Old Name for Some New Ways of Thinking? In: The Revival of Pragmatism. Ed. by Morris Dickstein. Durham/London: Duke UP 1998, S. 83–127.

Klug, Torsten: Grundlagen und Probleme moderner Lebensphilosophie. Leipzig: Shaker 1997.

Kluge, Friedrich: Etymologisches Wörterbuch der deutschen Sprache. 22. Aufl. Völlig neu bearb. v. Elmar Seebold. Berlin/New York: de Gruyter 1989.

Knatz, Lothar: Schellings Philosophie der Kunst. In: Handbuch Deutscher Idealismus. Hrsg. v. Hans Jörg Sandkühler. Stuttgart/Weimar: Metzler 2005, S. 304–313.

Koch, Heiner Albert: Kleine Stilgeschichte der Philosophie. Auf der Suche nach dem literarischen Mehrwert. Würzburg: Königshausen & Neumann 2014. (= Epistemata. 544.)

König, Peter: Zum Verhältnis von *poiesis* und *praxis* in Vicos *Scienza Nuova*. In: Zeitschrift für Kulturphilosophie 4 (2010), Nr. 2, S. 239–262.

Kohlroß, Christian: Literaturtheorie und Pragmatismus oder Die Frage nach den Gründen des philologischen Wissens. Tübingen: Niemeyer 2007. (= Konzepte der Sprach- und Literaturwissenschaft. 67.)

Koopman, Colin: Pragmatism as a Philosophy of Hope: Emerson, James, Dewey, Rorty. In: Journal of Speculative Philosophy 20 (2006), Nr. 2, S. 106–116.

Koopmann, Helmut: Ethik. In: Goethe-Handbuch. Bd. 4/1: Personen, Sachen, Begriffe: A–K. Hrsg. v. Hans-Dietrich Dahnke/Regine Otto. Stuttgart/Weimar: Metzler 1998, S. 280–282.

Košenina, Alexander: Pfropfreiser der Moral in allen Gattungen der Literatur. Karl Philipp Moritz' Beiträge zur Philosophie des Lebens und die Anfänge der Lebensphilosophie. In: Berliner Aufklärung. Kulturwissenschaftliche Studien. Bd. 2. Hrsg. v. Ursula Goldenbaum/A. K. Hannover: Wehrhahn 2003, S. 99–124.

Kozljanič, Robert Josef: Einleitung – Zur Entstehung und Motivik lebensphilosophischen Denkens. In: Lebensphilosophische Vordenker des 18. und 19. Jahrhunderts. Hrsg. v. R. J. K. München: Albunea 2008. (= Jahrbuch für Lebensphilosophie. 4.) S. 9–33.

Kozljanič, Robert Josef: Lebensphilosophie. Eine Einführung. Stuttgart: Kohlhammer 2004.

Kramer, Olaf: Goethe und die Rhetorik. Berlin/New York: de Gruyter 2010. (= Rhetorik-Forschungen. 18.)

Krämer, Felicitas: Erfahrungsvielfalt und Wirklichkeit. Zu William James' Realitätsverständnis. Göttingen: Vandenhoeck & Ruprecht 2006. (= Neue Studien zur Philosophie. 19.)

Krämer, Sybille: Die Welt – ein Spiel? Über die Spielbewegung als Umkehrbarkeit. In: Denken und Lernen mit Bildern. Interdisziplinäre Zugänge zur Ästhetischen Bildung. Hrsg. v. Rolf Niehoff/Rainer Wenrich. München: kopaed 2007, S. 238–253.

Krämer, Sybille: Ist Schillers Spielkonzept unzeitgemäß? Zum Zusammenhang von Spiel und Differenz in den Briefen »Über die ästhetische Erziehung des Menschen«. In: Friedrich Schiller: Dichter, Denker, Vor- und Gegenbild. Hrsg. v. Jan Bürger. Göttingen: Wallstein 2007. (= Marbacher Schriften. N. F. 2.) S. 158–171.

Krämer, Sybille: Kehrseiten der Performanz. Über die Produktivität der Leerstelle und die Kreativität des Übertragens. In: Performing the Future. Die Zukunft der Performativitätsforschung. Hrsg. v. Erika Fischer-Lichte/Kristiane Hasselmann. München: Fink 2013, S. 163–175.

Krämer, Sybille: Medien als Mitte und Mittler. Grundlinien einer Medientheorie aus dem ›Geiste des Botenganges‹. In: Medien im 21. Jahrhundert. Theorie – Technologie – Markt. Hrsg. v. Klaus Siebenhaar. Berlin: LIT 2008. (= Medien und Zukunft. 1.) S. 19–32.

Krämer, Sybille: Performanz – Aisthesis. Überlegungen zu einer aisthetischen Akzentuierung im Performanzkonzept. In: Ereignis Denken. TheatRealität, Performanz, Ereignis. Hrsg. v. Arno Böhler/Susanne Granzer. Wien: Passagen 2009, S. 131–156.

Krämer, Sybille: Sinnlichkeit, Denken, Medien: Von der ›Sinnlichkeit als Erkenntnisform‹ zur ›Sinnlichkeit als Performanz‹. In: Der Sinn der Sinne. Hrsg. von der Kunst- u. Ausstellungshalle der Bundesrepublik Deutschland. Göttingen: Steidl 1998. (= Schriftenreihe Forum. 8.) S. 24–39.

Krämer, Sybille: Sprache, Sprechakt, Kommunikation. Sprachtheoretische Positionen des 20. Jahrhunderts. Frankfurt a. M.: Suhrkamp 2001. (= stw. 1521.)

Krämer, Sybille: Sprache – Stimme – Schrift: Sieben Gedanken über Performativität als Medialität. In: Performanz. Zwischen Sprachphilosophie und Kulturwissenschaften. Hrsg. v. Uwe Wirth. Frankfurt a. M.: Suhrkamp 2002. (= stw. 1575.) S. 323–346.

Krämer, Sybille: Was haben ›Performativität‹ und ›Medialität‹ miteinander zu tun? Plädoyer für eine in der ›Aisthetisierung‹ gründende Konzeption des Performativen. In: Performativität und Medialität. Hrsg. v. S. K. München: Fink 2004, S. 13–32.

Krämer, Sybille/Stahlhut, Marco: Das »Performative« als Thema der Sprach- und Kulturphilosophie. In: Theorien des Performativen. Hrsg. v. Gunter Gebauer/Erika Fischer-Lichte. Berlin: Akad. Verl. 2001. (= Paragrana. 10/1.) S. 35–64.

Kranich, Ernst-Michael: Goethe und die Wissenschaft vom Lebendigen. In: Goethes Beitrag zur Erneuerung der Naturwissenschaften. Hrsg. v. Peter Heusser. Bern et al.: Haupt 2000, S. 41–62.

Kreher-Hartmann, Birgit/Maatsch, Jonas: Mineralien in »natürlichen Systemen«. In: Weimarer Klassik. Kultur des Sinnlichen. Hrsg. v. Sebastian Böhmer et al. Berlin et al.: Dt. Kunstverl. 2012, S. 240–243.

Kress, Jill M.: Contesting Metaphors and the Discourse of Consciousness in William James. In: Journal of the History of Ideas 61 (2000), Nr. 2, S. 263–283.

Kühne-Bertram, Gudrun: Aspekte der Geschichte und der Bedeutungen des Begriffs »pragmatisch« in den philosophischen Wissenschaften des ausgehenden 18. und des 19. Jahrhunderts. In: Archiv für Begriffsgeschichte 27 (1983), S. 158–186.

Kühne-Bertram, Gudrun: Pragmatisch. In: Historisches Wörterbuch der Philosophie. Hrsg. v. Joachim Ritter/Karlfried Gründer. Bd. 7: P–Q. Basel: Schwabe 1989, Sp. 1241–1244.

Kurz, Gerhard: Metapher, Allegorie, Symbol. 3., bibliograph. erg. Aufl. Göttingen: Vandenhoeck & Ruprecht 1993. (= Kleine Vandenhoeck-Reihe. 1486.)

Laak, Lothar van: Christoph Martin Wielands Konzeption aufklärerischen Philosophierens um 1800. In: Wissen – Erzählen – Tradition. Wielands Spätwerk. Hrsg. v. Walter Erhart/L. v. L. Berlin/New York: De Gruyter 2010. (= Quellen und Forschungen zur Literatur- und Kulturgeschichte. 64.) S. 85–98.

Langbehn, Claus: Theater. In: Wörterbuch der philosophischen Metaphern. Hrsg. v. Ralf Konersmann. 3., erw. Aufl. Darmstadt: Wiss. Buchgesellschaft 2011, S. 449–463.

Latour, Bruno: Die Ästhetik der Dinge von Belang. In: Autorität des Wissens. Kunst- und Wissenschaftsgeschichte im Dialog. Hrsg. v. Anne von der Heiden/Nina Zschocke. Zürich: Diaphanes 2012, S. 27–46.

Latour, Bruno: What is the Style of Matters of Concern? Amsterdam: Van Gorcum 2008. (= Spinoza Lectures.)

Latour, Bruno: Why Has Critique Run out of Steam? From Matters of Fact to Matters of Concern. In: Critiqual Inquiry 30 (2004), S. 225–248.

Leary, David E.: New Insights into William James's Personal Crisis in the Early 1870s. Part I: Arthur Schopenhauer and the Origin & Nature of the Crisis. In: William James Studies 11 (2015), S. 1–27.

Lee, Bongjie: Le roman à éditeur. La fiction de l'éditeur dans »La Religieuse«, »La Nouvelle Héloïse« et »Les Liaisons dangereuses«, Bern et al.: Lang 1989.

Lefebvre, Martin: The Art of Pointing: On Peirce, Indexicality, and Photographic Images. In: Photography Theory. Ed. by James Elkins. New York/London: Routledge 2007. (= The Art Seminar.) S. 220–244.

Leonhirth, William J.: William James and the Uncertain Universe. In: American Pragmatism and Communication Research. Ed. by David K. Perry. New York/London: Routledge 2001, S. 89–110.

Linschoten, Johannes: Auf dem Wege zu einer phänomenologischen Psychologie. Die Psychologie von William James. Ins Deutsche übertr. v. Franz Mönks. Berlin: de Gruyter 1961. (= Phänomenologisch-psychologische Forschungen. 2.)

Locatelli, Angela: Introduction: The Common Desire of Representation: or How to »Express« in Literature and Science. In: The Knowledge of Literature. Vol. VI. Ed. by A. L. Bergamo: Bergamo UP 2007, S. 7–22.

Loerzer, Barbara: »An Arch Built Only on One Side«. Eine Studie zur werkgenetischen Relevanz der Ästhetik im Denken von William James (1842–1910). Berlin: LIT 2016. (= Ästhetik – Theologie – Liturgik. 65.)

Lorenz, Theodor: Das Verhältnis des Pragmatismus zu Kant. In: Kant-Studien 14 (1909), S. 8–44.

Luban, David: What's Pragmatic about Legal Pragmatism? In: The Revival of Pragmatism. Ed. by Morris Dickstein. Durham/London: Duke UP 1998, S. 275–303.

Luhmann, Niklas: Die Gesellschaft der Gesellschaft. Bd. 1. Frankfurt a. M.: Suhrkamp 1997.

Maatsch, Jonas: »Naturgeschichte der Philosopheme«. Frühromantische Wissensordnungen im Kontext. Heidelberg: Winter 2008.

Malinowski, Bernadette/Ostheimer, Michael: Komparatistik als Wissenspoetik. In: Handbuch Komparatistik. Theorien, Arbeitsfelder, Wissenspraxis. Hrsg. v. Rüdiger Zymner/Achim Hölter. Stuttgart/Weimar: Metzler 2013, S. 256–261.

Mandelartz, Michael: Goethe, Newton und die Wissenschaftstheorie. In: M. M.: Goethe, Kleist. Literatur, Politik und Wissenschaft um 1800. Berlin: Schmidt 2011, S. 240–281.

Martinez, Matías/Scheffel, Michael: Einführung in die Erzähltheorie. 8. Aufl. München: Beck 2009.

Marz, Eduard: Goethes Rahmenerzählungen (1794–1821). Untersuchungen zur Goetheschen Erzählkunst. Frankfurt a. M./Bern/New York: Lang 1985. (= Analysen und Dokumente. 20.)

Matuschek, Stefan: Kommentar. [Zu:] Friedrich Schiller: Über die ästhetische Erziehung des Menschen in einer Reihe von Briefen. Komm. v. S. M. Frankfurt a. M.: Suhrkamp 2009. (= Suhrkamp Studienbibliothek. 16.) S. 125–282.

Matussek, Peter (Hrsg.): Goethe und die Verzeitlichung der Natur. München: Beck 1998.

Mayer, Mathias: Absurdität, Zufall, Gnade? Unberechenbares in Faust I. In: Jahrbuch der Deutschen Schillergesellschaft 48 (2004), S. 81–100.

McDermott, Robert: Charles Sanders Peirce and Rudolf Steiner: Prophetic Philosophers. In: American Philosophy and Rudolf Steiner. Ed. by R. M. Great Barrington, Mass.: Lindisfarne 2013, S. 65–87.

McGranahan, Lucas: William James's Social Evolutionism in Focus. In: The Pluralist 6 (2011), Nr. 3, S. 80–92.

Menand, Louis: The Metaphysical Club. A History of Ideas. New York: Farrar, Straus and Giroux 2002.

Menke, Bettine: Zitat. In: Gedächtnis und Erinnerung. Ein interdisziplinäres Lexikon. Hrsg. v. Nicolas Pethes/Jens Ruchatz. Reinbek bei Hamburg: Rowohlt 2001. (= re. 55636.) S. 675f.

Messlin, Dorit: Antike und Moderne: Friedrich Schlegels Poetik, Philosophie und Lebenskunst. Berlin/New York: De Gruyter 2011. (= Quellen und Forschungen zur Literatur- und Kulturgeschichte. 68.)

Metzger, Stefan: Die Konjektur des Organismus. Wahrscheinlichkeitsdenken und Performanz im späten 18. Jahrhundert. München: Fink 2002.

Mey, Jacob L.: Pragmatics. In: Routledge Encyclopedia of Narrative Theory. Ed. by David Herman/Manfred Jahn/Marie-Laure Ryan. London/New York: Routledge 2008, S. 462–467.

Mielke, Christine: Zyklisch-serielle Narration. Erzähltes Erzählen von 1001 Nacht bis zur TV-Serie. Berlin/New York: de Gruyter 2006. (= spectrum Literaturwissenschaft. 6.)

Mies, Thomas/Wittich, Dieter: Weltanschauung/Weltbild. In: Europäische Enzyklopädie zu Philosophie und Wissenschaften. Hrsg. v. Hans Jörg Sandkühler. Bd. 4: R–Z. Hamburg: Meiner 1990, S. 783–797.

Molnár, Géza von: »Die Wette biet' ich«. Der Begriff des Wettens in Goethes *Faust* und Kants *Kritik der Urteilskraft*. In: Geschichtlichkeit und Aktualität. Studien zur deutschen Literatur seit der Romantik. Hrsg. v. Klaus-Detlef Müller et al. Tübingen: Niemeyer 1988, S. 29–50.

Molnár, Géza von: Goethes Kantstudien. Eine Zusammenstellung nach Eintragungen in seinen Handexemplaren der »Kritik der reinen Vernunft« und der »Kritik der Urteilskraft«. Weimar: Böhlau 1994. (= Schriften der Goethe Gesellschaft. 64.)

Molnár, Géza von: Hidden in Plain View: Another Look at Goethe's *Faust*. In: Goethe Yearbook 11 (2002), S. 33–76.

Mommsen, Momme: Der »Schalk« in den *Guten Weibern* und im *Faust*. In: Goethe-Jahrbuch N. F. 14/15 (1952/53), S. 171–202.

Morris, Charles W.: Logical Positivism, Pragmatism and Scientific Empiricism. Paris: Hermann 1937. (= Actualités scientifiques et industrielles. 449.)

Mossadeq, Ismail El: Kritik der neuzeitlichen Naturwissenschaft. Phänomenologie in der Alternative zwischen Husserl und Heidegger. Amsterdam/Atlanta, GA: Rodopi 1995. (= Elementa. Schriften zur Philosophie und ihrer Problemgeschichte. 64.)

Müller, Dominik: Erzählte Systematik. *Der Sammler und die Seinigen* vor dem Hintergrund von Goethes Zusammenarbeit mit Friedrich Schiller und Johann Heinrich Meyer. In: »Ein Unendliches in Bewegung«. Künste und Wissenschaften im medialen Wechselspiel bei Goethe. Hrsg. v. Barbara Naumann/Margrit Wyder. Bielefeld: Aisthesis 2012, S. 51–68.

Müller, Lothar: Der Sammler und die Seinigen. In: Goethe-Handbuch. Supplemente. Bd. 3: Kunst. Hrsg. v. Andreas Beyer/Ernst Osterkamp. Stuttgart/Weimar: Metzler 2011, S. 357–368.

Müller, Olaf L.: Mehr Licht. Goethe mit Newton im Streit um die Farben. Frankfurt a. M.: Fischer 2015. (= Fischer Wissenschaft.)

Müller-Freienfels, Richard: Studien zum Pragmatismus. In: Annalen der Naturphilosophie 10 (1911), S. 210–233.

Mustain, Megan Rust: Metaphor as Method: Charlene Haddock Seigfried's Radical Reconstruction. In: William James Studies (March) 2014, Vol. 1. URL: http://williamjamesstudies.org/metaphor-as-method-charlene-haddock-seigfrieds-radical-reconstruction/ [Stand 2019–02–20].

Nagl, Ludwig: Charles Sanders Peirce. Frankfurt/New York: Campus 1992. (= Campus Einführungen. 1053.)

Nagl, Ludwig: Pragmatismus: Zwischen Kritik und Postulat. In: William James: Pragmatismus. Hrsg. v. Klaus Oehler. Berlin: Akademie Verlag 2000. (= Klassiker Auslegen. 21.) S. 69–91.

Nassauer, Kurt: Die Rechtsphilosophie William James'. Bern: Haupt 1943.

Nerlich, Brigitte/Clarke, David D.: Language, Action, and Context: The Early History of Pragmatics in Europe and America, 1780–1930. Amsterdam/Philadelphia: Benjamins 1996. (= Amsterdam Studies in the Theory and History of Linguistic Science. 80.)

Neubauer, John: »Ich lehre nicht, ich erzähle«. Geschichte und Geschichten in Goethes naturwissenschaftlichen Schriften. In: Goethe-Jahrbuch 114 (1997), S. 163–173.

Neuhaus, Volker: Die Archivfiktion in »Wilhelm Meisters Wanderjahren«. In: Euphorion 62 (1968), S. 13–27.

Neumann, Gerhard: Naturwissenschaft und Geschichte als Literatur. Zu Goethes kulturpoetischem Projekt. In: MLN 114 (1999), S. 471–502.

Niedermeier, Michael: Dilettantismus. In: Goethe-Handbuch. Bd. 4/1: Personen, Sachen, Begriffe: A–K. Hrsg. v. Hans-Dietrich Dahnke/Regine Otto. Stuttgart/Weimar: Metzler 1998, S. 212–214.

Nünning, Ansgar: Lebensexperimente und Weisen literarischer Welterzeugung: Thesen zu den Aufgaben und Perspektiven einer lebenswissenschaftlich orientierten Literaturwissenschaft. In: Literaturwissenschaft als Lebenswissenschaft. Programm – Projekte – Perspektiven. Hrsg. v. Wolfgang Asholt/Ottmar Ette. Tübingen: Narr 2010. (= edition lendemains. 20.) S. 45–63.

Nünning, Ansgar: Narrativität. In: Metzler Lexikon Literatur- und Kulturtheorie. Ansätze – Personen – Grundbegriffe. Hrsg. v. A. N. 3. aktualis. u. erw. Aufl. Stuttgart/Weimar: Metzler 2004, S. 483 f.

Nünning, Ansgar/Nünning, Vera: Von der strukturalistischen Narratologie zur ›postklassischen‹ Erzähltheorie: Ein Überblick über neue Ansätze und Entwicklungstendenzen. In: Neue Ansätze in der Erzähltheorie. Hrsg. v. A. N./V. N. Trier: WVT 2002. (= WVT-Handbücher zum literaturwissenschaftlichen Studium. 4.)

Nünning, Vera: Reading Fictions, Changing Minds. On the Cognitive Value of Fiction. Heidelberg: Winter 2014. (= Schriften des Marsilius-Kollegs. 11.)

Oehler, Klaus: Charles Sanders Peirce. München: Beck 1993. (= Beck'sche Reihe. 523.)

Oehler, Klaus: Der Pragmatismus des William James. In: K. O.: Sachen und Zeichen. Zur Philosophie des Pragmatismus. Frankfurt a. M.: Klostermann 1995, S. 35–57.

Oehler, Klaus: Die Grundlegung des Pragmatismus durch Peirce. In: K. O.: Sachen und Zeichen. Zur Philosophie des Pragmatismus. Frankfurt a. M.: Klostermann 1995, S. 14–57.

Oehler, Klaus: Die pragmatistische Konzeption der Philosophie. In: William James: Pragmatismus. Hrsg. v. K. O. Berlin: Akademie Verlag 2000. (= Klassiker Auslegen. 21.) S. 17–31.

Oehler, Klaus: Einleitung. In: William James: Pragmatismus. Hrsg. v. K. O. Berlin: Akademie Verlag 2000. (= Klassiker Auslegen. 21.) S. 1–16.

Oehler, Klaus: Protagoras from the Perspective of Modern Pragmatism. In: Transactions of the Charles S. Peirce Society 38 (2002), Nr. 1/2, S. 207–214.

Oehler, Klaus: Vorwort. In: William James: Pragmatismus. Hrsg. v. K. O. Berlin: Akademie Verlag 2000. (= Klassiker Auslegen. 21.) S. IX–X.

Olesko, Kathryn M./Holmes, Frederic L.: Experiment, Quantification, and Discovery. Helmholtz's Early Physiological Researches, 1830–50. In: Hermann von Helmholtz and the Foundations of Nineteenth-Century Science. Ed. by David Cahan. Berkeley/Los Angeles/London: Univ. of California Press 1993, S. 50–108.

Olin, Doris: Introduction. In: William James: Pragmatism in Focus. Ed. by D. O. London/New York: Routledge 1992, S. 1–12.

Oschmann, Dirk: Ästhetik und Anthropologie. Handlungskonzepte von Gottsched bis Hegel. In: Jahrbuch der deutschen Schillergesellschaft 55 (2011), S. 31–118.

Oschmann, Dirk: Bewegliche Dichtung. Sprachtheorie und Poetik bei Lessing, Schiller und Kleist. München: Fink 2007.

Oschmann, Dirk: Friedrich Schiller. Köln/Weimar/Wien: Böhlau 2009. (= UTB. 3029.)

Pabst, Stefan: Kultur der Kopie. Antike im Zeitalter ihrer technischen Reproduzierbarkeit. In: Weimarer Klassik. Kultur des Sinnlichen. Hrsg. v. Sebastian Böhmer et al. Berlin et al.: Dt. Kunstverl. 2012, S. 136–145.

Pape, Helmut: Der dramatische Reichtum der konkreten Welt. Der Ursprung des Pragmatismus im Denken von Charles S. Peirce und William James. Weilerswist: Velbrück 2002.

Pape, Helmut: Indexikalität der Erfahrung oder Objektivität des Wissens? In: Zeitschrift für Semiotik 21 (1999), Nr. 1, S. 3–14.

Pape, Walter: »Die Sinne triegen nicht«: Perception and Landscape in Classical Goethe. In: Reflecting Senses: Perception and Appearance in Literature, Culture, and the Arts. Ed. by W. P./Frederick Burwick. Berlin et al.: de Gruyter 1995, S. 96–121.

Perry, Ralph Barton: The Thought and Character of William James. As Revealed in Unpublished Correspondence and Notes, Together with His Published Writings. Vol. 1: Inheritance and Vocation. London: Oxford UP 1935.

Peters, John Durham: Speaking into the Air: A History of the Idea of Communication. Chicago/London: Univ. of Chicago Press 1999.

Pethes, Nicolas: »In jenem elastischen Medium«. Der Topos ›Prozessualität‹ in der Rhetorik der Wissenschaften seit 1800 (Novalis, Goethe, Bernard). In: Rhetorik. Figuration und Performanz. Hrsg. v. Jürgen Fohrmann. Stuttgart/Weimar: Metzler 2004. (= Germanistische Symposien. Berichtsbände. 25.) S. 131–151.

Pfister, Manfred: Das Drama. Theorie und Analyse. 11. Aufl. München: Fink 2001. (= UTB. 580.)

Pier, John/García Landa, José Ángel: Introduction. In: Theorizing Narrativity. Hrsg. v. J. P./J. A. G. L. Berlin: de Gruyter 2008. (= Narratologia. 12.) S. 7–18.

Pihlström, Sami: Jamesian Pragmatic Pluralism and the Problem of God. In: William James and the Transatlantic Conversation. Pragmatism, Pluralism, and Philosophy of Religion. Ed. by Martin Halliwell/Joel D. S. Rasmussen. Oxford et al.: Oxford UP 2014, S. 183–198.

Pinger, W[ilhelm] R[obert] R[ichard]: Laurence Sterne and Goethe. Berkeley: Univ. of Calif. Press 1920.

Pluder, Valentin: Die Vermittlung von Idealismus und Realismus in der Klassischen Deutschen Philosophie. Eine Studie zu Jacobi, Kant, Fichte, Schelling und Hegel. Stuttgart-Bad Cannstatt: Frommann-Holzboog 2013.

Plümacher, Martina: Perspektive/Perspektivismus. In: Enzyklopädie Philosophie. Bd. 2: O–Z. Hrsg. v. Hans Jörg Sandkühler. Hamburg: Meiner 1999, S. 998–1006.

Pörksen, Uwe: Wissenschaftssprache und Sprachauffassung bei Linné und Goethe. In: U. P.: Deutsche Wissenschaftssprache. Historische und kritische Studien. Tübingen: Narr 1986. (= Forum für Fachsprachen-Forschung. 2.) S. 72–96.

Poirier, Richard: Poetry and Pragmatism. Cambridge, Mass.: Harvard UP 1992.

Poirier, Richard: Why Do Pragmatists Want to Be Like Poets? In: The Revival of Pragmatism. Ed. by Morris Dickstein. Durham/London: Duke UP 1998, S. 347–361.

Pratt, Mary Louise: Literary Cooperation and Implicature. In: Essays in Modern Stylistics. Ed. by Donald Freeman. London: Methuen 1981, S. 377–412.

Pratt, Mary Louise: The Ideology of Speech-Act Theory. In: Centrum 1 (1981), Nr. 1, S. 5–18.

Pratt, Mary Louise: Towards a Speech Act Theory of Literary Discourse. Bloomington: Indiana UP 1977.

Prechtl, Peter: Handlung. In: Metzler Lexikon Philosophie. Hrsg. v. P. P./Franz-Peter Burkhard. 3., erw. u. aktualis. Aufl. Stuttgart/Weimar: Metzler 2008, S. 230–231.

Preisendanz, Wolfgang: Zur Poetik der deutschen Romantik I: Die Abkehr vom Grundsatz der Naturnachahmung. In: Die deutsche Romantik. Poetik, Formen und Motive. Hrsg. v. Hans Steffen. Göttingen: Vandenhoeck & Ruprecht 1967, S. 54–74.

Prince, Gerald: Narratology. In: The Cambridge History of Literary Criticism. Ed. by Raman Selden. Vol. 8: From Formalism to Poststructuralism, Cambridge: Cambridge UP 1995, S. 110–130.

Putnam, Hilary: Realism with a Human Face. Ed. by James Conant. Cambridge, Mass./London: Harvard UP 1990.

Rabinowitz, Peter J.: Speech Act Theory and Literary Studies. In: The Cambridge History of Literary Criticism. Ed. by Raman Selden. Vol. 8: From Formalism to Poststructuralism. Cambridge: Cambridge UP 1995, S. 347–374.

Rehbock, Theda: Goethe und die »Rettung der Phänomene«. Philosophische Kritik des naturwissenschaftlichen Weltbildes am Beispiel der Farbenlehre. Konstanz: Verl. am Hockgraben 1995.

Rehm, Robin: Bild und Erfahrung. Goethes chromatisches Kartenspiel der »Beiträge zur Optik« von 1791. In: Zeitschrift für Kunstgeschichte 72 (2009), Nr. 4, S. 497–518.

Reill, Peter Hanns: »Pflanzgarten der Aufklärung«. Haller und die Gründung der Göttinger Universität. In: Albrecht von Haller im Göttingen der Aufklärung. Hrsg. v. Norbert Elsner/Nicolaas A. Rupke. Göttingen: Wallstein 2009, S. 47–69.

Reulecke, Anne-Kathrin: Der Thesaurus der Literatur. ›Semiotropische‹ Perspektiven auf das Verhältnis von Literatur und Wissen. In: Von null bis unendlich. Literarische Inszenierungen naturwissenschaftlichen Wissens. Hrsg. v. A.-K. R. Köln/Weimar/Wien: Böhlau 2008, S. 7–16.

Reulecke, Anne-Kathrin: Die Emergenz von Wissen und das Plagiat in Goethes wissenschaftstheoretischen Schriften. In: Zeitschrift für Medien- und Kulturforschung 4 (2013), Nr. 1, S. 43–58.

Richardson, Robert D.: William James: In the Maelstrom of American Modernism. A Biography. Boston/New York: Houghton Mifflin 2006.

Riemann, Robert: Erzählungen. In: Goethe-Handbuch. Bd. I. Hrsg. v. Julius Zeitler. Stuttgart: Metzler 1916, S. 509–510.

Rochberg-Halton, Eugene: Inquiry and Pragmatic Attitude. In: Pragmatik. Handbuch pragmatischen Denkens. Hrsg. v. Herbert Stachowiak. Bd. II: Der Aufstieg pragmatischen Denkens im 19. und 20. Jahrhundert. Hamburg: Meiner 1987, S. 128–147.

Rössler, D[ietrich]: Mensch, ganzer. In: Historisches Wörterbuch der Philosophie. Hrsg. v. Joachim Ritter/Karlfried Gründer. Bd. 5: L–Mn. Basel: Schwabe 1980, Sp. 1106–1112.

Rorty, Richard: Contingency, Irony, and Solidarity. Cambridge/New York: Cambridge UP 1989.

Rorty, Richard: Kontingenz, Ironie und Solidarität. Übers. v. Christa Krüger. 10. Aufl. Frankfurt a. M.: Suhrkamp 2012. (= stw. 981.)

Rorty, Richard: Philosophy and the Mirror of Nature. Princeton, NJ: Princeton UP 1979.

Rorty, Richard: Philosophy without Principles. In: Against Theory. Literary Studies and the New Pragmatism. Ed. by W. J. T. Mitchell. Chicago/London: Univ. of Chicago Press 1982, S. 132–138.

Rorty, Richard: Pragmatism, Relativism, and Irrationalism. In: R. R.: Consequences of Pragmatism. (Essays 1972–1980). Brighton: Harvester 1982, S. 160–175.

Rorty, Richard: Remarks on Deconstruction and Pragmatism. In: Deconstruction and Pragmatism. Ed. by Chantal Mouffe. London/New York: Routledge 1996, S. 13–18.

Rosenberg, Rainer: Stil. In: Ästhetische Grundbegriffe. Historisches Wörterbuch in sieben Bänden. Studienausgabe. Hrsg. v. Karlheinz Barck et al. Bd. 5. Stuttgart/Weimar: Metzler 2010, S. 641–664.

Rosenthal, Sandra B.: Scientific Method and the Return to Foundations: Pragmatism and Heidegger. In: The Journal of Speculative Philosophy 2 (1988), Nr. 3, S. 192–205.

Ruf, Frederick J.: The Creation of Chaos. William James and the Stylistic Making of a Disorderly World. Albany, NY: State Univ. of New York Press 1991. (= Suny Series in Rhetoric and Theology.)

Russill, Chris: The Road Not Taken: William James's Radical Empiricism and Communication Theory. In: The Communication Review 8 (2005), S. 277–305.

Salmen, Christina: »Die ganze merkwürdige Verlassenschaft«: Goethes Entsagungspoetik in *Wilhelm Meisters Wanderjahren*. Würzburg: Königshausen & Neumann 2003.

Sandbothe, Mike (Hrsg.): Die Renaissance des Pragmatismus. Aktuelle Verflechtungen zwischen analytischer und kontinentaler Philosophie. Weilerswist: Velbrück 2000.

Saße, Günter: Auswandern in die Moderne: Tradition und Innovation in Goethes Roman »Wilhelm Meisters Wanderjahre«. Berlin/New York: de Gruyter 2010. (= Linguae & litterae. 1.)

Schadewaldt, Wolfgang: Goethestudien. Natur und Altertum. Zürich/Stuttgart: Artemis 1963.

Schieren, Jost: Anschauende Urteilskraft. Methodische und philosophische Grundlagen von Goethes naturwissenschaftlichem Erkennen. Düsseldorf/Bonn: Parerga 1998.

Schildknecht, Christiane: »Ein seltsam wunderbarer Anstrich«? Nichtpropositionale Erkenntnis und ihre Darstellungsformen. In: Darstellung und Erkenntnis. Beiträge zur Rolle nichtpropositionaler Erkenntnisformen in der deutschen Philosophie und Literatur nach Kant. Hrsg. v. Brady Bowman. Paderborn: mentis 2007, S. 31–43.

Schildknecht, Christiane: Literatur und Philosophie. Perspektiven einer Überschneidung. In: Wahrheit, Wissen und Erkenntnis in der Literatur. Philosophische Beiträge. Hrsg. v. Christoph Demmerling/Íngrid Vendrell Ferran. Berlin: Akademie Verlag 2014. (= Deutsche Zeitschrift für Philosophie Sonderbände. 35.) S. 41–56.

Schillemeit, Jost: »Historisches Menschengefühl«. Über einige Aphorismen in Goethes »Wanderjahren«. In: J. S.: Studien zur Goethezeit. Hrsg. v. Rosemarie Schillemeit. Göttingen: Wallstein 2006, S. 235–253.

Schilling, Johannes: Goethes Lebensbegriff. Konstanz: Hartung-Gorre 1990.

Schimma, Sabine: Blickbildungen. Ästhetik und Experiment in Goethes Farbstudien. Köln/Weimar/Wien: Böhlau 2014.

Schlaffer, Heinz: Poesie und Wissen. Die Entstehung des ästhetischen Bewußtseins und der philologischen Erkenntnis. Erw. Ausg. Frankfurt a. M.: Suhrkamp 2005. (= stw. 1779.)

Schmid, Wolf: Elemente der Narratologie. 2., verb. Aufl. Berlin: de Gruyter 2008. (= de Gruyter Studienbuch.)

Schmidt, Franz: Goethes Kantianismus und Pragmatismus. Mit einer neuen Quelle. In: Zeitschrift für Religions- und Geistesgeschichte 58 (2006), S. 50–59.

Schmidt, Jochen: Goethes *Faust*: Erster und Zweiter Teil. Grundlagen – Werk – Wirkung. 3. Aufl. München: Beck 2011.

Schmieder, Falko: ›Experimentalsysteme‹ in Wissenschaft und Literatur. In: Experiment und Literatur. Themen, Methoden, Theorien. Hrsg. v. Michael Gamper. Göttingen: Wallstein 2010, S. 17–39.

Schmitt, Arbogast: ›Antik‹ und ›modern‹ in Schillers *Über naive und sentimentalische Dichtung*. In: Schiller und die Antike. Hrsg. v. Paolo Chiarini/Walter Hinderer. Würzburg: Königshausen & Neumann 2008. (= Stiftung für Romantikforschung. 44.) S. 258–275.

Schmitz, Hermann: Goethes Altersdenken im problemgeschichtlichen Zusammenhang. Bonn: Bouvier 1959.

Schneider, Steffen: Archivpoetik. Die Funktion des Wissens in Goethes »Faust II«. Tübingen: Niemeyer 2005. (= Hermaea. Germanistische Forschungen. N. F. 108.)

Schönert, Jörg: Roman und Satire im 18. Jahrhundert. Ein Beitrag zur Poetik. Stuttgart: Metzler 1969. (= Germanistische Abhandlungen. 27.)

Scholz, Heinrich: »Was fruchtbar ist, allein ist wahr«. In: Die Zeit vom 24. Juni 1954, Nr. 25. URL: http://www.zeit.de/1954/25/was-furchtbar-ist-allein-ist-wahr [Stand 2019–02–20].

Schröder, Richard: Thomas Carlyles Abhandlung über den Goetheschen *Faust*. In: Archiv für das Studium der neueren Sprachen und Literaturen 50 (1896), Nr. 96, S. 241–268.

Schubert, Klaus/Wilkesmann, Uwe: Zur Einführung. Die Philosophie des »UND«. In: William James: Das pluralistische Universum. Vorlesungen über die gegenwärtige Lage der Philosophie. Ins Dt. übertr. v. Julius Goldstein. Mit einer Einführung hrsg. v. K. S./U. W. Reprografischer Nachdr. der Ausg. Leipzig 1914. Darmstadt: Wiss. Buchges. 1994. (= Bibliothek klassischer Texte.) V–XXX.

Schulenberg, Ulf: Poets, Partial Stories, and the Earth of Things: William James and the Wordliness of Pragmatism. In: Revisiting Pragmatism. William James in the New Millenium. Ed. by Susanne Rohr/Miriam Strube. Heidelberg: Winter 2012. (= American Studies.) S. 103–122.

Schulte, Joachim: Chor und Gesetz. Zur »morphologischen Methode« bei Goethe und Wittgenstein. In: J. S.: Chor und Gesetz. Wittgenstein im Kontext. Frankfurt a. M.: Suhrkamp 1990. (= stw. 899.) S. 11–42.

Schweizer, Claudia: Gestalt. In: Goethe-Handbuch. Supplemente. Bd. 2: Naturwissenschaften. Hrsg. v. Manfred Wenzel. Stuttgart/Weimar: Metzler 2012, S. 425–426.

Searle, John R.: Reitering the Differences: A Reply to Derrida. In: Glyph 1 (1977), S. 198–208.

Searle, John R.: Sprechakte. Ein sprachphilosophischer Essay. Frankfurt a. M.: Suhrkamp 1971. (= Theorie.)

Seeck, Gustav Adolf: Platons *Theaitetos*. Ein kritischer Kommentar. München: Beck 2010. (= Zetemata. 137.)

Seigfried, Charlene Haddock: The Philosopher's »Licence«: William James and Common Sense. In: William James: Pragmatismus. Hrsg. v. Klaus Oehler. Berlin: Akademie Verlag 2000. (= Klassiker Auslegen. 21.) S. 109–129.

Seigfried, Charlene Haddock: William James's Radical Reconstruction of Philosophy. Albany: State Univ. of New York Press 1990, S. 209–219.

Sell, Roger D.: Postmodernity, Literary Pragmatics, Mediating Criticism. Meanings within a Large Circle of Communicants. In: Regeln der Bedeutung. Zur Theorie der Bedeutung literarischer Texte. Hrsg. v. Fotis Jannidis. Berlin/New York: de Gruyter 2003. (= Revisionen. 1.) S. 103–127.

Selm, Jutta Van: Erfahrung und Theorie bei Goethe: der »erste« und der »reine« Eindruck. Von den italienischen Erfahrungen zu den Theorien in Natur und Kunst. In: Goethe Yearbook 2 (1984), S. 121–136.

Seuffert, Bernhard: Goethes Erzählung »Die guten Weiber«. In: Goethe-Jahrbuch 15 (1894), S. 148–177.

Shusterman, Richard: Pragmatist Aesthetics. Living Beauty, Rethinking Art. 2nd Ed. Lanham et al.: Rowman & Littlefield 2000.

Shusterman, Richard: The Pragmatist Aesthetics of William James. In: British Journal of Aesthetics 51 (2011), Nr. 4, S. 347–361.

Simonis, Annette: Gestalttheorie von Goethe bis Benjamin. Diskursgeschichte einer deutschen Denkfigur. Köln/Weimar/Wien: Böhlau 2001. (= Kölner Germanistische Studien. N. F. 2.)

Slater, Michael R.: James's Critique of Absolute Idealism in *A Pluralistic Universe*. In: William James and the Transatlantic Conversation. Pragmatism, Pluralism, and Philosophy of Religion. Ed. by Martin Halliwell/Joel D. S. Rasmussen. Oxford: Oxford UP 2014, S. 167–182.

Slater, Michael R.: William James's Pluralism. In: The Review of Metaphysics 65 (2011), S. 63–90.

Sölch, Dennis: Prozessphilosophien. Wirklichkeitskonzeptionen bei Alfred North Whitehead, Henri Bergson und William James. Freiburg/München: Alber 2014. (= Whitehead Studien. 3.)

Sperber, Dan/Wilson, Deirdre: Relevance. Communication and Cognition. Oxford: Blackwell 1986.

Stachowiak, Herbert: Einleitung. In: Pragmatik. Handbuch Pragmatischen Denkens. Bd. 1: Pragmatisches Denken von den Ursprüngen bis zum 18. Jahrhundert. Hrsg. v. H. S. Hamburg: Meiner 1986, S. XIX–L.

Stein, Ludwig: Der Pragmatismus. Versuch einer Geschichte des Terminus »Pragmatismus«. In: Archiv für systematische Philosophie N. F. 14 (1908), Nr. 2, S. 10–188.

Stein, Ludwig: Philosophische Strömungen der Gegenwart. Stuttgart: Enke 1908.

Steinle, Friedrich: »Das Nächste ans Nächste reihen«: Goethe, Newton und das Experiment. In: Philosophia naturalis: Archiv für Naturphilosophie und die philosophischen Grenzgebiete der exakten Wissenschaften 39 (2002), S. 141–172.

Stockhammer, Robert: Symbol. In: Goethe-Handbuch. Bd. 4/2: Personen, Sachen, Begriffe: L–Z. Hrsg. v. Hans-Dietrich Dahnke/Regine Otto. Stuttgart/Weimar: Metzler 1998, S. 1030–1033.

Strasen, Sven: Wie Erzählungen bedeuten: Pragmatische Narratologie. In: Neue Ansätze in der Erzähltheorie. Hrsg. v. Ansgar Nünning/Vera Nünning. Trier: WVT 2002. (= WVT-Handbücher zum literaturwissenschaftlichen Studium. 4.) S. 185–218.

Strohmaier, Alexandra: Entwurf zu einer performativitätstheoretischen Narratologie am Beispiel der Rahmenzyklen Goethes. In: Kultur – Wissen – Narration. Perspektiven transdisziplinärer Erzählforschung für die Kulturwissenschaften. Hrsg. v. A. S. Bielefeld: transcript 2013. (= Kultur- und Medientheorie.) S. 199–231.

Strohmaier, Alexandra: Logos, Leib und Tod. Studien zur Prosa Friederike Mayröckers. München: Fink 2008, S. 13–23.

Strohmaier, Alexandra: Relationale und mediatisierte Räume. Zu einer Raumkonzeption Goethes und deren Aktualität. In: Raum: Konzepte in den Künsten, Kultur- und Naturwissenschaften. Hrsg. von Petra Ernst/A. S. Baden-Baden: Nomos 2013. (= Stadt, Raum, Architektur. 1.) S. 157–183.

Strohmaier, Alexandra: Zur Performativität des Narrativen: Vorüberlegungen zu einer performativen Narratologie. In: Language and World. Part II: Signs, Minds and Actions. Hrsg. v. Volker Munz/Klaus Puhl/Joseph Wang. Frankfurt et al.: Ontos 2010. (= Publications of the Austrian Ludwig Wittgenstein Society. 15.) S. 77–93.

Stroud, Scott R.: William James and the Impetus of Stoic Rhetoric. In: Philosophy and Rhetoric 45 (2012), Nr. 3, S. 246–268.

Strube, Miriam: In the End was … »A Dialogue«: William James's Performing Pragmatism. In: Imaginary Dialogues in American Literature and Philosophy. Beyond the Mainstream. Ed. by Till Kinzel/Jarmila Mildorf. Heidelberg: Winter 2014. (= GRM-Beiheft. 62.) S. 211–225.

Suckiel, Ellen Kappy: The Pragmatic Philosophy of William James. Notre Dame, Ind./London: Univ. of Notre Dame Press 1982.

Sully, James: [Rez.] William James: The Principles of Psychology. In: Mind 16 (1891), S. 393–404.

Szondi, Peter: Poetik und Geschichtsphilosophie I. Antike und Moderne in der Ästhetik der Goethezeit. Hrsg. v. Senta Metz/Hans-Hagen Hildebrandt. Frankfurt a. M.: Suhrkamp 1974. (= stw. 40.)

Takahashi, Yoshito: Goethes »Geschichte der Farbenlehre« – Ein früher Beitrag zur Kulturwissenschaft? In: Neue Beiträge zur Germanistik 3 (2004), Nr. 3, S. 73–84.

Tausch, Harald: Literatur um 1800. Klassisch-romantische Moderne. Berlin: Akademie Verl. 2011. (= Studienbuch Literaturwissenschaft.)

Thayer, Horace S.: Meaning and Action. A Critical History of Pragmatism. Indianapolis/New York: Bobbs-Merrill 1968.

Thomé, Horst: Roman und Naturwissenschaft. Eine Studie zur Vorgeschichte der Klassik. Frankfurt a. M. et al.: Lang 1978. (= Regensburger Beiträge zur deutschen Sprach- und Literaturwissenschaft. 15.)

Thums, Barbara: Aufmerksamkeit. Wahrnehmung und Selbstbegründung von Brockes bis Nietzsche. München: Fink 2008.

Ulrichs, Lars-Thade: Die andere Vernunft. Philosophie und Literatur zwischen Aufklärung und Romantik. Berlin: Akademie Verlag 2011. (= Deutsche Literatur. Studien und Quellen. 4.)

Valdivia Orozco, Pablo: Lebensform und Narrative Form: Zur Epistemologie des Vollzugs und zum Lebensbegriff der Literaturwissenschaft. In: Literaturwissenschaft als Lebenswissenschaft. Programm – Projekte – Perspektiven. Hrsg. v. Wolfgang Asholt/Ottmar Ette. Tübingen: Narr 2010. (= edition lendemains. 20.) S. 114–125.

Valk, Thorsten: Weimarer Klassik. Kultur des Sinnlichen: In: Weimarer Klassik. Kultur des Sinnlichen. Hrsg. v. Sebastian Böhmer et al. Berlin et al.: Dt. Kunstverl. 2012, S. 11–23.

Vendrell Ferran, Íngrid: Das Wissen der Literatur und die epistemische Kraft der Imagination. In: Wahrheit, Wissen und Erkenntnis in der Literatur. Philosophische Beiträge. Hrsg. v. Christoph Demmerling/Í. V. F. Berlin: Akademie Verlag 2014. (= Deutsche Zeitschrift für Philosophie Sonderbände. 35.) S. 119–140.

Vogt, Peter: Kontingenz und Zufall. Eine Ideen- und Begriffsgeschichte. Berlin: Akademie Verlag 2011.

Vogt, Peter: Pragmatismus und Faschismus. Kreativität und Kontingenz der Moderne. Weilerswist: Velbrück Wissenschaft 2002.

Wahr, Frederick B.: Emerson and Goethe. Ann Arbor: Wahr 1915.

Waibel, Edwin P. B.: Der Pragmatismus in der Geschichte der Philosophie. Bonn: Ludwig 1915.

Waibel, Violetta L.: Transzendentalpoesie im Kontext des Deutschen Idealismus. In: Handbuch Literatur und Philosophie. Hrsg. v. Hans Feger. Stuttgart/Weimar: Metzler 2012.

Wanning, Berbeli: Friedrich Schlegel zur Einführung. Hamburg: Junius 1999. (= Zur Einführung. 206.)

Watts, Richard J.: The Pragmalinguistic Analysis of Narrative Texts. Narrative Co-operation in Charles Dickens's »Hard Times«. Tübingen: Narr 1981. (= Studies & Texts in English. 3.)

Weigand, Paul: Psychological Types in Friedrich Schiller and William James. In: Journal of the History of Ideas 13 (1952), Nr. 3, S. 376 – 383.

Weissberg, Liliane: Weimar and Jena: Goethe and the New Philosophy. In: Goethe und das Zeitalter der Romantik. Hrsg. v. Walter Hinderer. Würzburg: Königshausen & Neumann 2002. (= Stiftung für Romantikforschung. 21.) S. 163 – 174.

Wellmer, Albrecht: Wahrheit, Kontingenz, Moderne (1991). In: A. W.: Endspiele: Die unversöhnliche Moderne. Essays und Vorträge. Frankfurt a. M.: Suhrkamp 1993. (= stw. 1095.) S. 157 – 177.

Welsch, Wolfgang: Ästhet/hik. Ethische Implikationen und Konsequenzen der Ästhetik. In: Ethik der Ästhetik. Hrsg. v. Christoph Wulf/Dietmar Kamper/Hans Ulrich Gumbrecht. Berlin: Akademie Verl. 1994. (= Acta humaniora. Schriften zur Kunstwissenschaft und Philosophie.) S. 3 – 22.

Welsch, Wolfgang: Ethische Konsequenzen der Ästhetik. Ein Plädoyer für ästhetische Bildung. In: Denken und Lernen mit Bildern. Interdisziplinäre Zugänge zur Ästhetischen Bildung. Hrsg. v. Rolf Niehoff/Rainer Wenrich. München: kopaed 2007, S. 254 – 270.

Wenzel, Manfred: Farbenlehre. In: Goethe-Handbuch. Supplemente. Bd. 2: Naturwissenschaften. Hrsg. v. M. W. Stuttgart/Weimar: Metzler 2012, S. 81 – 142.

Wenzel, Manfred: Goethe und Darwin – Der Streit um Goethes Stellung zum Darwinismus in der Rezeptionsgeschichte der morphologischen Schriften. In: Goethe-Jahrbuch 100 (1983), S. 145 – 158.

Wenzel, Manfred: Goethes Morphologie in ihrer Beziehung zum darwinistischen Evolutionsdenken. In: Medizinhistorisches Journal 18 (1983), Nr. 1/2, S. 52 – 68.

Wenzel, Manfred: Goethes Naturforschung und die Evolutionstheorie Darwins. In: Oldenburger Jahrbuch 87 (1987), S. 317 – 355.

Wenzel, Manfred: Naturwissenschaftliche Sammlungen. In: Goethe-Handbuch. Supplemente. Bd. 2: Naturwissenschaften. Hrsg. v. M. W. Stuttgart/Weimar: Metzler 2012, S. 561 – 563.

Wenzel, Manfred: Rationelle Empirie. In: Goethe-Handbuch. Supplemente. Bd. 2. Naturwissenschaften. Hrsg. v. M. W. Stuttgart/Weimar: Metzler 2012, S. 608 f.

Wenzel, Manfred: Vergleich/Vergleichung. In: Goethe-Handbuch. Supplemente. Bd. 2: Naturwissenschaften. Hrsg. v. M. W. Stuttgart/Weimar: Metzler 2012, S. 683 f.

Wenzel, Manfred/Zaharia, Mihaela: Schriften zur Morphologie. In: Goethe-Handbuch. Supplemente. Bd. 2: Naturwissenschaften. Hrsg. v. M. W. Stuttgart/Weimar: Metzler 2012, S. 6 – 80.

Winter, Hans-Gerhard: Dialog und Dialogroman in der Aufklärung. Mit einer Analyse von J. J. Engels Gesprächstheorie. Darmstadt: Thesen Verlag Vowinckel 1974.

Wirth, Uwe: Die Geburt des Autors aus dem Geist der Herausgeberfiktion. Editoriale Rahmung im Roman um 1800: Wieland, Goethe, Brentano, Jean Paul und E.T.A. Hoffmann. München: Fink 2008. (= Trajekte.)

Witte, Bernd et al. (Hrsg.): Goethe-Handbuch. Bd. 3: Prosaschriften. Stuttgart/Weimar: Metzler 1997.

Wolf, Norbert Christian: Vielstimmigkeit im Kontext. Goethes ›kleiner KunstRoman‹ *Der Sammler und die Seinigen* in entstehungsgeschichtlicher und gattungstheoretischer Perspektive. In: Klassizismus in Aktion. Goethes *Propyläen* und das Weimarer Kunstprogramm. Hrsg. v. Daniel Ehrmann/N. C. W. Wien/Köln/Weimar: Böhlau 2016. (= Literaturgeschichte in Studien und Quellen. 14.) S. 239–276.

Wolf, Werner: Ästhetische Illusion und Illusionsdurchbrechung in der Erzählkunst. Theorie und Geschichte mit Schwerpunkt auf englischem illusionszerstörenden Erzählen. Tübingen: Niemeyer 1993. (= Buchreihe der Anglia. 32.)

Wolf, Werner: Mise en abyme. In: Metzler Lexikon Literatur- und Kulturtheorie. Ansätze – Personen – Grundbegriffe. Hrsg. v. Ansgar Nünning. 3. aktualis. u. erw. Aufl. Stuttgart/Weimar: Metzler 2004, S. 461–462.

Wübben, Yvonne: Forschungsskizze: Literatur und Wissen nach 1945. In: Literatur und Wissen. Ein interdisziplinäres Handbuch. Hrsg. von Roland Borgards/Harald Neumeyer/Nicolas Pethes/Y. W. Stuttgart/Weimar: Metzler 2013, S. 5–16.

Zelle, Carsten: *Über naive und sentimentalische Dichtung* (1795/96). In: Schiller Handbuch. Leben – Werk – Wirkung. Hrsg. v. Matthias Luserke-Jaqui. Stuttgart/Weimar: Metzler 2011, S. 451–479.

Register

Personenregister

https://doi.org/10.1515/9783110639155-012

Sachregister